通州区地方志编纂委员会

《通州年鉴》编辑部

泛舟南山湖　（姜国生 摄）

各类主审

（排名以篇目先后为序）

阚新华	徐建国	邱晓飞	王卫华	于海燕	曹顾涌	周宇春
周　冲	陈　超	吴　昊	葛青松	姜卫军	曹莉萍	严卫华
何新华	邱天擎	施晓灵	曹江梅	卫　清	朱国兴	易卫东
季　良	施金花	于　红	曹锦明	朱向陌	朱朝霞	张晓飞
谢国志	李　忠	秦　坤	张晓军	陈　凯	包良均	季　平
顾　霞	葛红玲	蒋玉芝	徐　飞	朱怡颖	卫志云	王晓燕
许　君	曹荣琪	赵莉玲	钱　兵	葛卫民	贾亚飞	朱　峰
杨　慧	曹群英	邱　楠	陈宗林	刘玉贤	卞　勋	刘玉华
倪建东	徐琳琳	蒋铮莉	于　燕	李智标	邢晓波	邱建霞
朱富云	张启军	胡劲武	苏　拈	顾庙新	施卫东	李焱明
许建春	卫加喜	蒋　跃	陈　前	郭杰	刘　琴	周治平
季任春	赵　雨	高亚军	邢　年	顾凯洲	邵　军	顾李梅
昝武华	丁　峰	倪政涛	徐　静	蔡留兵	姜　健	顾　淮
季红兵	曹星宇	朱　煜	何俊杰	朱尚岩	陈青松	钱　航
周　鉴	周国均	盛雅彬	戴中华	任小平	蔡玉新	宋红军
张黎明	顾志聪	许易峰	陈　杰	季拥军	季海云	徐志宏
顾军峰	丁明新	李　菁	朱富云	顾晓虎	曹　玮	张宏杰
吕　英	黄雪忠	方淑华	陈晓红	顾亚明	马迎霞	吴　熠
蒋　波	曹锡刚	吴卫荣	刘淑芬	马　锋	王　勇	杨　霞

保密专审：蒋建伟

江谦（1875–1942）

南通市

通州年鉴 2018

TONGZHOU YEARBOOK

中共南通市通州区委员会
南通市通州区人民政府 主办

南通市通州区地方志编纂委员会办公室 编

方志出版社
Publishing House of Local Records

图书在版编目（CIP）数据

通州年鉴. 2018 / 南通市通州区地方志编纂委员会办公室编. —北京：方志出版社，2018. 8
ISBN 978-7-5144-3253-4

Ⅰ. ①通… Ⅱ. ①南… Ⅲ. ①通州区（南通）—2018—年鉴 Ⅳ. ①Z525.34

中国版本图书馆CIP数据核字（2018）第209269号

通州年鉴（2018）

编　　者：南通市通州区地方志编纂委员会办公室
责任编辑：范　静
出 版 人：冀祥德
出 版 者：方志出版社
地址　北京市朝阳区潘家园东里9号（国家方志馆4层）
邮编　100021
网址　http://www.fzph.org
发　　行：方志出版社发行中心
电话（010）67110500
经　　销：各地新华书店
印　　刷：南京四彩印刷有限公司
开　　本：889 × 1194　　1/16
印　　张：20
字　　数：847千字
版　　次：2018年10月第1版　　2018年10月第1次印刷
印　　数：0001 ~ 1200册
ISBN　978-7-5144-3253-4　　**定价**：198.00元

编辑说明 BIANJISHUOMING

一、《通州年鉴》以马克思列宁主义、毛泽东思想、邓小平理论、“三个代表”重要思想、科学发展观和习近平新时代中国特色社会主义思想为指导，坚持辩证唯物主义和历史唯物主义的立场、观点和方法，求真务实，全面客观记述，资政存史育人。

二、《通州年鉴》是中共南通市通州区委员会、南通市通州区人民政府主办，南通市通州区地方志编纂委员会办公室编纂的综合性地方年鉴。自1997年起逐年出版。编纂出版《通州年鉴》旨在全面系统地记述南通市通州区政治、经济、文化、社会、生态等各方面基本面貌和发展情况，为各界人士了解通州、宣传通州、建设通州提供新颖、翔实、准确的地情资料和人文信息。

三、《通州年鉴（2018）》采用分类编辑法设置篇目，篇目下设分目，分目下设条目，条目为记述的基本形式。全书设特载、大事记、通州概览、中共南通市通州区委、通州区人民代表大会、通州区人民政府、政协通州区委员会、纪检监察、民主党派·工商联、群众团体、军事、法治、农业、工业、建筑业、邮政·通信、商贸·旅游、对外经济贸易、园区开发、金融、经济综合管理、教育、科学技术、文化·体育、城乡建设、卫生、社会生活、生态环境、镇·街道概况、人物、荣誉栏和附录。区委、区政府重要会议报告，文件选编，重要文件目录索引，统计资料纳入“附录”中。

四、本年鉴收录时限为2017年1月1日至12月31日，个别事件（物）适当追溯或下延，以求向读者展现其始末原委。列目介绍人物分领导人物和先进人物。“领导人物”收录2017年新进入区委、区人大、区政府、区政协班子的领导人员。“先进人物”收录2017年在经济建设和社会进步发展过程中做出突出贡献，收到中共中央、国务院及国家部委、省委、省政府、省军区表彰的先进模范人物，省级部门表彰的“杰”“佳”人物，南通市及通州区领导机关号召学习的先进人物，全国性以上比赛第一、二、三名获得者。荣誉栏收录2017年4月至2018年3月受到南通市委、市政府、军分区以上领导机关表彰的先进集体和先进模范人物。

五、本年鉴刊用的文稿由通州区各部门、各镇政府和有关企事业单位提供，由专人撰写，经领导审阅，事实、数据都经反复核对，撰稿人姓名加括号列在条目或分目之后（连续数个条目为同一作者撰稿，其姓名列在最后一个条目末），各单位主要审稿人姓名统一列在编纂机构和编审人员中。统计资料由通州区统计局提供。

六、本年鉴使用的各类数据，因一些镇和部门统计范围和口径不同稍有差别，凡属全区性数据，以区统计局（或《通州统计年鉴》）提供和公布的为准，统计局未作统计的数据，以主管部门提供的为准。

七、本年鉴设总目、目录、目录索引和英文简目，便于读者检索。

江　谦

江谦 (1875–1942)，字易园，号阳复，原安徽婺源人，幼读儒书，17 岁中秀才，19 岁受业于张謇门下，后就读于南洋公学师范班。1902 年废科举，张謇在南通创办我国第一所民办通州师范学堂，邀江谦共事，不久江谦任堂长、校长。1914 年任江苏省教育厅厅长，次年任南京高等师范学校校长，就两江师范学堂 (1949 年更名南京大学) 勘察校舍筹备开学，实为转入大学之始。江谦倡导以“诚”为校训，认为“诚者自成”。南高之初以培养中等学校师资为目的，继又增加培养教育行政人员。后来，江谦认为国家的富强，有赖于科学、实业，于是积极筹措增设了农业、工业、商业三个专修科，在高师校内提倡和重视“实科”教育，南高此举实开全国之先。在当时历史条件下，江谦就提出了“调整师生关系”。江谦要求教师改变只管授业的状况，倡导关心、接近学生，尽导师的全责；要求学生尊敬老师，组织学生主动看望老师，师生共同努力下一种新型的“尊师爱生”风气逐步在南高形成。

1918 年病中深植信根，一心念佛，后皈依谛闲、印光两法师。1934 年创佛光社于婺源、江湾，并于各地设立分社，同年重返南通。1937 年抗战军兴，江谦居通州海滨念佛讲教，精进不懈， 1941 年移居上海，讲经弘法。1942 年 4 月 10 日病逝。生平著作有《阳复斋丛刊》《灵峰儒释一道论》《佛儒经颂》《东坡禅学诗文要解》，内容颇广。

·封面人物简介·

2017年8月17日，中共南通市通州区委十二届四次全体会议在区行政中心召开

（中国通州网）

中共南通市通州区委书记陈永红出席会议并讲话

（中国通州网）

2018年1月17日，南通市通州区第十六届人民代表大会第二次会议开幕

（中国通州网 · 卑多敏/摄）

通州区委副书记、代理区长凌屹代表区人民政府向大会作《南通市通州区人民政府工作报告》

（中国通州网）

2018年1月15日，中国人民政治协商会议南通市通州区第十三届委员会第二次会议开幕

（中国通州网 · 陈啸天 / 摄）

2017年6月28日，通州区纪念建党96周年大会暨“旗帜鲜明讲政治”专题培训在区行政中心举行。区委副书记、区长陈永红作讲话

（中国通州网 · 陈啸天 / 摄）

2017 年 8 月 30 日，南通市委书记陆志鹏来通州区督查安全生产工作。图为通州区委书记陈永红等陪同陆志鹏一行在江苏甬金金属科技有限公司进行督查

（中国通州网 · 陈啸天 / 摄）

2017 年 9 月 13 日，南通市委书记陆志鹏，市委常委、宣传部长刘浩等市委常委分别到通州区“两学一做”学习教育联系点调研指导

（中国通州网）

2017年12月5日，南通市委副书记、市长韩立明来通州，走访园区、企业、镇村，调研经济社会发展情况。通州区委书记陈永红陪同调研

（中国通州网 · 陈啸天/摄）

2017年11月3日，通州区在沪举办2017通州（上海）金融招商推介会，进一步搭建高效的沪通金融资本流动机制，提升通州区金融服务实体经济水平，促进区域经济转型升级。通州区委书记陈永红出席活动并讲话

（中国通州网 · 陈啸天/摄）

2017年11月10日，通州区与海航战略合作框架协议签约仪式在海口新海航大厦成功举行。海航机场集团董事长兼总裁廖虹宇，区委副书记、代区长凌屹，副区长曹建新以及南通空港产业园管委会、兴东机场、区商务局负责同志等参加签约仪式

（中国通州网）

2017 年 8 月 17 日，通州区 2017 年暑期初中校长高级研修班座谈会在上海华东师范大学举行。区委书记陈永红出席会议并讲话 （中国通州网）

2017 年 10 月 18 日，通州区近 200 名宣讲骨干集中收看党的十九大开幕盛况，认真聆听习近平总书记代表第十八届中央委员会向大会所作的报告 （中国通州网 · 陈啸天 / 摄）

2017 年 10 月 26 日，陕西省汉中市人大常委会副主任、镇巴县委书记赵勇健率代表团来通州对接落实扶贫协作事项，区委书记陈永红接待了代表团一行。双方签署协议，并一致认为，要以扶贫协作为契机，加强协作交流，实现优势互补、互动发展，携手向全面建成小康社会目标迈进 （中国通州网）

2017 年 11 月 5 日 –6 日，徐州市丰县党政代表团在丰县县委书记王克华的率领下来通州区参观考察。通州区委书记陈永红，区委副书记、代区长凌屹陪同考察 （中国通州网）

通州区加快推进企业智能化改造，图为宜家家居工业集团南通工厂智能化车间

（中国通州网 · 卑多敏 / 摄）

灯火通明的家纺城

（李文华 / 摄）

2017年10月26日上午，第十届中国（川姜）家纺画稿交易会在南通家纺城开幕。中国纺织工业联合会副会长、中国家用纺织品行业协会会长杨兆华，中国家用纺织品行业协会副会长朱晓红，区委书记陈永红出席活动

（中国通州网 · 陈啸天 / 摄）

2017 年 10 月 27 日，区委书记陈永红在南山湖风情水街项目建设现场视察

（中国通州网 · 陈啸天 / 摄）

2017 年 3 月 26 日，2017 军民融合项目科技成果专场对接洽谈会在通州举行，来自航天科技集团旗下的 12 家航天企业，携带了涉及新能源、新材料、智能装备等领域的 52 项技术成果与南通企业对接洽谈，图为中国航天第十二研究院与江苏甬金金属科技有限公司签署合作协议现场（中国通州网 · 卑多敏 / 摄）

位于东社镇的南通金羽农民创业园适应“互联网＋绿色农业”的新形势，以土地为承载物，助推农民返乡创业、就近创业，填补了绿色农业孵化创业的空白，相继孵化了古耕缘农业、苴东蔬果、创思蔬菜、悦田家庭农场等一大批新型农业经营主体

（中国通州网 · 卑多敏 袁飞／摄）

南通空港产业园一家货运代理有限公司，近 200 单货物正在扫描，准备通过航空运输发往台北

（中国通州网 · 卑多敏 徐玉红／摄）

锡通科技产业园围绕构建“设施齐全的新兴创业城”和“绿意盎然的生态宜居城”目标，高起点规划，高标准配套，扎实推进基础设施和生产生活配套项目建设，全面拉开了城市发展框架。图为新建成的南通市锡通园区小学 （中国通州网）

通州区大力推广“生产基地＋加工企业＋商超销售”等产销模式，农产品加工企业抓住全面接轨上海的有利时机，不断放大品牌效应，加速对接上海 （中国通州网 · 卑多敏 袁飞／摄）

2017年11月8日，在首届“通州工匠”颁奖活动现场，10名“通州工匠”受到表彰

（中国通州网）

正在建设中的通州区重点民生项目区实验小学教育集团南山湖小学工程。南山湖小学位于城东新区南山湖畔，占地面积约75亩，小学规划配置8轨48个班级，规划在校学生2160人，总投资约1.26亿元

（中国通州网 · 卑多敏 / 摄）

南通高新区科技新城建有江海智汇园、江海圆梦谷等各类创新载体近 55 万平方米。作为国家级科技企业孵化器、国家级众创空间，江海圆梦谷汇聚了项目引进、企业辅导、项目申报、培训发展等涉及创业的各种要素，已引进企业 32 家

（中国通州网 · 卑多敏 / 摄）

2017 年 5 月 1 日，以南通机场为基地和始发地的首架驻场过夜飞机首航成都，通州人去成都有直飞航班了

（中国通州网 · 卑多敏 徐菲 徐玉红 / 摄）

2017 年 12 月 15 日，位于城东新区的万达广场开业，与“南山湖 · 金沙滩商业水街”、“南山湖 1 号”城市综合体等项目共同打造城东新区高品位城市商业核心区域

（该图片源自互联网）

沪通铁路南通西站建设

（卑多敏／摄）

波光云影中的沪通长江大桥

（中国通州网 · 卑多敏 赵含烟／摄）

在金沙街道崇学法治文化广场，一市民正在参观禁毒宣传廊。近年来，通州区注重法治文化阵地建设，在政策扶持、资金保障等方面提供有力支撑，推动镇、村级法治文化示范阵地全面提档升级，使普法宣传融入了群众的日常生活　（中国通州网）

在丰富城市路网结构的同时，通州注重打通城市“内循环”，新建城区小型停车场，改善“行车难”问题，缓解“停车难”状况，让城市功能更完善，百姓生活更便捷。2011 年以来，先后建成南山湖公园等 19 处公共停车场，今年又投入近 6000 万元，增建育才、霞中公园等 4 个停车场，届时将增加车位 600 多个。图为育才停车场建设现场　（中国通州网 · 卑多敏 / 摄）

手臂下的港湾

（王婧/摄）

通州区总工会联合区城管局，发动城区、各镇临街靠路单位建立户外职工爱心驿站，为户外工作的职工提供临时歇脚场所

（中国通州网·卑多敏/摄）

2017 年 4 月 12 日，南通市委常委、区委书记宋乐伟深入先锋街道开展“走帮服”活动，在花园村公共服务中心了解基层党建情况

（中国通州网 · 陈啸天 /摄）

公厕新建、改造是通州区为民办实事城建重点工程，图为南山湖公园里一处公厕，与公园景色交相辉映

（中国通州网 · 朱键 /摄）

位于十总镇双墩村现代果蔬园设施桃园内，桃子丰收在望，果农喜上眉梢

（中国通州网 · 卑多敏 陈周舟/摄）

2017 年 4 月 8 日，由通州区人民政府、阿里体育共同举办的 2017 南通通州体育旅游梦幻之春隆重开幕

（中国通州网 · 陈啸天 / 摄）

2017 年 4 月 9 日，Wo.Run 开沙岛跨江 10km 活力开跑，比赛吸引了来自全国各地 2000 余名跑步爱好者参加，丰富的赛事内容和贴心的赛事服务赢得了选手们的一致好评。区委副书记、区长，赛事组委会主任陈永红致辞，并发令开跑

（中国通州网 · 卑多敏 / 摄）

南山颐养中心是全区首家医养结合的养老机构，是通州区政府为民办实事项目之一

（卑多敏／摄）

东沙晨曦

（张峰／摄））

年味

（包志彬／摄）

走出幸福

（李兵／摄）

2017年9月，忠孝文化园成功晋级江苏省社会科学普及示范基地，图为园内孔子石雕

（中国通州网）

2017年9月30日，通州区在烈士陵园举行公祭烈士活动，深切缅怀先烈丰功伟绩，表达继往开来、继续奋斗的坚定信心

（中国通州网·陈啸天/摄）

2017年5月11日，通州区共有本蓝工艺品、木品缘家具、拓亮红木艺术、华新立体影像、雪芝灵文化艺术传播五家单位参展第十三届中国（深圳）国际文化产业博览交易会，作品涉及红木、手工艺品、新媒体科技、传统非遗等多个文化产业业态。图为客商在了解蓝印花布制作工艺（中国通州网·朱键/摄）

僮子戏

（高飞/摄）

石港老街

明清时期形成的石港西大街位于石港十字街向北100米，左首西侧，全长524米，狭长的石板街曲径通幽。

优秀历史建筑——丁家巷五号

优秀历史建筑——杨宅

区级文保单位——节孝坊

西街一处老宅

西大街西南侧的麻油坊

滴水檐沟

孙家故宅老主人孙亚东先生是南通京剧活动家，参与创办了南通江东京剧社

孙宅是四门抬梁结构，中庭是全木构成

孙宅主人收藏的匾额，系上海京剧院的艾世菊、李炳淑、李丽芳、王世民、陈少云、唐元才、史敏（依弘）和胡璇等联合签名并刻制，现保存良好

孙宅故居正门及外墙

会客厅及主人收集的宜兴紫砂壶

（本篇幅照片均由孙崇兰提供）

2017年10月11日，位于通灵桥西侧的恒达印染有限公司内，挖掘机发出巨大的轰鸣声，厂房在挖掘机巨臂的挥舞中依次被拆除

（中国通州网 · 朱键/摄）

2018年1月6日，通州区污染防治攻坚动员大会在区行政中心召开

（中国通州网·陈啸天/摄）

城区内河保洁人员撑着小船打捞河面漂浮物

（中国通州网·卑多敏/摄）

国家乒乓球通州体育训练基地

（卑多敏／摄）

进鲜港鲜花小镇建设现场。工人们在种植郁金香

（中国通州网 · 卑多敏／摄）

东社镇乡村游景点绿谷园

（中国通州网·卑多敏 袁飞/摄）

霞中公园是通州城东新区开放式综合公园，总面积约11.44万平方米，其中绿化面积约4万平方米

（中国通州网·卑多敏/摄）

上海游客游玩石港镇渔湾水乡　　（中国通州网·卑多敏 郭杰/摄）

南通洲际绿博园汇聚了来自世界各地的6000余种珍稀植物，吸引了一批又一批游客

（中国通州网·卑多敏/摄）

通州区首辆投入使用的多功能抑尘车在城东新区一工地喷洒水雾降尘作业

（中国通州网·卑多敏 张延/摄）

2015 年至 2017 年，通州对全区等级河道及非等级重要河道进行系统整治，全面落实河道长效管护机制，实现“河畅、水清、岸绿、景美”的工作目标。

三年来，全区共疏浚河道 1419 条（段）1158 公里；清淤土方 964 万方；拆除坝头坝埂 3466 条，新建桥涵 1859 座；打捞沉船 1359 条，清理“三网”1.2 万口；整修河坡 5080 公里，绿化河道岸坡 2.18 万亩；打造了江苏省“水美乡镇”3 个、“水美村庄”22 个。

川姜镇保障河

东社闸河

川姜镇磨框镇横河横河整治前后

东社镇路南横河整治前后

刘桥镇刘新河

金新街道金西二号横河整治后

金新街道五接桥
竖河整治前后

二甲镇七甲河贯通工程

金沙街道西头总河

平潮镇平五河

金沙街道五总河疏浚

平潮镇清理网簖

十总爱东竖河拆坝建桥前后

石港跃进一河

五接镇开沙出江河整治前后

十总镇十总横河

西亭镇翻身河

张芝山镇凉棚竖河整治前后

兴仁镇大寨河河道护坡施工

先锋街道永安横河整治前后

兴东街道沉船打捞

兴仁镇徐庄竖河

通州区第三届“文明百佳”

一、十佳敬业奉献之星

朱 达 包汉生 成红梅 管 新 俞妙琴 温慧华 刘 俊 张 华 何红丽 野玲玲

二、十佳孝老爱亲之星

司小滨 徐海兵 白建华 于雅莉 张林芝 钱德祥 胡荣富 王秀云 季锦英 赵树连

三、十佳见义勇为之星

陈汉彬 冯金如 葛炜炜 金茂生 邵正海 吴 锋 徐建新 宗成玉 顾勇新 张宏勋

四、十佳诚实守信之星

瞿 建 陆立华 俞建辉 钱蒋锋 戴卫泽 张宜南 张 锐 刘 奇 蔡云肖 董旻忞

五、十佳助人为乐之星

张慎明 沈 仲 费光耀 李新颜 张美英 王秋燕 范本歧 许有泉 李建华 张 忠

六、十佳慈善之星

南通大富豪纺织科技有限公司 南通四建集团有限公司

精神文明先进典型名单

通州建总集团有限公司　南通江海电容器有限公司
南通新华建筑集团有限公司　桑夏太阳能股份有限公司
江苏韩通船舶重工有限公司　江苏东源电器集团股份有限公司
江苏星源房地产综合开发有限公司　南通通博设备安装工程有限公司

七、十佳师德之星

葛祖华　陈　霞　周贵进　吕虹霞　罗翠华　邱永红　顾益梅　瞿春燕
李　珺　顾　斌

八、十佳医德之星

邵培宁　张贾红　陈　飞　周小兰　丁鲜艳　吴志兰　曹香琴　陈豪杰
魏新霞　王建国

九、十佳志愿服务之星

程　静　费婷婷　朱晓东　朱鑫涛　姜作清　四叶草志愿者协会
中医院青年志愿者群体　文化馆“金种子”文化培训志愿队
江海志愿者杨世桥村工作站　南通啄木鸟车友

十、十佳美德少年之星

姚飞扬　朱天玺　张轩铭　崔金铄　潘子尧　陈　钱　费诗棋　易涵玥
陈晰语　包添添

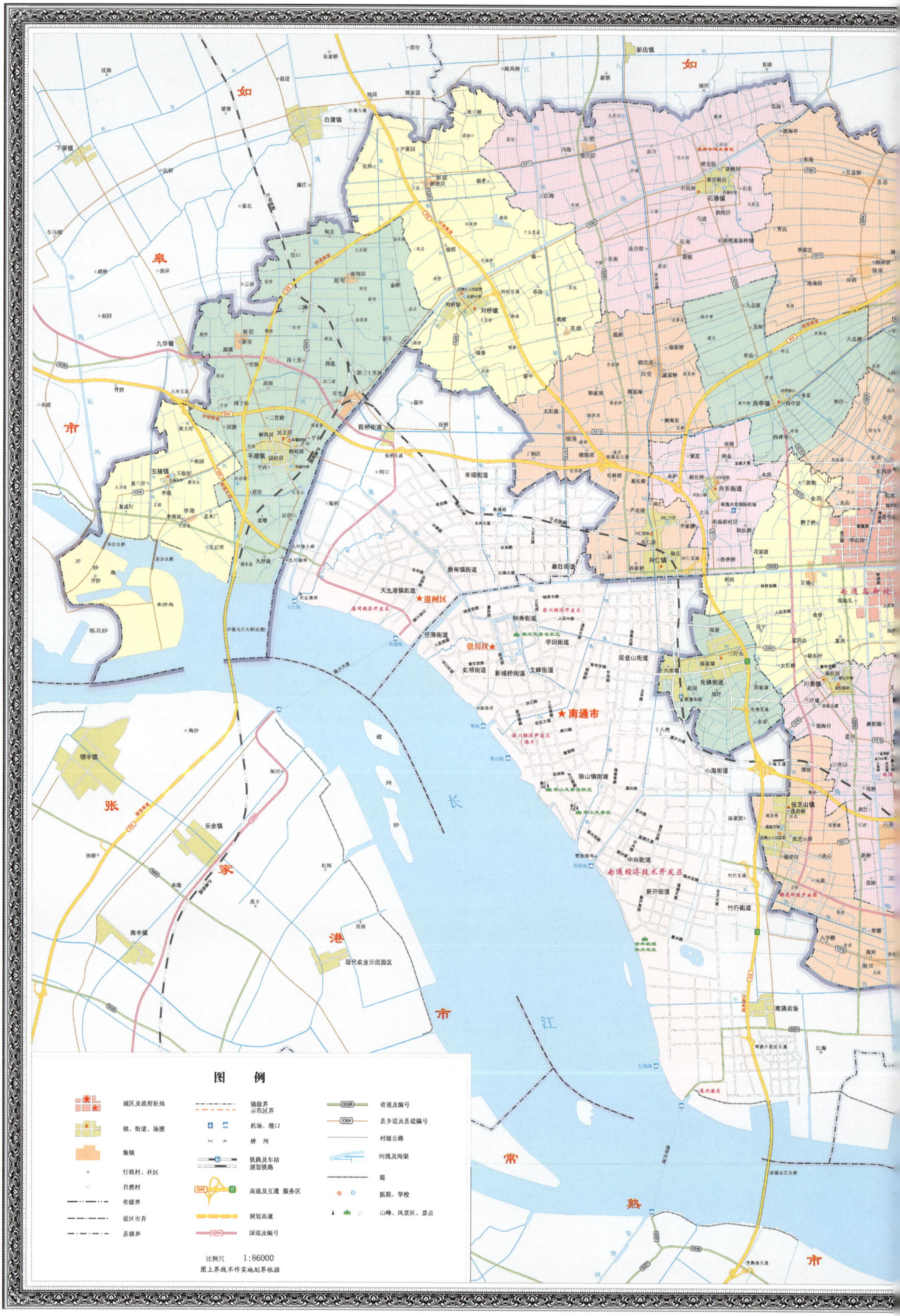
如
皋
市
张
家
港
市
常
熟
市
长
江
港闸区
崇川区
南通市
南通经济技术开发区
白蒲镇
下原镇
九华镇
刘桥镇
平潮镇
五接镇
兴仁镇
石港镇
张芝山镇
锦丰镇
乐余镇
南丰镇
新店镇
现代农业示范园区
南通农场
唐闸镇街道
天生港镇街道
秦灶街道
陈桥街道
幸福街道
钟秀街道
学田街道
任港街道
虹桥街道
新城桥街道
文峰街道
观音山街道
先锋街道
狼山镇街道
小海街道
中兴街道
新开街道
竹行街道
兴东街道
图 例
城区及政府驻地
镇、街道、场圃
集镇
行政村、社区
自然村
省级界
设区市界
县级界
镇级界
示范区界
机场、港口
桥 闸
铁路及车站
规划铁路
高速及互通 服务区
规划高速
国道及编号
省道及编号
县乡道及县道编号
村级公路
河流及沟渠
堤
医院、学校
山峰、风景区、景点
比例尺 1:86000
图上界线不作实地划界依据

南通市通州区政区图

编制单位　江苏省基础地理信息中心　地图审图号　苏F（2016）3号

南通市通州区城区示意图
金北村
古沙路
党校
边防大队
金沙中学
电大
通州职业高级中学
安康小区
古盐路
翰学院
翰铂府
气象局
疾控中心
翠湖景苑
金沙大桥
供电公司
新三园村
龙盛大道
人民医院
北山饭店
古沙路
万豪公寓
实验小学
佳苑小区
虹西村
佳乐花苑
鲁班大厦
文峰大世界
实验中学
景怡花苑
为民路
为民路
金沙小学
建行
农行
新瑞广场
城区幼儿园
建校
人行
新金路
张園路
新金大桥
新金西路
汇金广场
市场监督管理局
人民公园
集贸市场
电信局
烈士陵园
新金路
世纪花苑
实验幼儿园
翠园新村
汽车客运站
富贵苑
国土分局
中医院
星湖城市之星
金沙街道
金洲路
金虹路
毓秀路
大庆路
清河路
农商行
金沙初级中学
城东小区
太山路
清河路
华德公寓
师苑桥小区
亚细亚大酒店
妇幼保健所
新华城市家园
通州小学
太山公寓
自来水公司
银河公寓
工行
中行
银河大桥
银河路
银河路
银河路
运盐河路
江海明珠广场
美亚热电厂
邮政局
地税局
八角亭小区
星源佳苑
东湖路
敦贤路
厚德路
检察院
体育馆
濠沧江路
碧华路
碧华路
尚德路
碧华路
星源花苑
大唐花苑
湘江路
育才中学
狮子桥村
雄帮压铸
综艺新材料
大富豪啤酒
学贤路
华伟服饰
新世纪大道
文博路
区政府
区政务中心
太湖路
太湖东路
朝霞大桥
国际公馆
朝霞路
朝霞路
江海艺墅
中心横河
睿海国际酒店
西湖东路
卡森光电
金江路
金富路
华山路
华山公寓
金彩路
水榭花都
叁和名都城
通州区体育中心
珠江路
杨子江路
牡丹江路
南湖东路
杏园西路
杏园路
中瑞世纪城
阳光府邸
区公安局
南山湖公园
金龙路
金洲路
华山社区
金桥花苑
希望路
万和华府
崇德路
尚德路
金色城品
金和人家
南山寺
百纳数码
金桥路
实验小学金桥校区
金桥人家
金桥路
百家花苑
苏中国际家具城
洞庭湖路
湘江南路
金桥路
通州经济开发区
鑫隆置业
九华路
名人世家
玄武湖路
行根路
南通四建
国盛义乌城
江海·阳光城
东大商贸城
富加宜电子
圣果酒业
新东海纺织
金西大桥
S335
世纪大桥
通州大桥
通吕运河
文河路
通灵桥路
通灵桥村
文昌路
金欣花园
希望路
红蜘蛛纺织
钟秀东路
钟秀东路
金泰花苑
金龙路
金海东路
金山路
金欣路
金乐路
双池头村
文盛路
金江路
南通高新技术产业开发区
元帅庙村
人民东路
人民东路
江苏省通州高级中学

总　　目

Main Contents

目　录

Contents

特　载

大 事 记

通州概览

宣传工作

统一战线工作

农村工作

政法工作

机构编制工作

机关党的建设

老干部工作

对台(湾)工作

党史工作

党校工作

信息工作

督查工作

党内法规工作

保密工作

通州区人民代表大会

综　述

重要会议

重要工作

通州区人民政府

综　述

重要会议

重大活动

政府法制工作

外事工作

侨务工作

民族宗教工作

信访工作

接待工作

电子政务工作

地方志工作

档案工作

行政审批工作

公共资源交易管理工作

机关事务管理工作

政协通州区委员会

综　述

重要会议

重要工作

纪检监察

综　述

主要工作

民主党派·工商联

九三学社南通市通州区委员会

农工民主党南通市通州支部

民主促进会南通市通州区支部

民主建国会南通市通州区支

民主同盟南通市通州区支部

区工商业联合会

群众团体

区总工会

共青团南通市通州区委员会

区妇女联合会

区科学技术协会

区文学艺术界联合会

区哲学社会科学界联合会

区归侨侨眷联合会

区残疾人联合会

区红十字会

区关心下一代工作委员会

军　事

中国人民解放军通州区人民武装部

中国人民武装警察部队通州区中队

中国人民武装警察部队通州区消防大队

滨海园区公安边防大队

人民防空

法　治

综合治理

依法治区

公　安

检　察

审　判

司法行政

农　业

现代高效农业

种植业

养殖业

林　业

农业机械化

农业资源开发

工 业

综 述

工业投入

技术创新

工业组织

民营经济

电力运行

建 筑 业

综 述

建筑施工

工程质量

安全生产

科技教育

邮政·通信

邮 政

电 信

移动通信

证　券

经济综合管理

计划与投资

财　政

国家税收

地方税收

国土资源管理

物价管理

市场监督管理

统　计

审　计

安全生产监督管理

教　育

综　述

学前教育

初等教育

中等教育

职业技术教育

高等教育

社区教育

教师队伍

教育研究

依法治教

教育督导

科学技术

综　述

科技活动

科技计划与实施

科技成果

防震减灾

气象事业

文化·体育

文化艺术

文化市场管理

广播电视

记者站

体　育

城乡建设

城镇规划

城市建设

城市管理

房地产业

交　通

水　利

供　电

卫　生

综　述

卫生改革

农村卫生

预防保健

妇幼卫生

卫生执法

医院管理

医教科研

行风建设

镇·街道概况

人　物

领导人物

先进人物

荣誉栏

附　录

区委、区政府重要会议报告

文件选编

重要文件目录索引

统计资料

索　引

特　载

Special Record

编　辑　黄丽娟

数字通州

2017 年主要指标

辖区总面积　1525.74 平方公里

年末户籍人口　126.06 万人

地区生产总值　1169.41 亿元，增长 7.9%

第一产业增加值　58.25 亿元，增长 2.1%

第二产业增加值　574.46 亿元，增长 7.1%

第三产业增加值　536.70 亿元，增长 9.6%

按户籍人口计，人均地区生产总值　9.28 万元

农林牧渔业总产值（现价）　102.09 亿元，增长 4.45%

粮食产量　48.75 万吨，下降 7.3%

棉花产量　0.08 万吨，下降 64.5%

油料产量　7.93 万吨，下降 11.1%

农业机械总动力　51 万千瓦

规模工业总产值　2161.42 亿元，增长 2.3%

建筑业总产值　1551.82 亿元，增长 7.7%

固定资产投资额　680.80 亿元，增长 10.0%

社会消费品零售总额　370.03 亿元，增长 10%

出口总额　30.83 亿美元，下降 8.5%

财政总收入

一般公共预算收入　70.09 亿元，下降 2.9%

年末各项存款余额　1516.87 亿元，增长 6.8%

年末各项贷款余额　863.92 亿元，增长 15.4%

城镇居民人均可支配收入　44366 元，增长 8.9%

农村居民人均可支配收入　21794 元，增长 9.4%

通州的一天

一、每天创造的财富

地区生产总值　32039 万元

一般公共预算收入　1993 万元

二、每天主要产品产量

粮食　1336 吨

棉花　2.2 吨

油料　217 吨

肉类　153 吨

淡水产品　94.8 吨

生猪出栏数　1226 头

小麦粉　1837 吨

纱　383 吨

布　212.05 万米

服装　45.54 万件

三、每天消费量

全社会用电量　1558 千瓦时

社会消费品零售总额　10138 万元

农村居民每人生活消费　44 元

城镇居民每人生活消费　68 元

四、每天其他经济活动

旅客运输量　11598 人次

货物运输量　36164 吨

荣誉通州

通州区获江苏省首批食品安全示范县(市)区称号
通州区获全省预决算公开工作先进地区称号
通州区获小型农田水利重点县省级绩效考评优秀
通州区体育局获全国群众体育先进单位称号
通州区金沙街道社区教育中心被评为全国首批城乡社区教育特色学校
通州区公安局法制大队被授予“全省优秀公安基层单位”称号
《通州市志(1993—2009)》荣获江苏省地方志优秀成果奖

媒体聚焦通州(选辑)

绿色发展,“263”专项行动看通州

“原来这里河水有点发黑,垃圾清理不及时,工地噪音还扰民……现在环境大变样了,真的要为‘263’专项行动点赞。”市民张先生道出了老百姓的心声。“263”专项行动开展以来,南通市通州区委区政府高度重视,牢固确立绿色发展理念,严格按照省委、省政府部署安排,成立了“263”专项行动领导小组及办公室,制定出台《通州区“263”专项行动实施方案》等,进一步强化执行力,拿出“硬招数”,做到责任化落实、精准化治污、项目化推进。

“两减”全面启动

“动真格”的“263”专项行动,主要内容为“两减六治三提升”。首当其冲的“两减”是指“减煤炭消耗总量、减落后化工产能”。通州区委区政府坚决守牢“生态红线”,不达目的决不“休战”。

通州区全面整治燃煤锅炉,制定了《通州区2017年燃煤锅炉淘汰工作方案》,至目前,共关停燃煤锅炉180台,削减燃煤约13万吨;大力发展清洁能源,实施《通州区管道天然气全覆盖工程2017年计划》,已累计施工20公里管道;重拳出击化工行业“四个一批”整治,确定化工生产企业“四个一批”处置意见、整治方案和联席会议制度,今年将关闭10家化工企业。

“六治”强势推进

所谓“六治”,是指治理区域水环境、治理黑臭河道、治理生活垃圾、治理畜禽养殖污染、治理挥发性有机物、治理环境隐患等。通州区委区政府以高度的政治责任感把生态环保工作推向深入,以“263”专项行动为契机,解决重点环境问题,绘就碧水蓝天新画卷。

通州区着力改善区域水环境,形成《通州区全面开展“河长制”实施方案》,计划疏浚河道141万立方米,计划河坡绿化2124公里;巩固提升垃圾治理,稳步推进全区生活垃圾分类分拣中心东社站等重点工程建设;加快实施黑臭水体整治,列入城区“黑臭水体”的4条河道中的“五一河”综合整治已完成工程量的85%;扎实做好农村面源污染整治工作,今年将关停禁养区养殖场135家,212家非规模养殖场(户)治理名单已确定;积极开展挥发性有机物(VOCs)治理,组织实施印染,船舶等41家企业VOCs治理工作;编制完成《通州区环境风险评估报告》,全面开展环境隐患排查治理。

“三提升”成效明显

提升生态保护水平,提升环境经济政策调控水平,提升环境监管执法水平,通州区委区政府对“三提升”统筹实施,对存在的生态“短板”保持高度警醒,进一步增强法治意识、攻坚意识,扑下身子抓落实,确保解决隐患不留“尾巴”、处理问题不留后遗症。

通州区进一步加快推进重点工程建设,编制完成《2017年通州区覆盖拉网式农村环境综合整治实施方案》,组织开展15个污水处理项目建设;加快完善政策措施,研究制定《河道绿化验收办法》《南通市通州区生态环境保护专项资金管理办法》等政策文件;加大环境执法力度,建立完善环保执法“双随机”抽查制度,加强环境执法与司法联动,开展环保执法亮剑行动。至目前,环保立案114件,涉嫌刑事犯罪移送公安3起。

通州区吹响“263”专项行动集结号,环境质量总体保持稳定,取得了阶段性成果。通州区副区长、区“263”办主任曹建新斩钉截铁地表示,绿色发展是通州“生态立区”的重要抓手,下一步将对存在的环境风险隐患和突出问题再次全面梳理排查,确保“263”专项行动各项任务落到实处,真正让良好生态成为发展品牌、民生福祉。

(《新华日报》2017年8月18日第10版 凌飞 马丹)

才聚江海　智汇通州

南通通州，通江达海之州。全境面积1526平方公里，人口126.7万，是南通市区中人口数量最多、空间地域最广、经济规模最大的市辖区，连续九届蝉联南通社会发展综合评价第一，连续十届跻身"全国县域经济基本竞争力50强"，2016年位列全国中小城市综合实力百强区28位。

区位优势：通州境内铁路、高速公路、机场、港口一应俱全，是东部沿海贯通南北的重要交通枢纽和经济通道。随着苏通长江大桥和沪崇启通道的通车以及沪通大桥等过江通道的建设，通州已经全面融入了上海一小时都市圈、经济圈和生活圈。

主力平台：南通国家高新技术产业开发区。南通地区唯一的国家级高新区，先后获批国家知识产权试点园区、国家博士后科研工作总站、国家科技服务业区域试点，荣获国家第二批"科技服务业试点园区""中国压铸产业基地""江苏省先进开发区""两化融合示范区"等称号。诚创孵化器被评为"国家级科技企业孵化器"，江海圆梦谷被评为"国家级众创空间"。

锡通科技产业园是无锡、南通两市为加快跨江联动、促进经济转型发展而合作开发的新兴产业园，先后被评为江苏省沿海开发重点园区、江苏省科技产业园、省级苏南苏中共建园区。

滨江新区是滨江新区承接南通城市西拓，着力优化提升发展，打造西部重要门户，建设"高铁新城""桥港新区"，成为南通优江西拓的新增长极，按照"宜居、宜业、宜游"的原则，打造体验康体度假的独特江岛、集聚创新发展的产业高地、彰显滨江魅力的生态新城。

南通家纺城是全国知名的家纺面料专业市场，是继美国纽约"第五大道"、德国"法兰克福"之后的世界大家纺中心，拥有一条完整的产业链，集聚家纺企业3000多家、各类经营户5000多家，市场年成交额600亿元。

石港科技产业园承接南通市区以及苏南地区先进制造业转移，逐步建设成省级科技创业园区、南通示范工业集中区，成为引领通州北部崛起的强大引擎和通州新的经济增长极。

南通空港产业园，辖区内的南通兴东国际机场被定位为上海国际航空枢纽辅助机场，是南通市"十三五"期间重点培育的新兴产业基地、现代物流业集聚区和跨境贸易的先行试点区。

创新载体：江海圆梦谷。建筑面积3.8万平方米，为国家级众创空间，主要承接云计算、大数据、物联网、移动互联网等为代表的信息服务业。可为创业者提供良好的工作空间、网络空间、社交空间和资源共享空间。

江海智汇园，建筑面积31.8万平方米，已集聚纺织丝绸、现代建筑、海工装备、新能源汽车等多家产业技术研究院，建有科技创业服务中心，引入了创交所、飞天众智、凯创金融等金融、中介服务专业机构，为科技企业及创新创业团队提供相关配套服务。

中国创纺E站于2015年6月，中国创纺E站正式挂牌，并纳入省级科技企业孵化器管理体系。创纺E站有1000平方米，由苗圃区、路演区、成果展示区、创业导师区、IPO实验室、自助茶吧等组成。

产业经济：经过多年发展，通州逐步形成"353"产业体系，即大力发展高端纺织、现代建筑、船舶海工及配套装备三大支柱产业；重点发展高端装备制造、新一代信息技术、新材料、新能源装备及新能源汽车、汽车配件五大优势产业；加快培育航空配套装备、生物医药及医疗器械、机器人三大新兴产业。

高端纺织，通州家纺市场年交易规模600亿元左右，市场规模位于全国家纺行业前列，先后被评为"中国家纺名城""中国纺织产业基地"、国家新型工业化家纺产业示范基地和全国产业集群区域品牌试点地区。

现代建筑，通州是"南通建筑铁军"发源地，2012年被授予"中国建筑之乡"称号，全区建筑企业218家，拥有南通四建、通州建总、南通新华3家特级资质企业，28家一级资质企业，10万建筑"铁军"驰骋海内外，累计荣获53个"鲁班奖"，位于全国县(市、区)前列。

船舶海工及配套装备，通州是"中国船舶钢结构之乡"，年造船能力超200万载重吨。目前致力于提升船舶海工产业研发设计能力，积极拓展特种化学品船、汽车滚装船、海上石油平台等高附加值产品领域，推动产业转型升级。

高端装备制造，通州突出"高端化、集聚化、特色化"发展方向，重点发展新型电力装备、冷链装备、环保装备、高端印涂装备、大型工程机械、自动化控制系统等。

新一代信息技术，通州是国家级电子元器件及材料特色产业基地，电容器和电极箔生产技术及生产规模雄踞国内乃至世界领先地位，全国市场占有率50%以上。已有江苏综艺集团有限公司、南通江海电容器股份公司、江苏东源电器集团股份有限公司、创斯达集团等7家上市公司。

新材料，重点发展纺织新材料、金属新材料、建筑新材料等产业集群，涉及织造、压铸、建筑模块化等多个门类，成为通州最具发展潜力的产业之一。

新能源装备及新能源汽车，新能源是通州近年来迅速崛起和壮大的新兴产业，从最初的风电机铸件加工延伸到太阳能、光伏产业、风电场等领域，是本地区最具发展潜力的产业之一。重点发展风电、太阳能、光伏等新能源装备，研发制造新能源汽车关键零部件，逐步实现电动汽车产业化。

汽车配件，依托高新区的现有汽车零部件特色板块，紧跟国际汽车产业创新步伐，大力发展汽车与特种专用车及关键零部件配套研发设计制造等产业链，打造长三角重要的汽车零配件基地和全国知名的汽车精密压铸基地。

航空配套装备，依托境内的南通兴东国际机场，重点发展通用航空整装制造、航空关键零部件、飞机维修改装以及航空物流等，加快培育飞机零部件制造、飞机维修、航空物流、飞行培训、公务机基地等关联产业,打造航空产业集群。

生物医药及医疗器械,重点引进国际知名企业和领军人才(团队),加快发展医药外包,搭建技术研发平台,规划建设生物医药产业园。

机器人产业,策应中国制造2025,以推进智能制造,重点发展以工业机器人为主的机器人产业,打造特色化产业板块。

人才新政:

1.大力延揽海内外高端人才(团队)

对诺贝尔奖获得者、中国科学院院士、中国工程院院士、外国科学院院士等顶尖人才(团队)领衔来通创新创业,创新类给予最高500万元资助;创业类项目给予最高1000万元资助,并给予不超过5000万元的股权投资;对特别优秀或项目有重大突破的高层次人才(团队),采取"一事一议"方式扶持。

2.重点实施"百人回归"工程

5年内引进支持100名海内外高层次人才来通创业,给予最高300万元资助。对经认定的海外人才工作站,给予每家每年10万~30万元的补贴。

3.加快引进行业紧缺急需人才

重点在战略性新兴产业、软件和互联网、现代农业等领域,5年内引进30名左右人才(团队)。创业类,给予最高250万元资助;全职创新类,给予最高125万元资助。同时,给予引才单位最高5万元奖励。

4.柔性引进高层次外国专家

鼓励企业引进海外工程师、设计师等高层次外国专家,经评审,一次性给予5万~10万元工薪补助。获得国家、省市级项目支持的,给予1:1配套支持。

5.建设高标准的创业载体平台

对新认定为国家级、省级、市级众创空间等新型孵化器的,分别给予载体管理服务单位100万元、50万元、30万元奖励。

6.建设高质量的技术研究院

对新认定的市级企业研究院、协同创新研究院、院士工作站,分别给予260万元、195万元、65万元资助。

7.建设高水平的企业创新平台

对新批设立国家级博士后科研工作站、国家级博士后科研工作站分站、省博士后创新实践基地并引进博士后实质运行的,分别给予50万元、20万元、20万元补助;对每新招收一名博士后研究人员,给予5万元补助。

8.直接资助

对入选区"510英才计划"的企业按照资助协议拨付资金,给予创业类人才企业一期拨付不少于30万元资助。

9.股权投资

扩大基金规模,鼓励引导基金以股权的形式,投资人才创业企业。建立风险补偿机制,首期设立1000万元风险补偿池,每年安排500万元逐步增加。对备案风险投资机构投资人才创业企业首轮融资发生的投资损失,给予不超过实际投资损失的50%补偿,对二轮及以后融资发生的投资损失,给予不超过30%的补偿;对首轮融资发生的投资损失补偿金额不超过300万元,二轮及以后融资发生的投资损失补偿金额不超过200万元;单个投资机构每年度获得的损失补偿不超过600万元。

10.贷款担保

对获风险投资的人才创业企业,给予最高300万元的融资担保。对出现代偿的,给予50%的风险补偿,单笔补偿最高150万元。

11.提前放贷

根据"510英才计划"协议,鼓励商业银行等金融机构提前放贷,待考核通过,再行还贷。

12.财政贴息

人才创业企业完成项目合同规定的技术及经济指标的,区财政给予贷款贴息,最高不超过500万元,期限不超过2年,按同期法定基准利率50%给予补贴。

13.支持初创型人才企业起步

对获得国家、省、市人才计划资助的人才创新创业企业,给予100%、30%和50%的配套扶持。对省双创团队给予100万元配套资助。

14.支持成长型人才创业企业壮大

自成立之日起,3年内实现应税销售收入超过5000万元且税收贡献同步增长,给予研发总投入10%资助,最高不超过100万元。孵化期满,尚不具备征地的,进入加速器或产业园,给予一事一议扶持。对孵化出园的企业,采取先租后让的形式,优先解决项目所需土地。

15.鼓励人才创业企业进入资本市场

完成股权或在股权交易中心托管的,给予10万元补助。到股权交易中心挂牌并实现融资500万元以上,且在通州实际投资额超过50%的,给予10万元奖励;对实现新三板挂牌和在境内外成功上市的,在享受区、市鼓励扶持政策基础上,另行给予10%奖励。

16. 鼓励推动科技创新产品成果先行先试

在科技成果转化使用阶段,由企业出具权威第三方检验检测报告,再由科技局、公管办、相关领域主管部门及产品使用单位共同商定,列入政府采购创新产品目录,在政府投资项目招标采购过程中,采用单一来源采购等非招标方式进行订购、首购。

17.强化中介引才激励

对投资机构、人力资源服务机构以及非区内机关事业单位工作人员推荐引进高层次人才给予奖励。根据人才层次给予3万~30万元的引才奖励。

18.健全人才荣誉制度

定期组织开展"通州英才贡献奖"评选,加快推进企业家、名师、名医等领域人才培养,给予5万元奖励。

19.优化人才住房保障

对高层次创业人才提供人才公寓,免租金3年。对获得国家、省、市人才计划的,给予200万~50万元(含南通市150万~40万元)的购房补贴。博士研究生、硕士研究生,分别给予25万元(含南通市15万元)、10万元的购房补贴。

20.优化人才生活保障

根据实际在通州工作时间,3年内给予每月7000~3500元(含南通市5000~2000元)的生活津贴;对企业全职引进具有正高级专业技术职务资格或博士研究生学历学位的专业技术人才,3年内给予每月3000元(含南通市2000元)生活津贴;对企业全职引进具有副高级专业技术职务任职资格、高级技师、硕士研究生学历学位的,3年内给予每月1000元生活津贴。

21.落实"一卡通"绿色服务通道

对入选国家、省、市、区人才计划的高层次人才实行"一卡通"绿色服务,凭卡享受医疗、子女入学、驾照换领、车辆上牌等公共服务待遇。

(《解放日报》2017年5月24日04专版)

南通通州“救火英雄”朱达当选“中国好人”

4月5日，中央文明办在山东济南举办“榜样的力量——3月中国好人榜发布仪式暨全国道德模范与身边好人现场交流活动”，发布3月“中国好人榜”，南通市通州区公安局二甲派出所民警“救火英雄”朱达光荣上榜，成为“敬业奉献”类中国好人。

朱达，男，现年52岁，1983年10月入伍，1999年转业入警，现任通州区公安局二甲派出所一级警员。曾先后荣立个人三等功2次，获得各级嘉奖7次，2015年被评为通州区十佳社区民警。

18年，他扎根最艰苦的基层一线，从未挪过“窝”；18年，他带着军人的一股冲劲和韧劲，一次次在危险面前迎难而上；18年，为了守护平安，他再也没在家过过除夕。一直从事社区警务工作的他，用辛勤的汗水甚至生命在捍卫“平安”二字。2016年11月5日，他在处置一起火情时“逆火而行”，冒着煤气罐时刻可能爆炸的危险，深入火源，灭火排险，面部及左手烧伤等级达到Ⅱ度，右手更是达到深Ⅱ度，喉咙也被烫伤，被群众称为“最美警察”、人民英雄。

危险就在眼前 他选择“逆火而行”

2016年11月5日中午，通州区二甲镇北潭村一群众在家中因为操作不慎，造成煤气罐泄露引发火灾。52岁的民警朱达当时正和同事在附近处警，得知这一警情后，他和同事迅速赶到现场处置这起火情。面对厨房间里的熊熊大火和烧得焦黑的煤气罐，他意识到如不及时拖出煤气罐，随时可能爆炸。而消防专业队还在8公里以外赶来的路上，火场如战场，他必须第一时间控制火势。在确认水管因水压太小无法灭火后，朱达迅速操起一根竹耙，只身冲入火海，小心翼翼地勾住煤气罐，试图将煤气罐拖至屋外附近的水塘里。火球慢慢地向屋外移动，火焰几度喷涌，可都没有让朱达退缩，就在即将把煤气罐勾出厨房的一刹那，意外发生了，火苗突然窜起数米高，直冲朱达而来，一时间包围了他的全身，严重灼伤了他的面部、双手和喉咙。他本能地跳出火丛，撤到安全地带，准备再次灭火。

由于脸部和双手开始疼痛，他轻轻一拨手背，一大块皮就掉了下来。一同处警的同事见状，立即叫车将他送至医院。经检查，其面部及左手烧伤等级达到Ⅱ度，右手更是达到深Ⅱ度，喉咙也被烫伤。后在抢救下，朱达的伤情得到了控制，脸部和手部都做了植皮手术。

烈火淬真金，火海出英雄。由于朱达前期处置及时，最终火势被顺利扑灭，避免了爆炸的发生，当事群众的损失也被降到了最低。面对火情，在疏散群众至安全区域后，他独自转身上前紧急救援，即使没有专业工具，没有防护措施，仍然毫不畏惧，留给人民群众的就是那个“最美”的背影。

朱达的英勇事迹传开后，中央电视台、江苏电视台、《人民公安报》《新华日报》等多家媒体先后争相报导，南通州网半日微友点赞175万次，称他为“最美背影”“最美警察”、人民英雄。

2017年1月4日，通州区公安局做出《关于在全区公安机关开展向朱达同志学习的决定》，随即，朱达被评为南通政法系统“平安卫士”，南通市公安局破格为他申报个人一等功，并申报全省优秀军转干部，通州区政府为他申报市劳模。

18年倾心付出 谱写警民情深

朱达是所里公认的“大忙人儿”，他所负责的警务区是二甲镇镇区，范围大，人员多，事情繁杂。虽然大都是些鸡毛蒜皮的事情，但老百姓的事无小事，他件件放在心上。

很多时候，村干部们调解不了的纠纷都靠他去调解，辖区群众都很给他“面子”，这是群众对他的一种认可和褒奖。辖区里有个失足少年小朱，性格偏激，多年前烧毁父母房屋被判刑入狱。释放后，小朱仍经常与家人闹翻，朱达三天两头就上门做工作，用十多年的感化，终于让其慢慢走上正途，如今虽在外地工作，但每次回到二甲，小朱总会先到二甲派出所找朱达“报个到”。

2014年4月的一个晚上，朱达和同事在三甲区处理一起夫妻吵架的警情，被情绪激动的当事女子泼了一盆又脏又臭的凉水。后女子哭闹着冲向屋后的河边，朱达怕其想不开轻生，立刻追上前将其死死拽住。女子安然无恙，可挣扎中朱达却被一大块水泥砖狠狠地砸了脚，导致左脚脚趾骨折。拖着受伤的脚，朱达硬是忍着疼痛帮这对夫妻调解平息了风波后才离开。朱达将自己受伤的事瞒着家人，后妻子洗衣服发现被鲜血染红的袜子，这才知道了此事。

他救火被烧伤的消息传出后，牵动了无数人的心。有20多位辖区群众先后打电话到二甲派出所，想要看望老朱，但由于其在无菌病房接受治疗，不能长时间说话，不便于探视，都被婉言谢绝了。2016年12月4号上午，朱达伤情好转后，来自社区、农村、寺院等地60余名群众赶到南通附院，看望了他们心中的英雄朱达。

第18个不能团圆的除夕夜

躺在病房里，朱达想得最多的就是工作，就是不要给组织添麻烦。2016年12月7日，在住院的第33天，心系工作的他选择了悄悄出院。第二天，他便回到所里要求上岗，由于未完全恢复，所长硬是将他“赶”回了家。

2017年1月4日，朱达坚持返回了岗位，第一件事就是到辖区香光寺走访检查。香光寺是消防重点单位，每年除夕约有两万香客来寺庙进香，每年的除夕、大年初一、初五这三个日子，即使不是他值班，朱达都是全天候守在寺庙里。2011年的大年初一，香客进香的蜡烛亭意外起火，火焰突然窜高达数米，还点燃了旁边的树。所有人惊慌失措地往后退，只有在人群中巡逻的朱达迅速拎起灭火器往前冲去，及时处置，避免了火情蔓延和一场踩踏事故的发生。

17年来，朱达处置过的火情多达七八十起，有时候他要冲到危险的火源旁采取措施迅速灭火，有时候要将滚烫的煤气罐拖出屋外，有时候几进几出进行火场救援，不同的火情需要不同的处置方法，他已经积累了丰富的处置经验。

2017年1月27日是除夕夜，这晚，所里并没有安排朱达安保，但他一如往年，继续来到香光寺值守，让同事们也大吃一惊。事实上，他的伤势还未痊愈。为了保护受伤的皮肤，两只手上戴着医院定制的塑形手套，右手还无法正常弯曲，双手还不能用劲儿。脸部经过植皮，虽看不出异样，但长时间暴露于外部后，就开始发红发烫。

朱达妻子说，这些年的除夕夜，全家人想一起吃一顿年夜团圆饭都成了一种奢望。除夕家里只有她和女儿两人，女儿小时候总是哭着要找爸爸，问别人家过年都是全家团团圆圆热热闹闹，为什么我们家爸爸总是不回家。今年，原以为受伤的朱达终于可以歇歇，全家团聚过上一个团圆夜，但没想到，哪怕是带着伤，他也不肯“缺席”。朱达对家人充满愧疚，但他认为香光寺在自己的辖区，不论何时，守护这里的安全就是他的职责。

一位网友在中国好人榜中这样评议朱达：你选择的是一种维护稳定秩序的工作，需要一种应对挑战与身俱来的耐心，这耐心与职责熔和，锻造出一种叫平安的氛围，献给群众！

（《新华日报》2017年4月6日）

通州区公管办“两让五公开”让百姓明明白白

南通市通州区公管办，一派繁忙景象。“我们这儿就像市场，很热闹。”通州区公管办副主任司红林笑着说，“凡是需要招投标的建设项目和采购项目，都在我们这里。”截至今年11月底，通州区公管办完成交易项目3874项，交易额53.79亿元，节约资金12.91亿元，节约率19.36%。

通州区公管办在融合党建的道路上，探索出的一套具有鲜明特色且可操作性强的制度，创建“两让五公开”效能服务品牌。通过推行党务、政务、服务、过程、结果等信息公开，使服务对象和社会各界对公管办及交易中心全面了解，增加透明度，主动接受监督，让服务对象放心、让社会群众满意。通州区公管办党组书记赵建峰说：“两让五公开，既抓党建又抓业务，在党建中提升业务能力，在业务中增强服务意识。”

“两让五公开”首先公开的就是党建。赵建峰说：“抓发展是第一要务，抓党建是最大政绩，两者相辅相成、缺一不可。”如何将相辅相成的党建与业务做得相得益彰？选择合适的载体就显得至关重要。于是，通州区公管办以“先进评比、文明创建、便民服务”三大活动为载体，结合业务比拼，深入推进党建工作。

为政府投资及全区的招投标项目守门把关，通州区公管办以从严治党为基准，紧紧围绕群众需求，精简流程，提高效率，全方位立体推进政务公开，积极营造良好的公共资源交易环境。为此，他们推进“阳光交易”三清示范点建设，实施履职风险“五联防”工程，强化建章立制，推进权力“进笼子”，转变管理职能，当好交易“裁判员”。

通州区公管办目标“建立统一、规范、廉洁、高效的公共资源交易服务体制”，在“标准化、效能化、电子化”方面开动脑筋，全力推进公共资源交易优质服务平台建设。标准化服务、效能化服务、电子化服务等一系列服务推陈出新。今年以来，接受业务咨询1496次，协调处理难点问题84项，统筹或超前安排并完成交易项目14项。

过程公开，规范运作统一监管。对于重大民生工程、技术复杂的项目通州区公管办不仅组织监管科、政府采购科、工程建设科、网络信息科等相关科室集体会商，还会邀请相关领域的专家对招标文件一起会商，对技术参数等内容提出专业意见。坚持问题导向，按照“市场公开交易、交易规范运作、运作统一监管”的原则，从创新交易方式、强化监督管理等方面着力，提高公共资源交易效率和公开公平公正水平。为了让交易过程更加公开透明，通州区公管办引入社会力量全程监督。他们从纪检监察干部、行风监督员、人大代表、政协委员、民主党派、社会团体、市民代表等人员中聘请133名监督员，参与评标专家抽取、开标、评标、定标等重要环节，并对评标专家、招标代理及工作人员进行现场考评。规模以上项目远程评标制度的执行，解决了本地评委评审过程中可能存在影响评标结果公正的主观因素，弥补了本地评委库人员和专业不足的问题。今年1月—11月，完成远程评标项目主场39个、客场123个。

通州区公管办积极推进信息化建设、规范质疑(疑义)投诉处理、扎实开展标后监管工作。对公共资源交易监管方式进行全面的改革、创新，不仅招投标公示有统一的门户网站，就是开评标区及公共区域都是全程录像监控，更有电子竞价和电子评标以及专家抽取语音通知系统……以技管事、以机管人，减少人为因素，降低人情干扰，让阳光操作为常态。

截至目前，通州区公管办主动公开各类信息17272条，累计访问超过4019万人次，网上调查社会满意率达86.68%，真正实现让服务对象放心、让社会满意。

（《新华日报》2017年12月9日）

上级领导视察通州

【郭文奇到通州调研】 12月3日，江苏省委常委、组织部部长郭文奇到通州调研。他充分肯定通州区组织工作取得的成效，希望通州深入学习贯彻党的十九大精神，按照中央和省委关于党建、干部和人才工作的新部署新要求，集中精力抓好各项重点任务落实，为推进“两聚一高”新实践提供坚强组织保障。郭文奇先后到南通高新区江海智汇园、南通四建集团有限公司，深入了解通州区科技创新、人才发展、非公企业党建等情况。在江海智汇园，郭文奇参观南通高新区创新创业成果展。在南通四建集团有限公司，郭文奇详细了解公司党建工作，勉励企业进一步加强党建工作，发挥好组织、保障、凝聚和服务作用，强化党建引领，实现更好发展。

【韩立明调研通州经济社会发展情况】 12月5日下午，南通市委副书记、市长韩立明到通州，走访园区、企业、镇村，调研经济社会发展情况。韩立明先后到石港镇、十总镇、南通高新区进行实地调研。在石港科技产业园，韩立明听取园区规划、产业布局等情况介绍。韩立明说，园区要尽可能提供标准厂房，提高土地利用效率，对入驻项目要把好门槛，按照环保、投入产出、科技含量等标准进行筛选。她指出，园区要做好环保等基础设施建设，提升项目接纳、承载能力。韩立明参观丽智电子有限公司工厂生产线，详细了解公司生产经营情况。

韩立明十分关心乡村和农业发展。在石港渔湾湿地，韩立明实地了解乡村旅游发展情况，她要求做好做足“水文章”，按照“水岸互动”理念布局周边作物种植，因地制宜发展渔家乐、民宿等特色旅游经济。十总镇十总居是江苏省最美乡村，韩立明走进村居小游园，了解相关情况，她希望放大美丽乡村效应，推进生态文明建设。座谈会上，韩立明听取通州区经济社会发展情况汇报。她指出，党的十九大提出的“新时代”是引领发展的重大判断，需要坚持以人民为中心的发展思想，推进防范化解重大风险、精准脱贫、污染防治“三大攻坚”。

（通讯员施伟办　记者孙萍）

【王侠到通州区调研】 11月11日上午，中华全国供销合作总社党组书记、理事会主任王侠一行，到通州区调研供销社企业经济运行、为农服务等工作。

王侠一行实地了解通州农副产品物流中心中心规划、建设、运营情况，对中心目标打造线上线下融合发展的现代化农副产品交易市场表示赞赏，调研江苏通联现代农业发展有限公司农村科技服务超市、库区的情况，以及南通供销产业园纺织交易市场、棉花机械公司及产业园的运营、发展情况。

王侠对通州区供销合作社系统工作表示肯定，要求该系统立足区情，抢抓机遇，突出重点，抓住关键领域和薄弱环节，做好农业社会化服务工作以及企业转型升级等各项工作，提升为农服务的能力和水平。　（记者周优优）

【陆志鹏到通州区调研“两学一做”学习教育实践活动】 9月13日，南通市委书记陆志鹏，市委常委、宣传部部长刘浩等市委常委分别到通州区的“两学一做”学习教育联系点调研指导，要求进一步在“学”上深化拓展，在“做”上持续用力，扎实推进“两学一做”学习教育常态化制度化，把党员干部焕发出的热情转化为推进“两聚一高”的强大动力。

陆志鹏深入通州区部分镇村、社区和企业，同基层党员干部互动交流。在石港镇江海村，陆志鹏考察了村公共服务中心，详细了解“两学一做”学习教育开展情况，对江海村党总支强化“党建+”新理念、激发基层组织活力予以肯定。他强调，镇村党组织要以深入推进“两学一做”学习教育常态化制度化为契机，以充分发挥基层党组织领导核心作用为“轴心”，坚持抓党建、抓富民、抓生态、抓稳定“四轮”驱动。随后，陆志鹏看望了江海村第一支部第二党小组组长许国萍，了解党小组活动开展情况，并走访慰问困难群众宗恬词一家。

在碧堂庙社区公共服务中心，陆志鹏听取社区党总支工作汇报，并和社区民警、调解员等亲切交谈，要求进一步提升基层党组织服务群众能力，促进社会和谐稳定。当天，陆志鹏还来到南通四建，勉励企业充分发挥党组织政治引领作用，以党建促转型、聚人心、树形象，在南通建筑业转型发展中继续走在前列，打造党建工作的“鲁班奖”。调研中，陆志鹏强调，深入推进“两学一做”学习教育，要突出常态化制度化，在“深学实做”上下真功，以解决问题的实际成效取信于民。

市委常委刘浩实地走访了先锋街道花园村公共服务中心、金新街道金南社区公共服务中心，详细了解“走帮服”及党建工作开展情况。刘浩对这两个村（居）开展“两学一做”学习教育的情况表示肯定，认为他们充分发挥基层党组织的核心堡垒作用，在精准扶贫工作上迈出大步、走出特色，为群众安居乐业提供了保障。刘浩还看望了花园村党小组组长葛汉文和金南社区党小组组长顾俊明，嘱咐他们继续夯实基层基础，做示范、带好头，为基层党组织建设发挥余热。

在通州建总集团有限公司，刘浩了解公司的发展历程和开展“两学一做”学习教育的成果。刘浩表示，通州建总党建工作有基础、有经验，要常态化开展“两学一做”学习教育，创造出更多更好的党建工作经验，把学习热情转化为工作激情，推动建筑业转型升级、提质增效。

（通讯员施伟办　瞿镇辅　记者顾艳）

【葛玉琴到通州进行立法调研】 11月17日下午，南通市人大常委会副主任葛玉琴带领市人大常委会法工委、人代委，市政府法制办、人社局等相关部门负责同志，到通州召开《南通市人才发展促进条例（草案）》立法调研座谈会，认真听取了通州人大相关工委负责同志、区部分企事业单位高层次人才、人事工作人员以及相关部门负责同志对该条例的意见建议。

座谈会上，葛玉琴就《南通市人才发展促进条例（草案）》的起草情况进行说明。经过前期认真阅读和仔细分析《南通市人才发展促进条例（草案）》相关内容，与会人员分别结合通州区及南通市人才发展的实际情况就《条例（草案）》的针对人群、涉及内容、立法的可行性以及实施的可操作性等内容积极建言献策。

葛玉琴表示，有关同志围绕《条例（草案）》各抒己见，献计献策，充分体现出通州对人才工作的高度重视。她指出，

《南通市人才发展促进条例(草案)》的制定,对南通市留住人才、激励人才、用活人才,建设创新之都具有强烈的时代意义。在立法调研过程中,各部门要深度调研,提高调研的科学性,加强立法的针对性,为全市下一步人才工作打下坚实的基础。 (通讯员瞿仁达 记者季晓燕)

【陆志鹏督查通州区安全生产工作】 8月30日,市委书记陆志鹏到通州区督查安全生产工作。他强调,要坚持问题导向,狠抓责任落实,扎扎实实推进安全生产大检查、大排查、大整治,把各类安全隐患消除在萌芽状态,确保不发生重特大安全生产事故。

陆志鹏察看江苏甬金金属科技有限公司生产车间,现场了解企业安全生产风险点及防范措施。他强调,企业要进一步落实安全生产主体责任,完善安全生产规章制度,强化职工安全生产教育和培训,加大安全生产投入,提升安全生产水平。

陆志鹏实地检查中航南通深南电路项目一期工程建设工地安全生产情况,对项目现场管理表示肯定。他叮嘱业主和承建方要强化红线意识和底线思维,落实安全施工举措,经常性检修生产设备,并教育引导员工提高安全自律意识,防范遏制高空坠落等各类事故发生,为项目早日建成投产提供保障。

在城区大润发,陆志鹏现场要求相关负责人打开安全门,察看逃生通道是否通畅,并随机检查了灭火器设置、消防安全台账等。他叮嘱负责人在经营过程中既要赢利、更要确保安全,要进一步制订完善应急预案,经常性开展疏散演练,提升应对突发性事件的能力。消防部门要加强监管巡查,对存在的安全隐患要督促整改到位。

(通讯员施伟办 记者周优优)

【周慧琳调研通州版权工作】 9月16日上午,国家新闻出版广电总局副局长、国家版权局专职副局长周慧琳到通州调研指导家纺市场版权工作。在南通家纺城(川姜镇),周慧琳实地参观园区知识产权服务厅、知识产权法庭等,认真听取园区版权管理工作,翻阅知识产权维权案例记录。周慧琳对通州家纺版权保护工作表示肯定,并指出要不断拓展版权工作的领域,完善工作机制,建好版权工作队伍,继续做大、做优家纺版权保护品牌。 (记者周优优)

【杨海龙调研通州经济社会发展情况】 9月12日,南通市副市长杨海龙到通州区调研经济社会发展情况。调研组一行首先来到兴仁镇政府、兴仁镇综治中心,了解该镇村集体经济发展情况以及城镇居民人均收入的情况。随后,到华夏飞机工程、综艺集团、雄邦压铸等企业,结合企业发展现状,了解企业投资建设、生产研发、业务范围等情况。在科技之窗,调研组察看综合孵化区、创新平台区以及生活配套区等功能片区的分布和建设情况,对科技新城孵化能力和规模表示赞赏。调研组一行还来到江苏金太阳纺织科技有限公司、南通金土地生态农业园等地调研。

杨海龙对通州的经济社会发展情况表示肯定,希望通州区继续狠抓项目投入、聚力创新转型、加大改革力度,促进全区经济社会更好更快发展。

(记者沈维维)

【王元慧到通州区调研】 8月17日,江苏省工商局党组书记、局长王元慧一行到通州区调研市场监管工作。王元慧在区市场监督管理局信息化监管指挥中心,实地观摩运作过程,对通州区运用信息化手段监管市场的做法和成效予以肯定。

在西亭分局,王元慧查看执法装备室、食品快检室等处,并与工作人员进行交流。她认为,通州的做法值得全省市场监督管理系统学习借鉴,下一步要继续健全完善监管机制,持续增强监管合力,不断服务地方民生,打造全面、健康、安全的市场监管样板。王元慧一行还了解通州区行政许可事项审管分离情况。

(通讯员瞿镇辅 记者徐艳梅)

【韩立明调研通州重大项目建设】 7月13日,南通市委副书记、市长韩立明率市有关部门到通州滨江新区,就恒科新材料二期多功能高品质纺织新材料项目进行专题调研、会办。她指出,服务大项目、支持大项目是经济工作的重中之重,要按照市委相关部署,进一步增强主动性、精准性,强化协调服务,推动项目早开工、早竣工、早达产。

(通讯员瞿镇辅 记者孙萍)

【姜永华调研通州政法工作】 6月12日,南通市委常委、政法委书记姜永华率队到通州区调研政法工作。姜永华一行先后深入张芝山镇综治中心、川姜镇综治中心、川姜镇电子商务纠纷调处中心、金新街道综治中心、通州区交通事故保险理赔服务中心等地调研。每到一处,姜永华都与综治中心工作人员攀谈,详细了解信访接待、矛盾调处等工作情况。姜永华一行对通州区夯实基层法治服务体系的做法表示肯定,要求相关部门加大基层综治中心建设投入,扎实抓好中心的标准化、规范化建设,优化改善办公场所,为群众提供优良的服务。

座谈会上,姜永华对通州区政法工作给予高度评价,认为通州区政法工作思路清、措施实、成效好,切实履行了维护社会大局稳定、促进社会公平正义、保障人民安居乐业的职责使命。他要求政法机关重源头,坚持围绕中心、服务大局,通过深入推进司法体制改革,解决政法工作中存在的问题,全面推进通州政法工作再上新台阶。要强基础,加强自身建设、思想建设,打造一支靠得住、过得硬的政法队伍。要求实效,全区政法机关工作人员要创新工作举措,加强网格化管理,扩大信息收集覆盖面,发挥综合治理的强大效能。

(记者顾艳)

【许前飞调研通州法院工作】 5月3日,江苏省高院院长许前飞到通州区调研法院工作。在区人民法院知识产权巡回法庭,许前飞详细了解案件审理机制、案件审结率等情况,听取通州区人民法院工作情况汇报。许前飞表示,通州区人民法院在抓好审判工作、服务发展、服务社会、服务大局方面做了卓有成效的探索。他希望通州区人民法院适应新形势、新发展,创新知识产权审判,创造新的通州特色;继续推进司法责任制改革,切实解决法院当前面临的问题,进一步推进司法公正,提高司法公信力。 (记者葛燕)

【朱劲松调研通州人才工作】 3月13日，省委组织部在南通召开各设区市委组织部分管部长和人才处处长会议。省委党建办副主任朱劲松一行考察通州人才创新载体——南通高新区江海智汇园，实地了解通州创新创业成果，对通州在人才体制机制创新、金融链条扶持、创新平台建设等方面给予了充分肯定。她希望通州借助良好的人才工作基础，继续创新完善人才集聚和使用机制，用好人才、成就人才，最大程度释放人才创业创新活力。

（通讯员瞿镇辅　记者周优优）

知名人士考察通州

【崔松光到通州考察】 4月13日，北京市通州区委常委、常务副区长崔松光率考察团到通州考察。区委副书记、区长陈永红接待考察团，双方就加速推进“南北通州”共赢进行了深入交流。

崔松光表示，南北通州本就是一家亲，此次考察亲身感受到了南通州人文历史的厚度，目睹了高水准的城市建设和管理水平，很值得学习。目前，北通州正处于打造“北京市城市副中心”“国家级文明城市”机遇期，希望搭建更多的交流、沟通平台，借助这条“亲友”纽带，加强两地交往、合作，互相学习，实现共同进步。　（通讯员瞿镇辅　记者周优优）

【朱民阳考察通州综艺集团】 8月24日，扬州市政协党组书记、主席朱民阳率考察团一行15人到通州区，参观考察综艺集团。在综艺集团展示厅，考察团参观了解了企业的发展历程。考察团对企业的经营规模、领先技术、创新思维表示赞叹。朱民阳认为综艺集团是国内先进制造业转型发展的标杆，实现了制造业的跃升，发展模式值得借鉴。

（记者樊希萌）

红色记忆
——通州革命遗址掠影

南通县抗日民主政府纪念碑

位于通州湾三余镇北兴桥（原北兴桥乡政府院内），1990年11月25日建成。1996年被确定为通州市（县）级爱国主义教育基地。

大 事 记

Record of Major Events

编 辑 陈 菊

1月

3日 通州区召开水利工作暨河道整治阶段总结会议，总结2016年度水利和河道整治工作，部署2017年相关任务。

5日 通州区召开区级机关部门特色重点工作完成情况年度评议会，对全区73家机关部门进行现场评议。

10日 通州区第十六届人民代表大会第一次会议在区行政中心开幕。陈永红代表区第十五届人民政府向大会作工作报告。区发展和改革委员会、财政局以书面形式提交《南通市通州区2016年国民经济和社会发展计划执行情况与2017年国民经济和社会发展计划（草案）的报告》及《南通市通州区2016年财政预算执行情况与2017年财政预算(草案)的报告》,提请大会审议。

17日 南通市政协主席王德忠率领市政协主席会议成员视察通州区“华侨村”——南通高新区界北村建设发展情况。

△ 南通市委常委、政法委书记姜永华率市委政法委机关干部一行，深入刘桥镇,走访村居、企业,看望老党员和困难农户。

19日 南通市人大常委会党组书记、常务副主任陈斌，副市长孙建华一行，深入二甲镇走访慰问并进行安全生产检查。

23日 全区公安工作会议召开,认真贯彻落实全国社会治安综合治理创新工作会议、省市公安工作会议精神,总结成绩、分析形势、部署工作。

24日 全区经济发展贡献百强企业表彰大会召开。

25日 区第十六届人大常委会举行第1次主任会议。会议讨论区人大常委会2017年“三项特色工作”方案(草案)。

2月

3日 全区文明表彰暨作风建设大会召开。

△ 江苏省委常委、政法委书记、公安厅长王立科到通州走访调研。

6日 引自美国的“美国青蛙跳蹦床乐园暨美式iLifeUS教育体验馆”在南通高新区建成并正式对外营业。这是国内首家美国“青蛙跳”主题游乐场馆,也是通州区年内首个建成的三产服务业项目。

7日 EM-11C Orka飞机制造项目成功落户南通空港产业园，投资总额达3.75亿元(其中外资3000万美元)。EM-11C Orka飞机是波兰Margański公司研发设计的一款双发四座活塞式固定翼飞机,采用先进的全复合材料生产工艺,可用于私人、商务、教学培训、娱乐、空中巡查等用途。

10日 第九届江海民俗文化节暨古沙灯谜节的元宵联欢大戏——“同心向上 领航江海”大型歌舞演出在区体育中心举办。

17日 通州区召开党建暨农村工作会议。

27日 南通市委常委、区委书记宋乐伟会见瑞士驻上海总领事馆霍力轩总领事等一行。

△ 瑞士希能维尔德市市长皮特·霍德尔一行率团考察通州区。皮特·霍德尔对通州区产业发展、区情区貌予以充分肯定。

28日 金沙街道进鲜港鲜花小镇开工。进鲜港鲜花小镇（进鲜港湿地公园)项目位于城区东侧万顷良田项目区，东至三总河、南至通吕公路、西至苏223线、北至运盐河北路,占地面积约5000亩，是进鲜港乡村旅游集聚区的龙头项目,总投资约20亿元人民币。

△ 由欧洲遮阳产业行业领先企业——瑞士森科遮阳系统股份有限公司投资的森科南通项目正式开业投产。该项目主要生产包括外遮阳百叶、中空内置百叶等多种型号规格的优质遮阳产品,首期投资2000万元。

3月

5日 “2017年CIO时代中国行南通·通州站”活动在南通高新区江海智汇园举行。来自产业界的多位专家、企业CIO、知名企业家以及通州区企业代表齐聚一堂，共同探讨制造业转型升级发展新策略。

7日 通州区召开宣传思想文化工作会议。南通市委常委、区委书记宋乐伟对全区宣传思想文化工作作出批示,要求深入开展精神文明创建活动，讲好通州故事,唱响通州声音,传播通州形象,努力使通州宣传思想文化工作继续走在全市前列。

△ 通州区政府与南通天伦燃气有限公司在区行政中心签订天然气建设发展合作协议。南通天伦燃气有限公司计划总投资10亿元，在滨江新区经营区域内,新建天然气输气管线、分输场站及阀室、分布式能源、天然气加注站等供气设施,满足滨江新区范围内城镇居民、工商业和交通运输业等行业的用气需要。

9日 通州区二甲镇在上海浦东举办接轨上海投资说明会暨缔结友好乡镇签约仪式,与浦东新区高行镇、泥城镇分别签订缔结友好乡镇合作协议书，会上成立接轨上海联络处并进行“南通市通州区二甲镇接轨上海联络处”揭牌仪式,现场签约4个项目，部分项目达成初步合作意向。

15日 广西壮族自治区政协考察组到通州区,就“大力发展县域经济”主题开展考察活动。考察组一行参观区城市展览馆、东源电器集团、江海智汇园、宜家工业集团南通工厂，高度赞赏通州区的经济发展成绩，并表示将学习通州在经济新常态下加快企业转型、加强产学研合作、加大招商引智等方面的做法,推动地方经济发展。

17日 江苏省委台办副主任王鲁宁、省台商服务中心主任尹伟林等一行6人到通州区进行实地调研。调研组一行先后参观南通江海台湾农民创业园、金土地生态农业园。

18日 通州区现代物流协会成立大会暨第一届第一次会员大会在中国供销集团南通供销产业园召开。区现代物流协会网站也正式开通。协会有68家会员单位,涉及仓储配送物流、农资物流、电商物流、快递物流等。

20日 由通州区公交公司和南通智慧交通科技有限公司共同开发的通州“掌上公交”开始试运行。

26日 2017年军民融合项目洽谈暨中国航天科技成果首次发布会在南通高新区江海智汇园举行。

28日 2017年江苏省老年人体育节通州区暨金沙街道分会场活动在区体育公园启动。

4月

8日 由通州区人民政府、阿里体育共同举办的2017南通通州体育旅游梦幻之春开幕。活动为期16天,紧扣体育、旅游融合发展趋势,以打造“体育旅游特色小镇”为目标，陆续在滨江新区(五接镇)开沙岛旅游度假区开展Wo. Run开沙岛跨江10公里路跑、开沙岛深度体验周、开沙岛露营、全国EMBA商学院“宏泰杯”乒乓球比赛等近20项体育旅游主题活动。

12日 江苏省政协副主席徐鸣一行到通州区,围绕“聚焦富民、持续提高城乡居民收入水平”在南通家纺城开展专题调研。

13日 北京市通州区委常委、常务副区长崔松光率考察团到通州区考察。

20日 民盟南通市通州区支部成立,支部盟员共有18名。

22日 第三届宏泰杯全国商学院EMBA乒乓球联赛在中国乒乓球通州训练基地举行。来自长江商学院、北京大学、上海交通大学等全国12所高校14支EMBA乒乓球队伍近100名参赛者参加。

5月

3日 江苏省高院院长许前飞到通州区调研法院工作，详细了解区人民法院知识产权巡回法庭的案件审理机制、案件审结率等情况，听取通州区人民法院工作情况汇报。

9日 “通州—浦东机场”定制班线开通，运营车辆采用上汽大通七座商务车,相比传统大巴乘坐更为舒适。

11日 南通象屿海洋装备有限责任公司正式揭牌，首制船“XY001”号38800吨不锈钢化学品船同期开工。

15日 天津大学·密西根大学南通联合研究院成立仪式暨国际技术交流活动在南通高新区江海智汇园举行。

21日 第27个全国助残日，区无党派知识分子联谊会(简称知联会)助残扶残工作站举行成立仪式。

23日 通州区举办“通商故里行”活动,40余名来自上海、深圳、西安等地的通商聚集通州区,感受乡音乡情,共谋发展合作。

26日 通州区高层次人才创新创业洽谈会在上海开幕,复旦大学、上海交通大学等高校及中国科学院上海分院、中科院上海应用物理研究所等科研院所的相关领导、专家学者,上海高科技园区企业、科技人才服务机构和金融机构负责人、投资意向客商以及通州籍在沪知名人士等近300名嘉宾应邀出席活动。

6月

1日 通州区开展第八轮“慈善助孤”活动,启动儿童家庭监护缺失社会干预工作,79名困境儿童每人领到1000元助学款,32户“第二届教子有方最美家庭”、16名自强奋进好少年受到表彰。

4日 “金通家园杯”通州区首届经典诵读大赛在文博中心小剧场圆满收官。本次大赛分小学组、中学组和成人组进行,最终各组别分别产生一等奖1名,二等奖2名,三等奖3名和优秀奖9名。

9日 通州区召开“两学一做”学习教育常态化制度化工作座谈会暨“走帮服”活动推进会，深入学习贯彻中央和省、市委关于“两学一做”学习教育常态化制度化工作座谈会精神，总结部署通州区“两学一做”学习教育工作及“走帮服”活动。

15日 工信部科技司副司长沙南生一行到通州，深入南通家纺城部分企业、微供市场,调研家纺产业集群区域品牌建设情况。

16日 通州区通吕运河“一河两岸”工程建设指挥部召开工作例会,现场推进“一河两岸”示范段建设年度工程任务。

20日 苏州市通州商会举行一届一次会员大会暨成立大会，商会的成立为在苏州发展的通州籍企业家搭建了交流合作的平台。

21日 通州区在苏州举办2017通州服务外包(电子商务)专题推介会,上海、苏州及南通等相关地区的服务外包、电商界的知名企业家参会,共话合作发展。

24日 “勤逊”文化优秀书法作品展颁奖仪式暨现场书法创作交流活动在

通州区张謇学校举办。

25 日 由通州区总工会、体育局、羽毛球协会主办的“南山湖 1 号杯”区职工羽毛球超级联赛在区体育中心开赛。此次联赛吸引了全区共 20 家俱乐部、600 余名羽毛球爱好者参加。

28 日 全区纪念建党 96 周年大会暨“旗帜鲜明讲政治”专题培训在区行政中心举行。

7 月

1 日 朱理治同志诞辰 110 周年纪念会暨《朱理治小丛书》首发式、电视传记片《信念》首映式在京举行。

7 日 南通市委常委、政法委书记姜永华率市委政法委机关干部一行到通州区刘桥镇长岸村开展“走帮服”活动。

13 日 南通市委副书记、市长韩立明率市有关部门到通州滨江新区，就恒科新材料二期多功能高品质纺织新材料项目进行专题调研、会办。

17 日 “通州学子归巢计划”启动仪式在区文博中心小剧场举办,全国各地高校的返乡大学生共 200 多人参加活动。

20 日 由广东生益科技股份有限公司投资 5 亿元的特种覆铜板项目签约落户南通高新区。

24 日 由南通市文学艺术界联合会、区委宣传部主办的《通州文丛》第二辑“素指流香”研讨会在通州区举行。全市近 20 位作家、评论家参加研讨。

28 日 南通直飞柬埔寨暹粒航线开通。

30 日 英国斯旺西市代表团到通州访问考察，就航空航天产业等领域合作项目与区有关方面进行交流对接。

8 月

3 日 通州区新的社会阶层人士联谊会成立。会议审议通过区新联会工作规则,选举产生第一届领导班子,朱朝晖当选为会长。

△ 通州区全面启动家庭医生签约服务工作。全区各医疗卫生单位主要领导、分管领导及相关业务科室负责人共 120 余人参加会议。会上,就家庭签约服务工作流程进行业务培训。

7 日 通州区委召开全区领导干部会议,宣布中共江苏省委、南通市委关于通州区委、区政府主要负责人职务调整的决定。省市委决定:陈永红任南通市通州区委书记。凌屹任南通市通州区委委员、常委、副书记,提名为南通市通州区区长候选人，陈永红不再担任南通市通州区区长。

9 日 通州区第十六届人大常委会在区行政中心举行第五次会议。会议听取和审议有关人事任免事项。会议以电子表决的方式决定任命凌屹为南通市通州区人民政府副区长，同意陈永红辞去南通市通州区人民政府区长职务，并决定任命凌屹为南通市通州区人民政府代理区长。

12 日 通州区在区体育馆举行 2017 年“全民健身月”启动仪式暨“公仆杯”拔河比赛。

15 日 通州区召开“263”专项行动推进暨“三河三行业”整治动员会。

17 日 中共南通市通州区委十二届四次全体会议在区行政中心召开。全会深入贯彻习近平总书记系列重要讲话精神和治国理政新理念新思想新战略,按照省委十三届二次全会和市委十二届四次全会最新要求,总结上半年工作,明确下半年任务,对富民工作作出部署,动员全区上下聚焦重点、攻坚克难,为高水平全面建成小康社会而努力奋斗。

18 日 通州区举行 2017 年第一批慈善助学金发放仪式，共发放 36.3 万元,62 名贫困生受助。

25 日 全区警示教育大会召开,深刻剖析区纪委查办的违纪违法典型案例,以案明纪、以案为鉴,教育全区广大党员干部特别是各级领导干部知敬畏、明底线、守规矩,进一步营造干部清正、政府清廉、政治清明的良好局面。

△ 通州区举行 2017 年红十字博爱助学款发放活动,帮助品学兼优、家庭困难、渴望求学的学子摆脱困境,圆梦大学。本次活动共资助学生 37 名,发放博爱助学款 16.9 万元。

9 月

7 日 南通市委党建工作领导小组副组长、市“走帮服”活动领导小组副组长陈斌率队到通州区,就“走帮服”活动进行专题调研。

8 日 通州区正式授牌成立中汇金、凯璞庭、零号湾、谈家 28 四家驻沪招才引智工作站,这标志着通州区驻沪招才引智工作站正式进入实质化运营阶段。

△ 全区公安机关党的“十九大”安保誓师暨功模事迹报告会在区文博中心举行。

11 日 通州团区委在上海普陀区成功举办接轨上海招商推介会暨缔结“友好青联”揭牌仪式,30 多位来自上海各行业的企业家代表参加此次推介会。会上，通州区青联与上海市普陀区青联签署“友好青联”合作协议,并举行“友好青联”揭牌仪式。

13 日 通州区驻苏北流动党员联合党委在徐州正式成立。这也是通州区继在南京、上海分别成立流动党员联合党委后,突破单个城市的行政区划,覆盖徐州、宿迁、淮安、连云港四个地级市的区域性联合党委。

15 日 通州区举办德国慕尼黑工业 4.0 暨南通国家高新区投资环境说明会。

16 日 国家新闻出版广电总局副局长、国家版权局专职副局长周慧琳到通州区调研指导家纺市场版权工作。

17 日 通州区迎来第十批科技镇长团,共 10 名团员到通州工作。2010 年以来,先后有 7 批省科技镇长团总计 72 名团员到通州挂职。

20 日 通州区在金郊初中礼堂举办《习近平讲故事》诵读会。全区 31 所中学 800 多名青年学生代表参加活动。

21 日 著名党建专家甄小英、国家行政学院经济学教研部教授许正中带领人民论坛专题调研组，到通州区调研融合党建工作。

22 日 通州区召开环保督察交办问题整治推进会，通报中央及省环保督察交办事项的处理进展、水环境质量现状及“三河三行业”整治推进情况,并部署下一阶段环保工作。

△ 全国科普日主场活动暨首届公民科学素养知识电视大奖赛在区文博中心举行。区卫计委、市场监管局、教育局、

农委、刘桥镇、金沙街道等6支代表队的18名选手参加比赛。

10月

6日 通州美亚热电有限公司冷却塔顺利拆除。公司于1999年3月正式投产运营，为城区150多家企业、学校、医院供热。

11日 通州区举行朱理治故居修缮竣工暨故居展览室揭牌仪式。

△ 南通市“散乱污”企业暨“三行业”整治现场推进会在通州区召开。

12日 通州区举行新四军成立80周年纪念活动，南通市新四军研究会常务副会长施文彬等为“念军亭”揭牌，少先队员代表朗诵诗歌《新四军之歌》，并向新四军老战士代表敬献红领巾。《江海怒涛——新四军抗战在通州》一书被赠送给十总、骑岸中小学校。

13日 通州九三成立青年委员会。首届青年委员会由10名1980年及以后出生的青年社员和入社积极分子组成。

14日 通州区首届金融文化节颁奖典礼在区实验小学举行。金融文化节期间，开展金融知识、技能类竞赛、金融文化晚会及金融文化沙龙等活动，录制并播放《文化长廊》《金融时间》等电视节目。

15日 第八届“童声里的中国”少儿歌谣创作大赛颁奖仪式在通州区举行，全国各地的获奖者以及学生代表等3000多人参加活动。本届大赛共征集作品53552件，其中童谣47513件，校园歌曲6039件。经专家初评、复评和终评，共评选出学生组、成人组获奖童谣200首，最佳校园歌曲15首。

20日 锡通科技产业园四季度项目集中签约仪式在区行政中心举行，8个亿元以上项目签约落户，总投资约60亿元，其中韵达电商基地、澳中众创国际两个项目总投资均超10亿元。

△ 苏州市通州商会50余位企业家到通州考察。

26日 陕西省汉中市人大常委会副主任、镇巴县委书记赵勇健率代表团到通州对接落实扶贫协作事项。

△ 第十届中国(川姜)家纺画稿交易会在南通家纺城开幕。此次画稿交易会有62家单位参加，参展画稿约1.8万幅。

28日 通州区第三届运动会暨第二届全民健身运动会开幕式在区体育中心举行。此次运动会分别设中小学生部、职工部、机关部、老年部、农民部、社会部和残疾人部共7个部别竞赛，28个竞赛项目，近万人参与。

29日 第六届省“小茉莉花奖”声乐大赛在通州区落幕，颁奖音乐会在文博中心“童声里的中国”少儿艺术创研活动基地举行。本次“小茉莉花奖”声乐大赛吸引来自全省各地的300余名小选手参加，经过紧张激烈的复赛，71名(组)选手脱颖而出进入决赛，最终评出金奖9名、银奖17名、铜奖26名及优秀奖若干名，还评出优秀指导老师奖、优秀组织奖、组织奖。

11月

1日 锡通科技产业园成都招商推介活动在宝利根精密工业成都制造基地举行，成都地区模具行业的近10位业内专家、客商参加活动。

3日 通州区在沪举办2017通州(上海)金融招商推介会。与会人员观看通州《科技金融新时代》宣传片，上海市相关部门领导、企业家对通州区金融投资环境大为赞赏。

7日 共青团南通市通州区第十七次代表大会在区行政中心开幕，来自各条战线的180名代表共商通州区青年事业发展大计。

8日 通州区召开张謇对外开放思想学术座谈会，学习交流张謇在对外开放思想学术上的理念及其贡献。召开张謇研究会三届一次会议，区委书记陈永红出席会议并要求，开动脑筋，开拓思路，把张謇研究工作不断引向深入。会议作了区张謇研究会工作报告，选举张謇研究会理事会成员、会长、副会长和秘书长，王沈康当选新一届理事会会长。会议还讨论通过区张謇研究会章程，并对区张謇研究工作先进个人进行表彰。

△ 通州区首届“通州工匠”颁奖活动在区文博中心举行，10名“通州工匠”受到表彰。“通州工匠”评选活动自开展以来，群众踊跃参与，1200多个基层党、工组织参与推荐，筛选上报初步人选近100名，6万多名网友通过微信平台参与投票。最终，评选出的10名“工匠”来自纺织、建筑、机械等行业和教育、卫生系统的黄健中、邱云、李建、顾荣华、刘建忠、傅泽勋等人。

10日 通州区与海航战略合作框架协议签约仪式在海口新海航大厦成功举行，空港产业园再添50亿元新项目。

11日 中华全国供销合作总社党组书记、理事会主任王侠一行到通州区调研供销社企业经济运行、为农服务等工作。

14日 由香港南通同乡会永久名誉会长方铿，全国人大代表、香港南通同乡会会长杨耀忠率队，香港南通同乡会回乡考察团一行到通州参观考察。

15日 江苏省第二届“福龙马杯”环卫行业道路机械化冲洗职业技能竞赛在通州区拉开帷幕。全省13个地级市的39名选手参加竞赛。

20日 根据省委统一部署，党的十九大精神省委宣讲团到通州区举行宣讲报告会。省委宣讲团成员，党的十九大代表，省纪委副书记、省监察厅厅长、省预防腐败局局长王立平作宣讲报告。

△ 在石港镇四港村善水文化广场，党的十九大代表、省纪委副书记、省监察厅厅长、省预防腐败局局长王立平，南通市委宣传部副部长黄正平共同为四港村“党的创新理论传习所”揭牌。

22日 通州区档案馆顺利以高分通过江苏省AAA级数字档案馆评估，成功创建省AAA级数字档案馆。

23日 英国斯旺西市市长菲利普·唐宁率团访问通州，考察对接两地经贸、教育等合作项目，并就中英教育交流合作项目进行签约。

24日 通州区老区开发促进会携手通州中专，举行助学扶贫资金发放仪式，现场为50名贫困学生每人发放2000元助学金。

△ 通州区首个PPP项目——江海大道东延(通州段)项目初步实施方案、物有所值评价报告、财政可承受能力论证报告，获专家论证通过。

27日 通州区召开学习贯彻党的十九大精神宣讲动员会，认真学习领会党的十九大精神，对集中宣讲工作进行动员和部署。

12 月

1 日 《江苏省传统村落保护办法》开始实行，通州区二甲镇余西社区和石港镇广济桥社区两个传统村落受到立法保护，南通仅此两家。

5 日 南通市委副书记、市长韩立明到通州石港镇、十总镇、南通高新区，实地走访园区、企业、镇村，调研通州经济社会发展情况。

△ 通州区肢残运动员顾小飞摘得世界残奥举重锦标赛银牌。这也是顾小飞第三次在世界残奥锦标赛上获得好成绩。

8 日 通州区召开慈善工作表彰大会。

13 日 通州区举办2017年院士专家通州行活动，近二十名院士专家和高层次海归人才参加活动。

15 日 通州团区委在上海举办接轨上海招商引资推介会。会上，驻沪青年人才工作站正式揭牌成立。

16 日 总投资4.5亿美元的上海展华电子第二制造基地南通新厂签约落户南通高新区，并举行开工仪式。

17 日 中·以国际转化医学产业大赛（决赛）在南通高新区江海智汇园举行，来自国内外的众多投资领域人士、临床和科研专家、企业家齐聚一堂，通过“项目路演+专家点评”的方式，进行深度交流互动。

25 日 通州城东新区九总河综合景观工程绿化种植结束。

红色记忆
——通州革命遗址掠影

中共江北特委旧址纪念碑

位于江苏省南通市通州区兴仁镇姚家渡，1938年8月建成。1989年6月被确定为南通县级文保单位，1998年被认定为南通市级文保单位。

通州概览

Survey of Tongzhou

编　辑　黄丽娟

地理位置

【概　况】 南通市通州区位于长江三角洲北翼。南起北纬31°52′的张芝山镇竖积洪村，北至北纬32°15′的刘桥镇米三桥村，南北间最大直线距离50公里；西起东经120°41′的五接开沙岛，东至东经121°25′的南通滨海园区北侧，东西间最大直线距离85公里。东临黄海，海岸线长15.97公里；西部地区南濒长江，江岸线长10.77公里；西南与崇川区相接，东南与海门市为邻，北与如东县毗连，西北与如皋市接壤；总面积1525.74平方公里，其中陆地面积1351.50平方公里、江海水域174.24平方公里。全区横宽纵窄，土地平坦，耕层深厚，适耕性强。地势西北部较高，东南部和沿江、近海垦区较低。高程一般在3.80~4.50米，近海最低处为2.20米。交通便捷，新长铁路(支线)和宁通、盐通、通启高速公路穿境而过，通扬、通吕、通启运河和九圩港、遥望港、新江海河等大型骨干河道纵横交错，南端连接苏通长江公路大桥。建设中的沪通铁路长江大桥将把通州融入上海一小时经济圈。南通兴东国际机场位于兴东街道，已开通南通至北京、天津、广州、沈阳、深圳、青岛、厦门、武汉、成都、大连、温州、郑州、南京、长沙、重庆、南昌、昆明、福州、兰州、泉州、海口、贵阳、南宁、桂林和韩国首尔、济州岛，日本大阪、名古屋，泰国曼谷及中国台湾等城市航线。

行政区划

【政区沿革】 通州境域，初为长江口海域中的沙洲，南北朝中期出水。南北朝后有人定居，煮盐为业。唐为盐亭场，设防务机构。唐末沙洲涨接大陆，即凿河运盐，开通至扬州的航道，并筑坝圩、培土壤、植麦黍，逐步改变单一从事盐业生产的局面。五代初称静海镇。后周显德五年(958年)设通州，因东北有大海通辽海诸夷、西南有长江连吴越楚蜀、内运渠道达齐鲁燕冀，故而得名。静海镇改称县，隶属通州。

宋仁宗天圣元年(1023年)改通州为崇州，又名崇川，属淮南东路；明道二年(1033年)仍称通州；徽宗政和七年(1117年)改为静海郡，不久复名通州，属扬州。元世祖至元十五年(1278年)升为通州路；至元二十一年复为通州，属扬州路，隶江北淮东道廉访司。

明洪武元年(1368年)废静海县，通州直管静海本土，领海门、崇明两县，属扬州府；洪武九年划崇明县归苏州府，通州仅领海门一县。嘉靖年间(1522—1566年)，通州除州城外，分6乡6场。清顺治二年(1645年)属江南省扬州府；康熙六年(1667年)起属江苏省扬州府；康熙十一年，因江岸坍没，海门废县为乡，并入通州。

清雍正二年(1724年)，通州升为直隶州；宣统元年(1909年)，设3市区、10镇区、8乡区；宣统二年(1910年)，市区、镇区改为市，乡区改为乡。

中华民国元年(1912年)5月，废州，改称南通县，属江苏省；全县仍设13市、8乡，民国9年增设三余乡。民国18年(1929年)，市乡合并为18个区，区下设镇、乡、闾、邻；民国23年(1934年)又并为13个区，区下设镇、乡、保、甲。

1949年2月2日，南通县全境解放，原县城及港闸等地划出另置南通市，实行城乡分治。南通县政府移驻金沙镇，隶属南通行政公署管辖。同年10月，全县设12个区159个乡。1956年2月和1957年10月两次并区并乡后，全县为8个区47个乡和3个县属镇、2个区属镇。1958年3月，撤销区建制，设通海、通中、通东、通北、通西5个片。1958年，成立38个人民公社，实行政社合一，公社下设大队，大队下设生产队；后公社范围逐步调小，至1982年全县有61个公社、5个县属镇。1961年9月，恢复8个区建制；1966年，增设十总区。

1983年，实行市管县体制，隶属南通市管辖。同年，政社分设，公社改为乡，大队改为村，生产队改为村民小组，年末，全县为9个区、60个乡、5个县属镇、1个海洋渔业公司。1984年5月，实行镇管村体制，全县设14个镇、43个乡，以后各乡先后改建为镇。1987年2月，撤销区委、区公所，按原行政区域设9个区工委和指导组。1991年1月，陈桥、幸福、秦灶、新开3乡1镇和小海镇的6个村划归南通市区后，县境面积为1637平方公里，人口145万有余。1992年末，全县为17个镇、32个乡、1个海洋渔港管理委员会、36个居民委员会、884个村。

1993年2月，南通县撤销改设通州市。

1996年4月机构改革中，9个区工委、指导组撤销。2000年全市行政区划再次调整，原49个乡镇撤并为26个。2001年4月，观音山、小海、竹行3镇和市良种场、种畜场划归南通市区，通州市行政区域内的南通农场(省属)和东方红农场(省属)也划入南通市区范围。2002年末，全市辖23个建制镇、3个街道办事处、376个行政村、52个社区、5个农场。2005年，新设北兴桥、三门闸、五接、李港、海晏5个社区居民委员会，全市有23个建制镇，4个街道办事处，376个行政村，57个社区，5个农场，总面积1351平方公里，总人口126.25万人。2006年，石港镇金庄村并入金庄社区，刘桥镇凤仙村并入刘桥社区；三余镇设立五甲苴社区。2006年年末，全市有23个建制镇，4个街道办事处，374个行政村，58个社区，5个农场。总面积1351平方公里，总人口125.64万人。2007年2月，经省政府批准，北兴桥镇、海晏镇与三余镇合并设立新的三余镇；新联镇与刘桥镇合并设立新的刘桥镇。同年，撤销石港镇石西村和渔湾村，设立渔湾、石西社区居民委员会。2007年年末，全市共设20个建制镇，4个街道办事处，372个行政村，60个社区，5个农场。2008年2月3日，经省政府批准，川港镇与姜灶镇合并设立川姜镇。同时，原川港镇所辖八字桥、安东、南兴、大成、保通、通海、竖积洪、培德村整建制划归张芝山镇管辖；原姜灶镇所辖董家埭、利民、周照港、正场、民平村整建制划归先锋镇管辖。2月21日，全市进行村(社区)合并调整，原376个行政村、58个社区合并调整为207个行政村、63个社区。12月，撤销三余镇团结社区居民委员会，建立滨海工业区团结社区居民委员会。2008年年末，全市共设19个建制镇，1个省级经济开发区，4个街道办事处，207个行政村，63个社区，5个农场。总面积1525.74平方公里，其中陆地面积1351.50平方公里。耕地面积7.35万公顷，户籍总人口124.27万人。2009年3月和4月，苏通大桥工业区、通州滨海工业区分别更名为“苏通大桥科技产业园”和“通州滨海新区”。

2009年7月2日，撤销通州市，设立南通市通州区。2009年年末，全区共设19个建制镇，1个省级经济开发区，4个街道办事处，207个行政村，63个社区，5个农场。耕地面积7.06万公顷，户籍总人口124.16万人。2010年末，全区耕地面积7.02万公顷，户籍总人口124.64万人。2011年9月30日，经省人民政府批准，通州经济技术开发区更名为“南通高新技术产业开发区”。2011年年末，全区设19个镇，1个高新技术产业开发区，4个街道办事处，207个行政村，63个社区，5个农场。耕地面积7.02万公顷，户籍总人口125.25万人。2012年3月20日，南通市人民政府决定(通政发〔2012〕31号)，通州滨海新区、三余镇由南通滨海园区代管，行政区域仍隶属通州区。年末，全区设19个镇，1个高新技术产业开发区，4个街道办事处，207个村，63个社区，5个农场，户籍总人口125.73万人。2013年1月10日，经区人民政府批准，南通高新技术产业开发区增设碧华、金霞社区；4月15日，二甲镇余西社区居民委员会更名为余西村民委员会。12月，国务院批准南通高新技术产业开发区升级为国家高新技术产业开发区。锡通科技产业园、通州滨江新区、中国南通家纺城、南通空港产业园、石港科技产业园初具规模。2013年年末，全区设19个镇，1个国家高新技术产业开发区，4个街道办事处，208个行政村，64个社区，5个农场。户籍总人口126.27万人。2014年4月9日，区人民政府批准，金沙镇增设天霞、天熹、天晖、天虹社区。2014年年末，全区设19个镇，1个国家高新技术产业开发区，4个街道办事处，208个行政村，68个社区，5个农场。户籍总人口126.27万人。

2015年2月24日，江苏省人民政府批准，撤销金沙镇，以原金沙镇东市等14个社区和进鲜港等9个行政村区域，设立金沙街道办事处。以原金沙镇金南等10个社区和三姓街等10个行政村区域和原先锋镇利民等3个行政村，二甲镇进东、麒麟桥村，川姜镇双池头等6个行政村区域，设立金新街道办事处。撤销先锋镇，以原先锋镇三圩头等8个行政村区域，设立先锋街道办事处。撤销兴东镇，以原兴东镇行政区域设立兴东街道办事处。撤销平潮镇、平东镇，原平潮镇行政区域与原平东镇行政区域合并，设立新的平潮镇。撤销十总镇、骑岸镇，原骑岸镇行政区域与原十总镇行政区域合并，设立新的十总镇。撤销东社镇、五甲镇，原五甲镇行政区域与原东社镇行政区域合并，设立新的东社镇。撤销兴仁镇、四安镇，原兴仁镇行政区域与原四安镇徐家桥等6个行政村和酒店社区合并，设立新的兴仁镇。原四安镇九总渡、龙坝村划归西亭镇管辖。2016年年末，全区设4个街道办事处，12个镇，1个国家级高新技术产业开发区，208个行政村，68个社区居民委员会，5个农场。户籍总人口126.59万人。

【现行区划】 2017年末，全区设4个街道办事处，12个镇，1个国家级高新技术产业开发区，208个行政村，68个社区居民委员会，5个农场。户籍总人口126.06万人。

气　候

【概　况】 2017年通州区气候特点：与常年相比(1981—2010年，以下同)，年平均气温偏高，高温日数24天(日最高气温≥35.0℃，以下同)，比上年多8天，降水总量正常，日照正常。年平均气温16.7℃，比常年高1.1℃，比上年高0.1℃。年极端最高气温39.0℃(7月24日)，比上年高0.2℃；年极端最低气温-4.6℃(1月24日)，比上年高5.1℃。年降水总量1252.7毫米，比常年多151.8毫米。年日照时数1938.9小时，比常年少22.8小时。

冬季（2016年12月至2017年2月）季平均气温6.3℃，比常年同期高1.9℃，12月平均气温较常年显著偏高，1月月平均气温较常年异常偏高，季极端最低气温为-4.6℃，(1月21日)。季降水量120.7毫米，比常年同期偏少近2成，且各月降水分布不均，其中12月比常年偏多近3成，2月比常年偏少近5成。季日照时数380.6小时，与常年同期相近，其中1月比常年偏少近3成。

春季（2017年3—5月）季平均气温15.8℃，比常年同期高1.7℃，4、5月平均气温较常年均显著偏高，季极端最低气温 0.9℃,(3 月 8 日),季极端最高气温 31.1℃(5 月 26 日、29 日)。季降水量 192.3 毫米，比常年同期偏少近 2 成,且各月分布不均，其中 3 月比常年偏少近 5 成,4 月比常年偏多近 2 成。季日照时数 584.4 小时,比常年同期偏多近 2 成,其中 4 月比常年偏多近 3 成。

夏季（2017 年 6—8 月） 季平均气温 27.8℃,比常年同期高 1.6℃,7 月平均气温较常年异常偏高，季极端最高气温 39.0℃(7 月 24 日)。季降水量 595.0 毫米,比常年同期偏多近 2 成,且各月分布不均,其中 7 月比常年偏少近 5 成,8 月比常年偏多近 1.3 倍。季日照时数 546.6 小时,与常年同期相近。

秋季(2017 年 9—11 月） 季平均气温 17.7℃,与常年同期持平,季极端最高气温 32.2℃(9 月 5 日),季极端最低气温 1.2℃(11 月 24 日)。季降水量 376.4 毫米,比常年同期偏多近 7 成,且各月分布不均,其中 9 月比常年偏多近 1.5 倍,10 月比常年偏多近 4 成,11 月比常年偏少近 5 成。季日照时数 398.8 小时,比常年同期偏少近 2 成，其中 9 月比常年偏少近 4 成。

【重要天气和主要灾情】 梅雨 本年度通州区 6 月 22 日起入梅(平均入梅日为 6 月 20 日),略晚,7 月 11 日出梅(平均出梅日为 7 月 13 日),略早,梅长 19 天,偏短(常年 24 天)。梅期降水量 34.5 毫米,比常年(243.1 毫米)偏少近 9 成,高温日 1 天。

台风 全年共有 6 个台风影响通州区,与常年相比正常,分别为 1709 号“纳沙”、1710 号“海棠”、1718 号“泰利”、1720 号“卡努”、1721 号“兰恩”、1722 号“苏拉”,主要受台风外围环流影响,均未出现灾情。

暴雨 全年通州区出现 4 次区域性暴雨过程。其中 6 月 10 日受江淮气旋影响,降水集中、降雨强度大,农田普遍出现短时水淹。

大风 3 月 1 日下午到夜里，受强冷空气和弱对流共同影响，通州区普遍出现 7 级以上西北大风，其中风力达到 8 级的有 5 个站点,9 级的有 1 个站点(姜灶镇),部分地区简易搭建物被吹翻、彩钢瓦蓬被吹落。

强对流(强雷电、雷暴大风) 全年通州区出现 20 个雷暴日。其中 7 月 1 日下午，雷暴大风和短时强降水造成五甲镇中和村民房受损;7 月 14 日下午,雷暴大风和短时强降水造成西亭镇李庄村有 8 户房屋受损;8 月 7 日夜间,强雷电造成十总镇 1 户砖木结构房子失火烧毁,刘桥英雄片停电 4 个多小时。

高温 7 月 11—28 日,通州区出现持续 35℃以上高温天气，连续高温日数达 17 天,超历史极值(15 天),造成全区中暑入院治疗人数大幅增加,达 133 人,其中死亡 4 人，同时高温也导致部分工厂企业停产停业,带来一定经济损失。

寒潮 全年通州区出现 2 次寒潮过程,分别为 1 月 19—21 日、11 月 17—19 日。

雾 全年通州区出现雾日 18 天。

（周 琦）

2017 年通州区主要气象要素情况表

表 1

指 标	全年	1 月	2 月	3 月	4 月	5 月	6 月	7 月	8 月	9 月	10 月	11 月	12 月
平均气温(℃)	16.7	5.3	5.9	9.3	16.6	21.4	23.9	31.0	28.4	23.4	17.6	12.2	5.3
距平(℃)	1.1	2.2	1.2	0.8	2.4	1.7	0.2	3.3	1.1	0.1	−0.3	0.4	−0.2
异常情况	偏高	异常偏高	正常	正常	显著偏高	显著偏高	正常	异常偏高	偏高	正常	正常	正常	正常
降水量(mm)	1252.7	56.9	23.2	37.7	83.4	71.2	162.7	91.6	340.7	272.8	76.5	28.0	8.9
距平(%)	10	4	−52	−53	23	−14	−11	−50	125	154	36	−47	−72
异常情况	正常	正常	显著偏少	显著偏少	偏多	正常	正常	偏少	异常偏多	异常偏多	偏多	偏少	显著偏少
日照时数	1938.9	95.8	147.3	161.3	208.1	215.0	139.6	220.7	186.3	110.6	150.7	137.5	166.0
距平(小时)	−22.8	−33.8	23.6	14.9	44.5	27.8	−5.3	36.1	19.6	−61.1	−16.7	−7.9	20.3
异常情况	正常	偏少	正常	正常	偏多	正常	正常	正常	正常	偏少	正常	正常	正常

经济体制改革

【概 况】 2017 年,通州区把推进跨境电商改革试点、财政金融支农改革作为陆海统筹发展综合配套改革重点任务,持续推进国有企业改革，深入推进农业农村综合改革、行政和社会体制机制改革,责任明确,推进有序。

【跨境电商改革试点】 2017 年,空港产业园作为南通开展跨境贸易电子商务唯一的试点园区，跨境电商业务量在全省名列前茅。截至 2017 年底,南通跨境电商累计通关 34 万单，货值 763 万美元,单日最高突破万单,日均 4500 单。2017 年新入驻出口的跨境电商企业 7 家,其中 4 家电商综合服务企业,3 家电商企业。自业务开展以来,累计入驻企业 27 家,合计备案商品 478 种,主要为纺织、服装、健身器材等产品,出口美国、英国、加拿大、法国、澳大利亚、俄罗斯等国家。委托南通电子口岸开发的跨境电商公共服务平台(单一窗口)于 2016 年 12 月底正式上线运营。南通跨境监管中心 6 月份完成竣工验收，等待海关监管场所验收。11 月,南通跨境电商监管中心正式启用海关监管车作为跨境转关的运输工具，显著提升对转关货物和海关监管货物的通关效率。南通跨境电商出口通道主要是苏州邮政互换局转关与南通机场辅仓,这两条通道日趋稳定。

【财政金融支农改革】 5月下旬,由区财政局牵头,召集农工办、金融办、人民银行通州支行分管领导及相关人员,商讨通州区财政金融支农改革,探索建立农村土地经营权抵押风险基金工作,组织学习《农村承包土地的经营权抵押贷款试点暂行办法》,部署工作。人民银行通州支行、区金融办、环保局联合下发《南通市通州区绿色金融发展的实施意见》,要求各银行业金融机构要充分运用支农、支小再贷款和再贴现等政策工具支持绿色项目、企业发展,降低企业融资成本。6月上旬,区财政局、农工办、金融办、人民银行通州支行,到有关镇(街道)调查了解通州区农村土地经营权抵押贷款的需求及相关方面情况;组织相关部门,赴如皋等已开展此项工作的兄弟县市学习,借鉴经验,拟定政策。根据中央5部委《农村承包土地的经营权抵押贷款试点暂行办法》,通州区财政局会同区金融办、人民银行通州支行、区委农工办,研究草拟《南通区通州区农村承包土地的经营权抵押贷款风险基金管理暂行办法》,建立完善农村产权抵押贷款操作指南。

【国有企业改革】 调整优化国有经济结构,指导和推动区属52家国有企业重组整合,组建鑫汇、圆宏、融通三大国有集团,扎实做好国资监管企业整体移交工作,委托会计师事务所对55家企业截至2017年6月底资产和存量债务进行审计,并出具清产核资专项审计报告,至2017年底,人员、财务资料、账面资产等正进行整体移交。推进企业市场化运作,鑫汇集团成立嘉益基金管理公司、欣久物业发展公司,做好国有资产盘活处置、优化整合和股权投资基金管理等工作。圆宏集团成立市政工程公司,负责城区市政工程、园林绿化工程、照明工程的施工和道路、园林绿化的管养业务;成立物业发展公司加强对自持、自我开发项目的物业管理,拓展公司对外业务。国资中心投资5亿元,与中投保合作成立担保公司,为区内外项目提供融资担保支持。圆宏集团与碧桂园进行战略合作,共同开发川姜CR2018-004地块房地产项目;投资2000万元,入股南通现代建筑产业发展有限公司装配式建筑项目。融通集团积极与社会资本合作,开展隧道窑项目投资,加快发展战略性新兴产业及重点领域投资、建设。

【农业农村综合改革】 调优农业结构,扩大优质稻米、弱筋小麦、有机杂粮等优质品种比重,2017年新增优质品牌稻米产业化示范基地5万亩,建成石港粮食加工集中区。以景瑞、大农等农业龙头企业为支撑,大力发展高档果蔬、净菜加工、精深加工、冷链物流,延伸蔬菜产业链条,全区蔬菜产业年产值突破10亿元。坚持"一村一品、一镇一特色"的发展思路,扶持壮大二甲优质葡萄、刘桥荷兰豆、东社山羊、张芝山蓝孔雀等特色产业,提高优质高效产品比重。2017年全区125个农产品通过"三品"认证,全年无公害农产品产量达到35.4万吨。构建社会化服务体系。全区累计培育"全托管"服务主体480个,服务面积16.4万亩,实现镇级全覆盖,年实现服务总收入达1.69亿元。发展"互联网+"现代农业模式,大力培育农产品电商,引进落户注册资金2亿元的本乡本土农业发展有限公司,引导家庭农场、合作社组团发展电商,整合特色产品,2017年,新增农产品电商示范企业10家,农产品电商总数达到87家,线上销售额破亿元。

【行政和社会体制机制改革】 精简审批流程。将市场准入、投资建设两大领域13个部门的85个事项集中至区行政审批局统一办理。单个事项的审批环节由改革前的3-5个减至现在的1-3个。项目投资及建设工程审批环节由原104个减至24个。市场准入审批时间总体压缩30天。集中办理的85个事项共计减少重复提交材料235份。将原先涉及13个部门的33个科室合并为1个部门3个科室44个窗口。推进"五联"审批。施工图设计"联合审查",现场审核"联合踏勘",技术评估"联合评价",企业设立"证照联办",项目竣工"联合验收"。独立开发建设"通州区建设工程施工图联合审查信息平台",集中开展建筑工程施工图和抗震设防、民防、消防、防雷等施工图设计文件审查工作,参审单位统一进驻、一窗受理、并联审查、限时办结。编制公开行政审批事项目录清单、行政权力事项目录清单、行政事业性收费和政府性基金项目目录清单、区政府专项资金管理清单、政府核准的投资项目目录清单,全面梳理行政审批流程。 (杨宇光)

国民经济和社会发展

【综　合】 2017年,通州区实现地区生产总值1169.41亿元,按可比价计算,比上年(下同)增长7.9%。按常住人口、户籍人口计算的人均地区生产总值分别为10.24万元和9.28万元,按当年人民币兑美元平均汇率折算分别是1.52万美元和1.37万美元。分产业看,第一产业增加值58.25亿元,增长2.1%;第二产业增加值574.46亿元,增长7.1%;第三产业增加值536.70亿元,增长9.6%。

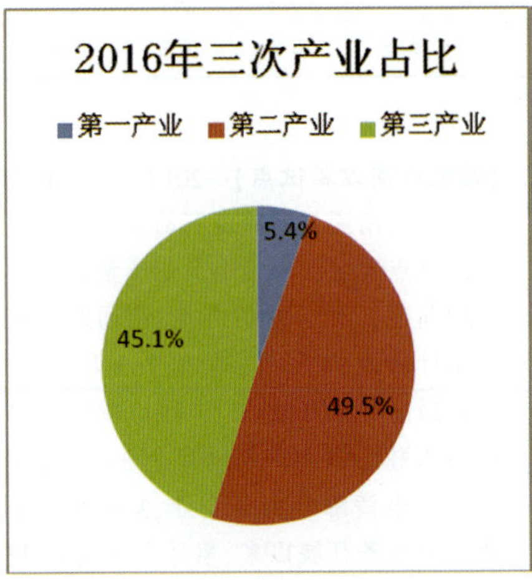

图1　2016、2017年通州区三次产业占比

三次产业结构比例由上年的5.4:49.5:45.1调整为5.0:49.1:45.9,第三产业增加值占地区生产总值的比重提高0.8个百分点。全年实现高新技术产业产值1193.33亿元,增长18.9%,占规模以上工业总产值的比重达54.9%,提高1.7个百分点。

2017年,全区城镇新增就业9195人,新增转移农村劳动力人数3589人,年末城镇登记失业率为1.83%。新增市级创业孵化基地1个;新增省级创业型园区1个,新增省级创业型街道(乡镇)1个;通州区金沙街道育才社区喜获国家级充分就业社区殊荣。全年新增私营企业4211户,注册资本388.90亿元;新注册个体工商户10679户,注册资金11.54亿元。民营规模工业总产值占全部规模工业总产值的比重为65.5%,民间投资占全部固定资产投资的比重为82.2%。

【人口、人民生活和社会保障】 2017年末,全区户籍人口126.06万人,比上年下降2.85‰。全年出生11095人,出生率8.79‰,出生婴儿性别比(以女性为1)为1.05:1;死亡人口13045人,死亡率10.33‰;自然增长率-1.54‰。

根据城乡一体化住户抽样调查,全年全区居民人均可支配收入32584元,增长9.8%。按常住地分,城镇居民人均可支配收入44366元,增加3626元,增长8.9%。农村居民人均可支配收入21794元,增加1865元,增长9.4%。城乡居民收入比(以农村居民为1)为2.036:1。

2017年,全区居民人均消费支出

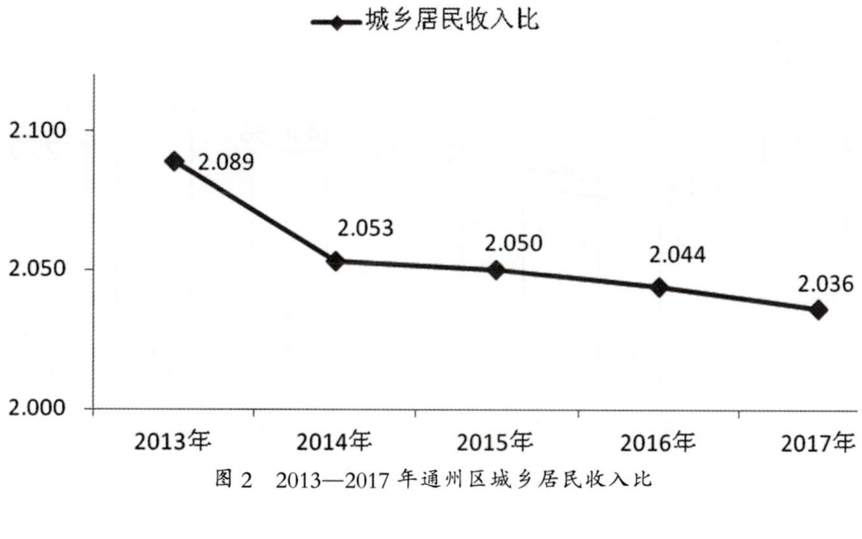

图2 2013—2017年通州区城乡居民收入比

2017年通州区居民人均消费支出情况表

表2

消费类型	人均消费支出(元)	占人均消费总支出比重(%)	比上年增长(%)
食品烟酒	5921	29.2	1.8
衣着	1253	6.2	1.2
居住	3474	17.1	15.9
生活用品及服务	1080	5.3	5.4
交通通信	3044	15.0	16.4
教育文化娱乐	3732	18.4	9.0
医疗保健	1200	5.9	12.0
其他用品和服务	595	2.9	5.8

20299元,增长8.3%。其中,人均食品烟酒消费支出5921元,增长1.8%;人均衣着消费支出1253元,增长1.2%;人均居住消费支出3474元,增长15.9%;人均生活用品及服务消费支出1080元,增长5.4%;人均交通通信消费支出3044元,增长16.4%;人均教育文化娱乐消费支出3732元,增长9.0%;人均医疗保健支出1200元,增长12.0%;人均其他用品和服务消费支出595元,增长5.8%。

全区企业职工基本养老保险、城乡基本医疗保险、工伤保险、生育保险、失业保险参保人数分别为14.85万人、97.76万人、14.01万人、12.42万人和9.74万人;2017年城乡居民基本养老保险参保人数21万人,领取养老金人数28.84万人,续保率达96.39%。企业职工基本养老保险、城乡基本医疗保险、失业保险参保率均达98%以上。

城乡低保标准分别达每人每月640元、600元,分别比上年提高20元和70元。农村五保对象供养标准提高至每人每年9000元,比上年提高600元。城市“三无”人员集中供养标准提高至每人每月1530元,比上年提高10元,分散供养标准提高至每人每月1530元,比上年提高80元。集中和散居孤儿基本生活养育标准分别提至每人每年23616元、14304元,比上年提高1812元和1104元。全年共发放各类生活救助款21805.39万元(含重残10740.63万元及困境未成年人分类保障108.30万元),为8517名重病患者支付医疗救助金1804.03万元。全年,区慈善基金会募集善款541.83万元,发放善款1014.91万元。全区共有律师事务所14家,律师72名,基层法律服务工作者98名。

【农林牧渔业】 2017年,全区实现农林牧渔业现价总产值102.09亿元,比上年增加4.45亿元,增长4.6%。全年粮食播种面积113.07万亩,下降6.0%,亩产431公斤,下降1.4%,粮食总产量48.75万吨,下降7.3%;油料作物播种面积35.91万亩,下降12.2%,亩产221公斤,增长1.4%,油料总产量7.93万吨,下降11.1%;棉花播种面积0.92万亩,下降65.3%,亩产87公斤,增长2.4%,棉花总产量0.08万吨,下降64.5%。生猪出栏48.4万头,下降7.5%;猪肉产量3.66万吨,下降7.5%;家禽出栏1015.5万羽,下降7.7%;山羊出栏26.2万只,下降5.1%。水产品产量3.60万吨,增长0.6%,其中,淡水养殖产量3.07万吨,增长1.0%;内

2017年通州区主要农产品产量情况表

表3

产品名称	计量单位	产量	比上年增长(%)
粮食	万吨	48.75	−7.3
棉花	万吨	0.08	−64.5
油料	万吨	7.93	−11.1
生猪出栏	万头	48.4	−7.5
猪肉产量	万吨	3.66	−7.5
羊出栏	万只	26.2	−5.1
家禽出栏	万羽	1015.5	−7.7
水产品	万吨	3.6	0.6

河捕捞产量0.53万吨,下降1.9%。

2017年,全区农业机械总动力51万千瓦,农业综合机械化水平达83%。农业机械总投入9116万元,其中:农民投入农业机械购置6590万元。农机化经营总收入48010万元,其中跨区作业收入9560万元。粮食产地烘干能力达36%。全区设施农业面积累计可达21.24万亩,占耕地比达24.2%,建成各类农业园区9个,省级菜篮子工程万亩蔬菜基地2个,国家级"一村一品"示范村2个,省现代农业示范村1个,新增市级以上农业龙头企业5家。

【水利】 继续实施农村河道整治三年行动计划,全年共疏浚农村河道436条(段),清淤土方163万平方米,拆除坝头坝埂871条,新建桥涵569座,整修河坡257公里,绿化河坡2124公里,建设生态河道22公里,实施生态廊道水环境治理8公里,打造1个"水美乡镇"、5个"水美村庄"。

【工业和建筑业】 2017年,全区工业增加值481.12亿元,按可比价计算,增长8.0%。规模以上工业企业实现总产值2201.53亿元,增长10.9%。其中,高新技术产业产值1193.33亿元,增长18.9%;新兴产业产值861.74亿元,增长13.4%。九类行业共实现产值2187.68亿元,增长10.8%。其中,纺织服装业462.91亿元,增长4.0%;机械业482.11亿元,增长15.8%;轻工食品业228.13亿元,增长8.6%;化工医药业120.11亿元,增长4.6%;电子信息业579.88亿元,增长15.3%;冶金业101.53亿元,增长6.5%;建材业90.91亿元,增长12.5%;船舶业108.93亿元,增长2.0%;电力能源业13.17亿元,增长295.4%。

2017年,去产能工作有序推进。全区民用钢质船舶产量下降24.4%,高新、新兴产业产品产量不断增长,全区工业自动调节仪表与控制系统产量增长5.3%,电子元件产量增长19.9%。

全年规模以上工业企业实现主营业务收入2135.42亿元,增长9.3%;利润总额148.88亿元,增长9.2%;财务费用13.55亿元,增长15.1%;亏损企业亏损额2.07亿元,下降8.4%;平均资产负债率47.7%,上升1.2个百分点。

全年建筑业增加值93.34亿元,按可比价计算,增长2.2%。全年完成建筑业总产值1551.82亿元,增长7.8%;房屋施工

2017年通州区规模以上工业主要工业产品产量情况表

表4

指标名称	计量单位	产量	比上年增长(%)
小麦粉	吨	670470	13.3
精制食用植物油	吨	3368	2.9
纱	吨	139945	0.6
布	万米	77398	4.5
印染布	万米	57576	−2.4
服装	万件	16624	2.3
机制纸及纸板(外购原纸加工除外)	吨	22280	−28.7
化学纤维	吨	399106	−1.4
塑料制品	吨	193799	9.2
商品混凝土	立方米	1626199	13.7
钢丝绳	吨	89365	−3.5
民用钢质船舶	载重吨	493134	−24.4
电力电缆	千米	71080	−10.7

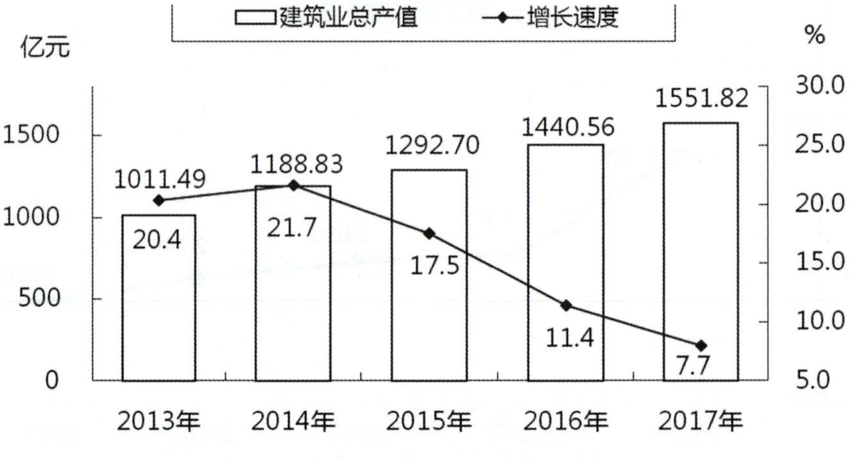

图3 2013—2017年通州区建筑业总产值

面积15037.00万平方米，增长2.2%；房屋竣工面积4174.73万平方米，增长4.1%。

【固定资产投资】 2017年，完成固定资产投资680.80亿元，增长10.0%。其中，一、二、三产业分别完成2.07亿元、373.88亿元、304.85亿元，第一产业下降44.2%，第二、第三产业分别增长7.9%、13.5%。三次产业投资结构比例由上年的0.6:56.0:43.4调整为0.3:54.9:44.8。完成基础设施投资82.36亿元，下降13.8%，占投资总额的12.1%，完成房地产开发投资56.34亿元，增长84.7%。全区各类在建房屋施工面积436.70万平方米，增长9.4%；各类房屋新开工面积158.73万平方米，增长260.3%；各类房屋竣工面积94.36万平方米，下降14.2%。

2017年通州区限额以上批发零售业主要类别零售额情况表

表5

商品类别	零售额(亿元)	比上年增长(%)
粮油、食品类	6.80	11.7
烟酒类	3.13	10.8
服装、鞋帽、针纺织品类	14.62	13.0
金银珠宝类	1.60	15.3
日用品类	2.84	7.4
家用电器和音像器材类	4.95	8.4
文化办公用品类	0.68	19.3
石油及制品类	17.78	8.4
汽车类	4.05	14.3

2017年通州区出口贸易方式及出口地分类情况表

表6

名　　称	总量(万美元)	比上年增长(%)
出口总额	308339	-8.5
#三资企业	122361	-3.4
私营企业	183587	-11.6
#一般贸易	227224	-10.7
加工贸易	46205	-1.0
#机电产品	92348	-7.5
高新技术产品	3232	-57.9
农产品	1391	-9.1
#船舶	9911	-27.9
#亚洲	131750	-18.0
#东盟	35662	-34.6
日本	31634	4.5
欧洲	47881	4.6
#欧盟	38613	6.4
北美洲	86490	1.0
#美国	83038	1.6
拉丁美洲	15558	5.6

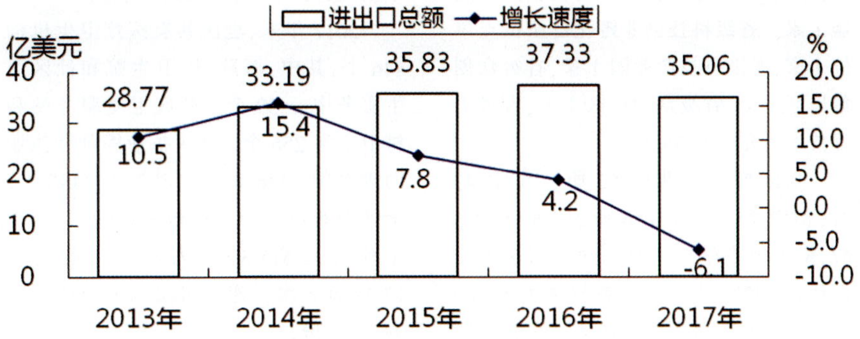

图4 2013—2017年通州区进出口总额

【服务业】 2017年，全区实现社会消费品零售总额370.03亿元，增长10.0%。其中，批发零售业实现零售额346.30亿元，增长10.0%；住宿和餐饮业实现零售额28.77亿元，增长9.4%。全区规模以上服务业企业共实现营业收入150.52亿元，增长13.9%。全区各类房屋(含安置房)销售面积175.61万平方米，增长32.3%，其中，住宅销售面积155.37万平方米，增长23.8%。年末，全区商品房现房待售面积56.99万平方米，下降33.7%，比上年末减少29.0万平方米；全区商品房去化周期4.8个月，比上年末缩短4.9个月。

2017年末，全区拥有省级旅游度假区1家，国家AAA级景区2家，国家AA级景区2家，省五星级乡村旅游区1家，省四星级乡村旅游区1家，省三星级乡村旅游区5家，全国工业旅游示范点1家，省工业旅游区(点)3家。全年实现旅游总收入50.81亿元，增长17.5%，接待旅游总人数384.77万人次，增长12.2%。

【开放型经济】 2017年，全区实现进出口总额35.06亿美元，下降6.1%。其中，出口总额30.83亿美元，下降8.5%；进口总额4.23亿美元，增长16.1%。全年贸易顺差26.60亿美元，比上年缩小3.45亿美元。

实际到账外资3.74亿美元，新批外商投资项目50个，新批协议注册外资8.23亿美元。全区境外投资注册新设立企业4家，境外中方协议投资总额5874万美元，下降75.6%。

全年新签对外承包劳务合同额1647万美元，下降38.1%；完成对外承包劳务营业额3336万美元，下降39.4%；新派劳务人员429人，增长10.3%；年末在外劳务人员179人，下降45.6%。

【交通运输、邮政电信和电力业】 2017年，全区公路客运总量423万人次，下降11.5%；公路货运总量1164万吨，增长9.5%；水路货运量156万吨，增长6.8%。2017年末，全区公路总里程3551公里，其中高速公路88公里、一级公路276公里、二级公路319公里、三级公路201公里、四级公路2667公里，桥梁1313座、43704延米。全区镇村公交开通率达100%。“掌上公交”正式启用，新开通公交线路4条，新增18辆新能源公交车。

2017年末，全区汽车保有量24.42万辆，增长14.3%，私家车拥有量22.45万辆，增长16.2%。

全年完成邮政业务收入2.21亿元，增长6.8%；全年收寄国际、国内函件55.61万件，下降24.7%；国际、国内包件1.27万件，下降4.5%；投送特快专递63.69万件，增长7.1%；发送各类报刊杂志1806.84万份，增长12.2%；年末邮政储蓄余额146.23亿元，增长7.4%。

全区年末本地固定电话用户24.75万户，移动电话用户125.63万户，其中，4G手机用户85.13万户。固定宽带接入用户40.74万户。

全年全社会用电量56.88亿千瓦时，增长7.6%。第一产业用电量0.83亿千瓦时，增长10.0%；第二产业用电量40.68亿千瓦时，增长4.2%，其中，工业用电量39.91亿千瓦时，增长4.1%；第三产业用电量5.25亿千瓦时，增长15.6%。城乡居民生活用电量10.12亿千瓦时，增长18.8%。

【财政和金融】 全年实现一般公共预算收入70.09亿元，同口径增长5.8%，其中，税收收入49.97亿元，同口径增长3.7%。税收收入中：国内增值税(不含改征增值税)14.97亿元，同口径增长21.6%；改征增值税6.99亿元，同口径增长189.5%；企业所得税(40%部分)6.48亿元，下降10.1%；个人所得税(40%部分)3.18亿元，增长51.1%；城市维护建设税2.65亿元，下降13.3%；房产税2.10亿元，增长17.5%。

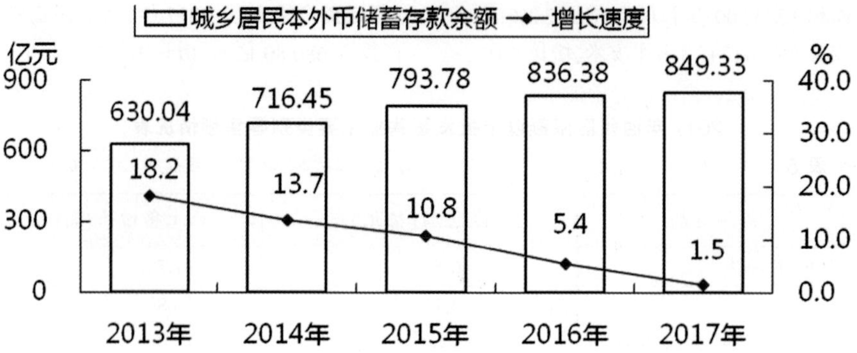

图5 2013—2017年通州区城乡居民本外币储蓄存款余额

全年一般公共预算支出91.57亿元，增长6.8%。其中，用于教育、科学技术、社会保障与就业、医疗卫生、农林水、住房保障等民生方面的财政支出为71.21亿元，占一般公共预算支出的77.8%。

2017年末，全区金融机构本外币存款余额1516.87亿元，比年初增长96.54亿元，增长6.8%。其中，城乡居民储蓄存款849.33亿元，比年初增加12.92亿元，增长1.5%。本外币贷款余额863.92亿元，比年初新增投放115.05亿元，增长15.4%。其中，短期贷款余额334.43，下降0.08%；中长期贷款余额490.24亿元，增长36.8%。

【科学技术和教育】 2017年，全区认定高新技术企业47家，新增省级高新技术产品132只，11项科技成果获南通市科技进步奖，专利申请总量7103件，专利授权总量2724件。全区万人发明专利拥有量达27.56件。2017年末，全区共有高新技术企业165家，省级企业院士工作站7家，省级重点企业研发机构13家，国家级科技企业孵化器1家、国家级众创空间1家，省级众创空间1家，省级科技企业孵化器2家，省级科技企业加速器1家，省级科技创业孵化链条试点单位1家，省级科技产业园1家，省级众创集聚区1个，省级众创社区1个，省级工程技术研究中心56家。

全区拥有幼儿园62所，小学43所，初中25所，高中4所，职业学校3所，特殊教育学校1所。幼儿园在园在托幼儿24794人，小学在校学生50586人，初中在校学生22963人，高中在校学生9113人，各类中等职业教育在校学生3581人，特殊学校在校学生251人。全区幼儿入园率97.65%，小学入学率100%，小学毕业率100%，初中毕业生升学率99.72%，毕业率100%。全区专任教师高一级学历占比分别为：高中研究生率10.25%，初中本科率98.5%、职中本科率99.7%、小学本科率85.01%和幼儿园大专率97.3%。2017年，全区63所学校通过南通市义务教育现代化学校验收，占所有义务教育学校数的92.6%。

【文化、卫生和体育】 2017年末，全区共有档案馆2个，保存档案21.39万卷39.88万件，其中向社会开放档案12.70万卷。区档案馆馆藏档案数字化副本共1502万页，建成知青、二轮土地承包、婚姻、户粮办、公证、生育六个民生档案专题数据库；全年查档利用0.7万人次，调卷1.05万卷(件)，出具档案证明0.65万份。全区拥有广播电视台1个，广播电视站19个，数字电视用户27.7万户。共有表演团体2个、剧场1个、公共图书馆1个、文化馆1个、文化站15个，建成40个(累计建成120个)村(居)示范文体广场。全年文艺作品共获得国家级奖项8个，省级奖10个，市级奖5个。

2017年末，全区共有医疗卫生机构446个，其中，医院、镇卫生院和社区卫生服务中心39个，社区卫生服务站和村卫生室256个。全区执业医师和执业助理医师2436人，注册护士2486人。全区拥有医疗标准床位6008张。全年诊疗病人511.35万人次，出院病人17.38万人次。建立居民电子健康档案99.58万份。

2017年，成功举办通州区第三届运

动会暨第二届全民健身运动会和首届通州体育旅游"梦幻之春"系列活动。全年举办各类单项比赛及全民健身活动100余项次，参加活动20余万人次。2017年末，全区共有社会体育指导员4680人，其中，一级指导员38人，二级指导员1045人，三级指导员3579人。培养三级裁判员200人，晋升二级裁判员62人，一级裁判员5人。区体育中心场馆单日开放时长15小时，累计接待市民健身150万人次。全区在南通市级以上比赛中共获奖牌62枚，增长8.8%。2017年度被表彰为全国群众体育工作先进单位、江苏省县级体育工作先进单位。

【城乡发展、生态环境和安全生产】2017年，全区新增绿地面积63.74公顷(城区)，城市绿化覆盖率44.41%；日转供水能力45万吨，水质综合指标合格率100%；燃气普及率、用水普及率均达100%。全年新增道路照明灯993盏，新增城市照明总功率112.24千瓦。

全年淘汰482台35蒸吨/时及以下燃煤锅炉，淘汰印染落后产能2.25亿米，淘汰钢丝绳产能3.1万吨。实施大气污染防治重点工程项目53个，组织实施51个水污染防治重点工程。开展"三河三行业"综合整治，关停印染企业5家，关闭钢丝绳企业3家。全年细颗粒物(PM2.5)日均值41.5微克/立方米，空气质量优良天数比例为75.2%。规模以上工业万元产值能耗总体呈持续下降趋势，2015年至2017年，万元产值能耗分别为0.0470、0.0430和0.0425吨标准煤。

2017年，全区发生交通事故165起，死亡116人，受伤65人，直接经济损失46万元。发生火灾587起，死亡0人，受伤0人，直接财产损失768.7万元。

(注：1.公报中发布的2017年数据为初步统计数。部分数据因四舍五入的原因，存在着与分项合计不等的情况。2.地区生产总值及其分类项目增长速度按可比价计算，为实际增长速度；其他指标除特别说明外，按现价计算，为名义增长速度。2016年地区生产总值及分产业数据为研发投入计入GDP核算后的调整数。3.高新技术产业产值根据江苏省科技厅和江苏省统计局联合下发的《关于发布〈江苏省高新技术产业统计分类目录〉(2016修订)的通知》(苏科高发〔2017〕29号)进行统计，包括航空航天制造业、电子计算机及办公设备制造业、电子及通讯设备制造业、医药制造业、仪器仪表制造业、智能装备制造业、新材料制造业和新能源制造业。4.新兴产业包括新能源产业、新材料产业、生物技术和新医药产业、智能装备产业、节能环保产业和海洋工程装备产业。5.2012年四季度起，国家统计局实施了城乡一体化住户调查改革，统一了城乡居民收入名称、分类和统计标准，在全国统一选取了16万户城乡居民家庭，直接开展调查。在此基础上，计算了城乡可比的新口径全体居民人均可支配收入以及分城乡居民人均可支配收入。耐用消费品拥有量为城乡一体化改革后的调查数据，与以前年份不可比。6.规模以上工业统计范围为年主营业务收入2000万元及以上的工业企业。7.建筑业统计范围为有资质的建筑业企业。8.固定资产投资统计范围为计划总投资500万元及以上建设项目，房地产投资统计范围为房地产开发经营企业。9.社会消费品零售总额统计中限额以上单位是指年主营业务收入2000万元及以上的批发业企业(单位)、500万元及以上的零售业企业(单位)、200万元及以上的住宿和餐饮业企业(单位)。10.本公报中，财政、农委、农机、水利、交通、旅游、科技、教育、文化、体育、住建、环保、人社、民政、行政审批等相关内容不包含原三余镇数据。

数据来源：本公报中城镇新增就业、登记失业率、社会保障数据来自人力资源和社会保障局；财政数据来自财政局；金融信贷数据来自人民银行；用电量来自供电公司；公路运输数据来自交通运输局；电话用户、移动互联网等数据来自电信、移动、联通公司；城市污水处理、建城区绿地率、城建数据来自住房和城乡建设局；货物进出口、外商直接投资、对外直接投资、对外劳务合作等数据来自商务局；户籍人口、民用汽车、交通事故数据来自公安局；邮政业务数据来自邮政局；旅游数据来自发改委；最低生活保障数据来自民政局；教育数据来自教育局；科技、专利等数据来自科技局；艺术表演团体、公共图书馆、文化馆等数据来自文广新局；档案数据来自档案局；广播电视数据来自电视台和广电网络公司；体育数据来自体育局；医疗卫生数据来自卫计委；环境监测数据来自环保局；河道整治等数据来自水利局；农业机械数据来自农机局；水产品产量来自农委；私营企业数据来自行政审批局；火灾数据来自消防大队；城乡居民收支等数据来自通州调查队；其他数据均来自区统计局。)

(张国峰)

招商引资

【概　况】2017年，通州区紧紧围绕南通市"'四个全面'抓落实、'两聚一高'争标兵"工作部署，以建立常态化招商机制为抓手，深化招商理念，改进招商方式，拓展招商领域，着力构建"领导带头、镇区园(街道)主体、部门服务、社会参与"的招商引资新格局，全区招商引资工作取得实效。是年，招商引资工作在南通市"四个全面"考核中位列第二。全区完成签约项目267个，其中千万美元以上外资项目49个、亿元以上内资项目167个，1亿美元及10亿元以上重大项目22个。完成注册项目213个，其中千万美元以上外资项目41个、亿元以上内资项目118个，1亿美元及10亿元以上重大项目18个。

【年度考核体系完善】将全年的招商引资目标任务进行分解，分别制订《2017各镇区园街道招商引资考核办法》和《2017区级机关部门招商引资考核办法》，实行"月度通报、季度竞赛、年终考核"的考评方式，明确考核标准，加大奖惩力度。为突破行政区域界限，实现资源要素合理流动，实现各地资源共用、利益共享、发展共进，推动全区招商引资和项目建设取得新突破，在往年探索的工作基础上，修改完善《飞地项目实施办法》。同时，为进一步拓宽引资渠道，充分调动社会各界参与招商引资工作的积极性，首次出台《第一引荐者奖励办法》。

【优化工作推进机制】 为进一步提升招商引资组织力度,区委、区政府印发《关于进一步加强招商引资的工作意见》,围绕"加强专职招商队伍建设、提升招商精细化管理水平、把准招商引资主攻方向、优化重点项目推进机制、强化招商工作的组织领导"等五个方面,制订出台15条工作意见。全区建立完善四套班子领导招商全挂钩制度,实行"11112"责任清单,即1个月听取一次重大项目推进情况,1名区领导挂钩1个镇区园街道、1个重特大项目由1名区领导推进、每月带领挂钩镇区园外出招商不少于2次,抓项目抓招商已成为通州区各级干部的行动自觉。

【选优配强招商队伍】 年初,抽调15名优秀干部充实到招商一线,分别在上海、通州两地举办全区招商人员实务培训,聘请专家、教授讲座。8月,区委再次优选31名优秀年轻干部到主力平台一线招商,全区共有专职招商人员近200人。树立鲜明的用人导向,将有招商经历(招商实绩)作为干部选拔任用的重要条件之一,对招商实绩突出的,优先提拔使用,同时疏通"出口",对工作不努力或连续两年没有工作实绩的招商人员,实行退出机制。首次制定出台《招商人员星级评定办法》,努力实现从专职招商队伍向专业化招商队伍方向转变。

【深化驻点招商】 全区共设立境内外招商机构58个,其中,境外(委托)招商机构6个、境内驻点挂牌52个。境内驻点分布在北京、上海、广州、深圳、苏南、杭州、成都等区域,基本覆盖全国重点招商地区。所有境内外招商分局(小组)有不少于2人的专职招商人员。

(杨海容)

资本运作

【概　况】 通州区围绕金融供给侧结构性改革,创新资本市场工作举措,健全上市工作机制,加大政策扶持力度,提升上市服务水平,资本市场工作取得新进展。2017年度,江苏瀚天智能科技股份有限公司顺利挂牌新三板,至此,全区境内外上市企业达8家,新三板挂牌企业达9家,四板市场挂牌企业12家。企业后备梯队进一步充实,新增上市入轨企业3家,分别是南通宏德机电有限公司、江苏达海智能系统股份有限公司、南通新三能电子有限公司;新增上市辅导企业3家,分别是南通海星电子股份有限公司、南通宏德机电有限公司、江苏达海智能系统股份有限公司,其中,海星电子、宏德机电两家企业当年通过省证监局辅导验收,海星电子于当年底报证监会IPO申报材料。

(刘永华)

2017年通州区新三板挂牌企业一览表

表7

序号	企业名称	挂牌地	所属镇区园	挂牌时间	股票代码
1	江苏达海智能系统股份有限公司	新三板	高新区	2014年	831120
2	南通市通州区恒晟农村小额贷款股份有限公司	新三板	兴东街道	2014年	831723
3	南通华盛高聚物科技股份有限公司	新三板	南通家纺城(川姜镇)	2015年	833583
4	南通华隆微电子股份有限公司	新三板	兴东街道	2015年	833642
5	南通华夏飞机工程技术股份有限公司	新三板	兴东街道	2015年	834310
6	江苏准信自动化科技股份有限公司	新三板	石港镇	2016年	838002
7	江苏辰星药业股份股份有限公司	新三板	高新区	2016年	839738
8	江苏思维福特机械科技股份有限公司	新三板	兴仁镇	2016年	870324
9	江苏瀚天智能科技股份有限公司	新三板	高新区	2017年	872235

2017年通州区四板挂牌企业一览表

表8

序号	企　业　名　称	挂牌地	所属镇区园	挂牌时间
1	江苏睿博信息科技有限公司	江苏股权交易中心	金沙街道	2014年
2	江苏美琪威电子科技有限公司	江苏股权交易中心	金沙街道	2014年
3	南通君光影视传媒投资有限公司	江苏股权交易中心	金沙街道	2014年
4	南通尔创纺织科技有限公司	上海股权托管交易中心	川姜镇	2014年
5	南通洛妃纺织品有限公司	上海股权托管交易中心	川姜镇	2014年
6	南通恒大科技创业有限公司	上海股权托管交易中心	高新区	2014年

续表 8

序号	企 业 名 称	挂牌地	所属镇区园	挂牌时间
7	江苏通洲博创建材科技有限公司	上海股权托管交易中心	石港镇	2015 年
8	奋斗哥投资管理南通有限公司	上海股权托管交易中心	川姜镇	2015 年
9	江苏情趣人生纺织服饰股份有限公司	上海股权托管交易中心	川姜镇	2015 年
10	南通微纺电子商务有限公司	江苏股权交易中心	川姜镇	2016 年
11	南通洛克流体设备有限公司	江苏股权交易中心	平潮镇	2017 年
12	江苏南皇影视文化传播有限公司	江苏股权交易中心	高新区	2017 年

（刘永华）

精神文明创建活动

【概 况】 2017 年，通州区精神文明建设战线高举中国特色社会主义伟大旗帜，全面贯彻落实习近平总书记系列重要讲话精神，围绕学习宣传贯彻党的十九大，坚持服从中心、服务大局，大力开展公民道德建设，以文明城市“大考”为契机，巩固提高文明城市长效管理水平，深化诚信建设制度化、志愿服务制度化建设成果，打造未成年人思想道德建设品牌，为高水平全面建成小康社会提供强大精神动力和坚实道德支撑。

【公民思想道德建设】 2017 年，通州区持续开展“我推荐我评议身边好人”活动，引导动员群众积极参与身边好人线索推荐，朱达和陆立华分别荣获“江苏好人”称号，朱达同时被评为“中国好人”。组织开展第三届“文明百佳”先进典型评选表彰活动，推荐近 20 位先进典型参评南通市文明百佳。深化道德讲堂建设，开展先进典型事迹宣讲活动，以身边事感动身边人。2017 年，区道德讲堂总堂共开展活动 12 次。不断加强先进典型的宣传教育活动，区级媒体分别开设专题专栏，集中宣传先进典型感人事迹。对中国好人、文明百佳等文明典型开展慰问帮扶活动，在全社会形成人人践行社会主义核心价值观、人人争做先进典型的良好氛围。

【诚信建设制度化】 2017 年，通州区扎实推进诚信建设制度化，重点围绕食品药品安全、社会服务、公共秩序三个重点领域，组织文明委成员单位开展道德领域专项治理工作。广泛开展诚信经营创建活动，共完成 141 家南通市“诚信企业”、1413 家南通市“诚信经营示范店”、10 家南通市“诚信商会”和 1 个南通市餐饮服务诚信示范街区的创建任务。开展诚信主题宣传教育活动，组织开展商务诚信“五创一建”和诚信邻里创建活动。大力推进公共信用信息平台创建工作，依托中国通州网建立区行政许可和行政处罚等信用信息公示平台，对全区 41 家单位的行政许可和行政处罚信息进行公示。建立严重失信黑名单归集发布机制，及时对失信被执行人进行曝光。

【基础性创建工作】 2017 年，通州区成立长效办，建立“日测评、日反馈、月通报、月奖惩、季点评、年考核”等一系列有效机制，重点部署六大专项整治行动，同时结合区“263”专项行动、“421”行动等推动工作落实，为南通市顺利通过全国文明城市复评打下坚实基础。组织开展文明创建先进典型评选活动，全区有 493 个文明创建先进典型受到区委、区政府的表彰，166 个典型进入南通市级文明创建先进典型候选，14 个市级典型预申报省级文明创建先进典型，南通四建集团有限公司和先锋街道花园村获评第五届全国文明单位和全国文明村。不断深化美丽乡村建设，全区共评选出 10 家美丽乡村示范村(标兵村)。广泛开展文明校园、文明家庭创建活动，全区共评选出 40 户文明家庭。

【志愿服务工作】 2017 年，通州区继续实施“志愿服务 365”主题行动，围绕“有场所、有牌子、有队伍、有制度、有活动、有记录”“六有”标准，建设一批“志愿服务 365”站(点)。以“党员干部进社区”为平台，摸索“党工+社工+义工”的精准服务模式。利用“互联网+”实施线上志愿服务队伍管理。充分发挥全区 18 支专业志愿服务队伍优势，重点开展专业性主题志愿服务活动。“携手‘童’行”关爱留守儿童志愿服务项目在第二届江苏志愿服务展示交流会获优秀项目。2017 年底，通州区注册志愿者人数 110533 人，达到城镇常住人口的 16.3%，注册志愿者参与活动率达到 97.99%，志愿者平均服务时长达到 31.41 小时。

【未成年人思想道德建设】 2017年，举办“成长仪式”“青春仪式”示范活动，承办市级“成人仪式”观摩活动。育才中学《友爱》、实验小学《五 1 班的秘密》代表南通参加省级“璞石成玉”校园情景剧比赛，分获初中组一等奖、小学组三等奖。姜灶小学少年宫“快乐向善”合唱团代表江苏参加文化部第八届中国少年儿童合唱节展演活动。石港小学戴鑫钰荣获省第四届“美德少年”称号。承办南通市“三好标兵”竞赛评选活动总结表彰暨长效机制建设现场推进会，通州小学作为先进典型作经验介绍。举办全省“童心向党·幸福成长”——第八届“童声里的中国”少儿歌谣创作大赛及颁奖仪式，共收到全国各地歌谣作品 53552 篇，参与面覆盖全国 23 个省、5 个少数民族自治区、4 个直辖市以及澳门特别行政区。举办童声里的中国·第六届江苏省青少年音乐“小茉莉花奖”声乐大赛暨颁奖音乐会，来自全省各地的 300 余名小选手参加比赛。音乐儿童剧《田梦儿》省内外公益巡演600多场。“童声里的中国”少儿艺术创研基地被中央文明委评为全国未成年人思想道德建设工作先进单位。

(丁 莉)

组织机构和领导人员名录

中共南通市通州区委员会

书　　记:宋乐伟(5月免)
　　　　陈永红(7月任)
副 书 记:陈永红　凌　屹(7月任)
　　　　虞越嵩(8月任)
常　　委:宋乐伟(5月免)　陈永红
　　　　凌　屹(7月任)　虞越嵩
　　　　韩菊芳(女)
　　　　成小红(8月任,女)　葛卫民
　　　　胡卫东　李学义　张兴国
　　　　沈旭东　徐林锋
　　　　王　任(女,挂职)

南通市通州区人大常委会

1月9日至13日,召开南通市通州区第十六届人民代表大会第一次会议,并进行换届选举。

主　　任:陈　斌(1月当选)
副 主 任:曹国平(1月届满)
　　　　瞿云峰(1月当选)
　　　　昝圣达(1月届满)
　　　　吴晓晖(1月届满)
　　　　葛　涛(1月当选)　朱卫民
　　　　顾祖林(1月当选)
党组书记:陈　斌
党组副书记:曹国平(1月免)　瞿云峰

南通市通州区人民政府

区　　长:陈永红(8月辞)
代 区 长:凌　屹(8月任命)
副 区 长:凌　屹(8月当选)
　　　　虞越嵩(常务,9月辞)
　　　　成小红(常务,9月当选,女)
　　　　王　任(3月当选,女,挂职)
　　　　刘　洪(3月辞)
　　　　李学义(1月届满)
　　　　张兴国(1月届满)　陈伟平
　　　　曹建新(1月当选)
　　　　刘学军(1月当选)
　　　　樊小燕(女)　杨　彬
　　　　陈　曦(3月当选,挂职)
　　　　施益斌(7月当选,挂职)
党组书记:陈永红(8月免)
　　　　凌　屹(8月任)
党组副书记:虞越嵩(10月免)
　　　　成小红(10月任,女)

政协南通市通州区委员会

1月8日至12日,召开政协南通市通州区第十三届委员会第一次会议,并进行换届选举。

主　　席:宋乐伟(1月届满)
　　　　陈艳梅(1月当选,女)
副 主 席:葛　涛(1月届满)　季　平
　　　　顾建军　李均华(1月当选)
　　　　吴建均(1月当选)
　　　　张　勤(1月当选,女)
党组书记:陈艳梅(女)
秘 书 长:韩　建(1月届满)
　　　　陈益明(1月当选)
副秘书长:吴宇平(1月届满)
　　　　邵　菊(10月任,女)

中共南通市通州区纪律检查委员会

书　　记:韩菊芳(兼,女)
副 书 记:包良均　张刘华
常　　委:包良均　张刘华
　　　　赵建峰(3月免)　张为民
　　　　钱　澄(8月免,女)　王　强
　　　　吴佳佳(8月任)

区委工作部门及直属机构

办公室

主　　任:徐林锋(兼)
副 主 任:沈智慧
　　　　严　巍(3月免)
　　　　陈国祥(8月任)
　　　　吴　昊
　　　　刘　俊(12月任)

区纪委派驻第一纪检组

组　　长:金云霞(8月任,女)

研究室

主　　任:沈智慧
副 主 任:季　良(8月免)
　　　　蒋建军(8月任)
　　　　昝智强(8月任)

督查室

主　　任:何　静(10月免,女)

组织部

部　　长:沈旭东(兼)
副 部 长:钱国宾(常务,3月免)
　　　　姜卫国　陈　超
部务委员:唐　锋

区纪委派驻第五纪检组

组　　长:朱剑锋(8月任)

组织员办公室

主　　任:

区级机关工作委员会

书　　记:姜卫国(兼)
副 书 记:季　煜(主持日常工作)
　　　　施晓灵(女)
纪工委书记:杨金华

新经济新社会组织工作委员会

书　　记:姜卫国(兼)
副 书 记:顾慧辉(女)

人才工作办公室

主　　任:钱国宾(3月免,兼)
　　　　陈　超(3月兼任)
副 主 任:曹邢彬　葛　锋
　　　　叶　敏(9月挂职期满)
　　　　徐裕来(9月挂职)

宣传部

部　　长:胡卫东(兼)
副 部 长:陈益明(常务,1月免)
　　　　曹荣琪　陈建华
　　　　姜卫军

区纪委派驻第六纪检组

组　　长:袁卫东(8月任)

精神文明建设指导委员会办公室

主　　任:陈益明(兼,1月免)
副 主 任:周　冲(10月免)

统战部

部　　长:沈旭东(兼)
副 部 长:樊　珂　曹莉萍(女)

政法委员会

书　　记:李学义(兼)

副 书 记：杨　彬(兼)　何新华
张　显　朱晓明

区纪委派驻第七纪检组

组　　长：葛　俊(8 月任)

政治处主任：杜爱华(女)

社会信息管理办公室

主　　任：

社会管理综合治理委员会办公室

主　　任：张　显(兼)

副 主 任：邱建华

依法治区领导小组办公室

主　　任：李学义(兼)

副 主 任：

国家安全办公室

主　　任：何新华(兼)

副 主 任：朱永宁

巡察工作办公室

8 月，根据《中共南通市通州区委办公室关于印发〈中共南通市通州区委巡察工作办公室主要职责和人员编制规定〉的通知》(通办发〔2017〕69 号)文件精神，设立区委巡察工作办公室。

主　　任：张刘华(8 月兼任)

副 主 任：曹　军(8 月任，12 月免)

第一巡察组

组　　长：曹永新(8 月任)

副 组 长：崔　平(8 月任)
季甫荣(8 月任)

第二巡察组

组　　长：莫建娥(8 月任，女)

副 组 长：季　然(8 月任，女)
丁明体(8 月任)

第三巡察组

组　　长：胡祝平(8 月任)

副 组 长：马秀荣(8 月任)
吕志坚(8 月任)

第四巡察组

组　　长：

副 组 长：徐茂忠(8 月任)
陆　辉(8 月任)

610 办公室

主　　任：夏季兵(兼)

副 主 任：陆卫东　王晓梅(女)

机构编制委员会办公室

主　　任：钱国宾(3 月免，兼)
姜卫国(3 月兼任)

副 主 任：邱天擎　陆卫华

农村工作办公室

主　　任：林　峰

副 主 任：严卫华(女)　季水华
袁国林

纪检组长：戴剑锋(8 月免)

区人民政府农村工作办公室

主　　任：林　峰(兼)

机要局(国家密码管理局)

局　　长：蒋建伟

副 局 长：顾晓明　康建锋

保密委员会办公室(国家保密工作局)

主任(局长)：蒋建伟(兼)

台湾工作办公室(区人民政府台湾事务办公室)

主　　任：

副 主 任：王红琴(12 月免，
主持日常工作，女)

老干部局

局　　长：陈　超

副 局 长：曹江梅(女)　施向东

离退休干部工作委员会

书　　记：陈　超(8 月兼任)

党校

校　　长：虞越嵩(10 月兼任)

副 校 长：许煜曦(常务，1 月免)
朱国兴(常务，3 月任)
耿　燕(女)　胡永洲

行政学校

校　　长：虞越嵩(10 月免，兼)
成小红(10 月兼任，女)

副 校 长：许煜曦(1 月免)
朱国兴(3 月任)
耿　燕(女)
莫建娥(8 月免，兼，女)
胡永洲

机关事务管理局

局　　长：崔红星

副 局 长：江　毅　曹　军
丁华周　张晓军

党组书记：崔红星

接待办公室

主　　任：高宏彬

副 主 任：朱朝霞(女)

党史工作办公室

主　　任：王　飞

副 主 任：阚新华　卫　清

区地方志编纂委员会办公室

主　　任：王　飞(兼)

档案局(档案馆)

局长(馆长)：张新丽(女)

副 局 长：张　强　谢国志

人大工作部门

办公室

主　　任：单雄清(3 月免)
张建平(3 月任)

副 主 任：张菊兰(3 月免，兼，女)
徐茂军　易卫东(3 月任)

区纪委派驻第二纪检组

组　　长：张慧超

研究室

主　　任：张菊兰(3 月免，女)

副 主 任：徐建锋(3 月免)

老干部服务科

科　　长：王祝达

信访督办科

科　　长：

财政经济工作委员会

主　　任：金　剑(3 月免)
曹红军(3 月任)

副 主 任：徐建锋(3 月任)

内务司法工作委员会

主　　任：石裕超

副 主 任：朱亚琴(女)

人事代表工作委员会

主　　任：姜兆军(3 月免)
姜子国(3 月任)

副 主 任：王晓霞(女)

环境资源城乡建设工作委员会

主　　任：

副 主 任：丁俊荣

农业和农村工作委员会

主　　任：张菊兰(3 月任，女)

副 主 任:徐雪松

教科文卫工作委员会

主　　任:陈旭初(3月免)
　　　　许煜曦(3月任)
副 主 任:吴伯军

民宗侨台工作委员会

主　　任:徐　雷
副 主 任:

区政府工作部门及直属机构

办公室

主　　任:包云祥
副 主 任:朱国兴(4月免)
　　　　钱晓新
　　　　钱道锋(4月免)
　　　　施晓辉
　　　　李　锋(3月免)
　　　　李　锐(9月免)
　　　　季　良(9月任)
　　　　彭道新(3月任)
　　　　吴志祥(9月任)
　　　　薛小玉(9月任,女)
党组书记:包云祥
党组成员:陆　锋(8月任)
区纪委派驻第三纪检组
组　　长:陆　锋(8月任)
法制办公室
主　　任:包云祥(9月免,兼)
　　　　李　锐(9月任)
外事侨务办公室
主　　任:包云祥(兼)
副 主 任:于　红(12月免,女)
人民防空办公室
主　　任:包云祥(兼)
主任助理:胡映春(12月免)
督查室
主　　任:吴兴林(9月免)
　　　　施金花(9月任,女)
研究室
主　　任:刘　俊

发展和改革委员会

主　　任:李均华(3月免)
　　　　龚　卫(3月任)
副 主 任:张颖倩(3月免,女)
　　　　孙振坚(4月免)
　　　　施卫东(4月任)
　　　　季玉华(女)　冯建军
党委书记:李均华(3月免)
　　　　龚　卫(3月任)
纪委书记:丁明体(8月免)
金融工作办公室
主　　任:李均华(4月免,兼)
　　　　龚　卫(4月兼任)
物价局
局　　长:李均华(4月免,兼)
　　　　龚　卫(4月兼任)
副 局 长:张乃文　严　斌
重点项目管理建设办公室
主　　任:吴晓涛

经济和信息化委员会

主　　任:黄春玉
副 主 任:花建山　徐琳琳
　　　　施卫东(4月免)
　　　　顾圣亮(4月任)
　　　　王　燕(女)
党组书记:黄春玉(12月免)
纪检组长:季　然(8月免,女)
中小企业局
局　　长:黄春玉(兼)

教育局

局　　长:张进荣
副 局 长:严鼎生(3月免)
　　　　钱国华　刘　新
　　　　胡清华
党委书记:张进荣
党委副书记:严鼎生(1月免)
党委委员:严蔚民
区纪委派驻第十纪检组
组　　长:严蔚民(8月任)
纪委书记:严蔚民(8月免)

科学技术局

局　　长:王钰华(女)
副 局 长:蔡志兵(9月免)
　　　　黄东晓　姚晓兰(女)
　　　　王建南(9月挂职期满,女)
　　　　吴鹏云(12月任)
　　　　刁　海(9月挂职)
党组书记:王钰华(女)
纪检组长:金俊杰(8月免)
知识产权局
局　　长:王钰华(兼,女)

公安局

局　　长:杨　彬(兼)
副 局 长:夏季兵　王荣华
　　　　葛秀清
　　　　张　伟(4月免)
　　　　王志清　王　东
政　　委:倪　军
副 政 委:曹群英(女)
党委书记:杨　彬(兼)
党委副书记:倪　军　夏季兵
党委委员:严卫星
区纪委派驻第十七纪检组
组　　长:严卫星(8月任)
纪委书记:严卫星(8月免)
督 察 长:杨　彬(兼)

监察局

局　　长:包良均
副 局 长:李功涛(3月免)
　　　　章　婷(女)
　　　　赵建峰(9月免)
　　　　张为民(9月任)

民政局

局　　长:季　亚
副 局 长:施锦荣　周玉君
　　　　徐建国　金小红(女)
党组书记:季　亚
纪检组长:谢　智(8月免)

司法局

局　　长:刘玉贤
副 局 长:姜　平　姜志亮
　　　　曹茂龙
党组书记:刘玉贤
纪检组长:丁义刚(8月免)

财政局

局　　长:周　鉴
副 局 长:张　芳(3月免,女)
　　　　吴雪华　吴巧俏(女)
　　　　蒋惠珍(3月任,女)
　　　　徐　静(12月任,女)
党组书记:周　鉴
党组副书记:姜　华(1月免)
　　　　张　芳(1月任,女)
党组成员:王佳蓓(8月任,女)
区纪委派驻第十一纪检组
组　　长:王佳蓓(8月任,女)

纪检组长：张晓玲（8月免，女）

人力资源和社会保障局

局　　长：张剑冰
副 局 长：莫建娥（9月免，女）
施雪平（3月免）
曹　玮　吴卫东
徐　华
季　成（4月任）
何　静（12月任，女）
方昌健（9月挂职期满）
曹文田（9月任，挂职）
党委书记：张剑冰
党委副书记：莫建娥（8月免，女）
纪委书记：朱剑锋（8月免）

环境保护局

局　　长：丁建荣（3月免）
陶　洋（3月任）
副 局 长：蒋　军　邱少波
曹锡江　袁晓娟（女）
党组书记：丁建荣（3月免）
陶　洋（3月任）
纪检组长：陆　锋（8月免）

住房和城乡建设局

局　　长：丁亚军
副 局 长：李晓东　俞政权
蔡世杰
总工程师：丁舜锋
党委书记：丁亚军
纪委书记：葛　俊（8月免）

城市管理局

局　　长：周建清
副 局 长：顾军峰　王玉华
朱春华（3月任，7月通州区纪委对其立案调查）
周　冲（12月任）
党组书记：周建清
纪检组长：张慧超（8月免）

城市管理行政执法局

局　　长：周建清（兼）

交通运输局

局　　长：丁明新
副 局 长：张　明　金志锋
宋国彬　花云霞（女）
党委书记：丁明新
党委副书记：张　明（1月任）
纪委书记：周　佾（8月免）

港口管理局

局　　长：丁明新（兼）

铁路办公室

主　　任：丁明新（兼）

农业委员会

主　　任：曹　辉
副 主 任：陈祖建（3月免）
季国军　张宏杰
王国强
周东生（12月任）
党组书记：曹　辉
党组成员：戴剑锋（8月任）

区纪委派驻第八纪检组

组　　长：戴剑锋（8月任）
纪检组长：曾雪美（8月免，女）

海洋与渔业局

局　　长：曹　辉

水利局

局　　长：丁　华
副 局 长：倪建东（3月免）
胡栋林　朱德礼
局长助理：方　杏（12月免，女）
党组书记：丁　华
党组副书记：倪建东（1月任，10月免）
陈晓飞（10月任）
党组成员：张　帆

区纪委派驻第十三纪检组

组　　长：张　帆（8月任）
纪检组长：张　帆（8月免）

商务局

局　　长：金泽林
副 局 长：朱德胜　李向阳
顾彬斌　张启军
党委书记：金泽林
党委委员：顾　华

区纪委派驻第九纪检组

组　　长：顾　华（8月任）
纪委书记：顾　华（8月免）

粮食局

局　　长：金泽林（兼）
副 局 长：朱国安（9月免）

文化广电新闻出版局

局　　长：许易峰
副 局 长：张贺林
葛红玲（4月免，女）
丁　燕（女）
吴兴林（9月任）
党组书记：许易峰
纪检组长：吕志坚（8月免）

卫生和计划生育委员会

主　　任：张武军
副 主 任：王颖麒　张　毅
刘伟圣　钱素兵
刘永杰
党组书记：张武军
党组成员：卞玉梅（女）

区纪委派驻第十四纪检组

组　　长：卞玉梅（8月任，女）
纪检组长：卞玉梅（8月免，女）

审计局

局　　长：沈凯军
副 局 长：顾　霞（女）　蔡玉新
顾建荣（12月任）
党组书记：沈凯军
纪检组长：王佳蓓（8月免，女）

体育局

局　　长：严鼎生（3月免，兼）
张进荣（3月兼任，9月免）
陈国华（9月任）
副 局 长：曹　劼
季拥军（12月任）
局长助理：陈　克（12月免）

统计局

局　　长：张　勤（3月免，女）
张颖倩（3月任，女）
副 局 长：曹　剑（女）　于海燕
党组书记：张颖倩（女）
纪检组长：季甫荣（8月免）

安全生产监督管理局

局　　长：姚　忠
副 局 长：陈　飞　杨　进
宋红军
杨　峰（12月任）
党组书记：姚　忠
纪检组长：徐茂忠（8月免）

市场监督管理局

局　　长：曹　勇

副 局 长:沈　豪
倪　林(12月免)
张红梅(4月免,女)
易　建　彭德新
刘庆华(9月免)
曹　龑(12月任)
刘笑峰(12月任)
党组书记:曹　勇
党组成员:曹　龑(副科职)
丁义刚(8月任)
区纪委派驻第十六纪检组
组　　长:丁义刚(8月任)
纪检组长:陆　辉(8月免)
食品安全委员会办公室
专职副主任:刘笑峰(12月免)
孙　昱(12月任,女)

服务业发展局
局　　长:秦瑞作
副 局 长:周宇春　高　燕(女)
旅游局
局　　长:秦瑞作

信访局
局　　长:丁华斌
副 局 长:胡祝平(9月免)
朱向陌　孙建新
党组书记:丁华斌

民族宗教局
局　　长:瞿　勇
副 局 长:龚伟杰
党组书记:瞿　勇

行政审批局
局　　长:李　忠
副 局 长:陈　卓(女)　葛振军
王铁峰　张志林
党组书记:钱国宾(3月免,兼)
李　忠(3月任)
党组副书记:李　忠
纪检组长:马秀荣(8月免)
政务服务中心
主　　任:李　忠
副 主 任:陈　卓(女)　葛振军
王铁峰　张志林

广播电视台
台　　长:陈建华
副 台 长:陈　杰　丁晓峰
王云峰　曹　军
党组书记:陈建华
纪检组长:崔　平(8月免)
新闻信息传播中心
主　　任:
副 主 任:丁晓峰(兼)

地震局
局　　长:
副 局 长:顾志聪

公共资源交易管理办公室
主　　任:陶　洋(4月免)
赵建峰(4月任)
副 主 任:丛春明　司红林
党组书记:陶　洋(3月免)
赵建峰(3月任)
纪检组长:袁卫东(8月免)

中国乒乓球通州训练基地

2016年9月,根据《关于调整通州区乒乓球运动学校与中国乒乓球通州训练基地机构设置和管理体制的通知》(通编〔2016〕38号)文件精神,将通州区乒乓球运动学校与中国乒乓球通州训练基地由原合署办公、实行"一套班子、两个牌子"调整为分开单独设置。

主　　任:王寿兵(3月免)
副 主 任:徐建伟

政府投资项目工程建设中心
主　　任:张友奎
副 主 任:张蔚华　姜　健
总工程师:吴晓东

社会矛盾纠纷调处中心
主　　任:刘玉贤
副 主 任:冯跃如　姜　莉(女)

教育督导室
主　　任:钱国华
副 主 任:

沿江开发办公室
主　　任:倪建东(3月任,9月免)
陈晓飞(12月任)
副 主 任:王林源
葛江华(12月任)

数字化城管监督指挥中心
主　　任:

建筑工程管理局
局　　长:陆建兵
副 局 长:季　杰　曹云峰
党委书记:陆建兵
党委委员:张东华
区纪委派驻第十二纪检组
组　　长:张东华(8月任)
纪委书记:张东华(8月免)

农业机械管理局
局　　长:吴建均(兼)
副 局 长:邵　菊(4月任,12月免,女)
张达世　姚　冰(女)
党组书记:邵　菊(3月任,10月免,女)
王红琴(12月任,女)

农业资源开发局
局　　长:陈国华(9月免)
倪建东(9月任)
副 局 长:张建荣(3月通州区纪委撤销其职)
花继东(10月任)
局长助理:黄剑兰(12月免,女)
党组书记:陈国华(8月免)
倪建东(8月任)

电子政务管理中心
主　　任:张晓飞
副 主 任:包晓炜
政府网站管理中心
主　　任:张晓飞(兼)
省政府远程通信网通州工作站
站　　长:张晓飞(兼)

招商局
局　　长:金泽林(兼)
副 局 长:曹顾涌(主持日常工作)
秦　锋

国有资本管理中心
主　　任:姜　华(3月免)
张　芳(3月任,女)
副 局 任:

企业公有资产管理办公室
主　　任:花建山(3月免,兼)

徐琳琳(9月兼任)
副 局 任:于建华

市政公用事业管理中心
主　　任:丁舜锋
副 局 任:陆　明
城区水环境建设管理处
副 局 任:黄宝乐

房屋动迁管理办公室
主　　任:姚　斌
副 局 任:王　昕　方伶俐(女)
姜铮莉(女)

园林绿化管理中心
主　　任:金建峰

事业单位登记管理局
局　　长:

公共资源交易中心
主　　任:王建兵

教师发展中心
主　　任:陈汉兵

政协工作部门

办公室
主　　任:吴宇平(3月免)
邵　菊(10月任,女)
副 局 任:杨　峰(3月免)
陈　凯
葛红玲(3月任,女)
区纪委派驻第四纪检组
组　　长:金俊杰(8月任)
老干部服务科
科　　长:沈　杰

提案委员会
主　　任:孙锦华(3月免)
赵国明(3月任)
副 主 任:杨　峰(3月任,10月免)
沈　杰(10月任)

委员工作委员会
2016年12月,根据《关于设立政协南通市通州区委员会委员工作委员会的批复》(通编〔2016〕59号)文件精神,成立政协南通市通州区委员会委员工作委员会。
主　　任:易天明(3月任)
副 局 任:姜卫国(3月任,不驻会)
樊　珂(3月任,不驻会)

学习、文史委员会
主　　任:钱　俊(3月免)
姜　华(3月任)
副 局 任:陈益明(1月免,兼)
王海峰(3月免)
王　飞(3月任,不驻会)
曹荣琪(3月任,不驻会)

经济科技委员会(挂港澳侨委员会牌子)
2016年12月,根据《关于设立政协南通市通州区委员会委员工作委员会的批复》(通编〔2016〕59号)文件精神,将政协南通市通州区委员会港澳台侨委员会由单独设置调整为在政协南通市通州区委员会经济科技委员会挂牌。
主　　任:黄剑豪(3月免)
丁建荣(3月任)
副 局 任:施季平(3月免)
王海峰(3月任)
姚晓兰(3月任,不驻会,女)
冯建军(3月任,不驻会)

文教卫体委员会
主　　任:袁卫平(3月免)
严鼎生(3月任)
副 局 任:王颖麒(3月任,不驻会)
陈汉兵(3月任,不驻会)

城乡建设、社会法制委员会
主　　任:陈锦新(3月免)
严　勇(10月任)
副 局 任:王　琳(10月免,女)
张　显(3月任,不驻会)
丁舜锋(3月任,不驻会)

人口资源环境委员会
主　　任:陈汝林(3月免)
花剑山(3月任)
副 局 任:邹宪章(3月免)
王　琳(10月任,女)
邱少波(3月任,不驻会)
港澳台侨委员会
主　　任:
副 局 任:杨　峰(3月免)

南通高新技术产业开发区

党工委书记:
党工委副书记:周跃华　张兴国
钱国宾
管委会主任:周跃华
管委会副主任:张兴国(11月负责管委会日常工作,明确正处职)
曹建新(11月免)
叶　辉　徐　健
高锦陈
张连清(11月任)
纪工委书记:刁玉芬(女)
办公室
主　　任:李焱明
副 主 任:王　斐
党群工作局
局　　长:袁利忠
副 局 长:
经济发展局
局　　长:孙振坚(4月任)
副 局 长:顾圣亮(4月免)
昝建斌(3月免)
科学技术局
局　　长:邱　智
副 局 长:吴小昊　姜一春(女)
曹文田(9月挂职期满)
刘开振(10月任,挂职)
招商局
局　　长:陈东兵
副 局 长:昝建斌(3月任)
李　仲(3月任,女)
徐敬国(3月任)
顾春峰(3月任)
蒋林华
建设局
局　　长:
副 局 长:张新林　华　璇(女)
综合执法局
局　　长:
副 局 长:吴成梓
安全生产监督管理局
局　　长:
副 局 长:费　平
政法和社会建设局
局　　长:王霄峰
副 局 长:葛建华

行政审批局

局　　长:蔡劲松

副 主 任:管宏页(女)

行政服务中心

主　　任:蔡劲松

副 主 任:

财政局

局　　长:倪燕飞(女)

副 局 长:季　彬

公有资产管理办公室

局　　长:倪燕飞(女)

监察室

主　　任:于季华

副 主 任:刘　瑾(女)

审计室

主　　任:于季华

人大工委主任:于　燕(女)

政协工委副主任:于　燕(女)

人武部

部　　长:

副 部 长:陈　炎

科技新城管委会

主　　任:姜小国

副 主 任:张永琪
龚志军(12月免)
姜锦华(女)
胡　岳(9月挂职期满)
顾顺超(9月任,挂职)

房屋征收管理办公室

主　　任:葛震宇

副 主 任:徐敬国(3月免)

投资建设服务中心

主　　任:张永琪

副 主 任:李　仲(3月免,女)

人才服务中心

主　　任:张建新

副 主 任:

国土分局高新区办事处

主　　任:卢　俊

副 主 任:徐建峰

区环保局高新区分局

局　　长:朱宝剑

区市场监督管理局高新区分局

局　　长:倪　林

锡通科技产业园

党工委书记:瞿云峰

管委会副书记:

管委会副主任:诸培国　顾永林
蔡新明
陈泽华(11月任)
曹　锐(11月任)

纪工委书记:陈泽华(1月任)

办公室

主　　任:邵　菊(3月免,女)
叶佳佳(3月任,女)

副 主 任:许建春　李菊梅(女)

经济科技发展局

局　　长:周国栋

副 局 长:杨建华
邹　祺(9月挂职期满)
吴日铭(10月任,挂职)

规划建设局(5月更名为建设局)

局　　长:叶天竹(12月免)

副 局 长:

社会建设管理局

局　　长:曹　锐(12月免)
叶天竹(12月任)

副 局 长:赵春慧　曹　敏(女)
顾　冲

财政局

局　　长:陈　刚

副 局 长:夏　云(女)

招商局

局　　长:

副 局 长:陈　冰(女)　钱金国

综合执法局

局　　长:成建荣

副 局 长:张海峰

安全生产监督管理局

局　　长:丁志岗

副 局 长:

便民服务中心

主　　任:葛坚强(10月任)

副 主 任:刘永华(主持日常工作,10月免)　顾学德

房屋征收管理办公室

主　　任:

副 主 任:张继华　　倪梓程

监察审计室

主　　任:

副 主 任:郭志坚

招商中心主任:卞进圣(8月辞)

国土分局锡通科技产业园办事处主任:王翕金

通州区环境保护局锡通科技产业园分局局长:邵勇军

石港科技产业园

党工委书记:沈旭东(兼)

党工委副书记:龚　卫(3月免)
陈　兵
季新建(3月任)

管委会主任:龚　卫(3月免)
陈　兵(3月任)

管委会常务副主任:陈　兵(3月免)
季新建(3月任)

管委会副主任:赵丽利(9月挂职期满,女)
曹文田(10月任,挂职)

纪工委书记:吴德水

党工委委员:季小雄　陆雪峰

通州滨江新区

党工委书记:瞿云峰(3月免,兼)
徐林锋(3月任,兼)

党工委副书记:高锦陈(3月免)
孙伟俊(3月任)
王　勇　李　斌

管委会主任:高锦陈(3月免)
孙伟俊(3月任)

管委会副主任:王　勇(常务)
徐美云(女)
徐裕来(9月挂职期满)
张洪源(10月任,挂职)

纪工委书记:朱小祥

党工委委员:赵　楠　黄亚南　孙志风
吴锦云(女)　李　钢
沈小锋

开沙岛旅游度假区

党工委书记:瞿云峰(3月免,兼)
徐林锋(3月任,兼)

管委会主任:高锦陈(3月免)
孙伟俊(3月任)

南通家纺城

党工委书记:胡卫东(3月任,兼)

党工委副书记:邵爱军　张卫忠

管委会主任:邵爱军

管委会副主任:张卫忠　吴红星
王建南(9月挂职期满)
龚　利(10月任,挂职)

党工委委员:吴红星　张新荣
周　丹(女)　郭志坚

管委会委员：张卫华

家纺知识产权快速维权中心

副 主 任：周 英（女） 蒋 跃

空港产业园管委会

主 任：曹建新
副 主 任：王晓亮（常务）
张茂华（10月任，挂职）
聂华丽（9月挂职期满，女）

通州区人民法院

院 长：陈 炎（1月当选）
副 院 长：张建平（1月免） 施为民
张月淑（女）
专职委员：姜 华 季 忠
党组书记：陈 炎
党组副书记：张建平（1月免）
施为民（1月任）
纪检组长：丁建国（8月免）
政治处主任：陈宗林
执行局局长：喻峰新

通州区人民检察院

检 察 长：黄凯东
副检察长：王 栋 曹卫星 袁国明
左仰东
专职委员：张建兵 潘杏杏（女）
党组书记：黄凯东
党组成员：王立新 丁建国（8月任）

区纪委派驻第十八纪检组

组 长：丁建国（8月任）
纪检组长：陆 斌（8月免）
反贪污贿赂局局长：王益锋
反渎职侵权局局长：张徐华
政治处主任：王立新（8月免）
陆 斌（8月任）

通州区人民武装部

部 长：高 康（7月任）
政 委：葛卫民
副 部 长：曹永平
党委第一书记：宋乐伟（5月免）
陈永红（8月任）
党委书记：葛卫民
党委副书记：高 康（7月任）
纪委书记：曹永平

人民团体

总工会

主 席：张淑萍（女）
副 主 席：徐 飞 孙清建
党组书记：张淑萍（女）
党组成员：王 飞（8月任）

区纪委派驻第十五纪检组

组 长：王 飞（8月任）

团委

11月7日，召开共青团南通市通州区第十七次代表大会，并进行换届选举。

书 记：叶佳佳（3月免，女）
曹 铖（3月任）
副 书 记：曹 铖
钱 亮（10月免，女）
冯 楠（11月当选，女）
顾马煜（11月当选）
朱怡颖（11月当选，挂职，女）
金丹丹（11月当选，兼职，女）
党组书记：叶佳佳（3月免，女）
曹 铖（3月任）

妇联

主 席：卫志云（女）
副 主 席：王晓燕（3月免，女）
陈爱华（女）
党组书记：卫志云（女）

科协

主 席：赵国明（1月免）
王晓燕（3月任，女）
副 主 席：张亚新（1月免）
李国新
李 锋（1月任）
黄东晓（兼）
陈 卓（兼，女）
张宏杰（兼）
刘永杰（兼）
党组书记：赵国明（1月免）
王晓燕（3月任，女）

社科联

主 席：曹荣琪
副 主 席：陈泉江 沈智慧（兼）
张菊兰（1月免，兼，女）
李 锋（1月免，兼）
钱 俊（1月免，兼）
胡永洲（兼）
季玉华（兼，女）
施卫东（兼）
吴雪华（兼）
钱国华（兼）
姜 华（10月兼任）
易卫东（10月兼任）
薛小玉（10月兼任，女）
顾圣亮（10月兼任）

文联

主 席：许 君（女）

侨联

主 席：许 斌（兼）
副 主 席：赵莉玲（主持日常工作，女）
黄 荣（兼）
蒋 忠（兼）
杨晓婷（兼，女）

工商联

主 席：张 勤（兼，女）
副 主 席：曹莉萍（常务，女）
成 军
耿裕华（不驻会）
陆 军（不驻会）
俞建辉（不驻会）
姜煜峰（不驻会）
沙明军（不驻会）
赵 峰（不驻会）
林志勇（不驻会）
卢立铛（不驻会）
周 觅（不驻会）
秘 书 长：成 军（兼）
党组书记：曹莉萍（女）

总商会

会 长：张 勤（兼，女）
副 会 长：曹莉萍（常务，女）
成 军
耿裕华（不驻会）
陆 军（不驻会）
俞建辉（不驻会）
姜煜峰（不驻会）
沙明军（不驻会）

赵　峰(不驻会)
林志勇(不驻会)
卢立铛(不驻会)
周　觅(不驻会)
魏　进(不驻会)
易杰祥(不驻会)
袁洪兵(不驻会)
严季新(不驻会)
张春华(不驻会)
朱国清(不驻会)
周　健(不驻会)
丁　健(不驻会)
王建春(不驻会)
范平一(不驻会)
秘 书 长:成　军(兼)

红十字会

11月8日,召开南通市通州区红十字会第六次会员代表大会,并进行换届选举。

名誉会长:陈永红(兼)
会　　长:樊小燕(8月兼任,女)
副 会 长:钱　兵(常务)
陈建芳(女)
陈益明(1月免,兼)
张武军(兼)
张进荣(兼)
周　鉴(兼)
倪　军(兼)
钱国宾(3月免,兼)
季　亚(兼)
姜卫国(11月当选,兼)
姜卫军(11月当选,兼)
党组书记:钱　兵

残联

理 事 长:徐　蔚
副理事长:吕　英(女)
党组书记:徐　蔚

法学会

会　　长:李学义(兼)
副 会 长:何新华(兼)
陈锦新(兼)
包良均(兼)
陆建兵(兼)
张建平(兼)
王　栋(兼)
王荣华(兼)
李　锐(兼)
包　坚(兼)
胡永洲(兼)
刘玉贤(兼)
石裕超(10月兼任)
施为民(10月兼任)
专职副会长:季海华

垂直及双重管理单位

中国人民银行通州支行(国家外汇管理局通州支局)

行长、局长:季步高
副 长 长:李锡芳
党组书记:季步高
纪检组长、总稽核:季　芳(女)

中国工商银行股份有限公司南通通州支行

行　　长:周治平
副 行 长:姚嘉宁
沈德军(9月免)
季　英(女)
黄继前(9月任)
党委书记:周治平
党委副书记:姚嘉宁
纪委书记:姚嘉宁

中国农业银行股份有限公司南通通州支行

行　　长:宋曙明
副 行 长:金鸿均　邱晓勇
陈爱锋(9月免)
季任春
陈亦飞(12月任)
党委书记:宋曙明
纪委书记:季任春

中国建设银行股份有限公司南通通州支行

行　　长:赵启山
副 行 长:马　军　张　奕(女)
党委书记:赵启山
纪委书记:羌　霆(9月任)

中国银行股份有限公司南通通州支行

行　　长:张金国
副 行 长:喻新安　朱　炜
王春林
副 书 记:季　强

中国农业发展银行南通市通州支行

行　　长:王志冬(2月免)
赵　雨(2月任)
副 行 长:毛　展　茅　丹(女)
支　　书:王志冬(2月免)
赵　雨(2月任)

中国人民财产保险股份有限公司通州支公司

经　　理:曹星宇
副 经 理:王建南　李劲松
支　　书:曹星宇

中国人寿保险股份有限公司通州支公司

总 经 理:朱　煜
副总经理:庄建新
孙新明(6月免)
施赛枫(6月任,女)
支　　书:朱　煜

南通农村商业银行

董 事 长:佘　俊
行　　长:王晖东(7月免)
钱伟东(7月任)
监 事 长:沈峰山(7月免)
陈卫兵(7月任)
副 行 长:金　泳(7月免)
刘海山　邵伟俊
黄　倩(女)
党委书记:佘　俊
纪委书记:吴　斌

南通市国土资源局通州分局

局　　长:俞　华
副 局 长:卢　俊　顾为民
张卫东
党组书记:俞　华
纪检组长:季云忠

南通市规划管理局通州分局

局　　长:陆　成
副 局 长:朱雪平(女)　黄建明
邹秦川(12月任)
总规划师:邹秦川(12月免)
党组书记:陆　成

国家税务局

局　　长:钱　宏
副 局 长:张圣军　周国均

陆　琰(女)
党组书记:钱　宏
纪检组长:黄聚奇

地方税务局

局　　长:袁利兵
副 局 长:秦丽华　杨贤琳(女)
　　　　周志均
党组书记:袁利兵
纪检组长:顾　辉

邮政局

总 经 理:施　卫
副总经理:韩玉梅(女)　冯建松
党委书记:施　卫
纪委书记:韩玉梅(女)

中国电信股份有限公司通州分公司(电信局)

总经理(局长):李智标
副总经理(副局长):程　炜(1月免)
　　刘　建(1月免)
　　李云中(1月任)
党委书记:李智标
纪委书记:程　炜(1月免)
　　李云中(1月任)

南通市供电公司通州营业部

总 经 理:严　锋(7月免)
　　朱富云(7月任)
副总经理:杨晓春(7月免)
　　周燕翀(7月任)
　　袁志杰　谢宏杰
　　洪　叶
党委书记:杨晓春(7月免)
　　周燕翀(7月任)
党委副书记:严　锋(7月免)
　　朱富云(7月任)

气象局

局　　长:张素江(8月免)
　　顾录泉(8月任)
副 局 长:吉慧明

南通市烟草公司通州分公司(烟草专卖局)

经理、局长:张志斐
副 经 理:李铁强
副 局 长:朱卫东

盐务管理局(盐业公司)

局长、经理:
副局长、副经理:陈　杰(11月任,主持日常工作)
　　周庙新
　　陈小华(8月免)
党组书记:张卫利(8月任)

新华书店

执行董事:单守耘(女)
经　　理:成煜林
副 经 理:钱华成煜林
支　　书:单守耘(女)

区经济实体单位

供销合作总社

主　　任:张慎军(9月通州区纪委撤销其职)
　　胡劲武(9月任)
副 主 任:陈志军
　　陈卫军(9月通州区纪委撤销其职)
　　曹　雪(3月免)
党委书记:张慎军(9月通州区纪委撤销其职)
　　胡劲武(9月任)

镇(街道)党(工)委、人大、政府(办事处)、纪(工)委

金沙街道

书　　记:葛红俊(女)
副 书 记:孙伟俊(3月免)
　　严　巍(3月任)
　　杨洪杰　凌　健(挂职)
　　刁　海(10月任,挂职)
人大工委主任:杨洪杰
主　　任:孙伟俊(3月免)
　　严　巍(3月任)
副 主 任:何　俊　季　华
　　施永兵(12月免)
　　陆志方　蔡小芳(女)
　　方昌健(9月挂职期满)
纪工委书记:王　展
组织委员:陈晓红(女)
宣传委员:曹　鹏
统战委员:管海燕(女)
政法委员:陈　亮
党工委委员、人武部长:陆云华
党工委委员:邓星林(10月任,挂职)

金新街道

书　　记:钱国宾(3月任,12月免)
　　张连清(12月任)
副 书 记:王霄峰
　　陈国祥(8月免)
　　顾亚明
　　徐敬国(12月任)
　　邓永定(11月挂职期满)
主　　任:王霄峰
副 主 任:吴成梓(12月任)
　　金　健　张晓维
　　徐刘波　葛建华
纪工委书记:赵晓云(女)
人武部长:陈　炎
党工委委员:樊朝伟
　　邱　兵(12月任,挂职)

兴东街道

书　　记:王晓亮
副 书 记:陈　雨　陈　前
人大工委主任:邢建均
主　　任:陈　雨
副 主 任:娄　光　张可嘉
　　顾　峰(女)
　　丁宏林
　　吴向晖(10月任)
纪工委书记:喻晓康
组织委员:姜益南(12月任,女)
宣传委员:徐玉红(女)
统战委员:王秉坤
政法委员:吴向晖(10月免)
　　陈永东(10月任)
党工委委员、人武部长:张豪华
党工委委员:黄敏捷(10月任,挂职)

先锋街道

书　　记:张加华
副 书 记:严　勇(10月免)
　　钱道锋(3月任)
　　马迎霞(3月免,女)
　　季新建(3月免)
　　徐新兵(挂职)
　　吴日铭(10月任,挂职)
人大工委主任:包汉彬(3月免)
　　马迎霞(3月任,女)
主　　任:严　勇(10月免)

钱道锋(10月任)
副 主 任:李昕辉　施晓健(女)
丁金澄　顾云海
徐晓峰(3月任)
邹　祺(9月挂职期满)
纪工委书记:葛　昊
组织委员:吴　尉(3月任,女)
宣传委员:朱　勇(3月任,女)
统战委员:马秦芳(女)
政法委员:朱　勇(3月免,女)
党工委委员、人武部长:张乃胜
党工委委员:李昕辉(10月免)
解林见(10月任,挂职)

西亭镇

书　　记:邱志珺(女)
副 书 记:陈晓飞(10月免)
唐　锋(12月任)
张国强(12月免)
徐裕来(10月任,挂职)
人大主席:道宗明(1月当选)
镇　　长:陈晓飞(10月免)
唐　锋(12月提名)
副 镇 长:黄继华　陈　华
徐浩兵　王冬明
纪委书记:徐　健
组织委员:吴　熠
宣传委员:顾　婷(女)
统战委员:朱泽华
政法委员:施金花(8月免,女)
党委委员、人武部长:黄　军

二甲镇

书　　记:张连清(11月免)
倪健忠(12月任)
副 书 记:倪健忠(12月免)
吴鹏云(10月免)
钱　亮(10月任,女)
龚　利(10月任,挂职)
人大主席:曹　康
镇　　长:倪健忠
副 镇 长:高　峰　徐林冲
季　琳(1月当选,女)
吴其春(1月当选)
纪委书记:张　琴(女)
组织委员:蒋　波
宣传委员:季　琳(12月免,女)
郭　攀(12月任)
统战委员:顾红燕(女)
政法委员:吴其春(12月免)
王桂英(12月任,女)
党委委员、人武部部长:瞿　杰

东社镇

书　　记:吴进华
副 书 记:匡咏梅(女)
曹锡刚(12月免)
刘开振(10月任,挂职)
人大主席:陶文龙(7月辞)
曹锡刚(12月提名)
镇　　长:匡咏梅(女)
副 镇 长:高　荣　瞿仪晨
王　冬
卞晓娟(1月当选,12月免,女)
纪委书记:曹　锋
组织委员:陈　熹
宣传委员:袁　飞
统战委员:张启国
政法委员:卞晓娟(12月免,女)
党委委员、人武部长:朱汉斌

十总镇

书　　记:陈亚铭
副 书 记:陈建烽
王淑平(10月免,女)
龚志军(10月任)
郝国建(9月挂职期满)
顾顺超(10月任,挂职)
人大主席:王淑平(1月当选,女)
镇　　长:陈建烽(1月当选)
副 镇 长:殷跃飞　张树新
张元鸿　朱异玲(女)
纪委书记:邱玲艳(10月免,女)
李西丰(10月任)
组织委员:花继东(9月免)
吴卫荣(10月任)
宣传委员:吴卫荣(10月免)
徐　建(10月任)
统战委员:卫庆玉(女)
政法委员:朱徐峰
党委委员:邵建军(10月任,挂职)
人武部长:陈一峰

石港镇

书　　记:龚　卫(3月免)
陈　兵(3月任)
副 书 记:陈　兵(3月免)
季新建(3月任)
顾本勇(10月免)
人大主席:吴广进
镇　　长:季新建(3月提名,3月当选)
副 镇 长:李国强
陈海林(1月当选)
沈裕龙(1月当选)
杨　磊(1月当选)
纪委书记:吴德水
组织委员:范燚燚(女)
宣传委员:郭　杰
统战委员:季小雄
政法委员:陈海林(10月免)
李楼进(10月任)
党委委员、人武部长:陆雪峰
党委委员:陈海明(挂职)
吴季新(10月任,挂职)

刘桥镇

书　　记:顾　灏
副 书 记:冯永华(12月辞)
马　锋(12月免)
张林毅(挂职)
徐裕来(10月任,挂职)
人大主席:高建华(1月当选)
镇　　长:冯永华(1月当选,12月辞)
副 镇 长:高　健
吴志祥(8月免)
陈巧云(女)
曹春玉(1月当选,女)
陆　建(10月提名)
纪委书记:姜春雷
组织委员:王　霏(女)
宣传委员:刘淑芬(女)
统战委员:曹春玉(10月免,女)
高　丽(10月任,女)
政法委员:陆　建
党委委员、人武部长:刘　新
党委委员:施　峻(10月任,挂职)

平潮镇

书　　记:顾永林(3月免)
李卫华(8月任)
副 书 记:李卫华(8月免)
马　锋(12月任)
冯志娟(女)　夏　伟
叶　敏(9月挂职期满)
张洪源(10月任,挂职)
人大主席:刘　焱(女)

人大副主席：帅剑锋（1月当选）
镇　　长：李卫华（12月免）
　　　　　马　锋（12月提名）
副 镇 长：夏育华　程金锋
　　　　　浦晓东　葛鉴洲
　　　　　黄　炜（1月当选，女）
　　　　　祁昌海（1月当选）
纪委书记：任红云（女）
组织委员：黄　炜（10月免，女）
　　　　　黄建锋（10月任）
宣传委员：施晨飞
统战委员：李国建
政法委员：孟镇勋
党委委员、人武部长：黄国祥
党委委员：李　太（12月任）
　　　　　陶婷婷（挂职，女）
　　　　　成鹤银（10月任，挂职）

五接镇

书　　记：高锦陈（3月免）
　　　　　孙伟俊（3月任）
副 书 记：王　勇　李　斌
人大主席：李　斌（1月当选）
镇　　长：王　勇
副 镇 长：徐美云（女）　孙志凤
　　　　　赵　楠（1月当选）
　　　　　丁　杨（1月当选）
纪委书记：朱小祥
组织委员：黄亚南
宣传委员：赵　楠（12月免）
　　　　　魏佳喜（12月任）
统战委员：张晓伟
政法委员：吴锦云（女）
党委委员、人武部长：李　钢

兴仁镇

书　　记：沈新宇
副 书 记：胡劲武（8月免）
　　　　　顾本勇（10月任）
　　　　　张茂华（10月任，挂职）
人大主席：蔡卫中（1月当选）
镇　　长：胡劲武（8月免）
　　　　　顾本勇（10月提名）
副 镇 长：郭　华（1月当选）
　　　　　马建芳（女）　何　莹
　　　　　陈小兵（1月当选）
纪委书记：姜美娟（女）
组织委员：杨　霞（女）
宣传委员：曹元元
统战委员：张国民
政法委员：黄建锋（10月免）
　　　　　吴　佐（10月任）
党委委员、人武部长：钱建军
党委委员：王述新（10月任，挂职）

张芝山镇

书　　记：诸培国（3月免）
　　　　　曹　锐（3月任）
副 书 记：曹　锐（3月免）
　　　　　邵　菊（3月免，女）
人大主席：吴建国（1月当选）
镇　　长：曹　锐
副 镇 长：倪梓程（1月当选）
　　　　　曹　敏（1月当选，女）
　　　　　纪建峰（1月当选）
　　　　　陈永刚（1月当选）
纪委书记：郭志坚
组织委员：李菊梅（女）
宣传委员：许建春
统战委员：蔡　亮
政法委员：顾　冲
党委委员、人武部长：顾　冲（兼）
党委委员：葛亚峰（10月任，12月免，挂职）
　　　　　范　权（12月任，挂职）

川姜镇

书　　记：邵爱军
副 书 记：张卫忠　吴红星
　　　　　顾建峰（挂职）
　　　　　石海云（10月任，挂职）
人大主席：陈超平
镇　　长：张卫忠
副 镇 长：沙　宁（1月当选）
　　　　　张卫华　张新荣
　　　　　周　丹（1月当选，女）
纪委书记：郭志坚
组织委员：周　丹（10月免，女）
　　　　　季　鹏（10月任）
宣传委员：施亚兴（女）
统战委员：陆迎辉（女）
政法委员：戴晓晨
党委委员、人武部长：李小辉
党委委员：魏晓雷（12月任，挂职）

部分事业单位

江苏省通州高级中学

校　　长：季仲平
副 校 长：许　斌　秦志强
　　　　　张圣兵
党委书记：曹光明（11月免）
党委副书记：季仲平　许　斌
纪委书记：翟新民

江苏省通州中等专业学校（江苏广播电视大学通州学院）

校　　长：姜汉荣（9月任）
　　　　　邢　斌（9月免）
副 校 长：张劲松
　　　　　葛　坚（2月免）
　　　　　顾　强
　　　　　姜汉荣（9月免）
党委书记：张　建
党委副书记：邢　斌（9月免）
　　　　　　姜汉荣（9月任）
　　　　　　胡栋均
纪委书记：胡栋均

江苏省西亭高级中学

校　　长：瞿国华
副 校 长：朱新星　缪国林
　　　　　徐训荣（9月免）
　　　　　任益南（9月任）
党委书记：瞿国华
党委副书记：朱新星（9月任）
纪委书记：任益南（9月免）
　　　　　周　岗（9月任）

江苏省平潮高级中学

校　　长：孙　钢（9月任）
　　　　　羌建中（9月免）
副 校 长：冯建兵（9月免）
　　　　　朱学锋　孙振建
　　　　　邵　良
党委书记：孙　钢（9月任）
　　　　　羌建中（9月免）
党委副书记：朱学锋（9月任）
纪委书记：夏永明（9月任）

金沙中学

校　　长：李　达
副 校 长：羌达勋
　　　　　黄学恭（9月免）
　　　　　薛　军
　　　　　孙　钢（9月免）
　　　　　顾锋杰（9月任）

党委书记:李　达
党委副书记:羌达勋(9月任)
纪委书记:蔡国锋(9月任)

二甲中学
校　　长:季洁华(局任,副科)
副 校 长:柴淑艳(女)(9月免)
徐东林(局任)
王　军(8月局任)
党总支书记:季洁华

二爻中学
校　　长:姜建军(局任)
副 校 长:张永峰(局任)
张　旭(局任,8月免)
徐建平(局任,8月免)
李　健(局任)
党总支书记:姜建军

石港中学
校　　长:顾海明(局任,9月任)
丁　建(9月免)
副 校 长:金郁峰
顾建华(11月免)
黄　新
党总支书记:顾海明(9月局任)
丁　建(9月免)

刘桥中学
校　　长:王新彦
副 校 长:张建明(2月免)
高　峰　陈　炎
张燕飞(局任)
党总支书记:王新彦

兴仁中学
校　　长:包春华(局任)
副 校 长:戴红玲(女)
李文彬(局任)
杨小峰(局任)
党支部书记:包春华

姜灶中学
校　　长:柴淑艳(女,9月局任)
薛　彬(9月免)
副 校 长:张剑峰　薛新华
王能龙
顾宪斌(8月局任)
党总支书记:柴淑艳(女,9月局任)
薛　彬(9月免)

通海中学
校　　长:刘　谨
副 校 长:黄惠超
胡晓飞(8月局任)
党支部书记:刘　谨

农业综合技术学校
校　　长:李发新
副 校 长:戴　锋　季春雷
党支部书记:李发新

南通市通州卫生职工中等专业学校
校　　长:瞿宝祥
副 校 长:李　建
党支部书记:
党支部副书记:瞿宝祥

乒乓球运动学校
校　　长:王寿兵
副 校 长:蒋兴锐(9月任)
吕晓飞(9月任)

人民医院
董事长:易　昕
院　　长:陈　建
副 院 长:施　庆　徐　洪
赵　云　郭　云(女)
党委书记:陈　建
党委副书记:施　庆
纪委书记:施　庆

中医院
董事长、院长:曹　杰(12月免)
秦晓纲(12月任)
副 院 长:曹亦军　秦晓纲
党委书记:曹　杰(10月免)
曹亦军(10月任)
纪委书记:李春芳(女)

疾病预防控制中心
主　　任:仇星煜

卫生监督所
所　　长:王国清

国家统计局通州调查队
队　　长:葛建刚(10月免)
严春燕(10月任,女)
副 队 长:严春燕(女)
王能标(挂职)

地产发展中心
主　　任:

土地储备中心
主　　任:刘旭峰

生产力促进中心
主　　任:

国库集中支付中心
主　　任:陈汝军(12月任)

地方海事处
主　　任:王新全

运输管理处
主　　任:张宏勋

党员干部现代化远程教育办公室
主　　任:

人才服务中心
主　　任:顾建华

干部信息中心
主　　任:吴　健

对外交流服务中心
主　　任:于　红(12月任,女)

城管执法大队
大 队 长:朱春华(3月免)
顾　斌(3月任)
教 导 员:顾　斌(3月免)
程圣军(3月任)

互联网新闻中心
主　　任:韩立新

安全生产督查大队
大 队 长:施洪春

综合检验检测中心
主　　任:赵　辉

(徐　钰)

中共南通市通州区委

Nantong Tongzhou District Committee of CPC

编 辑 陈 菊

综 述

【概 况】 2017年,通州区按照中央和省市决策部署,坚持稳中求进工作总基调,统筹推进“五位一体”总体布局,协调推进“四个全面”战略布局,发展改革和党的建设等各项事业取得新进步。实现地区生产总值1169.41亿元,比上年(下同)增长7.9%;一般公共预算收入70.09亿元,减少2.9%。

经济质态持续改善。常态化推进招商引资,未来岛科技产业园、京东智慧产业园等10亿元以上重大项目成功签约,注册亿元及千万美元以上项目176个,实际到账外资3亿美元。快节奏推进项目建设,新江海动力电子、深南电路、展华电子等重大项目顺利开工,新开工亿元以上产业项目129个,其中10亿元以上项目12个。支持企业做大做强,新增规模以上企业125家,新获省质量管理优秀奖1个;新增中国驰名商标两个,两家企业入围省首批“双百品牌”;全国专业标准化工作组达到5个,总数全市领先。新增特级资质建筑企业两家、鲁班奖两项,5家企业入选中国建筑业双200强。强化创新驱动,江海智汇园、江海圆梦谷集聚创新企业90家,新增省级企业研发中心11家,实施产学研合作项目52个,获评国家知识产权强县工程示范区。“21条”人才政策落地见效,首次在沪成功举办高洽会,新引进高层次人才75名,入选省“双创计划”16名,创历史新高。产业转型步伐加快,新认定国家级高新技术企业47家,高新技术产业、新兴产业产值占比分别提高1.3和2.7个百分点,服务业增加值占比提高1.5个百分点。加快农业现代化步伐,新建高标准农田近8万亩,新(扩)建规模以上农业项目112个,培育家庭农场40家、“全托管”服务组织106家。

城乡品质加快提升。着力优化区域路网,沪通铁路、地铁1号线等重点工程保障有力,机场大道、G345北接线等骨干道路加快建设,金富路北延、新金东路等5条新(改)建道路建成通车。有序推进城市更新,城东新区人气加快集聚,“一河两岸”示范段南岸工程全面竣工,改造老小区11个,新增停车位376个,新建城镇污水管网25公里,垃圾分类收集处置试点工作成为全省典范。深入推进“三城同创”,进鲜港花海项目加快建设,高速一环通州段建成绿化景观廊道,新增绿化766.67公顷、城镇绿地364公顷。深入开展“两减六治三提升”专项行动,97项年度重点任务基本完成。扎实抓好中央和省市环保交办问题整改,强势推进通灵桥区域环境综合整治,拆除排污企业11家。全面落实“河长制”“断面长制”,农村河道整治三年行动圆满收官,农村水环境全面改善。

民生福祉日益增进。加快富民进程,力促群众收入水平和生活质量持续提高。新增城镇就业超9000人,城乡居民人均可支配收入分别达44336元和21794元。实施新一轮脱贫致富奔小康工程,7000元以下低收入人口脱贫率达68%。积极推进城乡居民医疗保险制度整合,基本社会保险覆盖率均超98%。推动教育优质均衡发展,新(扩)建中小学校4所、幼儿园6所,美育艺术教育全国先进,入围国家级农村职业教育和成人教育示范区。医疗体制改革有序推进,区中医院实现政府完全举办,三院成功托管运行,先锋社区卫生服务中心实施紧密型医联体改革。积极构建“9064”养老格局,南山颐养中心投入运营,15家社区居家养老服务中心完成标准化建设。深入实施文化惠民工程,新建村级示范文体广场40个,组织精品惠民演出200余场。扎实推进全民健身运动,成功举办开沙岛“梦幻之春”体育旅游节、区第三届运动会等活动,获评全国群众体育工作先进单位。深入推进法治通州、平安通州建设,区委法律顾问公职律师配备到位,社会矛盾和安全隐患大排查大整治专项行动扎实推进,圆满完成党的十九大等重要时段安保维稳工作,建成省首批食品安全示范区,连续14年蝉联省平安县(市)区,公众安全感、政法队伍满意率进入全省第一方阵。

党的建设全面加强。在全市率先推行融合党建,相关做法被国家和省级媒体推广。强化理论武装,基层党员冬训工作全省示范。大力开展社会主义核心价值观宣传教育,成功举办“童声里的中国”少儿歌谣创作大赛,获评全国未成年人思想道德建设工作先进单位。深化文明创建,顺利通过全国文明城市大考。牢固树立正确选人用人导向,注重在一线培养选拔干部,“三位一体”干部管理机制成为全国基层党建创新优秀案例。严格落实“两个责任”,党风廉政建设齐抓共管机制不断健全。深化纪检监察体制改革,实现派驻监督全覆盖,完成三轮巡察工作,监察委筹建有序推进。始终保持惩治腐败高压态势,坚决查处党员干部违纪违法案件,着力营造风清气正的政治生态。支持区人大及其常委会和人民政协履职尽责,人武、统战、群团、老干部、关心下一代等工作取得实绩。

(江鑫鑫)

重要会议

【全区文明表彰暨作风建设大会】 2月3日,区委、区政府召开全区文明表彰暨作风建设大会。南通市委常委、区委书记宋乐伟出席会议并讲话。会议要求全区上下收心聚力加油干,扑下身子抓落实,形成你追我赶、比拼赶超的工作局面,为高水平全面建成小康社会而努力奋斗。会议强调,要聚焦中心抓落实,紧扣“两聚一高”主题,紧扣区委区政府决策部署,不断提高工作落实的精准度。招商引资上,做到任尔东西南北风,咬定项目不放松。接轨上海上,推动主动融入、精准对接,努力赢得发展主动权。环境建设上,以“263”专项行动为抓手,统筹推进生态环境建设,确保老百姓对环境改善的获得感不断提升。要主动靠前勇担当,把规矩意识融入干事创业实践,在攻坚克难、化解矛盾的过程中展现担当的风采。项目建设要快推进,进一步凝聚工作合力,推动项目快建设、快竣工。改革攻坚要快落地,继续坚持蹄疾步稳抓改革,加快落实步伐、加大执行力度,有力推动改革的落地生效。民生工程要快见效,紧扣时序、主动作为,努力把时间往前排、进度往前赶,让群众更早更快得实惠、早受益。要务实举措优服务,以开展富民强企奔小康“走帮服”活动为抓手,不断提高工作满意度。要全面从严强保障,以六中全会精神为指引,做到思路再完善、措施再深化、工作再提升,把全面从严治党不断向纵深推进。区委副书记、区长陈永红主持会议,并宣读表彰决定。区四套班子领导参加会议。

【全区党建暨农村工作会议】 2月17日,区委、区政府召开全区党建暨农村工作会议。南通市委常委、区委书记宋乐伟出席会议并讲话。会议强调,党建工作是一切工作的根本保障,全区各级党组织要结合推动“两学一做”学习教育常态化、制度化,深入贯彻落实六中全会精神,更加自觉地承担起管党治党责任,积极探索融合党建新路径,推动党建工作取得新成效。会议肯定2016年全区党建工作成绩,认为过去的一年,全区上下深入开展“两学一做”学习教育,扎实推进宣传、组织、纪检监察、统战等各项工作,形成党的建设与经济社会建设协调发展、齐头并进的生动局面,为全区发展汇聚合力,做出成绩。会议指出,要在思想引领上求实效。全区上下要拧成一股绳,铆足一股劲,扎实理想信念这个“根”,牢牢抓住思想党建这个源头,严格落实意识形态工作责任制,切实加强意识形态领域的引导和管理,把准方向、守住阵地;要鼓足干事创业这股“劲”,传播好党委政府的声音,讲述好“通州故事”,汇聚好“通州力量”,把广大群众的思想和行动聚焦到高水平全面建成小康社会上来;要高扬文明城市这面“旗”,以践行核心价值观为引领,继续选树优秀先进典型,推动文化产业提质升级,积极弘扬党员干部服务发展、服务群众的“店小二”精神和一线工作者创新创造的“工匠”精神,激发全区上下攻坚克难、止于至善的精气神。要在锻造坚强队伍上求实效。要从优选拔,坚持“20字”好干部标准,严格执行《干部选拔任用条例》及市“2+8”配套制度,把作风正派、勇于任事、锐意进取的干部选准用好;要从实培养,深化优秀年轻干部“5311”培养计划,大力度推行“一线工作法”,统筹使用好不同年龄段干部,建设一支来源广泛、数量充足、结构合理、素质优良的干部队伍;要从严管理,用严的标准、严的措施要求干部、管理干部,把全面从严与激励关爱有机结合起来,支持改革、鼓励创新、宽容失败,营造干事创业良好氛围。要在打牢基层基础上求实效。要强化基层党组织服务引导功能,主动适应经济结构、党员流向、群众需求新变化,推动“五位一体”党建惠民和社会治理“两网合一”,深入开展富民强企奔小康“走帮服”活动,常态推进“星级党建示范点”创建,不断增强基层组织统筹党建资源和社会资源的能力;要强化基层党组织带头人队伍建设,大力实施“头雁计划”,继续做好“第一书记”选派工作,打造“双强双带”型书记,培养一支热爱农村、扎根基层的骨干力量;要强化基层党员规范化管理,重视培养发展年轻党员,规范党员日常管理,探索建立党员关爱基金,不断完善党内关爱激励帮扶措施,让党员更有归属感、队伍更有凝聚力。要在营造风清气正上求实效。全区上下要认真学习贯彻习总书记系列重要讲话和中央、省市区纪委全会精神,以党章为根本遵循,以党纪党规为基本准绳,围绕“三清”示范区建设,严格落实党风廉政建设“两个责任”,推动全面从严治党向纵深发展。会议强调,要坚持新发展理念,以推进供给侧结构性改革为主线,以促进农民增收为中心任务,全面落实强农惠农富农政策,深入推进农村改革创新,持续改善农村民生,为高水平全面建成小康社会奠定坚实基础。会议肯定2016年全区“三农”工作取得的成绩,认为过去的一年,全区扎实推进农村各项改革,狠抓各项强农惠农富农政策措施的落实,现代农业呈现新亮点,农村改革取得新突破,镇村环境展示新面貌,民生事业实现新提升,“三农”发展的良好态势得以延续。会议强调,要全力加快转型升级步伐,让农业的水平更高。推进供给侧结构性改革,根本出路是转变农业发展方式。要大力优结构。坚持消费导向,顺应市场需求,优化产品结构、品质结构、产业结构,把农产品做得更适销对路、更符合消费需求。要推进规模化。适度规模经营是促进农业现代化的有效途径,要继续推进经营的规模化和服务的规模化,规范有序推进土地流转,加快现代农业产业园区建设,培育各类新型农业经营主体,鼓励创办领办“全托管”服务组织,带动农户共同致富。要对接大上海。在接轨上海的新形势、新要求下,要强化信息对接、技术对接、市场对接、项目对接,不断提高进沪农产品比例和质量。要全力拓宽致富增收渠道,让农民的口袋更鼓。富民是全面小康的直接体现,农民是聚焦富民的重要群体。要壮大集体经济带民富,坚持因地制宜、分类施策,多元探索村级发展的新空间、新路子;要探索建立村集体经济发展基金,加大对薄弱村的扶持力度。要加快推进高标准农田三年建设行动，把高标准农田建设打造成“民心工程”“富民工程”。要推动就业创业促民富，抓住产业富民这个基础、创业富民这个关键，从农业外部拓宽渠道，从农业内部挖掘潜力，引导更多农民群众创业致富。要实施脱贫攻坚帮民富，突出精准落实帮扶对象、精准落实帮扶措施、精准落实帮扶责任，持续打好精准扶贫“攻坚战”。要全力推进城乡一体发展，让农村的生活更美。要科学推进规划建设，深化镇村规划布局调整，开展特色街区、村庄规划，实施农村公路、危桥改造、公交优化等工程，促进城乡基础设施均衡发展。要统筹推进社会事业，瞄准城乡基本公共服务均等化目标，更大力度推动教育、医疗、文化、体育等基本公共服务向农村延伸、覆盖。深入推进环境整治，扎实推动环南通生态涵养区建设，全面完成农村河道整治三年行动计划，加强农业面源污染防治，推动城乡品质持续提升。要全力深化农村综合改革，让发展的动能更强。要聚焦“土地”，坚持农村土地集体所有权的根本地位，严格保护农民承包权，加快放活土地经营权，发挥“三权”的各自功能和整体效用。要搞活“产权”，突出农村集体经营性资产这个重点，深化“富民合作社”试点，发展多种形式的股份合作，唤醒处于“休眠”状态的农村资源资产。要抓强“金融”，发挥财政资金“药引子”作用，鼓励各类资本参与农村建设和农业开发，加大商业性金融支农力度，增强农业抵御风险能力。会议强调，各级各部门要把服务广大农民、服务农业农村发展作为各项工作的中心，以深化改革为突破点，大力发展现代农业和智慧农业，扎实推进高标准农田建设，加快形成现代农业新亮点，努力开创“三农”工作新局面，为高水平全面建成小康社会做出新的更大贡献。区委常委、常务副区长虞越嵩主持会议。区领导陈斌、陈艳梅、韩菊芳、葛卫民、胡卫东、李学义、张兴国、徐林锋、王任参加会议。

【全区宣传思想文化工作会议】 3月7日，区委召开全区宣传思想文化工作会议。南通市委常委、区委书记宋乐伟对全区宣传思想文化工作作出批示。区委常委、宣传部部长胡卫东出席会议并讲话。区政府副区长樊小燕主持会议。会议认为2016年，全区宣传思想文化战线紧紧围绕区委、区政府中心工作，服务大局，知责有为，在推进理论传播、宣传重大主题、弘扬社会主义核心价值观、加强舆论引导、提升文明城市长效管理水平、发展文化事业产业、落实意识形态工作责任制等方面做了大量工作，取得了新成效。会议要求全区宣传思想文化战线深入贯彻落实习近平总书记系列重要讲话精神和治国理政新理念新思想新战略，全面落实区第十二次党代会和区委十二届二次全会精神，持续加强理论武装，着力壮大主流舆论，不断推进文化强区建设，深入开展精神文明创建活动，为坚持稳中求进总基调、围绕“两聚一高”抓落实、形成干事创业的好导向，讲好通州故事，唱响通州声音，传播通州形象，努力使通州宣传思想文化工作继续走在全市前列。各级党委(党组)要严格履行意识形态工作责任制，真正管好阵地、管好导向、管好队伍，在高水平全面建成小康社会道路上迈出坚实步伐，以优异成绩迎接党的十九大胜利召开。会议对2016年度全区宣传思想和精神文明建设工作先进集体和先进个人进行表彰，对2016年度通州区宣传思想文化工作改革创新奖获奖项目进行表彰奖励。

【全区组织工作会议】 3月17日，区委召开全区组织工作会议，南通市委常委、区委书记宋乐伟对做好全区组织工作作出批示。区委常委、组织部部长、统战部部长沈旭东出席会议并讲话。会议认为2016年，全区组织系统认真贯彻落实区委决策部署，自觉服务大局，认真履行职责，紧紧围绕建设“强富美高”新通州，深入开展“两学一做”学习教育，圆满完成区镇村三级集中换届工作，大力实施人才优先发展战略，率先构建“三位一体”干部管理制度体系，积极探索融合党建新路径，统筹推进各领域基层党组织建设，组织工作各个方面都取得新进展、新成效。会议强调，全区组织系统要认真贯彻落实习近平总书记系列重要讲话精神和治国理政新理念新思想新战略，继续保持锐意进取、奋发有为的精神状态，围绕“两聚一高”，聚焦主责主业，注重精准施策，强化使命担当，深入推进“两学一做”学习教育常态化制度化，建好建强党在基层的战斗堡垒，从严从实抓好领导班子和干部队伍建设，充分激发和释放人才创新创造创业活力，努力打造更多有影响、有示范带动作用、有实际成效的通州组工特色品牌，为高水平全面建成小康社会提供坚强的组织保证和人才支撑，以优异成绩迎接党的十九大胜利召开。

【全区统战工作会议】 3月17日，区委召开全区统战工作会议。南通市委常委、区委书记宋乐伟对全区统战工作作出批示。区委常委、组织部部长、统战部部长沈旭东出席会议并讲话。会议认为2016年，全区统一战线紧紧围绕区委中心工作履职尽责，主动作为，认真贯彻落实中央和省、市、区委关于统战工作的决策部署，扎实开展主题活动，圆满完成换届任务，不断创新工作载体，切实维护和谐稳定，各领域统战工作取得了新的成绩，为全区“十三五”良好开局做出了积极贡献。会议指出，巩固和发展最广泛的爱国统一战线，是战胜困难、夺取胜利的重要法宝。各级党委要加强对统战工作的领导，进一步巩固和发展全党重视统战工作的良好局面。全区统一战线要深入学习贯彻习近平总书记系列重要讲话精神和治国理政新理念新思路新战略，按照区第十二次党代会部署要求，强化问题导向，坚持开拓创新，着力巩固共同思想政治基础，努力提高统战工作科学化水平，发挥统一战线独特的优势和作用，维护团结稳定局面，为建设“强富美高”新通州汇聚正能量、创造好环境，以优异的成绩迎接党的十九大胜利召开。

【全区政法和信访工作会议】 3月21日，区委召开全区政法和信访工作会议，区委副书记、区长陈永红出席会议并讲话。区委常委、常务副区长虞越嵩主持会议，区委常委、政法委书记李学义作政法和信访工作报告。会议认为2016年区政法和信访部门切实履行稳定第一责任、主动服务发展第一要务，紧紧围绕建设“平安通州”目标，扎实推进信访维稳、综治平安、法治建设等工作，全区经济社会总体保持平稳，群众安全感、满意度不断提升。会议强调,要始终把维护稳定作为首要职责,切实做好今后一段时期信访维稳工作。要始终把服务发展作为使命担当,坚持主动服务、精准对接区委、区政府中心工作,为全区经济社会发展创造良好环境。要始终把改革创新作为动力源泉,坚持向改革要活力、向创新要动力,加快促进政法事业发展。要始终把从严治警作为关键抓手,牢牢把握习总书记"五个过硬"要求,坚持政治建警、全面从严治警,努力打造一支富有事业心和责任感的政法队伍,为通州高水平全面建成小康社会提供有力法治保障。区政府副区长杨彬、区政协副主席张勤参加会议。会议表彰2016年度政法和信访工作先进集体和个人。

【全区"两学一做"工作座谈会暨"走帮服"推进会】 6月9日,区委召开"两学一做"学习教育常态化制度化工作座谈会暨"走帮服"活动推进会,深入学习贯彻中央和省、市委关于"两学一做"学习教育常态化制度化工作座谈会精神,总结部署全区"两学一做"学习教育工作及"走帮服"活动。区委副书记、区长陈永红出席会议并讲话。区委常委、区委办公室主任徐林锋主持会议,并通报前一阶段全区"走帮服"活动开展情况。会议认为"两学一做"学习教育开展以来,全区各级党组织突出严实要求,注重精细落实,在"学"上用真功,在"做"上见真章,强化问题导向,坚持真查实改,推动学习教育取得显著成效。全区全面启动了深化"百千万"工程、开展富民强企奔小康"走帮服"活动,各项工作有序推进,基本实现走访全覆盖,一批问题得到有效解决,群众反响较好。会议强调,要打牢思想基础,扎实推进学习教育常态化制度化。要以实施"铸魂补钙""先锋行动""源头治理""表率引领""强基固本"五大工程为引领,突出学深悟透,全方位多维度提升学习教育的实际成效;强化身体力行,引导党员坚持学做互进、知行合一,切实把自己的思想和工作摆进去;坚持真查实改,树立强烈的问题意识和问题导向,梳理分析工作短板,做到对症下药;抓好关键少数,推进党内教育从"关键少数"向广大党员拓展,率先垂范;建强基层支部,牢固树立党的一切工作到支部的鲜明导向,与时俱进开创基层党的工作新局面。要用好实践载体,抓细抓实抓好"走帮服"活动。进一步深化思想认识,科学谋划、精心部署,摸清百姓所想、企业所盼;进一步巩固走访覆盖,认真开展"回头访",定期开展"专题访",创新开展"条线访";进一步强化问题整改,完善"梳理—交办—反馈"机制;进一步严格督导督办,加大对走访工作人员的业务培训,强化绩效考核结果运用。要强化组织领导,持续推动活动取得实效。落实好主体责任,定期分析评估,形成一级抓一级、层层抓落实的有效机制;统筹好工作推进,围绕探索融合党建新路径,统筹各领域基层党组织建设,切实加强面上督查指导;营造好活动氛围,充分借助媒体优势,提炼通州特色经验做法,使学先进、赶先进、争先进在全区蔚然成风。区委常委、组织部部长、统战部部长沈旭东传达中央和省、市委推进"两学一做"学习教育常态化制度化工作座谈会精神。区领导陈斌、陈艳梅、韩菊芳、虞越嵩、葛卫民、胡卫东、王任、吴永飞参加会议。

【全区纪念建党96周年大会暨"旗帜鲜明讲政治"培训】 6月28日,全区纪念建党96周年大会暨"旗帜鲜明讲政治"专题培训在区行政中心举行。区委副书记、区长陈永红作讲话,并为与会人员上了一堂深刻而又生动的党课。区委常委、组织部部长、统战部部长沈旭东主持会议,并宣读表彰决定。会议表彰一批五星级基层党建示范点和"五位一体"工作先进个人。会议充分肯定近年来全区党建工作取得的成效,认为全区各级党组织和广大党员积极投身群众路线教育实践活动、"三严三实"专题教育、"两学一做"学习教育等生动实践,党员队伍素质持续提升,基层基础建设不断夯实,在推动改革发展稳定中发挥了战斗堡垒和先锋模范作用。会议指出,从党员个体来说,第一身份是政治身份,"20字"好干部标准、"四讲四有"合格党员干部等都把对党员干部的政治要求放在首要位置,这是对党员干部的最起码、最根本要求。会议强调,要有崇高的政治追求,坚持"不忘初心、保持信心、与党同心",始终在思想上政治上行动上与以习近平同志为核心的党中央保持高度一致。要有坚定的政治立场,坚持围绕群众意愿谋划工作,围绕群众需求推进发展,围绕群众口碑检验得失,努力树牢人民立场是我们党的根本政治立场的意识。要有强烈的政治担当,坚持乐于担当、敢于担当、善于担当,努力把通州的改革发展事业不断推向前进。要有高尚的政治操守,坚持心存敬畏,保持平常心,强化严格自律,努力保持清正廉洁的政治本色。会议要求,强化理论武装是前提,加强学习、学思结合、学以致用,把学习成果真正转化为党性修养的"营养剂"、推动发展的真本领,不断提高用党的创新理论指导解决实际问题的能力。区四套班子领导参加活动。与会人员集体观看纪录片《信仰》,并参加"旗帜鲜明讲政治"专题培训。

【全区领导干部会议】 8月7日,区委召开全区领导干部会议,宣布中共江苏省委、南通市委关于通州区委、区政府主要负责人职务调整的决定。省市委决定:陈永红任南通市通州区委书记。凌屹任南通市通州区委委员、常委、副书记,提名为南通市通州区区长候选人,陈永红不再担任南通市通州区区长。市委副书记张兆江作讲话。市委常委、组织部部长冯军宣布省市委决定。陈永红、凌屹分别作表态讲话。区四套班子领导人,部分老干部代表,各镇(区、园、街道)、区相关部门负责同志等参加会议。

【区委十二届四次全体会议】 8月17日,中共南通市通州区委十二届四次全体会议在区行政中心召开。全会深入贯彻习近平总书记系列重要讲话精神和治国理政新理念新思想新战略,按照省委十三届二次全会和市委十二届四次全会最新要求,总结上半年工作,明确下半年任务,对富民工作作出部署,动员全区上下聚焦重点、攻坚克难,为高水平全面建成小康社会而努力奋斗。区委常委会主持会议。陈永红、凌屹、韩菊芳、虞越嵩、葛卫民、胡卫东、李学义、张兴国、沈旭东、徐林锋、王任在主席台就座。区委委员、候补委员出席会议。区委书记陈永红代表区委常委会作工作报告。与会人员围绕工作报告,分组进行了认真热烈的讨论。全会审议通过《中共南通市通州区第十二届委员会第四次全体会议决议》。

区纪委委员、有关方面负责同志、部分离退休老同志和各村(社区)党组织书记列席会议。

【全区警示教育大会】 8月25日,区委区政府召开全区警示教育大会,深刻剖析区纪委查办的违纪违法典型案例,以案明纪、以案为鉴,教育全区广大党员干部特别是各级领导干部知敬畏、明底线、守规矩,进一步营造干部清正、政府清廉、政治清明的良好局面。区委书记陈永红出席会议并讲话。区委副书记、代区长凌屹主持会议,区委常委、常务副区长成小红,区政府副区长曹建新分别通报当前全区信访维稳和生态环保、安全生产工作情况。全体与会人员首先观看专题警示教育片《贪欲之害》。区委常委、纪委书记韩菊芳通报近一年来全区纪律审查工作情况。会议指出,全区广大党员干部要始终以反面典型为镜鉴,做到警钟长鸣、防微杜渐。区委常委、常务副区长虞越嵩主持会议。区四套班子全体领导,区人民法院院长、区人民检察院检察长,区纪委等各部门以及各镇(区、园、街道)、各村(居、社区)近千名干部参加会议。

【全区传达党的十九大精神大会】 10月27日,通州区召开全区传达党的十九大精神大会。区委书记陈永红主持会议,传达党的十九大精神,并就学习贯彻落实十九大精神提出要求。会议强调,全区各级党组织要把学习好、宣传好、贯彻好党的十九大精神,作为当前和今后一个时期的首要政治任务,把习近平新时代中国特色社会主义思想作为一切工作的行动指南,锐意进取,埋头苦干,奋力谱写好中国梦的通州篇章。区四套班子领导,各镇(区、园、街道)、区级机关部门和单位负责同志等参加会议。 (邓志强)

重大决策

【全面深化改革】 2017年,通州区委改革办坚持把全面深化改革贯穿于经济社会发展全过程,结合区情实际,大胆探索,主动作为,各项工作成绩显著。

改革领导有力。全年召开区深改组会议7次,传达学习中央、省委、市委全面深化改革领导小组会议精神,准确把握关于全面深化改革决策部署和具体要求,审议通过《中共南通市通州区关于推进融合党建的实施意见》等相关文件7个。制定《2017年度全区深化改革重点任务分解表》,排出八大类24项38条重点任务,并逐一进行分解落实。

改革深入基层。围绕“提高改革质量,加快改革速度,讲求改革成效”工作目标,对每一项改革任务实行痕迹化管理,逐项建立改革台账,每月一总结,督促各项改革加快推进。将全面深化改革工作纳入各镇(区、园、街道)“四个全面”考核指标体系,明确考核事项和内容,精准赋于相应的分值,形成了各地各部门齐心协力、大力推进的工作格局。

改革成效显著。深入落实供给侧结构性改革五大任务,淘汰印染、钢丝绳落后产能分别达2.3亿米和3.1万吨,削减燃煤15.2万吨;商品房库存去化周期缩短到合理区间;降低企业成本12亿元;投入近60亿元补齐基础设施、公共服务等领域短板。深化行政审批制度改革,加快推进“不见面审批(服务)”,全面实现“3550”省定目标。深化农村“三权”分置改革,农村土地承包经营权确权登记颁证基本完成,农村集体资产资源流转全部进场交易。川姜镇获准开展省新一轮经济发达镇行政管理体制改革。深化国有企业改革,整合组建三大国有集团公司。 (杨凯彦)

【“走帮服”活动】 2017年,区委组织全区广大党员干部用双脚丈量民情,用真心排解民忧,用行动助企发展。按照“一户不落、一企不漏”的原则,以镇街为单位划团分组,全区15个镇街、72家区部门、7000多名党员干部编排15个工作团、242个工作队、1102个工作小组,走访对象涵盖全区44.7万余户居民家庭、242个村居和6276家企业。全年共有130余篇经验做法被“江苏大走访”录用,位居全省各县市区前列,另有一批“走帮服”特色工作被《新华日报》等省市主流媒体推广。活动开展中,共梳理各类问题诉求9600余个,解决8700余个,问题解决率达90.3%,活动知晓率、群众满意度持续提升。 (刘吉德)

调查研究

【概　况】 2017年,通州区委办公室(研究室)紧紧围绕全区经济社会发展大局,认真开展调查调研活动,全力攻坚重大课题,充分发挥参谋助手作用。组织开展学习贯彻党的十九大精神谋划明年工作专题调研,配合区四套班子领导深入基层、深入一线,开展广泛细致的调查研究,形成《营造氛围攻坚克难全力打好打赢项目建设翻身仗》《优化体制机制提升招商实效》《关于城市转型发展的几点思考》等调研文章40余篇,为区委主要领导科学决策提供重要依据,部分建议转化为推动全区发展的工作措施。联合指导镇(区、园、街道)、部门开展专题调研活动,完成《关于持续增加通州农村居民收入路径的研究》《关于我区企业二次创业情况的调研报告》等调研文章10余篇。

(昝　强)

组织工作

【概　况】 2017年,通州区委组织部统筹推进干部、人才和基层党建等各项工作,推进“两学一做”学习教育常态化制度化,积极探索融合党建通州路径,大力培养选拔优秀年轻干部,省“双创计划”取得突破。构建的“能上能下、容错纠错、鼓励激励”干部管理机制获评第四届全国基层党建创新优秀案例。

推进党的基层组织建设。坚持大抓基层、强基固本,将党建工作落到基层、实到支部。扎实推进“两学一做”学习教育常态化制度化,明确“三会一课”操作规程,推广“主题党日+”制度,加强流动党员精细化管理,征集“身边的先锋”党员微故事,推动学习教育融入日常抓在经常。在全市率先出台推进融合党建实施意见,分领域制定党支部书记抓融合党建工作指南,组织村党组织书记“一轴四轮”专题培训,举办“基层党组织书记工作讲坛”,持续深化“五位一体”党建惠民联动工作体系。实施党建与发展“双百分考核”,建立党员领导干部履行抓党建“一岗双责”“三个清单”,改进书记抓党建“述评考”方式方法,推动各级党组织书记履职尽责、抓好党建。

科学选好干部配强班子。坚持好干部标准,以事择人、依岗选人。坚持事业为上，注重在改革发展稳定一线考察发现培养干部，树好正确用人导向。坚持“凡提四必”,实施廉政鉴定“双签字”和任前谈话“廉政承诺书”制度,严防“带病提拔”。加大优秀年轻干部培养选拔力度,采取“两推三测双考察”的方式集中选拔150名优秀年轻干部。组织开展新一轮区级机关和区属事业单位中层职位选聘,加强中层干部队伍建设。全年举办接轨上海、项目建设、招商引资、新型城镇化、生态文明建设等专题培训班20余个、“菜单式选学”讲座6期,参训学员超5000人次。规范“三责联审”,组织全区正科职领导干部集中报告个人有关事项,从严抓好消化超职数配备干部、规范领导干部在企业(社团)兼(任)职、干部档案专项审核等工作。在全省率先构建能上能下、容错纠错、鼓励激励“三位一体”干部管理机制,引领推动干部开拓进取、担当作为。

引才聚才打造创新创业高地。坚持人才优先发展,实施重点人才工程,提升人才工作水平。全年新引进创新创业人才96名,16名人才入选2017年省“双创计划”,“双创团队”实现零的突破。深入实施“人才新政21条”,强化“双招双引”,把人才工作纳入“月总结、季通报、年考核”和“夺红旗、亮黄牌”活动,大力度予以推进。牵头制定人才工作对接服务上海方案，在上海举办通州第十三届高层次人才创新创业洽谈会,24个项目成功签约；设立驻沪招才引智工作站4家,抽调4名优秀年轻干部脱产引才,引进上海方向创新创业人才31人。以申报省人才发展机制体制改革试点单位为契机,积极开展“人才+金融”实践,在全省率先构建“拨投保贷贴”金融扶持体系,成功举办第四期“人才+金融”对接会,促成股权融资1.11亿元，落实“苏科贷”6530万元,总量全省领先。

【党的十九大精神学习】 11月25—28日，通州区在全市率先举办领导干部学习贯彻党的十九大精神培训班，区委书记陈永红亲自上党课，邀请中央政策研究室经济局局长冯海发和国家行政学院经济学部教授、博士生导师冯俏彬作专题讲座，全区700多名领导干部参加培训。修改完善主体班及专题班课程,将党的十九大精神学习作为必选课程，增设一大会址现场学习等现场教学内容,依托“干部在线学苑”平台,围绕党的十九大精神择优上传3个学习课件共计9个学时，作为领导干部年度网络学习必修课程。

【中层职位选聘】 制定区级机关和区属事业单位新一轮中层职位选聘工作意见,充分发挥党委(党组)领导把关作用,坚持因事择人、人岗相适原则,指导60余家区级机关通过适岗评价、能力测试、民主推荐和考察等方式比选择优。对发展潜力大的80后、90后年轻干部,放宽任职条件,鼓励单位大胆使用。新一轮中层职位选聘后，全区中层干部平均年龄下降5.3岁,年龄、知识、经历结构均得到进一步优化。

【优秀年轻干部选育工程】 采取“两推三测双考察”方式(两推,即基层党组织广泛推优、党委(党组)遴选推荐;三测,即测试基本能力、测评综合素质、测评职业素养;双考察,集训考察验证德才、调研考察验证实绩)，集中选拔150名优秀年轻干部，工作经验在全市推广。采取“多岗位、个性化、实战式”培养方式，先后选派64名年轻干部到招商引资、外地园区、农村社区、信访维稳等一线实践锻炼,进一步考验评价和选拔使用年轻干部。

【融合党建“通州路径”】 坚持“谋发展是第一要务,抓党建是最大政绩”理念,探索以“目标管理融合、工作运行融合、考核评估融合”为主要内容的融合党建新路径,形成“1+N”的融合党建工作体系，推进党的建设与经济社会发展深度融合。以目标管理融合为引领,建立区委定期议党和专题议党“135”制度,实行党委(党工委、党组)书记党建项目和产业项目“双领办、双推进、双考评”,落实党员领导干部抓党建“一岗双责”“三个清单”,制定基层党支部书记抓融合党建工作指南,形成四级联动管党责任体系。实行党的建设与经济社会发展目标同谋划、同制定、同考核。以工作运行融合为重点,紧贴全区经济社会发展,新增特色农业党支部23个,建立招商前线、项目一线党组织44个，设立工业集中区、商贸服务区党群服务中心22个。以考核评估融合为抓手,实行党建与发展“双百分考核”,不断放大党建“乘数效应”。同时实施融合党建创新重点项目,编印《融合的力量》党建创新50例,为基层党组织提供实践样本。

【组织生活“双纪实”制度】 召开全区规范基层党的组织生活现场会,在全市率先出台《关于建立党支部组织生活纪实报备和党员日常行为纪实管理的实施意见(试行)》。要求基层党支部聚焦事前、事中、事后、长期4个维度,按季度研究报备活动计划、如实记录组织生活开展情况、整理归档组织生活相关材料,理清工作脉络,确保有迹可循。制定印发《共产党员日常行为纪实管理手册》,按照“一人一册、一事一记”要求,对党员日常参加组织生活、缴纳党费、谈心谈话、承诺践诺等如实进行记录,支部每季度对党员记录的内容核实,相互印证,有效推动组织生活数量、质量、能量“三量齐升”。

【党员教育“网通行动”】 4月起,在全区实施党员教育“网通行动”,要求远程教育终端站点以专线方式接入党政信息网，并保证终端站点接入网络带宽达100M,统一改造后,全区242个农村远程教育终端站点实现“统一运营、统一管理”,网络传输速度及信号稳定,能流畅播放学习课件。以党员教育“网通行动”为契机，全面加强远程教育终端站点建设,确保每个站点达到“六有”(有场地、有设备、有标牌、有制度、有公告、有记录)和“五防”(防火、防盗、防潮、防尘、防雷),能有效开展学用工作。10月,通州区代表南通接受省委组织部的专项检查并获好评。

(望　悦)

宣传工作

【概　况】 2017年,通州区宣传思想文化工作以迎接宣传贯彻党的十九大为工作主线，紧紧围绕区委区政府工作中心，抓实思想建党，打造优势载体，积极对接上海，助力招商引资，各项工作取得新成效。

理论武装扎实推进。按照省市委理论学习工作部署，结合通州区情实际，及时制定区委中心组学习计划，全年共精心组织区委中心组集中学习15次。根据形势发展，及时对学习“7·26”重要讲话精神、党的十九大精神等作出部署，迅速掀起学习宣传贯彻党的十九大精神热潮。成立“党的创新理论传习所”，省委十九大精神宣讲团成员、省纪委副书记、监察厅厅长王立平为通州首个“传习所”——四港村揭牌，《新华日报》进行报道。创新开展党员干部冬训教育，通州区获评全省冬训工作先进集体，先锋街道和十总镇获评全省冬训工作示范乡(镇、街道)。继续深入实施“理论传基层，认知零距离”党的创新理论成果传播行动，着力培养一支高素质的村居理论宣讲队伍。年初，开展村居理论宣讲员冬训“微课堂”风采展示活动，建立一支30人的理论宣讲先锋队。通州村居理论宣讲员宣讲艺术研习会被全省基层理论宣讲工作现场推进会作为观摩点，中宣部舆情局刊登通州工作经验《打通村居理论宣讲“最后一公里”》。整合各类讲堂，努力拓展讲堂功能，在金沙街道试点推进“三堂融合”(理论讲堂、道德讲堂、社科讲堂)，进一步夯实了基层宣讲阵地。开展年度重点应用课题研究，确定25个立项不资助研究课题。积极参加省市研究课题申报，1个研究课题获市重点热点难点课题研究立项。在全区开展学习贯彻十八届六中全会精神征文活动，共收到理论文章59篇，其中表彰奖励优秀论文21篇。

主流舆论不断壮大。运用网络视频直播、“微直播”、官方微博等新兴载体，设立专题、专栏，对全区重点工作展开宣传报道。加强与国家、省、市级媒体的联系与沟通，积极组织外宣用稿。全年接待国家、省、市级记者200多人次，在新华社、《新华日报》、江苏卫视、《今日头条》等各级各类媒体发布通州宣传报道达5000多条。制作30秒的城市形象宣传片，在南通电视台进行宣传播放。完善网络舆情预警、研判、引导、应急处置体制机制，建立网络舆情应对管理会商制度，推行舆情处置考核季通报制度，强化舆情管理网络发言人、网评员、网络文明志愿者三级队伍的责任意识。全年监测、处理涉区舆情信息386条，协调处置川港幼儿园肺结核疫情、区三院救护车遗忘伤者等较大突发舆情5起。强化新闻发布，注重重大政策解读、重大主题发布、重大突发事件和舆情引导，指导协调各地各部门有序开展新闻发布工作，有效引导社会舆论。

精神文明建设不断深化。年初，组织成立区长效办，完善“日测评、日反馈、月通报、月奖惩、季点评、年考核”等一系列有效机制，制定下发《区文明委关于深化2017年文明城市长效管理工作的实施意见》，重点部署6个专项整治行动。结合区“263”专项行动、“421”行动等推动工作落实，一大批督查中发现的问题得到整改落实。多形式、多途径进行社会公德、职业道德、家庭美德和个人品德素质培养，将江海明珠广场和人民公园打造成社会主义核心价值观主题公园，全力打造“好人长廊”。组织开展首届经典诵读大赛，创作《最好的老师是妈妈》《多彩的通州》等优秀文艺作品。持续开展“我推荐我评议身边好人”活动，朱达和陆立华分别荣获2017年3月份“中国好人”和“江苏好人”，张锋被评为“全国向上向善好青年”，钱妍被评为“全国最美中学生”，周福如家庭被评为首届“江苏省文明家庭”。组织开展“文明百佳”先进典型评选表彰活动，近20位先进典型入选南通市文明百佳。带领通州超14万名志愿者，以“志愿服务365”行动为主题，围绕空巢老人、困难职工、残疾人等受困群体，着力打造“精准配对”志愿服务模式，“携手‘童’行关爱留守儿童志愿服务项目”参加第二届江苏志愿服务展示交流获省优秀项目。组织开展文明创建先进典型评选活动，南通四建集团有限公司、先锋街道花园村、“童声里的中国”少儿艺术创研基地分别获得“全国文明单位”“全国文明村”“全国未成年人思想道德建设先进单位”称号。举办区级“成长仪式”“青春仪式”示范活动，承办市级“成人仪式”观摩活动。育才中学《友爱》、实验小学《五1班的秘密》代表南通参加省级“璞石成玉”校园情景剧比赛，分获初中组一等奖、小学组三等奖。姜灶小学少年宫“快乐向善”合唱团代表江苏参加文化部第八届中国少年儿童合唱节展演活动。组织省、市美德少年评选推荐活动和市、区两级“三好标兵”评选表彰活动，石港小学戴鑫钰荣获省第四届“美德少年”称号。承办南通市“三好标兵”竞赛评选活动总结表彰暨长效机制建设现场推进会，通州小学作为先进典型作经验介绍。

文化综合实力提升。不断创新新童声活动的新载体、新领域，做大做强“童声里的中国”特色品牌。7月，“童声里的中国”少儿艺术创研活动基地被南通市委宣传部评为“南通市社会主义核心价值观教育示范基地”；11月，被中央文明委评为“全国未成年人思想道德建设工作先进单位”。成功举办少年有梦——原创音乐儿童剧《田梦儿》分享会、《习近平讲故事》诵读会、第八届“童声里的中国”少儿歌谣创作大赛颁奖仪式、第六届江苏省青少年音乐“小茉莉花奖”声乐大赛等活动。音乐儿童剧《田梦儿》获省“五个一工程奖”，黄梅小戏《审舅舅》、小品《村支书的星期天》参加中央电视台戏曲频道《一鸣惊人》栏目“梦想微剧场”第二季节目录播，获团队金奖。大型通剧《瓦匠女人》入选江苏省地方戏曲基层院团优秀现代戏交流展演。鼓曲《老街坊》、曲艺小品《二嫂争媳》获第七届江苏曲艺“芦花奖”节目奖。南通方言说唱《散花》入围省民间艺术展演暨江苏民间文艺“迎春花奖”民间艺术表演奖终评、参加“中华颂”第八届全国小戏小品曲艺大展获优秀剧目金奖。版画《巢之恋》、油画《遥望港的晌午》入选第三届江苏省文华美术奖优秀美术作品展。全年上报重点文化产业项目13个、文化旅游项目5个、文化创意艺术2个、影院2个、制造业1个、文化科技项目1个、化集聚区2个。签约文化产业项目5个，签定投资意向协议书7个，新注册项目2个。集中组织两次招商推介活动，其中接轨上海招商活动1次。4月28日，在通州北山饭店召开影视金融试验区恳谈会，上海到通州参加客商有60多家，项目签约7个。5月10日，第十四届深圳文博会(南通)推荐会开展(通州)文化招商推荐，金沙街道进鲜港、开沙岛风琴街的项目作PPT推荐。

【"党的创新理论传习所"成立】 11月20日,在石港镇四港村善水文化广场,江苏省纪委副书记、省监察厅厅长、省预防腐败局局长王立平,南通市委宣传部副部长黄正平共同为四港村"党的创新理论传习所"揭牌。四港村自发提出创建一个党的创新理论传播阵地,经过反复酝酿,最终确定为"党的创新理论传习所",邀请经验丰富的老党员、村干部及致富能手组成宣讲团,采取贴近实际、贴近群众的方式宣讲党的创新理论。

第八届《童声里的中国》少儿歌谣创作大赛颁奖仪式在通州区举行

【十九大精神宣讲"八进"】 2017年,通州区成立以区委书记为团长,区委常委、区级部门负责人、党校骨干教师等33人为成员的"区委宣讲团",以及由241名大学生村官、农村致富能手、退休老党员等人员组成的"村居理论宣讲团",组织宣讲十九大精神进企业、进机关、进校园、进军营、进工地、进卫计、进网络、进镇村(居)。全年共宣讲119场,直接受众1.2万人。

【《田梦儿》获省"五个一工程奖"】 音乐儿童剧《田梦儿》以江苏美德少年为原型,讲述田梦儿跟随爷爷进城求学的感人经历,生动展现新时代少年风采与梦想,彰显少年"中国梦"宣传主题,激励广大未成年人向善向上健康成长。该剧于2015年9月在南京成功首演以来,共演出600多场次,获江苏省第三届文化艺术节"特别奖"、第十一届上海儿童剧展演"优秀剧本奖"及"优秀剧目奖"。

【"童声里的中国"艺术创研基地获中央文明委表彰】 11月17日,通州区"童声里的中国"少儿艺术创研活动基地被中央文明委评为全国未成年人思想道德建设工作先进单位。基地致力于打造道德与艺术高地,发挥创作、研究、展演、培训四大功能,在"长三角"建立活动先行区,向全国延伸活动网络,联动国内外艺术交流与合作,不断创新运行机制、拓展活动载体,积极培育社会主义核心价值观,激扬儿童艺术活动的发展与繁荣,为江苏乃至全国未成年人思想道德建设进行有益的研究探索,提供启发性的经验。基地的成功实践得到中央、省市领导和专家以及社会各界的高度关心与支持,得到中央电视台等主流媒体广泛关注与宣传。中央文明办《未成年人思想道德建设简报》向全国推广经验做法,《光明日报》头版头条发表纪实文章进行深度报道。 (邵丹丹)

《田梦儿》巡演走进乡村

统一战线工作

【概 况】 2017年,通州区深入贯彻落实中央和省市委统战工作会议精神,以迎接党的十九大胜利召开为主线,以"凝心聚力建小康"主题活动为抓手,以服从服务于全区"四个全面"战略布局为主要任务,全面推动各项工作争先创优。

确立党管统战意识。依据区委《关于加强新形势下统一战线工作的实施意见》和《〈关于加强新形势下统一战线工作的实施意见〉的责任分工方案》,成立中共南通市通州区委统一战线工作领导小组,印发《中共南通市通州区委统一战线工作领导小组工作规则》《中共南通市通州区委统一战线领导小组成员单位职责分工》。建立健全区委统一战线工作联席会议制度、各民主党派(知联会)和统战系统单位工作例会制度,为推动工作提供制度保障。参照南通市协调推进"四个全面"战略布局考核指标,经区委常委会研究同意,将统战工作纳入全区"四个全面"党建工作考核范畴,分别对区级机关部门和各镇(区、园、街道)实行百分制考核。召开全区统战工作会议,推动各级党(工)委(组)将统战工作列入“四个全面”考核指标,摆上重要议事日程,全区党管统战意识显著增强。7月,通州区“在服务大局中着力提高统战工作科学化水平”的经验在全市统战部长会议上书面交流。

畅通统战工作网络。在区委统一战线工作领导小组的框架下,区委统战部设有党派服务中心,机关各部门有统战联络员,基层配齐统战委员,村(居)建立统战支委,通过区委统一战线工作联席会议和各界别统战工作季度例会,统战工作网络已经建成,党委统一领导、统战部牵头协调、有关方面各负其责的大统战工作格局初步形成。围绕统战领域重点难点问题,多次召开工作推进会,交流推广人员配备、载体建设、示范点创建和重点工作开展的成功经验。以统战工作示范点创建为抓手,坚持试点先行,强化督查指导和考核通报,“青年微商联盟”“鑫手相连”等一批统战工作示范点脱颖而出。

探索实践创新成果。落实中央和省、市委新的社会阶层人士统战工作会议精神,全面开展调查登记工作,建立新的社会阶层人士信息库。经与多部门、群团沟通协调,成立新阶层人士统战工作领导小组,建立新阶层人士统战工作联席会议制度。分别在家纺城、农业专业合作组织、文化艺术行业和法律中介等多个领域试点,设立4个新的社会阶层“同心驿站”示范基地。8月,成立通州区新的社会阶层人士联谊会,并配备党建工作指导员。加强新的社会阶层代表人物调研走访,组织新的社会阶层代表人士赴南京玄武区、江宁区学习参观,推动新联会工作制度化、规范化。6月,通州区以融合工作法推进中介组织和社会组织统战工作的创新做法,入选全省新的社会阶层人士统战工作实践创新案例,并在全省新的社会阶层人士统战工作会议上作书面交流。

【十九大精神学习宣传】 在全区统战系统组织开展“同心向党·向十九大献礼”主题活动,区各民主党派、无党派知识分子联谊会、留学人员联谊会成员,党外干部、非公经济、民族、宗教和港澳侨台等600余名各界人士参加活动,共收集各类征文稿件83篇,书画摄影作品37件,500余人参加知识竞赛和主题电影观影。举办十九大精神专题讲座,邀请专家深度解读,组织统战系统研讨交流,引导党外人士坚定“四个意识”,自觉维护党对一切的领导。

【“凝心聚力建小康”主题活动】 拟定36个调研招标课题,鼓励各民主党派(知联会)开展调研,全年取得56个成果。6月,区知联会编发成立十周年《知联智汇》调研专辑,开展“爱通州·建诤言”社情民意征集活动,先后对12名困境儿童和101名残疾人贫困家庭慰问粮油物品累计5万余元。区东北联合商会组织第六次无偿献血活动,53人献血18700毫升。民进通州支部举办联谊活动,向亭西小学捐赠2万元教学办公设备。以“关爱生命·扶危济困”为主题,倡议全区非公经济人士和宗教界人士积极投身光彩事业,参与救助贫困学生、孤寡老人和病患等慈善事业,全年捐款捐物累计150余万元。积极参与精准帮扶行动,走访慰问侨眷台属、宗教界等党外代表人士80余人,少数民族贫困家庭90余户,结对帮扶先锋街道双萌村3个贫困家庭,多次慰问东社孤儿季雨晴和先锋贫困大学生张鑫。

【合作共事】 2017年,全区有民盟、民建、民进、农工党、九三学社5个民主党派基层组织,共有民主党派成员177名。4月,民盟通州区支部成立,随即启动“星火教育助推行动”;民建通州支部坚持“中医同行·送医下乡”品牌,组织会员前往重庆民建爱国主义教育基地考察,多次开展支教助学活动;民进通州支部以“牵手行动”为抓手,在东社学校等10多个小学设立“童心书屋”;九三学社通州区委在刘桥镇先行先试,分别在江苏智造链科技有限公司、景瑞现代农业科技园等单位设立3家九三专家工作站,经常送技术、送服务、送温暖;区知联会成立“通州区扶残助残工作站”,为困境儿童和残疾人贫困家庭提供帮助。各民主党派主动反映社情民意,积极建言献策,收集建议81条,报送提案96件。11月,通州九三作为唯一一个县区级民主党派基层组织,被九三中央表彰;农工党通州支部受到农工党中央表彰。

【经济统战】 举办第四期年轻非公经济人士培训班,36名年轻一代非公经济人士赴井冈山江西干部学院参加培训。建立青年企业家微信平台,甄选12名青年企业家代表与区领导面对面座谈交流。坚持把非公经济人士综合评价结果作为政治安排和重大评比表彰的前置程序,先后有83名企业家当选为区政协委员、人大代表,直面“两会”参政议政。鼓励党政干部大胆与企业家交朋识友,开展经常性的走访慰问,帮助非公企业排忧解难,建立“亲”“清”政商关系。邀请来自深圳、上海等地60多名企业家代表举行春节团拜会,主动为招商引资牵线搭桥。推动“通商故里行”活动,争取通州籍在外企业家对家乡建设的关注和支持,为全区民营经济注入新的活力。

【党外干部培养工程】 打破身份界限,会同组织部遴选11名优秀党外年轻干部后备人选,进一步充实全区党外后备干部数据库。2017年,全区有党外后备干部40名。8月,组织48名党外中青年干部赴浙江大学进行专题培训,全面提升综合能力。落实党外人士政治安排,在388名区人大代表中,安排党外人大代表142名,占比37%;在305名区政协委员中,安排党外政协委员186名,占比61%;在53名政协常委中,安排党外政协常委36名,占比68%。

【海外统战】 深入开展深圳专项工作,广泛摸底调查海外乡情和留学人员基本情况,了解掌握一批海外新生力量,及时更新海外人士数据库。1月,在深圳举办香港通州乡亲联谊,开展节前慰问,先后召开全区各界人士庆“七一”暨香港回归20周年座谈会、中秋联谊会和经济社会发展情况通报会,加强与侨台眷属及归国海外人士的联系沟通。服务“世界通商大会”和“江苏发展大会”,积极组织通州在外企业家参加会议,成功邀请到袁亚康、冯树君等多名有实力、有影响的知名企业家参加。建立“通州老乡—香港”微信平台,适时推介通州经济发展状况和招商引资政策,推荐合作项目,加强对接交流。2017年,共接待27批次、220余人次各类海外商团和归国华侨。

【民族宗教】 支持民族宗教领域工作,对区委民族宗教工作领导小组(创建平安宗教活动场所)成员进行调整。配合解决南山寺景观配套工程和灵峰寺、圣光堂用地规费减免等9项民族宗教领域的重大问题,推动江海禅寺等3个寺观的土地规划调整工作,成功处置非法传教活动。对违建寺观进行常态化暗访、督查,加强反弹、回潮现象的督办。推进少数民族创业典型扶持工程,加强宗教场所安全巡查,有力维护统战领域的和谐稳定。

【新的社会阶层人士联谊会成立】 通过全面摸排,广泛开展走访调研,共发展31名会员。8月3日,召开通州区新的社会阶层人士联谊会成立大会。会议审议通过《通州区新的社会阶层人士联谊会工作规则(草案)》,选举产生通州区新的社会阶层人士联谊会第一届领导班子,朱朝晖任会长,钱季春、曹荣、蒋超任副会长,张智慧任秘书长。会议决定,设立首批4个新的社会阶层示范基地,聘请南通四建集团总经理助理、综合办主任季建锋担任通州区新联会党建工作指导员。

【统战信息宣传】 2017年,区委统战部先后申报3篇理论研究文章和3篇实践创新材料,报送信息稿件66篇。其中,《以融合工作法扩大"朋友圈"》在《挚友》第五期上刊载,《协力构建新的社会阶层人士成长新空间》在"江苏统一战线"微信公众号发布,《通州区抓"五个转变",加强年轻一代非公经济人士教育培养》等多篇稿件在"江苏统一战线"网站转载。区各民主党派在《人民日报》《团结报》《人民政协报》等媒体上共发表各类信息稿件63篇。"通州统一战线"门户网站发布宣传报道300余篇。区委统战部连续多年被中央统战部宣传办评为中国统一战线宣传先进单位。 (杨 平)

农村工作

【概 况】 2017年,通州区继续以建设南通国家现代农业示范区通州核心区为目标,强化改革创新,破解发展瓶颈,坚持富民为先,促进农民增收,深入推进农业供给侧结构性改革。农村居民人均可支配收入21794元,比上年增长9.4%。

【现代农业发展】 全区新建扩建规模以上农业项目112个,新增投资16.2亿元,其中千万元以上农产品加工物流项目22个。新建蛮来事食品、本乡本土农业、农产品批发市场、鲜花小镇等一批亿元农业项目。围绕"现代农业+互联网",大力培育农产品电商,引导家庭农场、合作社组团发展电商,农产品电商企业达到87家,线上销售额破亿元。围绕"现代农业+乡村旅游",积极推动农旅结合,初步形成先锋"梦幻生态小镇"、进鲜港"湿地鲜花小镇"、开沙岛"运动休闲小镇"、石港"渔湾水乡小镇"四大休闲农业与乡村旅游板块,新增国家首批运动休闲特色小镇1家、省星级乡村旅游区2个。围绕"现代农业+农业服务业",加快培育多元化农业社会化服务组织,大力推进土地全托管服务,全托管服务面积达到13万亩。坚持将高标准农田建设作为"三农"工作的龙头性工程和强村富民的重要增长点,全区累计建成高标准农田75.31万亩,占比达85.88%。全面推进农业接轨上海,38家农业企业、家庭农场与上海餐饮企业、农贸批发市场达成稳定供销关系,建成上海蔬菜外延基地2个,供沪农产品市场份额不断扩大。

【农民专业合作组织】 规范农民合作社名录库建设,全区105家合作社进入农民合作社名录库,农民合作社工商年报率达到94.5%。打造合作社培训示范教育基地,南通青园蔬菜专业合作社、南通加成优质水稻专业合作社和南通国信孔雀养殖专业合作社成为培训示范教育基地建设主体。通州区田梦粮食种植专业合作社等16家合作社成为市级示范社培育对象,南通青园蔬菜种植专业合作社和南通加成粮食种植专业合作社成为省"三星级"档案试点单位。推进合作社改革创新,兴东镇陆扶桥村和西亭镇西亭居村进行综合社改革试点,积极探索民宿、劳务等新型富民合作社,成立3家劳务合作社和1家民宿合作社。积极探索"合作社+贫困户"扶贫新模式,举办农民合作社结对贫困户特色养殖培训班,免费为有条件的贫困户供应孔雀苗,帮助贫困户尽快走上致富之路。

【农村集体"三资"管理】 贯彻落实省、市《关于印发〈全省农村集体"三资"管理专项治理方案〉的通知》文件精神,认真开展自查,发现问题及时整改。制订《通州区农村集体三资管理专项治理工作方案》,统一部署,突出问题导向,认真排查集体"三资"管理工作中违法违纪违规问题的风险隐患,深入剖析原因,研究解决办法,扎实推进各项措施。组织全区开展财务互查活动,对存在问题的单位发放整改通知书,限期做好整改工作。推进全区"三资"管理"阳光行动",全区62个村完成试点。村级日常开支采取备用金制度,超过备用金额度以上的支出,采取办理转账结算或直接打到农户"一折通",实现非现金结算。在兴仁镇进行村务卡试点,资金往来结算一律通过村务卡进行。

【村级集体经济发展】 围绕"村村集体经济收入达35万元,70%的村村营收入达50万元,30%的村村营收入达70万元"的工作目标,指导各村根据各自实际制定发展经济的方案。重点引导实施高标准农田建设,推进土地规模流转,实现集体土地面积升溢,发展适度规模经营,增加集体土地租赁和流转服务收入,形成相对稳定的村集体收入。努力盘活村集体资产,用活村集体资源增加收入。规范村级财务管理,加强财务会审机制,强化村级增收节支,定期进行村会计培训、财务互查、财会评账。全区217个村,村村达到35万元以上,村均达98万元。

【农村土地承包管理】 科学制定确权登记工作方案,组织档案收集整理业务培训,做好农户"一户一档"和区、镇、村综合类档案扫描归档,测绘及土地管理平台顺利运行。区确权登记验收组进行区级整体验收,所有镇村均通过验收,在省级验收中取得优秀名次。至12月底,全区应确权175个村,完成农户合同签订22.08万份,占应确权农户的96.8%;完成证书发放21.69万本,占应确权农户数的95.1%。

【农业保险】 稳步推进种植业保险，完成五大传统种植业保险2060.17万元，保险面积为83.91万亩，基本做到应保尽保。全力推进高效农业保险，高效占比再创新高，完成高效农业保险3419.12万元，比上年(下同)增加82.46万元，高效农业占比达到62.4%，提高2个百分点。扎实推进稻麦附加险，提升种植业保障水平，全年完成稻麦附加险66.86万元，增加11.71万元，增长17%，提升了粮食生产新型经营主体的抗风险能力。全面推进水稻保险提标，提高水稻种植户的保障水平，所有水稻种植户的保额提高到每亩700元以上。着力提升种养植大户的抗风险能力，蔬菜大棚保险面积从40211亩提高到49924亩，山羊保险从3402头提高到9026头，蛋鸭保险增加3500只，内塘螃蟹保险增加380亩，池塘淡水鱼保险面积为380亩。健全组织网络，提高农险人员素质，436名查勘人员进入名录库。举办全区查勘人员名录库人员培训班，重点讲解农业保险政策、农业保险操作流程及农业保险查勘办法。健全农业保险理赔机制，完善农业保险制度。下发《关于健全农业保险理赔工作机制的指导意见》，就农业保险大灾理赔预案、查勘定损工作机制及农业保险管理费的提取和使用等方面进行明确规定。加强农业保险对扶贫工作的支持，全区建档立卡贫困户参加农业保险自缴保费8.73万元，已通过一折通全额返还给贫困户。

【精准扶贫】 开展经济薄弱村扶持，根据各自实际，制定13个市级经济薄弱村扶持项目建设实施方案。召开经济薄弱村项目论证会，对经济薄弱村项目建设的可行性进行论证，对项目建设进展情况进行检查和督办。落实好扶贫惠民政策，先后为低收入农户免除居民基本医疗保险和大病保险336.73万元，免除一事一议筹资筹劳14.65万元，改善129户建档立卡低收入农户住房条件，免除83名低收入家庭高中段学生学杂费，提高低保、五保户的保障水平，农村居民最低生活保障提高至每人每月600元。组织全区6091名党员干部以“一帮一”或“多帮一”的方式与一般贫困户进行结对。积极推广“阳光扶贫”手机APP，扎实抓好全区结对帮扶工作。全区68%的建档立卡低收入农户实现脱贫，经济薄弱村扶持项目正加紧实施，精准扶贫工作取得实质性成效。

【市级中心镇建设】 积极组织3个市级中心镇围绕发展目标，大力推进重点项目和民生工程建设。平潮镇中材节能机电、正耀输配电、新裕昌纺织二期项目，石港镇万佛健身器材、梦吉妮家纺、山剑石墨防腐科技、通胜环保空气净化、蚕来事食品和本乡本土农业、中群机械、山森光学、盛世复合材料项目，二甲镇旭多科创园、文顺金属制品、绿萌食品、博尔富汽车、福马水阀门、地纬生活广场等重点产业项目加快推进。平潮镇赵甸幼儿园提档升级工程、新坝小学改扩建工程，区第六人民医院新建工程、石港镇渔湾路改造升级、石镇污水处理厂提升扩容，二甲镇镇区污水管网、光明路大修工程等民生项目建成。

【产权市场建设】 认真贯彻落实省《关于农村集体资产资源流转全部进场交易的通知》精神，各镇(区、园、街道)农村集体资产资源流转交易全部纳入平台管理，建立集体资产资源管理台账。在原有农村集体土地承包经营权、农村集体资产、二手农业机械所有权3项产权交易服务的办理基础上，新增农村养殖水面经营权、小型水利设施交易两项交易品种。推进产权抵押融资配套政策，出台《南通市通州区农村土地承包经营权抵押贷款办法(试行)》文件。2017年，全区累计完成交易942笔，成交总额4.4亿元。其中，土地流转交易653笔，累计面积4.06万亩，交易额3.44亿元；集体资产交易185笔，交易额1187.24万元。

(陈妍池)

政法工作

【概　况】 2017年，通州区政法战线扎实推进5大类33项重点工作，通过“社会稳定水平、服务发展水平、综治建设水平、法治建设水平、队伍建设水平”提升，实现“公众安全感、社会满意度、司法公信力、服务保障能力、社会治理水平”目标。社区矫正“4326”损害修复工程获省综治办主要领导肯定批示，全省予以推广；全区公众安全感、政法队伍满意率进入全省第一方阵；连续14年蝉联“省平安县(市、区)”称号。

【维稳保障】 有效落实“四项机制”。制定并执行动态排查、复线管控、每日零报告机制；周研判、半月研判预警机制；集访、进京访、极端访责任倒查机制；定期定点通报机制。积案化解稳步推进。开展积案化解“百日攻坚”活动和“无访”镇、村创建。全年交办四批223件信访积案，化解90件，稳控152件。区包案领导共组织会办200余次，入户走访300余次，信访当事人全部纳入稳控视线。信访违法行为依法处理。2017年筛查48名重点人员由公安进行立体化管控。应急处突成效明显。出台《信访维稳应急处置工作预案》，综治、公安、信访、维稳等部门联合保障；推动落实信访重点镇工作人员赴京参与应急值班。全国“两会”、党的“十九大”等敏感节点，全区实现零非访、零滋事、零登记目标，被市委、市政府评为十九大安保工作先进地区。

【服务发展】 保障重大工程实施，妥善处理沪通大桥、南通高铁西站建设拆迁补偿纠纷8件。依法实施企业破产、兼并重组，审结破产案件4件，华融和生重整成功，明德重工成功引进象屿集团投资。严厉打击破坏市场经济秩序犯罪打击，70件103人被提起公诉。强化知识产权保护，有效打击危害产业自主创新的犯罪行为，共审结知识产权案件359件。严厉打击严重刑事犯罪和多发性侵财犯罪，起诉涉枪涉爆涉毒、两抢一盗等犯罪352件459人，依法批捕、起诉危害食品药品安全犯罪17件24人，积极策应区委“263”专项行动部署，立案监督破坏环境资源犯罪2件2人，执结涉环保非诉执行案件74件。

【平安通州建设】 持续优化平台建设。区级平台严格整改到位，全区10个镇(街)和193个村通过南通市一级中心达标验收。积极探索智能化运用。布建视频围栏3300处，电子围栏10套，网络前端嗅探点位 419 个;“恒生汇金苑”“快乐之家”“智能人脸识别门禁”投入试运行。着力开展“三提升”(公众安全感、法治建设满意率、政法队伍满意率)建设。建立季度模拟测评机制，省测评通州公众安全感 98.25%，政法队伍满意率 93.55%,位列全省前十。深入开展社会矛盾纠纷排查化解。采取动态排查、滚动交办、跟踪督办、联动配合、长效管控、考核奖惩等各项机制,全力推进矛盾纠纷稳控化解。全区三级调委会共受理矛盾纠纷 14392 起，调处成功 13840 起，调处成功率 96.2%。

【法治通州建设】 压实工作责任，以争创省法治建设示范区为导向,以推动党政主要领导履行法治建设第一责任为关键，及时制定创建任务分解清单,切实加大协调指导、提示通报、督查考核力度，按序时组织填报省法治信息系统,推动依法行政、公正司法、学法普法等重点工作深入开展。夯实基层基础，开展镇村法治阵地建设“地毯式”抽查，召开法治文化示范阵地建设现场推进会,培育、打造区特殊教育学校、区第二人民医院等一批创建示范点,新增省民主法治示范村(居)8 个、市平安法治示范镇(街道)2 个、市法治文化建设示范点 4 个。抓实法治惠民,以提升法治建设满意率为主线,开展主题宣传和专项整治等系列活动,组织行政诉讼庭审观摩 4 批次、高等院校法治培训 3 批次，有效扩大区市场监管局法治惠民综合平台、区人民检察院司法文化基地等工作品牌影响力。10 月,通州区被省市推荐参评全国法治县(市、区)创建活动先进单位。 (杨 慧)

机构编制工作

【概 况】 2017 年,通州区编办服从服务全区中心工作,聚焦创新和富民两大主题,推动“放管服”改革,严格机构编制资源配置,加快构建“集中高效审批、分类信用监管、综合行政执法”的基层治理架构,为建设“强富美高”新通州提供体制机制保障。至年底,全区设置行政机构 86 家,事业单位 421 家。核定行政编制 3545 名,事业编制 14423 名。在编行政人员 3354 人，事业单位在编人员 13838 人。

【“三级四同”权力清单】 按照权力清单标准化建设的统一部署，对照省政府公布的《省、市、县(市、区)政府部门行政权力清单》,组织区级机关各部门开展标准化权力清单编制工作,共梳理确认 10 个大类 6626 项权力事项，实现行政权力“三级四同”。

【“不见面审批”改革】 制定公布“不见面审批(服务)”事项清单,对全区依申请办理的行政许可、行政确认、行政征收、行政奖励、行政给付、其他行政权力等六类 954 项进行全面梳理确认，分两批公布“不见面审批”事项 522 项、“见一次面”事项 303 项、“不见面服务”事项458 项。全面推行“联合图审”“联合评价”。自主开发建设联合图审网络平台，实现 7 个工作日内完成审图、30 个工作日内完成企业投资建设项目的各类评估。实行重点建设项目“模拟审批”。研究出台《通州区重点建设项目模拟审批试行办法》,区级重点建设项目在各项报建手续期间,各审批部门出具模拟审批意见,待所有手续完成并达到法定审批条件后,再对模拟审批意见进行补充、完善,出具正式审批文件，将模拟审批转化为正式审批。推行企业投资建设项目“帮办代办制”。在各镇(区、园、街道)建立帮办代办制度,组建一支 120 人的帮办代办队伍,为办事企业提供咨询、指导、无偿帮办代办服务。对暂时不能实现全程网上审批及服务的事项,统一开展帮办代办服务。

【证照办理“3550”目标】 围绕省委、省政府提出的“3550”改革目标,以区政府办公室名义印发《通州区优化开办企业、不动产登记、施工许可流程实现“3550”目标实施细则》,提出“3 个工作日内完成企业工商营业执照办理、一般不动产权登记件 5 个工作日内完成、施工许可证 50 个工作日内办结”目标要求。整合窗口设置,优化审批流程。开办企业方面,全面取消新设企业公章备案手续,设立税务、银行、公章刻制并联审批窗口;不动产登记方面,全面推行不动产登记、税务全过程“一窗受理、集成服务”,设立不动产登记集成服务窗口;投资建设项目审批方面,将住建部门的质量报监、建管部门的安全报监业务向审批局窗口集中,设立联合图审、联合评价审批窗口,实现“全流程、一窗式”办理。注重改革配套,制定系列措施。分别以区政府办公室、区审改办名义印发《通州区建设工程施工图联合审查实施意见(试行)》《通州区投资项目“多证合一”实施意见(试行)》等,基本实现 2 个工作日内完成企业开办、4 个工作日内获得不动产权证、40 个工作日内取得建设项目施工许可证。

【综合执法推进】 落实省、市关于综合行政执法体制改革要求，以区政府名义印发《关于深化行政执法体制改革全面推进综合行政执法的实施意见》,在环境保护开展综合行政执法体制改革试点的基础上,深入推进交通运输、人力资源社会保障、农业农机、市场监管、城市建设管理、文化体育等领域综合行政执法体制改革,完成事项划转、机构设置、编制调整、人员划转、三定规定等工作,构建“一个部门、一个领域、一个区域一支队伍管执法”新格局。同时,全面建立双随机抽查机制,区级 32 个部门建立双随机抽查事项目录 250 项,执法对象 10 万余个,执法人员 1134 名。

【事业单位信用等级评价】 召开区属事业单位信用等级评价工作动员部署暨操作系统培训会议,全面启动事业单位信用等级评价工作。通过“四个一”,进一步规范、完善事业单位信用信息公示工作。抓好登记事项“双公示”工作。继续依托“行政许可行政处罚”双公示信用信息平台做好事业单位登记管理行政许可事项的网上公示工作。所有设立、变更、注销登记事项全部上网面向社会公示,实现网上登记、网上公示、网上查询。开展事业单位“双随机一公开”抽查。出台《事业单位“双随机一公开”抽查工作细则(试行)》和《事业单位法人公示信息随机抽查事项清单》,建立抽查对象名录库和执法检查人员名录库。通过公示信息抽查菜单,由系统自动摇号,随机抽取事业单位和执法人员，真正做到

两个随机，保证抽查工作合法合规、公开公正。（尹 琪）

机关党的建设

【概 况】 2017年，通州区级机关工委按照区第十二次党代会部署和区委十二届三次、四次全会精神要求，以落实全面从严治党要求和迎庆党的十九大为主线，以深入贯彻《中国共产党党和国家机关基层组织工作条例》和深入推进机关作风建设为重点，聚焦发展富民，聚力融合党建，持续推进学习、规范、服务、创新、廉洁"五型"机关党组织建设，不断提高机关党的建设科学化水平，努力为推进"两聚一高"新实践、建设"强富美高"新通州提供坚强有力保证。

推进"两学一做"学习教育常态化、制度化。在通州机关建设网开辟"躬行两学一做，彰显先锋本色"专栏，开展"两学一做"相关政策解读和业务辅导，发布机关党组织"两学一做"信息。在区级机关组织开展"两学一做"显本色主题征文比赛，引导并激励机关党员干部学思践悟，认真提炼总结宣传"两学一做"学习教育的好经验好做法，推动机关党组织和广大党员在"两学一做"上走在前、作表率。全年共推荐183篇优秀征文被江苏机关党建网录用发布，通州区信息录用量在全省处于领先地位，被省级机关工委办公室表彰为2017年度市、县（市、区）机关党建信息工作一等奖。会同区委组织部联合下发《关于开展"两学一做"学习教育常态化制度化、基层党建重点任务互学互查的通知》，机关党组织以机关党建联创区为单位，采取"推磨式"互学互查方式开展督查，全面落实机关基层党建重点任务。以学习贯彻党的十九大精神和"两学一做"学习教育为主题，举办1期机关党组织书记培训班，召开1次学习党的十九大精神座谈会，牵头做好十九大精神宣讲进机关工作，实现区级机关十九大精神宣讲全覆盖。

开展富民强企奔小康"走帮服"活动。按照区委统一部署，及时进行动员发动，建立工作网络，细化实施方案，编排走访计划，建立工作纪实、会商会办、督查通报等制度，加强对走访活动的组织协调。在走访过程中，加强与镇村、村民小组的联动，提高走访效果。工委5名在职人员深入挂钩联系镇村，共走访村（居）1个、农户201户，企业1个，梳理存在八大类问题共25个。充分发挥机关工委党建工作人才、组织及资源优势。"七一"前夕与"走帮服"活动联系点刘桥镇长岸村党总支联合开展"忆峥嵘、颂党恩、争贡献、促发展"主题党日活动；组织长岸村50多名老党员参观通州城市展览馆、南山湖、忠孝文化园。

加强机关基层党组织建设。年初，对2016年度区级机关先进基层党组织、优秀共产党员、优秀党务工作者进行评选表彰。以创建五星级党建示范点为契机，深入开展"五有六好"机关党组织标准化建设，工委及工委所属26家机关党组织被区委表彰为全区第三轮"五星级基层党建示范点"。召开机关党组织书记抓党建工作述职评议会，69个机关党组织书记进行现场述职、公开评议，切实做到真述严评。组织机关党组织书记编制抓党建工作责任清单，实施机关党组织书记2017年基层党建"书记项目"，会同区委组织部对机关党组织召开组织生活会、民主评议党员和党费收缴等情况开展专项检查。以"规范组织生活 强化使命担当"为主题，举办1期机关党组织书记沙龙，突出问题导向，推动机关党建工作严格规范。组织机关党组织开展机关党建课题调研活动，认真总结近年来机关党建工作经验，切实推动党建重点难点问题解决，提高新形势下机关党建科学化水平。开展机关党组织和党员基本信息采集工作，完成全国党员管理信息系统录入及维护工作。指导机关党组织规范做好换届选举及党员发展工作。召开区级机关党员发展情况交流与工作部署会，加强业务指导，严格规范程序，全年共发展党员33名。对即将任期届满的机关党组织及时进行提醒，共有26家机关党组织按期进行换届选举。

开展机关党建主题教育活动。围绕强化"书记第一责任人"意识，担当"机关党建走在前"使命，举办区级机关党组织"书记沙龙"暨党建工作现场观摩活动。在上海交通大学举办区级机关党组织书记能力素质提升班，提高机关党务干部统筹领导能力、理论思维能力、谋划创新能力、业务指导能力。在区级机关开展党员教育"三微"活动，通过上好"微党课"、念好"微提醒"、讲好"微故事"，进一步创新机关党员教育形式，丰富机关党员教育内容。申报《运用"互联网+"提升机关党建工作水平》党建创新重点项目并抓好推进落实，典型经验被录入江苏人民出版社出版的《机关党建效能》一书。组织开展"迎接党的十九大，机关党建走前头"创新案例征集、党员干部"学先进、亮承诺"一句话承诺及"我为通州接轨上海献一策"等活动。以"推进融合党建、汇聚发展合力"为主题，举办机关党组织"书记沙龙"暨"两学一做"学习教育常态化制度化工作推进会。每季度按联创区分别召开机关党建工作交流座谈会，总结本季度工作，对下季度工作进行部署。常态化开展机关党员干部进社区服务活动，区级机关党员干部共参加社区志愿服务活动11424人次。

加强机关作风效能及反腐倡廉建设。全面落实党风廉政建设"两个责任"要求，组织机关党员干部认真学习贯彻《中国共产党廉洁自律准则》《中国共产党纪律处分条例》《中国共产党问责条例》《中国共产党党内监督条例》等纪律规定，强化对机关党员遵守党章、执行党纪的监督。编制完成机关工委党风廉政建设"两个责任"清单。申报机关工委"三重一大"事项。组织开展"5·10"思廉日系列活动，为全体党员干部购买《中国家规》并开展学习心得体会交流活动。开展算好"廉政账"主题教育月活动，组织工委全体党员到中国工农红军第十四军纪念馆和苏中七战七捷纪念馆开展学习教育。做好机关违纪党员的立案查处等工作，全年共立案查处党员干部违纪案件11起，其中开除党籍2人，党内严重警告1人，党内警告8人。深入开展廉政文化进机关、创建廉政文化示范点活动，推进机关廉政文化建设。

推进机关文化建设。持续开展争创"最佳办事单位""最佳办事环境"等活动，推进机关环境文化建设；积极参与社会管理和平安创建工作，不断强化机关党员干部法治理念和依法办事意识，推进机关法治文化建设；广泛开展文体活动，推进机关行为文化建设，分别举办机关部拔河和游泳比赛。积极参与全国文明城市建设和群众性体育活动，向区级机关各级党组织和全体党员干部职工发出倡议，引导大家从我做起，率先垂范，当好文明城市建设表率，常态化推进文明倡导、文明劝导、文明规范、文明实践“四大行动”，不断提升机关文明程度。积极举办机关道德讲堂活动，引导党员干部积极培育和模范践行社会主义核心价值观。开展“博雅女性、魅力江苏”女职工主题读书征文活动。

【机关党务干部能力素质提升班】 5月8—12日，在上海交通大学举办区级机关党务干部能力素质提升班。培训内容包括十八届六中全会精神解读、推进新常态下机关党建工作、加强机关党务干部能力建设、规范机关党组织生活、党员干部思想道德修养与文化素质提升等。区级机关各部门各单位党务干部近60人参加培训。

【机关党组织“书记沙龙”】 2017年，区级机关工委定期举办区级机关党组织“书记沙龙”。全年分别围绕“强化‘书记第一责任人’意识，担当‘机关党建走在前’使命”“推进融合党建，汇聚发展合力”“规范组织生活、强化使命担当”3个主题举办三期活动。

【党员干部进社区服务活动】 2017年，全区19个城市社区开展志愿服务活动450次，区级机关、事业单位近3000名党员干部参加以党建工作指导、政策法规宣传、环境卫生整治、法律咨询援助、扶贫帮困助残、文明新风普及、文体活动组织、民情信息收集、小区治安巡逻等为主要内容的志愿服务活动11424人(次)，在社会上产生一定的反响。

(吴　凤)

老干部工作

【概　况】 2017年，通州区认真贯彻落实中办、国办《关于进一步加强和改进离退休干部工作的意见》及省、市实施文件精神，做好老干部工作。出台《关于进一步加强和改进离退休干部的实施细则》，明确将老干部工作纳入机关综合绩效考核。区老干部局被评为全省老干部工作先进集体。

落实中办发3号文件精神。组织、人社、财政等部门就设立离退休干部党工委、离退休干部党费收缴下拨比例、加强老干部工作经费保障等出台配套文件。成立2个调研组，对各地各单位贯彻落实《实施细则》情况进行调研督查，下发督查清单。

开展“畅谈十八大以来变化、建言十九大胜利召开”主题活动。全区离退休干部围绕全区工作大局，分层次、分地域、分领域、分主题开展“畅谈建言”活动120多场次，提出建议和意见400余条。围绕通州生态环境长效管理机制、精准扶贫、安全生产、防范和化解金融风险等方面，撰写专题调研文章100多篇。

推进离退休干部党建工作。举办全区离退休干部党支部书记轮训班，开展党务工作和学习党的十九大精神专题培训。抓好2个“一方隶属，多重管理”试点社区党建工作，加大指导推进力度。虹南社区以公园为基地开展丰富多彩的主题活动，展现“家文化”主题。育才社区建立功能型特色党小组，开展校外辅导、义诊、社区议事、矛盾调解等活动，实现党建与社会治理有机融合。拍摄离退休干部公益宣传广告，在电视和新媒体播出，充分彰显离退休干部党员的先锋模范作用。平潮镇、五接镇老干部党总支被评为区五星级基层党建示范点。

老干部正能量活动彰显特色。全面深化“双展双争”主题实践活动，把服务项目建设作为助推“两聚一高”新通州建设的有力抓手，充分挖掘老干部的人脉资源。积极联系在外本土成功人士，联系建成总投资5000万项目1个。统筹涉老组织，对接上海退休老专家协会为高新技术企业无偿提供技术指导，帮助企业申报专利47项、创建市级科技创新示范基地8个、产业化扶贫项目18个。组织百名老干部无偿挂钩服务全区百个项目，协助做好项目建设拆迁工作，协调项目前期审批等工作，帮助企业加强党建、科技、安全培训等。东社镇老干部党总支获评全市离退休干部“双十佳”先进集体。全区涌现出以自觉传承民俗文化的退休干部殷秀才、自费创办家庭教育辅导站的退休干部张武高等一批服务大局、奉献社会的老干部。

优化离退休干部服务保障。坚持重要会议请老同志参加、重大事项决策前征求老同志意见、通报情况、走访慰问、组织就近就地参观视察等工作制度，全面落实离退休干部政治待遇。切实健全保障离休干部“三个机制”，提高行政事业单位离退休干部公用经费标准，确保老同志应有待遇全部到位。进一步加强对区管退休干部管理，举办区管退休干部培训班和健康保健知识讲座，全面落实老干部个性化健康体检。以迎庆十九大为主线，组织开展系列文体活动，成功举办区全民运动会老年部比赛。

加强老干部工作队伍建设。扎实开展“两学一做”主题党日活动，切实增强党性观念和纪律规矩意识。健全每月办公会点评制度，积极组织人员参与培训，全面推行服务承诺制、首问负责制和一线工作法。全区270余名离休干部，由局中层以上干部挂钩联系，每季一次电话慰问，确保服务联系全覆盖，持续深化“情暖桑榆”服务品牌。

【区委离退休干部工作委员会建立】 经区编办核准，成立区委离退休干部工作委员会，在区委老干部局内增设组织科，作为区委离退休干部工作委员会职能科室，负责统筹组织全区老干部党建工作，推进离退休干部“两学一做”学习教育常态化制度化。

【“五个一”大走访大落实活动】 为深入开展老干部系统“面对面、心连心”大走访大落实活动，通州区专题部署，分级负责，局机关工作人员分组对全区112名企业离休干部进行走访慰问，做到“进支部进家庭进医院、送学习送政策送关爱”，重点落实“五个一”工作任务，即“一份爱心联系卡、一次送学上门、一次谈心解惑、一份信息档案、一份慰问品”。

(陈雪连)

对台(湾)工作

【概　况】 2017年，通州区委台办坚持党的“和平统一，一国两制”基本方针，以“做好台湾人民工作”为主线，找准对台工作与地方经济建设的契合点，把推动两岸关系和和平发展作为工作主方向，把做好对台经贸、交流合作作为工作的主抓手，围绕年初制定的重点工作，认真做好两岸交流交往，切实搞好入岛交流活动，打好“乡情牌”“友情牌”“亲情牌”，采取“请进来、走出去”的方针，扎实工作，开拓奋进，全力开创全区对台工作的新局面。

围绕“对台招商大突破”主动作为。共组织2批14人次因公赴台考察招商，企业商务考察洽谈团组8批19人次。考察团在台湾拜会震旦集团、耀华电子、绿能科技、台湾矽利科技、精华铝业、台塑集团等20多家上市上柜公司，所涉行业涵盖电子、新材料、新能源、生物科技、设备制造及办公一体化，获取意向性落户项目10多个。有效推动在谈项目的推进。12月16日，耀华集团投资通州的电子电路项目正式开工。

全年邀请7批60余人次台商到通州区考察。3月18日，邀请浙江嘉兴台商协会刘荣达会长一行到通州区考察。5月，台湾新北市五股区里长参访团一行32人到通州区参观考察。10月12日，台湾客商黄子修到通州考察投资民办幼儿园事宜。

积极探索宣传新模式，拓展对台宣传新局面。5月，台湾《旺报》专题报道南通的经济发展，区台办借此契机安排专人与《通州日报》记者共同撰写近2000字的文章，在《旺报》上专题介绍近年来通州区的建设发展变化及人文风情。

认真处理来信来访，维护社会稳定。4月，区台办赴石港镇就台属葛学礼关于石港镇东大街88号祖屋产权归属问题实地调查，建议其在获取相关证据后走司法途径解决，后来该台属没有再上访。7月，成功化解通州台商吴伯宜与一女性因恋爱关系破裂而产生的矛盾纠纷。9月，在区教育局的帮助下，成功解决1名进城务工台属子女的上学问题。

【萧文钦到通州区考察】 10月，台湾台塑集团资深副总裁萧文钦到高新区考察，拟投资2000万美元的碳纤维项目。通过多次洽谈，该项目处于地块选址阶段。

【杜家庆到通州区考察】 4月，台湾庆康科技董事长杜家庆一行就“2.5产业生活圈”项目赴高新区实地考察。杜家庆详细介绍“双创新天地”理念，以及依托该理念打造的“2.5产业生活圈”的相关情况，随后实地考察三个意向性地块。

（张伟光）

党史工作

【概　况】 2017年，通州区党史工作以史鉴今、资政育人两项任务为中心，扎实推进党史资料征编和宣传教育等工作。深入开展社会主义革命和建设时期党史专题研究，编写《中共南通市通州区执政纪事(2015)》。参与组织做好纪念中共南通县委成立90周年，朱理治同志诞辰110周年等重大纪念活动。加大红色资源宣传推介力度，联合通州新四军研究会等部门在东社学校开展“学史立志、崇德向善”等党史进校园活动。10月，联合编辑出版《江海怒涛——新四军抗战在通州》。

【《中共南通市通州区历史》第一卷(1921—1949)出版发行】 10月，《中共南通市通州区历史》第一卷(1921—1949)，由中共党史出版社出版，共计35万字。该书是在南通县人民革命斗争史《江海烽火》基础上修编再版的，保留原书的篇章结构，又充分利用了20多年的党史征编新资料，增加了近100幅照片，8幅题词，2篇老同志回忆录，1篇通州市抗战损失课题调查等。全面、客观、准确、生动反映了新民民主义时期南通县人民在党的领导下，不屈不挠的革命斗争历程。

【《江海怒涛——新四军战斗在通州》出版发行】 10月，长篇纪实文学《江海怒涛——新四军战斗在通州》由团结出版社出版，全书共90回，约26万字。通州区委党史工作办公室联合南通市新四军研究会通州分会等5家单位，编辑整理新四军在南通县（通州）抗战的历史资料。再现了70多年前，南通县(通州)人民在党的领导下坚持反抗日军侵略的斗争精神，涵盖了南通县各地在新四军主导下进行抗日斗争的伟大历程。

党校工作

【概　况】 2017年，区委党校认真学习宣传贯彻党的十九大精神和习近平新时代中国特色社会主义思想，以宣讲、培训、咨政为主线，坚持党校姓党根本原则，努力实现党校新作为。举办各类主体班次16期，其他班次6期，共培训党员干部3300多人次。全年发表理论文章31篇，其中省级以上21篇，参编著作1本。

【流动党校】 分别组织教师赴徐州、上海建筑施工现场进行教学3次，参训流动党员近400名。与二甲镇、西亭镇、城

区委党校与区委组织部联合举办全区党员发展对象培训班

管局、市场监管局、光大银行举办联办班5个,共17个专题,培训近1200人次。完成宣讲57场次,听众达6000多人次。上传网络微型党课5讲。

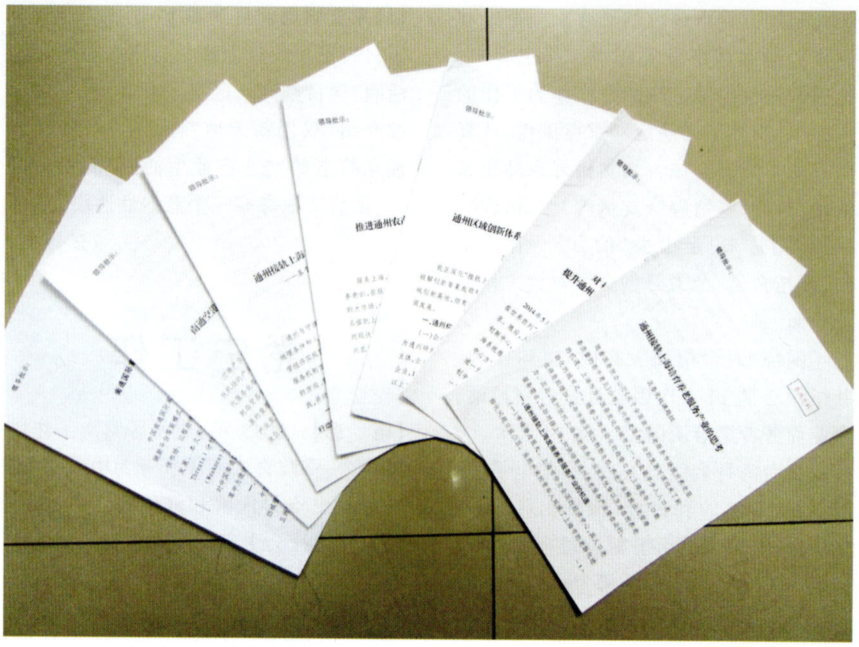

区委党校编印《参阅资料》提供决策参考

【决策咨询】 区委党校围绕“跨江融合、接轨上海”主题,组织教师赴机关、镇村调研80多人次,编印《参阅资料》7篇,报区四套班子领导及部门和镇区园(街道)党政主要领导作决策参考,其中1篇调研报告获区领导批示。在全市党校系统调研课题评选中,2项课题获立项并顺利结项,在县区级党校中仅此1家。在区2017年度经济与社会发展重点应用研究课题评奖中,获一等奖1项、二奖等2项、三等奖4项。在“我为通州接轨上海”献一策合理化建议评选中,获组织奖,个人获二等奖4项、三等奖1项、鼓励奖3项。在区法学研究立项课题中,3项课题获立项。

【理论成果】 在区委宣传部、区社科联组织的学习贯彻党的十八届六中全会精神征文活动中,获一等奖1项,二等奖2项,三等奖5项,占40%。围绕党的十九大精神和习近平新时代中国特色社会主义思想,开展理论研讨20人次。有3篇文章入选江苏省党校系统学习贯彻党的十九大精神研讨会论文集,占南通市1/3,在县区级党校中仅此1家。在南通市党校系统十九大精神研讨会上,有2篇论文入选并交流。在通州区十九大精神研讨会上,4人交流发言并在《通州日报》发表论文。 (杨　曼)

2017年区委党校在省级以上刊物发表的科研成果

表9

姓　名	成果题目	发表刊物名称期号	备　注
胡永洲	推进国企党建工作与经营发展深度融合的思考	苏东论坛　2017.1	—
	推进县域产业迈向中高端水平分析研究	延边党校学报　2017.3	—
胡永洲　赵秦卫	机关效能党建	江苏人民出版社	参编第六章
张　华	全面从严治党的根本基础:思想建党和制度治党的紧密结合	苏东论坛　2017.2	—
	营造良好政治生态需处理好“四对关系”	前进　2017.5	—
张洁云	领导干部要自觉增强“四个定力”	苏东论坛　2017.2	—
	进一步优化党内政治生态的对策思考	辽宁行政学院学报　2017.6	—
张　梅	新形势下强化党员意识的几点思考	清江论坛　2016.4	—
杨　曼	习近平全面从严治党思想理论与实践的继承与发展	湖南省社会主义学院学报　2017.2	—
	建好理想信念大厦　筑牢思想信念之根	清江论坛　2017.1	—
	新形势下如何构建党内政治文化	中共石家庄市委党校学报　2017.5	—
杨　玲	提升通州企业持续创新能力的调查与思考	上海市经济管理干部学院学报　2017.2	—
赵秦卫	运用“互联网+”提升机关党建效能	中共乌鲁木齐市委党校学报　2016.4	—
	沪通产业协同发展的调查与思考	产业与科技论坛　2017.24	—
	坚守人民立场　全面从严治党	苏东论坛　2017.3	—
倪林峰	新形势下全面从严治党的四大特征	苏东论坛　2017.2	—
	南通空港产业园对接上海的分析思考	苏东论坛　2017.3	—

续表 9

姓 名	成果题目	发表刊物名称期号	备 注
张洋洋	通州区农村土地确权工作调查与思考	广东经济 2017.3	
王梦琪	论个人理想与社会理想之融合	福州党校学报 2017.1	
	切实增强“四个意识”筑牢“全面从严治党”的思想基础	吉林省社会主义学院学报 2017.2	
	推进通州农产品接轨上海的调查与思考	延边党校学报 2017.4	
于 盈	做优市场采购贸易的策略选择——基于中国南通国际家纺城试点	发展改革理论与实践 2017.9	

信息工作

【概 况】 2017年,通州区信息工作抓住“服务同级党委”和“上报省市信息”两个重点,紧紧围绕区委和办公室工作主线,创新思路,务实举措,不断巩固信息工作优势地位。

【上报省市信息】 2017年,通州区信息工作积极应对省委办公厅新要求,拓展信息得分新领域,取得较好成绩。增强主动服务和超前服务意识,紧贴领导思路,及时把握领导关注点和兴奋点,实现信息工作与大局共振、与领导合拍。报送的《通州区农村集体经济发展情况分析》等获省委主要领导批示。坚持反映工作进度和成绩的信息要恰如其分,反映问题和困难的信息要实在准确。《基层反映近期各地持续被曝存在虐童事件引发舆论强烈关注》《基层反映个税制度改革滞后制约工薪阶层收入》等被省委《江苏信息》《快报》刊物采用。全年制作并上报信息1600余篇,其中,省委刊物采用323条,《江淮生态大走廊建设亟待破障前行》等11篇信息获多位省领导批示,信息录用总量创历史新高。

【服务同级党委】 2017年,内刊编辑工作以《要情快递》为载体,采取主题策划、开辟专栏、系列综述、重点约稿等形式,围绕大局反映情况,力求当好领导的“千里眼”“顺风耳”。全年共编辑《要情快递》247期400余篇内部材料。同时,自10月中旬起新辟《镇(区、园、街道)党(工)委书记每日活动》呈报区委主要领导,共搜集整理65期,获区委主要领导批示4次,为领导掌握实情、指导工作提供参考。围绕领导需求“找”信息,通过参会听会、学习报告、整理讲话等方式把握领导关注的重点工作,每月编辑招商引资月度情况分析、信访形势月度分析、省市级重大项目推进情况等。深耕文山会海“淘”信息,紧盯中央及省市区四级的重要会议、重要文件,不断挖掘信息点,围绕接轨上海、区委全会贯彻落实等积极编辑材料报送。紧盯时间节点“供”信息,紧盯时间节点提前考虑、主动出击,及时约稿为领导提供精准服务,编辑当月金融运行情况、外资到账情况、当前房地产市场发展概况等。此外,根据省市委会议精神,将重要紧急信息列入报送重点,切实加大重要紧急信息监测力度,全年共处理重要紧急信息200余件次,区委主要领导批示20余件次,实现重大突发事件和紧急敏感情况重要信息第一手情况、第一道研判、第一时间报送,确保各类突发事件和矛盾得到及时妥善解决。

(章灵芝)

督查工作

【概 况】 2017年,区委督查室紧紧围绕区委重大决策、重要部署和重点工作,突出健全督查机制、丰富督查内涵、提高督查实效,通过有计划、有重点、针对性地开展各项督促检查,推动党委政府决策落到实处。

【决策督查】 围绕区委重大决策和重要部署,按照区委十二届二次全会精神,对全区重点工作目标任务分解立项,共对62项重点工作实行定期跟踪督查,编制《通州督查专报》两大专题共12期,为区委领导全面准确地了解工作动态,统揽全区工作发挥积极作用。对常委会议定事项中的12项推进落实类工作进行阶段性跟踪督查,督促党委阶段性工作的落实。对为民办实事工程、项目建设工作、环保督察组交办环境信访问题等18项重点工作落实情况开展专项督查。同时,对全区招商引资推进工作、政协社情民意、“十九大”安保维稳等重点事项开展多轮实地督查,持续推进工作落实。高度重视和认真领会领导批示精神,共办理“省委书记信箱”来信5件、市领导批件11件,其他查办件8件,做到件件有回音,事事有落实。办理“区委书记信箱”来信109件,办结率为100%;承办政协提案22件,回复率、满意率均为100%。

(丁 亮)

党内法规工作

【概 况】 2017年,区委办法规科认真贯彻落实中共中央《关于加强党内法规制度建设的意见》,积极完善全区党内规范性文件制度体系。认真抓好职责范围内的党内规范性文件制定、备案、审查工作,全年共上报党内规范性文件25件,做到有件必备、及时报备、规范报备。加强党内法规工作机构建设,充实配强工作力量。按照上级决策部署,统筹谋划、积极协调推进全区法律顾问选聘工作,制定工作方案和工作规则,为区委聘请法律顾问和法律专家库成员。

【区委法律顾问制度建立】 2017年,区委办牵头区委政法委、区委组织部、区法院、区检察院、区公安局、区司法局、区法制办、区法学会等部门组成区委法律顾问选聘工作组,经过广泛推荐、精心推选、考察公示等程序,聘请区委法

律顾问5人、法律专家库成员10人,聘期为3年。（吴永淮）

保密工作

【概　况】 2017年,通州区深入学习贯彻习近平总书记重要讲话特别是关于加强保密工作的重要讲话精神,围绕“党管保密、依法治密、科技强密”主题,抓住定密管理、网络保密管理、涉密人员管理三大管理重点,有力推进保密教育、保密指导、保密检查等工作,圆满完成各项任务。

【保密宣传教育】 继续组织开展“七五”保密法治宣传教育,强化领导干部、涉密人员、公务员和普通公民的保密意识和保密常识。充分发挥保密宣传教育片、保密专业图书和音像制品的宣传教育作用,继续做好《保密工作》《保密科学技术》杂志的学刊用刊工作,提高保密宣传效果。持续将保密教育纳入新任公务员、事业单位人员的任职培训中,把好保密教育的第一关。举办全区涉密人员保密管理培训班,切实提高全区涉密人员保密意识,提升保密技术防范能力。

【保密管理】 严格日常保密管理。督促各部门强化保密委员会（或保密工作领导小组）建设,指导帮助各单位健全完善保密工作岗位责任制、密级文件管理制度、计算机网络安全管理制度、信息公开保密审查制度等多项日常保密管理制度,明确各岗位保密职责和责任要求,实行责任追究,形成一级抓一级、层层抓落实的保密责任体系。强化网络保密管理。加大互联网安全管理力度,利用搜索引擎、关键字检索对全区机关单位门户网站进行梳理排查,督促各单位加强网站管理,规范网站信息公开发布流程,确保“上网不涉密,涉密不上网”成为日常工作中一条铁的纪律。完善“违规外联监管平台”管理,以违联监管平台为抓手,大力促进全区内网管理工作规范化、上水平。加强涉密人员管理。严格落实涉密人员资格审查、岗位考核、脱密期管理等制度,加强核心、重要涉密人员离岗离职管理,进一步完善涉密人员管理流程,督促各单位与相关涉密岗位人员签订《保密承诺书》,严格保密人员管理。开展全区机关、单位聘用、借调等临时性工作人员的情况统计,进一步摸清全区聘用、借调临时性工作人员现状,要求各单位加强对此类人员的保密教育和管理,严防临时性工作人员违反保密纪律情况。

【保密工作检查】 全面完成机关、单位保密自查自评工作督查,并重点对上一年保密检查中发现问题较多的机关、单位进行复查,进一步推动全区机关、单位保密自查自评工作规范化、常态化建设,压实保密工作的主体责任。开展互联网门户网站保密检查,重点检查各单位开设使用的互联网门户网站是否违规刊登、处理涉密信息,是否落实信息公开保密审查审批制度,日常保密管理措施是否完善,有效提升全区网络安全水平。对政务微博、微信公众号、互联网办公系统(OA)、互联网政务邮箱等刊登信息进行检查,严防失泄密事件的发生。对高考等国家统一考试进行保密监督检查,规范高考考务保密工作,圆满完成高考保障任务。

【保密调查调研】 在全区范围内开展保密技术服务需求调查,发放保密技术服务需求调查表86份,回收86份,充分了解全区党政机关和涉密单位在涉密载体销毁、设备维修、数据恢复等方面的需要,准确把握全区保密技术服务能力现状。积极配合市保密局开展保密系统人才发展情况调研,对全区保密系统人才现状、人才管理和人才发展情况进行调查分析,摸清全区保密系统人才现状。

（刘盛南）

通州区人民代表大会

Tongzhou District People's Congress

编　辑　张晓芹

综　　述

【概　况】 2017年，区人大常委会共召开常委会会议9次，主任会议15次，听取和审议“一府两院”专项工作报告29项，作出决议、决定和审议意见12项，依法任免国家机关工作人员72人次、人民陪审员126人次、办理议案1件、建议258件，备案司法案件179件，编发常委会《会报》8期，接待群众来访117批次、425人次、受理群众来信49件。常委会围绕中心工作，服务发展大局，听取、审议计划和预算执行情况、财政决算、审计、重大项目推进、行政审批服务等报告，促进社会平稳健康发展和夯实经济基础。聚集“三农”，听取、审议财政支农政策贯彻落实、气象为农服务等情况的报告，促进“三农”健康发展；关注民生，听取、审议富民工程、农民增收、城乡公交发展情况、环境质量状况和环保年度目标完成情况的报告，切实维护群众利益。听取、审议法治政府建设、“一府两院”依法治区情况的报告，推动全社会形成良好法治氛围。通过听取、审议区政府关于议案办理情况的报告和建议、批评、意见办理情况的报告，采取交办、督查、通报、背对背抽查、满意度测评等方式，督促议案建议办理，切实解决群众所思所盼。突出重点，打造工作特色，把“服务项目、助推小康、提升效能”三项重点工作作为支持和参与经济社会工作的着力点，努力实现“在全区发展大局中有作为，在全市人大系统中有地位”的目标。是年，区人大常委会被评为南通市人大工作先进单位、南通市文明单位。

重要会议

【区第十六届人大第一次会议】 1月9—13日在区行政中心举行。出席会议的区人大代表应到388人，实到380人，因事因病请假8人。区委、区政府、区政协以及区有关部门负责人列席会议。会议先后听取区人民政府区长陈永红所作的通州区人民政府工作报告、区人大常委会副主任曹国平所作的通州区人大常委会工作报告、区人民法院院长陈炎所作的通州区人民法院工作报告、区人民检察院检察长黄凯东所作的通州区人民检察院工作报告，审议通过《通州区2016年国民经济社会发展计划执行情况和2017年国民经济社会发展计划(草案)》《通州区2016年财政预算执行情况和2017年财政预算（草案)》，并作出相应决议。会议期间，姜子国等代表联名提出的《关于大力实施富民工程高水平全面建成小康社会的议案》列为大会议案，交由区人民政府办理，并授权区人大常委会对区人民政府办理情况进行跟踪督办。代表们在会议期间提出的258件建议、批评和意见，由区人大常委会在会后分别交区人民政府和有关部门研究办理，并要求在大会闭会后的6个月内办理完毕并答复代表。

【区第十六届人大常委会第一至第九次会议】 3月13日，区第十六届人大常委会第一次会议在区行政中心举行。会议听取和审议区人大常委会2017年工作要点(草案)，以电子表决的形式，通过该工作要点(草案)；听取和审议区人大常委会2017年度三项重点工作实施方案，以电子表决的形式，通过该实施方案；听取和审议关于《通州区人民代表大会常务委员会议事规则》(修订草案)和《通州区人民代表大会常务委员会关于进一步提高常委会会议质量的意见》(草案)，以电子表决的形式，通过上述修订草案和意见；听取和审议区人大常委会副主任顾祖林所作的关于设立南通市通州区第十六届人民代表大会常务委员会代表资格审查委员会的说明，以电子表决的形式，通过区十六届人大常委会代表资格审查委员会主任委员、副主任委员、委员名单；听取和审议区人大常委会主任陈斌、区人民政府区长陈永红、区人民法院院长陈炎提请的人事任免议案，以无记名投票的形式，免去单雄清南通市通州区人大常委会办公室主任职务；张菊兰南通市通州区人大常委会办公室副主任、研究室主任职务；金剑南通市通州区人大常委会财政经济工作委员会主任职务；姜兆军南通市通州区人大常委会人事代表工作委员会主任职务；陈旭初南通市通州区人大常委会教科文卫工作委员会主任职务；徐建锋南通市通州区人大常委会研究室副主任职务；张蔚华南通市通州区人大常委会财政经济工作委员会副主任职务；张建平南通市通州区人民法院副院长、审判委员会委员职务；尹健南通市通州区人民法院审判员职务。决定任命王任、陈曦为南通市通州区人民政府副区长。任命张建平为南通市通州区人大常委会办公室主任；曹红军为南通市通州区人大常委会财政经济工作委员会主任；姜子国为南通市通州区人大常委会人事代表工作委员会主任；许煜曦为南通市通州区人大常委会教科文卫工作委员会主任；张菊兰为南通市通州区人大常委会农业和农村工作委员会主任；易卫东为南通市通州区人大常委会办公室副主任；徐建锋为南通市通州区人大常委会财政经济工作委员会副主任。决定任命包云祥为南通市通州区人民政府办公室主任；龚卫为南通市通州区发展和改革委员会主任；黄春玉为南通市通州区经济和信息化委员会主任；张进荣为南通市通州区教育局局长、南通市通州区体育局局长；王钰华为南通市通州区科学技术局局长；杨彬为南通市通州区公安局局长；包良均为南通市通州区监察局局长；季亚为南通市通州区民政局局长；刘玉贤为南通市通州区司法局局长；周鉴为南通市通州区财政局局长；张剑冰为南通市通州区人力资源和社会保障局局长；陶洋为南通市通州区环境保护局局长；丁亚军为南通市通州区住房和城乡建设局局长；周建清为南通市通州区城市管理局局长；丁明新为南通市通州区交通运输局局长；曹辉为南通市通州区农业委员会主任；丁华为南通市通州区水利局局长；金泽林为南通市通州区商务局局长；许易峰为南通市通州区文化广电新闻出版局局长；张武军为南通市通州区卫生和计划生育委员会主任；沈凯军为南通市通州区审计局局长；张颖倩为南通市通州区统计局局长；姚忠为南通市通州区安全生产监督管理局局长；曹勇为南通市通州区市场监督管理局局长；秦瑞作为南通市通州区服务业发展局局长；丁华斌为南通市通州区信访局局长；瞿勇为南通市通州区民族宗教事务局局长；李忠为南通市通州区行政审批局局长。任命俞继进为南通市通州区人民法院审判员。区人大常委会主任陈斌为被任命人员颁发任命书。会议任命的人员进行集体宪法宣誓。

3月30日，区第十六届人大常委会第二次会议在区行政中心举行。会议听取和审议区人民政府常务副区长虞越嵩所作的关于办理《大力实施富民工程高水平全面建成小康社会的议案》工作方案的报告；听取和审议区人大常委会副主任顾祖林所作的关于区镇两级人大换届选举工作情况的报告；审议区人大常委会关于检查《残疾人保障法》贯彻实施情况的方案(草案)，以电子表决的形式，通过该方案；听取区人大常委会副主任朱卫民所作的关于《通州区人民代表大会常务委员会关于加强审计查出问题整改工作的监督办法》(草案) 起草情况的说明，审议该监督办法(草案)，以电子表决的形式，通过该办法；审议区十六届人大代表在大会闭会期间的小组划分方案及各组正、副组长建议名单，以电子表决的形式，通过该名单；听取区人大常委会主任陈斌所作的关于提请任免马迎霞等职务的议案，审议区人民政府副区长刘洪的辞职报告，以电子表决的方式，通过南通市通州区人民代表大会常务委员会关于同意刘洪辞去南通市通州区人民政府副区长职务的决定；免去包汉彬南通市通州区人大常委会先锋街道工作委员会主任职务；任命马迎霞为南通市通州区人大常委会先锋街道工作委员会主任。区人大常委会主任陈斌为被任命人员颁发任命书，并按规定进行宪法宣誓。

5月22日，区第十六届人大常委会第三次会议在区行政中心举行。会议听取和审议区政府关于环境质量状况和环保年度目标完成情况的报告、关于农民增收工作情况的报告；审议区人大常委会关于检查《传染病防治法》贯彻实施情况的方案(草案)，以电子表决的形式，通过该方案；审议陶文龙的辞职报告，以电子表决的方式，通过关于同意陶文龙辞去通州区人民代表大会代表职务的决定。

7月28日，区第十六届人大常委会第四次会议在区行政中心举行。会议听取和审议区人民政府常务副区长虞越嵩所作的关于2017年上半年国民经济和社会发展计划执行情况与下半年工作打算的报告、区财政局局长周鉴受区人民政府委托所作的关于2017年上半年财政预算执行情况(草案)的报告、区审计局局长沈凯军受区人民政府委托所作的关于2016年区级预算执行和其他财政收支审计情况的报告；听取和审议区财政局局长周鉴受区人民政府委托所作的关于通州区2016年财政决算（草案)的报告，以电子表决的方式，通过关于批准通州区人民政府2016年财政决算的决议；听取和审议区政府办公室主任包云祥受区人民政府委托所作的关于通州区法治政府建设工作情况的报告、区人大常委会2017年度三项重点工作推进情况的报告；听取区人民政府常务副区长虞越嵩受区长陈永红委托和区人民法院院长陈炎提请的人事任免议案，听取拟任职发言，以电子表决的方式通过人事任免事项，决定任命施益斌为南通市通州区人民政府副区长；免去鲍维军南通市通州区人民法院少年法庭庭长职务、吴晓玲南通市通州区人民法院三余人民法庭副庭长职务、徐淑华南通市通州区人民法院知识产权审判庭副庭长职务、俞妙琴南通市通州区人民法院张芝山人民法庭副庭长职务、王蓓蓓南通市通州区人民法院兴仁人民法庭副庭长职务、吴晓萍南通市通州区人民法院高新技术产业开发区人民法庭副庭长职务、张筱兵南通市通州区人民法院审判员职务；任命王冬为南通市通州区人民法院审判委员会委员、金永南为南通市通州区人民法院少年法庭庭长、吴晓玲为南通市通州区人民法院三余人民法庭庭长、徐淑华为南通市通州区人民法院知识产权审判庭庭长、俞妙琴为南通市通州区人民法院张芝山人民法庭庭长、王蓓蓓为南通市通州区人民法院兴仁人民法庭庭长、吴晓萍为南通市通州区人民法院高新技术产业开发区人民法庭庭长、殷晓露为南通市通州区人民法院刑事审判庭副庭长、张红娟为南通市通州区人民法院平潮人民法庭副庭长、洪峰为南通市通州区人民法院三余人民法庭副庭长。区人大常委会主任陈斌为被任命人员颁发任命书。本次会议任命的人员依法进行集体宪法宣誓。

8月9日，区第十六届人大常委会第五次会议在区行政中心举行。会议听取和审议区委书记、区人民政府区长陈永红所作的关于提请凌屹任职的议案、陈永红区长的辞呈、区人大常委会主任陈斌所作的关于提请决定凌屹为南通市通州区人民政府代理区长的议案，听取凌屹拟任职发言。以电子表决的方式通过人事任免事项，决定任命凌屹为南通市通州区人民政府副区长，通过关于同意陈永红辞去南通市通州区人民政府区长职务的决定和关于凌屹为南通市通州区人民政府代理区长的决定。区人大常委会主任陈斌为被任命人员颁发任命书。本次会议被任命的人员依法进行宪法宣誓。

9月19日，区第十六届人大常委会第六次会议在区行政中心举行。会议听取和审议区人民政府副区长刘学军所作的关于全区上半年重大产业项目建设情况的报告、区人大常委会副主任顾祖林所作的关于检查《残疾人保障法》贯彻实施情况的报告、区人民政府副区长刘学军所作的关于区十六届人大一次会议代表建议办理情况的报告、关于城市管理工作情况的报告；区政府办副主任李锐、区人民法院院长陈炎、区人民检察院检察长黄凯东所作的关于推进依法治区工作情况的报告，以电子表决的方式，通过南通市通州区人民代表大会常务委员会关于全面推进依法治区的决议（草案）；听取和审议区人民政府代区长凌屹所作的关于提请成小红任职的议案和关于提请陈国华等职务任免的议案、区人民法院院长陈炎所作的关于提请任命孙云霞职务的报告，审议区人民政府副区长虞越嵩的辞职报告，听取成小红、陈国华的拟任职发言。以电子表决的方式，通过南通市通州区人民代表大会常务委员会关于同意虞越嵩辞去南通市通州区人民政府副区长职务的决定（草案）；决定任命成小红为南通市通州区人民政府副区长；免去张进荣南通市通州区体育局局长职务；决定任命陈国华为南通市通州区体育局局长；任命孙云霞为南通市通州区人民法院立案庭副庭长。区人大常委会主任陈斌为被任命人员颁发任命书，任命的人员依法进行集体宪法宣誓。

11月28日，区第十六届人大常委会第七次会议在区行政中心举行。会议听取和审议区人大常委会副主任葛涛所作的关于检查《传染病防治法》贯彻实施情况的报告、区审计局局长沈凯军受区人民政府委托所作的关于2016年区级预算执行和其他财政收支审计中发现主要问题整改情况的报告；听取和审议区财政局局长周鉴受区人民政府委托所作的关于调整2017年财政收支预算的报告（草案），以电子表决的方式，通过关于批准南通市通州区人民政府调整2017年财政收支预算的决议；听取和审议区人大常委会副主任顾祖林作所作的关于制定《南通市通州区人民代表大会常务委员会监督司法工作暂行办法（草案）》的说明，以电子表决的方式通过该办法；听取和审议区人民政府常务副区长成小红所作的关于区十六届人大一次会议议案办理情况的报告，并先后依次听取区发改委、经信委、人社局、农委、农工办、商务局、服务业发展局主要负责人分别报告议案办理工作情况的报告；听取和审议区人大常委会副主任顾祖林所作的关于补选南通市第十五届人民代表大会代表的说明，以无记名投票表决的形式，选举刘浩、陈永红为南通市第十五届人民代表大会代表；听取区人民法院院长陈炎所作的关于提请任免人民陪审员的报告，以无记名投票的方式，任命王鑫鑫等120人为南通市通州区人民陪审员，免去王冰等6人的南通市通州区人民法院人民陪审员职务。

12月8日，区第十六届人大常委会第八次会议在区行政中心举行。会议听取区人大常委会副主任顾祖林所作的关于南通市通州区第十六届人民代表大会第二次会议筹备工作的报告，以电子表决的方式，通过关于召开南通市通州区第十六届人民代表大会第二次会议的决定。

12月28日，区第十六届人大常委会第九次会议在区行政中心举行。会议听取和审议区人大常委会副主任顾祖林所作的关于召开区第十六届人大第二次会议筹备工作情况的报告；听取区人大常委会办公室主任张建平所作的关于区人大常委会工作报告起草情况的说明，审议区人大常委会工作报告（草案），以电子表决的方式，通过区人大常委会工作报告（草案）；听取和审议区人大常委会副主任顾祖林所作的关于区第十六届人大第二次会议有关建议事项的说明，以电子表决的方式，通过区第十六届人大第二次会议议程（草案）、日程（草案），主席团和秘书长、常务主席、执行主席轮值建议名单，议案审查委员会组成人员建议名单，副秘书长和秘书处各组正、副组长建议名单，各代表团正、副团长和代表队正、副队长建议名单，列席人员范围和人数的建议意见，关于议案截止时间的决定（草案）、关于代表十人以上联名提出候选人截止时间的决定（草案）、通州区第十六届人民代表大会专门委员会的设立和组成人员通过办法（草案）、关于设立法制委员会和财政经济委员会的决定（草案）；听取和审议区人大常委会副主任顾祖林所作的区第十六届人大常委会代表资格审查委员会关于代表变动和补选代表资格审查情况的报告，以电子表决的方式，通过上述报告。

【区第十六届人大常委会第1次至第15次主任会议】 1月25日，区第十六届人大常委会第1次主任会议在区行政中心举行。会议研究区人大常委会2017年“三项重点工作”初步方案（草案）。

2月28日，区第十六届人大常委会第2次主任会议在区行政中心举行。会议听取《通州区人民代表大会常务委员会议事规则》（修订草案）《通州区人民代表大会常务委员会关于进一步提高常委会会议质量的意见》（草案）和《通州区人民代表大会常务委员会主任会议议事规则》（草案）三个文件的起草情况说明，研究区人大常委会2017年工作要点及活动计划、区人大常委会2017年开展集中学法活动方案（草案）和区人大常委会关于对提请任命人员进行任前法律知识考试的办法（草案）。

3月10日，区第十六届人大常委会第3次主任会议在区行政中心举行。会议听取区人大常委会代表资格审查委员会的说明，研究区人大常委会代表资格审查委员会主任委员、副主任委员、委员建议名单。

3月27日，区第十六届人大常委会第4次主任会议在区行政中心举行。会议听取区人大常委会关于检查《残疾人保障法》贯彻实施情况的方案（草案）、区第十六届人民代表大会代表在大会闭会期间的小组划分方案及各组正、副组长建议名单、讨论2017年度区人民代表大会闭会期间代表小组活动的建议内容（草案）和区十六届人大一次会议代表建议督办方案、区政府关于区十六届人大一次会议议案办理工作方案的报告、区人大常委会关于加强审计查出问题整改工作的监督办法(草案)。

4月28日,区第十六届人大常委会第5次主任会议在区行政中心举行。会议听取区经信委关于全区一季度工业经济运行情况的报告、区建管局关于建筑企业转型发展情况的报告、区气象局关于开展气象为农服务工作情况的报告;研究区人大常委会关于加强镇人大工作规范化建设的指导意见(草案)、区人大常委会街道人大工作委员会工作暂行办法(草案)、区人大常委会关于基层人大工作考核评比的意见(草案)。

5月19日,区第十六届人大常委会第6次主任会议在区行政中心举行。会议听取区法院关于执行工作情况的报告、区环保局关于环境质量状况和环保年度目标完成情况的报告、区委农工办关于农民增收工作情况的报告、区人大常委会关于检查《传染病防治法》贯彻实施情况的方案(草案);研究区人大常委会关于开展学前教育工作专题询问的实施方案。

6月29日,区第十六届人大常委会第7次主任会议在区行政中心举行。会议听取区行政审批局关于行政审批运行情况的报告、区交运局关于城乡公共交通运行情况的报告;研究南通市通州区人大常委会关于开展区十六届人大一次会议议案办理工作满意度测评的实施方案(草案)、关于建立人大工作咨询专家库的意见、关于评选表彰区人大代表优秀建议和办理建议先进单位及个人的办法(草案)。

7月25日,区第十六届人大常委会第8次主任会议在区行政中心举行。会议听取区人民法院关于上半年工作情况的报告、区人民检察院关于上半年工作情况的报告;听取区人大常委会2017年度三项重点工作推进情况的报告、区政府关于2017年上半年国民经济和社会发展计划执行情况与下半年工作打算的报告、区政府关于2017年上半年财政预算执行情况的报告、区政府关于2016年区级预算执行和其他财政收支情况的审计工作报告、区政府关于2016年区级财政决算(草案)的报告、区政府关于法治政府建设工作情况的报告。

8月9日,区第十六届人大常委会第9次主任会议在区行政中心举行。会议听取区委组织部有关人事任免事项。

8月23日,区第十六届人大常委会第10次主任会议在区行政中心举行。会议听取区检察院关于刑事执行检察工作情况的报告;研究学前教育专题询问拟提问题、区人大常委会组成人员联系区人大代表和区人大代表联系群众的暂行办法(草案)。

9月18日,区第十六届人大常委会第11次主任会议在区行政中心举行。会议听取区卫计委关于基层医疗机构卫技队伍建设情况的报告、区人大常委会执法检查组关于检查《残疾人保障法》贯彻实施情况的报告、区政府关于区十六届人大一次会议代表建议办理情况的报告、区政府关于城市管理情况的报告、区政府关于全区重大产业项目建设情况的报告;区政府、法院、检察院关于推进依法治区工作情况的报告。

10月30日,区第十六届人大常委会第12次主任会议在区行政中心举行。会议听取区财政局关于财政支农政策贯彻落实情况的报告。

11月24日,区第十六届人大常委会第13次主任会议在区行政中心举行。研究区人大常委会监督司法工作咨询专家库成员建议名单、区人大常委会财经工作咨询专家库成员建议名单、关于组织南通市人大代表向原选举单位报告履职情况的实施方案、2017年度区人大代表优秀建议和办理建议先进单位及个人表彰方案;听取区第十六届人大二次会议筹备情况汇报;研究区人大常委会关于召开区第十六届人民代表大会第二次会议的决定(草案);研究区人大常委会执法检查组关于检查《传染病防治法》贯彻实施情况的报告、区政府关于2016年区级预算执行和其他财政收支审计中发现主要问题整改情况的报告、区政府关于调整2017年财政收支预算的报告(草案)、区人大常委会监督司法工作暂行办法(草案)、区政府关于区十六届人大一次会议议案办理情况的报告;听取关于补选南通市第十五届人民代表大会代表的推荐书和关于补选南通市第十五届人民代表大会代表的说明、区人民法院有关人事任免事项。

12月8日,区第十六届人大常委会第14次主任会议在区行政中心举行。研究关于补选通州区第十六届人大代表的有关事项、关于补选通州区第十六届人大代表的实施方案。

12月25日,区第十六届人大常委会第15次主任会议在区行政中心举行。研究区人大常委会关于召开区第十六届人民代表大会第二次会议的有关事项,讨论2017年度基层人大工作先进单位和先进个人表彰方案,听取了区政府关于环保年度目标报告的审议意见的研究处理情况报告。

重要工作

【三项重点工作】 2017年是区十六届人大常委会依法履职的开局之年。新一届人大常委会立足新起点,把握新要求,将“服务项目、助推小康、提升效能”列为2017年年度重点工作。一年来,全区各级人大代表紧扣主题主线,注重工作实效,服务大局,创新履职,有力推动人大工作与贯彻区委决策部署相结合,与服务改革发展相适应,在三项重点工作实践中实现人大工作新作为。

【代表联络机构建设】 区人大常委会坚持完善代表联系群众制度,不断加强代表联络机构建设,把打造“人大代表之家”和“人大代表联络站”两级平台网络作为代表工作的基础和重点,通过召开代表联络机构建设现场观摩会,发挥典型示范带动作用,促进面上开展工作,全区共建成人大代表之家58个、人大代表联络站190个,实现代表联络机构镇、街道、村(社区)全覆盖,较好地发挥代表在了解民情、反映民意、集中民智方面的独特作用。 (江 琳)

通州区人民政府
Tongzhou District People's Government

编 辑 张晓芹

综 述

【概 况】 2017年,通州区坚持稳中求进工作总基调,围绕“两聚一高”抓落实,坚定不移抓项目促发展,持之以恒惠民生防风险,较好完成全年目标任务,“强富美高”新通州建设迈出坚实步伐。全年实现地区生产总值1169.41亿元,比上年(下同)增长7.9%;一般公共预算收入70.09亿元,减少2.9%。

项目建设量质并举。始终把招商引资和项目建设作为经济工作的主题主线,以有效投入推动结构调优、发展转型。落实“全挂钩”“大督查”机制,组建专职招商队伍,形成领导带队、板块推进、部门协同的工作格局,注册亿元及千万美元以上项目176个,实际利用外资3亿美元,京东智慧产业园、顺丰智能供应链等一批优质项目签约落户。强化项目建设统筹指导、跟踪推进、协调会办,深南电路、展华电子、新江海动力电子等重大项目顺利开工,新开工亿元以上产业项目129个,23个省市级重大项目完成年度投资计划的126%。完成固定资产投资680.80亿元,增长10%,总量保持全市领先。

产业发展提质增效。电子信息、新材料、汽车零部件等板块集聚效应不断增强,新兴产业产值占比39%。实现工业应税销售超1000亿元,增长20%。新增规上企业125家。新增特级资质建筑企业2家、“鲁班奖”2项,南通四建、通州建总入围“中国企业500强”。服务业增加值占比提高1.5个百分点,社会消费品零售总额375亿元。川姜四年蝉联淘宝镇,东社获评省农村电商示范镇。成功举办开沙岛体育旅游“梦幻之春”系列活动,新增国家首批运动休闲特色小镇1家、省星级乡村旅游区2个。现代农业加快推进,新建高标准农田近5333.33公顷,培育家庭农场40家、“全托管”服务组织106家,创成省休闲观光农业示范村1家。

创新能力稳步提升。载体平台不断优化,军民融合产业促进中心正式运营,天津大学—密歇根大学(南通)联合研究院揭牌运作,“江海数字”入围省级众创社区,科技新城建成省级人工智能产业园。创新要素加速集聚,新引进高层次创新创业人才75名,入选省“双创计划”16名,创历史新高。科技与金融加快对接,新备案创投基金5家,“苏科贷”总额全市第一。创新主体不断壮大,8家企业列入市“5215”工业大企业培育计划,新增省级企业研发机构12家,实施产学研合作项目52个,新认定国家高新技术企业47家。高新技术产业产值占比54%,全社会研发投入占GDP比重2.6%。万人发明专利拥有量27.4件,获评国家知识产权强县工程示范区。致力品牌兴企,新获省质量管理优秀奖1个;紫罗兰、江海电容器入选省首批“双百品牌”企业,圣夫岛入选全国工业品牌培育示范企业;全国专业标准化工作组达到5个,总数全市领先。

重点改革有序实施。供给侧结构性改革取得新成效,淘汰印染、钢丝绳落后产能分别达2.3亿米和3.1万吨,商品房库存去化周期缩短至合理区间,降低企业成本12亿元,投入近60亿元努力补齐公共服务、基础设施等领域短板。实施“不见面审批(服务)”改革,全面实现“3550”省定目标。组建7支综合行政执法队伍,实现“一个领域一支队伍执法”。川姜镇入选省新一轮经济发达镇行政管理体制改革名单。深化投融资体制改革,整合组建三大国有集团公司,市场化转型迈出坚实步伐。严格政府性债务管理。完善上市扶持政策,金太阳、海星电子在会待审,瀚天智能新三板挂牌。全面推进土地“三权分置”改革,农村土地承包经营权确权登记颁证基本完成,农村集体产权交易品种不断拓展。同一乡镇范围内村庄建设用地布局调整试点加快推进,不动产登记实现“多点布局、全域通办”。

对接上海全面拓展。推动“项目、科创、载体、服务、人文”全方位对接,开展系列专题活动100余场,高洽会首次在上海成功举办,通州在沪影响力持续增强。签约亿元产业项目52个,新增产学研合作项目22个,4家驻沪招才引智工作站正式运营。园区共建加快推进,未来岛产业园一期开工建设,“谈家28”科技孵化器成功签约。沪通空港物流协作不断深化。建筑企业在沪施工产值增长20%,2家企业跻身进沪施工综合实力30强。建成上海蔬菜外延基地2个,供沪农产品市场份额不断扩大。

开发开放继续深化。载体能级提升,高新区综合排名升至国家级高新区第

48位,六大主力平台完成全区60%以上的固定资产投资,实现70%以上的实际利用外资和进出口总额。落实外贸稳增长政策,进出口总额35.06亿美元,一般贸易出口比重达74.1%。市场采购贸易方式试点稳步推进,跨境贸易电子商务口岸平台功能和通关便利化水平持续提升,"9610"模式出口业务量保持全省第一。华夏飞机部件航空维修再制造加工贸易业务全国率先试点。新增服务外包企业7家,甲骨文技术人才创新基地获批市首批服务外包公共服务平台。对外交往不断加强,与瑞士希能维尔德市结为友好城市。

空间格局不断优化。以大规划引领大发展,积极对接南通新一轮城市总体规划修编,深入开展城镇开发边界和城区建设用地布局研究。完成城区海绵城市专项规划编制,镇区总规、村庄规划实现全覆盖。轨道交通1号线一期工程正式开工,机场大道、长江北路高架、345国道东绕城北段等骨干道路加速建设,幸福路、江平路、城北大道建成通车,融入主城步伐不断加快。完成盐通铁路征迁准备,锡通高速、沪通铁路、宁启铁路二期、南通铁路东站等重点工程保障有力,兴东机场航站区改扩建顺利推进,城乡和交通格局持续升级。

城市品质日益提升。"三城同创"扎实推进,进鲜港花海项目加快建设,樱花园、海棠园、竖石河公园等特色游园建成开放,新增城市绿地63.7公顷,城市"绿肺"扩容提质。"一河两岸"示范段南岸工程全面完成,加快扮靓城市门户。城东新区人气商气加快集聚,万达广场落成运营,"南山湖壹号"成为城市新地标。银河新区配套功能逐步完善,区域发展活力显著增强。强化老城区综合整治,完成五一河、双霞竖河等水系治理,实施重点区域截污及积水点改造,推动背街后巷及老小区环境改善,新建改造新金东路等市政道路5条。城市家具有序更新。美食广场主体建成,新开公交线路4条,新增停车位376个,投放公共自行车400辆,提升改造星级公厕17座,为市民提供更多便利。扎实推进违建治理"5320"行动。垃圾分类收集处置试点工作全省示范。坚持以城带乡、城乡共建,顺利通过全国文明城市复查。

生态治理成效明显。坚决落实中央和省环保督察整改要求,扎实开展"两减六治三提升"专项行动,97项年度重点任务基本完成。强力推进通灵桥区域环境综合整治,11家涉污企业全部拆除。全面落实"河长制""断面长制",开展"三河三行业"综合整治,大力实施河岸共治,关闭畜禽养殖场226家。农村河道整治三年行动圆满收官,累计疏浚河道1158公里,建成"水美乡镇"3个、"水美村庄"22个。获评国家节水型社会达标县。认真落实长江流域(通州段)生态环境保护责任,非法码头、水上过驳、沿江船舶等专项整治成效明显。关停砖瓦窑29座,淘汰燃煤锅炉482台,强化秸秆禁烧和综合利用,空气优良天数比例达75.4%。高标准建成32公里高速一环绿色景观廊道,全年新增绿化766.67公顷。提档升级农路205公里。新建城镇污水管网25公里,全区城镇污水处理监控系统投入运营。在全市率先实施环境保护和生态文明建设规划,出台生态环境保护工作责任规定,执行差别化环境价格政策。开展环境执法"亮剑"行动,全年立案查处214起,严惩环境污染违法行为。

富民进程加快推进。认真办好10件32项民生实事,财政民生支出比重达78%。坚持促进就业和支持创业并举,发放创业担保贷款2140万元、稳岗补贴377.7万元,扶持自主创业2020人,新增城镇就业9195人,转移农村劳动力3589人。育才社区创成国家级充分就业社区,金羽农民创业园入选全国首批农村创业创新园区。统筹提升保障水平,被征地农民基本生活保障标准稳步提高,整合城乡居民医疗保险制度,实现全区城乡居民医保一体化。建成保障性住房3208套,实施农村危房改造386户,竣工交付安置房62.7万平方米。健全社会救助体系,城乡低保、特困供养、孤儿等救助对象保障标准进一步提高。建成规范化"残疾人之家"13个,获评省级残疾人工作先进区。村级经济持续发展,73%的村集体收入超50万元。精准实施脱贫致富奔小康工程,全面启动健康扶贫和"阳光扶贫"监管工作,年收入7000元以下的建档立卡低收入人口脱贫率达68%。城乡居民人均可支配收入分别达44336元、21794元,分别增长8.9%、9.4%。

公共服务均衡发展。大力推进教育现代化,新增省优质幼儿园4所,新(扩)建中小学校4所。学校招生办法不断完善。学校美育工作全国示范,入围国家级农村职业与成人教育示范区,创成省平安校园建设示范区。深化医药卫生体制改革,区中医院实现政府完全举办,区三院托管运行,先锋街道社区卫生服务中心实施紧密型医联体改革,重点人群家庭医生签约率超60%。区六院、七院新址启用,刘桥镇创成省卫生镇。南山颐养中心投入运营,完成15家社区居家养老服务中心标准化建设,养老服务体系不断完善。新建村级示范文体广场40个,儿童音乐剧《田梦儿》获省"五个一"工程奖,通剧《瓦匠女人》等原创作品入选省级展演。成功举办区第三届运动会,群众体育工作获全国表彰。

社会大局和谐稳定。夯实社会治理根基,95%的农村社区、98%的城市社区达省级和谐社区标准,创成省现代民政示范区。强化社会治安防控,加大公共安全监管,连续14年荣获省平安县(市)区称号。食品药品监管体系不断优化,获评省首批食品安全示范区。大力开展学法普法活动。扎实推进社会矛盾和安全隐患大排查大整治行动,安全生产形势稳中趋好,圆满完成党的十九大等重要时段安全稳定工作。结对帮扶陕西镇巴县,认真落实扶贫协作各项任务。(马　丹)

重要会议

【区政府全体(扩大)会议】 2017年,通州区人民政府召开全体(扩大)会议1次。3月21日,区政府全体(扩大)会议举行。区委副书记、区长陈永红强调,政府系统各部门、各单位要统一思想、振奋精神,进一步明确目标要求、路径方法、责任纪律,加快推动新一届政府拓展新思路、实现新作为、树立新形象。他要求,新一届政府既要继往开来、承上启下,保持政府工作的延续性,更要逢山开路、遇水搭桥,努力在新起点上再出发,开创政府工作新局面。一要把"创特色、争进位、勇担当"作为贯穿政府工作始终的主题主线,二要把提升"领导、管理、组织"水平作为推动政府工作高效落实的保障，三要把正确的“是非观、工作观、家庭观”作为各级干部为官从政的基线。

【区政府常务会议】 2017年，区政府共召开常务会议17次，发会议纪要17期。1月6日，召开第67次政府常务会议，同意2017中国通州开沙岛国际体育旅游节方案、2017年一事一议财政奖补项目计划及资金安排，专题研究南通市通州区自然灾害救助应急预案、南通市通州区“十三五”环境保护规划、通州区财政局关于惠通公司申请支付企业债奖励性承销报酬的请示。1月22日，召开第1次政府常务会议，同意南通市通州区“两减六治三提升”专项行动实施方案、高速一环（通州段）绿色通道提升工程实施方案、南通市通州区城乡医疗救助办法。2月24日，召开第2次政府常务会议，研究部署当前各项重点工作，同意2017年度招商引资工作考核办法、2017年度项目建设考核办法、2017年全区主要经济指标任务分解方案、关于全区砖瓦企业专项整治相关补偿政策。3月6日，召开第3次政府常务会议，同意通州区重点建设项目模拟审批服务试行办法、2017年全区征迁计划、关于进一步加强镇（区、园、街道）政府性债务管理的意见、2017年覆盖拉网式农村环境综合整治项目方案、关于深入推进农业供给侧结构性改革促进农民持续稳定增收的意见、南通市通州区区级国有公司融资管理暂行办法、关于大唐南通热电冷三联供示范项目加快推进的建议方案，专题研究关于规范种植养殖项目搬迁补偿工作的通知、通州区“两减六治三提升”专项行动重点工程及“三提升”政策。3月31日，召开第4次政府常务会议，听取当前全区安全生产工作情况汇报、一季度全区信访维稳工作情况汇报，同意通州区贯彻落实南通市委市政府《关于全面深化公安改革的实施意见》六条意见、南通市通州区乡村教师支持计划实施方案（2016—2020年）、通州区2017年造林绿化工作实施方案、关于确定南通市通州区惠通投资有限责任公司2017年投资计划的请示、南通一诺城镇建设开发有限公司实体化运行改革方案，专题研究2017年度镇（区、园、街道）协调推进“四个全面”战略布局综合考核办法、2017年度区级机关部门综合绩效考核实施意见。4月21日，召开第5次政府常务会议，同意2017年市场采购贸易方式试点扶持政策、2017年跨境电子商务扶持政策、关于提前归还中信信诚资产管理有限公司借款的请示、关于南山湖小学增加投资概算的请示、南通市通州区2017年巡游出租汽车投放工作实施方案、关于加大企业上市政策扶持力度的建议、关于《区政府关于促进服务业提升发展若干政策意见（试行）》的补充意见、关于《南通招商江海产业发展股权投资基金》通州区出资建议方案、通州区新一轮农村公路提档升级工程（2016—2020年）实施意见、通州区创建江苏省“四好农村路”示范区实施方案、2017年度耕地占补平衡和建设用地复垦整理项目实施方案、区有关部门和单位安全生产工作职责规定。4月22日，召开第6次政府常务会议，同意关于调整政府集中采购目录、政府购买公共服务指导目录及相关限额标准的方案、关于金东新城初中、小学和幼儿园建设有关问题的请示、通州区人民政府与同程控股股份有限公司投资合作协议事项、2017年金融工作考核奖励办法。5月13日，召开第7次政府常务会议，同意南通市通州区人民政府工作规则、南通市通州区人民政府常务会议议事决策规则、南通市通州区政府关于贯彻落实“三重一大”事项决策议事规则的实施细则（试行）、南通市第一人民医院托管先锋街道社区卫生服务中心协议事项、通州城区机动车停放服务管理实施方案、通州区2017年秸秆综合利用和禁烧禁抛工作考核办法。6月5日，召开第8次政府常务会议，同意关于在全区开展信访积案化解项目化管理和“百日攻坚”活动的实施意见、关于继续开展创建“无访”村（居）、“无访”镇（区、园、街道）活动的实施方案、2017年政府专项资金收支预算建议方案、滨江新区关于回收华能南通电厂开沙岛粉煤灰堆场相关事项的建议、南通市通州区农村建设用地调查工作实施方案，专题研究关于加入南通市小微企业“助保金池”的请示、关于质押益众燃气有限公司股权的请示、关于终止《城东新区绿色建筑住宅示范项目招商合同》的请示、关于联合摄制大型电视系列片《张謇》相关事宜。7月21日，召开第9次政府常务会议，同意区级机关各部门“不见面审批（服务）”事项清单、关于要求发放在职教职工误餐费的请示、委托区人民医院管理区第三人民医院、关于进一步深化区级国有企业改革的实施意见、关于调整2017年覆盖拉网式农村环境综合整治工程概算的方案、关于化解镇级债务的建议意见、通州区项目农业废弃物减量实施方案、关于“慧眼守土”项目建设的实施方案，专题研究关于华德“天和珺府”项目补偿方案的请示、关于加强区第三人民医院管理的建议方案。8月8日，召开第10次政府常务会议，同意通州区区本级政府投资项目管理暂行办法、通州区区本级财政支出审批管理办法，专题研究关于以公开招标方式确定工程审计协审中介机构并增加工程审计经费的请示、区级部门行政权力清单。8月26日，召开第11次政府常务会议，听取当前全区安全生产工作情况汇报、全区信访维稳情况汇报、中央、省环保督察反馈问题整改情况汇报，原则同意通州区生态文明建设规划、南通市通州区违法建设治理工作方案、通州区“三河三行业”整治总体方案。9月23日，召开第12次政府常务会议，同意区政府领导班子成员分工方案、通州区2017年农村危房改造工作实施方案、通州区民办养老机构重点火灾隐患户专项整治实施方案、通州区政府性债务风险应急处置预案、通州区农村承包土地的经营权抵押贷款风险基金管理暂行办法、通州区预决算信息公开管理暂行办法、通州区法治政府建设实施方案、关于调整全区被征地农民基本生活保障标准的意见。10月19日，召开第13次政府常务会议，原则同意通州区化解地方债务与风险管控办法、通州区土壤污染防治工作方案、通州区空气质量达标攻坚行动强化工作方案、通州区水环境质量达标攻坚专项行动工作方案、关于开展政府专职消防队星级评定的请示、关于深化统计管理体制改革提高统计数据真实性的实施方案、通州区2017年下半年区级政府投资项目，专题研究关于请求延长城建市政给水工程代建期限的请示。10月31日,召开第14次政府常务会议,原则同意通州区地方债务化解方案、通州区高标准农田建设追加资金项目管理实施办法、关于鼎通公司入股江苏南通农村商业银行股份有限公司的请示、通州区基本医疗保险实施细则。11月27日,召开第15次政府常务会议,原则同意镇(区、园、街道)政府(管委会、办事处)安全生产工作考核办法、通州区2016年度秋冬退役士兵安置实施方案、关于调整2017年财政收支预算的报告(草案)、通州区深化区管企业负责人薪酬制度改革实施意见、关于组建国投集团、城建集团、交运集团有限公司的请示、2017年通州区规范性文件清理、通州区相关领域相对集中行政处罚权实施办法、通州区贯彻落实国家机关“谁执法谁普法”普法责任制的实施意见,专题研究关于以PPP模式实施江海大道东延(通州段)等政府投资项目的请示。12月21日,召开第16次政府常务会议,听取当前全区安全生产工作情况汇报、全区信访维稳情况汇报,原则同意2018年通州区民生实事项目、2018年通州区绿化造林实施方案、高速一环(通州段)绿色通道增补工程实施方案、关于提高城乡居民社会养老保险部分待遇标准的建议方案、通州区土地储备资金管理办法。

【区长办公会议】 2017年,区政府共召开区长办公会议13次,发会议纪要13期。1月22日,召开第1次区长办公会议,专题研究关于南通群莱纺织有限公司销售奖励相关事宜、区交运局关于支付政府投资项目工程款的请示、关于规划管理体制调整后涉及相关事项的请示,同意住建局关于支付部分城建工程款以及兴东街道关于支付兴东卫生院病房工程款的请示、关于英雄公司等单位要求支付工程款的会商意见、关于富都豪园延期缴纳规费、维修基金的请示。1月25日,召开第2次区长办公会议,同意关于支付政府投资交通项目工程款有关事宜的会商意见、关于中瑾翰铂府南区施工企业农民工工资支付相关问题的会商意见,交流区政府春节前后重点工作安排。3月6日,召开第3次区长办公会议,书面交流区政府近期重点工作安排,专题研究通州区2017年招生办法、关于下达通州区2017年城镇园林绿化建设任务的通知,同意南通市通州区教育系统中小学校(单位)优秀人才专项奖励考核发放暂行办法、关于与南通广播电视台开展宣传合作经费安排、关于2016年工业大企业应税销售增长奖励的建议、通州区2017年村庄小游园建设实施方案。3月31日,召开第4次区长办公会议,书面交流区政府4月份重点工作安排,同意南通市通州区“两减六治三提升”专项行动化工企业“四个一批”整治实施方案、关于工业企业基础设施配套费补助镇区园的请示、关于调整《南通市通州区绿色建筑与建筑节能专项引导资金管理办法(试行)》的请示。5月13日,召开第5次区长办公会议,同意南通市通州区港口安全生产事故专项应急救援预案、关于进一步提升全区物业管理工作的实施意见、通州区全面推行“河长制”实施方案、关于加快推进粮食生产全程机械化的意见、通州区部分公交运营线路优化方案。6月5日,召开第6次区长办公会议,同意通州区交通干线沿线环境综合整治工作方案。7月21日,召开第7次区长办公会议,同意关于落实国土资源综合执法监管共同责任机制实施意见、关于法院裁定准予执行违法用地案件交办属地镇(区、园、街道)组织实施的意见、通州区高标准农田建设追加资金实施办法、通州区2017年高标准农田建设工作方案、关于明确江海大道东延快速化工程(通州段)设计单位相关事宜的请示。8月8日,召开第8次区长办公会议,同意通州区美食广场运营管理实施方案。8月26日,召开第9次区长办公会议,原则同意关于调整五十年代退职及相关人员生活补助标准的建议方案、关于进一步完善区级机关事业单位临时用工管理的意见。9月23日,召开第10次区长办公会议,专题研究关于高速一环绿色通道提升工程重大变更工程量的请示、通州区民生方面与南通主城区接轨方案。10月31日,召开第11次区长办公会议,同意通州区原乡镇“民代幼”代课人员生活困难补助处置工作答复口径。11月27日,召开第12次区长办公会议,原则同意中国乒乓球通州训练基地绩效考核实施方案、通州区入河排污口专项整治方案、关于城区道路等绿化养护招标的请示、关于提升区建设工程施工图审查中心审图资格的建议方案。12月21日,召开第13次区长办公会议,听取通州区深入推进砖瓦行业环保专项行动情况汇报。

(顾　鹏　马　丹　陈　洁)

重大活动

【为民办实事工程】 2017年,在广泛征求社会各界建议意见的基础上,确定十方面政府为民办实事工程。一是教育发展方面。完成金东新城初中、小学和幼儿园规划设计方案。新坝小学扩建工程拆迁进入扫尾阶段,进入征地报批手续办理阶段。东社学校扩建工程规划设计方案完成。华山幼儿园进场施工;五一路幼儿园进行前期手续办理;碧桂园幼儿园完成规划设计;洞庭湖路幼儿园完成地块出让准备工作;刘桥镇镇南幼儿园办理征地报批手续。川港中学、金沙中学消险改造工程进行审核概算;杨港中学教学楼新建工程开始施工;姜灶小学食堂进入图审阶段。部分学校计算机、电子白板、体育器材、实验设备更新完成;26所中学安防系统设计方案完成;教育云平台进行调试准备开通。通州中专二期工程学生宿舍、食堂、综合教学楼等6栋建筑主体封顶,信息楼开工建设。金沙小学等9所学校运动场地改建进行基础施工,15所学校运动场地全部向社会开放。为全区11.3万名中小学生及幼儿免费办理意外伤害补充保险。二是医疗卫生方面。新区级公立医院完善建设方案。十总镇骑岸卫生院建筑主体完工,进行内外装饰和配套建设。为2.5万名农村妇女免费进行“两癌”筛查;为4500对新婚对象进行婚前医学检查;为6500名新生儿疾病筛查(听力、苯丙酮尿症、甲低症);为符合政策的计划怀孕夫妇免费提供孕前检查及优生指导,目标人群约3300对。三是生态治理方面。疏浚整治农村河道250公里,土方185万立方米,拆除坝头坝埂990处,整坡299公里,新建桥梁120

座,新建涵洞450座。完成4个村庄生活污水收集处理工程,在建9个工程。十四总港——纵一河综合整治工程完成;八角亭河水体整治工程即将进入调试运营阶段;南山湖水域水生态治理进入招标程序。益民污水处理厂二分厂提标扩容及扩建工程纳入全区污水治理PPP项目,完成入库前准备工作。四是交通出行方面。新(改)建镇村主干道100公里,改造农桥4000平方米;提升和完善县道安全生命防护工程,实施兴仁、平潮、川姜、张芝山和先锋镇村道路安全生命防护工程650公里。更新60路公交车12辆,推广"掌上公交",优化城区公交线网建设;金东新城公交回车场工程即将进入招标程序。实施公共自行车服务系统三期工程,投放公共自行车400辆、设置站点30个、锁桩600个。五是人居环境方面。10个老小区改造完成,1个处于施工阶段;城区40个老小区新建监控设施完成概算审核,即将进场施工。通州美食广场建筑主体完工,实施完善配套工程。铺设天然气管道100公里,逐步将管道延伸至镇(区)。建设育才停车场,占地面积约12000平方米。九总河景观绿化工程完成;竖石河东侧景观工程北段进入招标程序。六是社会保障方面。南山颐养中心投入运营。按照省"七有"规范化建设标准,建设10家残疾人综合服务机构;为3000名重点优抚对象实施免费体检,为敬老院配置69辆轮椅和100台空调。提高城乡居民医保筹资标准,人均标准分别提高到1000元(学生未成年人650元)和850元,参合率达99%以上。七是创业扶贫方面。新增扶持创业人数1200人,扶持农村劳动力自主创业450人,创业培训人数550人。为全区建档立卡低收入农户缴纳居民基本医疗保险和大病保险个人筹资部分、免除一事一议筹资筹劳、免除子女普通高中的学杂费。八是文化体育方面。实施"十百千万"文化惠民工程。建成40个村级文体广场,组织100场文艺演出,完善141个基层综合文化服务中心,举办1000场文体活动,培训10000名基层文艺爱好者。新建兴仁、石港2个农村体育公园,提升先锋农村体育公园功能,新建4个村级多功能运动场。九是公共安全方面。区应急救援中心建筑主体即将封顶,项目占地25亩,建筑面积12000平方米,主要包括消防特勤站、"119"调度指挥中心、应急物资储备库、消防教育馆和应急救援模拟训练基地。实施智慧市场闪付工程,在集贸市场推广银行卡快捷支付,建成1家智慧市场。实施食品药品安全信息化惠民二期工程,推进"一网四体系"建设,即市场监管信息网、远程监控体系、检验检测体系、预警应急体系和计量惠民体系。十是法治惠民方面。实施"法律服务惠民"工程,区级法治游园即将施工,3个镇级、15个村(社区)级法治游园项目完成;规范区、镇、村三级人民调解组织建设,解决矛盾纠纷,构建和谐社会。

(马　丹)

【川姜镇列入省新一轮经济发达镇行政体制改革】 2017年,川姜镇被列为江苏省第二批经济发达镇行政管理体制改革试点镇之一。按照上级要求,积极谋划推进改革工作。

【23个项目列入省市级重大计划】 2017年,全区上下凝心聚力,攻坚克难,项目建设氛围浓厚,重大项目加快推进。全区共有23个项目列入省市级重大项目计划,计划总投资278.8亿元。其中:新开工项目9个,新竣工项目13个,前期项目1个。全年完成年度投资计划的126%。

【简政放权创业创新环评综合排名全省第二、南通第一】 2017年,通州区围绕"两聚一高"新目标,不断深化行政审批制度改革,推动简政放权、放管结合、优化服务,聚焦"3550",积极推行"网上办、集中批、联合审、区域评、代办制、不见面"的审批模式,进一步优化营商环境,着力打造时间短、环节简、材料少、流程优的开办企业、不动产交易登记、施工许可办理流程和运作机制。在全省简政放权创业创新环境评价中综合排名全省第二、全市第一。

【国有公司实体化改革】 2017年,通州区进一步深化国有企业改革,通过优化整合资源,打破条块管理体制,将52家国有企业按功能属性重组为三大集团公司(南通鑫汇控股集团有限公司、南通圆宏控股集团有限公司、南通融通控股集团有限公司),实行各业务板块错位发展,推动企业尽快实现市场化转型。

(严恩海)

【获评首批省级食品安全示范区】 7月5日,江苏省食品安全示范城市创建和农产品质量安全县创建工作现场会在淮安召开。通州区确立以"人员专业化、力量网格化、监管信息化、检测体系化、执法规范化、共治社会化"为核心的基层市场监管机制,狠抓食品安全监管工作,创建期间组织开展百余次专项整治,有力震慑了违法犯罪行为,因市场环境净化方面成效突出顺利通过综合评定,获评江苏省首批、南通唯一的省级食品安全示范区。

(胡益军)

【第十三届高层次人才创新创业洽谈会】 5月26日,通州区在上海举办"第十三届高层次人才创新创业洽谈会启动仪式",邀请中国科学院上海分院、复旦大学、上海交通大学等高校、科研院所的相关领导、专家学者,上海高科技园区企业、科技人才服务机构和金融机构负责人、投资意向客商以及通州籍在沪知名人士等近300名嘉宾出席活动,全方位承接上海科技人才资源。

【认定高新技术企业47家】 2017年,全区认定高新技术企业47家,年末高新技术企业保有量165家,在九县(市、区)中位居第一。新增高新技术产品132个。

(瞿　娟)

【2017南通通州体育旅游"梦幻之春"系列活动】 4月8—23日,通州区人民政府与阿里体育(上海)公司共同在通州开沙岛举办南通通州2017体育旅游梦幻之春系列活动,近万人直接参与的体育旅游梦幻之春开幕式、Wo.Run开沙岛跨江10千米、开沙岛深度体验周、中国商业精英乒乓球赛、开沙岛露营大会等一系列活动成为近年来通州区范围内覆盖范围最广、宣传力度最大、参与人群最多的综合性体育赛事,通州开沙岛的独特风土人情得到极大展现。活动得到上合

组织的高度关注与大力支持，上合组织秘书长拉·阿利莫夫一行专程到开沙岛参观考察，对通州体育旅游事业的高速发展给予充分肯定和高度评价。

【公立医院改革】 为加快推进公立医院改革，经卫生部门酝酿推动，12月，区中医院职工股东积极响应中医院董事会关于股权流转的决议，按照法定程序自愿签订股权流转申请，31日实施到位。区中医院实现政府完全举办。

【创成省级妇幼健康优质服务示范区】 2017年，通州区创成“江苏省妇幼健康优质服务示范区”，被南通市政府表彰为妇女儿童工作先进集体，流动人口管理服务率97.9%，样本点以零失误的成绩排名全国第一。

【通州美育工作成为全国先进典型】 6月30日，教育部在京召开第二批学校美育改革发展备忘录签署暨全国学校美育工作推进会。作为第二批全国农村学校艺术教育实验县先进典型，时任通州区委副书记、区长陈永红受邀作大会交流发言。近年来，通州区以入选全国农村学校艺术教育实验县为契机，认真贯彻落实国办《意见》，狠抓投入保障，健全工作机制，培育地方特色，初步形成“校校有特色、班班有社团、人人有项目”的美育发展格局，艺术教育成果曾获国务院刘延东副总理点赞。

【通州区入围第四批国家农村职业教育和成人教育示范县】 7月上旬，教育部办公厅公布第四批国家级农村职业教育和成人教育示范县创建入围名单，全国共有43个县(市、区)入围，通州区位列其中，成为江苏省本次入围的三县(市、区)之一。

【通州区获评省平安校园建设示范区】 7月12日，省教育厅、省公安厅、省综治办在南京召开全省教育系统平安建设暨维护稳定工作会议，会议对通州区等14个“江苏省平安校园建设示范县(市、区)”进行表彰。

【英国斯旺西市政府代表团访问通州】 11月23日，英国斯旺西市市长菲利普·唐宁率团访问通州，考察对接两地经贸、教育等合作项目，并就中英教育交流合作项目进行签约。 (张雪兵)

【实施城市品质提升工程】 2017年，通州区大力实施“路网畅通”“停车保障”等城建惠民工程，新改建新金东路、延寿路西延、金富路北延等5条道路。新建育才、霞中公园、交通新村停车场，新增停车位376个。

【交通惠民提升工程】 2017年，通州区积极创建“四好农路”示范区，完成农路提档升级200公里；公交智能化、信息化建设加快，“掌上公交”正式启用；新开通公交126路、208路、233路、128路，打通通州城区与南通行政中心及火车站的公交瓶颈；更新60路公交车12辆，新增新能源公交车18辆。

【数字城管系统扩容升级】 11月23日，数字城管扩容升级改造工程通过验收并稳定运行。2017年共立案53564件，结案率99.9%，在南通市文明城市长效管理系统考核中取得10次第一、2次第三的好成绩。

【通州“铁军”再创辉煌】 2017年，通州区3家建筑企业入围“中国民营企业500强”，5家建筑企业进入“2016年度中国建筑业竞争力双200强企业榜单”。南通四建入列“中国企业500强”第315位，通州建总首次跻身“中国企业500强”。新增特级资质企业2家、一级企业6家、二级企业7家，高资质企业数领跑全省。大力实施精品工程战略，突出品牌创建，荣获鲁班奖2项、国优奖3项。

【南通现代建设产业基地启动】 南通四建、通州建总等4家企业投资建设的南通现代建设产业基地落户石港镇，投资总额近10亿元，共分3期建设，一期已开工建设，达产后，年可生产10万立方米混凝土构件。 (周小清)

【高速一环(通州段)绿色通道提升工程】 2017年，通州区通过科学组织，攻坚克难，高质量完成南通市高速一环绿化通道提升工程，实际完成绿化面积214.2公顷，栽植苗木12万株，同步实施环境整治工程，累计拆除建构筑物616处、面积3.77万平方米，拆除建筑堆场、垃圾房21个，立面出新2796幢、面积33.32万平方米，迁坟2818个，沿线环境整治效果明显。

【农业接轨上海】 全面推进农业接轨上海，积极搭建农产品供给上海平台，加强农产品对沪营销，促成区内38家农业企业、家庭农场与上海餐饮企业、农贸批发市场达成稳定供销关系，建成上海蔬菜外延基地2个，供沪农产品市场份额不断扩大。

【休闲农业激发农业增收潜力】 积极推动农旅结合，初步形成先锋“梦幻生态小镇”、进鲜港“湿地鲜花小镇”、开沙岛“运动休闲小镇”、石港“渔湾水乡小镇”四大休闲农业与乡村旅游板块。新增国家首批运动休闲特色小镇1家、省星级乡村旅游区2个，创成省休闲观光农业示范村1家，有效扩大通州乡村休闲旅游的知名度和美誉度。

【“互联网+现代农业”模式成效初现】 2017年，通州区引进落户以特色农产品为主打，集电商平台、仓储、物流于一体的本乡本土农业发展有限公司，注册资金达2亿元。引导家庭农场、合作社组团发展电商，整合特色产品，引进专业电商运营企业负责营销推广、客服外包，有效解决中小经营者产品单一、营销能力不足等问题。全年新增农产品电商示范企业5家，总数达到87家，线上销售额破亿元，东社获评省农村电商示范镇。

(孔潇波)

政府法制工作

【规范性文件审查】 2017年，区政府法制办公室组织起草及审核规范性文件2件，经区政府颁布实施。

1.《南通市通州区居民基本医疗保险实施细则》

2.《南通市通州区城乡医疗救助实施办法》

【行政复议】 区政府法制办加强行政复议工作,坚持案件集体会商制,健全行政复议机关与审判机关定期交流机制。区政府法制办积极履行行政复议职责,推动行政复议工作规范化建设,努力发挥行政复议在化解行政争议中的主渠道作用。坚持依法受理、高效审理,规范办案程序、完善工作制度、创新工作方法,不断提高行政复议的办案质量和工作效率。2017年,区政府收到行政复议案件80件,受理56件,维持36件,驳回9件,终止7件,撤销2件、确认违法2件。

【规范性文件清理】 2017年,区政府将涉及"放管服"改革、生态文明与环境保护的规范性文件专项清理工作与规范性、政策性文件定期清理工作合并进行,对区政府制定的的规范性文件进行清理,总计清理文件239件,将继续有效的文件91件、需修改的文件44件、失效的文件20件和废止的文件84件予以公布,确保法制统一和政令畅通。 (邱 晶)

外事工作

【概 况】 2017年,通州区外事侨务办公室按照地方外事"为中央整体外交服务,为地方经济建设服务"的根本宗旨,充分发挥自身职能作用,积极开拓外事工作新领域,努力为通州经济和社会建设服务。

【出国(境)管理】 2017年,区外侨办继续认真贯彻落实中办〔2008〕9号文件及省市有关文件精神,严格执行年度出访计划,严格控制因公出国(境)团组数量和规模,落实事前公示、事后公开和出访报告报送制度。同时,对2016年之前的党政干部因公出国团组(2015年9批27人次、2016年9批20人次)进行自查。全年共审批出国(境)团组19批48人次,其中党政干部出访5批14人次。

【对外交流】 2017年,区外侨办积极为区领导和机关、企业因公出国(境)工作提供优质服务。主要出访有:通州区委书记陈永红率领的赴德国、芬兰、瑞士经贸团;南通高新区主任周跃华率领的赴英国、德国、奥地利经贸团,通过组团出访,增强对外友好交流,促进通州对外开放,推进招商引资、项目落户工作,提高通州及企业在国际上的知名度和影响力。

【友好交往】 2017年,区外侨办加强对外联络,拓宽交流渠道,积极开展各种形式的对外友好交往。2月,瑞士驻沪总领事霍力轩,希能维尔德市市长霍德尔对通州进行友好访问;11月,瑞中友协法语区主席白鹄到通州参观考察。年底,全国友协批复同意通州区与瑞士希能维尔德市缔结国际友好城市关系。7月,英国斯旺西市代表团到通州考察访问,与通州有关园区和部门深入交流与对接。11月,斯旺西市在参加南通友城大会期间再次到访通州,并与通州区共同举办"英国斯旺西—中国南通通州友城经贸教育项目交流洽谈会"。

【外事服务】 为助推通州区传统产业转型升级,使通州区企业能"走得出,走得顺,请得进",区外侨办对企业因公出国(境)及邀请客商来华敞开渠道,在简化手续、优化服务、加强管理等方面采取一系列措施。2017年,共办理审批企业人员出访48人次,审批企业邀请客商入境192人次,为通州区外向型经济的健康发展提供有力保证。同时区外侨办积极做好APEC商务卡申办工作,为企业申请APEC商务旅行卡28张,已颁8张,总计办理217张。

【涉外管理】 针对涉外事件政治性、政策性强的特点,坚持"统一领导、归口管理、分级负责、协调配合"的原则,按照南通市和通州区应急管理的最新要求,重新编制《通州区涉外突发事件应急预案》,进一步建立健全涉外突发事件应急机制,更好地做好涉外事件的预警和防范,科学指导协调有关部门及时妥善处理各类涉外突发事件。 (徐 娟)

侨务工作

【概 况】 2017年,通州区外侨办充分发挥侨务工作在经济建设和社会发展中的独特优势,紧扣区委、区政府的中心工作,认真做好护侨暖侨、以侨引侨工作。

【侨务引智】 服务全区"双招双引"工作,充分整合外侨资源优势,借助南通江海博览会、"海外高层次人才南通行"等主题活动,为通州区招商引资、招才引智巧搭平台。5月,推荐招商局、高新区等单位和重点园区与参加2017"海外知名侨商南通行"的30多位海外知名侨商、侨领深入对接洽谈,并建立长期交流合作机制。在区外侨办的牵线搭桥下,德国华人企业家回国服务双创考察团到通州考察访问,并与南通高新区、科技新城进行项目对接洽谈。

【社区侨务】 积极开展园区侨情专题调研,针对海外华侨华人中越来越多的知识精英和留学归国高端人才回到园区寻求新的事业发展的情况,区外侨办深入园区专门进行调研,掌握在各个园区归国留学人员的基本情况,了解他们对出国境和政策支持方面的需求,同时区外侨办加大园区侨务工作力度,创新为侨服务和为留学归国人员服务的方法举措,不断提升服务的能力水平。

【维护侨益】 当好侨胞"娘家人",切实维护侨胞合法权益。坚持以法护侨,主动耐心接待,提高为侨服务质量,做侨的知情人、贴心人和代言人。2017年,共接受华人、华侨及归侨、侨眷来信来访8批次。调处有关建房、生活困难、子女就学、迁坟祭祖等诸多事项,办理"三侨"子女享受中、高考优惠政策6人。先后接待华人、华侨3批11人次,接待海外社团2批6人次,积极宣传党的侨务方针政策,宣传侨法,宣传通州,促进侨胞反哺家乡。 (徐 娟)

民族宗教工作

【概 况】 2017年,通州区民族宗教事务局坚持用中国特色社会主义民族宗教理论统领,紧扣全区中心、开拓创新、锐意进取,营造民族团结、宗教和谐的社会氛围,为建设"强富美高"新通州贡献力

江心寺江风禅韵音乐会

量。是年,通州区有回、苗、侗、维吾尔族等34个少数民族族别,总人数3708人,其中侗族1098人。全区佛教、道教、基督教、天主教、伊斯兰教五大宗教齐全,31处宗教活动场所,74名教职人员,信教群众约10万人。

【民族服务】 2017年,全区实现243个村(居)少数民族之家全覆盖,区民宗局推进少数民族人员学习制度、联系走访制度、工作台账制度、双向服务制度全面开展,把常住和流动少数民族人员全部纳入管理和服务渠道。积极筹措慰问金3万元,慰问少数民族困难家庭90余户,慰问宗教界代表人士6人。在高考、中考前夕,按照国家民族政策,在审核把关的基础上做好服务工作,为部分符合条件的考生更改民族成分,为30多名享受中高考照顾政策的考生签署审核意见。积极鼓励帮助少数民族创业致富,吸纳周边少数民族人员积极就业。

【宗教活动】 2017年,区民宗局协调、指导举办开沙岛体育文化旅游节之江心寺江风禅韵音乐会、石港江海禅寺开工奠基典礼、兴仁镇普昭寺月贤大和尚升座典礼、二甲镇香光寺觉正长老圆寂一周年纪念活动、先锋街道灵锋寺建设桩基开工洒净法会等大型宗教活动,进一步彰显区宗教文化底蕴和宗教界人士的道风。7月16日,慈云寺举办慈云书院首届书画展,展出通州本地四位书画艺术家奉献的几十幅书画作品并进行义卖活动,帮助社会大众进一步了解宗教文化,促进宗教与传统文化艺术的交流。

【服务大局】 2017年,区民宗局充分发挥民族宗教界联系广泛的优势,动员宗教界人士挖掘自身资源,加大招商引资力度,挖掘招商信息资源,提供有效信息,主推宗教文化旅游项目建设。2月18日,南通富源集团与先锋街道洽谈投资0.8亿元建设先锋禅文化园,项目主体工程先锋禅寺动工建设。2月25日,无锡置业有限公司与二甲镇政府、香光莲寺进行洽谈对接,投资1.2亿元建设香光公园,项目中的觉正纪念馆于5月开工建设,12月全部完工,正觉塔于12月31日奠基,五百罗汉堂进入图审阶段。

【宗教慈善】 2017年,区民宗局全面拉开民族宗教结对精准扶贫项目,针对通州区少数民族家庭中还有相当一部分困难家庭,鼓励宗教界人士及宗教活动场所发扬乐施好善的宗教慈善精神,在民宗领域开展宗教场所、宗教界人士与少数民族贫困家庭结对帮扶,帮扶120余户(人)50多万元。开学前夕,南山寺、慈云寺、香光莲寺、普缘寺、江心寺等多个场所负责人主动慰问在校贫困学生,送上学习用品、带去美好祝福,鼓励贫困学生勤奋学习,长大后报效国家。8月1—3日,通州区江心寺举办以"孝道伴孩子成长"为主题的家风家训夏令营活动,64名学生先后参加《弟子规》、舞蹈、歌曲学习和社会实践,从小培养孩子们孝道、诚信、

慈云寺举办九九重阳孝道文化

感恩等优良品质，宏扬和传承中华优秀传统美德。

【民族宗教场所安全工作】 2017年，区民宗局始终把抓安全、保稳定作为促进中心工作的保底工程，切实组织实施各宗教活动场所安全隐患摸排、少数民族流动人口调查、少数民族企业扶持，与各场所签订《落实安全生产主体责任承诺书》，结合重大节日、大型活动、季节转换等时机组成由消防、公安、民宗等部门的综合检查组，现场检查指导，达到“早排查、早整改”的目标。区民宗局分别于3月、12月联合消防部门开展两轮消防安全知识培训，进一步增强宗教教职人员消防意识和提高消防技能。全年共组织4轮消防安全检查和7次随机抽查，排查宗教活动场所安全隐患20多处。

（曹海军）

信访工作

【概　况】 2017年，通州区信访工作紧紧围绕全区工作大局，强化目标导向和问题导向，加强源头预防化解，及时就地解决问题，不断深化信访工作制度改革和信访法治化建设，全区信访形势呈现结构优化、秩序平稳的良好态势，有效维护群众合法权益，为建设“强富美高”新通州营造和谐稳定的社会环境。敏感时期信访维稳态势良好。党的“十九大”召开期间，全区信访维稳工作实现既定目标，被南通市表彰为“十九大”信访维稳先进单位。全国“两会”“一带一路”高峰论坛、江苏发展大会以及江海国际博览会等敏感节点，未发生有影响的集访、极端访事件。南通市信访工作绩效考核中被评为先进单位。

【信访总量】 2017年，全区共受理信访总量1987件（次），比上年（下同）上升10.3%。其中受理人民来信862件，上升38.8%；接待群众来访1125批3342人次，批次下降4.7%。全年共发生越级上访169批1253人次，其中进京上访登记58批90人次，赴省上访65批225人次，到市集访46批938人次。区领导共接待信访群众215批896人次，化解信访问题137件；共受理信访事项复查申请121件，其中立案受理形成复查意见8件，复查维持率达100%。

【“群众满意接访窗口”创建】 年初制定《关于开展创建“群众满意接访窗口”活动的实施意见》，成立创建活动领导小组，按时序要求分期分段重点推进。局党组每月听取一次专题汇报，综合分析，查漏补缺。健全考核考评机制，实行每日点评、每周小结、每月考绩、年终总结的工作考评机制，创建活动取得良好效果。2017年，区人民来访接待中心被南通市信访局表彰为“群众满意接访窗口”。

【无访镇、村创建】 继续以开展创建“无访村（居）”“无访镇（区、园、街道）”活动为抓手，前移信访维稳工作，把矛盾化解在基层，把人员吸附在当地，同时健全经费保障和激励约束机制，充分调动基层干部的工作积极性，着力夯实群防群治、全民参与的信访矛盾纠纷化解工作基础，实现信访矛盾纠纷化解在早、化解在小、化解在基层、化解在萌芽状态的总体目标。2017年，全区15个镇（街道）中达标5个，占33.3%；243个村（居）中达标176个，占72.4%。

（季　亮）

接待工作

【概　况】 2017年，区接待办圆满完成国务院江苏省专项调研组、财政部江苏省专员办、国家统计局、省委专项督查组等国家和省级机关到通州考察检查的接待任务。接待北京市通州区、河北省景县、浙江省嘉兴市、青海省海南州以及扬州市、徐州市、江阴市、盐城市亭湖区等党政代表团的参观考察活动。成功保障异地企业家新春团拜会、南通对接服务上海大会、通商故里行、通州区高层次人才创新创业洽谈会等大型活动的接待工作。参与策划实施2017南通通州体育旅游梦幻之春、第三届全国EMBA商学院“宏泰杯”乒乓球比赛、第八届“童声里的中国”少儿歌谣创作大赛、江苏省第二届“福龙马杯”技能竞赛等大型活动。

【公务接待】 2017年共完成接待任务217批3483人次。其中，保障中央机关和省部级领导来通调研10批250人次；省外县市宾客61批1260人次；省内县市宾客44批645人次；省级机关调研检查19批360人次；市级机关调研检查56批868人次；外国来宾5批100人次；20人以上团队46批1480人次。

（蒋何鑫）

电子政务工作

【概　况】 2017年，通州区电子政务工作得到长足发展，政府网站集约化建设有序推进，“12345”服务效能不断提升，电子政务网络改造顺利完成，政务信息化工作持续深化。

【政府网站建设】 2017年，通州电子政务管理中心适应政府网站发展变化趋势，推进集约共享，持续开拓创新，将区政府门户网站建成政务公开第一平台和政务服务总门户。4月，在全省政府网站测评活动中，取得全省区级政府网站组第二名；“中国南通”政府网站内容保障工作取得“七连冠”。加强网站内容建设，及时准确发布区委区政府重要会议、重要活动、重大决策信息，全年主动发布政府信息13404条。完成政府网站区级集约化建设。区级以下基层网站不再单独建设，通过开设栏目、频道等形式，将内容和服务统一迁移到区政府门户网站。整合全区政务服务资源与数据，加快构建权威、便捷的一体化互联网政务服务平台。区政府网站向政务微信、微博、APP等多渠道延伸，开发设计HTML5手机版网站，使区政府网站全面接入移动端，进一步拓宽网民信息获取渠道，提升用户体验。

【“12345在线”建设】 2017年，区电子政务管理中心以“12345”为热线号码，以区政府网站“公众监督”“区长信箱”为基础，一号牵头，多线联动，24小时受理，一站式服务，打造“市民的话筒”“政府的听筒”。全年受理各类诉求103468件，热线接通率85.6%，办结率

99.5%,回访率100%,满意率98.6%。开展"月通报、周点评、日联系"系列活动,督促联动单位认真开展回访工作,积极与诉求人面对面沟通,推动问题有效解决,确保群众诉求"事事有回音,件件有答复"。积极推进省市"12345在线"应用系统、语音平台对接工作,实现平台、服务的实时对接和互联互通,顺应"互联网+政务服务"要求,推动服务数据资源整合。

【电子政务网络建设】 2017年,区电子政务管理中心按照国家统一规划和标准规范,建设结构合理、边界清晰、技术先进、安全可靠的全区电子政务外网,实现与省市骨干网安全对接。优化网络结构,强化网络管理,着力提高网络业务承载能力,为业务应用、数据传输提供支撑,提高信息共享、业务协同和数据开放利用水平。

【应用系统建设】 2017年,区电子政务管理中心推进全区政务信息系统整合共享工作,基本完成区级部门内部政务信息系统审计、清查工作,初步建立全市政务信息资源目录体系。建设以区协同办公平台为龙头的政务信息化应用体系,实现重点业务系统互联互通,推动跨地区、跨部门业务协同。拓展电子政务在重点领域应用的广度和深度,更好地服务经济社会发展和政府治理工作。

(季　璟)

地方志工作

【概　况】 2017年,通州区坚持依法修志,推动全区地方志事业可持续发展。出版发行《通州年鉴(2017)》,全书设篇目32个,分目210个,条目1000余个,随文图片80幅,计85.6万字。指导部门修志,《通州老龄志》出版发行。

【《通州年鉴(2015)》获省三等奖】 7月,江苏省政府办公厅发文通报第四届江苏省优秀年鉴奖获奖年鉴,《通州年鉴(2015)》获综合优秀三等奖。《通州年鉴(2015)》是通州区委、区人民政府主办,区地方志编纂委员会办公室编纂的综合性地方年鉴,共设篇目34个,分目210个,条目1000余个,随文图片70幅,计88万余字。该部年鉴挖掘地方年度特色,框架结构进一步优化。封面增加"通州名人"柳敬亭画像,并于封页刊载其生平简介,彰显通州浓厚的历史文化底蕴。篇目"特载"中增设分目"媒体聚焦通州",刊登多篇各大新闻媒体有关通州重大事件、时事热点的深度报道,努力提升通州对外宣传力度。增设"数字通州""荣誉通州"等栏目,集中反映通州全面小康社会建设取得的重大成果。

(陈　菊)

档案工作

【概　况】 2017年,区档案局(馆)以全面推进档案信息化建设为契机,不断拓展档案工作为经济社会各项事业服务新领域,充分发挥档案工作"资政、惠民、育人"的作用,圆满完成年度各项目标任务,荣获"民生及社会建设先进集体""2015-2016年通州区文明单位""全省档案宣传工作先进集体"等荣誉称号。

【档案信息化建设】 2017年,区档案局全面推动数字档案馆、室项目建设,夯实基础工作,加强档案规范化管理,成功创建江苏省AAA级数字档案馆。在全区区级机关推进集中式虚拟档案馆室系统项目建设,新增集中式虚拟档案室系统用户58家,在镇级机关组织集中式虚拟档案室系统应用培训,加快对该系统的测试、完善过程,实现区级机关数字档案的规范化管理,加速推进集中式虚拟档案室系统的推广运用。启动区级机关数字档案室等级创建,区档案局多次深入计划建设单位,进行一对一指导工作,区公安局建成省AAAAA数字档案室,区人大办、区财政局建成省AAA级数字档案室。以星级测评(复查)为抓手,提升全区整体档案规范化水平,新增农民专业合作社档案规范化建设领域,通过培训、上门指导、编印《财政所档案管理工作手册》提高财政系统档案工作规范化。

【服务社会民生】 2017年,区档案局认真指导服务大企业大项目档案工作,严把重大建设项目档案管理登记质量关,协助企业建立健全档案管理体系,把国有企业改制、破产列入监管范围,提前介入指导通州美亚热电有限公司的清算档案处置,助推全区经济建设。加强档案资源体系建设,征集到建国前晋绥边区土地证1张、"谢家渡战斗"发生地纪念标图片及说明1份,接收婚姻登记处2015、2016年婚姻档案共24759件,通州美亚热电有限公司的文书、会计档案共计1798卷10647件。按照"存量数字化、增量电子化"要求,全面完成馆藏档案数字化任务,对数字档案馆系统内扫描挂接的200万页档案进行目录、全文的校对修改,确保正确性,

通州区百强企业档案培训

提高档案利用查准率、查全率。以建设档案优质服务为切入点，全年查档利用达 0.7 万人次，调卷 1.05 万卷（件），出具档案证明 0.65 万份，极大地发挥了档案在服务各项事业、化解社会矛盾等方面的作用。

【档案信息安全】 2017 年，区档案局以安全工作为抓手，全面严控档案库房及保护抢救285 盒影像资料，形成 1394 张光盘并建立相应的目录数据库。坚决落实档案安全备份机制，指导全区机关档案室健全电子档案备份，区档案馆重要数据进行异地备份。向全区各镇（区、园、街道）、区直各有关单位发出《关于加强档案安全管理工作的通知》，要求各单位加强领导，采取切实有效措施，确保档案实体和信息安全。

区档案馆开展国际档案日宣传活动

【数字档案馆三期建设工程】 2017 年，区档案馆民生档案库房完成库房盘点管理系统的测试运用，使用手持 RFID 盘库器扫描密集架，可快速获悉库房内档案的存放情况，精确至档案的具体存放位置，对档案出入库情况进行记录和维护，实现运用电子标签技术对实体档案的科学管理。区档案馆新增电子标签 11 万个，对库房管理人员进行电子标签使用培训，利用 RFID 电子标签管理系统完成盘库，实现全方位智能化管理，提高档案管理工作效率。

【农村土地承包经营权确权登记颁证档案】 2017 年，区档案局循序渐进推动确权档案的规范统一整理工作。从农村土地确权登记颁证档案整理试点工作起头，业务指导人员进行蹲点指导；举办全区农村土地承包经营权确权登记颁证档案管理业务培训，对确权登记类档案归档材料等进行详细地业务辅导；实地指导全区各镇村确权颁证档案工作，现场及时纠正问题；做好确权档案数字化与档案馆内系统数据对接工作；认真参加对全区农村土地确权登记颁证工作预验收和整体验收；有序开展农村土地确权登记颁证档案移交进馆工作，顺利将全区 175 个行政村共计 23 万农户的土地确权登记档案接收进馆。

【国际档案日系列宣传活动】 为充分展示档案在服务社会民生方面的重大意义，纪念第 10 个国际档案日，6 月 7—9 日，区档案局以“档案——我们共同的记忆”为主题，认真开展国际档案日系列宣传活动。举办大型广场宣传活动，现场进行档案业务咨询、档案图片展览宣传，邀请市民至区档案馆内体验“一对一”查档服务，组织档案人员参加“宝葫芦”档案法律法规知识有奖竞赛活动，走入社区宣传家庭档案。

【专题数据库建设】 区档案馆共建成知青档案、二轮土地承包档案、婚姻档案、户粮办档案、公证档案、生育档案 6 个民生档案专题数据库，其中，2017 年新录入公证档案专题 52844 条，生育档案专题 14077 条。围绕企业立项、环境评估、征用土地、优惠政策四个专题，录入相关目录数据 5252 条，构建企业专题数据库。专题数据库的建立健全，极大提高档案利用服务效率，为档案服务民生，促进社会发展添砖加瓦。

【异地备份重要档案数据】 根据《江苏省档案异地备份暂行办法》的要求，区档案局扎实推进电子档案容灾管理。11 月，参加江苏省档案局组织的电子档案数据异地备份送交活动。将馆藏重要档案的目录数据、全文数据等共计 4T，备份至移动硬盘并封存，由专人送交到湖南省档案馆保存，全程确保档案信息安全。 （韩亚楠）

行政审批工作

【概　况】 2017 年，南通市通州区行政审批局（政务服务中心）按照中央“四个全面”战略布局和简政放权、放管结合、优化服务改革以及全面深化改革的总体部署，深入推进相对集中行政许可权改革试点工作，推行模拟审批和全程跟踪服务新机制，企业投资建设项目推行“代办帮办”，优化创业创新环境，着力推进“不见面审批”工作，加快“互联网+政务服务”建设，构建集行政审批、便民服务等功能于一体的网上政务服务体系，提升审批服务效能。中心各窗口全年共受理并办理各类行政审批、许可、服务事项 160.73 万件。其中工行办件量为 9.6 万件、财政局办件量为 1.19 万件、气象局办件量为 25 件、不动产交易中心办件量为 15.43 万件、规划分局办件量为 387 件、建管局办件量为 80 件、白蚁防治站办件量为 108 件、城管局办件量为 1159 件、国税局办件量为 30.01 万件、地税局办件量为 25.76 万件、交通运输局办件量为 1.7 万件、农委办件量为 106 件、公安局（治安）办件量为 12.12 万件、公安局(出入境)办件量3.24万件、消防大队办件量为277件、水利局办件量为22件、烟草局办件量为1855件、民政局办件量为2528件、公积金中心办件量为3.66万件、价格认证中心办件量为697件、人社局(就业中心)办件量为7.3万件、人社局(医保中心)办件量为17.94万件、人社局(人才中心)办件量为2532件、人社局(企保中心)办件量为9.27万件、人社局办件量为3472件、审图中心办件量为217件、联通公司办件量为423件、移动公司办件量为1623件、公交公司办件量为9748件、电信公司办件量为8712件、自来水公司办件量为6.74万件、华润燃气办件量为8.47万件、农村产权交易中心办件量为220件、有线电视办件量为4861件、新农合办件量为6849件、审批局办件量为3.71万件。

【模拟审批新服务】 2017年,区行政审批局研究出台《通州区重点建设项目模拟审批服务试行办法》,对列入全区年度建设计划的重大产业、重点民生和重大基础设施项目(房地产项目除外),按审批要求对报送资料进行实质性批前审查,待达到法定审批条件后,再换取正式审批文件。通过模拟审批,实现审批关口前移、服务前倾,为后续容缺开工打下基础。模拟审批节约项目落地时间,提高审批办理效率,有效破解建设项目审批环节多、流程繁、周期长、效能低等瓶颈问题。

【全程跟踪新机制建立】 2017年,区行政审批局围绕全区重点项目建设,推行亿元项目“全程跟踪”服务新机制,采取“提前沟通、无缝对接、全程跟踪、代理帮办”等形式,充分发挥行政审批局在项目建设审批过程中的主导作用,深化落实项目审批全流程。对项目建设进度实时跟踪、及时提醒,即时掌握全区重点项目进展动态信息。尤其对三证(土地证、工程规划许可证、施工许可证)的办理进程进行实时跟踪,对照办证时点发放项目推进服务函,及时函告,督促办理。

【开辟“代办帮办”新途径】 在跟踪服务的基础上,为进一步推进项目建设进度,打造亲商、安商、富商的投资创业环境,积极推行投资建设项目审批代办帮办服务机制,建立以代办帮办员为主体、部门协助、上下互动的代办帮办模式,加快推进重点项目审批进程。制定出台《关于对全区投资建设项目开展代办帮办服务的实施意见》,明确服务范围,组建代办帮办队伍,开展业务培训,协调相关部门开辟审批绿色通道,力促项目早立项、早开工、早投产、早见效。

【营造创业创新新环境】 2017年,区行政审批局积极推进政银合作,激发“大众创业、万众创新”活力。先后与建设银行通州支行、中国银行通州支行、招商银行通州支行达成合作,开设“绿色窗口”,为新设企业提供登记咨询、网上申请、代递资料、开设账户等一站式服务。全面推行企业简易注销登记,促进市场主体退出便利化。通过加强政策宣传、开展业务培训、注重鼓励引导等举措,全力推进企业简易注销登记工作的落实,让企业更加快捷便利地退出市场,降低退出成本,优化营商环境。

【政务服务新模式构建】 2017年,区行政审批局独立开发建设行政审批服务平台,把审批、监管、中介、办事指南、联合审图、联合评价等多个子系统,按照统一的标准规范接入全省“一张网”,构建集行政审批、便民服务等功能于一体的网上政务服务体系,并作为“互联网+政务服务”基础平台,按照“整合资源、打造平台、信息共享”的工作思路,对全区服务事项进行扩容升级,全力打造政务服务“一网通”。

【“不见面审批”新改革】 按照“外网受理、内网办理、全程公开、快递送达、网端推送、无偿代办”的目标要求,加快推进“不见面审批”改革工作,研究制定《加快推进全区“不见面审批”改革实施方案》,提出四大方面16项具体改革举措,力争使“不见面审批”作为制度落到实处。制定公布首批“不见面审批(服务)”事项清单。以标准化权力清单和《江苏省政务服务网便民服务事项参考目录》为基础,全面梳理区级依申请办理的行政许可、行政确认、行政征收、行政奖励、行政给付、其他行政权力等事项。区级政务服务事项实现“网上办、集中批、联合审、代办制、不见面”的审批服务新模式。

(苏晓容)

公共资源交易管理工作

【概　况】 2017年,区公管办紧紧围绕区委、区政府的中心工作,结合全省建设工程招投标改革试点工作,进一步加强对全区公共资源交易的监管,全力打造“依法透明、廉洁高效”阳光交易环境。全区全年完成交易项目4868项,交易额57.27亿元,节约资金13.64亿元,节约率19.23%。其中:区级平台完成交易项目2862项,交易额55.70亿元,节约资金13.41亿元,节约率19.40%;镇级平台完成交易项目2006项,交易额1.57亿元,节约资金2297万元,节约率12.78%。

【“两让五公开”】 2017年,制定《深化“两让五公开”效能服务品牌建设实施方案》,分解工作任务10项,严格规范办事及公开流程,精简冗余环节、消除责任交叉、抵制推诿扯皮,全面公开党务、政务、服务、过程与结果,主动公开各类信息8673条,累计访问超过1325万人次,网上调查社会满意率达88.09%,真正实现让服务对象放心、让社会满意。此做法得到区委组织部的充分肯定,成为机关部门融合党建工作的“典型”。

【招投标改革试点】 2017年,紧紧围绕18条改革措施,调整必须招标的项目规模标准、放开非国有资金投资项目监管、实行“评定分离”和“三合一”评标方法等方式,扩大招标人自主权,促进公平竞争,提高工作效率。通过编制业务规程和流程图,落实流程岗位责任制,强化岗位节点的有效控制,优化流程管理;推行招标文件专家评审、会商联审以及预公示制度,加大信息公开力度,进一步规范建筑市场秩序,建立健全建筑业企业诚信机制,营造诚信守法的市场环境。

【严管招标代理机构】 2017年,区公管办通过招标,确定12家招标代理单位入选区政府投资项目招标代理预选库,并对入选代理单位进行考核，全年有9家代理单位被失信记分，2家单位被责令限期整改，1家单位被清退。针对代理管理中发现的问题，突出问题导向，列出问题清单，明确服务清单，坚持把代理规矩挺在前面，提高代理从业人员法律意识和服务水平。

【严查违法违规行为】 2017年，区公管办加大招标投标违法违规行为的处罚力度，共处罚违规投标企业5家，有力地净化通州区公共资源交易环境。规范质疑投诉行为，明确质疑、异议、投诉处理的程序、时效、受理对象、文书格式等内容，推动依法依规办理异议质疑投诉案件。

（姜敏敏）

机关事务管理工作

【概　况】 2017年，区机关事务管理局紧紧围绕区委、区政府中心工作，切实履行管理服务保障职能，各项工作取得明显成效，为全区机关高效有序运转提供有力保障。

【办公用房管理】 2017年，区机关事务管理局推进党政机关办公用房清理整改工作全面落实，进一步加强办公用房长效管理。组织开展对区级部门、镇区园街道及所属事业单位办公用房清理整改工作进行"回头看"，推动各单位进一步规范办公用房的使用及管理。收集整理各单位办公用房平面图、科级干部个人使用办公用房确认登记表等信息，从而掌握全区办公用房的总体情况。针对区行政中心已运营使用十多年的现实情况，对楼宇玻璃幕墙、玻璃雨棚进行维护加固，对空调外机进行更换。

【公务用车管理】 2017年，区机关事务管理局完善硬件，加强监督，规范公务用车管理。按照公务用车改革的工作部署，顺利完成公务用车统一标识喷涂工作，喷涂完成率100%。完善硬件设施，监控大屏、服务器、车载定位系统等全部安装到位，用车平台于8月初正式运行。统筹安排，多方兼顾，提高用车效率，尽最大可能保障机关各单位用车，全年共出车6934次，总里程62.71万公里，未发生一起安全责任事故。

【公共机构节能管理】 2017年，区机关事务管理局明确目标责任，强化考核评价，将能源消费审计、示范单位评价、建筑节能改造、能耗分项计量作为重点，扎实推进全区公共机构节能工作。以"节能宣传周""全国低碳日"等活动为契机，开展各种形式的活动，向广大机关干部、群众宣传节能常识。建立全区公共机构能耗统计系统，收集、汇总、分析公共机构能耗统计数据，完善公共机构能耗监测及数据分析体系，及时监控和全面掌握全区公共机构能耗情况。

【机关经费管理】 2017年，区机关事务管理局认真做好30家机关单位的预算编制、预算执行、经费结报、经费分析、报表编制等工作。落实财务公开，接受财务监督，定期向各单位公布经费预算的收支及执行情况，在财务网站上向单位和个人提供预算指标、费用支出明细、项目支出明细、工资、个人就餐卡消费明细等数据。认真落实好政府采购制度、重大支出申报制度，切实加强财务管理工作，为机关各单位的有效运转提供财务保障。

【机关安全管理】 2017年，区机关事务管理局以保障机关安全为重点，进一步加强对治安、秩序、消防、食品餐饮、工程建设、设施设备等方面的安全要求，定期组织安全检查，及时发现、排查安全隐患。做好门岗值守工作，全年共接待来访登记5000余人次，检查登记无通行证车辆14000余辆，阻止外来推销人员260余人次，检查出门物资69次，确保机关正常工作秩序。通过技防提高防范力度，增强防范效果，两中心一馆内，全年共妥善处理个人财务遗失和车辆刮碰事故50余起。认真履行职责，做好上访人员的劝说、疏导、接转工作，维持秩序，注意动向，严防不法分子混进上访人群中进行破坏和捣乱。

【机关后勤管理】 2017年，区机关事务管理局改革后勤管理方式、提升后勤服务效能、强化后勤保障力度。努力提高餐饮服务质量，食堂日均就餐人数达到800人。不断提升会务保障能力，确保每场会议圆满顺利召开，全年共提供大小会务服务1200余次。落实卫生保洁制度，明确保洁工作标准，对办公楼室内外卫生进行督促检查。通过修剪、杀虫、保暖等方式，加强三中心一馆区域内绿化管理和养护。加强水电气线路管道、空调机组以及配电设备等公用设施的巡查力度，严格实行巡查、派工、登记和反馈制度，全年累计维修600余次。（单峰铖）

政协通州区委员会

Tongzhou District Committee of CPPCC

编 辑 杨王军

综 述

【概 况】 2017年,政协通州区委员会紧扣全区中心工作,把握团结和民主两大主题,立足谋大事,献良策,求实效,充分发挥政协组织协调关系、凝聚力量、建言献策、服务大局作用,在坚持围绕中心、扎实参政为民、促进团结民主和强化自身建设上有新作为,为推动区经济社会持续健康发展做出积极贡献。

重要会议

【区政协十三届一次至四次常委会议】 3月27日,区政协召开十三届一次常委会议,会议讨论并协商通过区政协有关规章制度、区政协机构设置及人事任免决定、区政协基层联络组、机关界别联络组负责人及成员建议名单。区政协副主席季平主持会议。6月29日,区政协召开十三届二次常委会议,会议交流区政协4个调研组就“构建创新生态体系,推动区域经济转型升级”课题调研情况,听取《关于“构建创新生态体系,推动区域经济转型升级”的建议案(草案)》情况说明,讨论并协商通过《关于“构建创新生态体系,推动区域经济转型升级”的建议案》。区政协副主席李均华主持会议,区委常委、副区长王任出席会议并讲话。9月28日,区政协召开十三届三次常委会议,会议听取区政协对区经信委、教育局、民政局、市国土资源局通州分局民主评议工作情况的说明及4部门主要负责人表态发言,讨论并协商通过区政协委员对区经信委、教育局、民政局、市国土资源局通州分局民主评议意见。区政协副主席顾建军主持会议,区委常委、常务副区长成小红出席会议并讲话。12月27日,区政协召开十三届四次常委会议,会议听取区委常委、常务副区长成小红所作的区人民政府关于区政协十三届一次会议以来提案办理情况通报,讨论区政协十三届二次会议“两个工作报告”(讨论稿),并协商通过关于召开区政协十三届二次会议的决定、常委分工轮值建议名单、大会秘书处各组负责人建议名单和委员讨论组召集人建议名单。区政协副主席张勤主持会议。

重要工作

【围绕中心开展工作】 2017年,区政协紧扣中心,服务大局,为推动全区经济社会发展献计献策。聚焦经济转型。把“构建创新生态体系,推动区域经济转型升级”作为年度协商议政重点,围绕增强创新生态体系智力支撑、搭建创新生态体系发展平台、优化创新生态体系市场环境、提升创新生态体系内生动力等方面深入调研,形成专题调研报告4份和建议案1份,在此基础上召开常委会议进行专题协商。为促进实体经济发展开展调研,形成《关于切实采取有效措施,全力振兴实体经济的建议》并作为1号提案督办。此外就项目建设情况、制造业转型升级、特色旅游产业发展等课题,组织政协委员开展视察调研、提案督办、座谈协商等。聚焦城乡统筹。把高标准农田建设作为主席会议重点协商课题,在充分调研协商基础上,提出建设新型特色小镇建议,得到区政府采纳。围绕“提高小区物业管理水平”召开季度协商座谈会,围绕城区交通管理、老小区整治等课题调研,结合城市绿化管养、小区电梯安全管理等提案督办,开展工作。组织政协委员专题视察沪通铁路建设情况,听取滨江新区规划打算。聚焦环境优化。由政协牵头对“三河三行业”整治开展督察,组织部分市、区政协委员实地督察通灵桥区域整治情况,把督察工作与提案工作、视察调研、界别活动、“走帮服”活动有机衔接,做到政协履职与专项督察两不误。就农村河道整治、城乡环境长效管理等课题开展视察调研、协商座谈、提案督办。加大民主评议工作力度,对区经信委、教育局、民政局、国土分局4部门的服务中心、履行职能、工作作风等方面开展民主评议,评议期间共召开座谈会29次,征集意见434条。

【参政为民】 2017年,区政协充分运用协商建言、提案办理、调研视察、评议监督等形式,为解决民生问题谋实招。提高议政水平。围绕教育资源配置课题,专题选择学前教育、师资队伍培养、实验小学南山湖分校建设等课题,通过专项考察、座谈协商、督促检查等形式,推动全区义务教育由“基本均衡”向“优质均衡”迈进。围绕医疗卫生保障,组织委员以大会发言、提案和社情民意等形式建言献策。围绕文化事业繁荣发展，组织委员专题考察文博中心建设投运情况、“非物质文化遗产”保护等。召开“现代公共文化服务体系”季度协商座谈会，推动文化载体提档升级。加大监督力度。做好提案工作，涉及教育、卫生、养老等一批民生提案得到有效落实，创新提案征集、督办、跟踪等方式方法，提案办理民主测评、联合督查等活动规范有序开展，开展视察监督，重点就育才中学停车场、九总河景观绿化工程、通州中专二期、通州美食广场等一批政府为民办实事项目进行专题视察。畅通信息渠道，全年共征集社情民意稿件86篇，以《社情民意专辑》形式向区委、区政府报送，其中建立集体经济收入稳定增长机制、加快引进创新创业人才、加强路边大排挡管理等信息得到区领导高度重视。关注民生福祉。开展“政协委员走帮服，献计出力比贡献”活动，发挥政协委员优势和独特作用。各专委会积极指导各界别联络组加强与人民群众联系，开展义诊送健康、援助送法律、敬老送文艺、学校送科普等特色活动。各镇(区、园、街道)联络组动员和组织委员参与捐资助学、结对帮扶、救灾济困等公益活动。

【促进团结民主】 2017年，做好协调关系、凝聚力量等工作，营造良好氛围。搭建合作平台。优化议政条件，成立民盟通州支部，全年各党派团体共提交集体提案近30件，反映社情民意信息40余条，成为参政议政中坚力量。发挥智力密集优势，组织专委会、联络组与各党派团体开展联合视察、合作调研，广泛听取社会各界意见建议，形成10多篇调研报告。邀请各党派团体、各阶层人士参与提案督办、行风监督、民主评议、对口协商等咨政监督活动。拓展联谊渠道。加强与外地政协联络联谊，先后就产业转型升级、食品安全、田园特色乡村建设等进行共同探讨。协助省、市政协就加快轨道交通建设、对接服务上海等课题开展考察调研活动。参与苏州市通州商会筹建，加强与香港同乡会、陕西省江苏商会等组织联系沟通。参加全省市县政协主席座谈会、全市政协主席联席会议、长三角十三县(市、区)政协工作研讨会第43次会议等。发挥文史功能，结合朱理治诞辰110周年，整理编撰27万字《朱理治纪念文集》，做好张謇研究会、政协联谊会工作，张謇研究会以“张謇对外开放思想”为专题，开展学术研讨，政协书画摄影联谊会多次组织采风、讲座、展览等活动。关注社会治理。立足长安通州建设，专题协商安全生产工作、现代设防城市建设、社会治安防控体系完善、安全生产基础建设等课题。立足法治通州建设，对社会矛盾纠纷大调解、法律援助等工作进行调研考察。立足和谐通州建设，高度关注影响社会稳定潜在因素，政协领导主动联系挂钩镇的信访维稳工作，加强重点信访人员的思想疏导，帮助化解矛盾。加强与民族宗教人士、“三胞”眷属和新社会阶层等群体联系沟通，营造良好局面。

【政协自身建设】 2017年，始终把加强自身建设摆在突出位置，打造高效能政协机关队伍。加强委员队伍建设。加强委员队伍培训，先后在井冈山、上海复旦大学举办两轮100多人次异地培训，举行各类专题讲座、辅导报告、政情通报计8次，编发4期近10万字《学习资料》。深化委员管理，成立委员工作委员会，制定《委员履职工作规则》《委员履职服务与管理办法》制度，包括建立委员履职档案，强化委员评先评优考核，有效提升委员履职实效。积极开展优秀提案、优秀政协委员评选活动，探索委员述职活动，展示委员良好风采。加强委组自身建设。设置专门委员会7个，设立委员工作委员会，加强委员服务、管理和考核，为专委会选优配强驻会主任和副主任。健全基层政协联络机制，在镇(区、园、街道)设立政协联络组，在机关设立界别联络组。加强机关作风建设。完善《政协全体会议制度》《政协常委会议制度》等8项规章制度。同时就车辆管理、公务接待、学习考察、请销假等方面进行研究，进一步完善8项内部管理制度。以“两学一做”学习教育常态化制度化为抓手，认真学习党章党规，定期开展廉政警示教育，机关支部换届，参与文明城市创建、结对帮扶贫困户等工作，倡导良好风尚。

(孙崇兰)

纪检监察

Discipline Inspection and Supervision

编 辑 杨王军

综 述

【概 况】 2017年，通州区各级纪检监察组织深入学习贯彻习近平新时代中国特色社会主义思想和党的十九大精神，全面履行党章赋予的职责，抓好监督执纪问责各项任务落实。全面促进"两个责任"落地生根，协助区委将党风廉政建设和反腐败工作任务分解落实到各镇各部门，强化措施加强督查考核，力推"两个责任"落实。推行日常履职约谈，制定《关于对领导干部廉政约谈的实施办法（试行）》，对履职中出现的问题进行分析讲评。加强检查考核，对督查中发现问题进行整改，强化履行党风廉政责任制不力问责力度。明查重点突出、暗访不留死角，对八项规定精神落实情况开展常态化明查暗访。健全作风建设常态化机制，组织单位集中培育效能服务品牌，督查市民服务热线办理，进行多轮明查暗访，对存在问题相关责任人进行诫勉谈话。加强对全区招商引资和重点项目工作推进情况督查，在环保263行动、夏秋两季秸秆禁烧、土地卫片执法检查拆除复耕、沿江非法码头拆除及"阳光扶贫"监管系统上线运行等重点工作领域开展专项督查。打造"十百千万"廉洁宣教工程特色品牌，将"十百千万"廉洁宣教工程与"走帮服"活动相结合。推进国家监察体制改革工作，成立改革试点工作小组，制定深化监察体制改革工作实施方案。改革派驻方式，实现综合派驻全覆盖。扎实推进巡察工作改革，充分发挥巡察"利剑"作用。开展"打铁还需自身硬"专项行动，推进"两学一做"学习教育常态化制度化，积极开展"走帮服"活动，做好廉政风险防范，制定纪检监察干部管理监督问责意见，坚持刀刃向内，打造纪检监察铁军。全年全区查处违纪违法案件立案522件，其中科级干部27人，涉嫌犯罪移送司法机关5人，挽回经济损失百万余元。

【区纪委十二届二次全体（扩大）会议】 2017年1月23日上午，中共南通市通州区第十二届纪律检查委员会举行第二次全体(扩大)会议。会议深入贯彻党的十八届六中全会精神，认真落实中央纪委七次全会、省纪委二次全会、市纪委二次全会和区第十二次党代会部署，研究部署2017年区党风廉政建设和反腐败工作。区委常委、区纪委书记韩菊芳作题为《保持政治定力，强化专责监督，努力推动通州全面从严治党向纵深发展》的工作报告。市委常委、区委书记宋乐伟到会讲话。全会要求全区党风廉政建设和反腐败工作要全面贯彻落实党的十八大和十八届三中、四中、五中、六中全会精神，深入学习习近平总书记系列重要讲话特别是视察江苏重要讲话，按照中央纪委七次全会、省纪委二次全会、市纪委二次全会部署要求，坚决维护以习近平同志为核心的党中央权威，严肃党内政治生活，加强党内监督，强化"两个责任"落实，持续深化作风建设，保持惩治腐败高压态势，注重源头治理，积极构建不敢腐不能腐不想腐的体制机制，维护风清气正的政治生态。严格执行监督执纪工作规则，扎紧制度笼子，建设一支让党放心、人民信赖、忠诚干净担当的纪检监察干部队伍，以优异成绩迎接党的十九大召开。区纪委委员14人出席会议，各镇

1月23日，区纪委十二届二次全体(扩大)会议召开

区园纪(工)委书记,区委各部委办、区各委办局、垂直管理部门(单位)、区各直属单位分管负责同志(纪委书记、纪检组长),区管企事业单位纪委书记,区纪委、监察局各室(中心)主任等列席会议。

主要工作

【落实“两个责任”】 2017年,坚持全面、从严,把责任扛在肩上、任务落在实处,推动管党治党从宽松软走向严实硬,对照区委落实党风廉政建设“8687”责任体系要求,协助区委督促各单位结合实际,以科学清单,明确各自责任,扎实向下延伸,形成齐抓共管机制。将党风廉政建设责任制检查考核与“四个全面”考核有机结合,建立月检查、季考核机制,年底由区委常委、党员副区长带队,对全区各镇区园(街道)及重点部门“两个责任”落实情况进行全面检查考核,全年共发现问题925个并督促整改,及时向区委常委会报告有关情况。镇区园(街道)党委(党工委)向区委述职,定期报告落实党风廉政建设责任制情况,促进党风廉政建设责任制落地生根。组织党风政风行风质询评议活动,对责任落实情况进行集中质询评议。针对落实“两个责任”不力等情况,全面启动廉政约谈,区纪委领导班子约谈下级领导干部42人,其中约谈党政一把手17人;严格落实党内问责制度,共问责51人,其中科级干部21人,实现改进作风常态化、长效化。

【正风肃纪】 2017年,加强作风建设,持之以恒贯彻落实中央八项规定精神,锲而不舍纠治“四风”问题,促进党风政风明显好转。第一时间将上级作风建设规定精神,传达到各基层单位,并结合实际提出具体要求,不断释放越往后执纪越严的强烈信号。紧盯重要时间节点、具体问题线索和“四风”问题新动向,对八项规定精神落实情况开展16轮明察暗访,督促有关单位整改问题107个,立案查处60件、涉及127人,发出通报4期,通报曝光56人。

【效能建设】 2017年,实施机关效能明查暗访19轮,发出通报7期,曝光64个问题,懒政、庸政、慢政行为得到有效治理。围绕全区招商引资和重点项目工作,督查316个重点项目,组织48家单位集中培育效能服务品牌,对区“12345”市民服务热线事项办理情况组织专项督查。贯彻落实重大决策部署与领导重要指示精神,进一步转变工作作风,开拓创新,主办政协提案1件、协办人大建议1件、政协提案3件,重点围绕全区10家单位26个重点项目工作推进情况、环保263行动、夏秋两季秸秆禁烧、土地卫片执法检查拆除复耕、沿江非法码头拆除等列重点工作开展专项督查,督促保障区委重点工作快推进快落实,促进全区上下政令畅通。

【专项督查】 2017年,开展扶贫领域专项整治,以“制度化+信息化+公开化”为路径,推进“阳光扶贫”监管系统运行,督促职能部门深化农村扶贫建设。查纠尊老金、残疾人补助“两项补贴”重复发放问题34个,立案查处15人,保障“两项补贴”政策规范落实。紧紧围绕防范化解重大风险、精准脱贫、污染防治决策部署,督促职能部门扛起“三大攻坚战”重大责任。开展领导干部近亲属从业情况调查清理和机关事业单位人员挂证取酬问题专项治理,共有85家单位1557人上报近亲属从业情况,29家单位148人取消挂证并上缴所得135万元。

【科学运用“四种形态”】 2017年,坚持把党的纪律规矩挺在最前面,惩治极少数,教育大多数,不断巩固反腐败斗争压倒性态势。红脸出汗、提醒关爱成为常态,运用第一种形态处理620人,占运用“四种形态”处理总人数54.1%。抓早抓小、动辄则咎,发现违纪问题及时加以处理,防止小错演变成大错、小患酿造成大祸,运用第二种形态让违纪违规干部及时悬崖勒马,给予党纪轻处分438人,占38.3%。运用第三种形态处理82人,占7.2%,党纪重处分、重大职务调整的成为少数。以实现政治效果、社会效果、法纪效果的统一为目标,因严重违纪违法被严肃查处并移送司法机关5人,占0.4%,运用第四种形态真正成为极少数。注重约谈促进运用“第一种形态”。岗位调整必约谈,严格执行任前廉政谈话制度,在任新职前咬咬耳朵、扯扯袖子,让履新干部紧紧身子,心有所惧,谨慎从政,依规办事,敢于尽职担责,真正为民务实。履职不力必约谈,针对管辖区域内落实党风廉政建设主体责任和监督责任不力导致问题频发多发、发生违纪违法案件、“四风”问题反映较多、在落实党风廉政建设责任制考核中排名靠后等情况,对所在镇、部门党委(党组)书记、纪委书记(纪检组长)或纪检工作负责人实施廉政约谈。信访存疑必约谈,根据群众信访举报、监督检查、党风廉政建设责任制检查等发现的党员干部在廉洁自律、履行职责等方面存在的苗头性、倾向性的问题,对被举报对象本人可能存在的轻微违纪问题,通过约谈方式了解情况、调查核实。

【巡察工作】 2017年,坚持巡察工作政治定位,精准把握定位,突出坚持党的领导,聚焦全面从严治党,充分彰显巡察“利剑”作用。进一步完善巡察机构设置,组建区委巡察办和区委巡察组4个。制定区委巡察五年工作规划,出台《巡察工作实施办法》,实施“一托N”模式驻点巡察,开展市县联动巡察,推动乡镇巡察全覆盖。全年共完成三轮26家单位和3个专项资金巡察工作,发现三大类问题共511个。建立跟踪整改督查机制,对巡察中发现的共性问题,注重举一反三,及时下发监督意见,组织“回头看”,形成“再震慑”,进一步提升巡察整改政治效果和社会效果。是年,区环保专项资金巡察组被评为市联动巡察先进集体。

【“十百千万”廉洁宣教工程】 制定《2017年全区“三清示范区”暨两大体系建设工作要点》,着力打造“十名教员下基层宣教、百位领导上专题党课、千场活动话廉政主题、万名党员受廉洁教育”的“十百千万”廉洁宣教工程特色品牌。全区全年上党课255场次,受教育干部群众超3万人次。“十百千万”廉洁宣教经验被《中国纪检监察报》予以报道。将“十百千万”廉洁宣教工程与“走帮服”活动相结合,精心组织开展以“一场主题讲座、一套廉洁书籍、一本宣传手册、一部警示视频、一批勤廉典型”为主的“五个一”活动,扩大廉洁教育覆盖面,进一步增强思想政治素质，增强拒腐防变意识和能力，提高保持清正廉洁自觉性，自觉遵守党纪国法。

【信访机制健全】 2017年，持续推进信访举报工作基础建设，健全“信、访、网、电、短信、QQ”等“六位一体”信访举报受理机制、问题线索集中管理和案件研究分析机制，全程电子化留痕管理，抓住分类处置、登记备案、定期梳理等关键环节，加速消化存量问题线索，进一步提升闭环管理水平，信访举报工作机制既相互协调又相互制约，为充分发挥信访举报工作职能作用、更好服务监督执纪问责提供有力保障。实行办信前线索评审、结信前集体会审、办信后内部考评的“两审一评”机制，最大程度避免问题线索漏查、误查。及时对已办结信访件进行“回头看”，对调查中发现问题但责任单位未按期整改、处理到位的，均实行“二次交办”，确保问题查处到位。

【党员干部廉政信息监管】 2017年，制发《党风廉政建设动态信息与履责记录本》《谈心谈话记录本》，要求党员干部认真全面、及时如实填写，区纪委每月检查，结果纳入考核，年底统一入档。实行领导干部办理婚丧喜庆事宜报告备案制度，全年备案55人，确保动态掌握党员干部廉情信息。动态监管个人廉政信息，结合“两个责任”清单制度，调整完善党员领导干部《党风廉政建设动态信息本》《谈心谈话记录本》，对全区各级领导干部落实“两个责任”、履行“第一责任人”责任及“一岗双责”、执行廉洁自律规定等信息实行动态管理，结合“两个责任”督查，对填写情况开展检查，结果纳入考核。

【廉政文化示范点创建】 2017年，通过开展各种形式廉政文化示范点创建活动，培育特色品牌。推进廉政文化进机关、社区、学校、农村、企业等，对全区廉政文化示范单位实施动态管理，开展省市级廉政文化示范单位创建工作，发挥廉政文化示范点带动作用。区实验小学新创建省级廉政文化示范点，区公共资源交易管理办公室、平潮派出所、兴仁派出所、金新街道金南社区、区育才中学、平潮镇吉坝村6家单位新创建成市级廉政文化示范点。

区实验小学接受省级廉政文化示范点验收

【廉政主题教育】 2017年，以典型案件为素材，制作警示教育片《贪欲之害》，召开全区领导干部警示教育大会，会议对象包括区四套班子全体领导、以及从村支书直至科级领导干部共1000余人。用好忏悔录这个反面教材，召开专题民主生活会，举一反三、以案明纪，增强党员干部不想腐的自觉。发挥廉政教育基础作用，不断提升“5·10”思廉日、算账教育月等品牌活动教育效果。发挥全媒体平台作用，运用微博、微信和客户端，宣传勤廉典型，讲好廉政故事。发挥监督执纪典型案件综合分析平台作用，针对区农资系统案例等，撰写案例剖析文章，提出整改建议，督促建章立制，扎牢制度笼子。为提高反腐倡廉宣传教育实效，区纪委围绕警示教育，以“2+3”体例编印《反腐倡廉教育宣教参考材料(第一辑)》，发放至全区各级党组织和纪检组织。《参考材料》共26397字，分两部分。“辅导+案例”为基本结构，第一部分为《廉洁自律准则》和《纪律处分条例》辅导，第二部分是违纪违法典型案例选编。

【违规吃喝专项整治】 下发《开展违规吃喝问题专项整治“回头看”的通知》，制定《重点督查工作方案》，成立由纪委监察局、财政局、市场监管局、住建局牵头，审计局、商务局等9家单位参加的督查组，召开专题部署会议，着重围绕公务接待、违规吃喝隐蔽场所、顶风违纪问题线索开展监督执纪问责，共发出交办单25张，整改问题81个，并督促基层纪委立案查处违规吃喝问题1件3人。

【从严治理“微腐败”】 坚持深化廉政教育，结合“十百千万”廉洁宣教工程，立足“廉洁学堂”制度，教育广大基层党员干部不触底线、不越红线，对存在苗头性问题和轻微违纪的同志及时“敲警钟”，不断增强党员干部廉洁从政、廉洁自律意识。压实两个责任，明确权力清单、责任清单，制定督查考核办法，实行清单式、扣分制考核，加大日常检查力度，实施月检查、季考核、年考评活动。坚持优化信访举报渠道，不断创新优化举报载体，以微信“随手拍”、绿色邮政免费举报等方式，充分调动群众参与反腐败工作的积极性。以聚焦主业、规范办理为重点，对群众反映基层党员干部“微腐败”问题，快查快结，严肃处理。

【派驻监督“前哨”作用发挥】 创新监督方式，形成协作机制，着力“纪律监督”，列席驻在部门重大活动，督促驻在部门党组履行好“主体责任”；着力“精准监督”，把群众反映强烈的为官不为、慢作为、懒作为列为监督重点；着力“执纪监督”,坚决抓早抓小、动辄则咎,触犯纪律及时处理,1—9月,立案56件,同比增长107%。优化派驻方式,撤销原派驻纪检组31家,新组建派驻纪检组18个,采取综合派驻为主、单独派驻为辅的方式,对全区70家区一级党和国家机关及直属单位、国有企业实现派驻监督全覆盖。落实《派驻纪检组工作规定》,进一步规范派驻纪检组履职尽责,10—12月,派驻纪检组处理党员干部违纪问题28件,充分发挥派驻纪检组“前哨”作用。

【纪检监察队伍建设】 2017年,推进“两学一做”学习教育常态化制度化。区纪委常委会带头学习、研讨、宣讲十九大精神,不断提高广大纪检监察干部党性修养。组织业务培训5批537人(次),以提升纪检干部素质能力。扎实开展“打铁还需自身硬”专项行动,认真排查廉政风险点,制定防范措施,强化廉政风险防控。制定纪检监察干部管理监督问责意见,严格监督日常行为和“八小时”以外活动。加强实战锻炼,安排5名干部参与办理中央、省纪委重要案件。坚持刀刃向内,对纪检监察干部违规违纪问题不护短、不手软。实行一案一授权和进点封闭办案,严防跑风漏气、以案谋私。建立拟立案案件会商机制,有效防止办人情案发生。加强纪检监察干部业务培训,举办全区纪检监察系统贯彻执行工作规则和“1+N”制度体系培训讲座。打造网上学习培训平台,运用内外网站功能,手机APP等方式,打造动态网上学习交流和教育培训平台。开设“纪检大讲堂”,推进学习型机关建设,以科室为单位,紧扣纪检工作重点,每季度开设大讲堂,以领导带头讲、骨干引领讲、全员参与讲等形式,通过演讲朗读、经验沙龙、家规征集等,加强思想教育,提升履职能力。加强党性教育,以党建工作为载体,通过领导干部上党课、组织“七一”建党“我爱纪检这一行”演讲比赛活动等形式,引导纪检监察干部进一步坚定理想信念,把牢政治方向。 (曹　忠)

红色记忆
——通州革命遗址掠影

石港解放纪念碑

位于通州区石港镇东南石港中学苗圃内(石港渔湾风景园东侧,金石河畔)。1999年9月建成,2007年被确定为通州市爱国主义教育基地。

民主党派·工商联

Democratic Parties·Association of Industry and Commerce

编　辑　杨王军

九三学社南通市通州区委员会

【概　况】 2017年,九三学社南通市通州区委员会(以下简称"社区委")有医疗卫生、农业经济、综合、建筑、科技教育、直属支社6个,社员77名,其中女社员25名,退休社员15名。社员中高级职称49人,占社员总数64%。有21名社员为区政协委员,1名社员为区人大代表,1人为区政协副主席,3名社员为区政协常委,1名社员为区人大常委。社员中有3名市政协委员,1名市人大代表。成立青年委员会,由10名1980年及以后出生的青年社员和入社积极分子组成。组织"青蓝对接"活动,通过"以老带新、以新帮老"。成立企业家沙龙,为区企业家和相关人员创造更多学习提升机会,拓展企业家视野,共同探讨热点经济话题,实现信息对接资源共享,为通州经济发展献计出力。是年,被九三学社省第七届委员会表彰为优秀基层组织,被九三学社中央表彰为坚持和发展中国特色社会主义学习实践活动先进集体。

【教育实践活动】 2017年初,社区委启动"社员合格、支社达标、区委创优"教育实践活动。制定《"社员合格、支社达标、区委创优"活动方案》《社员组织生活管理办法(试行)》《合格社员标准》以及年度计划并认真组织实施。2月,召开"社员合格,支社达标,区委创优"教育实践活动动员会,把各项职能职责分解细化落实,动员全体社员积极主动地参与到活动之中。7月,召开"合格社员"教育实践活动推进会,促使全体社员"讲奉献,有作为,牢记参政议政使命",积极投身参政议政,提升参政议政水平。9月,组织社区委委员和各支社领导班子成员到常熟市蒋巷村学习,并邀请优秀共产党员、先锋街道花园村党支部书记周继忠参加,开展专题学习教育活动。与美汇公司联合组织"合格社员"有奖征文活动,组织社员畅谈对"合格社员"活动认识和实践,共收到征文68篇。科技教育支社和农业经济支社的社员参与率100%,获优秀组织奖,毛东云《勠力同心,为实现中华民族伟大梦想砥砺前行》被评为一等奖。第4季度,主委会以"合格社员"评议为主题,对社员所在系统或者单位进行走访和函访。与区农委、人民医院、中医院等社员所在系统单位中共党组织领导进行座谈,发放社员综合表现测评表。在此基础上,组织社员谈心谈话活动。年底,组织支社达标检查考核和支社主委述职工作,推动支社工作规范化。各支社按照工作部署,分别开展相关活动。科教支社召开学习交流会,综合支社开展"每季一法"专题学习活动,农经支社开展专题学习活动,建筑支社开展"学习年"等活动,以提升社员综合素质。

【宣传工作委员会成立】 2017年,宣传工作委员会成立。为社区委和各支社配备宣传秘书,配合开展宣传工作,并开展新闻采写业务培训和相关活动。9月22日,组织宣传秘书赴常熟市蒋巷村开展新闻采风演练活动,取得良好效果。开通"通州九三"微信公众号,推送多条图文宣传信息,并依托公众号推送14期电子版《通州九三社讯》,报道九三活动,宣传九三成果,展示社员风采,多条新闻稿和社情民意信息在九三中央网站、省九三网站、省统战网站和《团结报》《现代快报》等媒体刊发。

【参政成果】 2017年,在政协通州区第十三届委员会第一次会议上,九三学社提交集体提案11件,个人提案82件,合计93件,占提案总数三分之一,创历史新高。党派集体提案"推进海绵城市建设,打造绿色生态通州"被列为大会发言。季平在市政协大会上提交的提案"关于加强我市机构养老工作的建议"被评为优秀提案。季彩群"关于进一步提升我市小区物业管理水平的建议"列为市人大常委会10大重点督办建议,被评为优秀建议。钱栋梁"关于进一步加强政府投资项目监理监管的建议"被表彰为优秀提案,社情民意《引导基层医疗机构建立法律顾问制度》在《南通政协》杂志刊发,被区政协表彰为优秀社情民意工作者。丁俊荣在区第十六届人民代表大会第一次会议上提交11件代表建议,还参加社中央"校园餐食管理"课题座谈会,获九三江苏省委"参政议政能手"称号,作为人大代表履职事迹在《检察日报》得到推介。邵晓东作为新一届委员首次参加政协会议提交提案3个,其中"关于改善通州城区交通状况的建议"被列为重点督办提案。尤锦山反映的小区雨污同管堵塞问题得到有关部门重视，困扰几百个住户长达十年问题得到解决。管宏斌、张晓燕提案“关于通灵桥地区印染化工企业拆除的建议”为老百姓鼓与呼，推动老大难问题解决。

【课题调研】 2017年，社区委完成调研课题13个，并按要求转化成集体提案提交政协通州区第十三届委员会第二次会议。“改革科技创新机制，建立企业自主创新生态体系”成功中标九三学社江苏省委招标课题。《关于加快特色小镇建设的调研报告》获区2017年度经济与社会发展重点应用课题研究成果三等奖。第十届“江苏九三论坛”举办期间，主委会及时组织农业经济支社成员撰写论文，并认真组织审查，严格把关，维护好通州九三形象。在2016年度区统战系统调研成果评审中，通州九三共有7篇调研报告获奖，其中，《关于激发我区民主党派基层组织活力的建议》获一等奖。

【社情民意工作】 2017年，召开信息员会议，对信息工作提出明确要求，邀请九三著名信息人龚震为社员作信息撰写辅导报告并参与信息沙龙现场点评。同时，根据工作实践，改革信息沙龙成员结构，每期信息沙龙由2个支社社员和信息员、入社积极分子一起参加，形成信息工作人人有责的氛围。是年，共组织信息沙龙活动3次，收集社情民意信息65条，其中被市政协信息专报录用1条，被九三学社江苏省委采用13条，被九三学社中央采用1条。

【九三专家工作站】 1月20日，九三学社江苏省委副主委叶勇到江苏景瑞农业科技发展有限公司和南通智造链科技有限公司，为两家市级九三专家工作站揭牌，至此，通州九三建成专家工作站3家。以九三专家工作站为阵地开展社会服务，是通州九三服务社会的特色。3月，在南通智造链科技有限公司开展财税咨询服务，对企业所得税汇算清缴工作提出指导性意见。5月，农业经济支社在景瑞农业九三专家工作站开展活动，对景瑞公司基地分布规划、果蔬种类加工配送模式、质量安全等方面提供技术咨询服务，8月，到景瑞农业港闸区基地开展咨询服务。社区委借助高新区社区教育中心平台，开展系列服务活动，组织南通高新区企业高层管理人员系列培训班，在金新街道文山村、文山初中开展纪念新四军陆文山烈士诞辰95周年活动。

【开展“国际科学与和平周”活动】 2017年，在第29届“国际科学与和平周”活动期间，社区委围绕“携手建设安全稳定、发展繁荣的共同家园”主题，组织美术书法摄影征集网展活动，得到各级九三组织和社会积极响应，许多美术书法摄影名家大师和爱好者踊跃投稿，经审核筛选其中100幅作品，通过通州九三微信公众号进行网上展出。开展走访慰问工作，为贫困家庭送去温暖和祝福。吴天益（16岁，住刘桥镇）因家庭生活贫困，一直休学在家。通州九三领导专程到通州职业中学联系学习一门实用技术，使吴天益重新回到学校上课。在刘桥镇新联居组织国际和平周老年人健康知识讲座，老主委姚春生从老年人心血管疾病、营养饮食、老年人的心理健康3个方面，详细讲解有关心血管疾病预防和科学饮食知识并现场解答健康疑问，受到居民一致好评。 （张晓燕）

农工民主党
南通市通州支部

【概　况】 2017年，农工民主党南通市通州支部有党员20人，主要分布在医药卫生界，其中2人为市人大代表，1人为区人大代表，8人为区政协委员。认真履行参政议政、民主监督职能，深入调查研究，积极建言献策，深度反映社情民意。参政议政。在两会上，提出的“切实采取有效措施　全力振兴实体经济”提案，被区政协确立为第1号提案，提交的“聚力实施创新驱动战略　引领通州经济持续健康发展”在政协委员发言会上第一个发言，被确立为第2号提案。调研课题。完成调研课题3项，3篇省委联合调研征文，其中农工党省委课题2项、市委课题1项，分别获农工党江苏省委调研课题评比一、二、三等奖。舆情宣传。在市级以上媒体用稿30多篇，其中16篇稿件分别被《人民日报》《人民政协报》《团结报》和《前进论坛》等国家级媒体录用。向农工党市委、区委统战部提交社情民意20余篇。组织建设。对参政议政能力较强的党员加大培养、管理和使用力度，不断充实和扩大参政议政骨干队伍。积极响应区委统战部开展“同心向党——向十九大献礼”主题活动。建立健全奖励激励制度，及时修订参政议政工作和信息宣传工作奖励办法。民主监督。通过实地视察、走访基层、座谈交流等调研，围绕发展实体经济、高效农业种植、禽畜污染控制等方面问题，提出切实可行意见和建议，提升提案办理质量。是年，被农工党江苏省委表彰为“思想建设先进集体”，被农工党中央授予“参政议政工作先进集体”称号。 （陈云娟）

民主促进会
南通市通州区支部

【概　况】 2017年，民主促进会南通市通州支部共有会员37名，其中女会员10名，主要分布在教育文化出版界。积极投身“强富美高”新通州建设，履职能力稳步提升，在思想建设、组织建设、参政议政、社会服务、自身建设等方面工作取得成效。是年，获民进省委“坚持和发展中国特色社会主义学习实践活动先进集体”“为南通民进事业发展做出突出贡献先进集体”及南通市民进先进基层组织等荣誉称号。

【增进政治共识】 2017年，积极推进“牢记初心、携手同行”专题教育活动，举办“两会”精神报告会等。组织暑期红色教育培训活动，到泰州白马庙、扬州史可法纪念馆进行爱国主义教育，与民建泰州市姜堰区支部开展会务交流。把深入学习贯彻十九大精神作为最大政治任务，通过征文、座谈、微感言等形式进行宣讲，深刻领会习近平新时代中国特色社会主义思想精神实质和丰富内涵，不断增强“四个意识”和“四个自信”。积极参加民进地方组织成立60周年系列庆祝活动。4名会员参与“庆国庆·迎十九大”书画摄影作品展、“同舟共济六十载，薪火相传正道行”主题图片展等，组织会员参加区委统战部“同心向党——向十九大献礼”系列活动。张锋获共青团中央2017年“全国向上向善好青年”称号。参加民进省委“语文教师的语言修养”理论征文活动,4名会员获奖,名列南通市各基层组织第一。

【提升履职能力】 围绕区中心工作,在教育、文化、经济等领域“精耕细作”,先后加强全民阅读、打造地方文化品牌、加强非遗保护、加强师德建设打造优秀教师队伍、构建特色小镇等开展调查研究,集聚支部内外人才资源,提交调研报告及提案建议10多件。探索参政议政新途径和新机制,先后与通州九三学社、姜堰民建、民进江苏省直机关综合二支部等联手送教、学习交流。

【优化组织建设】 严把入会关,坚持人才强会。是年发展新会员7人,支部副主委张锋当选民进中央文化艺术专业委员会委员。举办新会员培训班、骨干会员培训班,组建参政议政骨干队伍和宣传信息骨干队伍,以培训、沙龙等形式,提升会员热情与素养。为会员配发《守望奇迹》等书籍8本,布置会员撰写学习心得,提高会员政治素养、文化修养。组织会员到开沙岛特色体育旅游小镇踏青毅行。征集学习党的十九大精神微感言30篇,编辑“同心向党——向十九大献礼”专题特刊1期。

【扩大社会影响】 支部副主委参与建设的“童声里的中国”少儿艺术创研活动基地被评为“全国未成年人思想道德建设工作先进单位”。10月13日,在基地举办第八届专题活动,活动以“童心向党幸福成长”主题,发动创作歌谣作品4万多件。十九大召开前夕,在通州举办颁奖与作品展演,向党的十九大献礼。张锋担任音乐儿童剧《田梦儿》制片人,该剧巡演600多场,获江苏“五个一”工程奖。发起创办的首批“童声书屋”在9所小学校挂牌,其个人热心捐书1200册、捐款购置所有设备。支部开展“春联万家”社会服务活动,把春联送到拆迁农民家门口。组织义诊,让普通百姓过上一个健康新年。到西亭镇敬老院慰问孤寡老人,让老人体会到社会温暖和关心。在亭西小学开展“悦读乡村小学,牵手快乐之旅——我们共读六一”等主题活动,为校园孩子送上艺术+快乐的盛宴。继续打造“励志教育校园文化行”社会服务品牌。会员“无臂书法家”王剑华先后到文山初中、南通市思德福国际等学校举办人生励志分享会。邀请会员张剑彬等著名儿童文学作家进校园,与孩子们面对面交流,树立起文化自信与道德自信。举办“纯美文学进校园”和“精品剧目进校园”,滋润少年心灵。参与举办区《习近平讲故事》诵读大会,600多名学生代表在金郊初中诵读展示交流。会员陈学光参加区“爱心献功臣,军旗永飘扬”大型书法慈善义卖活动,现场创作“臻于至善”书法作品1幅,善款1000元献给老红军战士。 (王国华)

民主建国会南通市通州区支部

【概　况】 2017年,中国民主建国会南通市通州区支部共有会员25人,主要由经济界人士构成,界别特点鲜明,年龄结构合理,其中,市人大代表2名,市政协委员1名,区政协委员11名。

【参政议政】 2017年,在区政协第十三届一次会议上,支部主委吴建均当选为区政协副主席,顾霞、朱朝晖、胡文荣、李仲当选为区政协常委。提案《关于治理老通掘公路菜市场脏乱差的建议》,被评为优秀提案,2名会员被评为优秀政协委员。会员朱朝晖、蒋超当选南通市人大代表。在区“两会”上,民建通州区支部政协委员积极履职,共提交提案16件,其中集体提案1件。会员李仲代表通州区支部作题为《加快国家生态工业示范园区建设,推进通州产业高端绿色低碳发展》的大会发言。

【社会服务】 2017年,组织会员充分发挥自身优势,参与公益事业,通过捐资助学等多种形式回报社会。支部主委吴建均参加市扶贫协作和对口支援工作,赴陕西省汉中市镇巴县挂职工作两年。会员企业南通三江置业有限公司开展精准扶贫,与湖南省平江县龙门镇贫困村对接长达10年扶贫活动,主要扶持村内贫困农民开展各类养殖项目和资助当地贫困学生。江苏通大车业有限公司总经理胡文荣关爱孤寡老人,重阳节捐赠80条毛毯给五接镇福利院,同时身兼通州紫金保险总经理,快速响应九寨沟地震救援行动,出台应急理赔举措,全力支持灾区。南通通准税务师事务所所长朱朝晖等其他会员捐款近万元,用于帮助重病患者和资助贫困大学生。 (薛金萍)

民主同盟南通市通州区支部

【概　况】 2017年4月20日,民盟南通市通州区支部成立,共有盟员26名,其中,教育系统16人,中高级职称24人,有2人为区政协委员,1人为区政协常委,1人为市政协委员。育才中学景行楼三楼329办公室建有“盟员之家”。

【参政成果】 2017年,围绕区委统战部调研课题,从意识形态、生态文明、接轨上海、教育教学质量等4个方面开展调查研究,形成报告4篇。其中,《紧盯沪通大桥效应,深入推动跨江融合》作为集体提案入选区政协十三届二次全会大会交流发言。在区统战部调研成果年终评比中,支部获一等奖1项,三等奖1项,优秀奖2项。盟员从自身工作实际出发,形成多篇调研成果和社情民意信息。

【双岗建功】 2017年,支部盟员立足本职,积极工作,取得累累硕果。徐卫东获省民盟与教育厅联合组办的江苏省教育发展论坛三等奖,被评为南通市226高层次人才;刘桂枝获省“师陶杯”论文大赛二等奖;顾吴迪演唱的鼓曲《老街坊》获第七届江苏曲艺芦花奖节目奖;张剑平在世纪明德世界研学旅行在中国·研学旅行考察设计大赛中评为年度创新研学课程设计方案;薛静获省档案局表彰;杨张锋获南通市教育信息化能力赛一等奖。

【社会服务】 盟员中来自省通州高级中学、金沙中学、育才中学、通州中专、通州小学等学校的教师,热爱教育事业、教学经验丰富、业务能力精湛,在支部成立之日启动星火教育助推行动。该行动旨在利用通州支部优质资源，通过“送课下乡”“同题异构”“师生对话”等交流活动，促进区教育事业的发展。12月12日，“星火教育助推”行动走进杨港初中，3位盟员与师生进行交流。6月1日，联合区文化馆在家纺城小学举办新通州人才艺大赛。（葛红玲）

区工商业联合会

【概　况】 2017年，区工商联紧紧围绕区委、区政府工作中心，用创新思维推进工作，用务实思维提升服务，用精准思维抓好项目，坚持加强商会组织建设，深入开展非公人士理想信念教育实践活动，不断拓展服务工作领域，有力促进非公经济健康发展和非公经济人士健康成长，工商联工作赢得各级各部门和广大非公经济人士高度评价和充分肯定。是年，获全国“五好”县级工商联、江苏省推动厂务公开民主管理工作先进单位、南通市工商联系统组织建设先进单位、调研宣传信息先进单位等荣誉。

【非公经济人士教育培训】 2017年，围绕促进“两个健康”发展，扎实抓好非公经济代表人士队伍建设。强化思想引领。及时组织召开全区民营企业家学习贯彻党的十九大精神座谈会，引导广大企业家与党同心同德、同向同行，坚定理想、不忘初心，坚守实业、勇于创新，争做改革开放的探路者和实践者，为推动经济发展、社会进步做出应有贡献。注重教育培训。会同区委统战部举办非公有制经济代表人士专题培训班，安排36名年轻一代非公有制经济代表人士赴井冈山江西干部学院参加为期一周集中培训，加强理想信念教育和革命传统教育，逐步充实后备代表人士队伍，提升代表人士素质。组织慈善公益活动。区浙江商会向敬老院捐款捐物3万多元。区东北商会向川姜镇困难老党员赞助1万元。浙江商会、东北商会继续无偿献血，在献血人数和献血量上有新突破。是年，东北商会无偿献血11000毫升。金属制品商会资助区聋哑学校1万元，深得社会好评。12月，在区慈善表彰工作会议上，2015~2017年区工商联常执委企业累计捐款近1000万元，全区12家获“2015~2017年度慈善楷模”表彰的企业中有7家为区工商联(总商会)副主席(副会长)。

【参政议政】 组织工商联界别政协委员围绕经济社会热点问题，积极建言献策，共提交提案27件。“培育现代工匠精神，夯实通州产业基础”提案在区政协十三届一次全会上作交流发言，“切实采取有效措施，全力振兴实体经济”提案被确定为全会一号提案。

【商会组织建设】 高标准、严要求推进“五好”工商联创建工作，强化组织领导，细化任务分解，及时跟踪对接，通州区工商联入选全国“五好”县级工商联名单。在区基层商会、行业商会、异地商会中开展“四好”商会建设，进一步增强商会组织活力。区家纺商会作为南通市“四好商会”建设典型在全市“争创四好商会”经验交流会上做发言。新推荐省级民营企业文化建设示范点1家（通州建总），市级文化建设示范点6家，通州作为县区唯一代表在全市民营企业文化建设工作会议上发言。通过商会秘书长例会，定期交流包括推进厂务公开等各项工作开展情况，共同促进商会工作提升。指导各行业商会推动会员企业采取以职代会或股东大会为基本形式，并辅助以定期召开厂情发布会、董事会、监事会、厂委会等会议研究通报单位重大事项。是年，获“江苏省推动厂务公开民主管理工作先进单位”称号。成立苏州市通州商会，搭建苏通两地合作平台；积极做好在通州黑龙江籍企业家对接磋商工作，为筹备建立通州黑龙江商会打好基础。同时，高标准、严要求，积极做好上海通州商会换届相关筹备工作。组织机关党员赴泰兴黄桥参观黄桥战役纪念馆，通过奏唱国歌、重温入党誓词、诵读党章等形式，增强党性观念和身份意识。组织举办区行业商会联合党委学习贯彻党的十九大精神暨理想信念教育活动，赴淮安瞻仰周恩来纪念馆，重温入党誓词，进一步坚定理想信念。邀请区委宣传部宣讲团成员赴苏州市通州商会宣讲十九大精神，取得良好效果。

【服务中心工作】 2017年，围绕全区中心工作，充分发挥工商联和商会组织联系广泛独特优势，积极做好接轨上海、招商引资等工作。着力做好对接服务上海工作。邀请上海市闵行区、青浦区等兄弟单位工商联领导、直属商会以及在沪企业家参加南通对接服务上海大会和全区高层次人才创新创业洽谈会，为对接上海提供服务。着力为招商引资牵线搭桥。在沪召开“沪通商会企业对接洽谈会”，上海闵行、宝山、嘉定、普陀、青浦等地工商联及上海企业家协会领导和在沪商会企业家代表共40余人参加活动，现场签约项目2个。在深圳召开“广深两地企业家助力家乡发展推介座谈会”，邀请广州、深圳相关领导、兄弟商会及企业家代表40余人参加，宣传推介通州，畅叙友谊，共话发展。共完成签约项目5个，注册项目3个，在谈项目2个，完成全年目标任务，被表彰为区2017年度招商引资工作先进集体。着力为项目建设献计出力。按照“走出去、请进来”工作思路，与上海8个区工商联和多家商会组织建立经常联系，抓住上海产业转移机遇，多方获取项目信息。同时，构建项目信息协作机制，联合相关部门和园区，由区领导带队，赴镇江、浙江龙港、河南郑州、陕西西安、广东广州、深圳等地实地考察，做好项目对接工作。以“2017中国南通江海国际博览会暨首届通商大会”为契机，举办“通商故里行”通州考察活动，邀请上海、广东、陕西、河南、江西、宁夏和南京、苏州40余名通州籍在外企业家回乡考察，看家乡变化，反哺家乡，回报桑梓。

【搭建平台沟通交流】 加强对所属商会指导。指导家纺商会与河南郑州锦荣轻纺商城共同举办“一带一路”纺织行业发展研讨会；围绕产业对接，策划组织家纺商会与上海家纺对接会，签订家纺市场协作互动机制，组织品牌企业参加上海国际家博会；利用行业商会企业集中特点，推动金属制品商会按照“两减六治三提升”专项行动要求，规范进行整改，彻底解决废酸、污泥等问题；指导区建筑房地产商会举办“建筑产业现代化企业高管培训班”，提升企业家对建筑产业现代化的认识和理解。加强商会企业家之间沟通联系。成功举办异地商会企业家新春团拜会、企业家座谈会,共叙乡情、共话发展。以苏州市通州商会为平台,组织50余名在苏企业家回乡参观考察,宣传通州、推介通州,努力为家乡招商引资、招才引智牵线搭桥。举办区工商联(总商会)常执委会议及“谈思路,促交流,话发展”企业家沙龙等活动,加强商会企业家之间交流合作,加强对非公经济人士积极引导。加强与外地工商联沟通联系。加强与泰州泰兴、连云港海州、无锡江阴和淮安涟水等地工商联(总商会)沟通联系、相互交流、学习考察,借鉴兄弟县市区工商联在服务经济、服务会员和商会建设方面的好经验、好做法,为推进区工商联工作、提升商会组织建设水平拓宽思路、创新举措。

【宣传调研活动】 与通州电视台合作,创办旨在展示通州在外企业家风采电视专栏《通州儿女》,赴南京、苏州、上海等地进行实地拍摄。全年共播出二十余期,取得良好社会反响。形成上规模民营企业调研机制,上报2016年营业收入超5亿元以上规模民营企业数据17家,通州建总集团有限公司、南通四建集团有限公司、南通新华建筑集团有限公司入围2017中国民营企业500强名单,入围企业数量连续居全市首位。开展特色商会活动,创造性地开展商会活动。举办首届“婚庆博览会”暨“公益相亲节”活动,指导服务业商会连续7年举办“吃在通州”美食节活动。

(薛小军)

红色记忆
——通州革命遗址掠影

中共江北特委纪念碑

1985年8月,金沙镇在原南通县人民政府招待所大门南侧(即姚宅所在地)特立“1938年中共江北特委旧址纪念碑”。1998年8月,中共通州市委在通州实验小学门口建立“中共江北特委纪念碑”。2012年9月,中共南通市通州区委将“中共江北特委纪念碑”迁建到金新街道朝霞路横河公园东首。1996年被确定为县级爱国主义教育基地,1998年被定为南通市级文保单位。

群众团体

Mass Organizations

编 辑 黄丽娟

区总工会

第三届家纺行业技能竞赛现场

【概 况】 2017年，通州区总工会在围绕中心服务大局中切实履行职责，以协调解决职工群众最关心、最直接、最现实的利益问题为重点，以构建工会工作坚实的组织体系为基础，大胆探索，努力创新，开启新时代工会事业发展的新征程。区总工会被全国总工会表彰为财务工作先进单位。

【首届“通州工匠”评选】 2017年，通州区总工会在职工中开展首届“通州工匠”评比活动，在全区新媒体滚动播放“通州工匠”评比活动宣传片，得到社会各界人士的广泛关注。1200多个基层党工组织参与推荐候选人，6万多名网友参与“通州工匠” 微信投票，1000多名人次来信来电咨询，最终在45名行业技术精英中评出黄建中、傅泽勋、李国化、邱云、刘建忠、施永军、潘翔、张明芝、顾荣华、李建等10名“通州工匠”，在职工中产生了广泛影响。

首届“通州工匠”颁奖活动现场

【第六届职工职业技能比武】 2017年，全区各行业系统共申报举办22个技能竞赛项目，包括家纺四件套制作技能竞赛、慢性非传染性疾病防治技能竞赛、基层人社平台标准化建设服务技能竞赛等，数量比上年度增长37%，报名参赛的企事业单位达800多家，参加技能竞赛的职工7.5万人。温慧华、钱苏南、丁钰华、曹嘉铭、孙建康、韩建周、葛焱华、陆志强、王乾惕、管彦庆等10名单项技能冠军被区劳动竞赛委授予“金牌职工”称号，并被区总工会授予五一劳动奖章。

【劳模、先进评选宣传】 牵头组织通州区2017年度南通市劳动模范和先进工作者候选人推荐工作，并推荐产生全国和省五一劳动奖章获得者各1名、省五一劳动奖状1个、省工人先锋号2个。通州四建集团郭建华获得全国五一劳动奖章。广泛开展“劳模精神、劳动精神、工匠精神在通州”系列宣传活动，在报纸、电视、电视台等本地主流媒体，设立“通州区2017年省劳动模范风采掠影”“金牌职工”专栏等，对先模人物进行专题报道，引领广大职工群众学习典型、争当先进。继续组织劳模疗休养活动。

【职工文化建设】 2017年，全区共有1家省级“职工书屋”示范点，1家市级“书香企业”，4家市级“职工书屋”示范点，7家区级“职工书屋”示范点。积极参加南通市第十一届运动会，职工足球参赛队获职工部足球比赛冠军。与南通工人业余大学联合举办职工学历(大专升本科)再教育，全区共84名基层一线职工完成网上报名和审核录取。11月26日召开全区职工文化建设现场推进会，全区各级工会干部共90多人参加会议，现场参观了江苏永达电力电信安装工程有限公司、南通山口精工机电有限公司、南通海星电子股份有限公司、南通江海电容器股份有限公司4家单位的职工文化阵地建设及有关成果展示，推广职工文化建设先进典型经验做法。

【构建和谐劳动关系“三级共创”活动】 构建和谐劳动关系“三级共创”活动实施三年来，通州区90%以上独立建会企业参加，至2017年底，合格、先进和示范工会分别达80%、40%、15%，企业劳动关系日趋和谐稳定，职企双赢目标正在初步实现。是年，区总工会完善劳动关系预警机制，摸排出集体劳动争议预警信息31件，均有效化解。积极参与通灵桥地区污染企业关停工作。处理职工信访220人(件)次，化解劳动争议65件，满意率达95%以上。深入开展“安康杯”竞赛，江苏通达动力科技有限公司被评为全省“安康杯”竞赛先进单位，江苏永达电力电信安装工程有限公司工会荣获全省劳动保护示范工会称号。民主管理深入推进，36家单位被确定为市职代会制度规范化建设示范单位，22家单位被确定为市工资集体协商三星级企业，3家单位被表彰为全省厂务公开民主管理先进单位，8家单位荣获市厂务公开民主管理先进单位称号，报送的协商案例荣获全市工资集体协商案例征集活动一等奖。举办第二届劳动争议调解技能竞赛，共有20支代表队60名选手参赛，兴仁镇代表队获得团体一等奖，西亭镇、金沙街道、五接镇代表队获得团体二等奖，先锋街道、石港镇、刘桥镇、南通四建集团代表队获得团体三等奖。

【扶贫帮困系列活动】 2017年，区总工会扎实开展以家庭助困、重症助医、子女助学、劳模助难为主要内容的困难职工帮扶活动，共帮扶困难职工约1200人次，包括特困职工66户，其他困难人员643户，暑期“四助”帮扶共救助273人，累计发放资金及慰问品120多万元。开展区级机关党员干部与“双百”家庭新一轮结对帮扶活动，区级机关党员干部走进困难职工的家庭，送去约10.5万元的慰问品和帮扶金。大力实施“双百圆梦”工程，2017年毕业的11名大学应届生通过工会帮扶和个人求职已全部实现就业。

【情系职工办实事】 组织200名困难职工参加全区困难职工首轮免费体检，计划3年内完成在档困难职工免费体检任务。组织开展“健康快乐与我同行”为主题的一线职工和劳模疗休养活动，60名劳模和近200名优秀生产一线职工参加。深入开展职工心理健康咨询服务，组织10场“心理健康咨询进企业”活动，为1000多名职工提供心理知识辅导、心理咨询和援助服务。开展“就业援助月”“春季招聘会”“架金桥送岗位”等活动，为下岗、失业、求职人员提供就业岗位7000多个。开展高温慰问活动，累计走访企业258家，慰问高温作业下的一线职工达7560人次。建设“爱心母婴室”10个、“职工关爱角”40个、“户外职工爱心驿站”16个，努力满足职工群众不断增长的多元化需要，切实提高精准服务水平。

【工会组织建设】 2017年，新建工会223家，发展会员13962人，全面超额完成南通市总下达的工会组建和会员发展任务。全年举办工会干部培训班8期，在华东理工大学举办1期工会干部综合能力素质提升班，取得良好效果。机关党员干部进社区志愿服务52人次，参加“走帮服”活动走访2个村居、4家企业、833家农户，发现收集并回应落实问题62个。积极参加以商引商活动，圆满完成各项任务，在参与考核的6个群团单位中位列第一名。

(刘　娜)

共青团南通市通州区委员会

【概　况】 2017年，全区各级团组织以加强团员青年的思想政治引领为重点，

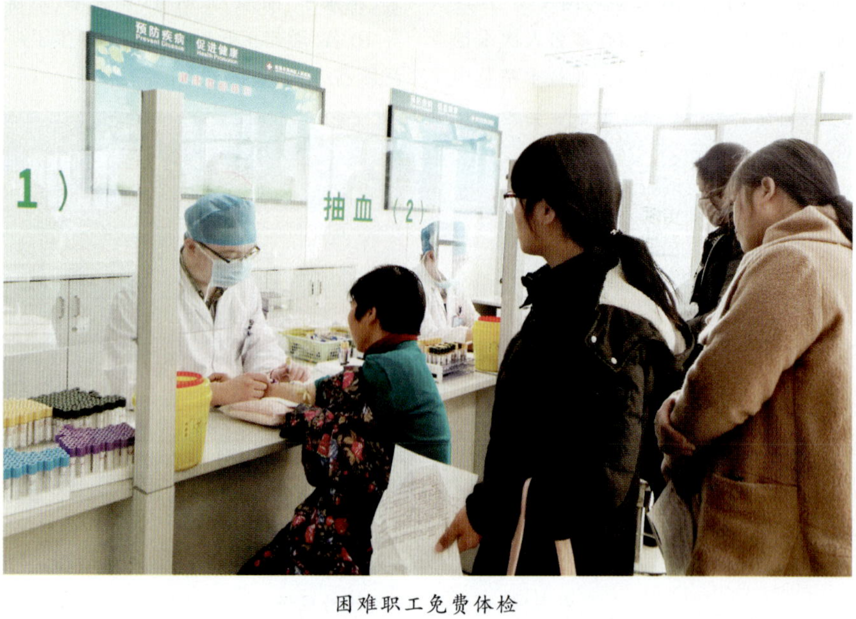

困难职工免费体检

夯实作风、创新实干，深化共青团改革。"青年之家"平台建设、"通州青年"网络平台优化、"1+100"联系青年等各项工作取得实效；举办创新创业大赛、建设专业志愿者队伍。区团委先后获得江苏省基础团务工作先进县(市、区)、江苏新疆少年儿童"手拉手"互助活动贡献奖、江苏希望工程"圆梦行动"十周年爱心成就奖、2017年度南通共青团工作优秀单位等荣誉。

【基础团建工程】 1月，出台《关于在全区共青团组织开展"学习总书记讲话做合格共青团员"教育实践的实施方案》《关于深入推进从严治团有关工作的通知》等文件。3月，召开共青团南通市通州区委十六届六次全体(扩大)会议，对2016年全区共青团工作进行总结，对2017年重点工作作出部署。5月，以"高扬理想与信念的旗帜"为主题，开展"十佳青年"表彰大会，号召广大青年学先进、做典型，鼓舞团员青年积极投身通州经济社会建设的大潮中。6月，组织50多名团干部和少先队骨干辅导员赴上海交大进行专题培训，促进基层团干部提升本领、与时俱进。7月，召开全区基层团组织集中换届动员会议，部署换届工作。8月，完成乡镇团组织换届工作。各级团组织科学谋划，履行职责，通过基层换届工作完善团的组织架构，增强班子活力，进一步夯实团的基层基础。11月，召开共青团南通市通州区第十七次代表大会，进一步明确未来工作的努力方向。

"通州学子归巢计划"启动仪式

【青年人才发展工程】 6月，配合团市委在上海召开南通市驻沪学子团工委筹备工作会议。7月，举办"通州学子归巢计划"启动仪式，邀请通州籍学子一同感受家乡的发展变化，感受通州人才引领创新、创新驱动发展的良好氛围，激发大家发展家乡、回报家乡的热情，促进人才、智力双回归。组织近百名通籍学子参与暑期岗位实践、志愿服务等活动。8月，开展"通州学子看家乡"等系列活动，让在外学子暑期感受家乡风光。9月，与上海普陀区青联建立"友好青联"战略合作伙伴关系，充分发挥联系青年优势，积极与上海青联对接，架设桥梁与平台，寻求两地跨越新机遇。12月，举办通州籍上海学子交流座谈会、成立驻沪青年人才工作站，与启东青商会开展"青春力量、产业共赢"交流座谈会，带动通州青年人才的对外深层次交往。

通州区"十佳青年"表彰大会

【新媒体网络平台建设】 1月，成立"通州青年"项目工作组，以"工作动态+时政热点+青年特点"等形式强化"通州青年"微信公众号宣传、服务的功能，推出"青年之声·心语心愿"线上活动。3月，开展通州区第二十二届"十佳青年"网络评选活动，吸引数千人关注，投票总额达一万余票。5月，"一学一做"专题考学，"暖城通州"等一系列微信主题活动，推动工作顺利展开。7月，启动"通州学子归巢计划"，拍摄《回通州》主题微电影，唤起通州学子浓浓乡情。9月，推出《我们是谁？团干部》MV等原创网络文化产品，拉进青年人与团组织的距离。苏青U+综合服务平台发挥积极作用，实现报名活动17场，累计组织人数超1000人。

【公益品牌活动】 3月，联合区委宣传部、区文明办开展"3·5"学雷锋广场志愿活动，来自30多家单位的200多名志愿者为广大市民提供政策咨询、血压测量、图书义卖、免费配钥匙、理发等丰富多彩的志愿服务。开展"3·12"寻找绿色之旅植树节活动，共80名青年报名参加活动，其余活动参与者近百人。12月，集中开展"暖冬行动""微心愿""1+1+1陪伴"系列活动，全区150多名特殊儿童群体得到了心仪的礼物和关爱。全年加大专业志愿者队伍建设力度，全区各类青年志愿者组织开展志愿活动200余次,参与志愿者近6000人。

【青年电商创业】 4月,智能菜园项目获江苏省第二届大学生村官创业大赛南通赛区一等奖、全省优胜奖。6月,协助举办第二届中国大学生跨境电商创新创业大赛,以公益培训、企业实训、创业导引等方式,促成跨境电商企业与院校间深度合作,解决跨境电商企业用人难、大学生就业创业难的矛盾。9月,组织部分孵化器到"中国(上海)创业者公共实训基地""谈家二八文化信息港"参观学习、取长补短,更好的服务青年人创新创业。

(王 茜)

第二届中国大学生跨境电商创新创业大赛

区妇女联合会

【概 况】 2017年,全区各级妇联紧扣中心大局,紧跟时代步伐,紧贴妇儿需求,锐意创新、砥砺奋进、奋发有为,扎实推动各项工作,全区妇女儿童工作迈上新台阶。通州区妇联被市政府妇儿工委评为全市妇女儿童工作先进集体,被区委、区政府评为综治工作先进集体。

【妇女组织建设】 4月6日下午,区妇联联合区级机关党工委召开通州地税系统妇联成立大会暨通州区级机关妇联改建工作现场推进会。全区区级机关各部门各单位分管党务工作的领导、机关女性满10人的妇工委(妇委会)主任,邮政、供电、电信、移动、银行、保险等单位分管党务工作的领导130人,观摩通州地税系统妇委会改建妇联工作。4月12日下午,通州区鑫手相连志愿者协会妇女第一次代表大会召开,40名巾帼志愿者代表出席本次大会。大会以无记名投票的形式选举产生首届鑫手相连妇联执委委员7名,其中妇联主席1名,副主席2名。8月4日,通州区镇(街道)妇联换届现场会暨西亭镇第九次妇女代表大会召开,84名妇女代表参加大会,全区镇(区、园、街道)的妇联主席现场观摩。是年,全区镇(街道)妇联换届基本完成,机关妇联改建工作完成55%,全区"两新组织"等新业态新领域新增妇联22家。

【妇女创业就业行动】 2017年,选树各级各类先进集体37个、先进个人16名,推荐12名女企业家入选南通市女企业家协会。紧扣区委区政府"跨江融合,接轨上海"要求,举办接轨上海投资说明会暨缔结友好妇联揭牌仪式和"巾帼绽上海,花香映通州"招商交流会,签约项目3个、注册1个。与区人社局等单位联合举办2017年通州区人力资源交流暨高校毕业生双选春季招聘会,区妇联现场专设"春风行动"服务台,发放宣传资料1000多份,共有569名女性与招聘企业达成初步意向。召开区女企业家协会第二次会员代表大会,选举产生新一届领导机构,启动"彩虹圆梦"公益工程。组织举办巾帼家政与月嫂培训班2期,培训人员410人(次)。开展首届农村女经纪人创业沙龙活动。实施妇女小额担保贷款财政贴息政策,全年申请贷款11人,直接贷款总额110万元。

【妇儿维权系列活动】 3月6日,区妇联联合区司法局、公安、检察、法院等多家单位开展"三八"维权周暨"莲蓬细雨"浸润式普法宣传咨询活动。11月2日,通州区"平安家庭"创建活动暨妇女议事会工作现场推进会召开,全区15个镇(区园街道)妇联主席、部分村(居)妇女儿童之家负责人和妇联主席代表实地观摩了虹南社区妇女议事会现场,总结工作、交流经验,部署下阶段全区妇女议事会工作。为进一步推行社会化维权新举措,切实将专业、精准的法律服务送到广大妇女儿童身边,12对村(社区)妇女儿童之家负责人和律师、基层法律工作者现场签订结对协议书,拉开通州区第二批律师、基层法律工作者代表与村(社区)妇女儿童之家结对帮服签字仪式暨"法律服务进万家"活动序幕。12月1日,区妇联联合区疾控中心、总工会、红十字会、妇幼保健院等单位共同开展以"共担防艾责任,共享健康权利,共建健康中国"为主题的健康宣传活动。12月4日,区妇联联合区依治办、普法办、司法局等部门在大润发广场开展国家宪法日暨法治宣传月集中宣传活动。

【"关爱护航"行动】 5月3日下午,通州区儿童家庭监护缺失社会干预暨第23期家庭教育公益大讲坛在西亭镇西亭小学四楼会议室举行。全镇148名学生家长代表听取通州区高级中学专职心理健康教育教师蔡志红的《家长如何陪伴孩子成长》讲座。该讲座全年共3期。5月11日,来自通州区的3名贫困母亲代表和3名贫困儿童代表分别与5个全国岗和1个省级岗负责人代表在《通州区"百岗扶百困"协议书》上签名,正式启动2017年"百岗扶百困"巾帼牵手援助行动。6月1日,通州区举行第八轮"慈善助孤"暨儿童家庭监护缺失社会干预工作启动仪式,各镇(区、园、街道)妇联主席、机关各妇工委(妇委会)主任、受助孤儿、受表彰对象代表参加活动,社会公益组织"鑫手相连"负责人朱鑫涛、"自强奋进"好少年代表作现场发言。全区79名受助孤儿获得“慈善助孤”助学款，16名“自强奋进好少年”、32户“教子有方”最美家庭受到表彰。区委常委、组织部部长、统战部部长沈旭东到会并讲话。10月25日下午，区妇联、区教育局和区实验小学共同启动“爱心储蓄罐 传承好家风”爱心公益项目。区妇联、区教育局、“鑫手相连”志愿者协会等相关同志和108个家庭代表参加启动仪式。启动仪式上，共108个爱心家庭现场领取了爱心储蓄罐。通州小学、开发区小学及金沙小学也相继参与该项目，所募资金将帮助更多的留守、流动、孤残、贫困等困境儿童。2017年，区妇联向区慈善会、红会及上级妇联争取慰问资金共计25万余元，走访慰问贫困孤儿、单亲贫困母亲、农村“两癌”妇女等共计148人(次)。

(刘莉莉)

区科学技术协会

【概　况】 2017年，区科协以习近平总书记系列重要讲话特别是在“科技三会”上的讲话精神为指引，切实履行“四服务一加强”工作职责，努力服务“两聚一高”，大力激发科技工作者创新创业热情，深化落实科协系统各项改革，着力提升科协工作水平。是年，区科协被中国人社部、中国科协表彰为全国科协系统先进集体；被省科协评为实施“县级科协创新发展能力提升计划”优秀单位、优秀海智基地。

【区科协九届二次全委会】 3月，区科协召开九届二次全委(扩大)会议。会议选举王晓燕、李锋为区科协九届主席、副主席；听取并审议通过区科协九届二次全委会工作报告。会上还表彰一批区科协系统先进集体、先进个人和优秀科技工作者。

【科技工作者学习贯彻党的十九大精神专场宣讲会】 12月，区科协召开科技工作者学习贯彻党的十九大精神专场宣讲会。区委宣讲团成员、区级机关工委副书记季煜作宣讲报告，全区基层科协秘书长、科技工作者代表共60多人参加会议。

【服务创新驱动发展战略】 2017年，区科协邀请中国科学院严纯华院士到江苏宏德特种部件有限公司指导技术难题，促进企业转型升级。12月，围绕“创新驱动·智汇通州”主题举办“院士专家通州行活动”，高新技术企业家代表、优秀科技工作者代表、院士专家和高层次海归人才等200余人，围绕通州的产业现状，以人工智能、高端纺织、机械电子、智能家居为主，帮助企业解决技术难题，集聚创新资源。会上，专家作主题报告，5个项目进行路演，并组织专家到12家企业进行对接。2017年底，已有3个项目正在洽谈。开展“创新争先”行动，5月评选表彰创新争先奖先进集体和先进个人各10名，表彰20名优秀科技工作者，新闻媒体对科技工作者的先进事迹进行专题报道，充分调动了科技工作者的创新创业热情。组织企业参加省海智企业展示活动，1家企业获省二等奖，是全市唯一一家。在南通市组织的“优秀厂会协作”项目评选中，各1个项目获一、二等奖，2个项目获得三等奖，均处于领先位置。

【首届“全国科技工作者日”庆祝活动】 5月，组织通州区庆祝首届“全国科技工作者日”暨第十六届科技节和第二十九届科普宣传周启动仪式，活动对一批创新争先奖先进集体和个人进行表彰，基层优秀科技工作者代表作了发言，市科协陆军主席以及区委陈永红书记参加活动并讲话，同时还进行科技专场文艺汇演等10项系列活动。

【首届公民科学素养知识电视大奖赛】 9月，举办2017年通州区全国科普日主场活动暨首届公民科学素养知识电视大奖赛。区卫计委、市场监管局、教育局、农委、刘桥镇、金沙街道等6支代表队的18名选手参加现场比赛，区市场监管局代表队获得大奖赛冠军，区市场监管局选手陈栎正参加省总决赛。同时在《通州日报》举办全区公民科学素养有奖知识竞赛，共收到有效答题卡4000余份，通过现场抽奖共评出一等奖2名，二等奖10名，三等奖50名。在“南通州科协”微信举办“如何甄别生活中的伪科学”有奖竞答活动，共计26526人参与有奖竞赛。参加人次为175612人次，累计送出6962个红包，共计6962元。

【通州区自然科学优秀论文征集评选活动】 6月，在全区开展自然科学优秀论文征集和评选活动，征集到论文100篇，评出一等奖5篇，二等奖10篇，三等奖20篇，特别科普奖1篇，由区政府表彰并奖励。

【举办接轨上海活动】 5月，区科协在上海成功举办通州区接轨上海招商推介活动，区委常委、副区长王任，上海市青浦区科委主任兼科协主席张宏洲，区发改委、经信委、招商局、西亭镇等单位领导，以及来自上海、苏州、昆山的20位客商参加活动。会上，成功签约一个投资5000万元项目。

【牵头推进特色小镇建设】 6月，区科协精心组织策划一次特色小镇建设学习活动，区委常委、副区长王任率领通州招商组到浙江考察特色小镇建设，实地察看杭州颐高集团总部、湖州人力资源产业园、安吉余村美丽乡村典范及桐庐养生小镇样板。7月，积极推动国内知名的特色小镇建设运营公司——浙江颐高集团公司与空港产业园合作，推进兴东空港小镇建设，初步方案已形成，目标将兴东打造成长三角地区首个飞机后市场+跨境电商产业基地。10月，区科协引入国内顶级通航产业市镇战略投资商宏泰集团对接通航小镇建设，与空港产业园探索新型PPP合作模式。

【科普富民工程】 深入实施科普惠农兴村计划，新培育3个区级科普示范基地、3个优秀农技协、6名科普带头人以及12个优秀科普项目。为巩固全国科普示范区创建成果，开展新一轮科普示范单位创建活动，培育5个示范镇、38个示范村、20个示范社区。在南通率先出台“科普类项目资金使用暂行管理办法”，规范项目资金使用。

【系列特色科普活动】 先后邀请中国科学院4位老科学家和2位江苏省首席科技传播专家深入街道、社区和学校，举办7场高端科普报告会，把最新最前沿的科技知识和最贴近生活的科普常识传播给

《习近平讲故事》诵读会

市民。组织青少年参加各类科技创新大赛，1人获全国青少年科技创新大赛一等奖（全省唯一），1人获省一等奖，7人获省三等奖，2个学校获省团体二等奖。举办《人类文明的源与流》科普展览和流动科技馆巡展活动，购置24件互动型科普展品，在图书馆和6所学校进行巡展。

【百城千校万村行动】 结合通州成熟的科普示范体系和“两站一栏一员”科普提升工程平台，发动各镇区园、街道、村居和学校、企业、基地推广“科普中国百城千校万村行动”的落地应用。通州区的科普电子大屏、电视、电台、报纸科普专题、科普说唱、科普文化、科普网站、科普微信、科普APP等九位一体的科普宣传模式，已基本实现科普信息“最后一公里”的无缝对接。9月1日，中国科协“科普中国百千万行动”调研组莅临通州区，通过实地调研和座谈，对通州区给予高度评价。9月26日，区科协主要负责人受邀在全国科普信息化及社区e站建设交流会上作《聚焦科普信息化建设，推动科普工作创新发展》的经验交流。（张丽敏）

区文学艺术界联合会

【概　况】 2017年，通州区文联深入贯彻落实十八、十九大精神和习总书记新时代文艺思想，围绕中心，服务大局，为促进通州区物质文明、精神文明建设作出积极贡献。

【《田梦儿》分享会】 3月31日，由中共江苏省委宣传部、江苏省文明办主办、通州童声基地承办的少年有梦——音乐儿童剧《田梦儿》分享会在南京召开。中共江苏省委宣传部副部长、江苏省文明办主任杨志纯、江苏省文明办副主任葛莱、江苏省文联副主席李朝润等出席。该剧巡演600余场，受益人数达60多万，荣获江苏省第三届文化艺术节“特别奖”、第十一届上海儿童剧展演“优秀剧目奖”、江苏省精神文明建设“五个一工程奖”。

【“童声书屋”揭牌】 4月25日，“童声书屋”揭牌仪式在通州区五甲小学举行。区委常委、宣传部部长胡卫东，副区长樊小燕为“童声书屋”揭牌。“童声书屋”是“童声里的中国”品牌创新发展的新形式，由“童声里的中国”少儿艺术创研活动基地、区教育局、江苏省少年儿童文化艺术促进会、南通彩虹之心义工社联合发起创办，首批挂牌“童声书屋”的共有袁灶、五甲、五总、兴东、正场、兴仁等9所小学，每个书屋获赠2000多册图书。

【《习近平讲故事》诵读会】 9月20日，江苏通州首场《习近平讲故事》诵读会在金郊初中礼堂举行，全区31所中学800多名青年学生代表参加，著名教育家、国家督学成尚荣应邀作主题讲座，共同分享阅读体会，征集读后感征文，并结集出版。

【第八届“童声里的中国”少儿歌谣创作大赛颁奖仪式】 10月15日，第八届“童声里的中国”少儿歌谣创作大赛颁奖仪式在通州“童声里的中国”少儿艺术创研活动基地举行。活动由省委宣传部、省文明办、省教育厅、共青团江苏省委、省妇联主办；来自全省全国参加本届创作大赛的获奖者以及学生代表等3000多人参加活动。本届大赛立足江苏，面向全国，共收到53552件歌谣作品，其中新童谣47513件，校园歌曲6039件。经专家评审，评出童谣（成人组、学生组）一、二、三等奖各10首、20首、20首及优秀奖50首，最佳校园歌曲15首；同时，评出优秀组织奖和优秀指导老师奖各50名。

【第六届江苏省青少年音乐“小茉莉花奖”声乐大赛】 10月27—29日，童声里的中国·第六届江苏省青少年音乐“小

第六届江苏省青少年音乐小茉莉花奖声乐大赛颁奖音乐会

茉莉花奖”声乐大赛在通州举办，江苏省音乐家协会、中共南通市通州区委宣传部主办，“童声里的中国”少儿艺术创研活动基地承办。本次大赛评出金奖9名、银奖17名、铜奖26名及优秀奖若干名，还评出优秀指导老师奖、优秀组织奖、组织奖。通州选手获3金4银的优异成绩。

【南通市文联“五月风”活动暨“通州艺苑”文学艺术展示】 5月14日，南通市文联第十二届“五月风”系列活动暨第七届“通州艺苑”文学艺术展示周活动在金沙街道天晖社区启动。展示周活动通过中心展区、流动展区、辐射展区、空中展区、童声展区“五大展区”，展示通州区广大文艺工作者创作的具有浓郁通州地方特色的优秀文艺作品。同时组织江海文艺志愿者走基层、进企业、入校园，发挥专业文艺创作人员的引领作用，举办《通州文丛》第二辑签名赠书活动。

【《通州文丛》研讨会】 7月24日，《通州文丛》第二辑“素指流香”作品研讨会在通州区行政中心举行。本次研讨会由南通市文学艺术界联合会、中共通州区委宣传部主办，南通市作家协会、通州区文学艺术界联合会、通州区作家协会承办。本辑“通州文丛”是通州区第二套文学丛书，共七本，以“素指流香”为主题，题材各异、内容丰富，有散文、小说、诗歌等。《通州文丛·素指流香》的面世，不仅彰显了通州作家的创作热情，而且彰显出通州作家的创作后劲，是通州文坛繁荣发展的一个缩影。

“东源杯·多彩南通州”全国摄影作品展颁奖

【体育旅游“梦幻之春”摄影大赛】 3月15日至4月30日，区委宣传部、区文联、区体育局等单位联合举办2017“体彩杯”南通通州体育旅游“梦幻之春”摄影大赛。经过严格评选，共产生入展作品50幅，入围作品150幅。5月14日，于天晖社区举行颁奖仪式。

【“扬家庭美德，展巾帼风采”主题摄影展】 3月8日，由区委宣传部主办，区文联、妇联承办的“扬家庭美德，展巾帼风采”主题摄影展活动拉开帷幕，此次摄影展活动从1月18日开始征稿，至2月28日，共收到来稿400余幅，所有照片均以女摄影家、女摄影爱好者的视角进行拍摄，最终选取80余幅精品在活动现场公开展出。

【“东源杯·多彩南通州”摄影作品展】 活动由中国摄影报社、江苏省摄影家协会、上海市摄影家协会、通州区城市建设指挥部、通州区委宣传部主办，南通市文联、南通市摄影家协会、通州区文联承办，江苏东源电器集团股份有限公司、区住建局、区交通局、区城管局、区旅游局协办，共收到参赛作品4000余幅。经权威专家评审，共评选出入展作品49幅，入选作品100幅。同时，举办隆重的颁奖活动。中国摄影家协会副主席、法制日报社美术摄影部主任居杨应邀做《一起拍摄有温度的影像故事》主题讲座。

【首届“慈云寺杯”佛教文化主题摄影比赛】 比赛由江苏省摄影家协会、南通市文联、通州区委宣传部、南通市摄影家协会、通州区文联共同主办。大赛紧扣“佛教文化”这一主题，共收到参赛作品1280余幅。经权威专家评审，共评选出一等奖1名、二等奖2名、三等奖4名、优秀奖20名、入选奖70名。

2017年通州区文联会员部分发表、出版及获奖作品一览表

表10

类　别	项目名称	作　者	出版(展览、演出)情况	主办单位	全国获奖	省(市)获奖
儿童剧	《田梦儿》	张　锋	演出600余场	江苏省委宣传部		江苏省“五个一”工程奖
小说	《闯荡南非洲》	张黎化	江苏凤凰美术出版社	南通市委宣传部		南通市“五个一”工程奖
系列小说	《滑板少年》	张剑彬	南京大学出版社	南通市委宣传部		南通市“五个一”工程奖
歌曲	《行教童谣》	李咏海　韩建东		南通市委宣传部		南通市“五个一”工程奖
小说	《女人风云》	张黎化	文汇出版社			

续表 10

类　别	项目名称	作　者	出版(展览、演出)情况	主办单位	全国获奖	省(市)获奖
系列文学	《梦驿清吟》	吴春燕	中国文史出版社			
系列文学	《走在灵魂的路上》	沈国玉	中国文史出版社			
系列文学	《陪着一只蜗牛前行》	张红梅	中国文史出版社			
系列文学	《绘声绘色》	朱朝霞	中国文史出版社			
系列文学	《水芝的战争》	薛小玉	中国文史出版社			
系列文学	《听风细语》	张海燕	中国文史出版社			
系列文学	《君问花期》	卢锋利	中国文史出版社			
国画	《溪山清泉》	李　进	心纳万境—首届国展美术名家邀请展	中国国家画院国展美术中心	入选	
国画	《塬上清华》	李　进	“江海艺境”南通艺博会艺术大展	南通文联		入选
国画	《天生港之晨》	李　进	“百年港闸·大美市北”——大型创作采风活动作品综合展	南通文联		入选
版画	《巢之恋》	陈鹏刚	第三届江苏省文华奖优秀作品展	江苏文化厅		入选
版画	《佛光下的刻经人》	陈鹏刚	第二届“江苏美术奖”美术作品展	江苏美协		入选
国画	《冬日阳光》	陈鹏刚	“江海艺境”南通艺博会艺术大展	南通文联		入选
版画	《巢》	陈鹏刚	“江海艺境”南通艺博会艺术大展	南通文联		入选
油画	《遥望港的晌午》	华振明	第三届江苏省文华奖优秀作品展	江苏文化厅		入选
油画	《遥望港的秋季》	华振明	第二届“江苏美术奖”美术作品展	江苏美协		入选
油画	《沃土》	华振明	“江海艺境”南通艺博会艺术大展	南通文联		入选
油画	《黄金滩》	华振明	“江海艺境”南通艺博会艺术大展	南通文联		入选
油画	《遥望港的季风》	华振明	南通油画提名展	南通文联		入选
油画	《湘西印象》	华振明	南通文艺界“深入生活·扎根人民”大型创作采风活动作品综合展	南通文联		入选
国画	《溪山行》	蔡志中	第二届“江苏美术奖”美术作品展	江苏文联、江苏省美协		提名奖
国画	《溪上听禅》	蔡志中	“江海艺境”南通艺博会艺术大展	南通文联		入选
国画	《湘西印象》	蔡志中	南通文艺界“深入生活·扎根人民”大型创作采风活动作品综合展	南通文联		入选
国画	《福田胜境》	蔡志中	“百年港闸·大美市北”——大型创作采风活动作品综合展	南通文联		入选
国画	《老兵新传》	杨　林	江苏省第七届企业职工美术书法作品大展	江苏省文化厅		优秀奖

续表 10

类　别	项目名称	作　者	出版(展览、演出)情况	主办单位	全国获奖	省(市)获奖
国画	《老兵新传》	杨　林	江苏省第六届新人美术作品展	江苏美协		入选
国画	《村头玉兰正开时》	杨　林	江苏省第三届农民画展	江苏美协		入选
国画	《故园》	杨　林	"江海艺境" 南通艺博会艺术大展	南通文联		入选
版画	《朝阳奔梦》	周文新	江苏六届美术新人展	江苏美协		佳作奖
版画	《洋口大汛》	周文新	"江海艺境" 南通艺博会艺术大展	南通文联		入选
国画	《四季心像》	姜唯一	"江海艺境" 南通艺博览会大展	南通文联		入展
国画	《瑞满乾坤》	瞿　鹏	"江海艺境" 南通艺博会艺术大展	南通文联		入选
油画	《那晚我们说了些什么》	邱皓波	江苏六届美术新人展	江苏美协		佳作奖
油画	《那晚我们说了些什么》	邱皓波	"江南意蕴"油画展	江苏美协		入选
国画	《南黄海的早晨》	吴建彬	江苏省第七届企业职工美术书法作品展	江苏文化厅		入选
油画	《又到一年瓜熟时》	汪卫华	江苏省第七届企业职工美术书法作品展	江苏文化厅		入选
国画	《渡》	俞雪梅	"春华墨韵"第六届南通市女画家作品邀请展	南通美协		入选
国画	《见知》	俞雪梅	"春华墨韵"第六届南通市女画家作品邀请展	南通美协		入选
国画	《内观》	俞雪梅	南通市青年美术作品展	南通青年美协		"青年美术家奖"
油画	《2015——感动中国人物吴锦泉》	刘　军	江苏省第七届企业职工美术书法作品大展	江苏文化厅		优秀奖
油画	《环境美容师》	刘　军	江苏省第六届新人美术作品展览	江苏美协		入选
国画	《和谐》	曹德新	江苏省第七届企业职工美术书法作品大展	江苏文化厅		优秀奖
书法论文	《呈学者风范，蕴书卷气息—孙儆及其甲骨文书法》	黄宝乐	《书法》杂志	中国书法家协会		
书法	六尺楷书	宋建峰	"全国第八届楹联展"	中国书法家协会	入展	
书法	篆书六尺中堂	黄宝乐	学习十九大精神"习近平用典书法展"	南通市委宣传部、南通市文联		入展
书法	篆书作品"餐净福至"	黄宝乐	"南通市书画名家迎春书画展"	南通市文广新局		入展
舞蹈	《舞菊花台》	殷晓莉	江苏省第十二届"五星工程"奖	省文化厅		优秀作品奖
舞蹈	《幸福舞起来》	殷晓莉	南通市"喜迎十九大·幸福舞起来"广场舞大赛	南通市委宣传部、市文广局、市舞协		特等奖
舞蹈	《丝绸之路》	殷晓莉	南通市"喜迎十九大·幸福舞起来"广场舞大赛	南通市委宣传部、市文广局、市舞协		特等奖
舞蹈	《幸福舞起来》	殷晓莉	江苏省"喜迎十九大幸福舞起来"广场舞大赛	江苏省委宣传部、省文化厅、省舞协		二等奖
舞蹈	《丝绸之路》	殷晓莉	江苏省"喜迎十九大幸福舞起来"广场舞大赛	江苏省委宣传部、省文化厅、省舞协		二等奖

续表 10

类别	项目名称	作者	出版(展览、演出)情况	主办单位	全国获奖	省(市)获奖
舞蹈	《中国是条富强船》	杨撼宇	南通市"喜迎十九大·幸福舞起来"广场舞大赛	南通市委宣传部、市文广局、市舞协		特等奖
舞蹈	《中国是条富强船》	杨撼宇	江苏省"喜迎十九大·幸福舞起来"广场舞大赛	江苏省委宣传部、省文化厅、省舞协		银奖
民歌	《南通号子新唱(打麦号子)》	张杰	苏北地区民歌邀请赛总决赛	江苏省文化厅、省音协		金奖
鼓曲	《老街坊》	黎化 张杰 顾吴迪	第七届江苏曲艺芦花奖	江苏省文联、省曲协		节目奖
小戏	《审舅舅》	刘天文 张山 葛豪 张莉	央视《一鸣惊人》栏目	中央电视台	金奖	
小戏	《审舅舅》	刘天文 张山 葛豪 张莉	"中华颂"第七届全国小戏小品曲艺大展	中国民间文艺家协会、中华颂全国小戏小品曲艺大赛组委会	金奖	
小品	《拜见岳母》	姜冬云 张山 倪敏 马跃峰 李汉芳 易彬	"中华颂"第七届全国小戏小品曲艺大展	中国民间文艺家协会、中华颂全国小戏小品曲艺大赛组委会	金奖	
方言说唱	《散花》	黎化 张山 涌泉 葛豪 张小燕 吴永聪	"中华颂"第八届全国小戏小品曲艺大展	中国民间文艺家协会、中华颂全国小戏小品曲艺大赛组委会	金奖	
小品	《二嫂争媳》	姜冬云 张山 张志一 许君 李汉芳	第三届江苏曲艺、喜剧小品大赛	江苏省文化馆		一等奖
小品	《二嫂争媳》	姜冬云 张山 张志一 许君 李汉芳	第七届江苏曲艺芦花奖	江苏省文联、省曲艺家协会		节目奖
朗诵	《你是人间四月天》	杨洁	"为你诵读"平台全国方言诵读比赛	中华诵读联合会	第一名	
论文	苏轼诗题散文化的抒写策略	徐振辉	(湖南《书屋》杂志			
楹联	沪通大桥楹联7副	汤俊峰 陶汉清	《中国楹联报》			
诗词	鹧鸪天·雷锋精神代代传	庄奂	《大江南北》	新四军研究会		
诗词	《品茶》	汤俊峰	云南"双柏查姆杯"全国诗词大赛		优秀奖	
诗词	《八里城怀古》	汤俊峰	《诗刊》"八里城杯"全国诗词大赛		优秀奖	
论文	《街感》	黄松琪	《中国老年报》			
诗词	《海棠》	汤俊峰	第十届海棠花节全国诗词大赛	北京诗词学会	优秀奖	
诗词	《张爱萍将军》	汤俊峰	"诗词颂军魂"全国诗词大赛	北京诗词学会	优秀奖	
诗词	采桑子·元宵	丁宪明	《心潮诗词》			
诗词	忆江南三首	丁宪明	《心潮诗词》			
国标舞		张嘉豪	中国上海第七届"喜盈门"杯国际标准舞(体育舞蹈)全国公开赛		一等奖	
国标舞		王思丹	中国上海第七届"喜盈门"杯国际标准舞(体育舞蹈)全国公开赛		一等奖	

续表 10

类别	项目名称	作者	出版(展览、演出)情况	主办单位	全国获奖	省(市)获奖
国标舞		张端阳	中国上海第七届“喜盈门”杯国际标准舞(体育舞蹈)全国公开赛		二等奖	
国标舞		陆玉群	中国上海第七届“喜盈门”杯国际标准舞(体育舞蹈)全国公开赛		二等奖	
国标舞		孙艺歆	南通市第十届“华尔杯”体育舞蹈公开赛	南通市体育舞蹈协会、南通市学校体育协会		金奖
摄影	《美丽通州》	王卫国	南通市第二届摄影艺术展	南通市文联		三等奖
摄影	《拜师》	王卫国	“东源杯·多彩南通州”全国摄影作品展	中国摄影报、上海市摄协、江苏省摄协	入展	
摄影	《美丽通州(组照)》	王卫国	“东源杯·多彩南通州”全国摄影作品展	上海市摄协、江苏省摄协		入选
摄影	《生死时速》	王卫国	“东源杯·多彩南通州”全国摄影作品展	上海市摄协、江苏省摄协		入选
摄影	《蓝色梦想》	潘为公	“多彩南通州”全国摄影作品展	中国摄影报、上海市摄协、江苏省摄协	入展	
摄影	《丰收》	潘为公	大豫镇全国摄影作品展	中国摄影报	入展	
摄影	《相映》	潘为公	《大众摄影》联谊会	《大众摄影》杂志社	二等奖	
摄影	《伞韵》	邢蕾	《大众摄影》联谊会	《大众摄影》杂志社	三等奖	
摄影	《祥云耀空港》	邢蕾	“东源杯·多彩南通州”全国摄影作品展	上海市摄协、江苏省摄协		入选
摄影	《专注的眼》	邢蕾	“东源杯·多彩南通州”全国摄影作品展	上海市摄协、江苏省摄协		入选
摄影	《坚守》	邢蕾	“东源杯·多彩南通州”全国摄影作品展	上海市摄协、江苏省摄协		入选
摄影	《看这里》	捷飞	上海国际“郎静山摄影艺术奖”慈善摄影大赛	中国华侨摄影学会、台湾中华侨联总会等	金像奖	
摄影	《快乐童年》	捷飞	“健康江苏”全省摄影展	江苏省摄协、省老龄委		入选
摄影	《雀鸟大舞台》	捷飞	“喜迎十九大·大美崇川”摄影大赛	江苏省摄协、南通市委宣传部、市摄协		二等奖
摄影	《非遗进校园》	捷飞	“东源杯·多彩南通州”全国摄影作品展	中国摄影报、江苏省摄协、上海市摄协	入展	
摄影	《乡戏》	捷飞	“东源杯·多彩南通州”全国摄影作品展	江苏省摄协、上海市摄协		入选
摄影	《台上台下》	捷飞	南通市第二届摄影艺术展	南通市文联		三等奖
摄影	《古镇人家》	曹松	南通市第二届摄影艺术展	南通市文联		优秀奖
摄影	《你追我赶》	曹松	东源杯多彩南通州全国摄影作品展	中国摄影报	入展	
摄影	《祈佛》	曹松	东湖杯首届中国大豫全国摄影作品展	中国摄影报	入展	
摄影	《风从海上来》	曹松	2017“水韵江苏”摄影图片展作品征集	江苏省摄影家协会		入选奖

续表 10

类　别	项目名称	作　者	出版(展览、演出)情况	主办单位	全国获奖	省(市)获奖
摄影	《东方莱茵河》	曹　松	东源杯多彩南通州全国摄影作品展	上海市摄影协会、江苏省摄影家协会		入选
摄影	《我们都是运动员》	曹　松	东源杯多彩南通州全国摄影作品展	上海市摄影协会、江苏省摄影家协会		入选
摄影	《好日子》	曹　松	东源杯多彩南通州全国摄影作品展	上海市摄影协会、江苏省摄影家协会		入选
摄影	《流金岁月》	张建平	“东源杯·多彩南通州”全国摄影作品展	中国摄影报、江苏省摄协、上海市摄协	入展	
摄影	《一丝不苟》	张建平	“东源杯·多彩南通州”全国摄影作品展	上海市摄影协会、江苏省摄影家协会		入选
摄影	《华灯初上》	张建平	“东源杯·多彩南通州”全国摄影作品展	上海市摄影协会、江苏省摄影家协会		入选
摄影	《沙漠之光》	蒋海燕	第三届“福能杯·能源与环境”全国摄影大展	《大众摄影》杂志社、福建省能源集团有限责任公司	入展	
摄影	《田园诗意》	蒋海燕	《大众摄影》影友联谊赛	《大众摄影》编缉部		三等奖
摄影	《南山湖小景(组照)》	蒋海燕	“东源杯·多彩南通州”全国摄影作品展	江苏省摄影家协会、上海市摄影家协会		入选
摄影	《恩爱一生》	包志彬	“影像四季”全国摄影大展	中国摄影家协会图片社	入展	
摄影	《佛光》	包志彬	“影像四季”全国摄影大展	中国摄影家协会图片社		
摄影	《年味》	包志彬	“喜迎十九大·新江苏新辉煌”摄影作品大展	江苏省文学艺术界联合会		入选
摄影	《年味》	包志彬	“东源杯·多彩南通州”全国摄影作品展	中国摄影报、江苏省摄协、上海市摄协	入展	
摄影	《如梦如幻如琴湖》	吴卫东	《大众摄影》影友联谊会	《大众摄影》杂志社	二等奖	
摄影	《蒸蒸日上》	吴卫东	“东源杯·多彩南通州”全国摄影作品展	《中国摄影报》社		
摄影	《乡野》	肖　军	“东源杯·多彩南通州”全国摄影作品展	中国摄影报、江苏省摄协、上海市摄协	入展	
摄影	《闪耀金城》	肖　军	“东源杯·多彩南通州”全国摄影作品展	上海市摄影协会、江苏省摄影家协会		入选
摄影	《日出龙门》	肖　军	“东源杯·多彩南通州”全国摄影作品展	上海市摄影协会、江苏省摄影家协会		入选
摄影	《雾绕金城》	肖　军	“东源杯·多彩南通州”全国摄影作品展	上海市摄影协会、江苏省摄影家协会		入选
摄影	《“世界从此欢声笑语”》	阜多敏	2016年度江苏省优秀摄影作品评选	江苏省新闻摄影学会		铜奖
摄影	《快乐的祖孙俩》	阜多敏	“喜迎十九大　全景看江苏”系列视觉作品大赛	江苏省委宣传部、省文联		佳作奖
摄影	《如诗如画渔湾游》	阜多敏	“东源杯　多彩南通州”全国摄影作品展	中国摄影报社、上海市摄影家协会、江苏省摄影家协会	入展	
摄影	《二胎》	季晓玲	《大众摄影》影友联谊会	《大众摄影》杂志社	三等奖	
摄影	《我要当姐姐啦》	季晓玲	“东源杯·多彩南通州”全国摄影作品展	上海市摄影协会、江苏省摄影家协会		入选

续表 10

类 别	项目名称	作 者	出版(展览、演出)情况	主办单位	全国获奖	省(市)获奖
摄影	《骑乐无穷》	宋协培	南通市第二届摄影艺术节	南通市文联		优秀奖
摄影	《操作工》	宋协培	南通市第二届摄影艺术节	南通市文联		优秀奖
摄影	《大爱》	宋协培	“健康江苏”摄影展	江苏摄影家协会		入围
摄影	《渺若烟云》	宋协培	“东源杯·多彩南通州”全国摄影作品展	上海市摄影协会、江苏省摄影家协会		入选
摄影	《在希望的田野上》	宋协培	“东源杯·多彩南通州”全国摄影作品展	上海市摄影协会、江苏省摄影家协会		入选
摄影	《老行当》	宋协培	“东源杯·多彩南通州”全国摄影作品展	上海市摄影协会、江苏省摄影家协会		入选
摄影	《群英荟萃》	宋协培	2017年度全国摄影大展	中国摄影家协会图片社	优秀作品	
摄影	《骑乐融融》	宋协培	《大众摄影》影友联谊会	《大众摄影》杂志	三等奖	
摄影	《致富路》	宋协培	“东源杯·多彩南通州”全国摄影作品展	中国摄影报、上海市摄影协会、江苏省摄影家协会	入展	
摄影	《心灯》	欧阳良跃	首届“慈云寺杯”佛教文化主题摄影大赛	江苏省摄影家协会		一等奖
摄影	《沐浴晨光》	欧阳良跃	《大众摄影》影友联谊会	《大众摄影》杂志社	三等奖	
摄影	《灯火璀璨南通州》	欧阳良跃	“东源杯·多彩南通州”全国摄影作品展	上海市摄影协会、江苏省摄影家协会		入选奖
摄影	《回向》	吴霄云	首届“慈云寺杯”佛教文化主题摄影大赛	江苏省摄影家协会		二等奖
摄影	《心系诸佛,珠可助道》	吴霄云	首届“慈云寺杯”佛教文化主题摄影大赛	江苏省摄影家协会		三等奖
摄影	《犇》	吴霄云	“影像四季” 全国摄影大展	中国摄影家图片社	入展	
摄影	《走过》	吴霄云	“影像四季” 全国摄影大展	中国摄影家图片社	入展	
摄影	《天伦之乐》	吴霄云	《大众摄影》影友联谊会		三等奖	
摄影	《工匠的一天》	吴霄云	“东源杯·多彩南通州”全国摄影作品展	中国摄影报社、上海市摄影协会、江苏省摄影家协会	入展	
摄影	《花海游龙》	吴霄云	《中国摄影报》影友擂台赛	中国摄影报社	三等奖	
摄影	《挡车间忙碌的身影》	刘可赢	“东源杯·多彩南通州”全国摄影作品展	上海市摄影协会、江苏省摄影家协会		入选
摄影	《专注》	刘可赢	“东源杯·多彩南通州”全国摄影作品展	上海市摄影协会、江苏省摄影家协会		入选
摄影	《梦幻大桥》	朱国兴	东源杯多彩南通州全国摄影作品展	中国摄影报社、上海市摄影协会、江苏省摄影家协会	入展	
摄影	《工友情》	朱国兴	东源杯多彩南通州全国摄影作品展	上海市摄影协会、江苏省摄影家协会		入选
摄影	《充盈的心》	朱国兴	《大众摄影》影友联谊会	《大众摄影》杂志社	一等奖	

续表 10

类　别	项目名称	作　者	出版(展览、演出)情况	主办单位	全国获奖	省(市)获奖
摄影	《火红青春创业路一个青年设计师的中国梦(组)》	朱国兴	包商银行杯全国第八届"小企业贷款"专题摄影大展	《大众摄影》杂志社	入展	
摄影	《古刹寻幽》	朱国兴	首届"慈云寺杯"佛教文化主题摄影比赛	江苏省摄影家协会		二等奖
摄影	《施工现场》	陆振峰	"东源杯·多彩南通州"全国摄影作品展	上海市摄影协会、江苏省摄影家协会		入选
摄影	《作坊》	吴　娟	《大众摄影》影友联谊会	《大众摄影》杂志社		二等奖
摄影	《妆》	吴　娟	"东源杯·多彩南通州"全国摄影作品展	上海市摄影协会、江苏省摄影家协会		入选
摄影	《舞动南山》	吴　娟	"东源杯·多彩南通州"全国摄影作品展	上海市摄影协会、江苏省摄影家协会		入选
摄影	《未来新城》	吴　娟	"东源杯·多彩南通州"全国摄影作品展	上海市摄影协会、江苏省摄影家协会		入选
摄影	《古刹又重阳》	吴　娟	首届"慈云寺杯"佛教文化主题摄影比赛	江苏省摄影家协会		三等奖
摄影	《致敬老手艺》	张邦发	"东源杯·多彩南通州"全国摄影作品展	上海市摄影协会、江苏省摄影家协会		入选
摄影	《石港窨糕》	张邦发	"东源杯·多彩南通州"全国摄影作品展	上海市摄影协会、江苏省摄影家协会		入选
摄影	《挖藕人》	张邦发	"东源杯·多彩南通州"全国摄影作品展	上海市摄影协会、江苏省摄影家协会		入选
摄影	《建设者》	林　红	河南省南阳市影友联谊会	中国摄影家协会	三级佳作	
摄影	《抱抱哥》	张松年	"东源杯·多彩南通州"全国摄影作品展	中国摄影报社、上海市摄影协会、江苏省摄影家协会	入展	
摄影	《漆彩女》	张松年	中国摄影报"走进南通州"影友擂台赛	中国摄影报社	三等奖	
摄影	《小花旦》	张松年	《大众摄影》影友联谊会	《大众摄影》杂志社	二等奖	
摄影	《牡丹亭》	张松年	《中国梦·光影舞台》首届舞台艺术摄影大展	中国艺术摄影学会、中国摄影家杂志社	入选	
摄影	《董小宛与冒辟疆》	张松年	《中国梦·光影舞台》首届舞台艺术摄影大展	中国艺术摄影学会、中国摄影家杂志社	入选	
摄影	《朱鹮》	张松年	《中国梦·光影舞台》首届舞台艺术摄影大展	中国艺术摄影学会、中国摄影家杂志社	入选	
摄影	《桥工的午餐》	张松年	"东源杯·多彩南通州"全国摄影作品展	上海市摄影协会、江苏省摄影家协会		入选
摄影	《开沙明珠》	张松年	"东源杯·多彩南通州"全国摄影作品展	上海市摄影协会、江苏省摄影家协会		入选
摄影	《董小宛》	张松年	南通市第二届摄影艺术展	南通市文联		三等奖
摄影	《梦笔生花》	葛红娟	"东源杯·多彩南通州"全国摄影作品展	上海市摄影协会、江苏省摄影家协会		入选
摄影	《舞之梦》	葛红娟	"东源杯·多彩南通州"全国摄影作品展	上海市摄影协会、江苏省摄影家协会		入选

续表 10

类别	项目名称	作者	出版(展览、演出)情况	主办单位	全国获奖	省(市)获奖
摄影	《故乡的云》	葛红娟	"东源杯·多彩南通州"全国摄影作品展	上海市摄影协会、江苏省摄影家协会		入选
摄影	《传承"组照"》	刘凯	南通市第二届摄影艺术展	南通市文联		优秀奖
摄影	《拂扬喜丰收》	刘凯	香港第七届全国艺术展览	中华全国摄影工作者协会、中国职业摄影家协会	入选	
摄影	《福址—南山寺》	刘凯	"东源杯·多彩南通州"全国摄影作品展	中国摄影报社、上海市摄影协会、江苏省摄影家协会	入展	
摄影	《美丽大豫》	刘凯	"东湖杯" 全国摄影作品展	《大众摄影》杂志社	入展	
摄影	《梦幻神韵》	刘凯	南通市第二届摄影艺术展	南通市文联		优秀奖
摄影	《全民健身》	刘凯	"东源杯" 多彩南通州全国摄影作品展	上海市摄影家协会、江苏省摄影家协会		入选
摄影	《紫气东来》	李兵	"影像四季" 全国摄影大展	中国摄影家协会图片社	入选	
摄影	《耕耘》	李兵	"影像四季" 全国摄影大展	中国摄影家协会图片社	入选	
摄影	《耕耘》	李兵	南通市第二届摄影艺术展	南通市文联		三等奖
摄影	《一枝独秀》	李兵	南通市第二届摄影艺术展	南通市文联		优秀奖
摄影	《桃花源里有人家》	李兵	南通市第二届摄影艺术展	南通市文联		优秀奖
摄影	《低碳婚礼》	李兵	"东源杯·多彩南通州"全国摄影作品展	中国摄影报社、上海市摄影协会、江苏省摄影家协会	入展	
摄影	《低碳婚礼》	李兵	走进南通州影友联谊会	大众摄影杂志社	三等奖	
摄影	《掌中宝》	李兵	中国摄影报走进南通州影友联谊赛	中国摄影报社	一等奖	
摄影	《绿满通州》组照	张友奎	"东源杯·多彩南通州"全国摄影作品展	中国摄影报社、上海市摄影协会、江苏省摄影家协会	入展	
摄影	《城市环境卫士(组照)》	张友奎	"东源杯·多彩南通州"全国摄影作品展	上海市摄影协会、江苏省摄影家协会		入选
摄影	《七月流火我流汗(组照)》	张友奎	"东源杯·多彩南通州"全国摄影作品展	上海市摄影协会、江苏省摄影家协会		入选
影视	《通州骄子孙钱团队研发的光明"中国芯"荣获国家技术发明一等奖》	严冰 王云峰 张雪松 徐艳梅	全国县级广播电视节目广播长消息	中国广播电影电视社会组织联合会	一等奖	
影视	《童声里，梦想飞扬》——通州打造"童声里的中国"少儿文化活动品牌10周年纪实	王云峰 严冰 张雪松 查钰洁	全国县级广播电视节目广播新闻专题类	中国广播电影电视社会组织联合会	三等奖	
影视	《张锋：塑造少儿"文化自信"的"中国好人"》	王云峰 严冰 张雪松 马俊	全国县级广播电视节目广播社教专题	中国广播电影电视社会组织联合会	三等奖	

续表 10

类　别	项目名称	作　者	出版(展览、演出)情况	主办单位	全国获奖	省(市)获奖
影视	《“义举妈妈”实现爱子遗愿 120 万抚恤金慈善助困》	严　冰　王云峰 张雪松　戴素华	江苏省新闻出版广电政府奖	江苏省新闻出版广电局江苏省广播电影电视协会		特别奖
影视	《田梦儿》	王云峰　薛　梅 严　冰　张雪松 李　果　张舒悦	江苏广播剧奖儿童剧	江苏省新闻出版广电局江苏省广播电影电视协会		二等奖
影视	《琼海硬汉》	张舒悦	江苏播音社教作品	江苏省新闻出版广电局江苏省广播电影电视协会		三等奖
影视	《田梦儿》	胡　云　张淋丽		江苏省广播电视协会		省三等奖
影视	《琼海硬汉》	邢雅欣　张淋丽 杨　昊		南通市广播电视学会		一等奖
影视	《缘梦南山》	单　洁　邢雅欣		南通市广播电视学会		南通二等奖
影视	《血缘情深,续航生命》	邢雅欣　施翔宇 单　洁　曹雪娟		南通市广播电视学会		南通二等奖
影视	《天耀江海、幸福通州——2016 年贺新春全区群众大联欢》	刘金疆　严　峻 邢雅欣　陈建华		南通市广播电视学会		南通市二等奖
影视	《花园村:精准扶贫一个不能少,小康路上齐步走》,	沈郁兵　邢雅欣		南通市委组织部、宣传部		南通市二等奖

(邱示康)

区哲学社会科学界联合会

【概　况】 2017 年,区社科联围绕区委区政府中心工作,积极开展理论研讨、应用研究、社科普及和队伍建设等工作,取得了明显成效。1 项研究课题获省社科联立项,1 项研究成果获省十三届社科学术大会论文二等奖,1 项研究课题获市重点热点难点课题研究立项;在市十三届社科评奖中,通州两项成果分获二、三等奖。

【贯彻六中全会精神征文活动】 与区委宣传部联合开展学习贯彻党的十八届六中全会精神理论文章征集活动,全区广大党员干部紧密联系实际,积极撰写理论文章,研究探讨新形势下推进全面从严治党的理论与实践创新,收到征文 60 余篇,对 21 篇优秀论文给予表彰奖励。

【应用对策研究】 2017 年,紧紧围绕区委、区政府“坚持稳中求进,落实‘两聚一高’,在跨江融合接轨上海中增创通州发展新优势”的工作要求,立足破解经济社会发展过程中遇到的热点难点问题,经广泛征题、综合多方意见,发出年度应用研究选题指南,广大社科工作者积极申报,经组织专家评审,确定 25 个立项不资助研究课题。组织专家对申报的应用研究成果进行评审,对 25 项优秀成果给予表彰奖励。

【第八届社科普及周启动】 9 月 26 日,在兴东街道土山村举行以“服务‘两聚一高’新实践,建设‘强富美高’新通州”为主题的区第八届社科普及周启动仪式,来自全区各镇区园街道、社科学会、社科普及基地的 100 多名社科志愿者参加活动,区委常委吴永飞为两家新申报命名的区级基地授牌和赠书;区委宣传部副部长、区社科联主席曹荣琪和南通大学马克思主义学院教授成云雷分别作“习总书记‘7·26’重要讲话精神”“中华传统优秀家风与修身立业”讲座,受到听众好

区委常委吴永飞为两家社科普及示范基地授牌

评；社科联、党校、检察院、国税局、地税局、人民银行、统计局、司法局等12家单位的社科专家为广大市民提供咨询，30多块社科展板同时展出。

【党的创新理论宣传】 2017年，区社科联把学习宣传贯彻党的十八届五中、六中全会精神、习总书记"7·26"重要讲话和十九大精神作为首要的政治任务，加大了宣讲普及力度。在通州社科网"视频讲堂""理论动态"等栏目上，转载国内著名专家学者相关视频讲座、研讨文章，供广大党员干部群众学习参考；充分运用"三堂融合"阵地，积极组织社科理论骨干进机关、镇村、社区、学校、企业宣讲党的创新理论1000余场，受众达10万余人次；积极组织参加省十四届社会科学普及宣传周主题知识竞赛活动，制作55个易拉宝分发给各镇区园街道和社科普及示范基地。

【忠孝文化园晋级省级示范基地】 通州忠孝文化园是国内唯一以传承忠孝传统优秀文化为己任的大型园区，占地160亩，建有二十四忠孝石雕园、"新二十四孝"墙体彩绘、32米高石雕孔子像和思苑楼、百名将军忠孝观书法展厅、忠孝文化长廊等景观。2012年4月1日，中华文化促进会主办的"中华文化(南通)论坛——传统道德的当代意义"在忠孝文化园成功举行，社会影响深远。2017年成功晋级江苏省社会科学普及示范基地。是年通州首家省社科普及示范基地——区图书馆顺利通过省复审。

【社科普及示范基地申报和复评】 积极借鉴省市社会科学普及示范基地创建管理办法，修改完善《通州区社会科学普及示范基地创建与管理办法》，广泛宣传发动、组织申报，在实地考查评估的基层上，与区委宣传部联合命名社科普及示范基地17家，其中新命名通州区文化馆和兴东街道土山村2家区级基地。积极向上推介，累计建成市级基地7家、省级基地2家。

【社科普及宣讲团】 通州区以大学生村官为主体，组建社科普及宣讲团，以群众喜闻乐见的形式，走村入户进企，宣讲惠农政策、优秀传统文化等知识，该项目获得省社科普及专项经费资助。（陈泉江）

通州社科理论界学习贯彻习总书记"7·26"重要讲话精神交流会

区归侨侨眷联合会

【概　况】 2017年，通州区侨联按照全国、省、市侨联的部署要求，进一步增强侨联组织政治性、先进性和群众性，持续坚持"两个服务""两个并重""两个拓展"，积极扩大和深化侨联工作领域，充分凝聚侨心、发挥侨力，各项工作稳步推进。

【服务发展大局】 以侨为桥，发挥侨界人才荟萃、智力密集、联系广泛的独特优势，在全区侨界人士中开展"侨助美丽通州建设"活动，加大对通州区发展的宣传力度，引导动员国内归侨侨眷和海外侨胞积极参与家乡建设，为通州区发展献计出力。通州区共有11名侨界人士担任市、区人大代表和政协委员，通过组织集中学习、座谈交流等活动，充分调动和发挥他们的积极性和作用，积极参政议政，撰写建议提案，为通州区经济和社会发展建言献策，在2017年两会期间，侨界委员、代表提出很多科学合理化的意见和建议，为党委和政府科学决策提供参考依据。在全区基层侨联小组中开展侨情动态调查登记，做到可以随时掌握侨情变化，服务经济社会发展。11月份，组织开展全区新侨调查，重点调查通州区改革开放以后出国的华人华侨和华裔新生代，包括通州区留学生、归国留学人员及海外留学人员，调查工作得到镇区园和街道的支持，取得新的成效。

【服务侨界群众】 心系侨界群众，开展"慰侨心、送温暖"活动。坚持与老归侨经常保持联系，多次上门走访看望慰问，为他们排忧解难。春节、中秋前夕，深入到镇村，重点对侨界群众中的孤寡老人、贫困侨户进行走访慰问，发放慰问品和慰问金，把党和政府的关怀和问候传递给他们。对侨联退下来的老同志、侨联工作热心人士进行走访慰问。在区侨联的推动下，全区各乡镇(街道)也在重大传统节日期间，做好对辖区内侨界人士的走访慰问，扩大走访慰问面，贴近与侨界群众的距离。2017年，区、镇两级共计走访慰问150余户。认真贯彻落实涉侨法律法规，以各镇、街道"侨眷之家"为载体，开展以"知侨护侨促和谐，爱侨利侨谋发展"为主题的侨法宣传活动，完善侨法宣传长效机制，推行"主动维权、依法维权、科学维权"，不断推进侨界法治建设。全年共接待侨界群众来访23人次，处理信访件7件，帮助解决侨界人士就学、就业、就医、房产、各类纠纷等问题，及时化解侨界矛盾。

【扩大联络联谊】 主动联络，促进对外联系交流。在海外联谊工作上坚持"必访、必问、必记"制度，积极开展与港澳同胞和海外侨胞的联络联谊活动,坚持在春节前夕向海外人士寄送新年贺卡,2017年共向美国、加拿大、澳大利亚、日本、英国、新加坡等国家和地区寄送纸质贺卡及电子贺卡300多份。此外,借助微信、QQ、电邮、电话等方便快捷的媒介,与海外侨胞特别是一批重点代表人士保持经常性的联系,做到问候不停,联谊不断,增进彼此感情,深交老朋友,广交新朋友。热情周到,做好侨胞来通接待,全年共接待美国、加拿大等国家和地区的海外侨胞、港澳同胞15批42人次。根据商务活动、寻根问祖、探亲等不同来由,细致周到地做好接待,让他们有宾至如归的感觉。在5月份南通市召开通商大会期间,主动加强与通州海外侨胞的联系,赴南通拜会来通参会的通州籍侨胞,让他们感受到侨联组织对他们的关怀,引导他们为通州发展作出积极的努力。不断丰富侨众生活,相继组织开展侨界"共话乡情发展"迎春交流会、侨界以扇为友健身联谊、集中观看通剧《瓦匠女人》、侨界摄影家为"2017南通通州体育旅游梦幻之春"留影、参观通州新貌等系列活动,丰富侨界文化生活,凝聚了侨心。

【组织建设】 认真学习宣传贯彻党的十九大精神,组织驻会人员集中学习十九大精神,在侨界群众中广泛宣传十九大精神,在思想上政治上行动上与党中央保持高度一致,把党中央的各项决策部署落到实处。切实加强机关作风建设,在驻会人员中开展警示教育,通过正、反面教育,使党员干部树立正确的价值观,增强廉洁从政意识。推行"优质服务承诺",进一步严肃机关工作纪律。组织驻会人员参加全区富民强企奔小康"走帮服"活动和"进社区"活动,通过与基层百姓的零距离互动,使驻会党员干部服务意识明显提升、服务质量和水平明显提高。切实加强基层侨联小组建设。通过加强基层调研,积极探索基层侨联组织建设新路子,通过进一步完善基层侨联小组工作制度,增强基层"侨眷之家"的组织活力。坚持及早向各镇统战委员部署全年基层侨联工作,提出六个"做好",确保基层侨联工作有新进展。深入到重点乡镇,实地指导基层侨联小组工作的开展和"侨眷之家"活动阵地的建设。在十总镇试点,对该镇20个村的统战支委进行侨联知识宣讲培训,内容涵盖侨情调查、侨法学习、为侨服务、维权工作、信息工作等6个方面,这是区侨联第一次将侨联工作的手臂延伸到基层村一级,更加有效地推动村级侨联工作的开展。

(管　鹰)

区残疾人联合会

【概　况】 2017年,通州区残疾人联合会(简称残联)突出规范建设,群策群力,抓保障促民生,抓亮点创特色,努力提升"阳光助残,幸福万家"服务品牌,持续优化残疾人事业发展环境,圆满完成各项目标任务。建成基层残疾人综合服务机构"残疾人之家"13个,并在省市大会作经验介绍。通州区被省政府残工委命名为"江苏省残疾人工作先进区",在全市残疾人工作目标管理互动评议中蝉联第一名。

【第二十七次全国助残日活动】 5月21日是第二十七次法定"全国助残日"。助残日期间,举办"感颂党恩·绽放生命"为主题的残疾人书画摄影及手工艺品展,展出作品86件;举办残疾人歌手选拔赛,推荐优秀选手参加南通市优秀残疾人歌手友谊赛;举办知联会扶残助残服务站揭牌及定向捐赠仪式,为结对帮扶的低收入残疾人家庭捐赠120份粮油;开展区扶残助残先进个人和第二届残疾人自强标兵评选活动并进行表彰;举办残疾人就业专场招聘会,近150名残疾人登记求职,45名求职者达成就业意向;组织智力、精神残疾人及亲友参加南通市残联举办的"牵着蜗牛去散步"公益主题活动;开展"推进残疾预防,健康成就小康"进社区咨询宣传等系列活动。

【残疾儿童康复】 2017年,区残联着力抓好残疾儿童康复工作,在区第八人民医院新建的残疾儿童康复机构通过省级评审认定。全区有186名14周岁以下脑瘫、智障、孤独症、弱视儿童接受免费康复训练,其中在区残联儿童康复中心训练的89人。

【重点康复项目】 2017年,区残联围绕"人人享有康复服务"目标,积极推动精准康复服务。为1448名贫困精神残疾人逐一建档、评估,免费提供基本用药,减少精神病人肇事肇祸。实施"复明工程",为232名贫困白内障患者提供免费手术。实施"助行工程",为20名残疾儿童定制矫形器,为23名残疾人定制假肢。实施"助听工程",为29名贫困听障人士和儿童适配斯达克助听器。做好辅具需求评估与适配工作,适配助行器、轮椅等辅具1737件。

【残疾人文体】 2017年,区残联大力推动残疾人文体事业,制定残疾人文化周活动方案,开展读书分享会活动。残疾人事业宣传报道年发稿量676篇。积极参加全市残疾人事业好新闻评选,区残联获组织奖,摄影作品获省一等奖,好新闻获市二等奖1个、优秀奖2个。中国通州网开设"残疾人服务"专栏,区广播电台开播残疾人专题节目,"南通通州残联"微信公众号推送信息112期156篇。顾小飞在全国残疾人举重锦标赛上夺冠,在墨西哥残疾人举重世锦赛获得亚军;蒋兵兵在全国残疾人田径锦标赛上获400米金牌、200米银牌,戴金萍获1500米金牌;季春燕等在省特奥会取得9金5银1铜的好成绩。

【残疾人就业】 2017年,区残联建立残疾人就业培训、职业介绍、创业扶持服务直通车。举办栽培养殖、面点烹饪、保健按摩、插花编织等实用技术和职业技能培训21期,442名残疾人从中受益。举办和组织参加残疾人就业招聘会6场,223名残疾人登记求职,73家企业提供岗位253个,81名残疾人与用人单位达成就业意向。举办电子商务创业培训,出台相关激励扶持政策,新增残疾人电商20人。按比例安置残疾人就业1328人,新增就业136人,超额完成市交年度任务,残疾人就业工作在全省作大会经验介绍。

【残疾人权益维护】 2017年,区残联认真做好残疾人来信来访工作,依法维护残疾人合法权益。接待来信来访190多人次,有效处理各类信访案件。开设南通

2017 年博爱助学款发放

首家一站式残疾人法律援助工作站，残联信访专职工作人员与律师共同接访。对行动不便的残疾人提供上门服务。全年为残疾人办理法援助案件 91 件，其中刑事案件 16 件，民事案件 75 件，涉及资金 400 多万元。（季 洁）

区红十字会

【概　况】 2017 年，通州区红十字大力弘扬“人道、博爱、奉献”精神，强基础、创特色、树品牌，着眼于解决贫弱人群最关心、最直接、最现实的问题，提高素质强服务，全面提高工作质量和水平，实现红十字事业与经济社会协调发展。先后荣获《中华人民共和国红十字会法》暨全国红十字应急救护知识竞赛最佳组织一等奖、2017 年度中国红十字会总会报刊宣传先进集体一等奖、江苏省红十字养老照护服务工作先进集体等荣誉。

【第六次会员代表大会】 11 月 8 日，区红十字会第六次会员代表大会在行政中心召开。大会选举产生区红十字会第六届理事会，选举副区长樊小燕为第六届理事会会长，聘请区委书记陈永红，区委副书记、区长凌屹为区红十字会第六届理事会名誉会长，聘请区委副书记虞越嵩、区委常委、组织部部长、统战部部长沈旭东为区红十字会第六届理事会名誉副会长，大会还表彰 2010—2016 年度全区红十字会系统先进集体和先进工作者。

【推进“阳光扶贫”】 开展“博爱在通州、人道万人捐”募捐活动，全年募集健康扶贫捐款 122.3 万元。以通州区建档立卡低收入户为主要救助对象，开展“大爱通州”红十字博爱助医、助学、助困系列活动，救助建档立卡低收入户 1540 户，发放救助金 90 万元。对募集的捐款、拟救助对象以及救助款物发放情况在《通州日报》和区红十字会网站进行公示，全程公开透明，增强社会公信力。争取到区政府向“红十字人道救助基金”注资 60 万元，专项用于备灾救灾救助和救护工作。

【应急救护培训】 大力推进公益性应急救护培训这一省市政府民生实事项目，制定《通州区 2017 年公益性应急救护培训实施方案》。加强培训师资队伍建设，定期召开教学研讨交流会议，安排 5 人参加上级红会组织的培训班。9 月 26 日，通州区红十字会、区总工会、区卫计委联合举办全区应急救护技能竞赛，来自全区 15 个镇（街道）的 20 支代表队 60 名选手参加竞赛。开办第四届中小学生暑期应急救护公益讲堂，组织职业类学校应届毕业生、幼儿园保育员参加初级救护员培训，结合安全生产教育培训对企业安全员开展普及性培训。全年共举办培训班 100 余期，培训初级救护员 1300 余人，普及培训 1.1 万余人，超额完成南通市下达的任务。加强基层红十字会、应急救护志愿服务基地、社区红十字服务站应急救护培训硬件建设，拨发价值 10.17 万元的应急救护培训物资，为通州中专红十字青少年应急救护基地争取到市红十字会专项经费补助 2 万元。认真做好 2017 年安全生产大宣讲活动，红十字应急救护宣讲员深入镇村社居、学校、企业、建筑工地等，开展宣讲活动 60 余场，对 1 万余名社区居民、学校师生、企业员工、建筑工人等开展应急救护知识宣传教育。

【试点“博爱家园”】 2017 年初，在金沙街道朝阳社区和平潮镇桃邨社区进行项目试点，建立社区基层红十字会，下拨经费各 3 万元支持社区开展博爱家园项目建设。招募红十字志愿者，成立 6 支 200 多人的红十字志愿者队伍，规范开展活动。加强建设阵地，在社区便民服务大厅

通州区应急救护技能竞赛

区红十字会志愿服务活动

设置红十字志愿者服务岗和红十字募捐箱,并在社区建立红十字学习角、文化长廊、博爱超市等活动阵地。

【争创省级"红十字"示范学校】 组织开展争创江苏省红十字示范学校活动,不断提升全区红十字青少年工作水平,对30所学校红十字会进行工作调研,推荐省通州高级中学、刘桥中学、韬奋小学创建江苏省红十字示范学校并通过省级考核验收,韬奋小学作为南通地区唯一学校红十字会代表赴省领奖。通州现有37所学校创建成为南通市"红十字达标学校",21所学校荣获江苏省"红十字示范学校"称号,数量位居南通各县市区首位。

【志愿服务】 一是开展红十字医疗服务"三进"活动。各级医疗单位每月组织红十字志愿者开展一次送医、送药、送健康知识的志愿服务"三进"活动(重点是失独老人、五保老人、低保人员和困难老党员),着力打造"精准配对"志愿服务模式。区红十字会下拨"三进"志愿服务活动经费15万余元。二是开展红十字养老照护志愿服务。组建红十字养老照护志愿服务队伍,结合"博爱家园"建设,红十字养老照护志愿者深入"博爱家园"所在社区及周边社区对500余人次传播普及了养老照护知识,受到社区居民一致欢迎。三是开展红十字广场志愿服务活动。5月9日,区红十字会组织区人民医院、区中医院、省通州高级中学、十总镇卫生院等单位的红十字志愿者进社区开展志愿服务,广泛传播"人道、博爱、奉献"的红十字精神。在十总镇迎阳村活动现场,红十字志愿者为村民义诊、免费测血糖、量血压、讲解健康知识、传授救护技能等,并通过发放资料等形式,宣传新修订的《中华人民共和国红十字会法》以及红十字"三救三献"工作,并到部分行动不便的村民家中送医送药,红十字志愿者当天在金沙街道朝阳社区开展惠民义诊、心理咨询活动。

【举办竞赛培训】 5月5日,举办通州区教育系统红十字会法专题培训班,邀请南通市红十字会党组成员、秘书长孟纬鸿对新修订的《中华人民共和国红十字会法》作专题解读。5月8日,在《通州日报》刊登《中华人民共和国红十字会法》知识竞赛试题。5月,组织通州区4万余名红十字会员、志愿者参加中国红十字会总会举办的《中华人民共和国红十字会法》暨全国红十字应急救护知识竞赛活动,全区45家单位获得中国红十字会总会表彰。

【招募捐献志愿者】 2017年,利用电视、报纸、网络以及户外电子屏等媒体,大力宣传造血干细胞、遗体(器官)捐献的科普知识,招募造血干细胞捐献志愿者和遗体(器官)捐献志愿者,并制作宣传品进行发放,营造全方位、立体化的宣传氛围。全年共采集血样88人份。有17名造血干细胞捐献志愿者与患者初配相合,3人进入高分比对阶段,全年为7位造血干细胞成功捐献者送上生日及节日的慰问。全年新增2名遗体(器官)捐献志愿者。 (邵晓明)

区关心下一代工作委员会

【概　况】 2017年,通州区关心下一代工作以培育青少年社会主义核心价值观为主线,组织开展"学史立志、崇德向善"主题教育活动。区关工委《夯实征订基

区关工委主题教育活动现场推进会

区关工委组织小记者夏令营

础，发挥育人效益》的经验在全省关工委宣传工作会议上作交流，平潮镇关工委《党建带关建，同步出实效》的经验在全省关工委基层组织建设推进会上作交流，区青少年思想道德教育指导员陆子森《宣讲好故事，昭史育新人》在全省关工委宣传工作会议上发言，并荣获全省关工委党史国史教育课题研究一等奖。金沙街道育才社区校外教育辅导站、刘桥镇新联社区校外教育辅导中心站被评为全省校外教育工作优秀辅导站，3人被评为全省校外教育辅导站工作先进个人。区教育局关工委、通州小学关工委获江苏省教育系统关心下一代工作先进集体称号。

【主题教育】 区关工委联合区委党史办、区教育局、区新四军研究分会在东社学校召开全区“学史立志、崇德向善”教育实践活动现场推进会，东社镇党委、平潮镇关工委交流开展主题教育活动的经验，福建省军区原政委陆凤彬将军作军史教育报告。各镇街道通过召开关心下一代工作会议、举办关工委常务副主任培训班、现场推进会等形式，推进主题教育活动的全面展开。区教育局关工委围绕教育主题在中小学生中开展征文、演讲、朗诵等活动。在全省教育系统纪念中国人民解放军建军90周年征文比赛活动中，区教育局关工委荣获优秀组织奖；区青少年思想道德教育指导员陆子森《勿忘历史、强我国防》一文荣获全省教育系统社会主义核心价值体系十佳“精品教育项目”的第二名；区教育局选送的参赛团队在全市教育系统好家风好故事演讲比赛活动中获团体第二名、家长组一等奖、教师组一等奖。全区437名“五老”宣讲员编写宣讲材料332篇，30.48万人次青少年听讲；组织演讲204场次，25.9万人次青少年听讲；8.25万人次青少年参加征文活动。

【校外教育辅导站建设】 全区举办关工委常务副主任培训班，推进辅导站建设，部署暑期校外教育辅导活动。各镇街道加强校外教育辅导站常态化建设，优化完善机制，丰富活动内容，抓好安全管理。平潮镇召开会议对暑期校外教育辅导活动专门进行动员部署，重点组织特困儿童、留守儿童参加活动，新坝村、吉坝村、三官殿村、新三十里居委会辅导站开展唱红歌、讲故事、学书法、课业辅导等活动，7月18日《南通日报》作专题报道。西亭镇草庙村张武高家庭辅导站全年活动80次以上，利用节假日开展优良传统教育，《我办家庭教育辅导站的“三个舍得花”》的经验在市关工委基层干部学习贯彻十九大精神培训班上作交流。刘桥镇新联社区校外辅导站联合企业投入10多万元，建设高标准的活动用房，组织暑期活动成果汇报会。东社镇关工委连续4年联合东社学校举办留守儿童快乐英语夏令营、电脑培训，参加环保行动我参加“大手拉小手青春志愿行”。五接镇桃园、张大圩、袁三圩、开沙等村辅导站开展网上经典阅读、制作电子小报等，指导学生健康上网。先锋街道各村电子阅览室做到专人管理、规范使用，从“建平台”转到“用平台”，将学习电脑基本知识和思想道德教育、法制教育、科技教育、趣味活动相结合。二甲镇关工委加强对村(社区)电子阅览室的管理，健全台账。

【三好标兵竞赛评选】 区关工委会同区文明办、教育局、团区委、妇联以“五心”教育实践活动为抓手，继续组织开展三好标兵竞赛评选活动，推进青少年思想道德教育。全市三好标兵总结表彰暨长效机制建设现场推进会再次在通州小学召开。通州小学三好标兵品格提升共育课程建设项目获省教育厅立项，成为江苏省首批中小学生品格提升工程项目。共评选出2016年度十佳三好标兵10名、三好标兵110名、9个三好标兵竞赛评选活动常态化建设先进集体。

【小记者夏令营】 暑期，区关工委举办《关心下一代周报》通州小记者夏令营。小记者们参观苏中七战七捷纪念馆、李昌钰刑侦科学博物馆、如皋长江青少年素质教育实践基地、中国乒乓球训练基地等。在如皋长江青少年素质教育实践基地，周报社记者齐超给小记者们上了一堂如何做好采访的辅导课。在李昌钰刑侦科学博物馆内，当看到李昌钰博士的求学之路以及侦破案件时为找寻一点蛛丝马迹而付出的努力时，小记者纷纷感叹成功并非那么容易，是靠无数个日日夜夜的辛苦换来的。在恒力公司、开沙岛旅游度假区，小记者们感受到家乡发生的巨大变化，倍加珍惜今天的幸福生活，好好学习。

【“冰凌花”奖学金】 “冰凌花”奖学金(以在贫瘠的土地上、高寒的气候下顽强生长、绽放的冰凌花为象征，激励在困境中自强不息、品学兼优的青少年学生，每年的奖学金总额30万元左右)是《关心下一代周报》设立的优秀贫困生奖学金。关心下一代周报社在通州小学举行2017年度“冰凌花”奖学金颁奖典礼，给

省《关心下一代周报》冰凌花奖学金颁奖典礼

33名品学兼优的特困学生颁发奖金和证书,其中一等奖5名。

【参与社会治理】 区关工委协同区综治办、司法局等部门以校外教育辅导中心站为依托,推进崇德法学苑建设工作。全区关工委组成136个法制教育报告团,组织631名法制教育报告员对30多万人次作324场次法制宣讲;346个关爱工作团队,3300多名"五老"参加关爱工作;建立307个帮教小组,2700多名"五老"帮教464名青少年,其中438名青少年有了明显转化。区公安局关工委协助23个派出所调整充实法制副校长,利用寒暑假进行"党在我心中"法制教育,参听学生1.5万多人。区人民检察院关工委建议院领导建立青少年法制教育基地,协助"陈静工作室"通过"检察微课堂"推进预防未成年人犯罪工作,举办"法制夏令营",参加对涉罪未成年人心理疏导工作,编写法制宣讲材料,到学校举办法制宣传讲座。平潮镇关工委联合镇妇联,联系20家爱心企业捐助2.15万元给全镇40名留守儿童和贫困学生;全镇9个老干部党支部462名党员老干部捐款20080元,资助30个贫困生。张芝山镇10个村(社区)关工委都设立慈善基金会,共筹集资金25.8万元,资助12名贫困学生7.4万元。十总镇季庄村康菲特公司总经理蒋建华每年出资2万元扶助贫困学生,累计资助金额20万元。各地以及区级机关有关部门关工委组织"五老"网吧义务监督员,积极做好网吧义务监督工作。 (曹 建 赵美玉)

红色记忆
——通州革命遗址掠影

理治小学

位于通州区二甲镇三甲居。学校内有两处遗址:朱理治塑像和朱理治同志纪念室。1997年7月,中共余西镇党委、余西镇人民政府在余西小学内敬塑一尊朱理治铜像。2007年6月,二甲镇人民政府在余西小学内设立朱理治同志纪念室。2008年6月,通州市余西小学更名为"通州市理治小学"。2010年9月,更名为"南通市理治小学"。2012年12月,建成全国第123所红军小学。现为通州区革命传统和爱国主义教育基地。

军　事

Military

编　辑　杨王军

中国人民解放军通州区人民武装部

【概　况】 2017年，通州区人民武装部坚持以强军目标为统领，紧密结合“强富美高”新通州建设进程，聚焦改革主线，强力抓建设，积极促融合，扎实打基础，创新谋发展，全区人民武装和国防后备力量建设有新进步。是年，被省军区表彰为先进团级单位。

【政治工作】 坚定不移贯彻政治建军原则，始终把思想政治建设摆在首位，确保部队坚定正确政治方向。学讲话明遵循。认真组织党委中心组理论学习，第一时间学习习主席“7·26”“8·1”重要讲话，组织学习贯彻党的十九大会议精神，突出抓好宣讲辅导、氛围营造、转化运用，强势推进学习任务落实，努力把干部职工思想行动统一到党的新时代强军目标上来。抓教育固思想。以“三会一课”和“七项组织生活制度”落实为抓手，推进“两学一做”学习教育常态化制度化，部领导带头上党课，党员人人上台亮思想、明态度。扎实开展两项重大教育活动，全面贯彻军委主席负责制，干部职工“四个意识”“三个维护”更加坚定。严纪律正作风。以全军安全大检查为契机，深入开展隐患排查整治，扎实开展“学条例、学法规、正秩序”“百日安全竞赛”等活动。以党章和《准则》《条例》为基本遵循，突出双重组织生活、报告个人事项、肃清郭徐流毒影响等工作规范落实，坚决执行军委“11条禁酒令”，区人武部“四个秩序”进一步正规，风气建设向上向好。

【战备训练】 适应国防和军队改革新形势，积极履行应急应战指挥部职能使命，狠抓军事斗争动员准备。常态落实战备工作。修订完善作战、非战争军事行动、国防动员等方案计划，规范日常战备秩序，调整充实民兵情报信息员206名，针对政治之年、改革之年、大事之年特殊形势，落实指挥编组，常态战备检查，始终保持迅即能动行动要求，全年组织民兵战备值班分队检验性拉动点验4次200人次。着力强化军事训练。以新大纲试训为牵引，抓实首长机关训练，坚持每天1小时体能训练、每月完成1份战术作业，现役军官业务技能和体能素质明显提高，在军分区年度考核中取得优异成绩。认真落实军分区年度训练任务，先后组织3期共370人次专武干部、民兵营长、“四会教练员”和防汛骨干训练。夯实国防动员基础。协调区国动委“八办”成员单位，组织动员潜力数据核实，运行国防动员潜力管理系统。注重加强民兵“三支队伍”建设，完成5750名基干民兵编组任务，配合对海军部队首批预编兵员进行检查点验，落实8名海军退役士兵返岗训练任务，对16个镇(街道)民兵整组工作进行检查验收，进一步调整优化民兵组织结构和力量布局。

【兵员征集】 始终把征兵工作作为年度一项重大任务来完成，真正做到“一季征兵、全年准备”。落实主体责任。区委、区政府对征兵工作高度重视，区委书记对征兵工作提出具体要求，区长亲自为入伍新兵送行，镇(街道)将征兵工作作为村居考核重要内容，出台大学生奖励措施，区相关部门密切配合，军地齐抓共管，确保征兵工作有序推进。加大宣传力度。与区委宣传部联合召开会议，将7、8月作为“征兵宣传月”，发动专武干部、民兵营长1200人次上门宣传，累计悬挂宣传条幅800余条、发放宣传资料2.1万余份、发布网络信息200余条，通过立体式全方位宣传，切实把征兵工作触角延伸到社会各个角落。把握关键环节。严把体格检查、政治考核、学历审查、审批定兵四道关口，落实廉洁征兵“六公开”“四公布”，全过程实行“阳光操作”，组织预定兵员开展为期一周适应性训练，举行欢送新兵仪式，圆满完成新兵征集任务，其中大学生比例达73.5%，征兵“五率”考核排名位居全市前列。

【双拥共建】 注重发挥“双重领导”优势，密切军政军民关系，推动军民融合发展。抓党管武装落实。主动接受地方党委政府的领导，及时汇报工作，积极争取区委区政府对武装工作关心和支持。结合年度考核，对16个镇街道、30个村居人民武装工作进行调研，在与基层面对面交流互动中，开拓眼界视野，增进军地感情，促进工作落实。抓军改任务落实。稳步推进人武部改革各项工作，全面停止有偿服务，召开宣布中央军委国防动员部命令大会和人武部党委第一书记任职大会。机构设置科学合理，另设三个科室，编入军队文职人员。抓双拥共建落实。配合迎接市"四个全面"考核和双拥模范城考评，牵头驻军6个单位认真做好迎接准备。根据区扶贫工作部署，到兴东街道、十总镇结对帮扶对象家中看望慰问，与镇村共同研究制定帮扶方案。组织驻军部队和民兵预备役人员500余人次参与十九大安保执勤、秸秆禁烧和文明创建等任务，促进通州经济发展和社会和谐稳定。（傅小军）

中国人民武装警察部队通州区中队

【概　况】 2017年，中国人民武装警察部队通州区中队坚持依法从严治军，始终把国防教育和普法教育作为精神文明建设重要组成部分，立足于"打得赢，不变质"两个历史性课题，着眼适应高科技局部战争特点，围绕执勤、反恐和处置突发事件，依据《军队基层建设纲要》，按照"强班子，打基础，谋发展，保稳定"工作思路，以"打造全面过硬，争创先进中队"为奋斗目标，补短板、治弱项，狠抓经常性基础性工作落实，扎实开展改革强军主题教育活动。是年，1个班获集体嘉奖，1人立三等功，10人被评为"优秀士兵"，11人获嘉奖。

【军事训练】 从严、从难、从实战出发，开展岗位大练兵活动，围绕"两个确保"奠定坚实基础，不断推出新举措，开展经常性军事训练，确保"军事训练八落实"落到实处，全面提高官兵军事技能。按照上级要求，创新训练方法，强化内部管理，提高训练质量。抓好经常性思想政治教育，面对当前世界恐怖势力不断扩大的新形势，牢固树立"居安思危"忧患意识和"积极预防、高效处置"指导思想，确保一旦发生恐怖事件，就能立即出动，高效处置。中队从兵力部署、力量使用、组织指挥、装备器材和保障措施等方面进行相应训练和准备，做到"拉得出、上得去、打得赢"，快速反应、高效处置，确保社会和谐稳定，人民安居乐业。

【执勤和处置突发事件】 2017年，始终以执勤和处置突发事件为中心，制定预案，明确职责。除完成固定目标看守任务外，主要担负武装押解、武装巡逻及其他临时性任务，配合公安机关完成各项任务。主动与看守所搞好协作，研究制定执勤目标安全和处置突发事件行动预案，严密组织各项勤务训练，严格落实奖惩制度，做到依法执勤、文明执勤、正规执勤。应急战备，组织有序。落实好战备措施，做到人员、物资、装备始终处于良好战备状态，遇有紧急情况能快速反应。保持人员在职在位，成立执勤应急小分队，时刻准备"上一线、打头阵"。加强战备训练，提高应急反恐分队处置能力，在中秋、国庆节，完成战备、维稳常态备勤等任务，并被总队评为"正规化执勤等级优秀单位"。

【军地共建】 2017年，继续与共青团通州区委结成"四联"对子，形成思想工作联抓、公益事业联做、人才培养联手、文体活动联谊的良好氛围。将中队建成国防教育阵地，先后接待团体、单位人员参观30余人次。帮助学校开展军事训练、国防教育20多次。开展扶贫帮困和"一帮一"献爱心活动，全年捐款捐物折合人民币5000多元、义务献血40人次。积极联系地方相关部门，组织电脑操作、烹饪等技术学习，培育军地两用人才，为官兵退伍再就业提供技术支撑，为地方经济社会发展输送有用人才。（纪冬冬）

中国人民武装警察部队通州区消防大队

【概　况】 2017年，区消防大队紧紧围绕"平安通州"建设主线，认真落实消防工作责任，强化公共消防基础设施建设，深化消防安全隐患排查整治，全面做好"一带一路"峰会、江苏发展大会、省市党代会和党的十九大等重大活动消防安保工作，为全区经济社会持续健康发展提供良好的消防安全保障。制定出台服务地方经济发展"6+1"措施，缩短消防行政审批时限，提升消防行政审批服务效能。是年，被表彰为区"安全生产大宣讲"活动先进集体、"安全生产工作先进集体"，区行政服务中心消防窗口获"红旗窗口"。1人被评为市安全生产先进个人，1人记三等功，2人被评表彰为党的十九大消防安保先进个人。

【消防监督与执法】 宣传贯彻落实《消防责任制实施办法》，全面推动区教育、民政、卫生、文物等行业系统开展消防安全标准化达标创建，重点对川姜地区"三合一"集聚地开展专项评估和治理，其中，挂牌整改重大火灾隐患单位3家。全年共检查单位5998家，发现火灾隐患或违法行为14019处，督促整改火灾隐患或违法行为13923处，下发行政处罚决定书384份，临时查封56处，罚款270万元，拘留1人。在老年人、儿童娱乐等人员密集场所推广安装点报警器1550个，简易喷淋50套，在大型商业综合体安装电气火灾监控35套。

【消防队伍建设】 全区建有公安现役消防队1支，政府专职消防站7支，保安消防队4支，企业消防队2支。现役消防官兵40人，合同制消防员91人，各类消防执勤车27辆，总载水量60.5吨，泡沫5.5吨。是年，区应急救援指挥中心开工建设，锡通园区政府专职消防站投入执勤，推进先锋街道临时执勤点建设。区财政投入480余万元对6支政府专职消防队伍进行提档升级，全区消防站布点日趋均衡，灭火救援体系逐步构建。

【消防宣传培训】 2017年，认真贯彻《全民消防安全宣传实施纲要》，大队成立消防宣传中心，开展消防宣传"七进"和"119"宣传月活动。在川姜镇建立"三合一"消防科普教育基地并定期开放。统一编制印发消防宣传读本8万余本下发中小学(幼儿园)，组织学生参加全国中小学生消防安全知识网络大赛，其中5名学生获优胜奖。在区级媒体《通州日报》设立消防工作专栏2个，定期开展宣传报道，刊发消防专篇。

【灭火救援训练】 2017年，坚持"仗怎么打、兵就怎么练"理念，开展整建制消防中队轮训、全勤指挥部培训和实战化业务竞赛，以"准火场"环境摔打磨练部队。对226家重点单位和2家不放心单建立数字化预案，每季度组织政府专职队伍比武竞赛，提高模拟实战条件下锤

区消防大队深入学校宣讲消防知识

炼部队打赢能力。558家二、三级重点单位和24个社区建立微型消防站，在商贸集中区建立区域联防组织，开展群防群治。是年，全区共接灭火救援警1083起，出动消防车辆2861辆，出动警力9881人次，抢救疏散被困人员50余人，保护直接财产价值1.2亿元。成功处置"1·5"南通锦棉羊毛纺制品有限公司、"3·16"平潮京通商业街彩钢棚、"7·13"川姜鳄鱼家纺等火灾事故，保护人民群众生命财产安全。（夏采饶）

滨海园区公安边防大队

【概　况】 滨海园区公安边防大队下辖新开港、遥望港和东凌港3个边防派出所，现有官兵49人，海防工作区有9个行政村，海岸线长39.32公里，总面积398.47平方公里。管辖常驻人口11883户、31811人，出海港口6个、出海渔船215艘、渔民896人、企业69家。2017年，以习近平总书记系列重要讲话精神为指引，认真贯彻"四句话、十六字"总要求，扎实开展创建模范党组织生活、"维护核心、听党指挥"主题教育、推进"两学一做"学习教育常态化制度化，紧紧围绕十九大边防安保中心工作，不断建立和完善各项机制，圆满完成以"固边3号""固边4号""两会"安保、五项基础攻坚、百日打防管控、"净海风暴"等专项行动，部队持续保持全面协调和谐发展良好态势。是年，共接处警1502起，破获、查处各类案件228起(刑事12起、行政案件216起)，打击处理各类违法犯罪嫌疑人员54人，起诉8人，取保候审6人，纠正、制止海上违规行为9起，检查船舶847艘次，渔民2120人次，巡逻设卡313次，盘查2946人，车辆1174辆。

【社会管理创新】 2017年，紧扣边防工作岗位和实战需要，真正做到扎根基层，带领基层各所深入开展打击"盗抢骗"砺剑攻坚行动、"两会" 安保、五项基础攻坚、百日打防管控、"净海风暴"、十九大边防安保等专项行动。定期分析评估警情形势、指导疑难纠纷化解方法，制定各类应急处突预案。始终把"群众满意不满意、高兴不高兴、答应不答应"作为衡量边防工作唯一标准，持续深化爱民固边战略，推动社会管理创新，为全力构建和谐警民关系提供动力源泉。是20年，走访群众3000余户，慰问孤寡老人、特困家庭56人次，累计捐款捐物6500余元，开展各类法律宣传200余次，为群众做好事、办实事、解难事150余件。

【执法执勤】 按照公安基础信息化要求，依托"大走访"平台，进一步加强民警走访力度、紧紧围绕流动人员和重点人口，出租房屋、集贸市场、建筑工地等重点地区、洗浴中心、宾馆旅店等治安复杂场所逐一进行排查检查，进一步提高信息录入鲜活度。在警务实战化上，积极筹建"多所参与、统一行动、共同查处"为主要模式的刑侦破案队，协调园区分局刑侦大队结成2个刑事案件互助小组，建立多元互动、警情研判和案卷评审三项机制，有效提升各单位大案攻坚、小案侦防以及预警防范能力。紧紧围绕十九大边防安保工作任务，开展以"快速反应、妥善处置"为目标的实兵演练，推进扁平化应急指挥处置体系建设。针对恶劣天气应急救援、营门卫兵反袭扰、区域群体性事件处置等突发事件，完善突发事件预案库，进一步加强辖区巡逻管控和应急处突演练。

【爱民固边】 针对辖区社会矛盾纠纷"燃点低、触点多、易集中暴发、化解难度大"的实际，主动介入、靠前工作，构建"党政军警民"五位一体工作格局，推行大队领导挂钩乡镇，派出所领导包村、社区民警包户的矛盾纠纷 "包片负责制"，坚持在党委政府和公安机关统一领导下，积极开展矛盾纠纷集中排查化解工作，是年，共走访群众7600余人，化解各类矛盾纠纷、处置群体性事件653起，为群众办实事69件，有效维护社会治安和谐、稳定。（昝小燕）

人民防空

【概　况】 2017年，通州区民防工作紧紧围绕省、市民防局工作部署，认真贯彻落实省政府办公厅"两个意见"和省民防局"实施细则"，突出重点、扎实工作，有序推进，圆满完成全年各项工作任务。

【民防指挥通信】 实施县级人防机动指挥通信系统(机动指挥车)建设。根据省民防局统一部署，区政府常务会议通过，人防机动指挥车按照满足与公安指挥通信共用要求进行设计建设，投入资金330万元。6月，通过竣工验收且交付使用，并完成市、县组织的应急拉练和演习活动通信保障任务。完成民防专业队整组，各组建单位按照要求结合自身任务开展训练和演练，民防专业队应急救援能力进一步提高。组织开展防灾减灾疏散演练。7月，参加全区大跨度厂房火灾事故救援演练。结合省"9·18"防空警报试鸣日活动，与区应急办、教育局联合在金沙小学举办学生防空防灾应急疏散演练，参演人员1200余人，并通过机动指挥车视频会议系统将活动传送至南通市人防指挥中心。做好防空警报器日常维护和管理，完成全省统一组织“9·18”防空警报试鸣工作。

【民防工程建设】 坚持“以建为主、以收促建”指导思想，抓住城市建设发展和房地产市场回升机遇，严把项目规划关和验收关，全区人防工程建设继续呈现出较好发展态势，超额完成年度目标任务，工程总量在全市继续保持领先地位。夏季连续高温，与金沙街道、金新街道协调配合，免费开放3处人防工程供居民纳凉避暑，同时配备桌椅、矿泉水、风油精等，受到广大居民欢迎。加强对在建人防工程监督管理，及时组织竣工验收，确保工程质量，抓好已建人防工程平时使用维护管理，对存在问题和安全隐患，及时整改，全区人防工程总体运行状态良好，保证小区居民停车和使用安全。

【民防宣传教育】 落实人民防空宣传资金，征订《民防知识》课本及《民防应急手册》，为全区初中和小学免费发放。加强社会人民防空宣传，以“5·12”防灾减灾日、“9·18”防空警报试鸣日、科普宣传周等活动为契机，开展防空防灾知识宣传，发放《民防知识》课本及宣传资料1500余册，展示防灾减灾展板20余幅。5月，在区广播电台开辟人防宣传专栏，宣传人防法律法规和防灾减灾知识。9月，在《通州日报》举办人防知识有奖竞赛活动。通过广泛宣传，广大市民和在校学生防空防灾意识、应急救援防护能力得到加强。

（朱　峰）

红色记忆
——通州革命遗址掠影

谢家渡战斗纪念碑

位于通州区东社镇陈墩村二十三组。1995年9月25日建成，1996年被确定为县级爱国主义教育基地，2007年2月被确定为通州市文物保护单位。

法　治

Rule Of Law

编　辑　杨王军

综合治理

【概　况】 2017年，通州区加强重大时期维稳安保，推进系列平安创建，推进社会治理精细化，夯实基层基础，维护大局稳定、社会和谐，获省级平安县“十三连冠”，公众安全感跻身省第一方阵。

【安保维稳】 2017年，通州区成立十九大维稳安保领导小组、指挥部。安保期间，共梳理下达64项任务清单，下发指令通报性文件12次、通知文件8次，任务精准交办至各事权单位。加大资金投入，建成公交智能指挥中心。全区所有反恐重点目标单位都落实实名制管控措施，寄递行业落实三个“百分百”措施。开展出租房屋专项整治，共排查存在问题隐患出租房屋582家，发现治安、安全隐患75处，整改70处。对各类重点人员开展“大走访”，严格落实管控措施，未发生重大涉稳案事件。坚持动态排查、滚动交办、跟踪督办、联动配合、长效管控，每日排查上报，矛盾纠纷、治安整治、特殊人群由各责任牵头部门每半月收集汇总情况。对新增社会矛盾进行常态滚动交办，每天进行一次滚动交办，每月进行一次集中交办。共交办三批社会矛盾，化解社会矛盾91件，稳定可控452件。8月15日起，对各镇(区、园、街道)和各责任部门开展明察暗访，每半月形成专项督查报告，促使各牵头单位、协办单位认真履责。

【社区矫正】 2017年，通州区探索创新社区矫正“4326”损害修复工程。围绕犯罪人、被害人(社区)、社会规范、社会关系四大修复重点，依托区、镇、村三级损害修复组织架构，搭建“阳光学院”和“爱心服务社”平台，建立健全律矫对接、科技强矫、被害人介入、分类修复、社会参与、精准帮扶机制，促使社区服刑人员无害回归社会。是年，全区389名社区服刑人员无一人重新犯罪。受到省司法厅两次批示肯定。

【家纺城知识产权“三全”保护治理】 2017年，通州区健全家纺城知识产权“三全”保护治理机制。调解专利纠纷并成功结案67件，受理版权侵权纠纷89件，调解结案48件，移交法院17件，促成权利人获得经济赔偿72万元。调解结案案件无一件需强制执行。11月14日，全市政法(综治、法治)工作年终现场推进会在南通家纺城设定点参观。

【“雪亮工程”】 2017年，通州区成立区公共安全视频监控建设联网应用工作领导小组，综治牵头，公安主抓，拟定《通州区公共安全视频监控建设联网应用实施方案》，明确和细化相关协同部门具体职责。建成本地社会面视频资源汇聚共享平台，首轮建设投资70余万元，其中为各运营商预留12台对接服务器，便于各类视频资源接入。推进重点部位视频联网接入工作，党政机关、学校、金融、人群聚集场所、重点公共部位等重点区域共计280路重点部位监控图像接入。2个小区人脸识别智能建成运行。

【三级综治中心建设】 2017年，区级平台上，区调处中心整体进驻，聚合调解、信访、涉法涉诉、法律援助等力量，打造“一站式接待、一条龙办理、一揽子解决”工作机制。镇级平台上，加大协调指导力度，石港镇综治中心搬至便民中心，张芝山镇进行功能布局完善和提高，金沙街道进一步完善工作机制。先锋街道、东社镇另址新建，金新街道启动前期规划。村级平台上，在碧堂庙居打造文化软环境一流的综治平台，在天霞社区打造网格化服务管理到位的新型社区。16个因办公面积不够达标村(社区)，通过一室多用、规范功能设置等。至年底，全区镇一级综治中心达标9个，村一级综治中心达标222个，分别占总数60%和91.7%。完善涉稳信息排查研判机制和敏感时期综合研判、交办督办机制。由区调处中心扎口统计上报全区矛盾纠纷和信访维稳信息，即时掌握全区矛盾纠纷形势，每日纠纷情况定时报区综治办和区信访联席会议。每半月与信访局、公安局召开涉稳信息研判会议，并召开分析研判专项工作会议，对矛盾纠纷和涉稳信息日报表的报送人员、报送内容、报送方式、报送要求及责任倒查作出明确规定。

【平安创建三大体系】 2017年，着眼于构建领导保障体系，区委常委会或区政府常务会议11次讨论解决大排查大整治、信访维稳等问题。区委常委会专题学习贯彻《健全落实社会治安综合治理领导责任制规定》和《健全落实社会治安综合治理领导责任制实施办法》，各级各部门认真组织学习，切实履行领导责任制规定职责，全面加强督查考核，真正实现经济发展和社会稳定“两手抓、两手硬”。区印发《关于贯彻落实法治建设第一责任人职责规定和社会治安综合治理领导责任制规定的通知》，邀请省市专家对科级以上干部作责任制专题辅导培训。完善督查考评体系，建立“月评季考”常态考核机制，全年开展暗访检查 8 次，将年终平安考核引入常态化。夯实宣传发动体系，委托区城调队开展 3 次群众安全感满意度模拟测评，举行 2 次公众安全感培训，围绕影响公众安全感突出问题，开展 8 项整治工作。

【基层社会治理】 2017 年，按照全省社会治理“一张网”力量整合进一步到位、规章制度进一步完善、硬件设施进一步提升的目标，规范镇、村两级社会治理综合指挥平台，深化“网格化管理、组团式服务”，平安综治工作触角延伸到最基层。大力推广“综治 E 通”实战应用，发挥网格员的工作积极性，进一步丰富完善综治信息系统“大数据”，累计采集信息 40 余万条，流转交办事件 9444 件、办结 9431 件，事件办理成功率 99.86%。

（朱　华）

依法治区

【概　况】 2017 年，全区深入贯彻中央“四个全面”战略布局要求，推进法治通州建设，顺利通过省法治区创建综合考评。实现南通市级依法治校示范校全覆盖，新增省级民主法治示范村(居)8 个、市级法治文化建设示范点 8 个，创成南通市平安法治镇 14 个、示范镇 2 个。

【法治通州创建】 2017 年，通州区坚持把法治建设纳入发展规划和领导班子、领导干部考察考核体系，实行综合绩效考核。区委常委会专题学习“党政主要负责人履行推进法治建设第一责任人职责规定及实施办法”，制定专门文件、开办专题讲座落实。出台《法治政府建设实施方案》，将公共法律服务体系建设、市场监管法治惠民综合体系建设等列入“为民办实事”项目。区人大常委会专题调研法治政府建设，专题听取“一府两院”关于推进依法治区的工作报告，审议出台《关于全面推进依法治区的决议》。严格推动落实。坚持法治工作项目化、项目责任化，出台年度要点，印发任务清单、考核清单，逐项明确责任主体、工作标准、完成时限，组织签订责任书，实行“月例会、季督查、半年评、年终考”，以现场推进会、法治建设提示函等手段推动责任落实。开展主题活动。开展“三提升”专项活动（提升公众安全感、法治建设满意率、政法队伍满意率)，专门方案、专题会议推进，开展问卷测评调查、集中整治，通过主流媒体“平安法治专栏”、三大通讯运营商手机短信提示、印发“告广大市民的一封信”、举办“法润通州”文艺演出等举措提升法治创建“正能量”。夯实基层基础。区依治办设立两个科室，配备专职人员 2 名，借用部门人员 2 名。镇级法治工作中心、村级综治法治工作室全部成立，人员网络、职责制度、挂牌标识等统一。深化法治系列创建，打造先锋街道花园村、金新街道碧堂庙社区、通州特教学校、通州第二人民医院等法治创建示范点。

【依法治理实践】 2017 年，规范重大决策，加强重大决策稳定风险评估，制定《区政府工作规则》《区政府常务会议议事决策规则》《区政府关于贯彻落实“三重一大”决策议事规则的实施细则》，建立区委、区政府法律顾问制度，区政府法制办列席区政府常务会议，严格法制审核和合法性审查。加强规范性文件备案审查，建立规范性文件备案审查衔接机制，清理各类规范性文件 252 件。规范行政审批。梳理和公开区级行政权力清单 6626 项，取消所有非行政许可审批事项，完成区级公共服务事项参考目录编制，行政权力实现网上公开透明运行。优化审批流程，区行政审批局集中办理 72 个事项共减少重复提交材料 235 份，平均单个事项审批环节由 3~5 个减至 1~3 个，项目投资及建设工程审批环节由 104 个减至 24 个。坚持“放管服”结合，扎实推进“重点建设项目模拟审批”“不见面审批”等改革，公共服务触角向基层镇村延伸，并逐步规范化。在全省简政放权创业创新环境评价中，通州列南通第一、全省第二。规范行政执法。强化行政诉讼出庭应诉工作，区主要领导审阅专题汇报 4 次，组织“领导干部庭审观摩”活动 4 批次，区政府领导出庭率实现由零到 70%的突破。深入推进综合行政执法体制改革，逐步理顺农林农机、市场监管、城市建管、文化体育等领域执法体制机制。建立“双随机一公开”、行政执法与刑事司法“两法衔接”等机制，公布政府部门随机抽查事项清单、事业单位抽查工作细则，抽查行政执法案卷 379 份。加强行政执法队伍建设，严格执行证件管理、考核上岗等制度，组织培训全区行政执法人员、执法监督员。提升司法公信。发挥政法委统筹职能，加强政法队伍监督管理，组织政法领导干部政治轮训，出台《关于进一步加强人民检察院对诉讼活动依法开展法律监督的实施办法(试行)》，修订政法系统“队伍督察办法”和“案件评查办法”，每月通报政法舆情，每季开展督察评查，及时反馈问题、推动整改。加强涉法涉诉信访案件化解和弱势群体司法救助工作，设立“政法工作创新奖”，开展“争创人民满意政法单位、争当人民满意政法干警”“公正司法示范点”等评比活动，培育选树以“中国好人”“救火英雄”朱达为代表的政法干警先进典型。发挥政法机关主体职能，做好员额制改革、刑事诉讼制度改革、司法责任制改革等司法改革重点工作，积极创新，履职尽责。区人民法院积极推进司法规范化和“智慧法院”建设，深化司法公开，强化办案流程管理，努力破解“执行难”问题，持续开展“司法为民村居行”活动。检察院全面加强监督，制定《对公安派出所开展监督工作的实施办法》，与区政府法制办会签《关于加强行政检察与行政执法监督协作配合的意见》，对内就检察委员会运行、案件质量评查等出台规范性文件，相关文件被市人民检察院转发，并获“全国检察委员会规范化建设示范单位”。公安局深入打造“闭环式”执法管理体系，完善执法办案工作规范，加强执法流程管理和动态评估，设立局案管中心、法制员、主办民警，各所队实行“一长三员”(所队长、教导员、廉政员、法制员)，建立执法人员档案，执法质量考评连续十年全省优秀。

【法治宣传教育】 抓好领导干部和公务员学法这个“龙头”，开展“中心组”学法、“菜单式”法律选学活动，落实领导干部学法述法考法制度、宪法宣誓制度，与南京、厦门等高校联合举办法治专题培训班3期，组织以案释法优秀案例评比、机关干部法律知识考试等活动，推动领导干部和公务员提升法治素养。抓好“谁执法谁普法”责任制这个关键，区委研究出台实施意见，明确204项普法任务，全面推行普法责任清单及提示函制度，发放普法催办函124份，推动各地各职能部门广泛深入开展各类普法活动。抓好“法律六进”活动载体，积极开展“法治文化下乡大巡游”“农民工学法活动周”“法润通州·春风行动”“美好生活·德法相伴”“食品安全与法”高层论坛、“法企同行”护航工程、法治大讲坛、12·4国家宪法日暨法治宣传月等普法活动，并通过主流媒体、网站、QQ、微信、微博、微电影等载体，把普法推向全民。建设法治文化阵地。继续把法治文化阵地建设纳入“为民办实事”项目，定期听取工作进展，提供以奖代补财政资金150多万元。召开法治文化示范阵地建设现场推进会，开展专项督查、专项验收。完成区宪法主题公园、法治宣传教育中心选址工作，部门和镇村新建、联建区级法治文化示范点30多个，检察院法治文化基地、地税局法治文化“瑞园”、水利局亲水法治文化广场、金沙街道禁毒反邪法治文化广场、石港镇法治文化“栖凤园”、二甲镇宝云山村法治文化游园等形成特色示范效应。推进法治惠民实事。优化公共法律服务体系，成立区法务办，区镇村三级公共法律服务标准化建设通过省级试点验收，出台公共法律服务基本项目服务清单，在全省率先制定《通州区法律顾问工作标准》，设立社区律师调解工作室12个、“法律诊所”6家、法律援助工作站10个，积极打造“互联网+”法律服务，实现申请事项不见面服务。建立“市场监管法治惠民综合体系”，建设全省首创、全国一流的“三中心两平台”，即信息化监管指挥中心（内含远程视频监控、市场信息监管两大平台）、消费纠纷调解中心、综合检验检测中心，对全区重要的食药生产经营主体进行实时监管、信息研判，及时发布执法监管指令和惠民信息，提升质量检测、矛盾调处、队伍监管水平。加大环境保护、安全生产、城市管理、知识产权保护等民生领域执法惠民力度，获国家知识产权强县示范区、江苏省法治水利示范点等荣誉。　（沈典松）

公　安

【概况】 2017年，通州区公安局以党的十九大安保工作为主线，以打造“服务保障项目建设升级版、改革创新警务机制样板区、全面从严管理队伍先行军”为目标，主动融入经济社会发展大局，全力服务“两聚一高”战略部署，不断推动公安工作转型升级，做到“服务保障更优、打防管控更强、警务效能更高、社会效益更好”。全年完成重大活动安保任务51次，在十九大期间，没有通州人到京非法上访滋事，没有发生有影响案事件。连续10年被评为全省执法质量考评优秀单位，连续两轮被命名为“全省执法示范县级公安机关”。

【服务保障项目建设】 2017年，制定《重大项目建设精准服务工作实施方案》，开展“大走访”“走帮服”暨“三进三送”等活动，设立服务企业“走访日”和服务企业“廉政日”，建立海内外警侨联动服务中心通州联络站和驻建筑业、家纺城、沪通铁路大桥等特色警务室，做到“经济发展到哪儿，公安服务保障就跟进到哪儿”。加大“放管服”改革力度，实行“专窗办理”“即办即批”“容缺受理”等出入境服务举措，新增十总派出所出入境分理点，打造“15分钟办证圈”。深化“互联网+警务”战略，围绕11大类46个服务项目，升级通州公安微警务平台，做到让“数据多跑路，群众少跑腿”。对涉及企业和重大项目的现行犯罪，全力开展侦查打击，全年破获涉企案件65起，挽回经济损失1.6亿元。

【平安建设】 建立“屯警街面、动中备勤、就近处置”巡防联动新机制，全区刑事警情同比下降。购置警用无人机4架，组建专业“无人机数字警队”。深化川姜地区社会治安管控提档升级行动，辖区刑事警情同比下降9.92%。保障通灵桥地块环境综合整治，侦办污染环境刑事案件2起，采取刑事强制措施4人。坚持对恶性犯罪和民生案件高压严打，全年立刑事案件4422起，同比下降10.5%，破刑事案件1692起，同比上升6.9%。破获现行“盗抢骗”案件505起，环境犯罪案件10起，食品药品犯罪案件27起，经济犯罪案件26起；查获恶势力团伙32个，抓获逃犯97名。攻克骑岸“1·22”杀人分尸抛尸案、川港“12·16”抢劫杀人抛尸案等现行大要案件，连续17年实现命案全破。实施文明交通提升工程，在城区5条街道创建“交通文明示范路”，对

11月1日，省厅党委委员、机关党委书记、省委维稳办副主任吴建元为区公安局驻建筑行业警务室揭牌

区公安局在主城区开展巡逻防范工作

S225、海五线、洋兴公路、石江公路及主城区道路实行货车限行，全区未发生一起死亡3人以上重大事故。夯实消防工作根基，全区556家二、三级重点单位全部建成微型消防站，全年火灾发生数同比下降5.85%，无一人伤亡。

【公安工作改革】 2017年，公安工作改革创新，做优局机关，12名机关警力下沉基层，组建公安新闻中心、视频监控专业队，在南通率先将食药环中队升格为副科级大队，做优打击侵财专业队和技术专业队，全区侵财案件破案率同比上升1.4%，13类现场勘查率100%。做强派出所，在平潮、五接、十总、张芝山地区实施派出所、刑警、交警"所队合一"，形成所长(教导员)、派驻纪检员、专职法制员、数据管理员"一长三员"管理体系，平潮派出所成为全市第一批"所队合一"试点达标单位，并在全市公安机关警务机制改革现场推进会上作经验交流，13名派出所所长进入乡镇、街道党委班子，全年提拔任用股级干部41名，80%从基层产生。做实警务室，对238个村(居)警务室按标准完成升级改造，在川姜镇建成3个标准化、数字化、可视化警务室，做强社区警务前沿阵地。

【公安队伍管理】 2017年，突出文化育警，实施以"阅读学习、艺术熏陶、警体训练"为主体的自我修养提升计划，打造"书香警营""美丽警营"。7月12日，全市公安机关"美丽警营"创建工作现场推进会在通州召开。突出实训强警，在全市公共科目比赛中获团体第一，12个部门进入全市条线竞赛前三名。突出从严治警，实施党建融合式发展新机制，区局机关党委被评为南通市基层党建示范点。开展家访谈心活动，执行《南通市通州区公安局运用"咬耳扯袖　红脸出汗"执纪形态从严治警暂行规定》，组建督导巡察专业队，19名派驻纪检员和22名专职法制员正式履职，全年提醒谈话120余人次，通过执法巡查问责26案47人，对50人次采取黄牌警告、诫免等措施。突出从优待警，出台《通州区公安局关于进一步加强和改进从优待警的工作意见》，设立民警大病特困救助基金会，健全优秀青年民警培养锻炼选拔机制，对98名民警进行一级警员和三、四级警长职务套改，交流科级领导22名。开展先进个人、岗位标兵、最美警察、公安楷模"四类典型"选树推广，涌现"中国好人"、全国优秀人民警察、公安部"我心中的警察英雄"、一等功臣朱达，全省优秀人民警察李祥、朱跃峰，全省公安机关"民警的贴心人"曹群英，全省巾帼建功标兵严玉梅等先进典型，全局78人次获市级以上荣誉。

【人口管理】 2017年，以推进户籍制度改革为契机，进一步优化人口管理和服务质态。全区常住人口总数为113.67万人。暂住人口登记数为16.7万人。年内共受理户口变更952次，办理身份证6.1万余人，办理临时身份证1.3万余人，接受群众咨询450万余次。推进户口登记管理专项清理工作，清理重户口及应销未销信息88条，发现假出生医学证明11例。推进异地身份证办理及二代身份证上门服务，办理户口审核事项4920余份。开展"流动人口管控会战"，新增流动人口47285人(注销62125人)，新增登记出租房屋3021户（注销1023户)，办理居住证4442张。

【出入境管理】 2017年，以深化出入境管理改革为抓手，健全境外人员服务管理长效机制，圆满完成出入境管理服务工作任务。共受理出国(境)申请30571人次，与上年持平。其中到港澳11081人次，同比增长15%；到台湾1270人次，同比下降34%；出国18097人次，同比增加8.5%。临时到通州境外人员3951人次，其中外国人2928人次，港澳居民232人次，台湾居民778人次，华侨13人次。为境外人员共办理各类签证(注)、居留证件123人次。

【骑岸"1·22"杀人分尸抛尸案】 1月22日7时30分，区公安局接到报案：

区公安局在沪通铁路大桥开展反恐防暴演练

骑岸镇爱民村一排水沟内发现一具无头女尸。市、区两级公安机关迅速启动大要案件侦查预案，抽调警力100余名组成专案组，展开侦查。1月24日晚，犯罪嫌疑人蔡某某（男，40岁，四川屏山人）在贵州省赤水市被抓获。经查，犯罪嫌疑人蔡某某因与受害人吴某某有矛盾，于1月21日在如东县其暂住地持刀将吴某某杀害，并分尸抛尸至通州境内。

【川姜蒙面持枪入室抢劫案】 3月15日8时许，区公安局接到报案：3月14日夜23时许，多名蒙面人手持钢珠枪、警棍等工具，到川姜镇义成小区，抢走倪某等人现金5000元后逃窜。立即成立专案组开展工作。至3月16日凌晨，该案专案组相继在通州金沙、二甲及海门等地抓获吴某（男，20岁，金沙人）等犯罪嫌疑人8名，缴获钢珠枪、砍刀、警棍等作案工具。

【系列持刀拦路抢劫、"白日闯"案件】 5月13日，受害人吴某某途经新金街道元帅庙村9组地段时，被1名骑电瓶车的男子持刀威胁，抢走黄金项链1根及银手镯1只。区公安局接到报案后，成立专案组开展侦查，并于5月22日上午，在叠石桥家纺城抓获犯罪嫌疑人冯某某（男，28岁，徐州人）。犯罪嫌疑人冯某某供认，自5月以来先后窜至通州城区、城南、城东及姜灶、张芝山等地进行盗窃、拦路抢劫作案的事实。

【摧毁特大流窜持刀抢劫团伙】 8月15日凌晨，区公安局接到报案：8月14日22时，受害人周某驾车行至金余大桥北九甲路口时，被3名男子持刀抢走手机1只，现金2200余元。区公安局迅速成立专案组展开攻坚，于8月15日22时许，在扬州市江都区仙女镇将预谋实施抢劫作案的犯罪嫌疑人冯某阳（男，29岁，南通市如东县人）、杨某松（男，30岁，安徽省亳州市人）、熊某葵（男，27岁，江西省宜春市人）抓捕归案。经查，该三名犯罪嫌疑人系通过网络相约，对单身驾车女性实施抢劫。其中，主犯冯某阳于7月初曾伙同1名网友以同样手段在无锡实施抢劫，并涉嫌诈骗等犯罪事实。

【公安部挂牌督办马某军等人污染环境案】 3月13日，区公安局接到区环保局移交的1起涉嫌污染环境犯罪案件。经查，2016年6月以来，在五接镇开沙村8组进行金属加工的马某军（男，29岁）、沙某（男，30岁）、孙某丰（男，38岁）、陶某武（男，41岁）、许某兴（男，63岁，均为张家港市人）等12人使用发黑工艺进行金属加工，并将产生的废水不经任何处理排入3处渗坑，导致坑内重金属含量严重超标。被抓获归案后，12名犯罪嫌人对涉嫌污染环境犯罪供认不讳。

【兴仁"10·28"特大蒙面持刀入室抢劫案】 10月28日19时许，区公安局接到报案：5名蒙面男子闯入兴仁镇东郊庄园29-A幢申某某家中，持刀实施抢劫，涉案总价值40余万元。区公安局立即启动大要案件侦查机制，历时24小时，抓获犯罪嫌疑人袁某冬（男，31岁，如东县袁庄人）、徐某坤（男，23岁，江西省南昌市人）、杨某剑（男，38岁，贵州省贵阳市人）、张某（男，34岁，湖南省常德市人）、金某磊（男，26岁，安徽省淮南人），追缴银行卡、戒指、手表、轿车等被抢物品。

【川姜"12·16"抢劫杀人案】 12月16日18时许，区公安局接到报警：在川港做次布生意的邵某某于两天前驾车离开志浩市场居住地后下落不明，请求协助。区公安局初查后发现邵极可能遇害，即成立专案组开展侦查，最终在川姜镇将犯罪嫌疑人刘某坤（男，32岁，河南人）抓获。犯罪嫌疑人刘某坤供认，12月14日晚7时许，刘某坤以做次布生意为名将邵某某带至川姜镇老裁缝工地，实施抢劫后将其杀害，并将尸体掩埋在345国道张芝山镇塘坊村境内高架桥下的犯罪事实。

【川姜"12·26"故意杀人案】 12月26日10时许，区公安局接到报案：欧阳某某未到公司上班，且其暂住川姜镇姜川村十五组家的地面有大量血迹和打扫痕迹，可能遇害。专案组通过缜密侦查，发现欧阳某某的丈夫欧阳某（男，33岁，湖南省郴州市人）有重大作案嫌疑并将其抓获。经查，犯罪嫌疑人欧阳某经常与欧阳某某为经济问题发生争吵，遂产生杀妻念头，12月26日6时许，欧阳某用砖头击打头部及掐脖的手段将欧阳某某杀害并藏尸于衣柜皮箱内。　　（白　鸽）

检　察

【概　况】 2017年，区人民检察院深入学习贯彻党的十八大、十九大精神，以习近平新时代中国特色社会主义思想为指引，紧扣加快建设"强富美高"新通州目标，全面充分履行检察职能，推动服务发展实现新作为，法律监督取得新成效，检察公信得到新提升。以"提素能增质效保先进"为目标，各项工作呈现稳步向上发展态势。先后获"全国检察宣传工作先进单位""全国检察机关文明接待示范窗口""南通市先进检察院"等集体荣誉27项、个人荣誉61项。申报的3项课题被最高人民检察院、省人民检察院、省社科联立项，调研成果获国家级奖项3项、省级奖项6项。

【刑事检察】 2017年，区人民检察院充分发挥批捕、起诉等职能，严厉打击各类严重刑事犯罪，营造和谐稳定社会环境。依法批捕各类刑事案件289件365人，提起公诉818件1056人，其中，起诉涉枪涉爆涉毒、"两抢一盗"等犯罪352件459人，依法办理蔡某某故意杀人抛尸案、"电击女子视频案"等社会影响恶劣的犯罪案件。加强公民隐私保护，依法办理公安部挂牌督办的尚某某等4人侵犯公民个人信息案。打击破坏计算机信息系统、非法控制计算机信息系统等涉及计算机犯罪案件5件14人。加大对非法集资、伪造货币、非法吸收公众存款等破坏社会主义市场经济秩序犯罪打击力度，提起公诉该类犯罪70件103人，依法办理南通某贸易有限公司4人骗取出口退税案、葛某某非法吸收公众存款案等涉案数额特别巨大、涉案人数众多的重特大案件。加强产权保

5月4日,区人民检察院组织开展“传承红色文化 探寻刑侦科学”主题活动

护,对危害企业自主创新犯罪行为,提起公诉20件28人。

【未成年人检察】 2017年,区人民检察院以最高人民检察院强化未成年人检察工作为契机,着力打造“陈静工作室”,立足打击、预防、监督、教育、保护职能,在共建共治共享社会治理格局建设中发挥积极作用。建好“古沙阳光驿站”(青少年心理成长中心),对涉罪未成年人心理矫治32人次,经矫治无一人再犯。对遭受性侵的7名未成年被害人进行心理疏导,帮助走出心理阴霾,依法提起全市首例支持撤销监护权诉讼。与社区(村居)、公安派出所协作,对网吧、旅馆管理等方面存在的问题,向主管部门发出检察建议3份。注重青少年法治教育,开展阳光校园防暴力、“七彩夏日”防性侵、法制副校长参加成人礼等活动12次,发放宣传册8000余份。

【职务犯罪查办】 2017年,区人民检察院继续加大查办职务犯罪工作力度,立案查办贪污贿赂犯罪案件11件20人、渎职侵权犯罪案件5件5人,1起受贿案件被评为全省检察机关“十佳优质案件”。优化办案结构,依法查办科级干部4人,重特大渎职侵权犯罪案件1件1人。侦查终结、移送起诉23件31人,提起公诉的案件法院均作有罪判决。加大行贿犯罪打击力度,查办行贿犯罪案件3件5人。准确把握法律政策界限,依法初查后不予立案1人。积极开展查办扶贫领域职务犯罪专项工作,坚持“系统查、查系统”,先后查办农业项目建设领域贪污受贿窝案5件6人、农业综合开发领域渎职侵权案件4件4人,有力提升职务犯罪查办质效。落实上级部署要求,狠抓“智慧侦查”,与公安、房产、移动、银行等部门建立信息数据查询“绿色通道”,以提升办案效率。

【职务犯罪预防】 2017年,区人民检察院坚持标本兼治、惩防并举,遏制腐败增量,结合办案形成预防调查报告2份、类案犯罪分析报告3份,发出检察建议3份,开展“检察长宣讲团”“远离回扣、廉洁从医”等警示教育活动60余场,向社会提供行贿档案查询4369次,惩治和预防涉农补贴领域职务犯罪情况报告获区委主要领导批示肯定。加强重点领域、项目预防工作,对南通深南投资项目招标活动开展廉政征询,对沪通铁路通州段和江苏华电通州热电厂两项区重大产业项目廉政风险点开展预防调查,在此基础上,推动建立健全制度2项。与区邮政公司开展职务犯罪“预防邮路”活动,利用邮政服务网络点多面广优势,推动廉洁理念走入千家万户。

【刑事诉讼监督】 2017年,区人民检察院坚持罪刑法定和证据裁判原则,对不构成犯罪、证据存疑、犯罪情节轻微或无逮捕必要的,依法决定不批捕72人、不起诉42人。加大对有案不立、有罪不究、侦查违法等问题监督力度,监督侦查机关立案3件3人,纠正漏罪5件,书面纠正侦查活动违法13件次。加强刑事审判活动监督,对所有刑事案件提出量刑建议,一审量刑建议采纳率为96.3%。

【民事行政监督】 2017年,区人民检察院受理民事行政检察监督案件58件,对民事行政生效裁判、调解书提出再审检察建议8件,执行监督5件,对裁判正确的3件申诉案件释法说理,促使服判息诉。与区政府法制办会签《关于加强行政检察与行政执法监督协作配合的意见》,形成监督合力。针对国家和社会公共利益受损而有关单位不履职或不正确履职,发出督促履职检察建议15件,均予采纳。对产权改革中集体资产流失现象,向相关镇政府发出检察建议,推动对企业改制中涉及集体资产情况全面清查。注重打击民事虚假诉讼,办理涉及南通某机械工程有限公司7件虚假诉讼系列案,对3名民事诉讼当事人以涉嫌虚假诉讼罪向法院提起公诉,维护司法权威。

【刑事执行检察】 2017年,区人民检察院加强社区矫正法律监督,对社区矫正人员集中入矫活动开展临场监督5次,监督收监1人。强化对指定居所监视居住执行、刑罚交付执行、看守所监管活动监督,办理刑事执行违法违规案件5件,发出书面监督法律文书5份。深化在押人员随身财物规范管理工作,相关做法得到省人民检察院肯定,为出台省《看守所在押人员随身财物管理检察办法(试行)》提供有效参考。开展集中清理判处实刑罪犯未执行刑罚专项活动,防止刑事判决“打白条”。

【控告申诉检察】 2017年,区人民检察院深化涉法涉诉信访改革,实行司法办案风险评估、信访应急联动处置、第三方参与信访矛盾化解等机制。强化涉检信访排查化解,全力维护社会和谐稳定;狠抓控申案件办理,全面履行控申检察办案职能。妥善处理群众信访141

7月3日，区人民检察院举办第十届青年检察官论坛

件，办理控告申诉案件21件，发放救助金3.5万元，未发生涉检赴省进京非正常访。建立控告申诉反向审视工作机制，注重审查涉检信访、刑事申诉案件、举报线索中存在的违法违规行为，对侦查机关未按规定采取强制措施等问题，书面纠正违法3件次，该做法得到省人民检察院转发。

【检察改革】 2017年，区人民检察院严格按照检察官权力清单，全部案件均按新办案模式网上流转，打破以往“三级审批”模式，全面运行司法责任制。完善司法责任制改革配套制度建设，制定《进一步规范和完善检察委员会运行机制工作意见（试行）》《普通刑事案件分案规则（试行）》《员额检察官联席会议制度实施办法（试行）》《案件质量评查工作办法（试行）》等规范性文件，其中2项得到市人民检察院发文转发，检委会规范化建设经验得到市检察院检察长批示肯定。狠抓领导干部带头办案，院领导直接办理案件78件。协同人社、财政等部门，做好检察官单独职务序列等级确定、按期晋升、绩效考评等工作。强化公益诉讼改革，专题向区领导报告公益诉讼推进情况，得到区委主要领导批示支持。在办理开沙岛环境污染案中，向环保部门发出全市检察机关首份公益诉讼诉前程序检察建议，促成清理废酸200余吨，对造成的土壤污染进行环境损害赔偿评估及修复，相关土地得到有效保护。

（张建兵　张　涛）

审　　判

【概　况】 2017年，区人民法院围绕“努力让人民群众在每一个司法案件中都感受到公平正义”工作目标，服务发展大局，履行审判职责，推进司法改革，加强队伍建设，各项工作取得新进展。全年受理各类案件18347件，审执结15849件，分别同比增长14.35%和18.06%，审判质效名列全市法院前列。司法宣传工作获最高人民法院表彰，张芝山人民法庭获评全省优秀人民法庭，区人民法院执行局被省人民法院通报表扬。

【刑事审判】 2017年，受理刑事案件869件，审结784件，依法惩处罪犯1016人。始终保持对故意杀人、抢劫、强奸等严重危害社会安全和侵犯人身权利犯罪的高压态势，切实增强人民群众安全感。依法严惩各类职务犯罪，共审结贪污、受贿、滥用职权等案件8件计20人。依法严惩食品药品安全犯罪，努力维护食品药品安全。共审结涉及食品、药品安全领域刑事案件15件计22人，并对特定人实行从业禁止。严厉打击电信网络诈骗犯罪，共审结利用网络犯罪案件9件计29人。陈某因架设虚假网站骗取他人财物，数罪并罚，一审被判处有期徒刑16年，并处罚金200万元。严厉打击毒品犯罪，审结毒品类犯罪案件64件计70人。朱某因多次贩卖毒品，一审被判处有期徒刑15年。推进量刑规范化改革，使量刑更加公正、均衡、透明。

【民商审判】 2017年，受理民商案件8839件，审结7523件。强化案件调解，积极化解矛盾，促进案结事了，调撤率达72%，排名全市法院第一。注重涉民生案件审理，实施“民生民计司法暖心”行动计划，审结侵权赔偿、消费维权、医疗纠纷等案件1614件。加强与劳动仲裁机构的诉调对接，依法维护职工合法权益，依法处理涉及养老保险、工伤待遇等劳动争议纠纷250件。注重民间借贷案件审理，针对民间借贷案件多发态势，依法审查借贷关系真实性，支持合法的民间借贷和企业融资，维护正常资金融通秩序。注重婚姻家庭类案件审理，审结赡养、抚

通州区人民法院集中宣判聚众斗殴案

通州区人民法院巡回审理进村居

养类纠纷案件153件，弘扬尊老美德，维护家庭关系和睦与稳定。

【知产审判】 2017年，受理知识产权案件371件，审结359件。以知识产权保护推动产业升级发展，制定出台《知识产权"聚焦三力、服务创新"专项行动实施方案》，进一步加强知识产权审判工作，拓展审判职能，依法保护和激励科技创新。召开知识产权审判工作汇报会，编写图书《耕耘》，拍摄专题片《创新之路》，总结知识产权审判十年工作历程，得到省内法院系统和相关行政机关好评，制作的专题片和相关文章被《江苏知产视野》转载。

【执行工作】 2017年，受理执行案件7147件，执结5918件，执结标的金额4.53亿元。以规范化举措夯实执行基础，制定和完善《关于规范执行、高效执行的十四条意见》《执行实施案件基本操作流程》等文件，突出流程节点控制，严格把握终结本次执行程序审查标准，确保执行程序高效规范。以信息化方式拓展执行效果，推进执行指挥中心实体化运行，切实发挥快速反应、上下协调、整体联动等功能。通过微信平台发布悬赏公告，并通过报纸、城区公共场所电子显示屏等平台定期发布失信被执行人信息364条，促使被执行人依法主动履行义务。以强制性手段增强执行威慑，通过涉民生、涉金融专项集中执行活动，集中化解难案。加大对规避执行、抗拒执行的打击力度，限制出境93人，司法拘留141人。推行网络司法拍卖，共在淘宝网成交拍品177件，成交金额10.09亿元，均排名全市第一。

【服务发展大局】 紧紧围绕区委"两聚一高"工作部署，制定《关于实施八大行动计划服务和保障"两聚一高"的意见》，把法院工作融入全区经济社会发展大局。充分发挥商事审判职能，以破产重整推动产业转型发展。成立破产专业合议庭，专业化审理破产案件。稳妥处理明德重工破产财产，配合区政府成功引进厦门象屿集团投资。新公司已投入生产，高效盘活企业资产，为地方经济发展注入活力。审结涉及1053户购房户、3.72亿元债权的华融和生重整案，该案系区法院成功审结的首起房地产公司破产重整案件。根据区委"263"专项行动部署，成立专门领导小组，开设"绿色通道"，对涉环保类执行案件实行快速立案，优先执行。依法强制关、停企业、个体作坊42家，督促23家企业完善环评审批手续，执行到位罚款金额88万元，有效发挥司法在保障生态文明建设中的职能作用。

【司法改革推进】 实施人员分类管理，将62名员额法官充实到审执一线，承担大部分案件审理任务，审执结案件9388件。严格按照23%比例，配备42名执行人员，对执行机构实行团队化管理，提高整体战斗力。与30名通过省法院考核书记员签订聘用合同，促进司法辅助人员队伍规范化、制度化建设。落实司法责任制，制定出台《关于独任法官、合议庭办案机制的实施细则》等司法责任制改革配套文件。建立51个审判团队，实现"让审理者裁判、由裁判者负责"。落实院、庭长办案制度，发挥院、庭长办理重大、疑难、复杂案件的示范引领作用。院长、庭长共计办理案件5975件，占全院员额法官结案总数63.65%。在区人大常委会指导下，参与推进人民陪审员工作实践创新，构建起"人大任免、法院使用、司法管理"的工作新机制，提请区人大常委会重

120名新任命的人民陪审员庄严宣誓

新任命人民陪审员120名。探索拓展人民陪审员工作职能，充分保障人民陪审员参审权利，参审率达到98.5%。

（李　慧）

司法行政

【概　况】 2017年，通州区司法局紧扣十九大安保维稳和“两聚一高”发展等中心工作，坚持服务大局，充分履职，司法行政工作取得好成效。是年，被评为省司法行政系统绩效评价优秀单位、省司法行政系统党的十九大安保维稳工作先进集体，“法润通州　和谐相伴”效能服务品牌被评为区“优秀效能服务品牌”。

“欢乐暑期法护成长”青少年法制教育宣传活动

【公共法律服务】 开展法企同行护航工程，通过实地走访企业、发放《法律服务征询函》等形式摸排企业法律服务需求，推送法律服务人才，为企业量身定制法律服务。成立南通市食品行业法律服务团，开展“尚德守法·共治共享食品安全”主题宣传活动。推进开展法律顾问和公职律师、公司律师队伍建设，逐步提升企业法律顾问覆盖面，为重大经济发展决策提供法律服务。全年走访帮服企业838家，向全区1300余家企业发放法律服务征询意见函，发放《防范企业法律风险服务手册》1000多份，为企业提供法律建议380多个，向企业发出风险提示59个。服务保障民生有新成效。深入开展“法律援助维权助残月”“法律援助进村居”等专项行动，进一步扩大法律援助覆盖面、降低援助门槛，对行动不便的老年人、残疾人和其他特殊群体，全面实行电话预约上门受理，确保“零距离、零等待、零障碍”。是年，共办理法律援助案件1161件，解答法律咨询11000人次，免收法律服务费用135万余元，为当事人获得赔偿1300余万元。办理群体性案件18件，涉及农民工396人。获评省优秀法律援助案件1件。

【矛盾纠纷调处】 构建人民调解工作量化考评体系，制定下发《全区人民调解工作要点》《人民调解工作绩效考评实施意见》《专职调解员工作绩效考核指导办法》等规范化文件。健全人民调解组织建设，重新调整完善区、镇、村三级调委会规范化建设标准。年初，区调处中心整体进驻区社会管理联合接待中心，将调解、信访、涉法涉诉、法律援助等救济力量聚合，打造“一站式接待、一条龙办理、一揽子解决”工作机制。探索建立律师调解工作室，在金新街道镇南社区、华山社区等12个社区试点，建立由律师作为中立第三方主持调解的工作新方式。是年，全区三级调委会共受理矛盾纠纷14392起，调处成功13840起，调处成功率96.2%。区调处中心直接调处重大纠纷144起，涉赔金额2933.19万元，其中非正常死亡纠纷43起，涉赔金额1902.64万元。

【特殊人群管理】 进一步规范执法管理，对重点人群实行手机、电子腕表“双定位”，出台《通州区社区服刑人员脱管、失踪处置规范》，对违法违规行为严肃惩处，全年共办理警告处分88人次。依托区“阳光学院”开展感恩、励志、奉献、法治等主题教育活动，提升教育矫治质效。创新提出“4326”损害修复模式，围绕犯罪人、被害人、社会规范、社会关系四项修复重点，制定工作方案落实各项措施，该项目得到省厅领导批示关注，区司法局被列为省社区矫正损害修复试点单位。建立“政府+社会+家庭”三位一体帮教关爱体系，刑满释放人员帮教率、安置率均达到100%。是年，全区共有在册社区服刑人员386人、安置帮教对象2579人、后续照管对象36人，全部在管在控，未发生一起重大恶性重新犯罪案件。全年累计接收适用社区矫正前调查评估委托405例，出具评估报告405份，办结率100%。

【法治宣传教育】 2017年，全面贯彻“谁执法谁普法”普法责任制，制定《通州区贯彻落实国家机关“谁机关谁普法”普法责任制的实施意见》和《通州区“谁执法谁普法”工作考核办法（试行）》，将法治宣传教育工作由“软任务”变成“硬约束”。做实法治惠民工程，推进法治文化阵地全覆盖。继续将法治文化示范阵地建设纳入区为民办实事项目，新建7个镇级、39个村（社区）级法治游园。夯实普法联动机制，推动普法实践常态化。在“三八”妇女节、“4·8”司法日、“4·15”国家安全日等重要时间节点联合开展普法宣传活动，与区社科联在兴东街道土山村联合开展区第八届社会科学界宣传周活动。开展以“聚集惠民、法护打工路”为主题的“农民工学法守法活动周”活动，举办广场法律咨询50余次，发放宣传资料5万余份，解读农民工法律政策咨询3200多人次。

（王灵娟）

农　业

Agriculture

编　辑　杨王军

现代高效农业

【概　况】 2017年,通州区紧紧抓住南通创建国家现代农业示范区建设契机,加快推进农业供给侧改革,促进农业现代化、规模化、特色化、科技化、产业化,提升传统优势产业、拓展高效园艺产业、丰富休闲观光农业,农业转型升级步伐加快,农业经济运营质态趋好,促进农民增收、农业增效、农村美化。全区新建扩建规模以上农业项目84个,完成项目投入量30.15亿元。新增设施农业面积768公顷,全区设施农业面积达到1.4万公顷,占耕地面积20.1%。现代高效农业在新层面上有新跨越。农业龙头企业规模进一步拓展,全区农业龙头企业新增销售收入达到5.5亿元。新认定省级农业龙头企业1家,市级农业龙头企业4家。

【项目农业建设】 2017年,全区新建扩建规模以上农业项目84个,完成项目投入量30.15亿元。农业产品加工类项目建设成效突出。新、扩建农产品加工类项目33个,投入16.71亿元。总投资2亿元太粮米业,新建现代化精米加工车间,占地面积超28万平方米,年加工大米能力达50万吨。石港镇农产品加工集中区内,新建农产品加工企业3个。南通天成食品有限公司,总投资5000万元,建设厂房5500平方米,年销售收入300多万美元。南通蛮来事食品有限公司,总投资1.2亿元,建设厂房1.6万平方米,项目建成后,可形成年产1000万瓶乳腐、1000万瓶豆豉的生产能力。江苏本乡本土农业发展有限公司项目占地面积2.33公顷,计划总投资2亿元,建设厂房面积3.5万平方米,项目建成后,专门从事电商及物流平台建设开发,组织通州特色农产品销往全国各地,年新增销售收入2.8亿元。

【国家现代农业园区建设】 推进市“863”和区“842”工程建设。通州台创核心园和十总高效设施产业园分别比上年新增投入1.69和0.8亿元。通州台创核心园瑞隆鲜切果蔬加工项目完成建设,投入运营;盛夏农产品加工生产线、冷库投入生产,2017年新增产值5000万元;进鲜港鲜花小镇一期工程开工建设;南通大农公司投资3500万元,建设集蔬菜交易、冷藏、检测于一体的离田头最近的农产品交易集散中心,每天运销蔬菜260吨。十总高效设施产业园基础设施建设进一步加强,新建高标准农田1000公顷,园区内双墩村、柏树墩村投入1000万元,用于土地平整和设施基地砂石路铺设。二爻、志新村投入1270万元,完成项目区内沟、渠、路、涵洞建设。区级万亩标准园建设持续推进,3个万亩标准园、1个农产品加工集中区和8个休闲农业精品景点通过市考评认定。

【优势特色产业】 2017年,全区新建扩建各类种植基地、养殖基地、加工基地45个。设施蔬菜、设施葡萄、设施桃品、设施甲鱼、观赏鱼养殖、食用菌种植成为新兴特色产业。蔬菜、优质山羊、特色水产等3个十亿元以上产值规模进一步放大,双低油、优质弱筋小麦、优质稻米产业得到进一步提升。石港、十总、二甲、西亭等镇引进猕猴桃、以色列红桃、油桃、水蜜桃、无花果、阳光玫瑰葡萄等优等高档优质园艺作物品种80个以上,种植面积366.67公顷。

【休闲观光农业】 2017年,全区新增休闲观光农业项目15个,总投资达6.47亿元,年接待游客250万人次,实现营业收入2.578亿元。二甲镇坨墩村获评省级休闲观光示范村。新增休闲农业项目亮点突出。进鲜港鲜花小镇园区总投资约13亿元,以花海为主体景观,围绕生态农业风光和体验式江海农业文化生活,规划建设花卉观光、婚庆摄影、儿童游乐、水上表演、互动区、果蔬采摘区、餐饮、住宿区8大功能版块。西亭镇龙壩休闲农业项目,已投入1.8亿元,占地13.33公顷。园内植有400多年的桂花树,100多年的银杏数百棵,七八十年的黑松。徽派建筑群是主要亮点,其中老宅、石桥、牌楼乃至梁柱门窗,都是安徽当地老古董,二期民宿和采摘园项目在推进中。途居开沙岛房车露营地总投资2亿元,占地53.33公顷,房车345辆,木屋31栋,帐篷酒店14个,树屋10栋。建有烧烤区、森林探险、快乐大本营、球类运动、卡丁车、低空飞行、水上游乐等项目,处处体现人与自然的和谐。

种植业

【概　况】 2017年，认真落实粮油生产各项关键技术措施，实现大面积稳产稳收。全区种植面积7.54万公顷，粮食平均单产431.14公斤/亩，总产48.75万吨，其中水稻平均单产627.33公斤/亩，小麦平均单产372公斤/亩。认真落实油菜绿色高产创建全覆盖，通过高产栽培技术指导，全区油菜平均单产225公斤/亩，单产全省前列。在刘桥、西亭、石港镇分别建立直播油菜、旱茬油菜、稻茬油菜示范方，油菜轻简、超高产栽培技术取得进展。

【绿色防控技术集成应用】 2017年，按照省植保植检站要求，充分发挥绿色防控示范基地和示范区技术熟化辐射作用，在金沙街道新建水稻绿色防控示范基地95.33公顷，其中核心示范区43.33公顷，由区江浩农产品专业合作社承建。在十总镇、金沙街道、西亭镇建设蔬菜绿色防控示范区389.47公顷，其中核心示范区20公顷，由南通市铮晖农业发展有限公司承建。区植保站强化精准测报和推广绿色防控技术，特别是在六(4)代水稻纵卷叶螟防控策略上科学应对成为全省植保工作经典案例，为全区节约药本及用工费约为800万元，为农药减量控害和绿色生态农业发展做出贡献，得到农民普遍认可。

【植保科研工作】 2017年，区植保站连续第3次获省植保系统“十佳植保植检站”“南通市植保系统先进集体”等称号，1人获“省农技推广服务先进工作者”称号(市劳模)。被省广播电视总台评为省优秀管理示范单位，被市科协评为市科技工作者状况调查AAA级优秀站点，被区科协评为区创新争先先进集体。7月，植保测报工作先进事迹在江苏电视台江苏新时空栏目专题播放，同时在《江苏农村经济》杂志上进行专题报道。作为完成单位参与实施“基于物联网的农业气象服务保障关键技术集成与应用”课题，获省农业技术推广二等奖。在省植保系统论文评比中，通州有2篇论文获二等奖，1篇论文获三等奖。

【测土配方施肥技术推广】 2016年，区耕保站列入测土配方施肥项目巩固县，实施周期2016年6月至2017年6月，化验分析土壤样品224只，1444项次，植株样品428只，1284项次。进一步调优专用肥配方，认真做好测土配方施肥专用肥调拨供应。全年设计小麦专用配方2个、油菜2个、水稻3个。全区小麦、油菜、水稻三大主要作物推广应用测土配方施肥技术。2017年，全区化肥施用强度比2015年下降2%。

【新型职业农民培育】 2017年，为加快新农村建设步伐，围绕农业产业发展和农民实际需求，大力培育爱农业、懂技术、会经营、善管理、能创业的新型职业农民和现代农业经营者，为通州农业现代化建设提供强有力的人才支持和智力支撑。突出培训新型农业经营主体，大力培训农业专业化生产和服务人员，共举办新型职业农民培训25期，培训新型职业农民3908人，超额完成省目标任务。

【“三品”认证】 2017年，全区新增认证、续展认证“无公害”“绿色”“有机”农产品共计339个，其中新认证“无公害”农产品132个，续展认证“有机”农产品207个；新增认定无公害农产品面积4000公顷；新增认定无公害农产品产量6万吨。

养殖业

【概　况】 2017年，以推进畜牧业“转型升级”为主线，以畜禽规模养殖污染治理、畜牧生态健康养殖示范创建、畜牧信息化建设为抓手，积极推进大、中型畜禽规模养殖场粪污治理及标准化建设，促进畜禽养殖新品种、新技术、新设施推广应用。全区畜牧业保持健康发展势头。是年，生猪年饲养量为71.18万头、家禽饲养量1044万羽、山羊饲养量42.03万只、奶牛存栏达601头。组织推广优质二元母猪3760头，二元母猪在能繁母猪中占比提高到78.8%，全年出栏优质三元杂交瘦肉型猪33.45万头，占上市生猪总量73.6%。生猪大中型规模养殖发展迅速，规模养殖占比达72%，比上年提升4%。

【标准化规模养殖场建设】 2017年，全区生猪规模养殖场（户)788户，出栏44.76万头，占生猪出栏数的91.1%，比上年同期下降14.4%。大中型生猪规模养殖场(户)117户，出栏31.4万头，占生猪出栏数69.7%。蛋禽栏存500羽以上有226户，栏存152.28万羽，占蛋禽栏存数98.3；肉禽规模养殖户96户，出栏642.23万羽，占肉禽出栏数98%。奶牛存栏20头以上有1户，栏存数601头，占比100%。区政府出台发展现代设施农业有关政策，给予新建成省级畜牧生态健康养殖示范场补助1万元、给予创建国家级示范场补助3万元。同时抓住生猪标准化规模养殖场(小区)项目建设及省级高效设施畜牧业、畜禽标准化养殖项目建设契机，大力发展畜禽规模养殖，促进畜禽养殖设施升级改造，加强粪污处理设施投入。推进畜牧业生态健康养殖示范创建。是年，通过开展示范创建宣传、推进，新增省级畜牧生态健康养殖场4家，完成年度计划任务。另有4家养殖企业通过生态健康养殖复检。

【畜牧信息化建设】 2017年，加大养殖场备案力度，全区畜禽规模养殖场备案比例达到总场数63%。加大镇级畜牧生产数据上报准确性考核，通过下拨部分财政奖补资金，用于各镇组织开展村级防疫员月例会培训，同时，上报畜牧生产报表，以提高生产数据真实性。先后在省农业网发送录用有关信息23条，在区电视台报道畜牧业信息2期。

【重大动物疫病防控】 2017年，做好重大动物疫病防控工作，组织开展“春防、夏防、秋防”行动。全区共发放生猪口蹄疫合成肽苗121.55万毫升、浓缩苗7万毫升、猪瘟109.6万头份、蓝耳77.12万头份、牛羊口蹄疫24万毫升、小反刍兽疫苗36.6万头份，禽流感183.1万毫升。及时防疫督查抽查和开展免疫抗体检测，猪、羊、禽免疫密度均达到国家规定要求，免疫抗体合格率禽流感93%、猪瘟97%、猪口蹄疫96%、猪蓝耳91%、牛羊口蹄93%、小反刍兽疫86%。未有重大动物疫病发生。

【畜禽养殖污染治理】 2017年，根据区“263”专项行动工作要求，全区关停养殖场226家，经过验收由区级财政补助的共203家，累计拆除养殖用房12.64万平方米，清理养殖奶牛283头、生猪5.29万头、羊1.55万只、家禽11.47万羽，补偿资金及相关费用共5100.94万元。

【生猪屠宰行业清理整顿】 2017年，根据《通州区生猪屠宰行业清理整顿工作实施方案》，有序开展生猪屠宰行业清理整顿工作，关闭并拆除不合格生猪屠宰企业7家。切实加强对金沙、金余2家升级改造生猪屠宰企业的督促和指导，金余屠宰场完成立项审批、土地征用、环境评估、施工许可等手续，金沙屠宰场相关手续在办理中。认真组织开展生猪私屠滥宰“扫雷”行动，取缔私屠滥宰点3个，立案查处违法案件3起。与区市场监管局联合开展猪肉市场整治行动，有效保障上市肉品质量安全。是年，区生猪屠宰行业清理整顿工作顺利通过省市级检查验收。

【动物卫生监督】 2017年初，制订通州区动物卫生监督工作计划，并有序组织实施。对官方兽医、检疫员进行相关法律法规培训指导和检疫操作技能大比武，提升检疫业务水平和执法能力。加大对产地检疫、生猪屠宰检疫监督检查，与规模养殖场、生猪屠宰企业签订责任状和承诺书。加强对生猪屠宰场监督检查，在国庆、春节等重大节日期间，组织执法人员对屠宰场采取例行巡查和突击检查方式进行监督检查，确保老百姓吃上健康放心猪肉。全年出动执法人员60余人次。查处生猪屠宰环节违法行为3起，立案查处3起，结案3起，处罚金额11320元。开展动物诊疗专项整治行动，对辖区内城市动物诊疗机构、宠物店进行清理整顿。做好畜牧业投入品监管工作，检查养殖环节、屠宰环节“瘦肉精”抽检情况，兽药经营、使用环节是否有伪劣兽药、假兽药、原料药以及兽药使用是否执行休药期等，奶牛场生鲜乳是否添加“三聚氰胺”等违禁物，确保全区畜产品质量安全。加强活禽交易市场监管，检查农贸市场13家次。活禽交易市场全面落实“定期消毒、轮流休市”等综合防控措施，确保不发生H7N9流感疫情。防疫监督规范化开展。对重大动物疫病计划强制免疫实行定期、不定期相结合检查，定期检查分春秋两次，实行地毯式逐镇检查。切实加强病死猪无害化处理监管检查，对生猪屠宰环节病死猪收集，每月安排人员逐场(点)检查核实，对养殖环节病死猪，发生批量死亡现象的，安排专人进行现场核实。对特大规模养殖场(祥牛)病死猪直接联系到垃圾处理中心进行无害化处理。

【蚕　桑】 2017年，全区共发蚕种4856张，同比减发370张，减少7.1%，总产茧209.4吨，同比减产13.5吨，减少6.1%。由于茧价上升较快，蚕农每张蚕种茧款收入、亩桑茧款收入分别为2228.8元和5412元，分别比上年增加411.8元、1231元，创历史新高。桑园面积年末数为233公顷，继续保持稳定。全区饲养蚕品种为“菁松×皓月”2696张、“苏秀×春丰”2160张，特种用途蚕品种（细纤度蚕品种苏秀×春丰)饲养比例进一步提高。

【海洋经济普查】 2017年，根据全省统一部署，开展第一次海洋经济调查工作。分三个阶段。第一阶段是涉海单位清查，全区1214家单位涉及清查任务。第二阶段是入户调查，共有涉海企业205家，国家级沿海开发区1家和涉海单位6家。针对此类企业和单位，逐一入户调查，获取数据。第三阶段是录入数据，由南通市统一组织实施。海洋经济调查工作中，共聘用调查指导员和调查员175名，开展业务培训2轮，各阶段均按照时间节点圆满完成任务。

林　业

【概　况】 2017年，全区以南通市创建国家森林城市为契机，增加森林数量，提高森林质量，优化森林结构，全面打造完善的城乡森林生态系统、建设繁荣的生态文化、营造先进的生态理念，为建成强富美高新通州提供强有力的生态保障。完成造林绿化面积766.67公顷，其中高速一环绿色通道提升工程213.33公顷，生态造林320公顷，镇区道路河道绿化86.67公顷，交通节点绿化146.67公顷。建成省级绿化示范村1个，省级三化示范村4个，南通市级森林城镇4个，市级森林村庄9个。林木覆盖率稳步提升，至年底全区林木覆盖率达到25.8%。

【中心城区高速一环绿色通道景观提升工程】 2017年，实施中心城区高速一环绿色通道景观提升工程，为南通市重点工程，即对G15、G40高速一环沿线绿色通道提档升级，绿化宽度拓展到不少于100米。沿线涉及张芝山、先锋、高新区、兴东、兴仁、平潮6个镇(区、街道)，工程单侧总长度32公里，绿化面积213.33公顷，造林树种选用珍贵化、彩色化用材树种，采用高低错落有致的绿化配置模式，实施“四季有景、应时有花”的生态景观效果。

【创建国家森林城市】 2017年，全区深入推进国家森林城市创建活动，重点打造高速一环绿色通道提升工程、生态廊道(四期)工程、生态造林工程、珍贵树种培育工程、节点景观绿化工程等。全年完成成片造林766.67公顷，完成河坡整治绿化2240公里，水岸林木绿化率达80%以上，135条等级道路绿化率达100%，镇、村水泥道路完成3950公里配套绿化。新建更新及完善农田林网控制面积2866.67公顷，森林抚育面积2600公顷，建成绿化示范村、“三化”示范村、市级森林村庄16个，“三化” 示范片1个，“三化”示范单位35个，珍贵用材树种成片造林473.33公顷，栽植珍贵用材树种40.5万株。建成生态休闲精品景点5个，林业产业基地5个，三星级乡村旅游区1个、五星级乡村旅游区1个。完成南通市年度创建国家森林城市考核任务。

【公园建设】 2017年，进鲜港市级湿地公园、绿博园省级森林公园开工建设，进鲜港湿地公园依托进鲜港水系，整合推进花海、湿地规划建设，建成城市“绿肺”。绿博园森林公园在先锋绿博园一期建设基础上规划二期建设，努力打造成省级森林公园。 （潘培新）

农业机械化

【概　况】 2017年，区农业机械管理局认真贯彻落实中央和省及市区农村工作会议精神，主动适应农业供给侧结构性改革新形势，把创新富民理念融入农业机械化发展全过程，全面提升农业机械化水平，全力服务现代农业建设。

区农业机械局开展农机安全教育

【农业机械社会化服务】 2017年，把“全托管”工作、粮食烘干能力建设作为区政府重点经济工作任务，列入镇区园“三农”工作进行考核，按月推进，按季考核，形成上下联动、齐抓共管工作格局。召开专题工作会议，交流汇报全区农业生产“全托管”项目进展情况。按照“投入力度不减弱、总量有增加”原则，区财政加大全托管和粮食烘干、农机库项目扶持力度。同时推进农机购置补贴向“全托管”主体倾斜，对规模种植所需育秧流水线、自走式喷杆喷雾机等农机具进行专项补贴，为经营主体发展提供物质条件。区、镇两级全程服务监督，组织项目建设中期督查，对所有项目点的服务合同、作业记录以及财务收支记录以及项目建设进度等督促指导。组织开展项目检查验收，确保项目做实做好、规范有序开展。是年，全区保养、修理“春耕”“三夏”“三秋”应时农机具9815台套，参加跨区作业联合收割机(插秧机)325台。新增“全托管”经营主体106个，新增服务面积1740公顷，其中货币型全托管1487公顷。新建粮食烘干中心(点)33个，新增烘干机138台套，新建标准农机库9个。

【秸秆机械化还田】 夏季，推广犁旋一体机、水田起浆机和旱耕还田机等三种麦秸秆还田配套机具，秋季，推广犁旋一体机、灭茬施肥一体机等两种稻秸秆还田配套机具。继续政策扶持，对50马力以上大中型拖拉机实施秸秆机械化还田作业，三麦补助40元/亩、水稻补助30元/亩，对牌证齐全有效的联合收割机、50马力以上大中型拖拉机进行秸秆切碎、秸秆还田作业的，每年每台定额作业奖励1000元。举办秸秆还田现场会、技术培训班15期，培训机手和农民1370人次。发放宣传资料5000余份。在刘桥、石港、兴仁、平潮、兴东、东社等镇召开秸秆还田现场会。是年，全区分别投入带秸秆切碎抛撒装置的联合收割机1000余台，50马力以上大中型拖拉机1200余台。完成三麦还田1.66万公顷，水稻还田1.46万公顷，建成秸秆还田示范村62个。

秸秆机械化还田

【农业机械安全管理】 2017年，规范农机上牌领证及考试工作，组织开展农机免费实地检验，加强和改进无挂车手扶拖拉机安全管理，推进农机“送检下乡”活动，继续推行“点线面”三结合和交汇点工作法，着力破解实地检验“最后一公里”问题，不断提高监理“三率”水平。是年，全区共检验拖拉机4253台、联合收割机665台。建立和完善农机安全责任体系，积极构建村级安全管理网络，落实农机手安全生产主体责任。建立领导干部挂钩包片包干负责制度，加强应急值班，妥善处置突发事件，做好安全隐患检查和整治。突出农机安全教育引导，开展农机安全集中轮训、农机“安全生产月”、农机“安全学习日”和“咨询日”等活动。结合农忙踏田巡查，与广大农民、农机手面对面交流，有针对性地进行农机安全生产教育培训，传播农机安全知识。依法催检告知、公告注销，开展农机行政许可“三个一致”清查治理活动。治理安全隐患、有效防范事故。“三夏”和“三秋”期间，以联合收割机、大中拖、旋耕机、插秧机等应时机具为重点，组织农机管理人员深入村组、田间场院，做好农机安全生产大检查和隐患治理，实施无挂车手扶拖拉机“三同时”管理。开展作业现场巡查,及时消除进出田块跟机捡拾稻麦穗、耕种一体机违规站人、机具防护罩壳不全、倒机蜂鸣器失灵等安全隐患。督促农机手作业区域清场,辅助人员动态跟踪,做好净场保护,严防作业机具掉头转弯、倒车发生伤亡事故。实行告知式执法,查纠无牌行驶、无证驾驶、逾期未检和违规作业等行为,排查事故隐患。是年,全区未发生农业机械田间作业伤亡事故,未发生重特大农机道路交通事故。

【变型拖拉机专项整治】 2017年,区农机局与安监、公安密切配合,齐抓共管,健全完善联合执法机制,加大路面动态监管,坚决遏制农机重大道路交通事故发生。结合农机安全生产大检查,开展农机免费实地检验等,对辖区内拖拉机牌照及驾驶人信息开展调查摸底、排查,严格执行“存量管理、严格检验、逾期注销、强制报废”等管理制度。组织集中开展拖拉机道路交通安全联合执法,将每周五定为“变拖集中整治统一行动日”,对变拖逢机必查,逢违必纠,协查牌证信息,全年共查处各类拖拉机交通违法行为77起(其中暂扣5台、行政拘留1人)。路面检查常态化,成立农机监理、公安交警联合执法组,每月开展联合巡查督查2次以上,督促严格落实道路交通安全监管责任,从严从重查处拖拉机各类违法违规行为,消除安全隐患,确保安全生产。4月,举行农机事故应急预案演练活动,通过应急预案演练,进一步完善农机安全生产应急预案,提升应急队伍实战水平,联合收割机驾驶员及群众110多人现场观摩。

【农业机械购置补贴】 2017年,明确政策导向,针对主导农业急需发展的自走式喷杆喷雾机和育秧流水线,区级财政给予作业奖励。印发公告,公示农机购置补贴政策。区镇两级农机部门建立购置补贴工作责任制,明确任务和要求,专人负责,确保农机购置补贴政策顺利实施。开展乡镇办理补贴程序核查,检查办公地点政策制度有无上墙,台账资料是否齐全,系统录入是否及时等。是年,全区推广财政补贴机具717台,受益农户及组织592个,享受中央及省级财政购置补贴949.524万元。

【农业机械技术服务】 把农机技术服务与农机推广、农机合作社建设、安全检验、教育培训等紧密结合,统筹部署,整体推进。组织技术人员深入镇村和农户,摸清需检修机具种类和数量,指导农机手对参加春耕、夏收夏种、秋收秋种的生产农机具进行检查、维修和保养。农机专业合作社开展集中检修服务,帮助农民解决农机检修工作中遇到的实际困难,严格把好检修质量关,保证农机具以良好技术状态投入生产作业。落实实地查验制度,核发农业机械维修技术合格证,建立农机维修网点台账和管理档案。开展对农机驾驶操作人员和维修人员技能培训,向广大农户传授农机具日常维护保养和操作知识,提高维护保养操作技能。农忙前,组织机具保养与维修,发放跨区作业证325份,将机主信息通过“跨区作业服务直通车”上网公布。以益农、农成、共创、卫东、大头等农机维修、农机零配件供应服务组织为依托,为农机具检修、后勤保障和联系作业面积等提供服务。

【农业机械技术培训】 2017年,以造就高素质新型农机经营与服务主体为目标,以促进农机从业人员职业化为导向,实施精准化、系统化、科学化培训,组织并委托常州机电学院举办农机合作社带头人培训班,加速培养和打造一支职业素养和知识技能高、经营管理和服务能力强的新型农机合作社带头人队伍。结合粮食生产全程机械化要求和本地区农业生产实际需要,开展农机职业技能培训。对“全托管”经营主体和烘干中心负责人进行培训,以提高“全托管”经营主体和烘干中心项目运作及管理水平,提升项目实施质量。全年举办农机职业技能鉴定获证奖补培训班5期,受训人数217人,其中初级工159人,中级工50人,高级工6人,技师2人。组织拖拉机、联合收割机驾驶人安全教育培训14期,培训1082人。完成拖拉机、联合收割机等驾驶员培训69人,其中拖拉机驾驶员16人,收割机驾驶员53人。 (于跃华)

农业资源开发

【概　况】 2017年,区农业资源开发局紧紧围绕高标准农田建设、土地流转规模经营、产业联盟服务“三个全覆盖”,充分发挥试点镇村农业企业、合作社、新型职业农民的主体作用,奋力打造南通现代农业发展“示范区”。牵头新建高标准农田项目5320公顷,其中国家农业综合开发高标准农田项目1000公顷,超额完成市下达任务数的60%。国家农业综合开发产业化项目2个,财政投资109万元,其中,江苏嘉安食品有限公司8000吨出口蔬菜加工原料收购流动资金贷款贴息项目财政资金70万元,南通双和食品有限公司2900吨禽肉加工原料收购流动资金贷款贴息项目财政资金39万元,超额完成9%。全年争取市级及以上财政资金6134万元,比上年度增加84.7%。

【高标准农田建设】 2017年,全区加强高标准农田建设,推动农业转型升级和农村高水平全面小康。围绕推进农业供给侧结构性改革,培育新型农业经营和服务主体,发展多种形式适度规模经营,积极探索科学、高效的高标准农田利用路子,发挥高标准农田建设综合效益,促进农民增收。将财政资金投入农业基础设施领域,为高标准农田建设提供有力政策保障。1月9日,南通市委书记陆志鹏一行到通州察看高标准农田建设项目区现场。在开心田园生态农场,陆志鹏察看建设中的200亩高效节水灌溉粮田项目,了解农场经营管理模式、“从地头到餐桌”的家庭有机蔬菜配送方式。2月28日,在十总镇召开高标准农田建设现场推进会,8个项目镇分管领导、水利站长,项目实施33个村(居)支部书记及区发改委、水利局、国土分局、农发局业务科长,共60人参加会议,总结推广十总模式。即依托农业综合开发项目、省投土地整理项目、村级自建高标准农田项目,土地平整增加耕地,扩大高标准农田建设规模,土地流转增加村级集体收入。3月2日,连云港市农业资源开发局高标准农田建设考察团一行14人,到通州考察多元化投入机制建设高标准农田项目,参观十总镇高标准农田建设现场。 (蔡维熙)

工 业

Industry

编辑 陈 菊

综 述

【概 况】 2017年,通州工业紧紧聚力项目建设,聚焦转型发展,强势推进项目建设,加快创新升级,培育发展新动能。实现规模工业增加值508.8亿元,比上年(下同)增长8.3%;规模工业产值2161.42亿元,增长2.3%;工业应税销售1037.7亿元,增长15.5%。

亿元项目重大突破。南通市认定工业亿元项目89个,完成工作量70.2亿元,分别是上年的1.89倍和1.16倍。雄邦压铸(南通)有限公司、南通深南电路有限公司、南通江海电容器股份有限公司、广东鸿图南通压铸有限公司、南通四方罐式储运设备制造有限公司、中航世科电子科技南通有限公司、南通斯澳生物医药有限公司、南通象屿海洋装备有限责任公司等8个单位的项目获认定为南通市重大项目。

创新发展成效显著。全年申报工信部产业振兴专项资金项目1个,列入江苏省重点工业投资项目计划项目5个,列入江苏省结构调整产业升级技术改造导向性计划项目8个,列入南通市双百工程计划项目22个,新增省级智能车间4个。组织申报省两化融合贯标试点企业1家、省企企通示范试点企业5家、市融合创新示范试点企业4家、信息化消费示范区1个。新增省级企业技术中心6家、市级企业技术中心5家、区级企业技术中心10家。海星电子申报国家级企业技术中心,通过专家评审。甬金金属成功申报国家工信部中国制造2025重点新材料产业链技术提升项目获中央资金扶持。新增省工业设计中心2家。圣夫岛纺织被工信部评为第五批工业品牌培育示范企业;新世嘉纺织、唐盛纺织、御丰塑钢等企业成为品牌培育试点企业。推动紫罗兰家纺争创省工业“增品种、提品质、创品牌”示范企业。全区有信用管理贯标企业183家,江苏省信用管理示范企业5家,南通市级信用管理示范企业20家。组织41个具有行政许可、行政处罚的部门进行“双公示”。袁洪兵、刘佳炎、耿裕华、昝圣达等被南通市委市政府评为“三名人物”。张华、柳墩雷被省委省政府表彰为制造业技术创新带头人,创斯达、雄邦压铸分别被评为省技术创新先进单位和智能制造先进单位。组织27家企业预计完成直购电交易达8亿千瓦时,年节约用电成本近3000万元。引进千万元以上市外民资项目61个,其中亿元以上市外民资项目22个。

民营经济发展势头良好。规模以上民营工业实现增加值332.15亿元,增长8.9%,固定资产民间投资完成559.4亿元,增长12.7%;引进投资额超千万元以上市外民资项目71个,注册资本23.55亿元,其中亿元以上项目22个,注册资本14.32亿元,计划总投资45.26亿元。全年完成实际投资额19.46亿元。

现代物流加速推进。新增国家A级品牌企业3家、省重点物流企业2家。国家A级物流品牌企业总数达到29家,物流企业总数在南通领先。成功引进京东电商物流产业园项目,该项目总投资达20亿元。

【“263”专项行动】 推进化工、印染、钢丝绳专项整治,淘汰燃煤锅炉等工作推进成效显著。淘汰印染产能2.25亿米,淘汰钢丝绳落后产能3.1万吨,均超额完成南通市下达任务。关停化工企业32家,印染企业4家,淘汰燃煤锅炉超471台。区经信委负责牵头丽王化工拆除工作。区经信委主要领导亲自做好企业负责人的工作,全体人员放弃国庆休假时间,第一个签订拆除补偿协议,第一个实现开拆,第一个完成拆除工作。10月8日全部拆除完毕,比原计划提前20多天。

【中国(通州)床品数码印花趋势专题交流会】 10月26日,中国(通州)床品数码印花趋势专题交流会在川姜镇成功举办。交流会通过专家对家纺数码印花市场主流现状及发展趋势深度解析,家纺数码印花产业链上下游企业面对面的交流,帮助企业打通整个数码印花生产的技术和产业屏障,推进印染行业向绿色高端发展,不断增强通州家纺产业的影响力、竞争力。

【省设计师走进企业活动】 9月28日,由江苏省经信委主办,省工业设计协会、中国(江苏)工业设计服务中心、南通市经信委和亚振家居股份有限公司联合承办的江苏省设计师走进企业活动开幕。省经信委运行局、部分设区市经信委工业设计责任处室负责人，省区、省企、省校共建工业设计平台负责人，设计企业和高校设计师代表，南通当地省级工业设计中心代表，有关新闻媒体等100余人参加活动。活动现场，巴黎TING庭家居有限责任公司、思博思齐科技有限公司、南京递梦明斐电子有限公司分别就功能家具设计、智能家居设计和家具新材料研究等话题进行分享。与会设计师们还与亚振家居负责人进行互动交流。亚振家居与巴黎TING庭家居有限责任公司、思博思齐科技有限公司现场签订了工业设计合作协议。活动期间，北京市中伦文德(南京)律师事务所主任、江苏教育频道“老王说法”节目特约主持人王长江针对家具行业的知识产权保护问题进行案例剖析。设计师走进企业活动，通过推动设计机构、高校的设计师们走进企业一线，深入了解制造企业工业设计中心建设情况和现实设计需求，加强工业设计供需间的对接互动，在“设计”与“制造”之间搭建起交流平台。

【8家企业列入市工业大企业培育计划】 11月，南通市公布“5215”工业大企业培育名单，通州8家企业上榜，其中，江苏恒科新材料有限公司被列为100亿级培育企业，江苏综艺集团、国轩高科股份有限公司、江苏韩通船舶重工有限公司、南通江海电容器股份有限公司、江苏甬金金属科技有限公司、创斯达科技集团(中国)有限责任公司、奥特佳新能源科技股份有限公司7家企业被列为50亿级培育企业。 (张雨林)

工业投入

【概　况】 2017年，通州区完成工业投入373.88亿元，比上年（下同）增长7.9%，占全社会固定资产投资的54.9%。被市认定亿元以上工业项目89个，居全市第5位，项目数目标完成率211.9%；完成投资额70.2亿元，居全市第4位，投资额目标完成率152.6%。鼓励企业引进先进技术装备，实施千万元以上重点技术改造项目100个以上。运用“省+市+区”技改专项补贴政策，引导企业加大技改力度。组织10家企业申报2017年省工业企业技术改造综合奖补项目，共获奖补7家(润阳塑胶、广东鸿泰、新江海动力、宏德机电、雄邦压铸、福乐达、德尔福)，争取省级资金277万元。组织兑付市级技术改造专项2016年第一批11个项目、第二批29个项目，争取市级奖励资金4024万元；组织2家企业（新天纺织、广东鸿图）申报2017年度第一批市区技术改造专项资金项目3个，争取市级资金571万元。上半年完成2016年第二批区级技改资金项目的兑付，共17个项目确认补贴额606.86万元；10月份组织符合条件的24个项目申报2017年第一批区级工业企业技术改造项目，兑现资金773.6万元。全区共创建省级示范智能车间1家(雄邦压铸)，组织广东鸿图、石岛玻璃、博沃汽车、老裁缝家纺、鑫冶金属、唐盛纺织6家企业申报市级示范智能车间。四方罐式储运设备生产项目申报工信部产业振兴专项资金项目。四方冷链、艾伯勒、新江海动力、甬金金属、东源充电桩5个项目列入江苏省重点工业投资项目计划。宏德机电、达成包装、广东鸿图等8个项目列入江苏省第一、二批结构调整和产业升级技术改造项目导向性计划，有22个项目列入南通市双百工程计划，计划总投资175.64亿元，所有项目均开工建设。

【京东电商物流产业园建成】 12月25日，南通家纺城管委会与京东集团经洽谈，在南通家纺城建立京东电商物流产业园，总投资达20亿元。京东集团除仓储服务之外，借助京东自身优势及运营销售经验，还将提供物流、电商、金融、产业数字化、跨境等方面的综合供应链解决方案，为南通家纺城的企业和公共部门提供基于云计算、大数据、人工智能的技术支撑，共同推动构建B2B数字化产业交易平台，打造家纺产业大数据平台，协助盘活数据资产，通过技术推动家纺产业发展，加速产业数字化转型。

【负压闪爆技术通过验收】 7月4日，由江苏紫罗兰家用纺织品有限公司承担的省科技成果转化专项资金项目“负压闪爆技术在纺织品功能性整理中的应用研究及产业化”顺利通过专家组验收。项目实施期内完成负压闪爆设备关键部位的优化、功能性纺织品的抑菌技术、柔性整理技术、无菌包装技术、功能性纺织品的应用与性能表征技术，自主研发负压闪爆装置、多功能灭菌反应舱、智能柔性整烫机等功能性纺织品成套生产设备，并实现产业化。购置面料线性喷施加养成套设备、面料智能烫平打卷机、负压闪爆智能化装置等32台套研发设备和2套产业化设备，具备负压闪爆技术功能性家纺产品30万套/年的生产能力。项目累计实现销售15266.91万元，利税1178万元。申请专利46件，其中发明专利25件；获授权专利39件，其中发明专利27件。获江苏省高新技术产品4个，制定企业标准3项。

【思辟德包装落户锡通园】 4月10日，锡通科技产业园与上海思辟德包装设备(上海)有限公司举行签约仪式。思辟德包装设备项目总投资1.5亿元，占地30亩。该公司主要致力于后段自动化包装流水线的研发，其产品开装封包装机远销欧美、东南亚等60多个国家，在行业内享有“自动化包装专家”的美称。

【恒科新材料创新项目通过验收】 3月3日，江苏恒科新材料有限公司承担的2014年度南通市重大科技创新专项项目“熔体直纺10D系列超细旦涤纶长丝关键技术研究及产业化”通过验收。江苏恒科新材料有限公司自2011年建立以来，不断加大科研投入，构建全新技术创新体系，建有江苏省企业技术中心、江苏省工程技术研究中心，多项创新成果获国家级发明专利授权。

【宝利根精密模塑开业】 2月18日，宝利根南通精密模塑有限公司在锡通科技产业园举办开业典礼。宝利根南通精密模塑有限公司是一家专业从事高精密模具零件开发、制造及生产的公司，注册资本2000万元，投产两年后应税销售5000万元。

【飞机制造项目落户空港产业园】 2月7日，EM-11C Orka飞机制造项目成功落户南通空港产业园。EM-11C Orka飞机是波兰 Margański 公司研发设计的一款双发四座活塞式固定翼飞机，采用先进的全复合材料生产工艺，可用于私人飞行、商务飞行、教学培训、娱乐飞行、空中巡查等。该项目是中波共同推进“一带一路”建设的合作项目，投资总额达3.75亿元（其中外资3000万美元），是通州2017年的首个重大外资项目，在南通空港产业园征用100亩土地，建设20000平方米的综合生产厂房、钣金生产厂房、研发中心楼、试飞检测机库、维修和停放机库等科研生产设施，从事EM-11C Orka飞机研发制造。

【钢丝绳废酸和污泥处置项目动工】 8月28日，江苏皕成环保科技有限公司投资12600万元建设的“6万吨/年钢丝绳废酸和污泥合并处置并资源化项目”正式破土动工。该项目位于锡通科技产业园内，主要是将钢丝绳加工过程中产生的含重金属废酸和污泥合并处置，互为原料，并以废治废，最终可得到铅锌渣，氢氧化铁、水处理剂氯化铁，水处理剂氯化亚铁、氯化钙溶液等产品。项目建成后，年处理钢丝绳废酸40000吨、污泥20000吨，将有效解决通州乃至南通钢丝绳污泥废酸处置能力不足的问题。

（李泽民　季小平）

技术创新

【概　况】 2017年，通州区坚持创新驱动发展，全力推进企业技术创新，加快构建以政府为支撑、市场为导向、企业为主体的产业科技创新体系。企业技术中心建设成效显著。组织海星电子申报国家级企业技术中心，分别新增省、市、区级企业技术中心7家、8家、12家，累计拥有省、市、区级企业技术中心37家、27家、39家。技术创新项目申报组织有力。向上推荐江苏省重点技术创新导向计划项目84个，其中重点新产品新技术研发和推广项目65个，质量攻关项目3个，核心技术突破项目16个。东源电器、恒科新材料、罗化新材料、金太阳纺织、唐盛纺织、江海电容器等企业的19个新产品新技术通过省经信委鉴定认证。华宇印涂的金属薄板双面连续涂布生产线、罗化新材料的芯片级LED封荧光膜、大功率照明与显示用荧光陶瓷等新产品新技术进入第十四批《省新技术新产品重点推广应用目录》。企业品牌质量培育不断深入。圣夫岛纺织被国家工信部评为第五批工业品牌培育示范企业；新世嘉纺织、唐盛纺织、御丰塑钢等企业成为品牌培育试点企业。紫罗兰家纺创成省工业“增品种、提品质、创品牌”示范企业，是南通地区唯一一家入选企业。

（朱红婷）

工业组织

【概　况】 2017年，通州工业牢牢把握“稳中求进”的工作总基调，自觉践行五大发展理念，深入开展项目建设突破年和转型升级提速年活动，着力加强供给侧结构性改革，推进“三降一补”，着力推进六大突破，即实施产业高端化、重大项目推进、两化深度融合、智能车间培育、降低成本行动、机关作风提升。继续实施大企业应税销售增长激励政策，设立3800万元专项奖励基金。强势推进20家大企业，为全区应税销售增长提供强力支撑。创新考核机制，对应税销售、规模工业产值等实行月公布，季点评，夺红旗亮黄牌，激发镇区园街道争先创优的热情。拓展发展空间，推进集约利用提高资源利用，着力盘活工业闲置资产，全区盘活工业土地和建筑面积120万平方米。扩大融资担保，针对企业融资难、担保难，加强与南通众和担保公司合作，全区2家担保公司为164家中小企业担保总额5.61亿元。其中新引进的南通众和担保有限公司为23企业担保35笔计3.76亿元。助推企业拓展市场，针对市场需求不足的新形势，通过政策引导，积极组织企业参加上海家博会、江苏产品万里行、中国工业博览会、上海食品机械展览会、广州海事展等以及各类国家级行业展销会等，帮助企业掌握行业发展新趋势、转型升级的新方向，结识一批新客户。帮助企业降成本，认真落实国家、省、市降低实体经济成本工作意见，组织综艺新材料、江苏恒科新材料、江苏韩通船舶重工有限公司等27家企业共计申报省直购电指标8.6亿千瓦时，每年可为企业节约电用成本3000多万元。帮助企业向上争取资金，共向市以上争取各类扶持资金8600多万元，受益企业300多家。加强政策研究引领，制定出台“十三五”通州工业转型升级发展规划和“十三五”通州两化融合发展规划。培育规模企业，新增规模企业85家。

【第十届中国（川姜）家纺画稿交易会】 10月25—27日，第十届画稿交易会在南通家纺城（川姜镇）举行，此次交易会由中国家用纺织品行业协会和通州区人民政府主办，南通家纺城管理委员会、川姜镇人民政府承办。中国纺织工业联合会副会长、中国家用纺织品行业协会会长杨兆华，意大利著名时尚趋势与市场专家马戴奥·巴勒迪，国内外的家纺数码印花供应链上下游企业负责人，浙江海宁、台州，苏州震泽，河北高阳等产业集群地和龙头企业负责人等参加本次画稿交易会开幕式。交易会上组织参观画稿交易会现场以及蔚蓝、丽笙两个微供市场转型升级示范店，举办画稿作品展示交易、花型面料流行趋势系列讲座等。画稿交易会共有62家设计企业展出画稿1.8万幅。

【南通象屿首艘散货船下水】 12月5日，南通象屿建造的首艘船舶——“阿曼尼提”号38500DWT散货船在3号船台成功下水。此次下水的“阿曼尼提”号是由美国 Amenity Maritime LLC 公司委托建造，该船不仅在安全方面满足现行的法规和相关规范要求，在绿色环保方面更达到国际一流水平，在船舶主尺度、结构形式，设备选型等方面也进行了进一步的优化，技术经济指标均达到国内外领先水平。

（张雨林）

民营经济

【概　况】 2017年，全区个体工商户、私营企业户数、私营企业注册资本累计分别为75600户、17684户、1544.45亿元，三项指标稳定在南通各县市区前列。

新增个体工商户 10876 户、私营企业户数 3156 户、民营小规模纳税人 5341 户、民营一般纳税人 1494 户。规模以上民营工业实现增加值 332.15 亿元，比上年(下同)增长 8.9%;固定资产民间投资完成 559.4 亿元，增长 12.7%。引进投资额超千万元以上市外民资项目 71 个，注册资本 23.55 亿元，其中亿元以上项目22 个，注册资本 14.32 亿元，计划总投资 45.26 亿元。全年完成实际投资额 19.46 亿元，民营经济各项指标保持较快平稳增长。 (曹 炎)

电力运行

【概 况】 2017 年，通州全社会用电总量保持南通第一。全社会累计用电 56.88 亿千瓦时，比上年(下同)增长 7.6%，高于南通平均增幅 0.71 个百分点。其中，一产累计用电 8326 万千瓦时，增长 10.0%；二产累计用电 40.68 亿千瓦时，增长 4.2%，用电占比 71.5%；三产累计用电 5.25 亿千瓦时，增长 15.6%；城乡居民生活用电 10.12 亿千瓦时，增长 18.8%。

【工业用电】 2017 年，全区工业用电总量居南通市第二，达 39.91 亿千瓦时，增长 4.1%，高于南通平均增幅 0.35 个百分点，工业用电增幅居南通第六。其中，轻工业用电增长 0.01%，重工业用电增长 10.6%。

【工业企业增容速度放缓】 2017 年，全区工业企业增加容量 26.73 万千伏安，增长 4.74%。全区累计完成电力增容 51.98 万千伏安，下降 7.5%，增量南通第三、增幅南通第五。 (董 君)

红色记忆
——通州革命遗址掠影

通州区烈士陵园

位于通州区金沙街道新金东路 44 号。前身是 1946 年 4 月小海、观音山战斗中牺牲的烈士墓地。同年 10 月，侵占金沙镇的国民党军队将墓平毁。南通县人民政府于解放初修复墓地。1970 年 4 月此墓被命名为“南通县烈士陵园”。1997 年 4 月 10 日开始予以重建，1998 年 4 月 3 日举行揭碑仪式。1989 年 6 月被确定为县级文保单位，1996 年被命名为南通市级爱国主义教育基地。

建 筑 业

Architectural Industry

编 辑 陈 菊

综 述

【概　况】 2017年,通州区建筑业总产值1551.82亿元,比上年(下同)增长7.7%;省外市场完成施工产值866.05亿元,增长21.6%,占总产值的49.3%。新兴市场发展势头良好,江西、贵州、广西等市场施工产值、施工面积呈现倍增态势。实施资质提档升级工程,通州四建、南通长城2家企业晋升建筑工程施工总承包特级资质,累积达5家;新增一级企业6家,二级企业7家,高资质企业数领跑全省。提高企业资本运作水平,江苏瀚天智能科技股份有限公司成功在新三板挂牌上市,成为通州区第二家上市的建筑企业。大力实施精品工程战略,突出品牌创建,创鲁班奖2项,国优奖3项,鲁班奖总数达55项,居全省县市区前列。

【南通现代建设产业基地启动】 2017年,南通四建、通州建总、南通新华、通州四建等4家企业投资建设的南通现代建设产业基地落户石港镇,投资总额近10亿元,共分3期建设。至年底,一期已开工建设。

建筑施工

【概　况】 2017年,全区在建施工面积16402.6万平方米,增长6.5%;本年新开工5254.60万平方米;完成竣工面积4493.76万平方米,增长10.9%;建筑企业年末从业人员39.85万人,增长3.3%。承建高层建筑4460幢,其中超高层建筑(29层以上)990幢;承建10万平方米以上的小区及配套工程357个;单跨跨度36米以上工程1个。

【9家企业入围省建筑业百强】 全区有9家企业入围2016年度江苏省建筑业"百强企业"榜单。他们分别是综合实力类5家:南通四建集团有限公司、通州建总集团有限公司、南通新华建筑集团有限公司、江苏通州四建集团有限公司、江苏通州二建建设工程有限公司;建筑装饰装修类2家:南通承悦装饰集团有限公司、江苏金轮装饰集团股份有限公司;建筑钢结构类1家:南通新华钢结构工程有限公司;建筑外经类企业1家:通州建总集团有限公司。

【2家企业入围上海市施工企业排名30强】 8月8日,上海市建筑施工行业协会举行年度颁奖大会,南通四建集团有限公司、通州建总集团有限公司两家企业入围第13届上海市建筑施工企业综合实力排名30强企业。南通四建首次进入进沪施工企业总排名第三位,通州建总首次入围该奖项。

【3家企业入围中国民营企业500强】 据全国工商联发布的2016年度中国民营企业500强榜单,南通四建集团有限公司、通州建总集团有限公司、南通新华建筑集团有限公司3家建筑企业入围,分别列第287位、第198位、第456位。

【2家企业上榜中国企业500强】 中国企业联合会、中国企业家协会发布2017年中国企业500强排行榜,南通四建集团有限公司、通州建总集团有限公司两家建筑企业榜上有名。南通四建以营业收入472.26亿元、利润24.42亿元,排名第315位;通州建总以营业收入283.11亿元、利润7.31亿元,排名第500位,这也是通州建总首次入围中国企业500强名单。

【通州建总入围中国承包商80强】 通州建总集团成功入围2017年中国承包商80强榜单,排名第33位,这是通州建总第14次入围该榜单,也是全区唯一一家入围的建筑企业。

【南通四建"NTSJ及图"获"中国驰名商标"称号】 南通四建集团有限公司"NTSJ及图"商标被国家工商总局商标局、商标评审委员会认定为中国驰名商标。

工程质量

【概　况】 2017年,区建管局层层落实创优任务,推动企业提升质态,以品牌争市场、保安全、创效益、求发展。全年获

"鲁班奖"2 项、"国优奖"3 项、"中国钢结构金奖"1 项,获"白玉兰"、华东地区优质工程等省级优质工程 36 项。

【获"鲁班奖"2 项】 南通四建集团有限公司施工、南通承悦装饰有限公司参建的连云港市档案馆、城建档案馆迁建工程和南通四建集团有限公司参建的南京河西地区综合性医院门诊医技病房楼工程 2 项工程荣获鲁班奖。至此,全区"鲁班奖"总数达 55 项。

【获"国优奖"3 项】 通州建总集团有限公司施工的徐州高新区科技创业服务中心工程、南通四建集团有限公司施工的南京移动通信综合楼工程及上海宝山电子商务供应链管理平台项目 1# 仓库 3 项工程荣获"国优奖"。

【1 项工程获"中国钢结构金奖"】 南通四建集团有限公司施工的珠海航展中心主展馆工程获"中国钢结构金奖"。

【4 项工程获"白玉兰"奖】 南通四建集团有限公司施工的松江国际生态商务区 15-2 地块 11# 楼、松江国际生态商务区 15-2 地块 12# 楼、松江国际生态商务区 15-2 地块 13# 楼、上海宝山电子商务供应链管理平台项目 1# 仓库 4 项工程荣获"白玉兰"奖。

安全生产

【概　况】 2017 年,区建管局突出安全生产监管,全面落实企业安全生产主体责任。定期召开安全生产形势分析会,严格安全生产条件核查。扎实开展"安全生产月"、安全生产大排查大整治、"安全生产大宣讲—进工地"和"三防两治一提升"等活动。全年签发区内安全隐患整改通知书 1032 份,停工整改通知书 75 份,整改率达 100%。加强安全生产教育培训,提升从业人员素质,完成 10561 名"三类人员"继续教育培训。严格实施设备备案登记和危险性较大分部分项工程方案的论证管理及现场安全工作的监管,完成 1218 台机械设备省级网联转换备案登记。强化建筑工地扬尘管控,深入推进标准化工地创建活动,创市文明工地 86 个,省标准化文明示范工地 43 个,国家级 AAA 工地 3 个。

连云港市档案馆、城建档案馆迁建工程(2017 年鲁班奖)

科技教育

【概　况】 2017 年,全区建筑业创国家级 QC 成果 30 项、省级 QC 成果 80 项,省级工法 33 项,发明 9 项,实用新型专利 32 项。新增省级企业技术中心 2 家,累计达 5 家。

【建筑产业现代化企业高管培训班】 6 月 8 日,全区建筑产业现代化企业高管培训班正式开班,150 余名二级以上建筑企业高管接受培训。培训班邀请省住建厅相关领导及业内专家授课,着重在建筑产业现代化及其发展趋势、建筑装配化施工企业总承包管理、BIM 技术推广和应用等方面进行辅导。

【获国家级 QC 奖 6 项】 全区建筑系统有 6 个 QC 小组获奖,其中二等奖 3 个,分别是南通四建集团有限公司希望之星 QC 小组、大丰市人民医院项目质量活动小组、通州建总集团有限公司的吉林进取 QC 小组;三等奖 3 个,分别是通州建总集团有限公司吉林明月 QC 小组、南通四建集团有限公司苏州工行项目 QC 小组和港珠澳大桥珠海口岸(VI 标段)货检区工程 QC 小组。

【南通四建协会再添重量级科技成果】 6 月 26 日,由南通四建集团公司和华南总部共同研究的"超大面积预应力排架展馆施工关键技术研究成果"通过省级鉴定,整体达到国际先进水平,其中大面积机电系统与钢屋盖网架一体化同步提升技术达到国际领先水平。

【南通四建获科学技术进步奖 1 项】 7 月 11 日,南通四建研究申报的"基于 BIM 的机电工程数字化加工关键技术成果"获中国安装协会科学技术进步奖三等奖。

【获中国建设工程 BIM 大赛奖 4 项】 12 月 21 日,由中国建筑业协会主办的第三届中国建设工程 BIM 大赛颁奖会在厦门召开。南通四建集团有限公司的"正方康和苑 BIM 综合应用"获 BIM 卓越工程项目二等奖,"扬州金鹰新城中心安装工程 BIM 技术应用"和"元祖儿童育乐中心项目参赛作品"获单项奖二等奖,通州建总集团有限公司的"乐活邻里工程机电施工 BIM 应用"获单项奖三等奖。

(秦沈平)

2017年通州区重点建筑企业完成指标情况一览表

表11

序号	单位名称	建筑业总产值（千元）	房屋建筑施工面积（平方米）	当年新开工面积（平方米）	计算劳动生产率平均人数（人）	10层以上建筑（幢）	资产总计（千元）	所有者权益合计（千元）	主营业务收入（千元）	主营业务税金及附加（千元）	管理费用（千元）	利润总额（千元）
1	南通四建集团有限公司	48001013	49437473	16326422	95104	1436	7239493	3253783	41058469	322714	956128	973553
2	通州建总集团有限公司	28006238	37470613	12402148	69627	1263	3944286	857235	19356251	80847	167208	826410
3	南通新华建筑集团有限公司	14574625	23279941	5180382	37108	889	4266889	2566508	14574625	44717	33783	520563
4	江苏通州四建集团有限公司	8818245	6998400	1636683	16412	364	1469709	1216937	6141816	12358	172647	417569
5	南通长城建设集团有限公司	9018530	8468958	322348	37546	0	954214	658169	2005265	7950	15741	89708
6	江苏通州二建建设工程有限公司	10012751	13629229	3831932	21393	124	866508	573311	2421038	9762	27613	93919
7	南通永峰建筑安装工程有限公司	3909023	2212080	1955883	9289	43	483156	227000	1563609	8506	78180	29456
8	南通通博设备安装工程有限公司	2019654	–	–	6936	0	389225	137698	1229315	26482	7691	22767
9	华东建设安装有限公司	4200260	–	–	13339	0	1865660	1100083	4200000	206208	198560	293808
10	南通扬子设备安装有限公司	3501820	–	–	5325	0	297458	255039	1180708	4487	49363	40844
11	南通承悦装饰集团有限公司	4001626	–	–	7631	0	1886187	1549266	4001626	11621	109896	657845
12	南通通西建筑装饰集团有限公司	1239250	–	–	488	0	322468	202308	1239250	4461	13542	19154
13	江苏通州十建建设工程有限公司	1353830	1205700	420000	5349	0	118904	103439	1353830	43630	40600	49667
14	江苏通州一建建设工程有限公司	1171578	1167279	274500	1271	69	163935	139989	388941	12874	34937	9583
15	南通永安建设工程有限公司	1104727	787100	246100	1871	0	172509	119797	315524	1028	3336	8117
16	南通宏亚建设工程有限公司	1201153	1298086	443645	3128	119	448559	279721	1015586	7260	12473	96240
17	南通市江海公路工程有限公司	910718	–	–	213	0	876785	431921	904350	4486	14927	111922
18	南通金通市政工程有限公司	902087	–	–	363	0	695871	377080	900258	15402	3585	99462
19	江苏通州基础工程有限公司	600283	–	–	705	0	133530	90030	550356	2311	9539	23632
20	南通新华钢结构工程有限公司	1204659	–	–	382	0	300100	97100	1204659	40365	132586	44985
21	南通蓝天彩钢结构工程有限公司	200040	–	–	201	0	36123	25784	54551	304	2485	3130
22	江苏达海智能系统股份有限公司	313798	–	–	344	0	813645	663815	313798	21163	28261	39163

邮政·通信

Postal Service and Signal Communication

编 辑 陈 菊

邮 政

【概 况】 2017年，通州邮政分公司实现邮政业务总收入2.21亿元，比上年(下同)增长8.2%，其中邮务类收入4713万元，代理金融业务收入累计1.72亿元，快递包裹业务收入1170万元。实现收支差额8800万元。是年，公司先后荣获江苏省文明单位、青年文明号等荣誉。

【普惠金融服务】 2017年，通州邮政以提高发展效率和效益为目标，扩规模、转方式、调结构，扎实推进金融发展工作。继续储蓄主体地位，相继策划“夏收会战”“多赢理财”等专项营销活动，实现代理金融常态化发展。巩固网点转型成果，打造“以客户体验为中心，以效能提升为内容”的网点经营管理体系。大力发展电子渠道业务，积极推广“聚合支付”“邮惠付”业务，新增手机银行客户3.44万户。全年累计完成代理金融收入1.72亿元，增长4.4%，规模列全区第三。新增金融总资产突破18亿元大关，达到18.58亿元，其中储蓄余额净增12.78亿元，净增额市场占有率19.1%，提高6个百分点；完成保险新保销量6.7亿元，新增理财1.68亿元，均列全区第三位。与区文明办联合开展“邮缘在一起，文明在社区”广场舞大赛，组织活动10场，吸引5多万人次关注，收集客户信息3多万条。

【渠道平台业务】 打造农村电商“一村一品·富民行动”和“互联网+”小店创业工程。加快建设线上综合平台，“邮乐919”活动期间，形成代购订单1.04万笔，规模列全区第二。累计建成邮掌柜加盟店371家，建成县级电商运营中心并投入使用。壮大培育型业务，形成50余款简易险邮政专属定制产品，累计实现保费187.4万元。加快培育税邮合作业务，累计建成便民办税服务点1个，代征税款3万余元。增值、分销业务分别实现收入863万元、582万元，规模分别列全区第一、第二位。力推商旅业务，累计出行260人次，商旅销售额近100万元。

通州邮政“文明城市”宣传小分队整装待发

【快递包裹业务】 开展“强攻长三角”专项活动，实现日均业务量突破1万件。抢抓跨境业务发展先机，突出国际直客及线上仓开发，实现线上业务量5000件。创新开发微商市场，累计开发微商客户100个。以B2C项目为抓手，加快推进同城总部项目，实现收入100万元。全年国内快递包裹业务收入880万元，国际快递包裹业务收入290万元，增长56.8%。

【文化传媒业务】 函件业务搭建广告传媒新平台，构建文化传播新生态，实现收入692万元，增长1%，规模列全区第二。集邮业务牢牢把握新邮发行契机，先后举办《丁酉年》《拜年》《喜迎十九大》等新邮首发活动，并创新活动形式，延伸活动范围，丰富集邮文化内涵；创新商业模式和产品服务，深化部门联动，成功组织三大文化季活动，实现收入590万元，增长5%，规模列全区第二。报刊业务聚焦期刊图书市场，积极开发特色文创产品，深入开展图书进校园活动，共组织开展24场校园图书巡展，开展第三届“小小报童

通州邮政联合通州团区委、教育局举办第三届“小小报童爱心义卖”活动

爱心义卖”活动；创新发展商务市场，不断扩大在线订阅规模，累计完成收入784万元，增长4%，规模列全区第二。加强投递队伍能力提升培训，举办12期投递班长能力提升活动，开展岗位大练兵活动，联合区总工会成功举办第二届通州投递技能大赛，1人获得“通州区十大金牌职工”称号。 (仇亚东)

电　信

【概　况】 2017年，中国电信股份有限公司通州分公司认真贯彻上级公司的工作要求，加强党建统领，聚焦转型发展，聚力改革创新，加快迈向卓越企业新征程。是年，公司先后荣获中国电信江苏分公司渠道TOP攻坚金奖、中国电信南通分公司4G建设金奖等荣誉称号。

【网络建设】 全年新增光缆4.85万芯公里，新增中继光缆19条。加快对城市、农村区域的光进铜退改造工作，共完成迁改用户4.22万户，6月底前实现通州区所有电信宽带用户全部进光。完成全光支局21个，光网占比达到96%，户均带宽达80M。升级4G无线精品网络，新增800M基站189个、1.8G基站13个，重点攻关信号弱及盲点区域、话务量高的区域。在锡通高速北接线、机场大道高架、海启高速、新金东路等迁移杆路220公里，建设配套管道161.5孔公里。

【品牌服务】 为进一步落实提速降费，推出全网带宽普提、网龄叠加提速、免费百兆体验优惠，为助力中小企业，降低专线接入资费。针对手机流量资费等热点问题，率先推出天翼“嗨无限”套餐，全面取消国内长途和漫游费，流量无限量，真正不断网，手机全网通，宽带超百兆。秉承“用户至上、用心服务”服务理念，专注培养一批成熟的智慧家庭工程师队伍，致力于在智慧家庭组网、智慧家居方面创新服务。宽带障碍平均时长从上年16.2小时缩短到11小时，装移机平均历时从上年22小时缩短到17小时，并承诺部分区域内百兆宽带“当日装、慢必赔”服务，进一步提升服务水平。认真履行社会职责，参与完成全省政府重大项目集中开工、开沙岛旅游节、十九大期间的通信保障工作。积极践行信息惠农，落实村级信息化服务，全年完成互联网村建设6个。 (胡金华)

移动通信

【概　况】 2017年，中国移动江苏公司通州分公司在省公司“大连接”战略和“创新、精细、均衡”三轮驱动的指引下，以4G建设发展和信息化应用为重要手段，加快市场发展进程，取得显著业绩。

【网络建设】 全年累计完成新金路、希望路北延、金鼎路、五接镇道路改造、锡通铁路等42条交通道路的杆线迁移以及道路施工配合。积极做好城市重点项目、活动的通信保障工作。加大家庭互联网宽带建设力度，光纤宽带基本覆盖城区各个小区、镇区及乡村。全面升级宽带速率，全区100M光纤宽带提速达78%以上。

【信息化服务】 2017年，通州移动加快实现转型，依托自身完善的集团综合信息服务能力和互联网服务能力，为各行业提供固定电话、互联网专线、数据专线、室内无线覆盖、监控网络以及智能化工程、软件平台开发、信息系统集成等综合信息化服务。“蓝天卫士”监控平台为政府部门实时监控秸秆焚烧，助力文明城市建设；联合水利部门为乡村建设“智慧水利”系统；公安局社会面监控分布于各重要路口、小区及公共区域，为“平安通州”保驾护航。 (石玉峰)

联　通

【概　况】 2017年，中国联合网络通信有限公司通州区分公司认真贯彻落实“聚焦、合作、创新”发展战略，扎实推进文化兴企，努力破解发展难题，用户规模和通信收入同比增长，运营态势良好。公司被授予市、区二级“文明单位”，集团公司、省公司“先进基层党组织”等荣誉称号。

【网络通信】 全力推进“沃超越”4G精品网络建设工程，加快4G+网络建设，4G基站开通数达327个，乡镇以上实现4G连续覆盖和深度覆盖，乡镇以上人口覆盖率超过99.8%。光纤宽带覆盖70049户，新建管道杆线24公里，配合城乡建设改造管线迁移63处。 (邱建霞)

商贸·旅游

Commercial·Travel

编　辑　陈　菊

综　　述

【概　况】 2017年,通州区商贸流通秩序得到进一步规范,监测质量明显提升,质量建设工作得到加强,商务领域食品安全和安全生产继续保持无责任事故。是年,全区实现社会消费零售总额370.03亿元,比上年(下同)增长10.0%,位列全市第二,总量占全市的比重为13.1%,提高0.1百分点,继续位居南通九县市区第四。其中320家限额以上法人企业完成社会消费品零售总额66.5亿元,占全市比重6.70%,增幅达11.6%。

规范市场秩序,强化单用途商业预付卡备案管理,规范企业发卡行为。全区共有南通市级备案企业3家,域外备案企业10家。在重大节日前后,对文峰大世界、大润发等发卡量较大的企业进行现场检查,对企业在发卡过程中不规范行为进行指正,并敦促企业立即整改。接受和处理商务举报和投诉1起,第一时间进行处置。先后开展"打击侵犯知识产权和制售假冒伪劣商品专项行动""中国制造海外形象维护'清风'行动""单用途商业预付卡"专项整治等活动,建立健全各项工作制度。组织协调相关部门开展联合执法检查,促进全区诚信服务体系建设。

【茧丝绸监管】 2017年,全区桑田种植面积4000余亩,蚕农养殖户4000余家。春、秋茧收购前,及时通知蚕茧收购资格的茧站负责人及辖区政府,重申蚕茧收购不得打白条、不得低价恶性竞争、不得跨区域收购等规定,明确属地政府分管领导为监管第一责任人。蚕茧收购期,组织人员到有关茧站,坐站监督有关规定落实情况,切实维护茧农权益。春茧收购中,未发生各类纠纷和违规经营行为。

【商务领域安全】 加强商务领域安全生产管理,组织各类检查38次,检查主体316家(次),及时消除和排除大小隐患28起,继续保持商务领域安全生产无等级事故。先后出台《通州区商贸流通企业落实安全生产主体责任提升年活动方案》《2017年夏季全区商贸流通领域消防检查工作方案》,对商贸流通领域安全生产工作进行全面部署和安排。在重要时间节点对食品公司下属企业进行安全生产大检查;对商场、商贸企业、农贸市场等人员密集经营场所及加油站、粮食储备企业开展安全生产大检查,开通安全生产事故隐患排查系统,实时监控商务领域安全形势,及时消除隐患。

【活猪储备监管】 做好南通市在通州区的活猪储备监管,确保活猪储备的数量真实和质量完好。全区有南通市活猪储备3300头,每头都保持在70公斤以上。

【农副产品批发市场运营】 2月27日,位于通州龙盛大道与石江公路交会处的通州农副产品物流中心项目一期农副产品批发交易市场正式营运;10月10日,

通州农副产品批发交易市场一期开业

二期运营。该项目总投资2亿元，占地面积100多亩，建筑面积5.46万平方米，是承接原通州区朝霞路蔬菜批发市场的搬迁而来的。至年底，通州农批市场共有8个交易区，入驻市场批发户400多家。

【新中腐乳创新发展项目获省扶持】 江苏新中酿造有限责任公司的“腐乳生产供汽设备燃烧生物质技术改造工程”成为南通唯一获得省商务厅扶持的老字号创新发展项目，得到14万元的资金资助。2010年7月，江苏新中酿造有限责任公司的“新中”石港腐乳酿造技艺入围商务部第二批“中华老字号”名录，成为南通首批四个“中华老字号”之一；2015年，申请成为首批176个“江苏老字号”之一。 (凌 华)

粮油贸易

【概 况】 2017年，全区3家国有粮食购销企业实现报表利润1160万元，比上年(下同)增长21.6%，连续17年名列南通各县(市、区)第一。全区三级储备粮质量完好，数量真实，粮食仓储“一符四无”(账物相符；无鼠雀、无霉变、无虫害、无事故)合格率连续36年保持100%；全系统共投入维修资金826.81万元，增长39.06%，国有资产增值1719.15万元，增长94%。全系统科学保粮率达95%，实现改革改制以来连续17年安全生产无事故。刘桥粮食储备直属库、区粮食购销公司被南通市委、市政府表彰为2016年度粮食收购工作先进单位，其中刘桥粮库蝉联该荣誉；刘桥粮食储备直属库被省粮食局、人社厅联合表彰为省粮食安全工作先进集体。

加大粮食政策宣传力度，及时反映粮食工作遇到和发生的疑难、新鲜事。《仓容吃紧，秋粮无仓可收待解》《粮价处高位，该出手时要出手》《通州区参与粮食“全托管”的实践与思考》《县级粮食部门机构改革的利弊分析》等多篇新闻、信息、调查报告，先后被《新华日报》《中国粮食经济》《粮油市场报》《粮食问题研究》《南通日报》及省两办内参录用，由省政府办公厅转发的《江苏反映今年夏粮收购量大质优价活农民收益有望好转》被国务院办公厅录用，这在通州粮食系统属首次。在全省粮食系统“深化改革转型发展”主题征文和“我为粮食行业改革献一策”活动中，通州区粮食局共有4篇文章入选，占南通市粮食系统入选征文的50%，其中凌华、李忠撰写的《托市收购面临的难题与建设》获得国家粮食和储备物资局举办的“我为粮食行业改革发展献一策”征文优秀奖，全国共36篇，江苏省3篇，南通市仅此1篇。

【基础设施】 10月20日，总投资1394.96万元的刘桥粮食储备直属库危仓老库拆除重建工程竣工并通过验收，新建三幢总仓容1.53万吨的标准化高大平房仓及配套设施，占地面积3843平方米，总建筑面积5011平方米，夏、秋两季粮食收购前投入使用。刘桥粮库信息化升级工作全面完成，与省、市粮食部门实现互联互通。加大准低温仓建设，全区新增空调低温仓9个廒间、仓容1.53万吨，满足了全区稻谷保管需求。全面升级粮情测控系统，对全区所有粮情测控系统从原来的模拟系统升级为数字系统，骑岸粮库全部安装粮情测控系统。

【粮食收购】 全区国有粮食购销企业实现粮食购销经营量26.5万吨，占年度指标的133%。加大收购农民余粮力度，主动与中储粮公司联系，加大最低价粮销售力度，挖掘收购仓容潜力；临时置换区级储备粮品种结构，在夏粮入库时，提前将部分稻谷出库，用小麦置换，在秋粮入库时提前出库小麦，用稻谷进行转换。全区共收购夏粮(小麦)6.2万吨，秋粮(稻谷)2.46万吨，没有出现“卖粮难”现象，为农增收500多万元。鼓励企业试行优质优价收购，全区收购的稻谷中，优质品种1.5万吨，占61%。

【“全托管”参与】 完善原有的产业联盟、订单收购，扩大服务范围，新增订单式联盟面积1033.33公顷。提前做好服务工作，在签订订单协议的同时，向农户推荐种植适合通州生长且适销对路的优质品种。3家国有粮食购销企业共与211户种粮大户、家庭农场及种粮合作社等“全托管”对接，完成自营式产业联盟(参与土地流转，以及粮食种植、收割、收购)合同349.6公顷，订单式联盟(与种粮大户、合作社签订收购合同)合同2488.47公顷。

【粮食质量监管】 积极配合区市场监督管理局开展粮食卫生检测，做好样品抽取和指标检测。做好进出库粮食质量检测工作，确保质量符合国家质量和卫生标准。实行放心粮店“二级单位”监管制，加强对全区创建“半小时放心粮油消费圈”工作的统一指导、选点和监管，3家国有粮食购销企业分别负责对辖区内放心粮店的培育、创建和监管，全区24家放心粮店全部实现“四合一”目标，其中

秋粮收购时现场

13 家实现“五合一”标准(储备粮成品大米专供)。

【产业发展】 4 月 26—29 日,在上海农展馆举办的南通农产品展示展销会上,南通天泰粮食种植专业合作社的“渔湾水乡”牌大米,江苏省银河面粉有限公司的“南山”牌面粉、中港粮油(江苏)有限公司的“驼鸟”牌食用油,以及西亭脆饼、新中乳腐等通州知名粮油产品纷纷登台,向上海市民展示“通州味道”和通州特色,受到上海市民的青睐。5 月 19 日,由台湾烘干机技术专家蔡晋恭工程师一行 3 人,到江苏省刘桥粮食储备直属库为全体员工进行烘干机操作培训。5 月,位于石港科技产业园内的南通渔湾米业有限公司正式开始生产,该公司投入 600 万元购买全新设备,建设全新厂区,日产大米 240 吨,产品主打 5055 和 9108 等大米。10 月 18 日,江苏省首家小功率舒量热回收型空气源热泵粮食烘干示范项目,在石港镇文山种植专业合作社投入使用,该项目既保护环境,又节约烘干成本。11 月 17—19 日,在第十五届江苏名特优农产品(上海)交易会上,石港镇粮满囤家庭农场的优质大米,受到上海市民的青睐。

通州知名粮油产品在上海农展馆举办的南通农产品展销会上展示

【国企改革】 2017 年,通州区国有粮食购销企业改革再次启动,根据改革方案,在原有 3 家国有粮食购销企业的基础上,组建通州区粮食购销有限公司(简称总公司),原来 3 家企业及通州区食品总公司将成为其旗下的子公司。是年,企业改革进入清产核资招投标阶段。

【黄宝荣调研通州粮食安全保障立法工作】 7 月 12 日,江苏省人大常委会农委副主任黄宝荣一行到通州区开展制定《江苏省粮食安全保障条例》立法调研活动。调研组一行到南通正场国家粮食储备库,详细了解粮库收购、储存等情况,听取区商务局、农委、市场监管局等部门负责人及相关粮食加工企业、种粮大户代表的发言。黄宝荣表示,调研组将充分听取大家的意见建议,并在立法过程中予以吸收。 (凌 华)

省人大常委会农委副主任黄宝荣(全拍中)在南通正场国家粮食储备库调研粮食安全保障立法

供销合作贸易

【概 况】 2017 年,通州区供销合作总社不断提升为农服务工作能力。全年提档升级综合服务社 19 家,新建农民专业合作社 4 家,升级改造基层社 3 家。

【农超对接】 2017 年,通州区供销合作总社主动开展农超对接,搭建对接平台,推介通州农产品,提高知名度。组织多家知名企业参加 2017 南通农产品(上海)展示展销会暨农业项目推介会、2017 全国农资科技博览会暨全国品牌农产品交易会和 2017 海峡两岸农产品展销会,并签订合作意向协议。

【王侠调研通联现代农业有限公司】 11 月 11 日,中华全国供销合作总社主任王侠一行到江苏通联现代农业发展有限公司调研,实地考察江苏通联现代农业物流园,鼓励企业要围绕乡村振兴战略,加快发展,做大做强,更好地为“三农”服务。

(张淑娟)

烟草专卖

【概 况】 2017 年,通州区烟草专卖局(分公司)销售卷烟 4.07 万箱,比上年(下同)增长 4.45%;实现销售额(含税)14.95 亿元,增长 8.21%;实现税利 4.35

亿元,增长9.67%。销售量、销售额、税利、利润四项主要经济指标增幅在南通六县(市区)保持第一。

【烟草专卖管理】 创新监管方式,推行错时工作制和分类监管模式,并充分发挥专销协同、线人耳目、协作机制三方面作用,加大对重点市场、重点场所、重点时间段、重点人员的监管力度和源头堵截力度,有效提升市场监管质效。全年共查获各类违法违规案件115起,其中,5万元以上案件7起,100万元以上案件1起;到账罚没款18.19元;查获各类卷烟11302条(假烟1022.2条),案值218.41万元。 (蒋德华)

石油购销

【概　况】 2017年,通州辖区内共有成品油经营企业104家,其中汽柴油加油站80家,柴油点21家,加油船3只。有14家位于城区,40家位于县(乡)道路,24家位于省(国)道路,2家位于高速公路。全区正常经营的加油站(点)有77家,8家因拆迁歇业,其余19家未经营。全年销售汽油10.19万吨,柴油8.73万吨(含宁启高速先锋服务区油品销量),分别比上年增长12.9%和下降14.7%。

【环境治理】 区商务局会同环保、国土、规划、消防等部门,摸清加油站地下油罐底数,积极配合职能部门做好地下水环境防治工作。依据环保部门要求推动加油站更换地下油罐,安排5个迁建点,主要用于加油站的拆迁安置。协调中海油沿江公路项目建设。 (凌　华)

盐　业

【概　况】 2017年,通州区盐务局(江州盐业公司)盐品销售5608.39吨,其中食盐销售4820.59吨(小包装食盐3589.79吨,大包装食盐1230.8吨),工业盐销售745.2吨,农牧渔用盐42.6吨。实现销售收入1967.45万元,其中非盐销售收入588.81万元。碘盐合格率100%,居民户灶台监测碘盐覆盖率99.3%,碘盐合格率98.3%,合格碘盐食用率97.7%。

【盐业案件查处】 全年组织联合执法7次,开展专项行动5次,出动执法人员176人。约谈跨区经营企业代表25人,约谈本地批发商320人。检查用盐企业98家次、农贸市场312家次、商店超市3241家次、食品加工512家次、餐饮食堂610家次,走访居民灶台5000余户。查处盐业违法案件31起,查获违法盐产品78.46吨,没收违法盐产品64.03吨,处罚款人民币7614元。

【盐业宣传】 2017年,区盐务局向近200家用盐企业发放规范用盐承诺书。在《通州日报》整版刊登"为维护食盐市场稳定,强化食盐市场监管"等内容,借助通州电视台制作"通州盐政"。利用"3·15"消费者权益日、"5·15"碘缺乏病防治日进行大型宣传,集中发送"盐业通告"4000份,发放宣传资料500份。是年,使用宣传经费3.5万元。

加油站安全检查

【盐业违法案件】 被告人季某,男,44岁,住金沙街道滨河人家21幢;被告人黄某,男,58岁,住金沙街道新三园村19组。经查明,2015年8月至2016年1月,季某将从盐业公司购得的13袋计650公斤工业盐销售给某黄;黄某将购得的工业盐用于加工卤鸡并销售。2016年9月1日,区盐务局和市场监督局在联合执法中查获该案,并移送司法机关处理。区法院对本案进行判决:被告人季某犯生产销售不符合安全标准的食品罪,判处拘役5个月,缓刑10个月,并处罚金人民币5000元,非法所得910元予以没收,上缴国库;被告人黄某犯生产销售不符合安全标准的食品罪,判处拘役5个月,缓刑10个月,并处罚金人民币5000元。 (吴汉余)

电子商务

【概　况】 2017年,通州区将电子商务与推动传统特色产业转型升级相结合,形成电子商务与实体经济融合互动发展,国内电商和跨境贸易电商齐发力的良好态势,电商交易额达600亿元。南通家纺城微供市场有微供商家302家,市场销售额超20亿元。东社镇获"江苏省农村电子商务示范镇"称号;2月,川姜镇被江苏省商务厅授予农村电子商务十强县(镇、村);川姜镇的三合口村、志浩村,张芝山镇的塘坊村以及东社镇的唐洪村获"江苏省农村电子商务示范村"称号;南通国际家纺城电子商务产业园成为江苏省电子商务示范基地。

【跨境电商】 2017年,南通空港产业园相继打通兴东国际机场辅仓直接出口台湾、日本的通路以及通过上海浦东机场海关转关出口的通路,累计通关约34万单,总货值762.7万美元,分别比上年增长78.9%、120.3%,日均约5000单,在全

通州区在苏州举办的通州服务外包(电子商务)专题推介会现场

省名列前茅。新增3家物流企业、1家电商企业,累计入驻企业32家,合计备案家纺、服装、健身器材等商品1389种,出口美国、英国、加拿大、法国等国家与地区。建成建筑面积5200平方米的跨境监管中心(一期)并通过竣工验收,跨境电商集中查验系统及流水线安装到位,内部海关国检网络、监控视频等设施设备基本安装完成。

【家纺电商】 2017年,南通国际家纺城电子商务产业园有近百家电商企业入驻。年交易额400亿元左右,占全国家纺电子商务零售的50%以上,平均每天快递包裹达80万件。顺丰、申通、天天等国内主要快递公司在家纺城成立不同等级的运行中心,顺丰速递、申通快递、天天快递公司营运面积都超万平方米,日客单数超8万单。

【东社镇电子商务】 9月13日,东社镇获第三批江苏省农村电子商务示范镇称号,南通市仅有两个镇上榜。是年,东社镇电商从业人数1.6万人,电子商务成交额13亿元左右,域内电商服务网点16个,物流快递收派货240万件。4月,东社镇唐洪村获第五批“江苏省农村电子商务示范村”称号,该村共拥有中小型个体私营企业80多家,主要从事农副产品加工和家纺类产品加工销售,电子商务交易额达2亿元左右。 (凌 华)

旅 游 业

【概 况】 2017年,通州区以旅游产业转型和服务品质提升为工作主线,创新发展思路,服务接轨上海,推进小镇打造、项目建设、品牌创建、市场营销、配套优化、行业监管六大工程,旅游产业呈现良好态势。进鲜港鲜花小镇、洲际绿博园二期项目有序推进,开沙岛途居房车露营基地10月试营业,石港渔港水乡芦苇荡木栈道、北码头停车场及附属用房全面竣工。创建省五星级乡村旅游区1家、省三星级乡村旅游区1家,南通进鲜港鲜花小镇获评首批市级旅游风情小镇创建单位。南通洲际绿博园入围国家AAAA景区创建名单。突出精准营销、线路营销、节庆营销、展会营销、全媒体营销,开展旅游市场拓展工程。举办“2017南通通州体育旅游梦幻之春”“通州特色旅游商品展”“2017通州乡村旅游节暨第二届金土地火龙果文化节”“南通江海国际旅游节开沙岛分会场”“首届白鹭湖格桑花风车文化节”等特色活动。持续推进厕所革命、旅游标识标牌、旅游停车场建设提升工程。洲际绿博园厕所项目在省推进会上作示范展示。主要景区景点全年新(改)建道路旅游交通标识牌14块。北山饭店被评为省第二批精品休闲度假酒店。编制《南通市通州区旅游突发事件应急预案》,实现旅游安全零事故。全年旅游总收入50.81亿元,比上年(下同)增长17.5%,接待旅游总人数384.77万人次,增长12.2%,实现接待上海游客116.62万人次。

【途居开沙岛房车露营地开园试营业】 9月29日,途居开沙岛露营地一期项目建成并成功对外试营业。营地位于开沙岛省级旅游度假区内,一期占地面积320亩,总投资2亿元,房车投入146辆,设有露营休闲区、帐篷酒店区、亲子活动区、森林探险区、户外烧烤区、水上游乐区等特色区域。

途居开沙岛房车露营地

【通州体育旅游“梦幻之春”】 4月8日，2017南通通州体育旅游“梦幻之春”在开沙岛旅游度假区开幕。活动为期16天，以打造“体育旅游特色小镇”为目标，紧扣体育、旅游融合发展主题，陆续开展中国体育旅游峰会、“Wo.Run”跨江10千米路跑、通州特色旅游商品展、开沙岛深度体验周、中国宏泰杯第三届全国商学院EMBA乒乓球联赛、开沙岛露营大会等系列主题活动，省内外政要、商贾参与互动体验，进一步提升度假区的知名度和影响力。

【通州区乡村旅游节暨第二届金土地火龙果文化节】 7月15日，2017通州区乡村旅游节暨第二届金土地火龙果文化节在金土地火龙果乐园开幕。本届活动为期一个半月，活动期间，园内除了安排有红心火龙果采摘、儿童游乐、农事体验、夏日烧烤等主题活动外，还专门推出火龙果文化展、火龙果美食节、奇幻3D画展、冰爽夏日水上闯关、夜赏火龙果花狂欢夜等系列游乐活动，让广大游客尽享乡村原生态生活乐趣。本届活动金土地共接待游客达3.2万人次，实现营业收入256万元。

【南通白鹭湖庄园首届“格桑花风车文化节”】 9月30日，2017首届格桑花风车节在南通白鹭湖庄园开幕。活动以“格桑花”“风车”为媒，通过丰富多彩的特色演出、充满意趣的民族风情、浑然天成的生态美景、原汁原味的乡野情趣，让广大游客感受白鹭湖花海风车的独特魅力。

【金土地生态农业园创成省五星级乡村旅游区】 4月，金土地生态农业园获评省五星级乡村旅游区，成为全省首批、市级首家获评单位。以“红心火龙果”著称的南通金土地生态农业园位于二甲镇，总面积1020亩，总投资3亿元，是集种植、养殖、观光、采摘、休闲、娱乐、体验、科普为一体的综合性农业示范园。园区有游客接待区、餐饮服务区、热带水果展示区、热带水果栽培区、名贵花木观赏区、青少年素质教育区、农耕文化展示区、水上游乐区、儿童娱乐区、野外拓展训练区十大片区。

【石渚渔湾休闲农庄创成省三星级乡村旅游区】 12月，南通石渚渔湾休闲农庄获评省三星级乡村旅游区。景区位于通州区石港镇，占地面积180亩，于2016年6月开工建设，秉持休闲农业与乡村旅游融合发展的经营理念，从市场需求出发，深度挖掘特色资源，积极打造多元旅游业态，是一处集有机养殖、红色旅游、农事体验、垂钓互动、农耕文化传播、餐饮娱乐、革命教育、公益活动等为一体的体验式田园综合基地。

【进鲜港鲜花小镇列入市级旅游风情小镇创建名单】 12月，南通进鲜港鲜花小镇列入首批市级旅游风情小镇创建名单。鲜花小镇位于通州区金沙街道，项目规划面积5000亩。项目定位为集生态农业、果蔬种植、花卉观光、旅游休闲、民宿集聚为一体的综合生态农业旅游项目，目标打造成为长三角地区极具影响力的以花海为载体的生态农业休闲度假胜地。

【旅游市场营销】 1月，举办通州旅游线路对接会，上海旅游业埔友俱乐部52家旅行社负责人踩点踩线，建言献策，共商旅游合作事宜。12月，举办通州旅游业招商推介会，开沙洲际梦幻岛、进鲜港鲜花小镇集装箱酒店、白鹭湖露营地三个重点旅游项目现场集中签约；上海锦友、泰州中天国旅、苏州快乐之旅与区旅游局签署旅游市场合作协议。以市区旅游奖励政策为引导，拓展上海、苏南旅游市场主阵地，全年签订区外旅游合作协议21家，享受过夜团队游客补助人数突破3万人次。南通飞鹤旅行社开辟开沙岛环岛观光巴士游，深耕南通本地市场。推行旅游年票、联票制度，实现旅游发展惠民。组织参加南京房车展、上海旅游商品展等旅游促销活动。全年在南通旅游政务网、“通州微旅游”公众号等媒介编发旅游资讯90余篇。 (沈 英)

石渚渔湾景区

洲际绿博园

对外经济贸易

Foreign Economy and Trade

编 辑 陈 菊

对外贸易

【概 况】 2017年,全区有进出口实绩的外贸企业888家,比上年(下同)增加72家;实现外贸进出口总值为237.7亿元,下降3.5%。其中,出口209.1亿元,下降5.9%;进口28.5亿元,增长18.6%。全区进出口总额超5亿元企业6家,占全区进出口总额的17.8%;进出口总额1亿~5亿元企业33家,占全区进出口总额的27.8%;富加宜电子(南通)有限公司首次成为全区第一外贸大户。纺织服装进出口总额为90.2亿元,增长2.9%,其中出口下降1.9%,有近一半的纺织服装企业订单下降;船舶行业实现进出口总额6.87亿元,下降25.1%。亚洲市场进出口总额下降10.7%。通过市场采购贸易方式出口3.31亿美元,增长0.4%。为11家企业申请到第27届华交会展位13个,为54家企业申请到第121届广交会展位112个,为52家企业申请到第122届广交会展位111个。帮助171家企业申请各类信用保险等扶持资金。

【华夏飞机开启航空维修再制造业务】 2017年,南通华夏飞机工程技术股份有限公司在全国率先开启飞机部件航空维修再制造加工贸易业务,先后进口3架飞机,发动机、APU(辅助动力装置)和起落架等部件,经过检测维修后,销往美国和俄罗斯相关公司,实现出口值433万美元,平均增值率约50%。

南通市商务局局长李玲(右三)在华夏飞机调研

【7个品牌入选省重点培育名单】 7月,省商务厅公布2017—2019年度江苏省重点培育和发展的国际知名品牌名单,通州区有7个品牌上榜,分别是:南通江海电容器股份有限公司"Jianghai"、江苏华宇印涂设备集团有限公司"华宇"、江苏金太阳纺织科技股份有限公司"金太阳 GOLDSUN"、创斯达科技集团(中国)有限责任公司"Du Tech"、江苏蓝丝羽家用纺织品有限公司"蓝丝羽"、新世嘉纺织品(南通)有限公司"NEWSEGA 新世嘉及图形"、江苏宝缦家纺科技有限公司"宝缦 Bermo"。

【16个品牌入选市重点培育名单】 2月,南通市商务局公布2017—2018年度重点培育和发展的国际知名品牌,通州区有16个品牌上榜,分别是:江苏金太阳科技股份有限公司、江苏宝缦家纺科技有限公司、创斯达科技集团(中国)有限公司、南通江海电容器股份有限公司、江苏蓝丝羽家用纺织品有限公司、新世嘉纺织品(南通)有限公司、南通唐盛纺织有限公司、南通金康弘纺织品有限公司、南通信一服饰有限公司、江苏华宇印涂设备有限公司、南通鑫盛纺织服饰有限公司、南通艺源家用纺织品有限公司、南通海星电子股份有限公司、紫罗兰家

纺科技有限公司、南通市嘉宇斯纺织集团有限公司、江苏南星服饰有限公司。

利用外资

【概　况】 2017年，通州区外资实际到账3.74亿美元，增长53.4%。新批外商投资项目50个，新批协议注册外资8.23亿美元，其中重大外资项目7个：滨江新区的南通天虹银海实业有限公司（到账1000万美元）、高新区的南通富力房地产开发有限公司（到账7500万美元）、丹华海洋工程装备（南通）有限公司（到账400万美元）、南通市通州区双恒置业有限公司（到账900万美元）、南通四合不锈钢制品有限公司（到账502.5万美元）、石港镇的南通泰戈自动化设备有限公司（到账1235万美元）、南通江海电容器股份有限公司（到账872.82万美元）。全区15个列入考核的镇（区、园、街道）全部完成到账外资目标任务。

【首家越南投资企业落户】 2月，位于南通家纺城的南通皇洋国际贸易有限公司在银行申请开户，并在南通海关、商务局等部门完善手续，成为南通市第一家越南投资企业，也是南通第一家由境外社会主义国家客商投资创办的外资企业。该公司主要从事服装、纺织品等进出口业务。

外经合作

【概　况】 2017年，通州区境外投资注册新设立企业4家，境外中方协议投资总额5874万美元，下降75.6%；新签对外承包劳务合同额1647万美元，下降38.1%；完成对外承包劳务营业额3336万美元，下降39.4%；新派劳务人员429人，增长10.3%；年末在外劳务人员179人，下降45.6%。协调解决各类外派劳务纠纷16起，涉及资金300多万元。

服务外包

【概　况】 2017年，通州区完成服务外包合同额6501.57万美元，增长73.0%，执行额6443.31万美元，增长53.9%，其中离岸服务外包执行额3077.09万美元，增长39.24%。

【新增服务外包企业4家】 全区新增服务外包企业4家，分别是：江苏中实纺织交易市场有限公司、南通伟业联合会计师事务所、南通柯尼智能科技有限公司、南通江海海洋工程产业研究院有限公司，新增从业人数达1118人。至此，全区共有南通市认可的服务外包企业43家。

【卡特彼勒获“中国服务外包成长型企业”称号】 5月，位于锡通科技产业园的卡特彼勒（通州）有限公司获商务部“中国服务外包成长型企业”称号，成为通州唯一上榜服务外包企业，南通市共6家。卡特彼勒（通州）有限公司是2011年注册成立的一家外资公司，主要开展工程机械及相关产品性能测试，提供工程机械操作培训和相关的展示活动等。是年，该公司离岸外包执行额达3000万美元。

（凌　华）

外商投资企业负责人参观南通高新区外资企业生产的机器人

园区开发

Development Zone

编　辑　黄丽娟

南通高新技术产业开发区

【概　况】 2017年，南通高新区围绕“四个全面”抓落实、“两聚一高”争标兵要求，全力推进招商引资、项目建设、创新发展等重点工作，在全国高新区科学发展综合评价中排名列第48名。全年完成固定资产投资257.8亿元，比上年(下同)增长14.6%；规模工业产值622.1亿元，增长12.6%；工业应税销售243.6亿元，增长25.6%；公共一般预算收入13.2亿元，增长21.1%；实际利用外资超1.6亿美元。新开工产业项目28个，其中10亿元以上重大项目7个。获批省级科技企业加速器，并被省科技厅列为试点单位；获评省留学回国人员创新创业示范基地、省级创业园区、省级人工智能科技产业园、省众创社区。全年新增高企12家，新增新三板挂牌企业1家(江苏汉天智能科技股份有限公司)。

【南通江海储能超级电容器项目开工】 2月12日，2017年全省重大项目集中开工现场推进会南通分会场在南通高新区南通江海储能超级电容器项目现场举办。该项目属于国家战略性新兴产业，具有国际先进水平并填补国内空白，是电动汽车、轨道交通、新能源和智能电网、节能环保、国防军工等领域急需的关键产品。其投资公司江海股份是全球唯一能同时在电解电容、薄膜电容、超级电容进行研发、生产和交货的高新技术企业，也是中国为数不多的依靠自主技术、自主品牌、自主销售渠道进入全球高端市场的电子元件企业之一，是西门子、ABB、施耐德、华为等众多国内外著名品牌的战略供应商。该项目总投资30亿元，一期投资12亿元，将形成5000万瓦时的生产能力，年销售20亿元，利税超过5亿元，奠定公司在国内第一、国际一流的行业地位，对中国新型电子元器件和电子信息产业的发展产生积极影响。

【通州农副产品物流中心一期项目开业】 2月27日，通州农副产品物流中心一期项目在南通高新区建成开业。通州农副产品物流中心是中国供销集团利用自身优势，结合通州本地特点，由落户南通高新区的南通供销产业发展有限公司倾心打造的又一个重点项目。该项目总投资2亿元，总建筑面积5.52万平方米，规划建设交易市场、电商运营中心、加工仓储中心。项目建成达产后，将确保通州区农副产品的供应，保障食品安全，提升农副产品流通服务水平。

【上海嘉朗落户南通高新区】 5月18日，总投资10亿元、注册资本2亿元的嘉

通州农副产品物流中心一期项目开业

嘉朗实业南通项目签约仪式

朗项目取得营业执照。嘉朗项目的落户，增强了南通高新区压铸板块的集聚效应，企业的竞争优势更趋明显。嘉朗主要从事机器人研发、制造；传感器及智能仪器、民用航空航天设备零部件、新能源汽车零部件及配套产品、橡胶制品、减振悬置产品的研发、生产、销售。项目全部达产后，预计年销售额不少于12亿元，年纳税额不少于8000万元。

航天科技成果发布会在南通高新区举行

【展华电子第二制造基地南通新厂签约并开工】 12月16日，总投资4.5亿美元的上海展华电子第二制造基地南通新厂签约落户南通高新区，并举行开工仪式。新厂由上海展华电子有限公司和燿华电子国际(香港)有限公司共同出资建立，总投资4.5亿美元，其中一期投资约3.6亿美元，主要从事高密度互连积层板、多层板、多层挠性板、刚挠印刷电路板的生产、销售及研发。项目全部达产后，预计年销售收入15亿元，同时可为本地直接增加近2800个就业机会。该项目的落户补齐了通州区电子信息产业链上的关键一环，对通州区加快打造电子信息地标产业具有十分重要的意义。

【CIO时代中国行走进高新区】 3月5日，“2017年CIO时代中国行南通·通州站”活动在南通高新区江海智汇园举行。CIO时代成立于2003年，是由北大CIO(信息运营官)论坛骨干创建，经北大信息管理系批准在北大科技园孵化的一个信息化专业服务机构，自成立以来，一直致力于信息化的高端教育和培训。此次CIO时代论坛主要围绕互联网技术如何支撑传统企业转型升级等方面的问题进行分析和探讨。

【航天科技成果发布会】 3月26日，2017军民融合项目洽谈暨中国航天（国防）科技成果首次项目发布会在南通高新区江海智汇园举行。2016年9月，南通高新区与航天十二院合作成立“航天(南通)军民融合产业创新促进中心”。这次活动借助这一平台，交流军民融合项目的市场化、产业化路径，共享航天(国防)高新技术成果，推动技术、企业与产业在南通落地生根。当天，军民融合技术交易中心、中国航天(国防)技术孵化产业化南通基地、南通军民融合产业创新联盟、中国航天第十二研究院第四研究所南通研发中心同时成立并揭牌。“人才联合培养、北斗技术产品研发、金属材料加工工艺、绿色节能环保涂料”等4个项目，军方北京遥测技术研究所等4家机构分别与通州的帝奥微电子等4家企业签约。

中·以国际转化医学产业大赛在南通高新区举行

【获批人工智能科技产业园】 以南通高新区科技新城管委会为运营主体申报的南通高新区人工智能科技产业园正式获批省科技厅第五批确认的江苏省科技产业园。此次获批的省级科技产业园共有27家，南通地区有3家。

【中·以国际转化医学产业大赛】 12月17日，中·以国际转化医学产业大赛(决赛）在南通高新区江海智汇园举行。是年，南通高新区与全国卫生产业企业管理协会签订了战略合作协议，联合举办了中·以国际转化医学产业大赛(初赛)，并遴选出10个优秀团队参加此次决赛。当天，10个以色列和国内创新医疗项目进行路演，MST公司的影像引导型腹腔镜定位系统、TechsoMed公司的射频消融治疗实时监控工具、CareVature公司的脊柱椎板减压手术用消磨工具三个项目分获一、二、三等奖。获奖项目与奥爱公司多模态数值化功能成像设备技术项目已落户高新区。

【通灵桥区域环境综合整治】 2017年初，研究出台通灵桥区域环境综合整治方案。8月，在区委、区政府统筹指挥下，采取“1+1+N”的工作机制，全面拆除通灵桥区域11家污染企业，拆除占地面积280亩、建筑面积18.3万平方米，妥善处置职工1035名。

【园区综合事务创新发展】 为进一步理顺关系，实现权责对等，区政府将南通高新区房屋动迁安置、综合行政执法(城市管理)等职责交由金新街道统一负责，相关人员和编制划转至金新街道。金新街道增设房屋动迁管理办公室和综合行政执法办公室。完成园区内设机构(直属机构)下属科室负责人选拔任用工作，顺利、平稳选拔任用18名正股级和23名副股级干部，健全队伍组织架构。根据《关于印发南通高新技术产业开发区总公司实体化运作改革方案的通知》精神，高新区总公司全面推进实体化运作，参与投资两支基金，参股海通医学科技公司、物业公司等进行自主经营。 (崔亚文)

锡通科技产业园道路不断完善，区域路网基本贯通

锡通科技产业园

【概　况】 2017年，锡通科技产业园完成固定资产投资87.2亿元，比上年(下同)增长32%；一般公共预算收入完成1.39亿元，剔除上年因素后增长32.46%；完成规模以上工业产值35.29亿元，增长10.5%；完成工业应税销售58.03亿元，增长48.8%；完成高新技术产值4257万元，增长41.3%；完成服务业应税销售5.2亿元，去除平台后增长62.2%。

【基础设施建设】 2017年，锡通科技产业园强化规划理念，加强规后跟踪，增强规划建设的执行力、落实力，完善“五纵五横”的主干道和“五纵六横”的次干道路网，建设完成槐杨路、蒲公英路、女贞路、竹松路西延、迎春花路东延等支线道路，区域路网基本贯通。同步推进地下管网、绿化景观、路灯等配套项目和交通监控设施的对接连网，区域交通枢纽地位逐步显现。坚持城市功能与周边开发区错位发展，努力提高综合配套能力，切实抓好重点工程的实施。六期安置房工程完成建设；消防站土建工程竣工验收；天星公园项目完成前期设计和施工招标；完成创业园二期孵化器工程；快速推进七期安置房、标准厂房三期、香樟公寓二期等工程的前期工作。

落户于锡通科技产业园的宝利根(南通)有限公司

【招商引资】 2017年，锡通科技产业园围绕强队伍、优组织、拓网络，不断增强招商引资的精准度、成功率，新签约项目中亿元以上项目占比达到90%以上，项目行业类别主要集中在高端机械装备、汽车零部件、新材料等产业，自动化包装机械设备、智能展示设备及导视系统等一批高端制造业项目落户园区，项目集聚明显加速。全年共签约项目35个，总投资达105亿元，其中亿元以上签约内资项目26个，完成注册项目28个，其中亿元以上项目25个；完成注册外资实际到账5004万美元，签约重大外资项目7个。坚持紧盯重大项目，在强攻高、大、新项目上持续发力，总投资33亿元的未来岛硬科技产业园、投资30亿元(其中外资2.5亿美元)的澳润众创空间、投资10.5亿元的上海韵达电商区域总部基地等一批重大项目成功落户园区。

【项目建设】 2017年，锡通科技产业园推进亿元以上重点项目建设23个，开工项目20个,同比增长122%。围绕"一主一新"产业定位,加快锦岸机械、海昌机械、航泰船舶、优轩机电等智能装备项目推进;加速华尔泰新材料、新三亚建材、英思创薄膜等新材料项目转化;抓好宝湾物流、华诺物流二期、好得家二期、金鼎龙二期等服务业项目跟踪服务,项目建设形态全面提升。同时加大对优势骨干企业的培育,鼓励扩大"高精尖"设备投入,2017年,新增规模企业8家,宝利根(南通)有限公司当年迁入园区,当年实现产值7000余万元,实现税收550万元。

【四季度项目集中签约】 10月20日上午,锡通科技产业园四季度项目集中签约仪式在区行政中心举行。此次集中签约项目为8个亿元以上项目,总投资约60亿元,其中韵达电商基地、澳润众创空间两个项目总投资均超10亿元。签约项目涉及现代物流、高端装备制造、电子信息、生物科技、新能源等多个领域。

【锦岸机械科技项目开工】 2月12日上午,锡通科技产业园锦岸机械科技项目正式开工。锦岸机械科技项目于2016年一季度落户锡通科技产业园,专门从事计量包装系统研发、制造、销售、服务,与太太乐、海底捞等国内外品牌皆有合作,为其提供配料、生产等设备及智能化生产线。该项目总投资2.3亿元,将于2018年11月份竣工,12月正式投产,可年产自动化包装流水线及成套设备250套。

锡通科技产业园成都招商推介活动

【华尔泰新材料项目建设】 2017年,华尔泰新材料由江苏华尔泰机电工业有限公司投资建设,总投资1.2亿元,占地78亩,建筑面积1.5万平方米,使用真空感应熔炼炉将Ni、Re、Al、Ta等高纯金属进行超纯净化熔炼,生产各类靶材、高温合金制品等产品。项目将于2018年投产,达产后,可年产50吨产品,实现年应税销售2亿元。

开沙岛度假区途居露营

【锡通园成都招商推介活动】 11月1日,锡通科技产业园成都招商推介活动在宝利根精密工业成都制造基地举行,成都地区模具行业的近10位业内专家、客商参加活动。 (邵小清)

通州滨江新区

【概　况】 2017年,滨江新区(五接镇)围绕"四个全面"要求,牢牢把握发展第一要务。全年实现地方公共财政预算收入2.1亿元,比上年(下同)增长24.2%,完成区下达任务目标;工业应税销售189.5亿元,增长17.8%。

【途居南通开沙岛房车露营地建设进展】 开沙岛旅游度假区途居南通开沙岛房车露营地项目正在加速建设,该项目于2017年9月底试营业,占地面积474100平方米,建成后总房车数量345个,总木屋数31个,帐篷酒店数量14个,树屋数量10个。建成后的营地既可以休闲,又可以观光。

【"魅力开沙之旅"首发仪式举行】 7月18日,开沙岛旅游度假区"魅力开沙之旅"首发仪式在开沙岛举行。"魅力开沙"之旅是开沙岛旅游度假区与南通飞鹤国旅经过多轮接洽、会谈,精心策划而成。

开沙旅游首发仪式

南通开沙岛旅游度假区规划面积15.42平方公里，是江苏省“十二五”期间沿江开发规划和旅游开发规划确定的旅游度假区，融入南通“一山、一水、一城、一岛”大旅游格局，将打造成为以“特色江岛”和“运动休闲”为主题的长三角知名旅游度假区。年接待游客量超过40万人次。

【恒科新材料全自动纺丝铲板系统获国家专利授权】 江苏恒科新材料有限公司自主研发的全自动纺丝铲板系统获国家知识产权局授权，实现了化纤行业纺丝柔性自动化铲板“零”的突破。该系统研发历时近两年，企业技术研发人员攻克众多技术难关，最终设计出安全自动巡航、自动定位的AGV小车，通过分析人工铲板、人工喷硅油以及清理铲刀的方法，研发设计了柔性铲板装置、自动喷硅油装置和自动清理刀头装置，并将自动化、集成化、安全防护等技术运用到各装置中，有效形成了全自动智能化铲板系统，实现了安全柔性化纺丝铲板生产线的投产。

【南通通州体育旅游“梦幻之春”盛大开幕】 4月8日，由通州区人民政府、阿里体育共同举办的2017南通通州体育旅游“梦幻之春”隆重开幕。活动为期16天，近20项体育旅游主题活动在滨江新区（五接镇）开沙岛旅游度假区相继开展。

（马正祥）

中国南通家纺城

【概　况】 南通家纺城围绕家纺产业积极推动市场建设，规划的南通家纺城核心区为12.5平方公里，已建成3平方公里，在核心区集聚家纺企业2800多家、各类经营户8000多家，其中全镇规模以上企业88家，销售超亿元企业24家，拥有中国驰名商标6个（金太阳、蓝丝羽、梦之语、圣夫岛、宝缦、卧龙），江苏省著名商标19个、南通知名商标35个。面料及成品销往国内80%以上的地级市，同时远销东南亚、中东、南非、欧美等100多个国家和地区，是全国规模最大、市场占有率最高的家用纺织品生产、销售、出口基地。

【微供市场】 2017年，南通家纺城微供市场销售额超60亿元，有家纺电商企业3000多家，电商从业人员近万人，电子商务交易额达200亿元。川姜镇连续四年被阿里研究院认定为“淘宝镇”，其中有9个村被认定为“淘宝村”，成为南通创业最具活力的地区。微供市场有商家500多户，平均每户拥有微商代理1000多人，直接带动20多万人创业，微商群体遍布全国。此外，在微供市场周边，集聚着中通、圆通、天天快递等近20多家快递公司，直接解决就业近5000人，全镇每天发出的快递包裹超30万件。

（顾鑫磊）

南通空港产业园

【概　况】 2017年，南通空港产业园利用兴东街道现有区域，依托兴东国际机场这一平台，抓住南通大力建设“航空港”这一开放门户，奋力建设上海大都市北翼门户城市的机遇，和其它城市空港园区错位发展，目标打造成长三角北翼特色鲜明的“两区一地一镇”，即临空产业集聚区、跨境电商试验区、支线航空基地和魅力空港小镇。尊翔公务航空、顺丰速运二期、空港商务酒店等一批亿元项目业已开工。跨境电商监管中心、兴东商贸街、圆通速递等亿元项目已经竣工并成功转化。在北京、上海、成都和西安设立4个招商办公室，本着“走出去、请进来、多接洽”的原则，在成都和西安举办航空产业专题推介会，成功举办第二届华东通用航空发展论坛暨华东通航服务与保障展、首届航材贸易展，并邀请100多批次客商到街道参观考察。在项目招引上也取得重大突破，顺丰将在园区投资不低于20亿元，用于建设顺丰国际货运华东枢纽和顺丰临空产业园；海航集团将在园区投资不低于50亿元，用于建设海航物流华东枢纽，并在包括物流仓储、保税物流、跨境电商、冷链及金融在内的各领域展开全方位合作。

【跨境电商】 2017年，南通跨境电商整体运行情况良好，业务量相较去年有很大的突破，在全省名列前茅。全年南通跨境电商累计通关约38万单，同比增长100%，货值约680万美元，同比增长106%，单日最高突破10000单。今年以来，新入驻出口的跨境电商企业8家，自业务开展以来，累计入驻企业28家，合计备案商品1375种，主要为家纺、服装、健身器材等产品，出口美国、英国、加拿大、法国、澳大利亚、俄罗斯等国家。跨境电商公共服务平台（单一窗口）已经正式上线运营。

【EM-11C Orka飞机制造项目落户】 2月7日，EM-11C Orka飞机制造项目成功落户南通空港产业园。EM-11C Orka飞机是波兰Margański公司研发设计的一款双发四座活塞式固定翼飞机,采用先进的全复合材料生产工艺,可用于私人飞行、商务飞行、教学培训、娱乐飞行、空中巡查等。该项目是中波共同推进“一带一路”建设的合作项目,投资总额达3.75亿元(其中外资3000万美元),是通州区2017年的首个重大外资项目,将在南通空港产业园征用100亩土地,建设20000平方米的综合生产厂房、钣金生产厂房、研发中心楼、试飞检测机库、维修和停放机库等科研生产设施,从事EM-11C Orka飞机研发制造。

【中国国际航材保障与规则研讨会】 5月5日,2017中国国际航材保障与规则研讨会在南通召开。包括国内三大航空公司在内的60多家航空企业及航材管理负责人、国内外知名租机公司、飞机维修企业及相关产业公司负责人约300余人参加研讨会。落户南通空港产业园的华夏飞机工程技术股份有限公司代表就二手航材产业的发展进行分析和预测。

【海航集团签约落户】 11月10日,通州区政府与海航战略合作框架协议签约仪式在海口新海航大厦成功举行。海航机场集团董事长兼总裁廖虹宇,区委副书记、区长凌屹,副区长曹建新以及南通空港产业园管委会、兴东机场、区商务局负责同志等参加签约仪式。根据协议,双方将合力推进空港产业园物流基础设施投资与建设,机场货站建设及相关配套设施、临空产业等投资与建设,共同打造全国具有较大影响力的航空产业基地。

（兰　迪）

石港科技产业园

【概　况】 2017年,石港科技产业园按照“园区承载、招商带动、项目支撑”的发展思路,突出特色开发、功能创新、能级提升,在招商引资上实现新突破,在加快项目建设上迈出新步伐,在优化载体建设、提升产业质态上取得新进展,较好地完成全年各项目标任务。至年末,梦吉妮家纺、万佛健身器材、博强机械等6个项目竣工达产,园区落户竣工达产企业累计达到32家,累计完成工业项目投资59.5亿元。全年新认定高新技术企业5家,机械智能装备、高端纺织服装、新材料等“3+3”产业集聚发展。是年,完成规模工业总产值108.37亿元,实现应税销售35.2亿元。园区围绕“一主一新”产业定位,瞄准机械装备制造、新材料等产业招商,主动学习、接轨、服务、复制发达地区“园区经验”,对接上海、浙江、深圳、苏锡常等地“点对点”招商,延长产业链,推动产业集聚。全年新签约项目15个,其中亿元以上项目9个。完成实际到账外资1300万美元。盛世玻璃钢、通顺环保、山森光电等11个亿元以上项目正在建设中,总投资达16.8亿元。

【渔湾中路全线竣工通车】 10月,石港科技产业园园内东西向主干道——渔湾中路全线竣工通车。改扩建工程为其中的西段,起于石江公路与渔湾路交叉口,终点接洋兴公路,全长3公里,道路两侧绿化各10米。主要由南通市江海公路工程有限公司负责施工,工程总造价约6000万元。

【山剑防腐科技项目二期建设】 1月,南通山剑防腐科技有限公司二期项目在石港科技产业园开工兴建。该项目规划建设1.8万平方米厂房,投资2200万美元,专业从事石墨制化工设备、化工防腐设备设计、制造以及化工工艺、系统的研发设计。

【蛮来事食品生产项目开工】 3月,南通蛮来事食品有限公司的新项目——食品(乳腐、豆豉)生产项目在石港科技产业园开工建设。该生产项目总投资1.2亿元,占地29亩,项目一期规划建设两栋厂房,一期工程于9月份竣工。项目建成后,该公司将购置自动智能煮浆机、全自动灌装机等设备,将形成年产1000万瓶乳腐、1000万瓶豆豉的生产能力,年销售可达1.5亿元。

【盛世复合新材料项目开工】 5月,南通盛世复合新材料科技有限公司投资的高分子复合材料生产项目在石港科技产业园开工建设。该项目总投资3.04亿元,占地68亩,专业从事玻璃钢格栅、拉挤格栅等新型复合材料的研发和生产。项目建成后,将形成年产6000吨高分子复合材料的生产能力,年销售收入可达4亿元。

（周广林）

金　融

Banking

编　辑　黄丽娟

银　行　业

中国人民银行通州支行

【概　况】 2017年,辖区本外币各项存款余额为1516.87亿元，比年初增加96.54亿元,增长6.8%;本外币各项贷款余额为863.92亿元,比年初增加115亿元,增长15.4%。

【货币政策】 2017年,中国人民银行通州支行强化货币政策引导和宣传，做好宏观政策解读，引导各方正确理解稳健货币政策的实质和内涵,把握好政策调控预期,保持货币政策稳健中性。积极推进应收账款融资服务平台与核心企业系统对接推广工作，指导南通农商行向欧妮家纺供应商弘欣纺织发放应收账款融资40万元,成为全省首笔通过线上反保理实现的应收账款融资业务。引导辖区金融机构深入推进“两权”抵押工作,共发放农村集体土地经营权贷款11笔,余额11445万元,发放农村住房贷款抵押43笔,余额1767万元。加强对地方法人机构合意贷款管理，严禁超规划信贷投放,严格控制票贷比。南通农商行全年合意贷款规划数22.8亿元,带额度的支小再贷款4亿元,合计26.8亿元;华商村镇银行核定意贷款规划数1亿元，带额度的支小再贷款0.5亿元,合计1.5亿元。向南通农商行发放支小再贷款4笔，金额6亿元,向华商村镇银行发放支小再贷款0.5亿元。累计为南通农商行办理再贴现8笔,金额2.33亿元。金融服务镇区行活动持续深化。全年共组织三场“金融服务镇(区)行”活动,多家银行业金融机构和企业共达成24.5亿元的贷款意向。

【维护金融稳定】 2017年,根据南通金融稳定协调工作小组工作，完成通州区金融生态环境评价自测评与总结上报工作，自测评96.89分。在全省69个县(市、区)金融生态环境评估中综合排名第八，这是通州区连续第四年金融生态环境评估综合排名挺进前十。加强对地方法人机构合意贷款管理，对2家法人机构合意贷款适时进行跟踪督查，严禁超规划信贷投放，严格控制票贷加强对法人机构流动性和准备金的管理。开展再贷款发放、再贴现审核和现场检查工作,建立《中国人民银行通州支行支小再贷款操作规程》、下发《支小再贷款集体审批制度》，制作发放支小再贷款流程图,并根据支小再贷款文件要求,按季开展支小再贷款现场检查并及时将相关资料整理归档。完成2家法人机构季度存报报表的核对和上报,按照保定性、定量指标组织资料收集、指标测算和初打分,开展对法人金融机构存保评级打分。开展执法检查,推进两管理两综合工作。继续按照考核标准对辖内20家金融机构执行人民银行政策法规综合评价，其中被评为A类行4家、B类行12家、金融机构、C类行4家,对照评价结果对评为C类4家银行进行自查报告的上报工作;建立存报主评级人和编译工作。根据南通中支要求，支行设立了南通农商行和华商村镇主评级人工作，根据当前存报动态开展国际媒体评论等编译工作。

【金融服务】 扎实推进社会信用体系建设,联合农工办、农委,经信委召开协调会,对接各乡镇和村,深入开展入村入户建立农户档案，共同推进农民专业合作社、农户信用体系建设及中小企业信用体系建设。支行积极推动辖区村镇银行存贷款统计标准化建设工作,6月25日，通州华商村镇银行存贷款标准化系统在南通六县市作为首家村镇银行顺利上线，被列入总行存贷款标准化统计报数单位。开展支付结算检查,规范金融机构业务行为。根据上级行统一部署,采用随机抽查方式对中行、农行、民生银行、邮储银行4家金融机构开展个人账户分类业务重点检查。推进农村金融综合服务站建设，督促承办银行调整服务站设置,优化农村金融服务站设置,提升服务站的使用率。组织对农村金融综合服务站站长进行业务培训，提升服务站的服务能力。建设智慧市场,为市民提供安全的支付通道。支行智慧市场建设工作被通州区政府纳入“为民办实事”十件大事之一。加强反假货币的宣传和假币收缴工作。2017年,共收缴假人民币3910张,累计275855元。办理公安部门假币鉴定业务6笔,共计376张,12240元。

【金融宣传】 积极与地方有关部门展开合作,开展好“3·15”金融消费者权益保护日和金融知识普及月宣传活动。利用金融知识普及进残障学校、送戏下乡、大学、车站、农村等平台，开展形式丰富的知识普及活动。整合支行内部资源，与各业务部门合作开展金融知识进农村金融服务站、金融知识讲坛、电视台金融时间等活动，举办金融知识讲座。开展支付结算宣传，将个人账户分类管理知识与打击银行卡信息买卖、打击新型网络诈骗知识宣传相结合，警银合作联手打击金融领域违法犯罪行为。认真履行职责，妥善处理金融消费投诉。全年共处理金融消费投诉3起，到金融机构调查核实情况，并在规定的时间内把处理结果反馈给投诉者，没有发生投诉人向上级申诉或引发诉讼等问题。

【外汇管理】 继续深化跨国公司外汇资金集中运营管理改革试点。立足扩流入和稳增长，加强对银行、企业的政策辅导，丰富业务形式，扩大业务量，促进通州外向型经济进一步快速发展。2017年，共有2家企业归集外汇运营资金5.19亿美元，借入外债3750万美元，境外放款1410万美元。积极推动外债宏观审慎管理试点。抓住政策契机，及时做好政策辅导和业务指导，引导辖内企业通过全口径跨境融资宏观审慎管理模式开展境外融资业务，分别为5家企业登记外债1330万美元、1.5亿元人民币，解决了企业融资难问题。 （汪桂云）

中国工商银行股份有限公司南通通州支行

【概　况】 2017年，中国工商银行股份有限公司南通通州支行各项存款时点余额168.45亿元，比年初增加36.86亿元；其中储蓄存款时点余额84.29亿元，比年初增加0.3亿元，对公存款时点余额84.16亿元，较年初增加36.39亿元(含本外币、保证金)。各项存款日均余额149.72亿元，比年初增加16.92亿元；其中储蓄存款日均余额86.86亿元，比年初增加0.53亿元；对公存款日均余额62.86亿元，比年初增加16.39亿元。各项贷款余额65.31亿元，比年初增加3.18亿元，其中公司贷款余额56.4亿元，比年初增加1.24亿元；个人贷款余额9.87亿元，比年初增加1.95亿元。

（费松石）

中国农业银行股份有限公司南通通州支行

【概　况】 2017年，中国农业银行股份有限公司南通通州支行各项存款余额达到194.59亿元，各项贷款余额达到70.5亿元，其中个人住房贷款余额15.84亿元。实现中间业务收入1.08亿元，拨备后利润4.59亿元。全年新增个人活跃电子银行客户6.74万户、企业活跃电子银行客户1238户，新增借记卡发卡6.05万张，贷记卡有效客户新增1.46万户，在行式、离行式自助服务区达到32个，共有ATM、CRS等各类设备208台，构建了精密化、快捷化、电子化的服务网络。一年来未发生重大责任事故和案件。是年，支行被评为江苏省文明单位、江苏省消费者协会诚信单位，实现区所有网点“文明单位”创建满堂红；支行营业部获评区优秀金融团队，1人获评全国五一劳动奖章、1人获农总行五一劳动奖章，1人获评省行党员岗位标兵，1人获评省行十大杰出青年，8人获评市行先进个人和青年岗位能手。 （潘小红）

中国农业发展银行南通市通州支行

【概　况】 中国农业发展银行南通市通州支行是通州唯一一家农业政策性金融机构。2017年，该支行认真履行政策职能，紧紧围绕保障国家粮食安全和城乡一体化发展，提升站位，加大支持力度，突出支持重点，统筹推进全行各项工作稳步有序、扎实有效的开展。2017年末，各项存款余额147367万元，较年初减少4933万元；各项贷款余额为213439万元，较年初增加58043万元。当年到期贷款收回率100%，继续保持全年无不良贷款发生、无违规违纪和案件事故发生。是年，该支行经江苏省分行考核为“一类行”、被南通市分行评为“先进集体”。

（徐振华）

中国银行股份有限公司南通通州支行

【概　况】 2017年，中国银行股份有限公司南通通州支行以构建和谐企业、争创通州地区“客户首选综合金融服务供应商”为目标，抓为民服务实现服务领先，抓规范经营提升发展业绩。截至年底，支行本外币各项存款余额119.18亿元，本外币各项贷款余额73.45亿元，实现中间业务净收入8096万元，拨备前利润2.52亿元。是年，支行被南通市委、市政府授予“2015—2016年度南通市文明单位”称号。 （季小蕊）

中国建设银行股份有限公司南通通州支行

【概　况】 2017年末，中国建设银行股份有限公司南通通州支行全行一般性存款日均余额达157.19亿元，其中，个人

建行通州支行青年员工组织户外拓展活动

存款日均余额100.67亿元,在当地四大国有商业银行(以下简称"当地四行")中列第二位,比年初新增3.29亿元。企业存款日均余额56.52亿元,市场份额25.62%,在当地四行列第二位。各项贷款余额74.74亿元,较年初新增4.36亿元。全年实现了安全运营,无事故、无案件。是年,通州支行被中国建设银行江苏省分行评为县支行考核进步单位、"平安建行"创建工作先进集体。辖内经济开发区支行获"中国银行业协会四星级网点"称号。

【服务金融】 坚持以支持实体经济为本,公司类和个人类贷款齐头并进的思路,以小企业贷款、消费贷款等为客户增长点,不断扩大贷款客户群体。2017年,中国建设银行股份有限公司南通通州支行对实体企业共投放16.12亿元,涉及企业226户,其中制造业3.29亿元、建筑企业10.59亿元、其他2.24亿元,有力支持了地方经济建设。积极探索供应链融资新模式,成功投放南通四建集团E点通贷款,以南通四建作为核心企业,新增一家供应商,并顺利投放3000万元。构建金融生态圈,在区政府、当地人民银行、金沙街道的支持帮助下,建行通州支行金融生态圈通州第二集贸市场智慧菜场闪付工程项目于2017年初启动上线试运行,首批商户共61家,至年底,通州区第二集贸市场闪付刷卡笔数达到12855笔,建行龙支付扫码支付笔数达到3869笔。 (葛枢枢)

交通银行股份有限公司南通通州支行

【概 况】 2017年末,交通银行股份有限公司南通通州支行各项存款余额16.9亿元,其中对公存款13.42亿元,储蓄存款余额3.48亿元,各项贷款余额23.33亿元,其中对公贷款余额20.1亿元,个人贷款余额3.23亿元,不良贷款0.1亿元。国际业务稳步发展,全年实现国际业务结算2.28亿美元。是年,支行先后被授予"2017江苏省分行先进集体""2017年南通市通州区金融机构征信工作先进集体""2017年南通分行服务先进集体"称号。 (郁园园)

江苏银行股份有限公司南通通州支行

【概 况】 2017年底,江苏银行股份有限公司南通通州支行本外币存款时点余额105.3亿元,其中对公存款余额82.2亿元,个人存款余额23.1亿元;本外币贷款余额68.9亿元,较年初增加12.19亿元,增长21.5%,其中法人贷款余额55.25亿元、个人贷款余额13.65亿元。是年,支行被通州区委、通州区人民政府评为2016年度区级机关目标管理绩效考核先进集体,2016年度金融机构信贷工作质量考核信贷工作(金融稳定)先进集体,被南通市公安局评为2016年度机关企业事业单位治安保卫工作先进集体,被南通分行评为先进集体。 (陈 阳)

中国邮政储蓄银行股份有限公司南通市通州区支行

【概 况】 2017年,中国邮政储蓄银行股份有限公司南通市通州区支行实现个人储蓄存款余额146.22亿元(其中自营29.45亿元),比年初增加10.12亿元,增长7.44%,个人贷款业务总余额13.96亿元,比年初增加4.23亿元,增长43.47%,对公存款余额12.72亿元,比年初增加1.86亿元,增长17.17%。承担新农保、医保、社保等代发业务488.6万笔,合计金额19.83亿元;投放涉农贷款370户,合计金额1.8亿元;走访中小微企业近500家,投放贷款17户,合计金额1.31亿元,支行在金融机构信贷工作质量考评中荣获2017年度信贷工作(金融稳定)先进集体。 (包甜甜)

中信银行股份有限公司南通通州支行

【概 况】 2017年末,中信银行股份有限公司南通通州支行完成一般性存款余额33.24亿元,比年初(下同)增加5.16亿元,增长18.37%,其中对公存款31.15亿元,增加5.91亿元,增长23.41%。完成一般性贷款余额24.17亿元,增加2.88亿元,增长13.52%。 (谢仁贵)

招商银行股份有限公司南通通州支行

【概 况】 招商银行股份有限公司南通通州支行一直秉承"因势而变、因您而变"的服务理念,坚持恪守"服务、创新、稳健"的核心价值观,成立以来,实现零售管户总资产超29亿元,各项存款总量超30亿元,贷款等融资总量超60亿元的良好经营业绩。2017年,通州支行与通州区人民医院、通州区中医院合作开启"智慧医疗"项目,三大方面的

中国邮储银行通州区支行开展党员微党课

升级换代——服务体系的新体验、服务诞生的新渠道、传统网点的新技术，服务地方经济，提升客户服务能力。

（王小龙）

上海浦东发展银行股份有限公司通州支行

【概　况】 2017年，上海浦东发展银行股份有限公司通州支行各项人民币存贷款保持稳定，年末存款余额15.98亿元，年末贷款余额16.10亿元，不良贷款为零。同时积极推进新的融资业务模式："发票诺诺贷"开启了根据企业纳税开票信息，线上申请贷款的新模式，年内投放22笔，总金额1000万元；面向区内优质企业员工开展批量个人信用贷款业务的浦银点贷，年内为区内一家制造业企业22名员工审批个人授信额度220万元；基于企业有形动产开展融资业务的"银租宝"业务，为区内企业投放融资2亿元。（邵唯力）

中国民生银行股份有限公司南通家纺支行

【概　况】 2017年末，中国民生银行股份有限公司南通家纺支行完成各项存款余额11亿元，其中储蓄存款1亿元。2017年，支行积极响应党中央、国务院指导思想，积极投入普惠金融工作，对小微企业实行专项扶持。支行2017年积极开展普惠金融宣传活动，对支行周边小区、商圈进行广泛宣传，全年累计举办各类宣传活动30余场。民生银行南通家纺支行2017年累计实现小微贷款投放58户，金额11391万元，余额总计33112万元。（龚丽梅）

南通农村商业银行股份有限公司

【概　况】 2017年末，江苏南通农村商业银行股份有限公司各项存款余额505.68亿元，比年初（下同）增加22.09亿元，增幅4.57%。其中：个人存款余额400.76亿元，增加19.84亿元，增幅5.21%；单位存款余额104.92亿元，增加2.25亿元，增幅2.19%。各项贷款余额338.83亿元，增加26.81亿元，增幅8.59%。其中：实体贷款余额300.41亿元，增加38.47亿元，增幅14.69%；票据贴现余额38.42亿元，减少11.66亿元。全年实现营业收入13.31亿元，同比增加3.65%；实现利润总额4.48亿元，同比增加15.92%；实现净利润3.28亿元，同比增加19.05%。

【助力发展】 突出重点抓信贷投放。全面落实市委市政府《中国制造2025南通行动纲要》，推动制造业贷款合理稳定增长。至2017年末，全行制造业贷款余额79.60亿元，规模在全市银行中位居第四。重点支持普通农户、农村弱势群体和农村新型生产经营主体，常态化开展融资对接活动。至2017年末，全行涉农贷款余额44.55亿元，比年初增加6.13亿元，增幅15.96%。持续推广微贷技术，实地了解企业融资需求，研究设计了小微企业全生命周期金融服务解决方案。至2017年末，全行小微企业贷款余额165.12亿元，比年初增加4.73亿元，增幅2.95%。挖掘潜力抓增收创收。围绕全年效益增长目标，以"收益覆盖风险"为原则，提高贷款议价能力，至2017年末，全行实现贷款利息收入18.01亿元，同比增加1.22亿元，增幅7.27%。以"投资收益最大化"为导向，加强对资金市场的分析研判，拓展低成本负债和高收益配置渠道，提升投资收益水平，至2017年末，全行金融市场业务实现轧差收益9.96亿元。以中间业务渠道拓展为方向，积极开办贵金属业务，业务开办7个月内，累计销售656.38万元。

【聚力转型】 正式启动IPO工作。依托区域建筑业发展优势，提出打造精品建筑银行的愿景，先后吸引南通五建、南通三建、启东建筑、江联建设等特级资质建筑企业投资入股，通过筑集采线上平台，在全省首家通过电子商票保贴开展建筑供应链业务，全年办理30笔8874万元；主动对接南通市国税局，全市首家推出"出口退税贷"，5个月内发放贷款1.53亿元。顺应"互联网+金融"潮流，积极参与微众银行推出的小额信用消费循环贷款"微粒贷"，抢占互联网金融新阵地，至2017年末，累计投放52.42亿元，贷款余额15.39亿元。

【足力普惠】 努力解决农民"担保难"问题，推进"两权"抵押贷款试点，完善确权登记流程，至2017年末，贷款余额达1.1亿元。大力支持美丽乡村建设，精准投放绿色金融债券募集资金5亿元，积极推进"绿能贷"扩面营销，全年贷款余额达287户2739万元。抢抓新型城镇化、居民消费升级发展机遇，加快开办个人住房贷、住房装修贷、购车贷等个人贷款业务，至2017年末，消费类贷款余额31.22亿元，比年初净增25.55亿元。大力推广手机银行、信用卡分期、二维码收单业务，至2017年末，全行手机银行客户数达8.58万户，比年初增长90%；网络支付客户数达20.1万户，比年初增长196.75%；信用卡分期种类拓展至5类，4家支行获评全省文明规范服务五星级网点，1家支行获评全国文明规范服务四星级网点，金融服务标准化试点列入国家标准委2017年国家级服务业标准化试点项目。（曹亚萍）

江苏张家港农村商业银行股份有限公司通州支行

【概　况】 2017年末，江苏张家港农村商业银行股份有限公司通州支行完成各项存款余额14.58亿元，完成各项贷款余额10.12亿元。是年，南通分行、如皋支行正式开业。（王炎冰）

通州华商村镇银行股份有限公司

【概　况】 2017年，通州华商村镇银行股份有限公司完成各项存款6.55亿元，比去年增加1.32亿元，完成各项贷款7.19亿元，增加1.53亿元。其中涉农贷款1.12亿元，农户和小微企业贷款6.33亿元。（张一睿）

南京银行股份有限公司通州支行

【概　况】 2017年底，南京银行股份有限公司通州支行各项存款26.79亿元。

其中：个人存款 2.96 亿元；单位存款 23.83 亿元。单位及个人理财资金 10.32 亿元。各项贷款余额 21.53 亿元。其中：个人客户贷款 1.59 亿元，一般法人客户贷款 3.05 亿元，政府平台贷款 16.90 亿元。 (顾　全)

保　险

中国人民财产保险股份有限公司通州支公司

【概　况】 2017 年，中国人民财产保险股份有限公司通州支公司实现保费收入 2.29 亿元，比上年(下同)增加 2156 万元，增长 10.4%。其中，非车险保费 2917 万元，增加 44 万元，增长 1.5%；车险保费 1.73 亿元，增加 2134 万元，增长 14.1%；政策性农业保险 2740 万元，减少 21 万元，下降 0.8%。累计实现承保利润 2866 万元，增加 638 万元，增长 28.6%。其中，非车险利润 480 万元，减少 300 万元；车险利润 1394 万元，增加 386 万元，增加 38.36%；政策性农业保险利润 992 万元，增加 552 万元，增长 125.2%。保险市场份额（不含农险）41.33%，增长 0.59 个百分点。赔款支出 1.12 亿元，减少 400 万元，下降 3.9%；综合赔付率 54.52%，下降 6.6%。公司共建成乡镇农网点 11 家，完成保费 5400 万元。 (吴雨馨)

中国人寿保险股份有限公司通州支公司

【概　况】 2017 年，中国人寿保险股份有限公司通州支公司实现保费收入 4.69 亿元，比上年(下同)增加 3300 万元，增长 7.69%。其中首年期交保费收入 7839.13 万元，增加 336.41 万元，增长 4.48%。赔(给)付 4.15 亿元，增加 100 万元。长险首年标保 3782.51 万元，增加 762.13 万元，增长 25.23%。短险保费 3477.67 万元，增加 473.4 万元，增长 15.76%。新农合补充保险理赔实时给付 4575 人次，赔付金额 251 万元。是年，公司团支部被共青团中央评为“全国五四红旗团支部”、被共青团中央金融工委评为“五四红旗团支部”；公司客户服务中心被评为江苏省分公司“优质服务先进集体”；公司获中国人寿江苏省分公司 2016 年政策性医疗经办业务“项目管理奖”和“综合拓展业务领先奖”。 (秦　霞)

中国太平洋财产保险股份有限公司通州支公司

【概　况】 2017 年末，中国太平洋财产保险股份有限公司通州支公司承保各类财产，人身意外伤害，船舶和机动车保险，雇主责任险，实现保费收入 2612.14 万，比上年增长 1.79%。开通电话销售，网络销售，电销保单统一配送。 (李　娜)

中国平安财产保险股份有限公司通州支公司

【概　况】 2017 年，中国平安财产保险股份有限公司通州支公司实现保费超亿，保费到达 10278 万元，比上年增加1160 万元，增长 12.7%。其中车险保费9853 万元，财产险保费 198 万元，意健险保费 227 万元。 (沈天罡)

证　券

申万宏源证券南通建设路证券营业部

【概　况】 2015 年，申银万国与宏源证券合并，改名为申万宏源证券集团股份有限公司，同年 1 月 26 日在深圳证券交易所挂牌上市。公司经营范围包括证券经纪；证券投资咨询；与证券交易、证券投资活动有关的财务顾问；证券投资基金代销；为期货公司提供中间介绍业务；融资融券；代销金融产品；证券承销与保荐；证券资产管理。营业部拥有稳定、安全、齐备的通信网络和交易系统，专业的投资顾问团队，并提供短信提醒等特色增值服务。 (万　鹏)

华泰证券南通通州人民路营业部

【概　况】 华泰证券南通通州人民路营业部秉持公司的“高效、诚信、稳健、创新”的核心价值观，始终坚持规范经营和优质服务，建立了完整的内部管理和监督制度，始终以客户的利益为上，为广大投资者提供标准化、专业化、个性化服务。营业部拥有稳定安全的交易系统，包括网上交易、电话委托、手机理财等多种平台，并建立具有咨询执业资格的理财师团队和针对客户不同理财需求提供的专业化投资理财解决方案。营业部经营范围包括证券经纪、证券投资咨询、证券承销与保荐、证券投资基金代销、证券资产管理、为期货公司提供中间介绍业务和一系列与证券交易、证券投资活动有关的投资顾问业务。是年，营业部代理沪深 A 股交易总量约 700 亿元。(李建荣)

经济综合管理

Economic Comprehensive Administration

编　辑　张晓芹

计划与投资

【2017年国民经济和社会发展计划执行情况】 2017年，通州区紧紧围绕“两聚一高”目标，坚持稳中求进工作总基调，全面做好稳增长、促改革、调结构、惠民生、防风险各项工作，保持经济平稳健康发展和社会和谐稳定。完成地区生产总值1169.41亿元，比上年(下同)增长7.9%；一般公共预算收入70.09亿元，下降2.9%；社会消费品零售总额370.03亿元，增长10.0%，总体完成区十六届人大一次会议确定的主要预期目标。

经济运行稳中有进，产业转型发展加快。工业升级加快推进。完成规模工业增加值505亿元，规模工业产值2161.42亿元，分别增长8.5%和2.3%，实现工业应税销售超1000亿元。创新转型取得新进展，海星电子通过国家级企业技术中心专家初评，新增省级企业技术中心7家、市级企业技术中心8家，新增数创历史新高。19个新产品新技术通过省鉴定。四方罐式储运项目申报工信部产业振兴专项资金项目，艾伯勒斜拉索、新江海动力电子等5个项目列入省重点工业投资计划，22个项目列入市“双百工程”重大项目计划。新材料等新兴产业规模不断壮大，完成新兴产业产值858亿元，增长13.5%。企业培育成效明显，8家企业列入南通“5215”工业大企业培育计划，圣夫岛纺织成为国家第五批工业品牌培育示范企业，创斯达获评省技术创新先进单位，雄邦压铸获评省示范智能车间。服务业加速发展。完成服务业增加值550亿元，增长9.8%，占比提高1.5个百分点。7家省市级以上服务业集聚区入驻企业超3000家，实现营业收入1300亿元，增长5.6%。南通家纺城成功举办第十届中国(川姜)画稿交易会。新增国家A级物流企业4家、省重点物流企业2家。文化旅游取得突破，江苏国际影视文化金融产业实验区落户江海智汇园；新增国家首批运动休闲特色小镇1家、省星级乡村旅游区2家；实现旅游收入48亿元。现代农业稳步推进。新建高标准农田近5333.33公顷，新(扩)建规模以上农业项目112个。设施农业面积累计1.41万公顷，占耕地比重24.2%。建成各类农业园区9个，其中，省现代农业产业园1家、省级“菜篮子”工程万亩蔬菜基地2个。二甲镇坨墩村建成省休闲观光农业示范村，嘉安公司建成省级出口蔬菜示范基地。培育家庭农场40家，其中，省市级示范家庭农场14家，省级农产品质量安全追溯管理示范单位2家。新增农业电商示范企业5家，累计83家，年交易额5000万元。新申报认证“三品”140个。建筑业质效提升。完成施工产值1551.82亿元，增长7.7%。新增“国优奖”3项、“鲁班奖”2项，新增特级资质建筑企业2家。南通四建、通州建总入围“中国企业500强”。通州四建、通州二建等5家企业入选“中国建筑业双200强”，9家企业入围年度省建筑业“百强企业”。

投资总量持续攀升，项目建设稳步推进。固定资产投资稳定增长。完成固定资产投资680.80亿元，增长10%，总量继续保持全市第一，其中，完成工业投入373.88亿元，增长7.9%，完成服务业投入334亿元，增长13%。投资结构不断优化。三次产业投资结构继续调整，由0.5:55.5:44优化至0.3:52.7:47，一、二产投资比重持续下调，三产投资较快增长。产业项目量质并举。新开工亿元以上项目129个，其中，新开工制造业项目89个、服务业项目40个。23个项目列入省、市级重大项目计划，完成年度投资计划的126%。江海储能、深南电路、四方冷链装备、东方泵业等重大项目加快建设，丽智电子、旭东汽配等重大项目竣工投产，恒科二期加快推进，华电项目年初投产运营。土地要素保障有力。盘活供应国有存量土地1407亩，通过督促开发建设、转让、收回等方式处置空闲土地1895亩。土地规划调整完善成果通过省政府审批，争取核减耕地保有量4800公顷、基本农田保护面积6333.33公顷，新增建设用地规划空间1600公顷，争取点供、独立选址等计划外用地指标280.4公顷。

基础设施日益完善，城乡统筹协调发展。城市功能日趋提升。主动参与南通市新一轮城市总体规划修编，完成城区海绵城市专项规划。“三城同创”深入推进，樱花园、海棠园、竖石河公园等特色游园建成开放，运盐河北侧等地块完成绿色长廊建设，新增城市绿地63.7公顷。新(改)建新金东路等市政道路5条。城市服务持续升级，完成省“931”、市“953”环境综合整治任务60项。万达广场落成开业，南山湖壹号成为区域新地标。保利、融创落户银河新区。新增停车位376个,投放公共自行车400辆。生活垃圾分类分拣中心建设得到省政府高度肯定。坚持以城带乡、城乡共建,顺利通过全国文明城市复查。新型城镇化建设加快。完成镇区园(街道)总体规划修编,推进刘桥、十总、东社、西亭、兴仁、张芝山6镇控制性详规编制。加快特色小镇建设,组织科技新城、川姜镇等镇区园(街道)申报创建省市级特色小镇;进鲜港鲜花小镇列入市首批旅游风情特色小镇创建名单;绿博园二期完成概念规划。加快推进市级中心镇建设,平潮中材节能机电、石港万佛健身器材、二甲旭多科创园等一批产业项目建设加快,新坝小学扩建等一批民生工程有序推进。打造城镇"生态涵养区",竣工一般绿地103.5公顷、公园绿地47.4公顷、其他绿地149.2公顷。美丽乡村创建有序推进。深化乡村建设规划,完成142个村庄规划编制。疏浚整治农村河道250公里,整坡河道299公里,新建桥(涵)570座,拆除坝头坝埂990处,建设生态河道10条(段)22.3公里,治理生态廊道水环境三期8.4公里。农村河道整治三年行动圆满收官,累计疏浚河道1158公里,建成"水美乡镇"3个、"水美村庄"22个。交通基础设施加快完善。实施机场大道、G345东绕城北段等工程,轨道交通1号线一期工程正式开工,沪通铁路、锡通高速、宁启铁路二期建设加快。城北大道、幸福路、江平路建成通车,工农北路北延、金川大道等续建道路工程稳步推进。"四好农村路"建设全面展开,改造危桥11座,完成农村公路生命安全防护工程650公里,15.1公里县乡大中修工程积极推进。实施公交优化工程,新开通公交线路4条,延长部分公交线路运营时间,新增新能源公交车18辆。

专项整治深入实施,生态环境持续优化。积极开展"263"专项行动。97项年度重点任务基本完成,分别淘汰印染、钢丝绳落后产能2.3亿米、3.1万吨,淘汰燃煤锅炉482台,关闭畜禽养殖场226家。从严从速抓好中央和省环保督察交办问题整改,强力推进通灵桥区域环境综合整治,11家涉污企业全部拆除到位。开展重点行业重点领域整治。以"三河三行业"整治为抓手,编制金沙大桥、银河大桥、平潮大桥、孙窑大桥断面达标治理方案,重点推进51项水污染治理工程,全面落实"河长制"和"断面长制"。推进内河干线航道综合整治,清理航道垃圾24处、碍航设施64处。打好突出环境问题攻坚战。加强秸秆禁烧,对15个镇区园(街道)开展联合巡查,空气质量有效改善,优良天数比例达75.4%。完成区域环境风险评估,督促30家重点风险企业开展环境安全达标建设。强化节能减排工作,削减燃煤15.2万吨,完成年度计划的117%。扎实推进覆盖拉网式农村环境整治,新建城镇污水管网25公里。

改革创新纵深推进,发展活力持续增强。深化重点领域改革。行政审批改革继续深化,"互联网+政务服务"加快推进,"不见面审批(服务)"全面实施,创新开展投资建设项目模拟审批新模式。省学前教育体制改革试点、跨境电商改革试点、财政金融支农改革三项南通陆海统筹发展重点改革任务稳步推进。深化国有企业改革,整合组建三大国有集团公司。积极推进供地制度改革,开通国有建设用地网上交易。农村土地承包经营权确权登记颁证基本完成,农村产权交易品种范围不断拓展。"强镇扩权"稳步推进,川姜镇入选省新一轮经济发达镇行政管理体制改革名单。创新能力不断增强。全社会研发投入占GDP比重2.6%。完成高新技术产业产值1193.33亿元,增长18.9%。新认定国家高新技术企业47家,累计165家,总量列南通九县市(区)首位。新认定省级高新技术产品132只。科技新城建成省级人工智能产业园,"江海数字"入围省级众创社区,江苏通科企业孵化器有限公司获批省"苗圃—孵化器—加速器"科技创业孵化链条试点,聚恒科技园获批省级科技企业加速器。新引进高层次"双创"人才75名。万人发明专利拥有量27.4件,专利申请量6700件,PCT专利申请量70件,获评国家知识产权强县工程示范区。对外开放不断扩大。完成外资实际到账3.74亿美元,实现外贸进出口总额35.06亿美元。完成对外承包劳务营业额3336万美元,减少39.4%。园区载体能级提升,南通高新区跃居国家级50强。市场采购贸易方式平稳增长,跨境电子商务一般出口处于全省前列。服务外包载体加快建设,卡特彼勒被商务部认定为"中国服务外包成长型企业",甲骨文(南通)技术人才创新基地被市认定为首批服务外包公共服务平台。积极开展"跨江融合、接轨上海",签约亿元以上产业项目52个;沪通合作园区锡通未来岛产业园一期正式启动。全区主要景区景点接待上海游客116.6万人次。金融服务能力增强。金融机构年末存款余额1516.87亿元,贷款余额863.92亿元,分别增长6.8%和15.4%。"通农银贷款周转资金池"业务有效推进,南通中新力合江海转贷基金当年累计转贷额4亿元,"苏科贷"放贷总额2.1亿元。积极推进企业上市,新入轨企业3家,进入辅导期3家,新三板在轨运作3家,瀚天智能成功挂牌交易。新备案创投基金5家,帮助企业引进股权投资1.46亿元。

社会事业全面推进,发展成果共建共享。富民工程强势推进。积极实施产业富民、创业富民和居民增收计划,城镇居民人均可支配收入44336元、农村居民人均可支配收入21794元,分别增长8.9%和9.4%。认真做好教育发展、医疗卫生、生态治理、交通出行、社会保障、创业扶贫等10件32项民生实事项目。社会保障持续完善。新增城镇就业9195人,农村劳动力转移3589人,年末城镇登记失业率为1.83%,控制在3%的年度预期目标内。金羽农民创业园入选全国首批农村创业创新园区,育才社区创成国家级充分就业社区。统筹提升城乡保障水平,城乡居民医保筹资标准分别提高到1000元和850元。社会救助体系进一步健全,城镇、农村低保和五保标准进一步提高。深入实施精准扶贫、阳光扶贫,全面启动健康扶贫,年收入7000元以下的建档立卡低收入人口脱贫率达68%。稳步推进保障性安居工程,建成保障性住房3208套,实施农村危房改造386户。教育事业优先发展。新增省优质幼儿园4所,新(扩)建中小学校4所。稳步推进"中小学教育装备提升工程"和"教育信息化工程",加快学校装备和信息化建设。深入推进校舍消险改造工程,川港中学等4所学校5项消险改造项目有序实施。新增15所学校体育设施向社会开放。卫生服务水平不断提高。完善基层首诊、双向转诊、分级诊疗制度,实行家庭医生签约服务,普通人群和重点人群签约率分别超过35%和60%。推进医联体试点改革，优化平潮区域医联体运行机制。区六院、七院新址启用。开展重点人群免费健康体检19.5万人，严重精神障碍患者规范管理率达96.6%。扩大免疫规划，常住儿童基础免疫接种率95%以上，高于市平均水平。文化体育蓬勃发展。新建文化分馆9个、基层文化服务点13个。建成村级文体广场40个，完善镇(村)综合性文化服务中心141个，组织精品惠民演出200余场，举办文化活动1000余场。黄梅小戏《审舅舅》、小品《村支书的星期天》参加中央电视台戏剧频道录播，获团队金奖；大型通剧《瓦匠女人》等原创作品入选省级展演。成功举办2017南通·通州开沙岛体育旅游"梦幻之春"系列活动、区第三届运动会暨第二届全民健身运动会。群众体育工作获全国表彰。社会治理得到加强。深化平安通州建设，推进"雪亮工程"和"村村通"农村技防升级改造，健全情报导侦、合成作战、集群打击工作格局。建立"立体化、信息化"社会治安防控体系，圆满完成重要时段维稳任务。推进法治通州建设，"七五"普法深入推进，信访法治化建设有效加强，不断完善社会矛盾纠纷多元化解机制和村居法律顾问制度，开展"法律援助维权助残月""法律援助进村居"等专项行动，扩大法律援助覆盖面。高度重视安全生产，严格落实安全生产"党政同责、一岗双责"制度。扎实推进食品安全城市建设，跻身省首批食品安全示范县(市)区。(邱卫君)

【固定资产投资及重大项目建设】 2017年，通州区紧紧围绕市委、市政府总体目标，把项目建设作为经济工作的主题主线主旨，进一步优化运行机制，突出服务协调，坚持结果导向，全力推动项目建设快落地、快建设、快竣工、快投产，取得一定成效。全年完成固定资产投资680.8亿元，增幅10%，总量居全市第一，增幅居全市第三，增幅高于全市平均增幅1.1个百分点。其中，完成工业投资373.9亿元，增长7.9%，总量居全市第一，增幅居全市第三，增幅高出全市平均增幅1.7个百分点；完成服务业投资304.8亿元，增长13.5%，总量位居全市第二，增幅位居全市第四。全区共有23个项目列入省市级重大项目计划，计划总投资278.8亿元，其中：新开工项目9个，新竣工项目13个，前期项目1个，1—12月完成年度投资计划126%。江海储能超级电容器项目配套用房建成，5.7万平方米厂房封顶；奥特佳汽车空调系统项目部分生产设备完成安装调试并开始生产；格雷特港机装备项目4台门座起重机、2台门机、1台下船机安装，码头工程基本结束；进鲜港鲜花小镇地下排污管网施工完成，4座风车基本完成，主入口大门、南侧智能温室大棚、水电等基础设施、配套服务区内外装修及室外景观改造等进入施工；四方冷链装备项目一期罐式集装箱厂房建成；雄邦压铸二期进行主体厂房基础施工，部分生产设备购置安装；丽智电子项目投入生产；聚丰工业园厂房建成，艾波达环保等一批企业入驻；综艺聚宝汽配园3幢厂房竣工；东源充电桩两幢厂房竣工；万达广场项目主体竣工，12月15日对外营业；开沙岛生态旅游开发一期竣工；旭东汽配园主体厂房和办公楼等配套用房建成，设备安装；蓝博万金属制品项目2幢厂房主体竣工；深南电路一期厂房及配套用房建成，部分设备购置安装；开能环保主体竣工；艾伯勒缆索3幢主体厂房及办公楼建成；东方泵业项目7幢厂房及综合楼、研发楼建成；宝湾物流3幢厂房及办公楼建成；前期项目恒科纺织新材料二期进行手续办理。(吴晓涛　李泽民)

财　政

【概　况】 2017年，通州区财政局坚持稳中求进工作总基调，迎难而上，奋力进取，统筹推进攻收入、保重点、促改革、防风险、严监管、强队伍等各项工作，为通州加快推进"两聚一高"新实践提供坚强保证。

【财政收入】 面对严峻的财政收入形势，区财政部门顶住压力、积极作为，不断健全征管机制，加快凝聚征收合力，全力攻坚年度收入目标任务。2017年，全区完成一般公共预算收入70.09亿元，比上年(下同)下降2.9%，其中税收收入50亿元，增长3.7%。强化考核导向。根据收入目标要求，科学测算下达乡镇和征收部门收入任务，修订完善镇(区、园、街道)收入考核办法，将非税收入纳入考核范畴，严格奖惩，传导压力，乡镇和征收部门攻坚收入的主体意识和责任意识不断增强。强化整体联动。加强与国地税部门横向沟通，健全月度收入预测、任务分解机制，不定期召开财税分析会议，通报收入进展，实现信息共享。实行乡镇财政收入预警通报制度，及时分析存在问题，督促制定增收举措。强化调研分析。专题调研建筑、房地产企业和服务业应税销售，密切关注建筑业扶持政策激励效果，及时了解重点税源发展动向和税款入库情况。定期分析税收动态和收入情况，及时准确预测税收，有效指导收入组织工作开展。强化税源扶持。创新财政金融扶持方式，持续加大企业扶持力度，不断增强税源经济发展后劲。积极向上争取企业扶持资金，严格执行降成本政策，切实减轻企业负担。是年，通州区安排产业发展专项资金3.83亿元，增长10%以上；投入科技人才、创新平台建设资金近1亿元；政府性产业基金撬动金融、社会资本共同为企业提供金融支持超32亿元；申报到账企业扶持项目资金1.48亿元；取消10个收费项目，减少涉企收费近5000万元。

【支出保障】 按照"有保有压"的原则，持续优化支出结构，在严格控制一般性支出的同时，切实加大民生投入，全力支持城乡发展和生态保护，不断提升通州百姓幸福指数。2017年全区支出总规模91.56亿元，其中民生支出71.21亿元，增长5.1%，占总支出的78%。"三公"经费持续下降。大力倡导厉行节约、反对浪费，继续实行公用经费预算零增长，强化部门预算对"三公"消费行为的有效约束。区级"三公"经费下降24%。惠民举措有效落地。深入贯彻落实富民增收政策，社保救助、普惠福利、优抚安置等民生保障标准稳步提升，扶贫脱贫、创业就业等民生工程加快推进，教育、卫生、文化、平安、法治等社会事业均衡发展，10件32项民生实事有序实施，和谐民生环境加快构建。城市建设稳步推进。统筹安排城市、交通建设资金42.4亿元。宁启铁路二期、机场大道、G345南通东绕城北段

区财政局举办道德讲堂暨读书分享会

顺利开工，城北大道、幸福路建成通车，轨道交通1号线一期工程启动征迁，育才、霞中停车场投入使用，美食广场提速建设，老小区改造持续推进，市民生活品质全面提升。农村面貌显著改善。安排水利、支农资金逾6.66亿元，累计新建农村公路、一事一议财政奖补道路219公里、桥梁206座、防渗渠135公里，建成美丽乡村1个，实施高标准农田建设5333.33公顷，发放农业支持保护补贴7909万元，农村基础设施进一步完善，现代设施农业持续增效，农村发展活力不断增强。美丽通州加快建设。安排资金4亿元，积极履行“263”行动财政职责，全力支持全区环境治理和生态保护。97项“263”重点项目有序推进，“河长制”全面推行，污水管网设施不断完善，生态造林工程大力实施，生态红线区域保护持续加强，“三河三行业”整治、覆盖拉网式农村环境综合整治扎实推进，城乡污染防治及环境监管能力全面提升。

【财政改革】 紧扣建立现代财政制度目标，以提升理财绩效为导向，创新工作举措，突出改革实效，各项财政体制改革工作全面稳步推进。阳光财政建设水平不断提升。建立预决算公开统一平台，进一步规范公开格式、拓展公开范围、细化公开内容，预决算公开的规范性、完整性和透明度不断提升。通州区预决算公开工作被省财政厅评为先进地区。国库集中支付一体化改革纵深推进。围绕“职责清晰、流程科学、运作规范、质效提升”总体要求，全面整合国库集中支付业务。通过对两个部门同质化业务的深度融合，确保资金支付更加高效，内控机制更加有力，预算执行更加精准，为推动建立现代财政国库管理制度奠定坚实基础。国有公司改革不断深化。区内52家国有企业整合重组为鑫汇、融通、圆宏三大集团公司，优化人员资产配置，完善法人治理结构，建立健全公司现代企业制度，国有企业市场化转型迈出重要步伐。绩效管理改革有序推进。完善绩效评价方案会审制度，实施评价报告质量考核标准化管理，积极开展绩效公开试点，试行绩效目标跟踪管理，实施绩效自评价项目17个、再评价项目9个，预算绩效管理工作制度化、规范化水平不断提升。财政金融支农改革稳步实施。设立农村承包土地的经营权抵押贷款风险补偿资金，积极稳妥推进农村土地承包经营权抵押贷款工作，致力解决新型农业经营主体融资难问题，不断激发农业现代化发展活力。

【债务管控】 严格贯彻落实上级债务管理要求，不断规范地方政府举债融资行为，努力化解政府性债务，切实防范区域性系统性债务风险。完善债务管理制度。制定出台债务管理文件8件，从规范政府、国有公司举债融资行为，到建立政府举债融资负面清单，再到加强债务风险评估、预警和应急处置，全方位夯实债务管理制度基础。全力推进债务化解。精心编制区镇两级债务化解方案，明确债务控制目标、举措和责任主体，并将镇(区、园、街道)化解债务、防范风险纳入全区“四个全面”考核，切实强化地方政府化债责任。积极争取置换债券。加强政策研究和沟通协调，认真做好数据测算、项目申报等置换债券争取基础工作，通过债券置换进一步优化债务结构、降低融资成本。2017年，完成债券置换和争取新增债券34.19亿元。落实违规融资整改。全面开展政府不规范融资行为排查摸底，加强与金融机构对接，对政府不规范融资担保行为和以政府购买服务名义违规融资行为进行整改。科学调整投资规模。认真梳理分析政府投资项目，提出资

区财政局开展“基层财政人的苦与乐”演讲比赛

金安排建议，明确年度暂未开工项目除民生和“263”重点工程外均取消或暂缓实施，累计暂缓或取消项目33个，总投资规模近75亿元。积极推进PPP项目。在民生、环保等重点领域，积极引入社会资本参与政府投资项目建设运营。组织召开PPP工作专题会议，积极开展政府投资项目PPP模式识别，重点推进区镇污水处理及平潮铁路西站片区PPP项目，总投资约90亿元。

【监督管理】 以保障资金安全高效运行为底线，创新监管手段，规范理财行为，推动财政管理精细化、规范化、法治化水平迈上新台阶。规范预算执行管理。制定《区本级财政支出审批管理办法》，修订《国库集中支付业务报账指南》，加强支出管理，规范支出程序。建立健全专项支出预算执行情况实时反馈机制，加快支出预算执行进度。建立经费审核会议制度，对区本级财政性资金支出安排等11项内容进行集中会商审核，累计审核各类支出430项，审减资金近1000万元。强化投资项目管理。建立工程竣工决算中介服务机构库，完善竣工决算审核机制。在审核概算时一并审核标底，并强化概算复审，充分发挥财政投资评审对财政资金的“节支增效”作用。2017年，累计审核概算项目523个，送审金额65.42亿元，审定金额63.57亿元，核减资金1.85亿元。提高政府性基金运行质效。建立政府性基金“三报告两监督”常态化管理机制，将基金管理纳入制度化、规范化轨道。针对基金运行存在问题，制定基金整改方案，不断扩大基金规模，积极打造产业发展新引擎。加强国有资产管理。组织开展全区国有资产清查，完成全区276家行政事业单位资产报表编制。高效完成政府资产报告工作，成功实施国有资产条码管理试点，国有资产管理精细化、科学化水平不断提升。完善财政信息化管理。财政信息管理平台开发初步完成，财政业务实现数据全面共享、流程全面规范。硬件设备及时升级完善，财政数据安全得到有力保障，财政精细化管理技术保障能力不断增强。优化会计行业管理。圆满完成1555人次会计专业技术资格考试报名工作，为182人次办理会计证转调。按“放管服”改革要求，实行不见面审批，为5家代理记账机构办理网上审批。编发基层财政档案标准化管理手册，整体提升基层财政档案管理水平，金沙、刘桥、兴仁3家财政所顺利通过省三星级档案复审。织密财政监督网络。牵头实施公务接待、酒类支出等专项检查，主动开展财务收支管理、预算编制执行等常规监督检查，专项开展扶贫对象建档立卡户及惠农补贴检查，大力整治基层不正之风，财政监督的震慑效果不断强化。 （屠明萍）

国家税收

【概　况】 2017年，南通市通州区国税局紧盯税收现代化总目标，攻坚克难，团结拼搏，统筹推进全面从严治党、组织税收收入、打造税收管理新业态、深化国地税征管体制改革等重点工作，圆满完成全年各项目标任务。是年，区局及所有基层分局均被市委、市政府表彰为“2015~2016年度南通市文明单位”，区局被区委、区政府表彰为2017年度“区级机关目标管理绩效考核先进集体”“项目建设工作先进集体”及“生态环境综合整治工作先进集体”。区局机关党委连续三届被区委表彰为“五星级基层党建示范点”，并被市委组织部命名为南通市“党建工作示范点”。

【税收管理改革】 2017年，区国税局围绕省局深改“50个到位”和打造税收新业态“八个升级版”要求，以风险管理、纳税服务两个升级版建设为重点，打好深化税收管理改革“第五战役”，基本形成以“网络化、数字化、扁平化、协同化”为特征的税收新业态。通过组建“专业支持+综合应对”团队，强化阶段性集中分析、竞标式预案评审、常态化集体审议、案例式现场教学、过程化绩效管控，全年完成风险应对345户，实现应对成效3.52亿元，对税收收入贡献率达6.29%，位居全市前列。加强事中事后监管，着力完善衔接、监控和应对机制，对32户有虚开发票和走逃嫌疑的新办企业及时采取停票停申报措施，对经疑点核查确认有“车购税”发票违法行为的8户纳税人补罚10万余元。大力推行“集约办税一局对外”，按照“六区”建设标准，对办税服务场所进行全新布局，实体办税窗口由26个压缩至15个，在全区7个点放置自助设备24台，形成线上办税为主、线上线下融合的工作模式，全年非接触服务业务量占比79.5%。大力推行“套餐办税一表填报”，全面落实省局“5355”工作目标，新办纳税人套餐使用率高达99.5%。大力推行“发票领用一日送达”，加强税邮合作，全区8377户次纳税人体验“网购式”不见面服务。深入贯彻落实《国地税合作工作规范》，国地税纳税服务深度融合，同时在涉税信息共享、纳税信用应用、非正常户管理、联合评估稽查等方面开展积极协作。

【税收优惠】 全面落实省局打造国际先进水平税收营商环境“24字”要求和市局优化税收营商环境50条清单，持续推动税收领域“放管服”改革提档升级。以简政和减税双轮驱动，推动行政审批制度改革和商事制度改革落地，实现省内跨区域涉税事项全流程电子化管理，“三证合一”换证面达90%。充分发挥税制改革和税收优惠“组合拳”在推进供给侧结构性改革中的积极作用，全年落实各项税收优惠29.3亿元，比上年(下同)增长22%。其中，办理出口退(免)税19.66亿元，增长5.53%，为外向型经济的稳定增长提供支持；“营改增”减税4.3亿元，落实节能环保、资源综合利用、高新技术企业税收优惠2.2亿元，为产业转型升级、创新发展提供引领；落实小微企业减免税8550万元，增长40.16%，为中小企业的生存与发展提供保障。发挥税收共治效能，深化税收信用评价应用，帮助86户高等级纳税人通过“税e融”“出口退税贷”平台获取贷款援助4639万元。积极参与政府招商引资工作，主动服务重大项目建设，全年提供项目有效信息5条，促成落户1家，开展大项目调研服务20余次，帮助解决个性化涉税需求16项。区局被区委、区政府表彰为2017年度项目建设工作先进集体。

【依法治税】 以“四个坚决”要求为底线，积极应对调结构力度加大、减税规模扩大以及营改增后地方财力保障需求增大等复杂形势，牢固树立大局意识统筹施策促增收、提质效，推动税收与经济高质量协调增长。全年国税收入实现历史性跨越，首破50亿元大关，达到55.96亿元，增长35.84%；一般公共预算收入26.43亿元，增长52.24%，总量位居六县市第二，国税收入对地方财力的贡献度进一步提升至35.9%。以创建法治税务为抓手，认真落实依法行政工作领导小组会议制度、会前学法制度、税收法律顾问制度及“谁执法谁普法”要求，建立健全复议应诉工作机制，细化稽查案件审理规范，全年举办法治讲堂3期，应对行政诉讼案件3起，抽查复审6个重点监控项目143户，执法督察整改疑点数据179条，办理退税110万元，责任追究5人次，推进领导干部学法用法，促进全体干部规范执法。以打击骗税虚开为重点，聚焦行业专项整治，加强税警协作，全年查处10万元以上大要案17件，查补入库税款、滞纳金及罚款共949.68万元，为企业营造公平有序的市场环境。以建立健全与法院的协作机制为突破，加强对重点濒危企业的税源监控，积极获取企业破产、资产拍卖等信息，全年征缴入库破产企业欠税、资产处置税收5469万元，确认税收债权4894万元，通过法制途径追征税款工作取得明显成效。

【干部队伍建设】 坚持以教育培训育人，2017年，分层分批培训干部10余场次，3人入选省局“115”工程专业骨干项目，3人入选市局纳税服务岗位能手，5人入选市局专业带头人，9人入选市局专业人才库，1人参加全省机关第五届“万人学法”竞赛获奖并受到省局通报表扬。以正确导向用人，有序实施青年干部轮岗交流14人，优化人员结构，激发队伍活力。以数字人事管人，全面构建绩效管理、督查督办、数字人事“三位一体”的工作落实机制，强化考评结果在评先选优等方面的应用。以先进文化树人，持续培育“忠孝通州　和谐国税”文化子品牌，在新进公务员入职、干部退休、党员政治生日和干部子女升学等时间节点组织文化仪式活动，青年干部自编自演情景剧《新税人成长记》代表市局参加市级机关工委组织的联创区道德讲堂演出受到好评。以沟通管理暖人，认真落实“八必谈八必访”制度，按季做好建言沟通反馈，全年看望慰问、医疗补助干部职工及家属55人次。2017年，区局及所有基层分局均通过“南通市文明单位”复核。

（成　云）

地方税收

【概　况】 2017年，通州地税局围绕“强化绩效促发展、完善改革促转型”工作主题，全力开展九比竞赛，统筹推进“稳收入、抓改革、促转型、优团队、防风险”五大任务，奋力争当改革发展排头兵，各项工作取得长足进步。

【组织收入】 面对严峻的经济形势和收入压力，区地税局上下主动出击，积极应对。2017年，组织收入62.65亿元，其中：税收收入35.35亿元，剔除“营改增”因素，增长23.85%，超全市地税系统平均增幅12.62个百分点；一般预算收入24.81亿元，剔除“营改增”因素，增长23.55%，超过全市地税系统平均增幅6.8个百分点；社会保险费收入24.84亿元，增长16.02%；各项基金费收入26618万元。企业所得税汇缴申报率达100%，联合区科技局、区国税局积极落实各项优惠政策；积极开展所得税专家团队应对工作，对重点行业、重点企业、重点涉税事项开展团队应对和应对指引，仅专家团队先后完成70余户重点税源的应对工作，查补入库税款4402.83万元。加强行政事业单位和资本收益的个人所得税管理，有效指引各行政事业扣缴全年一次性资金，个人所得税12万元自行申报面达100%；开展个人所得税重点群体、重点政策风险团队化应对工作，在省市局推送的名单、疑点信息基础上，进行深度加工和挖掘，进行197户次精确推送，共计增加税款23500万元；积极落实各项税收优惠政策，全年共办理各类税收优惠1.81亿元，其中依法审批土地使用税困难性减免19户，减免税额296.56万元；落实小微企业税收优惠，共有659户小微企业减免所得税792.06万元，优惠落实面100%；落实高新企业税收优惠，全区共有17户企业所得税地税部门征管的高新企业享受优惠3174.08万元，38户享受高新技术研发费用加计扣除优惠，减免金额1754.86万元。启动预警机制，推动社保费欠费清理，共清理陈欠420余户，入库陈欠社保费599万元；实行强制执行快速通道制度，建立快速响应机制，妥善应对振美纺织群体上访事件；加强社保费联动执法，联合法院对17户欠费企业实施强制执行。全年共征收社保费20.52亿元，增长8.63%。

【征管改革】 2017年，区地税部门全面贯彻落实《深化国税、地税征管体制改革方案》，制定通州地税征管改革方案，对机构职能配置、人员岗位授权、固定资产及时进行调整，优化运营体系。做好改革推进配套措施，全面落实税源基础管理事项清单，加强基础管理、拓展风险应对、优化风险监控、做优一级稽查、整合机关职能，

通州地税局工作人员走上街头倾听纳税人诉求

全面提升税收征管质效。国地税电子税务局协同申报率达 87.95%，列六县(市)第一；财务报表报送率达 100%；委托代征推广程度、催报催缴率等均为 100%。创新构建“六维风险监控体系”，从全方位、全要素等多个维度，识别、控制和化解各类重点企业、重点行业、重大事项的涉税风险，通过该体系共推送重大风险任务 12 户次，消除基础风险 989 条，入库税款超过 2.4 亿元；对船舶制造业、纺织业和新能源企业进行重点分析，形成大企业风险识别报告 37 份；大力升级“以地控税智能监系统”，不断提升创新项目的运用成效和科技含量，房产税与上年同期(下同)相比增长 18%，土地使用税增长 21%；加大对中等风险应对案件的考核力度，全系统中等风险应对入库税款 42051.71 万元，贡献率达 11.71%；大要案查处力度不断加强，高风险应对入库税款 11894.62 万元，贡献率 3.72%；制定多部门合作欠税清缴工作方案和欠税清缴计划，联合进行信誉等级认定，对欠税户进行发票控管、暂停办理福利企业联合年检等限制措施；积极参与社会诚信体系建设，定期将欠税 20 万元以上和累计欠税 6 个月以上的欠税户上报市经信委信用办，纳入诚信黑榜名单；加强强制执行力度，对严重失信的 21 家企业法人代表实施阻止出境的强制措施，起到很好的震慑作用；2017 年，共清理陈欠 3525.11 万元，欠税户减少 672 户；按期与发改委、财政、国税、建设、国土等 29 个部门就财政发放奖金、补贴补助、企业拆迁补偿、土地成交情况、建设许可信息以及建筑工程竣工验收等进行数据交换，全年共交换涉税数据 20 余万条，有效提升风险管理的针对性；加强互联网涉税情报利用，全年获取外网涉税情报 6283 条，并安排专人负责跟踪管理本地上市公司的所有公告信息，确保及时推送重要风险任务，全年通过互联网涉税情报入库税款 2.76 亿元，其中通达动力股权转让补缴个人所得税 2.04 亿元；大力加强税银合作，加强纳税信用评价结果运用，推进银税合作，通过“E 税贷”项目为 85 户纳税人提供融资服务，发放贷款 4420 万元。

通州地税局推广支付宝“刷脸”查个税、12 万元申报服务

【依法行政】 2017 年，区地税局进一步落实总局重大案件审理流程，增加书面审理环节，开展案件合法性、合理性审理。成立“稽查规范(1.0 版)推进小组”，有效落实《全国税务稽查规范》(1.0)，并依托执法公示、法制审核等约束规范执法行为；购进执法记录仪、创建全功能录音录像约谈室，对执法税务文书送达有争议的和调取账簿过程实行全过程录音录像，有效落实执法全记录制度；在政府网站和政务服务大厅公示各种涉税项目，涉及 2.5 万多条涉税信息，积极开展信息公示制度；制作《社保费强制执行法制审核指引书(1.0)》和《税收强制执行法制审核指引书(1.0)》，不断健全法制审核制度；全年共推送稽查应对任务 97 户次，查补税费金 2.25 亿元，重大案件检查取得较大突破，采取“内查外调、借用外力、引入第三方价格评估”等办法，成功查处 2 起补税千万元以上的稽查案件。继续发挥以稽查促遵从的威慑力，通过联合执法、限制法定代表人出境、扣押企业不动产等措施确保大案要案件件落实，炎黄福宇公司在区地税局和区公安部门的联合执法下，陆续缴清 2816 万元欠税及滞纳金。认真开展收入质量专项执法督察、税收执法大督察工作，通过执法大督察自查入库税款137.49 万元；做好风险应对质量检查，全年共选取 15 个应对案件进行检查，累计补缴税款 2.8 万元，加收滞纳金 1.01 万元。

【纳税服务】 2017 年，区地税局加强与法院、公安、国税、银行等单位密切协作，进行纳税信用评价、跨部门奖惩、制定失信行为管理办法等联合行动；强化与住建、物价、建筑工程管理等部门的沟通协调，畅通房产交易信息渠道，优化涉税信息采集，编牢协税护税网络；创新打造“外延式服务链”，推行“三外延、五举措”拓展服务链条和协作举措，增加到 9 个外延协作单位、17 个服务事项，大大减少纳税人资料报送负担，降低群众的办事成本；大力度提高涉税业务网上办理比例，2017 年，面对面辅导纳税人网上办税 420 人次，通过网络远程解决 90 户次纳税人业务和操作问题，引导纳税人多走网路、少走马路；梳理“不见面”审批和“不见面”公共服务事项 60 项、159 项，大力推行无纸化、免填单，税收优惠实行“以报代备”，落实优化税收营商环境各项目标任务；深入推进办税便利化改革，实现房产交易“一窗受理、集成服务”，联合区不动产登记中心推出 5 个联办窗口，做到“业务整合、流程磨合、精简资料”，变“打证明、缴税、办证”排 3 次队为排 1 次队，运行以来，日均办理业务 65 笔，达到预期效果，为实现区政府提出的“3050”目标奠定坚实基础。实施“0513 办税能力提升工程”，通过提升服务能力和优化服务模式等举措，推动纳税人的办税能力、税收遵从度、满意度“三提升”，更好地适应全面营改增和征管改革后的税收管理新局面；加强对纳税人之家等权益保护组织的引导，实现纳税服务投诉“受理、承办、转办、督办、反馈、分析和持续改进”信息化、集约化和规范化管理，全年受理、转办“12366”工单20条，受理、转办“12345”政府热线事项18件，对举报、投诉事项及时处理，受理处理率、回访满意率均达100%；加强税企互动，计划性开展税企交流会、座谈会、吹风会，全年先后组织座谈会12次，与会纳税人125人次，收集、解决问题55个。

【队伍管理】 2017年，区地税局成立“献礼十九大”老干部合唱队，组织三八妇女节“家庭工作兼修为，智慧女性巧作为”专题文化讲座、八一建军节军转干部参观海安七战七捷展览馆、五四青年座谈会、九九重阳节南通慈善博物馆参观等多形式文化活动；进一步加大对职工书屋、文化长廊、法治文化公园等文化阵地的投入和建设力度；创新开展形式多样的道德讲堂活动，联合镇政府、企业、学校共同开展道德讲堂活动，将固定课堂和流动课堂充分结合；成立内部师资团队，入选内部师资成员18名，通过“周末税校”教育平台，开展各类培训10余次；创新开展基层“六小培训”的新模式，通过“小专题、小课时、小课件、小沙龙、小讲座、小测试”，丰富基层分局培训活动；出台《通州地税年轻干部“税海圆梦”工程实施方案》，从“职业发展规划、岗位实践锻炼、技能素质培训、岗位练兵比武、导师指引帮带”等方面搭建平台，全方位提高年轻干部能力素养，组织年轻同志参加国家司法考试，4人通过，通过率达80%以上；根据市局“九比”劳动竞赛指标，制定本系统“九比”劳动竞赛实施方案，建立起一把手亲自抓的劳动竞赛工作领导小组，做到“专人负责、专会布置、专题落实”，组织各单位负责人到海安局进行实地交流学习，努力实现“比学赶超”新突破；三季度通州局被评为南通地税“九比”劳动竞赛优胜单位，共有83人被评为南通地税“九比”劳动竞赛示范岗，一篇个人绩效考核先进典型报道被省局简报录用。 （王铁华）

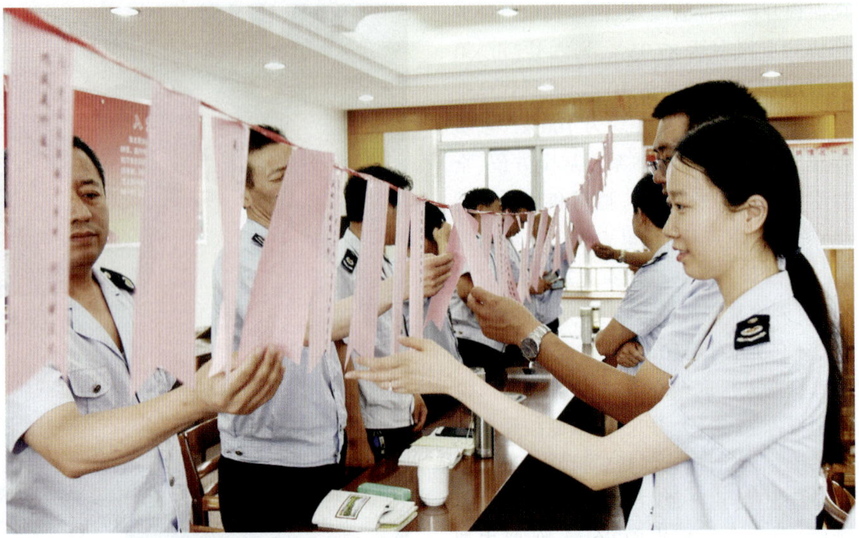

通州地税六分局党总支以灯谜形式进行党的知识竞猜

国土资源管理

【概　况】 2017年，通州区国土分局准确把握保护资源、节约集约、维护权益、改革创新的角色定位，以“六个坚持”为主要路径，以“五优同创”为主要抓手，勤勉作为、克难奋进，各项工作取得明显成效。先后获得江苏省国土资源系统先进集体、2015—2016年度南通市文明单位、2016年度全市国土资源改革创新奖二等奖、通州区级机关目标管理绩效考核先进集体等荣誉。

【服务发展大局】 争取上级核减通州区耕地保有量4800公顷，基本农田保护任务6333.33公顷，新增项目规划空间1600公顷，规划调整完善成果通过省政府审批。除国家计划指标47.33公顷外，额外争取各类计划指标280公顷。获批农转用、征收13个批次、46个单独选址项目，申请用地714.5公顷。供应各类土地166宗面积431.47公顷，出让金约84.67亿元，其中市场配置经营性用地34宗面积120.72公顷，成交价80.45亿元；工业用地88宗面积122.33公顷，成交价3.83亿元。保障昊石、旭浩、腾龙、丹华海事、轻风科技等一批重点项目用地和宁启铁路二期、沪通铁路、江苏工程职业技术学院航空实训基地等基础设施建设用地。继续推进同一乡镇范围内村庄建设用地布局调整试点工作，争取到高新区成为江苏省第三批同一乡镇村庄建设用地布局调整试点单位。

永久基本农田保护牌

【国土生态文明建设】 全面完成永久基本农田划定工作，划定涉及南通城市周边永久基本农田面积3826.67公顷、通州城市（镇）周边永久基本农田面积1740公顷、全域永久基本农田划定面积5.04万公顷，超额完成上级下达的任务。全年申报耕地占补平衡项目面积297.23公顷。全年申报建设用地复垦整理新增面积171.95公顷，超额完成年初目标任务。土地整理项目稳步实施，实施中的土地整理项目6个，总规模4732.53公顷，总投资14912万元。

6月25日，区国土分局在结对村——国道村开展土地日专题文艺活动

【节约集约用地】 持续推进建设用地批后监管，全年验收经营性用地和工业用地50宗，补交出让金约217万元；发放开竣工提醒函、催告函36份，征收土地出让金滞纳金、违约金2100万元。盘活供应存量批而未供土地279.53公顷，通过督促开发建设、延期、收回、转让等方式处置闲置空闲土地126.33公顷。积极创建高标准厂房先进地区，申报符合要求的18个项目，约28万平方米的建筑面积，等待省厅复查。全面实行国有建设用地网上交易，网上交易65宗。顺利完成城镇地价动态监测与基准地价更新、耕地质量更新和监测、城市建设用地节约集约利用评价、工业用地调查等工作。

【不动产登记】 以不动产登记交易中心为主阵地，将下属15个国土所(办事处)原有的土地登记网点升级改造成不动产登记网点。11月底，基层国土所均可办理七大类不动产登记业务，实现受理、初审、复核、缮证、收费、发证等“数据网上走”一站式登记服务。不动产登记实行全域通办后，最大服务半径从42公里降至7公里，极大方便了办证群众。推进“一窗受理、集成服务”，不动产登记涉税业务调整设置5个与地税并联受理窗口。创新便民利民新途径，开展寓二手房交易监管于登记、“点对点”司法协助查控平台、个贷抵押登记网点向金融机构延伸、组合贷款抵押登记公积金中心委托银行办理、金融机构身份证明一次性备案、业务办结短信提醒、不动产证书EMS送达等便民服务，让群众少跑路。4月，“全省市县简政放权创业环境‘不动产交易登记’环节评价”排名全省第二。11月通过省厅组织的“便民利民不动产登记窗口”现场测评。

区国土分局完善不动产登记流程

【土地执法共同监管】 全面推行共同责任机制，积极推广联合执法经验。以点促面，前置到村，落实村级巡查，逐步形成“大家用大家管”“部门联动”的管理新格局。推进行政执法与刑事司法衔接，加强与公安、纪检监察和法院等部门联动，逐步实现法院裁定拆除违法用地交由各镇(区、园、街道)落实的工作机制。最广泛借助各方力量，充分利用老党员、老干部、老教师的特殊身份，在全区15个镇区园建立“三老”涉地信访矛盾调解室，在全区238个村建立涉地信访接待站，在15个国土所建立土地权属争议调解室，形成多方参与涉地纠纷解决服务、化解社会矛盾的工作常态。加快建设“慧眼守土”综合动态监管平台和“一张图”工程。

【基层国土所建设】 典型引路，全面推进国土所建设。6个国土所进行办公场所整修，各所服务大厅便民设施齐全，廉政走廊、廉政书屋、荣誉陈列室、档案室等全部到位。积极争取区财政支持，为国土所执法人员配备执法记录仪、手持执法终端等办公设备。完善制度，规范运行，明确国土所工作职责，强化重点工作、创新工作、日常工作的推进落实。兴东国土所因国土所建设表现突出被省厅表扬。加大培训教育力度，开展常规业务培训12次，带领国土所长赴常州、镇江实地考察国土所建设，积极参加省厅、市局组织的培训活动。有序推进干部轮岗交流和培养工作，先后开展国土所和事业单位正副职竞岗，全系统35周岁以下国土所中层干部占比42%。 （范 萍）

物价管理

【概 况】 2017年，区发改委认真学习、贯彻《中共江苏省委江苏省人民政府关于全面推进价格机制改革的实施意见》，按照省、市价格工作总体要求，紧紧围绕区委、区政府中心工作，围绕“服务发展、关爱民生、促进和谐”宗旨，主动适应价格工作新常态，全面深化改革，坚持放管结合；加强宏观调控，稳定市场价格；深化价格改革，规范价格行为；清费治乱减负，构建和谐环境；坚持依法治价，严肃价格纪律。基本完成各项价格工作任务。为建设“强富美高”新通州创造良好价费环境。

【价格监测】 2017年，定时监测城区第一集贸市场和石港农贸市场共计13大类110余规格(品种)主副食品价格，实行每5日一报，为上级部门和政府领导决策提供信息支撑。适当调整价格监测点和农本调查点布局，提高数据的区位代表性、可比性和准确性。全年共设立价市场主副食品价格监测调查点20个、生猪调查点10个，蔬菜种植15个，农产品成本调查户21户。新建立粳稻、油菜籽为农本调查省直报品种。持续开展生猪、蔬菜种植成本收益的跟踪调查，加强对采集数据的分析，全年共采集数据2.45万余条，上报监测分析和调研材料44篇。

【收费监管】 2017年，通州区认真部署上年度收费统计工作，要求各收费单位准确上报各类数据及报表，确保数据准确，无缺项、漏项和逻辑错误。同时要求各单位认真执行事中事后监管相关制度，强化日常收费情况变更和收费公示的动态管理，主动落实好各项收费政策。认真梳理通州区政府制定的经营服务性收费项目和行政事业性收费项目，通过相关门户网站公布《政府制定价格的经营服务性收费目录清单》和《通州区行政事业性收费目录清单》。2016年，全区行政事业性收费总额30976.78万元。通过成本调查、召开座谈会、集体审议等程序，出台燃气蒸汽价格政策、电动汽车充电服务价格、农业水价综合改革水价制定实施细则、高污染企业差别水价政策、燃煤锅炉改造项目优惠气价政策，落实取消城市附加费，调整自来水到户价格。根据区政府要求，通过成本监审等程序制定公建民营形式的南山颐养中心养老服务收费标准。加强景点门票价格管理和行政指导，落实门票优惠政策，实行政府定价和政府指导价的忠孝文化园和石港渔湾2个景点对享受国家抚恤补助的优抚对象免收门票。

【清费减负】 根据省物价局、省财政厅、省经济和信息化委员会、省民政厅《关于清理规范涉企经营服务性收费的通知》(苏价服〔2017〕98号)和南通市物价局等四部门《关于清理规范涉企经营服务性收费的通知》(通价服〔2017〕114号)文件要求，认真部署通州区清理规范涉企经营服务性收费工作，6月20日—8月20日，按照清理与规范相结合、清理与减负相结合、清理与查处相结合的要求，组织开展涉企经营服务性收费清理规范工作。清理规范的范围：对以企业为缴费主体的各类经营服务性收费进行清理规范，重点是行政审批前置中介服务收费(政府部门开展行政审批时，要求申请人委托中介服务机构开展的作为行政审批受理条件的有偿服务，具体包括各类技术审查、论证、评估、评价、检验、检测、鉴证、鉴定、证明、咨询、试验等)，以及行业协会商会收费。通过大幅减少政府定价管理的涉企经营服务性收费，全面清理取消违规中介服务收费，深入清理重点领域和环节涉企经营服务性收费，加强市场调节类经营服务性收费监管等措施，落实出台的惠企政策措施，取消不合理收费项目，降低偏高的收费标准。坚决杜绝中介机构利用政府影响违规收费，行业协会商会不得强制企业入会或违规收费。建立健全涉企收费目录清单制度，完善收费监管规则，切实降低实体经济运行成本和制度性交易成本，减轻企业实际负担。

【价格检查】 2017年，区发改委物价检查分局开展教育收费、涉企收费、商品房明码标价等专项检查，查处违法案件3起，实施经济制裁14.58万元，有力打击价格违法行为，维护广大群众的利益。及时受理和查处各类价格举报违法案件337件，积极为民排忧解难，维护消费者合法权益。其中，通过“12358”价格举报热线受理及“12345”政务热线转办的各类价格举报、价格咨询及投诉案件204件，通过国家发改委“12358”价格监管平台受理网络举报133件，针对存在的问题，检查分局通过约谈、提醒、警告、处罚等多种方式纠正各类价格违法问题，妥善处理各类价格纠纷、举报和投诉。为规范政府有关行为，防止出台排除、限制竞争的政策措施，营造公平竞争的市场环境，推动通州经济转型升级持续健康发展，起草、报送区政府办公室并印发《区政府关于在市场体系建设中建立公平竞争审查制度的通知》。是年，区发改委积极做好区级、市级价格诚信单位创建动员工作，进行相关的创建指导，按照公开、公平、透明原则，评选14家区级价格诚信单位，其中9家通过市级价格诚信单位验收。加强节假日市场价格检查，提醒经营者守法经营，诚信经营，对哄抬价格、变相提价等不正当价格行为予以坚决打击，保持社会和谐稳定。

【农本调查】 2017年，区发改委紧紧围绕党委、政府的中心工作和区域经济发展需要，积极拓宽农本调查领域。围绕保供稳价，认真做好主要农产品成本收益的预报预警，开展蔬菜成本调查；针对春耕、秋播期间农资价格调查分析，提出切实可行的建议。结合小麦、粳稻、油菜的成本预测，开展农民收益底线调查。在深入调查分析成本变化、价格走势、市场供求等情况的基础上，围绕促进农民稳步增收目标，合理测算小麦、粳稻、油菜的亩均收益底线，提出收购保护价和补贴政策建议。围绕发展优质高效农业，开展地方优势农产品成本收益调查。立足通州资源特点和实际，通过对葡萄、草莓产品开展成本收益调查，积极为调整农业产业结构和农业增效、农民增收服务。

【平价商店】 2017年，区发改委深化“平价商店规范年”活动，严格执行考核和进退考评机制，开展现场巡查和督查考核，重点部署辖区内节假日前后平价商店督查工作，实行明察暗访，增加督查频率，确保节日期间平价商店蔬菜等农副产品品种产销衔接，不缺不断。组织开展“农副产品平价商店消费者满意年活动”消费者满意度评议调查，“通州发改”微信公众号开通投票参与人次12373人次。发放现场调查表300余份，调查表投票全区平价商店消费者综合满意率达87.17%。是年，各平价商店销售平价农副产品金额总计2217.39万元，平均降幅28.29%。

【价格认定】 通州区价格认证中心主动为地方经济发展的重大工程、重点项目、国有资产处置等领域提供价格认定服务，提高服务政府、服务系统工作水平。按照《价格认定规定》《价格认定行为规范》《价格认定依据规则》要求做好涉案财产价格认定工作，为司法机关、行政执法机关及时、深入打击各类违法、犯罪活动，维护全区社会和谐稳定及市场经济秩序作出努力。全年完成公安部门委托刑事案件价格认定305件，价格认定值为336万元；各类行政执法价格认定12件，价格认定值为3204万元；政府事务价格认定3件，价格认定值为216万元。以省物价局、省地税局《关于加强存量房涉税价格认定工作的指导意见》为抓手，结合通州实际，加强与财政、地税等相关部门对接，进一步深化房地产领域计税价格认定，规范涉税价格认定个案、计税价格争议事项办理，调整涉税认定工作模式，服务地方财税增长，规范财税价格秩序，提升涉税认定工作质量。全年完成地税部门委托涉税不动产交易个案366件，价格认定值为17.04亿元。积极推进价格争议调解体系建设，完成价格争议调解10件，调解金额456万元。总计共完成各类价格认定及价格争议调解696件，标的总金额为17.46亿元。

（陈琳琳）

市场监督管理

【概　况】 12月，通州区市场监管系统有在职在编干部职工297名（公务员224名，行政附编19名，事业编制54名）；大专以上学历294名，占98.66%；党员人数207人，占69.70%；全局平均年龄43.23岁。离退休人员192名。内设15个科室，一个副科级行政单位，三个事业单位（其中一个副科级，两个副股级），下设13个分局。全系统管辖各类市场主体93736户，其中药械妆生产经营单位3099家，医院、诊所及医务室200家，特种设备使用单位2538家，监管电梯、压力容器、大型游乐设施等各类特种设备16385台(件)。2017年，区市场监督管理局被评为全省工商和市场监管工作先进集体、全省食品药品监管工作先进单位、全省食品药品监管系统先进集体、全省质监系统技术执法培训教学基地和稽查执法示范点。

【食品安全监管】 全力以赴创建江苏省食品安全城市，成功创成江苏首批、南通首个省级食品安全示范区。开展食品摊贩专项整治、护蕾百日行动、桶装饮用水质量安全专项整治等各类专项整治，严厉打击食品违法经营行为，共检查各类食品生产经营主体14668家次，查处食品案件219件，移送公安机关食品涉罪案件3件；完成“三位一体”检验检测体系建设，在全区15个农贸市场及13个市场监管分局建立快检室，全年完成4560批次食品抽检、13000批次食用农产品快检；重视农村集聚餐监管，创新实施“食安通州”联创区建设，在全区242个村居中建立65个联创区，登记备案流动厨师734人，备案农村家庭自办宴席1666户、29375桌，开展现场检查评估1666次；实施学校食堂标准化提升工程，推进132家学校食堂设备设施的配备升级A级44家、B级88家；对已备案的小摊贩加强统一规范化管理，全区划定2片食品摊贩疏导区，41家小摊贩备案；对食品安全问题实行闭环管理，全年新印制监督检查监管手册2.38万份、责令整改通知书2400份；开展各类培训、宣讲共计30场次，培训生产企业、餐饮服务、食品销售、学校食堂等负责人、从业人员、民间厨师3000余人次。

【药品医疗器械监管】 扎实推进药品零售企业GSP认证，完成认证11家药店；组织开展中药饮片、疫苗、中小学和幼儿园卫生室药械使用、城乡结合部和农村地区药店诊所药品质量、植入性医疗器械、隐形眼镜、避孕套、化妆品等多项专项检查，办理药械妆案件168件；加强药械妆风险防控体系建设，评价上报药品不良反应报告1159例、医疗器械不良事件报告628例、化妆品不良反应报告65例；组织执业药师参加第六届“药品安全网络知识竞赛”，通州区孙兴药师获得省执业药师技能竞赛全省个人第一名；强化宣传，开展“5·25护肤日”“安全用药月”系列宣传，发放宣传手册13000多份，宣传单4500余份，与石港镇政府联合开展药品安全文艺会演，营造浓厚的安全用药宣传氛围。

【质量监督管理】 推进质量强区工作，起草2017年通州区质量工作考核办法，将年度质量工作目标进行分解至相关部门和乡镇。开展“南通制造2025”——先进质量管理技术和方法第三期推广孵化公益活动，鼓励引导企业落实质量主体责任，不断提升管理质量。紫罗兰家纺成功获得江苏省质量管理优秀奖，江海电容器股份有限公司获评南通市质量奖，南通四建、卧龙家纺荣获中国驰名商标(南通仅此2个)，9家企业获评江苏名牌，景瑞农业、金太阳纺织获得首批“省商标战略实施示范企业”“金帆奖”，紫罗兰家纺、江海电容器成功入选全省首批“双百品牌”，名标名牌工作继续保持全市领先。完成省工商局下达的流通领域商品质量抽检任务131批次，组织钢材20批次、PVC管材10批次、人造板5批次、电线电缆及开关面板5批次、学习用品35批次、烟花爆竹34批次商品质量抽检，对不合格的批次立案查处。做好质量安全动态监管，按频次要求开展巡查，督促企业抓好质量管理，切实提高产品质量，完成64家强制性认证企业、88家许可证企业、10家机动车安检机构、15家质量体系认证企业检查任务、20家检验检测机构上报认证认可资料的审核。品牌质量工作受到上级领导的高度关注和肯定，副省长马秋林，国家工商总局、省工商局领导先后专程到通州调研考察品牌质量工作。

【标准化建设】 指导5家企业主导制定国家标准5项，2家企业主导制定行业标准4项，通过标准化良好行为企业确认1家。指导通州区家纺商会成立标准化委员会,11家骨干企业参与商会团体标准的制定，引领南通高端家纺产品的发展。实施企业产品标准备案制度改革，全区企业标准自我公开声明175项。指导帮助江苏华宇印涂设备集团公司、江苏金太阳纺织科技有限公司、广东鸿图南通压铸有限公司分别获批筹建全国印刷机械标委会金属印刷设备标准化工作组、全国纺织品标委会印染制品分委会特殊整理棉印染布标准化工作组、全国铸造标委会压力铸造分委会汽车精密压铸件标准化工作组。南通御丰塑钢包装有限公司2016年获批筹建的棉花包装材料标准化工作组正式成立。大力推进实施“标准化+”工程,石港镇新型城镇化标准化、悦慈护理院医养结合服务标准化和通州区家纺商会团体标准3个省级标准化试点项目列入2017年度省级标准化试点计划；通州区省级蔬菜综合标准化示范区和森蓝环保省级循环经济标准化试点项目通过验收。

【计量管理】 深化诚信计量工作，培育5家省级诚信计量示范单位、13家市级诚信计量示范单位，与209家单位签订诚信计量承诺书。组织开展“5·20”世界计量日宣传活动，举办“光明计量进校园”“民生计量进市场”“计量服务进社区”等活动共计12场。推进民生计量管理,2017年,免费检定38个集贸市场在用衡器2893台，免费检定全区乡镇医院、村社区卫生室、敬老院、生育指导站共281家单位的在用医疗计量器具1942台(件)。加强商品计量监管，以春节、“五一”、中秋、国庆为节点,对辖区内生产经营企业进行计量专项监督检查，共检查流通领域335批次，生产领域223批次，立案查处计量器具未按规定检定、定量包装商品计量不足等计量违法类案件148起，有效促进贸易公平和强检计量器具的受检率的提高。

【特种设备安全监察】 强化企业安全主体责任，召开全区及基层特种设备安全管理会议10次，与全区2366家特种设备使用单位签定安全责任承诺书。强化特种设备安全宣传,参与“安全大宣讲”进企业、进社区、进校园、进农村4次。强化专项整治,深入实施“百日会战,决胜铸安”专项行动、组织开展电梯、简易升降机、气瓶、场内机动车辆、压力容器、大型游乐设施、涉危化品、节假日、两会等各类专项整治,2017年，共出动执法人员6925人次，检查特种设备使用单位3652家,检查特种设备12592台,签订特种设备使用单位安全责任告知书及特种设备使用单位落实安全生产主体责任承诺书各802份,发现一般隐患213条，严重隐患107条,整改一般隐患213条、严重隐患107条，发出责令改正通知书202份、安全监察指令书76份，下发1174条整改建议,立案查处77起,罚款288.7万元。全区共计332460只气瓶完成二维码信息标识的安装、上传,覆盖率达100%;推广电梯责任保险,投保率超过50%。开展应急救援演练2次,提高企业的安全意识和事故处置能力，确保特种设备安全运行。

【市场主体监管】 推进市场主体年报公示有序开展。区市场监督管理局2016年度应年报市场主体84293户，实际年报80876户,年报率达95.9%,位列南通前茅。组织对企业年报公示信息、即时公示信息、商品交易市场主体、农资经营主体的双随机抽查,被抽查主体达657户。开展无照经营专项整治,排查经营户6512户,动员领照472户,立案查处43起。

【市场培育与监管】 通过网络交易监管系统对全区2194家网站逐个进行数据比对,将267家虚假网站转入淘汰库。推进企业申领“工商网监”电子标识,全区有365家电子商务企业申领工商网监电子标识,通过308家,成功申领标识291家。开展网络市场监管专项行动,对违法网站责令改正242起；发现网络案件线索239起，其中立案查处106起，办结106起。配合文明办、城管、街道等部门,做好城市建成区卫生精细化管理及道路分级管理检查考核;配合公安、城管、街道等部门开展城区集贸市场“僵尸车”清理整治工作,排查清理僵尸车121辆。开展文明城市创建，做好城区7家集贸市场创建点位的督查；开展诚信经营创建活动,4月19日,由南通市文明办、工商局等四部门联合发文,授予通州40家企业为2016年度南通市“诚信企业”,431家企业和商户为2016年度南通市“诚信经营示范店”。

【商标管理】 加强品牌宣传培训，开展“4·26”知识产权日宣传活动,发放宣传资料300多份。组织100多家企业和个人参加南通工商局举办的“迎接4·26知识产权日商标法律知识竞赛”。推动品牌培育发展,全区共有注册商标11278件，其中驰名商标17件、著名商标58件、知名商标136件、办理国际商标注册62件。强化品牌保护工作，将全区商标印制、商标使用、商标代理三类企业列入重点监管抽查范围,共对全区3098家企业进行检查,对其中涉嫌侵权行为的54家企业立案。

【广告管理】 开展户外广告日常巡查，共出动检查人员989人次，检查各类广告679条(次),对检查中发现的涉嫌违法广告18起进行立案查处。强化媒体广告实时监测，对通州广播电视台等5个媒体频道进行监测，共监测各类媒体广告981条(次),对31条涉违法广告责令限期整改。加强对投资、理财类广告的监管。全年排查清理投资理财类广告85条,共收缴传单广告近12万份,拆除、清理不规范的投资理财类门头广告牌5处,户外广告7处,流动字幕5处。在全面排查清理基础上,对全区38家互联网金融重点企业进行跟踪督查。

【合同管理】 开展动产抵押、股权质押登记工作。办理动产抵押登记222件、注销101件。组织开展“守重”活动。推荐上报省级“守合同、重信用”企业,完成2015—2016年度省级“守合同重信用”企业的继续和新申报工作,为符合条件的14家新申报、47家继续申报企业推荐申报省级证书。向南通市局推荐40家企业申报市级“守重”单位,认证公示40家。同时做好原AAA级守重企业的复查工作,409家企业公示为市级“守重”企业。

【稽查执法】 以关注民生和促进发展为重点，部署开展打击侵犯知识产权和制售假冒伪劣商品、四品一械专项整治、特种设备安全整治、农资整治、利剑行动等专项执法行动，2017年，立案查处一般程序案件1071件，其中查处食品安全类案件266件、药品案件80件、医疗器械案件11件、化妆品案件88件、产品质量案件137件、证照管理案件68件、特种设备安全案件85件、商标侵权案件54件、广告违法案件87件、不正当竞争案件28件、标准计量案件160件、其他违法行为5件。通州区查处的南通乔照贸易有限公司侵犯“史努比”商标专用权案被省工商局评为十大商标典型案例；南通富源美容美发连锁有限公司发布违法广告案被省工商局评为2017年十大违法广告典型案例；南通金派机动车检验有限公司对外签发虚假发动机检验报告案2017年度江苏省质监执法打假典型十大优秀案件分别入选省工商系统十大商标典型案例、十大违法广告典型案例、省质监执法打假典型十大案件。强化行刑对接，2月20日，联合通州区人民法院、区人民检察院、公安局召开行刑衔接及食品药品涉罪移送为专题的联席会议，及时移送涉罪案件13件。

【消费者权益保护】 2017年，区投诉举报中心、区消费者协会及所属分会共受理咨询、申（投）诉、举报信息共计3941件，受理率100%，其中转立案查处163件，按期办结率100%，平均满意率95.3%。跟踪督办各类投诉举报的办理情况，跟踪督办率100%；回复回访率和及时率100%，为消费者挽回经济损失275万元。“3·15”期间，牵头行政机关和部分企事业单位及消协基层分会，在城区和各镇区主要公共场所，围绕“网络诚信，消费无忧”主题，组织策划新闻发布会、走进电台直播室、广场宣传咨询等系列活动。创新推出消费纠纷视频调解系统，有效减少消费者往返时间成本，提升维权工作效能。加强“一老一少”消费知识宣传，南通市消协在通州召开现场会，推广通州的具体做法。

【检验检测】 6月15日，区综合检验检测中心获得检验检测机构资质认定证书，获批食品（农产品）认证项目为14个产品及264个参数。2017年，中心共出具食品（农产品）检验报告2155份，检定/校准各项计量器具18000台件。同时牵头组织开展检验检测体系化建设，以综检中心能力建设为龙头，指导13个分局、19个农贸市场、区农副产品批发市场建成食品（农产品）快检室并正常运行。

【信息化惠民工程】 2017年，启动食品药品信息化惠民工程二期建设，在全区74家餐饮单位、35家食品加工企业、21家养老机构、11家机关企业食堂、388家药店安装远程监控设备，并将视频监控功能延伸至13个分局；开展视频监控、数据查看、互联网及广告监管、舆情监测等工作，及时进行研判，下发监管执法指令、监管执法提示955条，当场责令整改537起，当场处罚99起，立案查处180起，结案192起；在23家农贸市场、31家商场超市、30家药店医院安装惠民信息发布终端，推送食品、药品、特种设备安全常识、农产品快检信息、不合格产品信息、消费提醒、维权信息等惠民信息13410条。 （杨银芳）

统　　计

【概　况】 2017年，通州区统计局紧紧围绕区委、区政府中心工作，紧盯“四个全面”“两聚一高”发展目标，牢固树立和自觉践行新发展理念，适应把握引领服务经济发展新常态，以深化统计管理体制改革提高统计数据真实性为中心，积极开展统计监测预警，强化统计服务，突出招商引资、项目建设第一要务，扎实开展“走帮服”活动，为建设“强富美高”新通州提供坚实的统计保障。

【统计职能】 立足于提高前瞻性、针对性和时效性，强化主要经济指标及重点行业的动态监测预警，创新统计服务方式，充分发挥统计“晴雨表”功能和参谋助手作用。高质量完成各项调查。紧紧围绕《第三次全国农业普查方案》和上级要求，高质量完成全区第三次全国农业普查的现场登记、查漏补缺、数据查询、审核修改、资料上传、质量验收、数据汇总等各项工作。完成人口抽样调查、“三新”统计调查、楼宇经济调查、政法委法治建设、政法队伍、群众安全感满意度调查等多项调查工作。加强统计监测预警。做好工业、投资、贸易、服务业等专业的月度预报工作，密切关注GDP基础指标月度走势，做好收集、整理、分析工作，对倾向性、趋势性变化及时向区领导及相关部门预警预报。重点关注全区55家重点工业企业运行态势，做好季度监测工作。加强与发改委、商务局等部门的沟通联系，做好南通市“四个全面”月度考核指标的分析监测。围绕小康、GDP、文化产业、项目建设等重点指标和重点工作撰写统计专报15篇，其中3篇获区委区政府主要领导批示。创新统计服务方式。2017年通过统计月报、统计手册、主要经济指标快报等统计产品为区委、区政府以及各镇（区、园、街道）、各部门及时掌握经济发展情况提供有效统计服务。两会期间，以图表方式编辑两会统计手册，解读近五年通州经济社会发展概况。首次通过H5方式在通州统计微讯平台中解读统计公报，增强统计公报的直观可视性和通俗可读性。积极联系区电子政务中心，在中国通州主页面开设“数据服务”专栏，以图、表、文字等多种形式即时发布相关经济运行数据，诠释解读经济运行态势，进一步拓宽统计对外服务的渠道。出版发行《通州统计年鉴—（2017）》。上半年及三季度，分别在行政中心新闻发布厅举行新闻发布会，向社会各界通报全区经济运行情况。全年编辑统计月报12期，发布统计信息572篇，统计分析61篇，报送主要指标快报100余次，对社会、部门提供统计服务160余次。

【品牌创建】 不断提高服务全局、服务发展、服务基层、服务群众的能力和水平，提升各项工作的执行力和落实力，在全局开展“互联统计　助力小康”的效能品牌创建活动。联企业，解企忧，促发展。将商企“请进门”。健全重点行业企业发展形势分析例会制度，以集中的形式将企业的相关负责人请进门，面对面地交流当前各重点行业企业存在的主要困难、期望等方面内容，及时以统计信息专报的形式将交流内容呈报区相关领导决策参考。“走上门”暖企。到部分企业、项目现场、建设工地走访调研，了解企业的需求、生产经营中的堵点痛点、对政府的建议,同时宣传政府的各类政策,帮企业出点子、渡难关。“零距离”助企。利用QQ、微信等,分专业建立统计工作群,开辟服务企业快速通道,在线实时提供业务指导、统计咨询等服务。联百姓,凝民心,促致富。深入开展“走帮服”活动。引导局党员干部转变作风,以主人翁姿态投身助民致富的工作中。做实做细做好全区惠民政策的宣传工作及困难收集、分类、解决或反映等各环节工作。通过“通州日报”“中国通州网”、通州统计微讯等媒介以及定期召开新闻发布会,以图文并茂的形式对外发布全区经济社会发展取得的最新成果、发展概况,同时做好统计科普宣传,及时回应社会关切,主动传播统计声音。联社区,齐发力,促和谐。与结对社会党组织共同制定结对共建计划,并开展共驻共建活动。深入了解平和村、滥港桥村存在的群众反映强烈的各类问题或困难,在深入分析的基础上有针对性地落实帮服计划,力促社区上下和谐共进。联队伍,聚合力,促提升。定期走访慰问家庭困难、身患疾病的基层统计人员。丰富“两学一做”常态化学习教育形式。加大对基层业务骨干、优秀统计干部培训力度。加强年轻干部的选育工作,让优秀人才脱颖而出。

【统计服务】 围绕区委、区政府中心和重点工作开展服务工作。服务项目建设。扎实开展产业项目统计。准确把握、严格执行固定资产投资报表制度的新要求,收集整理新增企业及项目资料,加强与镇(区、园、街道)和区有关部门及上级统计部门沟通联系,联合开展项目摸排和走访,确保新企业、新项目应统尽统,不重不漏。积极服务产业项目转化。为做好全区产业项目转化工作,了解产业项目建设情况,“五四”青年节前夕,局领导带领全局年轻干部实地查看全区重点项目建设情况,了解项目建设进度。同时,各专业认真研究产业项目转化认定细则,加强与上级统计部门、各镇(区、园、街道)、产业部门和区项目办沟通协调,做好上传下达,及时跟踪项目建设进度,全方位开展项目转化业务辅导工作。同时,我局加强对未转化项目的分析研判,了解项目进展状况以及全年的预计转化情况,及时梳理问题,并提出针对性强、可行性较高的对策建议。全力招商引资。科学制定招商引资工作方案,明确目标任务、组织机构、工作措施,多次召开专题会议发动部署,把招商引资工作推进情况作为办公会的既定议题在会上进行汇报讨论,局领导多次带队赴上海与客商会谈,各科室全面发动,坚持多方联系、主动出击,采取请进来和走出去相结合,邀请客商来通洽谈10余次,千方百计全方位多途径搜集招商信息。全年在区招商云平台录入5000万元以上投资信息5条,完成招商引资有效信息审核3条,完成全年目标任务。“走帮服”有序推进。根据区委统一部署,我局制定了“走帮服”工作方案,按照“领导带头、全面覆盖、上下联动、左右互动”的原则,坚持问题导向、统筹兼顾、突出实效,切实推动活动有序开展。在前期与结对村委会对接的基础上,采取分散走访和集中走访相结合方式,全局22名党员干部,组成2个工作队和16个工作小组,在东社镇滥港桥村和平和村开展“走帮服”活动,共走访农户882户,企业6家,摸排梳理问题36条,解决5条。结合“走帮服”,深入贯彻区全委会精神,打好聚焦富民主攻战,积极开展精准扶贫,联系东社镇3个村,对24户建档立卡低收入农户进行结对帮扶,全年共走访43户次,捐助资金8600余元。

【基础建设】 加强统计基层基础建设,培养年轻同志走到一线岗位,增强服务经济社会发展的意识和能力。全力推进村级规范化创建工作,区各镇(区、园、街道)统计办均获省级规范化创建合格单位,其中8家获省级示范单位;95%以上的联网直报企业通过省级规范化达标验收;6家区级部门获得省级示范单位。举办“让青春在项目建设中闪光”演讲比赛,不断提高年轻干部开展群众工作、服务经济社会发展的本领。2017年,区统计局青年干部在省市区各级评比中获得多项殊荣。三人获得“南通好青年”荣誉称号,1人推荐参加“江苏省最美统计人”评比,1人获全市统计青年干部论文比赛二等奖。此外3篇论文分别获得通州区经济与社会发展重点应用课题研究成果二等奖和三等奖。

【依法统计】 深入学习贯彻《意见》《办法》。2017年,通州区统计局全方位、多层次组织局领导班子、全体成员学习《意见》的主要精神和要求,草拟《关于深化统计管理体制改革提高统计数据真实性的实施方案》送区长办公会审议。组织中心组学习《统计违纪违法责任人处分处理建议办法》,并向区委、区政府进行专题汇报。大力宣传统计法律法规。不断加强《统计法》《统计法实施条例》等法律法规的学习、宣传和贯彻落实,进一步强化各级统计人员依法统计意识。及时发放新入库企业《统计法律告知书》,利用各专业的培训会议,深入开展《统计法》及《统计法实施条例》,将法律法规培训延伸至规上企业以及部门统计人员。在“9·20”统计开放日和“12·4”国家宪法日到社区、广场开展《统计法》和《统计法实施条例》等统计法律法规宣传。此外,依托《通州大众》《通州统计月报》、通州统计微讯等平台对统计法律法规开展广泛宣传。开展统计监审。“双随机”方式对相关企业进行统计监审,监审时专业人员现场核查主要指标数据的填报质量,查看基础统计台账及数据核算资料,要求企业严格按照“二有三化”的规范化要求开展统计工作。强化数据审核查询。各专业严格按照统计法及统计法实施条例要求开展统计工作,同时充分利用南通市星级单位管理办法,加大对基层统计数据的审核查询力度。进行月度工作提示。每月底对下月工作安排进行提示,并通过党政网平台下发至镇(区、园、街道),规范统计行为。加强模板查询,各专业为提高数据质量,定制各类查询模板,对每天平台上报数据进行实时审核,发现问题及时进行查询修改,确保数据的准确性。通过下发“数据提醒函”的方式,提高对基层数据的查询审核频率,做到各项查询工作规范“留痕”。 (张国峰)

审　计

【概　况】 2017年,通州区审计局坚持依法审计、问题导向、鼓励创新、推动发展,充分履行审计监督职能,不断提升审计工作新水平,打造审计队伍新形象。完成政府工程决（结）算审计送审金额78.46亿元，审计核减4.45亿元，平均核减率5.67%；组织实施财政财务收支和专项资金审计调查7个，查处不规范资金7.51亿元；完成领导干部经济责任审计项目20个，查处不规范资金1.07亿元。全年向区委、区政府出具《审计专报》7份，录用《要情快递》信息3篇，在省级以上媒体录用审计信息65篇次。“经济卫士、执审为民”连续五年获得全区“优秀效能服务品牌”称号，连续三年获区级机关特色重点工作考核优秀等次。

【预算执行审计】 2017年，通州区审计局不断拓展同级财政预算执行审计范围，将扶贫专项资金、村(居)财务收支、国有资产等8项专项审计调查结果一并纳入财政“同级审”报告，深挖数据背后的政策执行问题，努力揭示地方经济运行中风险隐患和结构性矛盾，作出科学合理的审计建议，为政府决策提供依据。会同财政、公管等部门对住建局等18家政府投资建设单位未履行审批手续擅自进行工程变更的项目进行调查核实，8月，区监察局对审计发现的141个问题项目在全区范围内进行通报批评。

【领导干部经济责任审计】 2017年，通州区审计局进一步推行党政领导干部经济责任审计“四张清单”制度，实行审计进点、撤点、审计报告党政班子内部公开和通报制度，按照“党政同审，同责同审”的要求，科学界定领导干部的经济责任，做到不缺项、不漏项。探索开展领导干部自然资源资产离任审计，将乡镇主要领导干部在自然资源资产管理、环境保护、“263”专项行动计划推动落实等方面取得的成效及存在的问题作为离任审计的重要评价内容。在对部门领导经济责任审计中，重点关注财政财务收支管理、国有资产管理、重大经济决策、事业投入与发展、内部控制制度建立与执行、遵守廉洁从政规定等情况，对于津补贴超标准发放行为予以清退，并延伸下属单位收支情况，力争全面审计，逐一审查。

【民生资金专项审计调查】 2017年，通州区审计局抽调乡镇审计助理、农经助理，联合区纪委成立4个审计工作组，开展对西亭镇草庙村、东社镇东社居等8个村（居)2015—2016年财务收支及所在村农民专业合作社财政补助资金收支情况的专项审计调查。结合领导干部经济责任审计，重点延伸审计涉农资金、绿色通道专项补助资金，关注体育健康和养老服务事业，延伸审计南山颐养中心运营情况、公共体育设施管护运行情况，并提出审计建议。

【重大政策落实跟踪审计】 2017年，区审计局围绕促进深化改革和政策落实，在省审计厅和市审计局的统一安排下，组织开展国家和省创新政策措施落实情况跟踪审计，以政策和资金为主线，重点检查产业创新政策措施落实及相关财政专项资金安排与使用管理情况，通过问卷调查和实地核查，揭示阻碍政策措施落实、制约资金发挥绩效的问题20多个。

（鲍炜璐）

安全生产监督管理

【概　况】 2017年，通州区安监局严格落实安全生产责任体系，全力夯实基层基础，加快健全安全风险管控和隐患排查治理双预防机制，持续深化社会共治体系，安全生产形势继续保持平稳可控。全区共发生各类生产安全事故656起，死亡50人，分别比上年（下同）下降16.2%、21.9%；其中，工商贸及建筑施工事故11起，死亡11人，下降35.6%。全区没有发生较大以上事故或有影响的生产安全事故。

【安全生产教育培训】 2017年，区安监局开展安全生产大宣讲“六进”活动，组织宣讲51场次，8430多人现场接受安全生产知识和技能教育。开展“安全生产月”“安康杯”“119消防日”等活动，组织“全面落实企业主体责任”专题文艺晚会，宣传安全生产知识，普及安全生产常识。推进安全文化建设示范企业创建，全年共4家企业通过市级安全文化示范企业验收。开展企业三类人员培训，共组织33期培训班，555名企业负责人和1808名安管人员接受培训，768名企业负责人和1690名安管人员参加复审。严格特种作业人员教育培训发证工作，875人通过初培，864人通过复审。

【基层基础建设】 2017年，区安监局强化基层安监机构建设，全区所有基层安监所(局)均单独设置，并按照标准将人员配备到位。组织基层安监人员开展集中执法培训，并以“以会代训”的形式多次对分管领导和安监人员进行业务知识技能培训。率先在区安委会成员单位明确2名人员具体负责行业领域安全生产监管工作，并联合区法制办开展安全生产执法证专项培训。7月，在宏仁气体公司组织全区危化品泄漏应急演练，在宜家工厂举行全区大跨度厂房消防火灾事故应急演练。演练突出指导性和实用性，取得教育引导和宣传普及双重

7月28日，区安监局在宜家工厂开展全区大跨度厂房火灾事故应急救援演练

效果。11月,分两批组织全区安监系统、区安委会成员单位共158人到常熟理工学院进行为期4天的研修培训。建立安全生产标准化动态管理机制,共12家企业通过二级标准化验收,1006家企业达到三级标准化,2557家企业达到小微标准化。加强安全生产应急管理。组织对区级和行业(领域)应急预案进行重新修订评估,做到政府、部门和企业间预案有效衔接。

区安监局召开安全生产“五个年”专项行动部署会

【安全生产专项整治】 2017年,区安监局对道路交通、水上交通、危险化学品、建筑施工、消防安全、特种设备、港口码头、职业病危害、旅游安全9个方面开展专项整治。道路交通方面,围绕“两客一危”“营转非”、工程车辆、校车、农村面包车等重点车型,严查严治“三超一疲劳”、酒驾毒驾、无证驾驶、货车违法载人以及高速公路违法占用应急车道、违法停车等重点违法行为,形成“大整治、大管控”态势。水上交通方面,组织开展航运市场安全秩序、船舶超载运输等专项整治。共检查船舶1148艘,查处各类交通违法行为417起,罚款60.52万元。危险化学品方面,部署开展化工企业特殊作业、危险化学品重点部位和重点环节风险防控专项整治,全年检查化工企业177家次,发现安全隐患689条,责令限期整改42家,责令停产停业整顿8家,行政处罚13家,罚款14.64万元。全面推进动火作业第三方技术服务。建筑施工方面,组织开展深基坑、脚手架、高支模、建筑起重机械安全专项整治。共检查项目153个,签发隐患整改通知书131个,提出整改意见1671条,下达停工整改通知书19份,对5台塔吊,5个配电箱采取强制封停措施。消防方面,组织开展“三合一”、老旧建筑、人员密集场所、电气火灾专项整治。共检查单位13723家,整改火灾隐患10386万余处,责令“三停”21家,罚款96.5万元。特种设备方面,组织开展电梯、气瓶叉车、涉危化品特种设备等安全专项整治。在全市率先完成“96333”电梯应急救援系统的数据清理工作,通州区电梯3D二维码工作完成合约签订工作;332460只气瓶张贴上传新二维码信息,覆盖率100%;全年结案各类特种设备违法违规案件57件,罚没179.1万元。港口码头方面,根据危化品防污染、防泄漏专项整治范围,对辖区8家危化品码头进行拉网式检查,共查处安全隐患4个,发放整改通知书2份。职业病危害方面,组织开展“职业卫生基础建设年”活动,对陶瓷生产、耐火材料制造、铸造冶炼和船舶修造企业开展职业病危害专项治理。共检查920余家企业,向企业宣传职业卫生法律法规,查阅企业有关职业卫生基础台账资料,检查作业现场尘毒污染情况。共查出隐患1456条,检查记录企业620家,责令整改企业180家。旅游安全方面,组织开展旅行社租用旅游车辆安全管理专项整治。共累计组织检查组5个,检察人员18人次,检查企业21家,发现的各类安全隐患25处整改完毕。同时,对有限空间、动火作业等薄弱环节和粉尘涉爆、液氨使用等重点企业开展专项检查。

【风险管控】 2017年,按照“八个必须”要求,在冶金、有色、建材、机械、化工、轻工、纺织等七大行业,按照“分类、分级、分层、分专业”的方法,部署开展安全风险辨识管控“一图两单三卡”活动,全面排查、辨识、评估和管控全员全岗位安全风险,深入开展“一企一标准,一岗一清单”编制工作。全区共有349家企业开展风险辨识,118家企业完成整体安全风险等级确认,其中红色企业无,橙色企业5家,黄色企业106家,蓝色企业7家。

【隐患排查整改】 2017年,区安监局坚持重大隐患挂牌督办制度,全年共梳理出7个二级、33个三级重大隐患,均按期完成整改销号。区政府投资1100多万元,对2015年市政府挂牌督办的华沙大桥进行拆除。全区隐患排查治理信息系统运作正常,覆盖企业2928家,规上企业633家,全年累计排查隐患6532条,整改6463条。

【安全生产执法】 2017年,建立安全生产大检查常态机制。7—10月,在全区所有地区、所有行业领域、所有生产经营企事业单位和人员密集场所开展安全生产大检查。其间,企业自查自报4714家,查出隐患9041条,镇级普查4595家,区级复查复核2553家,发现整改隐患16403条,排查治理重大隐患59条,整改率100%,关闭取缔16家,停产整顿43家,处罚金额289.148万元,曝光责任单位25家。建立危化品安全综合治理工作机制。与“263”行动有机结合,制定印发危化品综合治理实施方案。全区长期处于停产状态的企业共52家开展风险因素辨识与管控工作。加大事前执法检查力度。全年全区安监系统办理事前执法案件373起,罚款271.81万元,其中委托执法278件,罚款153.35万元。

(段水梅)

教　　育

Education

编　辑　张晓芹

综　述

【概　况】 2017年，通州教育以"五创建、五提升"理念为统领，聚力教育现代化创建，深化教育综合改革，努力提升教育服务能力和共享水平，各项工作稳中有进、稳中提质、稳中增效。

重点工程建设取得新进展。南山湖小学、银河新区小学、通州中专二期主体封顶，东城区中小学幼儿园完成方案设计，新坝小学拆迁扫尾，东社学校等4所学校的建设工程已全面启动。新增省级优质幼儿园4所，省优质园占比67%。30所义务教育学校运动场地建设任务全部完成；9所学校运动场地改建任务进入施工阶段。15所学校体育设施于7月1日起对外开放。多媒体、录播教室遍及所有学校；校园主要办公场所及公共场所实现无线覆盖；数字化校园建成率达100%；教育云平台建成6个模块，24个子项，云平台考试大数据的分析评测在全区所有中学展开（作业大数据在兴仁中学试点；5所学校（实验小学、通州小学、高新区小学、育才中学、金沙中学）加入创客联盟学校；信息化基础设施基本达到江苏省教育现代化标准。区教师发展中心成功创建省示范性县级教师发展中心，西亭中学接受省四星级普通高中现场复验。

教育质量有了新提升。课堂改革强势推进。全区各学校围绕"限时讲授、合作探究、踊跃展示"十二字方针，打造精致课堂。先锋小学的"真学课堂"，锡通园区小学的"智趣课堂"，西亭小学的"和润课堂"日臻成熟；实验小学、通州小学、二甲小学等学校的"周三无作业日"，让学生减负真正发生；兴仁小学试用"听课券"，增强教师参与"听、议、评"课的自觉性和实效性；家纺城小学推进"每周一课"，打磨精致课堂；通州幼儿园全面编排幼儿早操，充分彰显课程游戏化精神；金沙中学引导教师从研究"精彩教"向研究"有效学"转变，深入推进"自主课堂"的操作研究；实验中学坚持"小题训练"，切实减轻初中生的课业压力；四安中学充分发挥"小先生"作用，凸显学生之间的小组合作学习；平潮初中抓走班制管理，通过面对面交流、谈话，减轻走班工作的阻力与压力；兴仁中学利用云计算数据平台处理学生的学情分析、统计，师生交流更直接、更客观。美育教育成为典范。情景短剧《友爱》荣获省级一等奖；心理剧《家庭教育》获省级特等奖。全国农村艺术教育实验县创建工作深入推进。陈永红区长受邀参加全国学校美育工作推进会并发言。115幅学生书画作品赴英国伦敦的"凤凰之家"参展；2个社团应邀走进央视少儿频道；2所学校（石港小学、实验小学）被评为第二批中华优秀文化艺术传承学校；石港中学丁雅文同学设计的邮票《戌犬送福》，在全国第十三届生肖（戊戌年）个性化邮票青少年创意设计大赛中获得金奖，成为唯一被印制成2018有奖明信片的作品；实验幼儿园拍摄的宣传片获第十四届全国中小学校园影视工作评选一等奖；举办《童心向党》大型文艺颁奖晚会，省教育电视台全程录制并播放。39家学校少年宫惠及全区少年儿童——蕊春社团参加各级各类比赛，获得省级奖项120多人次；川港小学少年宫的传统舞蹈《功夫熊猫》应邀参加央视少儿频道的演出；姜灶小学少年宫合唱团参加由文化部组织的第八届中国少年儿童合唱节展演活动；刘桥小学少年宫风筝社团在江苏省风筝挑战赛中荣获优秀放飞奖。积极开展阳光体育活动。新增足球场地6片，面积达2.1万平方米。在省级以上体育比赛中获金牌27枚，团体总分第一名17个；特殊学校代表南通市参加江苏省第七届特奥会，获9金5银1铜，荣获体育道德风尚奖。在高中学生四项素质抽测中，通州区平均总分列全市第一名，四所高中全部进入前十名。获"江苏省健康促进学校"金银铜奖共64个，列南通市之首。教学质量稳步提升。中考特高分、均分前20位的学校数均为全市第一。录取清华、北大5人，全市第三。录取空军飞行员1人。全区建成省级课程基地四个（先锋幼儿园的省级幼儿园课程游戏化项目；二甲中学的省薄弱初中质量提升工程项目；通州高级中学的省普通高中课程基地建设项目；通州小学的省中小学生品格提升工程项目）。职业教育、社区教育创佳绩。对口单招本科上线是上年的1.5倍。获省技能大赛金、银牌各1枚。通州中专创建省现代化示范性职业学校，与南通大生众和汽车销售服务有限公司共建实训基地，与富士康集团共建二级学院，建设机器人教学工厂等项目达成协议，数控技术应用现代学徒制试点等3个项目被确定为省、市试点项目。社区教育有了新发展。入选第四批国家级农村职业教育和成人教育示范县、“金沙沃土‘百花’艳”被认定为全国“终身学习品牌项目”、兴东街道和东社镇被评为全国社区教育示范乡镇，金沙街道社区教育中心被评为全国“首批城乡社区教育特色学校”和中成协“城乡大课堂”实验基地，刘桥镇生态农业示范基地通过省教育服务“三农”示范基地复查。15个社区教育中心全部完成省标准化社区教育中心创建工作，48家居民学校创建江苏省居民学校。

立德树人迈上新台阶。学生德育多样化。各校扎实开展“八礼四仪”、社会主义核心价值观等德育品牌活动，力求贴近实际、贴近生活、贴近学生。金乐小学开展寻找“美丽班级”行动，用美丽来创造美；实验小学、通州小学等学校举行“爱心接力跑，家风正能量”爱心储蓄罐认领活动，传递爱心善举，传承良好家风；二甲中学举行《习近平讲故事》读书交流活动，用铮铮誓言对话美丽青春；石港中学借助校内爱国主义教育基地，举行“12·13”国家公祭日活动，南通电视台等多家媒体进行专题报道；川港中学开展“小手拉大手”法治教育活动，家长的法治意识进一步加强；通州高级中学排练英语话剧《雷雨》，致敬经典，精致人生。文化立校特色化。全区各学校因校制宜，打造出独具特色的校园文化品牌。石港小学强化“写字育人”特色，编写“中国梦”“书法操”等校本课程，学校荣获“长三角最具文化影响力学校”称号；张謇学校科技教育项目登上2017年新教育国际高峰论坛；刘桥小学风筝队参加各级各类比赛，获省级荣誉7个，市级荣誉10个，学校成为南通市首个风筝传承教学基地；理治小学坚持红色德育，被教育部评为全国国防教育示范学校，被市委宣传部、市社科联评为南通市社会科学普及示范基地；通州高级中学被评为“省高中物理教学研究基地学校”“南通市首批特色学校”，并成功申报省级“高中大学衔接英语课程基地”；兴仁中学大力弘扬“仁”文化，获评2017年度全国新教育实验先进学校；四安中学结合本土特色，对学生进行生活教育，编写“酒艺”“剪纸”校本课程；十总小学打造诗歌校园，从“晨诵、午读、暮省”入手，将学习诗歌渗透到每一天；高新区小学开展的“金种子”全科阅读，拓宽了孩子的视野，涵养了孩子的书卷气；姜灶小学打造“教育文化长廊”，传递“礼善”文化；金沙小学开展“雷锋少年在行动”主题快闪活动，到街头、商场、社区宣扬雷锋精神；忠义小学举行“亲子共读”训练营活动，引导家长当好孩子阅读的引导者、同行者、促进者；实验幼儿园开展“大手牵小手”亲子运动会，孩子们在运动中体验亲情、感受温暖；育才中学让学生走出课堂，参观科技企业，感受科技魅力。

队伍建设激发新活力。师德建设引领成长。加强教师职业道德建设，培养教师职业认同感，着力打造一支思想觉悟高、师德修养好的教师队伍。全区各中小学教师认真阅读《给教师的100个建议》《陶行知教育箴言》《苏霍姆林斯基教育箴言》《修道谓教》等教育著作，丰富理论水平，感受师者情怀。金乐小学以“师德高尚”为典范，寻找身边的“最美教师”；通州幼儿园青年教师“走进图书馆”“走近残联特殊儿童”，传递温暖，奉献爱心；姜灶中学举行《习近平讲故事》诵读会，通过树立正面典型，弘扬正气，让美的言行、美的思想在校园绽放；刘桥中学开展“身边的先锋·微故事”征集活动，让先进事迹激励自己。2017年，1人荣膺“2017中国教育领军人物”称号，1人获评2017中国好校长，1人被评为“感动南通教育人物”，1人获评新教育实验2017年度智慧校长；1人获市园丁奖，3人援教拉萨，102人获“通州好老师”称号。教师流动促进均衡。通过教师调动、支教、挂职锻炼、组织调动等多种形式，推进义务教育学校教师和校长交流轮岗常态化。2017年，暑期教师流动比例由上年度的14.5%提高到15%。各高中、中专开展教师“分流工作”，分流教师在规定时间内至其他高中、中专或初中应聘上岗。名师培养形成梯度。举办特级教师论坛、专家面对面诊断课堂等活动10场次；到28所学校开展“同研共进”活动，开课68节，讲座22场；全区各中小学幼儿园校长(园长)分两批赴南京师范大学、华东师范大学开展研修活动。至年底，教育系统共有省“333高层次人才”8人，市“226高层次人才”12人，经过专项培养，一批学科带头人、骨干教师和专家型名师崭露头角。在省青年教师基本功大赛中，8人获省一等奖，2人获省二等奖，获奖人数全市第一。2017年，共上传一师一优课2326节课，其中部优25节、省优44节、市优620节。全区有8人参加7项国家级培训，4822人参加了28项省级培训，522人参加38项市级培训，22448人参加132项区级培训。此外，8239名中小学幼儿园教师还参加江苏省信息技术能力提升工程全员培训和暑期全员培训。

教育环境实现新优化。党风廉政建设常抓不懈。认真制定2017年度教育系统学校(单位)党风廉政建设责任书，与91所中小学、社区教育中心和9个局直

中国好老师公益行动

单位主要负责人签订责任书。坚持“一案双查”，综合运用批评教育、诫勉谈话、通报批评、函询谈话、纪律处分等方式，拧紧责任体系“螺丝帽”、扬起责任追究“牛鞭子”，倒逼“两个责任”落实。抓好教育系统“两学一做”学习教育常态化制度化。以推进“五大工程”为抓手，启动具有教育特色的“三清示范区”品牌创建工作，力促教育系统干部清正、学校(单位)清廉、政治清明，全力打造与实现教育现代目标相适应的廉洁通州教育形象。落实“一十百千”廉洁宣教工程。通过采用十种形式，围绕上好百堂党课、教育千名党员的目标，严格执行“廉洁课堂”制度。高度重视信访调查和案件办理工作，坚持有案必查，违纪必纠，始终保持监督执纪高压态势。配合区纪委严肃查处教育系统部分党员干部和教职工交通肇事、酒驾、失职等违纪案件。局纪委共立案24件，结案24件。立案案件中受党纪处分8人，其中党内严重警告1人，警告7人；政纪处分16人，其中开除1人，降低岗位等级6人，记过1人，警告8人。阳光助学情暖万家。2017年，全区共发放各类政府助学金1789.65万元，资助学生24664人次。重点落实两类人群“精准资助”工作，对外来务工随迁家庭经济困难学生受助比例达到13.9%，确保随迁人员子女顺利入学；对重症学生发放红十字重症住院医疗互助金103.25万元，受助人数364名。校园安全常态管理。以“江苏省平安校园建设示范区”创建为契机，扎实开展基础工作。投入近100万元，对西亭小学等11个学校食堂进行改造；投入近35万元，为全区所有师生购买食品安全保险，实现应保尽保全覆盖；投入近270万元，安装120组厨房自动灭火装置、3599个独立式烟感报警装置、92座微型消防站，被南通消防支队誉为通州教育消防现象；录制119家庭消防安全视频，视频在中国教育学会安全教育平台展播，点击量已经超过2亿人次。在区级安全宣讲员“微宣讲”比赛中，2人获一等奖。通州区被省教育厅、省公安厅、省综治办联合表彰为“江苏省平安校园建设示范区”。

第十三届“名师之路”教科研活动

【第十三届“名师之路”教科研活动暨学术年会】 12月15日，南通市第十三届“名师之路”大型教科研活动暨2017学术年会在通州举行，来自全市各县（市区）151所学校的300多名教师代表观摩了活动。江苏省特级教师魏星、储冬生以及如东县教师发展中心教研员沈国锋的名师课堂和通州实小三位年轻教师进行了课堂教学展示。在下午的南通市教育学会优秀论文评比颁奖活动中，共评出一等奖10篇，二等奖16篇，三等奖24篇。

【王笑梅获评“中国好校长”】 12月12日，由中宣部中国互联网新闻中心主办的“中国教育家年会”颁奖仪式在北京举行。通州实验小学王笑梅校长被评为“2017中国好校长”，并作为小学校长代表参加了“未来教育的中国品质”主题圆桌论坛。中国网是中共中央宣传部、国务院新闻办公室领导，中国外文局管理的国家重点新闻网站，由中国网主办的中国教育家年会暨中国好教育盛典活动从2012年创办以来已历时六年，在全国范围内有近百万人参与。每年的教育盛典活动都有来自全国的教育界专家、学者、领导、媒体人及知名教育机构领军人物齐聚一堂，共同回顾本年度中国教育发展历程，见证教育改革成果，共议教育热点话题。2017年“中国好校长”的评选历时两个多月，通过基层推荐，百万网友网上投票和专家评审，共同推选出为中国教育做出突出贡献的20位“中国好校长”。王笑梅校长带领她的团队致力于儿童生命美育，打造美丽园林，塑造美丽团队，构建美丽课程，让校园真正成为与美相遇的天地，从而达成儿童生命的美化与超越——获得高度的审美自由与全人开发。他们用教育教学实践诠释“美丽”的含蕴，这种美丽的践行在小学教育界引起了广泛的关注和影响。

【第五届学校食堂从业人员厨艺大赛】 12月2日，通州区第五届学校食堂从业人员厨艺大赛在通州区育才中学举行，来自全区26个幼儿园、中小学校的52名选手参加了比赛，主要展示学校厨师的精神风貌，提升技艺，让师生们不仅吃得饱，还要吃得好、吃得健康。本次比赛的要求很高，对于食材的形状、大小等都有规定，菜品的搭配，菜肴的色泽、质地、芡汁浓度、装盘、口味等都有要求。最终平潮高级中学、通州高级中学、通州中专获得了团体一等奖。

【张进荣荣膺“中国教育领军人物”称号】 11月30日，在第十六届全国基础教育学习论坛暨2017中国教育明德论坛上，通州区教育局局长张进荣荣膺“2017中国教育领军人物”称号，获此殊荣的共14人，含当代教育名家李镇西、冯恩洪、香港大学原副校长程介明等。此次论坛由清华大学社会科学学院主办，以“学习贯彻十九大精神——‘新时代’教育领军人物的责任与担当”为主题。近年来，通州教育在基础教育跨越发展上风生水起,荣列全国农村艺术教育实验县、参创全国中小学责任督学挂牌督导创新县(市、区),荣获省促进义务教育均衡发展先进集体。作为通州教育的"一把手",张进荣高瞻远瞩,奉行"以人为本,敬畏本心"的教育理念;倡导"以水为师,爱心为本"的管理思想;追求"健康快乐,育人成人"的教育目标,6月,赴京参加第二批学校美育改革与发展备忘录签署暨全国学校美育工作推进会,"与美相伴 以美育人"的农村学校艺术教育的"通州实践"得到教育部充分肯定。先后在《中国教育报》《江苏教育》《江苏教育报》等刊物发表论文、随笔30余篇,主编出版《骥称其德——中小学德育焦点透视》《修道谓教——身边好老师的教育故事》。

【南通市"江海名师大讲堂"】 11月8日,南通市"江海名师大讲堂"走进通州小学公益助教助学暨南通市中小学生阅读素养提升工程系列活动在通州举行。此项活动是全区"力聚'学的课堂'专题培训与竞赛活动"内容的第一部分。活动以"慧读,让素养生根"为主题,共开设八节展示课,由来自市教科研协作共同体学校的名师执教,充分体现"人在课中央"的先进教育理念。应邀前来的全国优秀教师、江苏省小学语文特级教师、南通市实验小学教育集团副总校长褚嘉耘给大家作了"在阅读分享中提高学生的阅读素养"的专题讲座,从"育""教"两个字谈起,着眼学生生命发展,介绍了阅读的功能和阅读能力的四个层次,倡导开放的学习结构,重点阐述了阅读分享的核心策略和指向生长的学习评价。

【《关心下一代周报》"冰凌花"奖学金颁奖典礼】 11月6日,省《关心下一代周报》"冰凌花"奖学金颁奖典礼在通州小学举行。该奖学金是《关心下一代周报》为奖励和资助优秀贫困生而设立,激励和帮助在困境中自强不息、品学兼优的青少年学生,让他们感受到社会的关怀和温暖。通州小学五(1)班的季钰棁和四(7)班的吴星隆分别荣获一、二等奖奖学金。

【通州小学获南通市"快乐体操"比赛冠军】 10月14日,南通市"第十一届运动会暨第二届全民健身运动会中小学生部快乐体操竞赛"在南通大学体育馆举行,比赛分幼儿组和儿童组,竞赛项目有混合、男、女徒手操,包括规定动作、自选动作等组合比赛。通州小学代表通州区参赛,通幼小队员32人,均来自一、二年级,比赛中他们的动作整齐划一,技术标准到位,喜获大赛儿童组混合徒手操冠军、女子徒手操冠军、男子徒手操季军。

【"经典音乐欣赏进校园"活动】 10月20日,全区"经典音乐欣赏进校园"活动推进会在育才中学召开。各中小学分管校长、音乐教研组长等150余人参加会议。从2017年秋季开始,通州区开始探索全新的基础教育阶段音乐教育模式,让经典音乐走进校园,要求在校学生每学期熟悉10—15首中外经典名曲,小学不少于120首,初中三年不少于80首,高中三年不少于60首,以丰富校园文化内涵,开阔学生音乐艺术视野,提升学生音乐文化素养,进一步提高学校艺术教育水平。

【高中学生身体素质排名全市第一】 8月27日,南通市教育局公布2017年全市普通高中高三学生身体素质测试结果,通州区学生身体素质综合排名位居全市第一。全市40所普通高中参加测试,平潮高级中学位居第一,西亭高级中学、通州高级中学、金沙中学分别位列第四、第五、第十名。4月中下旬,南通市教育局对全市40所普通高中的高三学生进行四项身体素质抽测。原则上采用整班抽样,对各普通高中进行随机抽样,每校选择男生40人、女生40人,由学校在其中自选男生35人、女生35人参加测试。每校样本量共70人。全市2800名高三学生参加抽测。本次抽测的四项身体素质项目均来自《国家学生体质健康标准》,由50米跑、立定跳远、引体向上/仰卧起坐、1000/800米跑组成。测试结果显示,通州区学生身体素质综合总分575.214,均分71.902,位居南通各县(市、区)榜首。近年来,通州区学校体育工作认真实施《国家学生体质健康标准》,学校体育管理机制日渐完善,阳光体育运动氛围越加浓厚,开足开齐体育课,保证学生每天1小时校园体育活动时间,在体育课和体育活动中注重学生体能锻炼,学生体质健康状况有了明显改善。

【全国青少年科技创新大赛一等奖】 8月18日,第32届全国青少年科技创新大赛在杭州落幕。通州高中高三9班瞿奕文喜获全国青少年科技创新大赛一等奖。全国青少年科技创新大赛是一项面向全国中小学生和科技辅导员开展的综合性科技创新成果展示与交流活动大赛,也是国内规模最大、层次最高、影响最广的青少年科技竞赛活动,旨在发现和培养一大批具有科研潜质和创新精神的青少年科技创新后备人才。来自全国31个省、市、自治区,新疆生产建设兵团,香港、澳门特别行政区的34个代表队和20多个国外青少年代表队参加此次比赛。瞿奕文作为江苏省代表队参加大赛,她的项目"不同强迫游泳方式及不同场合下小鼠抗抑郁行为的观察"喜获全国青少年科技创新项目一等奖(本次大赛江苏省中学组获得一等奖1人,小学组获得一等奖2人),并同时获得高士其科普奖和英特尔少年英才奖。

【28名乡村定向师范生签订就业协议】 8月18日,区教育局与28名通州户籍2017级乡村定向师范生及监护人,在区教师发展中心举行就业协议签约仪式。2016年起,江苏省为有效缩短城乡教育差距,大力支持乡村教师发展,出台创新举措,在普通高校招生工作中安排定向培养乡村教师计划,目的就是为乡村学校培养一批"下得去、留得住、教得好"的乡村教师,为促进城乡教育均衡发展、实现区域教育总体现代化提供坚强有力的师资保障。2017年,通州区共有156名考生填报定向培养乡村教师计划高考志愿,最终录取分数线均在一本线上。根据《定向就业协议书》要求,此批乡村定向师范生四年毕业后,区教育局和区编办将其预留编制和岗位,并组织面向乡村定向师范生的招聘考试,同学段同专业的乡村定向师范生按综合成绩从高到低顺序依次选择乡村小学任教,并连续服务满5年以上。

【NEPCS总决赛通高学子喜获四项大奖】 7月27日—8月1日,2017年全国中学生英语夏令营暨2016年全国中学生英语能力竞赛(NEPCS)全国总决赛在山东省青岛市举行。来自全国31个省市自治区直辖市的400多名选手和北大、清华等顶级大学的外教及专业评委参加了本次全国中学生的英语盛会。通州高级中学高一(5)班高楚姗一举收获四项大奖。本次夏令营暨总决赛活动由国际英语外语教师协会中国英语外语教师协会和国家基础教育实验中心外语教育研究中心主办。总决赛共进行了第二十届全国中学生英语辩论赛、第二十届全国中学生英语演讲比赛和第十届全国中学生英语风采大赛等三项重要赛事。高楚姗参加全部三项赛事,荣获第二十届全国中学生英语辩论赛高中组一等奖、第二十届全国中学生英语演讲比赛高中组二等奖,担任第十届英语风采大赛主持人被评为大赛"优秀主持人",并被评为夏令营暨总决赛"优秀参赛选手"。

【王奕静荣获"江苏省少年科学院院士"称号】 7月26—28日,第五届江苏省少年科学院院士评聘终评展示、表彰暨夏令营活动在江苏省少年科学院活动基地举行。经过制作科学建议展板、评委现场问辩、科学基础知识测试等环节,金沙小学五(8)中队的王奕静同学荣获第五届江苏省少年科学院小院士的荣誉称号。2017年上半年,团省委、省科协、省少工委组织了江苏省少年科学院红领巾科学建议评选活动。金沙小学提交的两份红领巾科学建议均获奖,其中五(8)中队的王奕静获江苏省一等奖,从而取得参加此次省少年科学院院士评聘终评展示、表彰暨夏令营活动的资格,她也是南通市的唯一代表。

【姜灶小学参加第八届中国少年儿童合唱节】 7月18日,由文化部主办的第八届中国少年儿童合唱节在山东省日照市开幕,共有来自25个省(市、自治区)的42支参演团队近2000人参加合唱活动。通州区姜灶小学"快乐向善"合唱团的师生们在合唱节上圆满完成了两首合唱歌曲的展演和合唱快闪秀任务。中国少年儿童合唱节是经党中央、国务院批准同意保留的一项全国性的国家级合唱艺术盛会,是文化部贯彻落实中央决策部署、促进未成年人思想道德建设和丰富少年儿童精神文化生活的重要举措。自2006年以来,已先后在江苏、福建等地成功举办七届,是孩子们非常喜爱的一项赛事。

【实验小学与英国隆瑞鼎小学签订友好学校协议】 7月18日,通州区实验小学与英国隆瑞鼎小学在英国埃郡举行友好学校签约仪式。国际交流与合作是教育国际化的重要内容和途经。通州区实验小学一直把培养具有国际化视野的人才作为教育的重要内容之一。为了给学校发展提供一个更广阔的平台,加快学校品牌化、国际化建设的步伐,在凤凰传媒国际(伦敦)有限公司的牵手下,通州区实验小学与英国隆瑞鼎小学结为友好学校。英国隆瑞鼎小学(Long Ridings Primary School,UK)坐落在美丽的乡村,四周绿树环绕,景色宜人,学校以"学习、尊重、执行、成功"为办学理念,拥有在校学生500多名,全校分为三个教学区域,一个图书馆和一个室内体育馆,户外空间包括一个宽敞的场区(包含两个足球场),分为基础阶段的游乐场,和各关键阶段活动区,还有一个多用的游戏区。学校致力于孩子在整体上、身体上、情感上、道德上和精神上的鼓励和发展,营造一个具有前瞻性的、安全的环境来发展学生的潜在能力。

【通州中小学生艺术作品展落地英国伦敦】 7月17日,"风从东方来"江苏通州中小学生艺术作品英伦展在英国伦敦的"凤凰之家"开展。通州崇文重教,素有教育之乡、艺术之乡之称,是全国农村学校艺术教育实验县。为促进中英文化交流,为全区中小学生提供向英国民众展示书画艺术作品的机会,通州区教育局、通州区实验小学联合凤凰出版传媒集团旗下首家全资海外子公司凤凰传媒国际(伦敦)有限公司,于2017年初开始筹备通州中小学学生艺术作品英伦展,经过近半年的宣传发动、作品征集、评选装裱、托运布展,115幅学生作品终于在"凤凰之家"800平方米展厅内落地展出。本次展览是通州艺术教育的缩影,参展的所有国画、书法、儿童画、剪纸、年画、蓝印花布等作品都展示出通州少年儿童健康多彩的学习和生活,展示出他们对祖国的热爱,对世界和平的向往,对美好生活的追求。

【通州艺术教育成为全国先进典型】 6月30日,教育部在京召开第二批学校美育改革发展备忘录签署暨全国学校美育工作推进会,作为第二批全国农村学校艺术教育实验县先进典型,通州区委副书记、区长陈永红被大会邀请作交流发言。2015年9月,国务院办公厅印发《关于全面加强和改进学校美育工作的意见》,明确当前和今后一个时期加强和改进学校美育工作的指导思想、基本原则、总体目标和政策措施,对新时期学校美育改革发展做出顶层设计和全面部署。近年来,通州区以入选全国农村学校艺术教育实验县为契机,认真贯彻落实国办《意见》,狠抓投入保障,健全工作机制,培育地方特色,初步形成"校校有特色、班班有社团、人人有项目"的美育发展格局,艺术教育成果曾获国务院刘延东副总理点赞。

【市"三好标兵"表彰会】 5月24日,南通市"三好标兵"竞赛评选活动总结表彰暨长效机制建设现场推进会在通州召开。会议集中表彰10名"市十佳三好标兵"、100名"市三好标兵",以及20个"市三好标兵竞赛评选活动常态化建设先进单位"。与会人员观看了通州区通州小学"三好标兵"竞赛评选活动专题片和情景剧。市"三好标兵"竞赛评选活动自2009年启动以来,全市各地各部门各单位高度重视,不断完善工作机制,创新工作载体,广泛开展道德实践和评选表彰活动,成为全市精神文明建设的重要品牌。作为该项活动的发祥地,通州区全力推进"三好标兵"竞赛评选活动长效机制建设,取得显著成效。2010年以来,全区受到表彰的市级"三好标兵"107人,区级"三好标兵"达749人,镇级7415人,村级4146人,合计表彰12417人。

【南通市基础教育课程改革推进会】 5月18日,2017年南通市基础教育(初中)课程改革现场推进会在通州举行。来自南通市教育局、教科研中心的领导、专家及各县(市、区)教育局的领导、南通市各初中校长、教师代表等近500人参加会议。与会领导、专家们深入课堂,观摩丁卫军、符永平、曹群等21位名师的课堂展示,名师展示课和分层走班教学改革展示课,充分体现“自主、合作、探索”课堂教学的魅力,有力展示南通市推行课程改革以来所取得的重大成果。

【“童声书屋”揭牌】 4月25日,“童声书屋”揭牌仪式在五甲小学举行。“童声书屋”是“童声里的中国”品牌创新发展的新形式,由“童声里的中国”少儿艺术创研活动基地、区教育局、江苏省少年儿童文化艺术促进会、南通彩虹之心义工社联合发起创办,首批挂牌“童声书屋”的共有袁灶、五甲、五总、兴东、正场、兴仁等9所小学,每个书屋获赠2000多册图书,均为活动主办单位捐赠。

【“黄浦杯”长三角城市群征文动员会】 3月29—31日,2017年“黄浦杯”长三角城市群“读书与成长”征文动员会在通州区召开。会议部署2017年“黄浦杯”长三角城市群“读书与成长”征文竞赛的具体工作,并对长三角地区教育共同体工作进行商讨。此次征文活动面向长三角城市群的全体教育人员,活动旨在交流分享教师读书与成长的经历和经验,探讨教师阅读与专业发展的方法和路径,展现出教育人士在读书与成长过程中的积极状态。

【钱妍获评“全国最美中学生”称号】 2月下旬,由团中央学校部、全国学联秘书处、中国青年报社共同举办的2016年度全国“最美中学生”寻访活动结果正式揭晓。育才中学钱妍获评全国“最美中学生”荣誉,为南通市唯一上榜者。该活动于2016年6月启动,面向全国中学在校学生,寻访一批在热爱祖国、勤奋学习、自强自立等方面表现突出、自觉树立和践行社会主义核心价值观的“最美中学生”,经过校级、区级、市级和省级评选,江苏省共产生26名“最美中学生”。

【学生美术作品获全国一等奖】 2月下旬,通州实小朱花语的国画作品《嗨,滑起来》在教育部主办的全国第五届中小学生艺术展演活动中获得小学甲组一等奖,在省内唯一获此殊荣。国画《嗨,滑起来》是一幅四尺对开的竖幅长卷,画面上,四个爱轮滑的娃娃们你前我后,准备来一场轮滑表演。朱花语画的正是自己所经历过的生命律动时刻,以心带笔,用情挥墨,整幅作品主次分明、墨色相宜、动态各异、相得益彰。

学前教育

【概　况】 2017年,全区有幼儿园62所,设教学班678个,比上年(下同)增加15个,在园幼儿24794人,减少1778人,幼儿园入园率97.65%。

【省第八届幼儿园优秀教育活动评比一等奖】 11月9—10日,江苏省第八届幼儿园优秀教育评比活动在南京举行。来自全省13个市的27名选手参加本次比赛。实验幼儿园邢娟老师代表南通市参加比赛,荣获省一等奖。此次评比活动以“基于课程游戏化的幼儿园一日活动组织和环境优化”为主题,以评促研,切实提高教师的业务水平,以交流各地课程改革经验为目的,共同推进幼儿园课程游戏化的经验和进展。其内容共分为教师代表性论文、教育活动设计(含活动实录)、观察记录、教育心得、备课资料、班级环境创设和优化的照片、班级空间示意图、班级环境创设视频、半日活动集锦视频、建构游戏视频、晨间谈话视频、晨间活动实录与反思、现场观察与记录、主题研讨14项内容,全面考察教师的基本素养。

【“江海之光”幼儿园课堂教学培训活动】 4月12—14日,通州区教师发展中心在实验幼儿园组织了一年一度的通州区“江海之光”幼儿园课堂教学培训(优课展评)活动。本次展评活动为期三天,分园长组、教师组进行,全区近500名幼儿园教师观摩了本次活动。来自实幼、通幼等幼儿园的7名园长以及15位老师在课堂教学中遵循以儿童发展为本的原则,精心选材,并运用独特的教学方法和手段,充分体现幼儿游戏化的理念,让幼儿在探索中发现,在情境中体验,在轻松愉快的氛围中学习。

初等教育

【概　况】 2017年,全区有小学43所,设教学班1062个,比上年(下同)增加17个,在校学生50586人,增加1371人;有特殊教育学校1所,设教学班14个,在校学生251人。小学适龄儿童入学率为100%,年巩固率为99.64%,学生毕业率为100%,小学毕业生升学率为95%。

【省青少年情景剧大赛初中组一等奖】 7月31日,省青少年弘扬社会主义核心价值观情景剧大赛剧目展演及颁奖典礼在省广播电视总台演播厅落下帷幕。通州区育才中学的情景剧《友爱》荣获初中组一等奖和最佳人气奖。此次情景剧大赛是7月28日开始举行的,经层层选拔,来自全省13个市的52支参赛队参加了比赛。育才中学情景短剧《友爱》参赛,该剧通过五位少年对一只丢失的书包的态度转变,表现了当代少年向善、向上的阳光情怀。该剧主题鲜明,情节跌宕起伏,小演员的表演生动而富有激情,获得评委老师的极高评价。最后育才中学队以94.74的高分列第二名,荣获一等奖。

【特校运动队在省特奥会取得佳绩】 8月19—23日,江苏省第七届特殊奥林匹克运动会暨2017年江苏省残疾人田径锦标赛在射阳举行,通州特校培智部10名运动员组团代表南通市参赛,最终取得9金5银1铜的傲人成绩。特殊奥林匹克运动基于奥林匹克精神,专门针对智力残疾人士开展运动训练和比赛,特奥会强调参与精神,提升智力残疾人平等参与社会生活的能力。

中等教育

【概　况】 2017年,全区有普通高中4所,教学班208个,比上年(下同)减少13个,在校生9113人,减少1160人;有初级中学 25 所，教学班 501 个，在校生 22963，增加 490 人。初中教育年巩固率 99.64%，毕业率 100%；初中毕业生升学率 99.72%。全区参加全国普通高校招生统一考试报名 4313 人，经省市教育考试院组织，被高一级学校录取 4159 人，录取率 96.42%。全区参加全市中等学校招生统一考试报名 6331 人，经南通市教育考试院统一组织，被高一级学校录取 5468 人，录取率 86%。

【平潮高中通过四星级普通高中复审】 6 月中旬，江苏省教育厅发布《关于公布 2016 年普通高中星级评估结果的通知》（苏教基〔2017〕10 号），公布 2016 年普通高中星级评估结果。平潮高中顺利通过省四星级普通高中星级评估复审。作为江苏省重点中学、国家级示范高中，早在 2015 年底，平潮高中就将新一轮四星级高中复审迎评工作列入学校工作计划，成立复评工作领导小组，加强组织管理，统一思想，达成共识；多次召开师生动员会，组织干部、教职工认真研读评估标准，对照指标要求排查问题和不足；同时加大资金投入，落实具体完善措施。近年来，平潮高中实施从规模发展向内涵发展的战略转变，以实施课改为突破口，扎实推进素质教育；坚持教师专业发展和继续教育的有效落实，切实加强队伍建设；以规范办学为追求目标，努力打造人民满意学校。平潮高中的改革和发展经验曾被《求是》《人民日报》、中央电视台、新华网等多家权威媒体报道，被誉为“平中现象”。

职业技术教育

【概　况】 2017 年，全区有教育系统办的职业学校 1 所，行业办的成人中等专业学校 2 所，成人技术培训学校 329 所。全区职业学校在职教职工 555 人，专任教师学历达标率为 99.7%。

【省创业能力大赛获佳绩】 12 月 13—14 日，2017 年创业能力大赛决赛在无锡举行，来自全省 33 所学校的 43 个项目的选手们同场竞技。作为唯一代表南通晋级省赛决赛的两个项目：通州中专高职学生组创业计划竞赛和中职学生组创业实践挑战赛《巧艺绘坊》的参赛团队分获省一、二等奖，其中《芦扉花布艺工作室》获高职学生组创业计划书一等奖，《巧艺绘坊》获中职学生组创业实践挑战赛二等奖，实现通州中专省赛获奖新的突破。

高等教育

【概　况】 2017 年，全区成人高校招生报名 865 人，比上年（下同）减少 63 人，其中报考高中起点升专科 242 人，占报名总数的 29%；报考专科起点升本科 620 人，占报名总数的 71.6%。全区共有 762 人录取各类成人高校，录取率为 88%。其中高中起点升专科 220 人，高中起点升本科 2 人，专科起点升本科 540 人。

社区教育

【概　况】 2017 年，通州区入围第四批国家级农村职业教育和成人教育示范县，成功创建成省社区教育示范区；“金沙沃土‘百花’艳”被认定全国“终身学习品牌项目”；金沙街道社区教育中心被评为全国“首批城乡社区教育特色学校；兴东街道和东社镇被评为”全国社区教育示范乡镇”、金沙街道社区教育中心成为中成协“城乡大课堂”实验基地；刘桥镇生态农业示范基地通过省教育服务“三农”示范基地复查；金新街道、兴仁镇、石港镇三家社区教育中心通过省标准社区教育中心的验收。全区有开放大学 1 所，社区教育中心 15 个，社区居民学校 244 个。建有全国社区教育示范乡镇 5 个，省级富民示范基地 2 个，省标准化社区教育中心 15 个，省标准化居民学校 115 个，全国百姓学习之星 1 名，全国社区教育品牌项目 1 个，全国首批城乡社区教育特色学校 1 所。

【全国“终身学习品牌项目”】 10 月 30 日，通州区金沙街道社区教育中心的“金沙沃土‘百花’艳”项目被教育部和中国成人教育协会授予“终身学习品牌项目”称号。根据 2017 年全民终身学习活动周工作小组印发《关于遴选展示 2017 年“百姓学习之星”“终身学习品牌项目”的通知》精神，中国成人教育协会组织全国开展 2017 年“百姓学习之星”“终身学习品牌项目”遴选活动，金沙街道社区教育中心的“金沙沃土‘百花’艳”项目被确认为全国“终身学习品牌项目”，这是通州区社区教育中心获得的又一项全国殊荣。近年来，金沙街道社区教育中心在区教育局、街道党工委、办事处的领导下，精心构建社区教育体系，以丰富百姓文化生活、提升市民文明素养为理念，以文化惠民为目标，以百场文化惠民系列活动为平台，以多样化、全方位的教育形式引导群众积极参与，主动学习，终身学习，让基层群众在地方文化的召唤、感悟下逐步提升文明素养和幸福指数。

【通州区入围国家农村职业教育和成人教育示范县】 7 月上旬，教育部办公厅公布第四批国家级农村职业教育和成人教育示范县创建入围名单，全国共有 43 个县（市、区）入围，通州区位列其中，成为江苏省本次入围三县（市、区）之一。国家级农村职业教育和成人教育示范县创建工作是贯彻落实党的十八大和十八届三中全会精神的具体举措，是一项实实在在的民生工程，也是职业教育和成人教育服务“三农”工作的重要抓手。近年来，通州区一直将职业教育和成人教育纳入国民经济和社会发展规划，坚持把发展职业教育和成人教育作为推动经济发展和富民工程的重要抓手，先后出台《通州市职业教育和成人教育服务经济社会发展工作意见》《关于职业教育与社会教育提升发展的实施方案》等指导性文件，统筹规划职业教育、成人教育。2015 年起，通州区政府投入 2.4 亿元，用于通州中专二期建设；2016 年，通州区根据省教育厅关于加强社区教育机构建设的意见，完成各镇（街道）成人教育中心机构的调整，原 18 个成人教育中心调整为 15 个社区教育中心，社区教育中心校园、师资队伍、经费实现三独立。通州区创建省级富民示范基地 2 个，是全省唯一拥有 2 个基地的县（市、区）。

教师队伍

【概　况】 2017年，全区中小学有在职教职工10324人，其中小学3078人，初中2816人，高中1336人，职业中学555人，特殊教育学校50人，幼儿园2489人。全年中小学共聘用新教师139名，其中高中师资10名，初中师资12名，职业中学师资3名，小学师资92名，幼儿园师资22名。

【省信息化教学能手大赛高中语文组一等奖】 11月27—29日，2017年“领航杯”江苏省信息化教学能手比赛在盐城举办。包括幼儿教育、小学数学、初中地理、高中语文等7个学科在内，全省共93名教师参加比赛，通州高级中学葛洁钰获得高中语文组一等奖。该项赛事已经成功举办十届，旨在提高全省广大教师的信息化应用能力，促进信息技术与教育教学深度融合，推进智慧课堂建设。葛洁钰老师利用交互一体机、电子书包以及网络平台等信息化设备助力语文课堂教学，以丰富、个性、多样化的教学特点实现信息技术与语文教学的深度融合，使教学内容兼具科学性、趣味性与互动性，获评委一致好评。

【省第三届初中青年体育教师基本功大赛一等奖】 11月下旬，江苏省第三届初中青年体育教师基本功大赛在宿迁举行。来自全省十三个市及西藏地区共28位初中青年优秀体育教师参与角逐，兴仁中学郑燕燕荣获本次大赛一等奖。江苏省初中青年体育教师基本功大赛，由省教育厅教研室举办，比赛每三年举行一次。选手们要在5天时间内，参加实践课教学、评课、教学设计、课件制作、粉笔字、语言表述、运动专业技能、广播操、武术健身操、双杠、技巧、跨栏、挺身式跳远13个项目。

【省基础教育青年教师教学基本功大赛一等奖】 11月19日，江苏省第三届基础教育青年教师教学基本功大赛（初中语文）在泰州举行。来自全省13个市共39名选手参加本次角逐，金郊初中顾淑云老师一路过关斩将，荣获省一等奖。江苏省基础教育青年教师教学基本功大赛由江苏省教育厅主办，江苏省中小学教学研究室承办。自2011年起，基础教育各学段、学科每三年举办一届。比赛内容包括通用技能和专业技能两个大项，包括古文断句翻译、诗歌鉴赏、粉笔字、演讲比赛、教案设计、课件制作、说课7个小项。

【省中小学教师中华经典诵写讲能力展示一等奖】 10月27日，在江苏省中小学教师中华经典诵写讲能力展示会上，通州区实验中学羌燕老师与来自全省的一百多名教师同场竞技，喜获中学组一等奖。本次活动由江苏省语委、江苏省教育厅联合举办，展示内容分为诵写讲展示和论文交流两部分。

【省中小学班主任基本功大赛一等奖】 9月下旬，江苏省中小学班主任基本功大赛在常州举行，来自全省13市经层层选拔推荐的78名选手参加本次大赛。本次大赛历时两天，选手要经过基础理论测试、政策法规考核、主题班会设计、情景模拟、现场表演、陈述理论、回答评委提问等多个环节的竞争，最终，金郊初中季晓梅荣获大赛一等奖第一名。

【省高中青年数学教师优秀课评比一等奖】 9月20—22日，2017年江苏省高中青年数学教师优秀课观摩与评比活动在苏州举行。来自全省13个市的27位选手奉献了精彩的课堂，展示课堂技艺、锤炼教学真功。通州区平潮中学周炎老师作为南通市两位代表之一参加本次比赛荣获一等奖。江苏省高中青年数学教师优秀课观摩与评比活动由江苏省中小学教学研究室主办，每两年一届，是全省最具权威的高规格教学能力比赛，其结果最能代表一个区域教师教学能力和队伍建设的水平。

教育研究

【概　况】 2017年，全区举办“教育名家讲坛”“特级教师论坛”、名校长讲坛等活动10场次；到28所学校开展“同研共进”活动，开课68节，讲座22场；全区各中小学幼儿园校长（园长）分两批赴南师大、华师大开展研修活动。科学规划培训课程，全区共上传一师一优课2326节课，其中部优25节、省优44节、市优620节。全区有8人参加7项国家级培训，4822人参加28项省级培训，522人参加38项市级培训，22448人参加132项区级培训。此外，8239名中小学幼儿园教师参加江苏省信息技术能力提升工程全员培训和暑期全员培训。

【省级乡村骨干教师优秀课大赛一等奖】 4月中旬，从省师训干训中心获悉，在省级乡村骨干教师优秀课大赛中，通州区乡村骨干教师培育站推荐的李港小学严丽老师喜获大赛一等奖。通州区乡村骨干教师培育站成立于2016年5月，由特级教师任卫兵担任培育站主持人，区教师发展中心张霞老师、实验小学顾燕老师担任培育站导师。培育站30名学员来自22所乡村学校，其中年龄最大的42岁，最小的22岁。培育站自成立以来，围绕“为智慧的生长而教”这一研修主题开展了十多次集体活动，通过推荐阅读、名师示范、课堂展评、论文交流等形式，努力更新智慧教学理念，自觉探索智慧教学路径，主动提炼智慧教学策略。学员们在智慧生长中汲取力量，不断地突破自我、成就自己。

依法治教

【概　况】 2017年，区教育局根据区编办《关于同意区教育局调整部分内设机构的批复》，职业教育与社会教育科增挂政策法规科牌子，具体负责全区教育系统的法治建设工作，全区各校成立以校长为组长的法治建设组织机构，每个学校都聘请法制副校长，保证学校各项工作有法可循。通州区27所学校被评为市依法治校示范校，全区市依法治校示范校创建达标率100%；特殊学校成功创建成南通市级法治文化建设示范点。10月，为全面推进依法治教、依法治校，加快建设现代学校制度，根据省、市有关文件精神印发《南通市通州区中小学章程建设实施方案》，方案要求到2018年1

月底前，全区中小学全面完成章程制定与修订任务，形成“一校一章程”的格局。

【获评“江苏省平安校园建设示范区”】 7月12日，省教育厅、省公安厅、省综治办在南京召开全省教育系统平安建设暨维护稳定工作会议。会议对通州区等14个“江苏省平安校园建设示范县（市、区）”进行表彰。近年来，通州区高度重视学校安全工作，始终坚持标本兼治、预防为主的原则，逐步建立完善政府主导、各部门齐抓共管的校园安全工作机制，强化安全工作举措，着力解决学校、幼儿园突出的安全问题。各级各类学校校园安全管防体系严密、安全长效机制健全、安全监管举措有力，确保师生平安和校园的安全。

教育督导

【概　况】 2017年，通州区人民政府教育督导室遵循国家教育督导条例等教育政策法规，紧紧围绕全区教育发展总体目标，以创建“全国中小学校责任督学挂牌督导创新县(市、区)”为抓手，认真履行教育督导监督、检查、评估、指导的职能，积极推行责任督学挂牌督导工作。建立健全区、责任区、学校三位一体、上下联动的教育督导工作体系。成立区责任督学管理中心，在五个责任区组建具有通州特色的责任督学工作站。组织网络的健全，为教育督导工作顺利开展提供有力保障，通州区施行的“两层三级”教育督导管理模式，多次得到省内外专家的好评。通过“一网两平台”即“通州教育督导网、督导管理平台和南通市教育信息中心平台”，实行网络化管理，确保督导工作规范。要求每位责任督学深入贯彻落实《中小学校责任督学挂牌督导工作制度》，扎实开展全覆盖、全方位、全过程的经常性督导，督导方案的个性化发布、督导报告的公开化反馈、评论回复的互动式交流和问题整改的社会化监督，实现点对点的无缝对接，形成统一封闭的工作链，坚持做到“纸上留笔迹，网上有痕迹，工作出成绩”。优化督学队伍。聘任第二届责任督学50名，对全区79所中小学校实施挂牌督导工作，每个季度各责任督学工作站和区责任督学管理中心，对责任督学履职情况进行考核。2017年暑期，新调整责任督学12名，选取原有责任督学24名，现驻校责任督学共36名。创新方法，精准督导。坚持常规内容和专项督导相结合。上半年，区督导室会同各责任区，组织部分区政府督学、责任督学分别对实验中学、姜灶中学、刘桥中学等7所学校进行素质教育综合督导考核，通过听汇报、查资料、实地考察、开展座谈等方式，累计听课106节，发放调查问卷805份，促进学校规范办学，有力推动各校实施素质教育工作的全面提升。二季度，对全区各中小学进行教育装备管理与使用情况专项督导，逐校形成督导报告和意见反馈通知书，各学校及时跟进整改，将过去重建设、重装备转移到重管理、重使用效率上来，进一步发挥全区教育技术装备在教育教学中的作用。三季度，按照既定安排，对全区各中小学校进行教师队伍建设专项督导，进一步提升教师的专业发展水平。责任督学认真履行职责，通过听、看、查、访、问卷等多种形式坚持每月到驻点学校开展经常性挂牌督导活动。全年共实行挂牌督导10个月（暑期两个月除外），责任督学深入开展经常性督导683次，随堂听课511节，召开座谈(访)会539次，走访家长82次，问卷调查306次；督导意见书面反馈666份，提出督导建议1211条，学校形成整改方案(报告)432份，落实建议1023条，微信上传493人次，接受投诉、举报电话近百个，回复率100%。责任督学的督导工作受到驻点学校的广泛欢迎。

（王亚飞）

2017年通州区各级各类教育事业概况

表12

项目		编号	学校数(所)	班数(个)	毕业生数(人)	招生数(人)	在校学生数(人)	毕业班学生数(人)	教职工数(人)	
									计	其中：专任教师
基础教育学校	合计	1	135	2463	28908	28372	107707	27396	9769	7739
	高中	2	4	208	3936	2829	9113	3322	1336	1161
	初中	3	25	501	7204	7774	22963	7125	2816	2218
	小学	4	43	1062	8178	9426	50586	7729	3078	2896
	特殊教育学校	5	1	14	6	57	251	19	50	41
	幼儿园	6	62	678	9584	8286	24794	9201	2489	1423
中等职业学校	合计	7	3	99	1637	998	3581	1225	555	460
	教育部门办职业学校	8	1	80	1311	844	2760	970	463	402
	成人中等专业学校(建校、卫校)	9	2	19	326	154	821	255	92	58
成人技术培训学校		10	329	1148	457905		119788		999	806

注：初中学校数中含九年一贯制学校2所；小学另有教学点2个。

表 13

2017 年通州区各幼儿园基本情况一览表

单位	编号	学校数(所)	班级(个)					在校学生数(人)						招生数(人)	离园数(人)	教职工合计(人)	其中(人)			校舍面积(平方米)	占地面积(平方米)	绿化面积(平方米)	运动场地(平方米)	图书(册)
			合计	托班	小班	中班	大班	合计	其中:女	托班	小班	中班	大班				园长	专任教师	保育员					
全区总计	1	62	678	0	229	224	225	24794	12093	0	7242	8351	9201	8286	9584	2489	67	1423	557	224064	400369	91129	139704	299369
局直学校合计	2	4	62	0	25	19	18	2139	1052	0	806	656	677	849	650	166	4	128	14	22336	46544	10928	13427	32900
南通市通州区实验幼儿园	3	1	28	0	11	8	9	913	459	0	342	230	341	342	386	59	1	53	3	5120	9800	1500	5000	19500
南通市通州区通州幼儿园	4	1	15	0	5	5	5	616	308	0	194	213	209	210	226	44	1	33	2	7718	20462	5080	4200	8200
南通市通州区金桥幼儿园	5	1	12	0	5	4	3	402	192	0	151	137	114	151	32	30	1	26	1	5362	7848	2548	2227	3000
南通市通州区虹西幼儿园	6	1	7	0	4	2	1	208	93	0	119	76	13	146	6	33	1	16	8	4136	8434	1800	2000	2200
各镇学校合计	7	58	616	0	204	205	207	22655	11041	0	6436	7695	8524	7437	8934	2323	63	1295	543	201729	353825	80201	126276	266469
一、通中片	8	27	265	0	92	87	86	9705	4749	0	2880	3290	3535	3386	3367	1025	28	555	233	85090	147472	32913	54206	114188
1.金沙街道	9	8	76	0	25	25	26	3049	1533	0	853	1035	1161	1017	1062	281	8	149	65	19539	28999	4422	8820	29952
南通市通州区城区幼儿园	10	1	19	0	6	6	7	793	399	0	216	252	325	216	318	83	1	38	19	4188	5860	980	1700	6200
南通市通州区城北幼儿园	11	1	7	0	2	2	3	329	156	0	81	100	148	146	146	26	1	14	6	2325	3553	400	1200	3200
南通市通州区城东幼儿园	12	1	10	0	3	4	3	344	179	0	88	129	127	104	72	40	1	18	12	5661	9019	1472	3029	5462
南通市通州区金沙小学附属幼儿园	13	1	7	0	2	2	3	269	141	0	68	94	107	70	105	21	1	14	6	698	600	60	100	630
南通市通州区蓓蕾幼儿园	14	1	10	0	4	3	3	437	216	0	137	150	150	150	144	38	1	20	10	1850	3000	600	500	4500
南通市通州区金西幼儿园	15	1	12	0	4	4	4	479	239	0	141	163	175	180	174	34	1	20	7	1947	1998	294	791	5000
南通市通州区金余幼儿园	16	1	6	0	2	2	2	227	110	0	57	86	84	57	89	24	1	14	4	2158	2727	250	1000	4600
南通市通州区春晖幼儿园	17	1	5	0	2	2	1	171	93	0	65	61	45	94	14	15	1	11	1	712	2242	366	500	360
2.金新街道	18	9	89	0	34	29	26	3206	1528	0	1076	1086	1044	1270	942	363	10	202	85	28558	52126	14220	16856	33860
南通高新区幼儿园	19	1	16	0	6	6	4	633	319	0	219	242	172	240	279	64	1	37	16	4860	9518	2400	3520	8000
南通市通州区育才幼儿园	20	1	15	0	5	5	5	558	261	0	169	189	200	169	175	59	1	33	15	6030	8900	1270	1600	9210
南通市通州区金泰幼儿园	21	1	15	0	4	5	6	560	270	0	152	175	233	152	29	59	1	34	15	6467	10340	4695	2948	3000
南通市通州区皇都宝贝幼儿园	22	1	13	0	4	4	5	406	182	0	102	129	175	184	141	50	1	27	10	2725	5200	800	1800	3500
南通市通州区阳光幼儿园	23	1	12	0	5	4	3	535	254	0	201	184	150	236	126	44	2	26	13	2400	5328	850	2000	3000
南通市通州区正场幼儿园	24	1	3	0	1	1	1	75	30	0	22	24	29	22	32	10	1	6	0	820	2500	350	1330	100

续表 13

单位	编号	学校数（所）	班级（个）					在校学生数（人）						招生数（人）	离园数（人）	教职工合计（人）	其中（人）			校舍面积（平方米）	占地面积（平方米）	绿化面积（平方米）	运动场地（平方米）	图书（册）
			合计	托班	小班	中班	大班	合计	其中：女	托班	小班	中班	大班				园长	专任教师	保育员					
南通市通州区艺术幼儿园	25	1	8	0	3	3	2	304	141	0	101	118	85	132	160	40	1	20	9	2626	5540	2815	1878	4550
南通市通州区东大幼儿园	26	1	4	0	3	1	0	75	35	0	50	25	0	75	0	22	1	13	4	2090	1800	320	800	1200
南通市通州区南山湖幼儿园	27	1	3	0	3	0	0	60	36	0	60	0	0	60	0	15	1	6	3	540	3000	720	980	1300
3.西亭镇	28	2	18	0	6	6	6	589	313	0	162	199	228	166	232	62	2	39	12	7241	10620	2333	3460	9380
南通市通州区西亭幼儿园	29	1	12	0	4	4	4	408	209	0	109	140	159	113	177	46	1	24	12	5902	6000	1913	2260	6500
南通市通州区西亭镇童乐幼儿园	30	1	6	0	2	2	2	181	104	0	53	59	69	53	55	16	1	15	0	1339	4620	420	1200	2880
4.二甲镇	31	3	35	0	12	11	12	1193	584	0	348	377	468	461	564	143	3	72	34	14396	29342	7095	10254	20700
南通市通州区亚东幼儿园	32	1	10	0	4	3	3	324	149	0	111	99	114	111	194	39	1	21	10	5850	16702	5160	5060	8000
南通市通州区余北幼儿园	33	1	15	0	5	5	5	522	268	0	149	174	199	242	197	66	1	30	15	5374	7840	1035	3100	5500
南通市通州区袁灶幼儿园	34	1	10	0	3	3	4	347	167	0	88	104	155	108	173	38	1	21	9	3172	4800	900	2094	7200
5.东社镇	35	5	47	0	15	16	16	1668	791	0	441	593	634	472	567	176	5	93	37	15355	26385	4843	14816	20296
南通市通州区东社幼儿园	36	1	9	0	3	3	3	392	198	0	104	138	150	119	127	33	1	22	5	2790	2900	1220	700	3960
南通市通州区唐洪幼儿园	37	1	17	0	5	6	6	602	276	0	150	212	240	150	215	79	1	34	17	5509	11335	1413	8926	8200
南通市通州区忠义幼儿园	38	1	9	0	3	3	3	329	155	0	90	117	122	106	123	32	1	18	9	2300	4800	1080	1980	3920
南通市通州区五甲幼儿园	39	1	6	0	2	2	2	211	106	0	61	70	80	61	63	24	1	12	6	3180	3580	730	2210	3950
南通市通州区庆丰幼儿园	40	1	6	0	2	2	2	134	56	0	36	56	42	36	39	8	1	7	0	1576	3770	400	1000	266
二、通北片	41	12	98	0	32	32	34	3832	1879	0	1132	1278	1422	1151	1445	350	13	206	70	37264	83784	21705	32231	49430
6.石港镇	42	3	26	0	8	9	9	1091	557	0	341	380	370	342	315	76	3	52	10	9342	22183	5151	9378	13000
南通市通州区石港幼儿园	43	1	18	0	5	6	7	834	442	0	243	284	307	243	230	52	1	36	8	6255	13300	3150	5383	8000
南通市通州区石港镇五窑幼儿园	44	1	3	0	1	1	1	79	35	0	28	27	24	29	36	9	1	6	0	1887	3883	1201	1995	3500
南通市通州区石港镇石南幼儿园	45	1	5	0	2	2	1	178	80	0	70	69	39	70	49	15	1	10	2	1200	5000	800	2000	1500
7.十总镇	46	4	28	0	10	9	9	1097	528	0	335	361	401	353	429	117	5	60	29	12185	25398	4225	13365	18000
南通市通州区十总幼儿园	47	1	7	0	3	2	2	289	133	0	101	91	97	101	116	29	1	15	7	2905	4500	890	2000	5600
南通市通州区二窎幼儿园	48	1	6	0	2	2	2	226	123	0	67	78	81	67	98	23	2	12	6	2197	4646	1000	1500	4000
南通市通州区骑岸幼儿园	49	1	9	0	3	3	3	372	179	0	107	122	143	125	144	39	1	21	10	4943	12207	1860	8435	5100

续表 13

单位	编号	学校数(所)	班级(个)					在校学生数(人)						招生数(人)	离园数(人)	教职工合计(人)	其中(人)			校舍面积(平方米)	占地面积(平方米)	绿化面积(平方米)	运动场地(平方米)	图书(册)
			合计	托班	小班	中班	大班	合计	其中:女	托班	小班	中班	大班				园长	专任教师	保育员					
南通市通州区五总幼儿园	50	1	6	0	2	2	2	210	93	0	60	70	80	60	71	26	1	12	6	2140	4044	474	1430	3300
8.兴仁镇	51	4	32	0	10	10	12	1227	590	0	338	397	492	338	523	113	4	69	19	11957	26204	7430	6238	13650
南通市通州区兴仁镇中心幼儿园	52	1	13	0	4	4	5	469	222	0	122	143	204	122	255	50	1	26	13	5200	9900	1700	2960	8000
南通市通州区兴仁镇小花蕾幼儿园	53	1	6	0	2	2	2	225	110	0	66	68	91	66	96	14	1	11	2	2270	9400	5000	1200	3000
南通市通州区四安幼儿园	54	1	10	0	3	3	4	443	215	0	122	150	171	122	145	39	1	26	3	2467	4056	600	1623	1650
南通市通州区韬奋幼儿园	55	1	3	0	1	1	1	90	43	0	28	36	26	28	27	10	1	6	1	2020	2848	130	455	1000
9.兴东街道	56	1	12	0	4	4	4	417	204	0	118	140	159	118	178	44	1	25	12	3780	10000	4900	3250	4780
南通市通州区兴东幼儿园	57	1	12	0	4	4	4	417	204	0	118	140	159	118	178	44	1	25	12	3780	10000	4900	3250	4780
三、通西片	58	9	106	0	35	34	37	3669	1791	0	1036	1193	1440	1129	1594	381	11	215	94	27802	54932	12381	16104	40909
10.平潮镇	59	4	58	0	19	19	20	1956	939	0	536	635	785	564	813	205	5	120	52	15411	32484	6629	7702	19139
南通市通州区平潮幼儿园	60	1	30	0	10	10	10	1047	529	0	300	348	399	300	429	108	1	62	30	9436	19318	5450	3316	12650
南通市通州区新坝幼儿园	61	1	10	0	3	3	4	352	171	0	89	104	159	89	131	36	1	20	10	2300	2811	190	821	1686
南通市通州区平东幼儿园	62	1	9	0	3	3	3	292	123	0	76	100	116	90	149	29	1	20	3	1700	2280	389	1165	2620
南通市通州区赵甸幼儿园	63	1	9	0	3	3	3	265	116	0	71	83	111	85	104	32	2	18	9	1975	8075	600	2400	2183
11.五接镇	64	2	22	0	7	7	8	875	429	0	249	279	347	303	345	82	3	45	16	5746	8716	1240	3704	8580
南通市通州区五接幼儿园	65	1	13	0	4	4	5	515	251	0	141	151	223	169	224	46	2	26	7	2602	3700	590	1900	3500
南通市通州区五接镇李港幼儿园	66	1	9	0	3	3	3	360	178	0	108	128	124	134	121	36	1	19	9	3144	5016	650	1804	5080
12.刘桥镇	67	3	26	0	9	8	9	838	423	0	251	279	308	262	436	94	3	50	26	6645	13732	4512	4699	13190
南通市通州区刘桥幼儿园	68	1	11	0	4	3	4	320	159	0	98	91	131	109	246	41	1	22	11	2900	4919	1030	2000	6000
南通市通州区新联幼儿园	69	1	9	0	3	3	3	315	157	0	89	105	121	89	132	33	1	18	9	2402	5168	1670	1768	5000
南通市通州区英雄幼儿园	70	1	6	0	2	2	2	203	107	0	64	83	56	64	58	20	1	10	6	1343	3645	1812	931	2190
四、通南片	71	10	147	0	45	52	50	5449	2622	0	1388	1934	2127	1771	2528	567	11	319	146	51572	67637	13202	23735	61942
13.张芝山镇	72	5	54	0	17	19	18	2052	984	0	548	715	789	707	867	194	6	109	52	14488	22330	3386	8235	21260
南通市通州区张芝山幼儿园	73	1	16	0	5	6	5	611	305	0	160	231	220	191	277	56	1	32	16	3253	5423	880	2174	5500
南通市通州区张芝山镇星河幼儿园	74	1	6	0	2	2	2	207	97	0	59	69	79	66	79	29	2	14	6	3780	3700	460	1749	2760

续表 13

单位	编号	学校数(所)	班级(个)					在校学生数(人)						招生数(人)	离园数(人)	教职工合计(人)	其中(人)			校舍面积(平方米)	占地面积(平方米)	绿化面积(平方米)	运动场地(平方米)	图书(册)
			合计	托班	小班	中班	大班	合计	其中:女	托班	小班	中班	大班				园长	专任教师	保育员					
南通市通州区红星幼儿园	75	1	14	0	4	5	5	598	269	0	148	200	250	224	248	41	1	27	12	3300	5956	1123	1533	6300
南通市通州区南兴幼儿园	76	1	9	0	3	3	3	318	152	0	90	109	119	133	99	32	1	18	9	1805	2801	403	1209	3200
南通市通州区高桥幼儿园	77	1	9	0	3	3	3	318	161	0	91	106	121	93	164	36	1	18	9	2350	4450	520	1570	3500
14.川姜镇	78	3	68	0	20	24	24	2481	1177	0	585	875	1021	761	1338	281	3	159	70	26856	32616	7100	10220	30600
南通市通州区川港幼儿园	79	1	30	0	9	11	10	1038	507	0	270	369	399	270	561	131	1	75	30	14940	17020	4300	6020	13300
南通市通州区姜灶幼儿园	80	1	29	0	8	10	11	1080	493	0	225	380	475	377	612	110	1	63	30	8676	11996	2000	2600	12000
南通市通州区家纺城幼儿园	81	1	9	0	3	3	3	363	177	0	90	126	147	114	165	40	1	21	10	3240	3600	800	1600	5300
15.先锋街道	82	2	25	0	8	9	8	916	461	0	255	344	317	303	323	92	2	51	24	10228	12691	2716	5280	10082
南通市通州区先锋幼儿园	83	1	17	0	6	6	5	585	294	0	187	223	175	203	196	61	1	35	17	8728	9191	2116	4180	5882
南通市通州区志新幼儿园	84	1	8	0	2	3	3	331	167	0	68	121	142	100	127	31	1	16	7	1500	3500	600	1100	4200

2017 年通州区各小学基本情况一览表

表 14

单位	编号	学校数(所)	班数(个)							在校学生数(人)								毕业生数(人)	招生数(人)	教职工合计(人)	专任教师(人)		学校占地面积(平方米)	校舍建筑总面积(平方米)	图书(册)	教学用计算机(台)	固定资产总额(万元)	教学仪器值(万元)
			合计	一年级	二年级	三年级	四年级	五年级	六年级	合计	其中:女	一年级	二年级	三年级	四年级	五年级	六年级				小计	其中:女						
全区总计	1	43	1062	188	186	185	162	171	170	50586	24443	9426	9135	8783	7304	8209	7729	8178	9426	3078	2896	2167	1240666	479745	1502156	6513	49753	4618
局直学校合计	2	3	179	34	32	32	26	28	27	9627	4751	1817	1752	1667	1319	1563	1509	1537	1817	542	518	417	139904	82447	233076	1240	11347	1174
南通市通州区实验小学	3	1	74	12	12	14	12	12	12	4019	2007	628	685	738	576	670	722	699	628	246	237	190	40879	26152	99999	480	4128	605
南通市通州区通州小学	4	1	64	12	12	10	8	10	12	3336	1634	604	640	526	396	529	641	713	604	192	184	153	54237	33293	99999	550	1336	318
南通高新区小学	5	1	41	10	8	8	6	6	3	2272	1110	585	427	403	347	364	146	125	585	104	97	74	44788	23002	33078	210	5883	251
各镇学校合计	6	40	883	154	154	153	136	143	143	40959	19692	7609	7383	7116	5985	6646	6220	6641	7609	2536	2378	1750	1100762	397298	1269080	5273	38406	3444
一、通中片	7	14	283	49	50	48	42	47	47	12419	6076	2286	2320	2150	1643	2048	1972	1966	2286	823	790	589	324398	124886	380073	1838	12524	1158
1.金沙街道	8	3	82	14	15	14	12	14	13	3576	1668	624	681	643	447	610	571	619	624	247	248	191	68203	34242	96358	532	2541	309
南通市通州区金沙小学	9	1	46	8	8	8	6	8	8	2357	1118	361	451	441	289	406	409	404	361	160	150	119	43440	25042	73500	436	1803	238

续表14

单位	编号	学校数(所)	班数(个) 合计	一年级	二年级	三年级	四年级	五年级	六年级	在校学生数(人) 合计	其中:女	一年级	二年级	三年级	四年级	五年级	六年级	毕业生数(人)	招生数(人)	教职工合计(人)	专任教师(人) 小计	其中:女	学校占地面积(平方米)	校舍建筑总面积(平方米)	图书(册)	教学用计算机(台)	固定资产总额(万元)	教学仪器值(万元)
南通市通州区金余小学	10	1	11	1	2	2	2	2	2	262	135	44	49	42	30	47	50	68	44	36	32	24	9445	4955	13558	58	554	41
南通市通州区金北学校(小学部)	11	0	14	3	3	2	2	2	2	648	310	168	126	106	86	90	72	102	168	0	38	26	0	0	0	0	0	0
南通市通州区英才小学(民办)	12	1	11	2	2	2	2	2	1	309	105	51	55	54	42	67	40	45	51	51	28	22	15318	4245	9300	38	184	30
2.金新街道	13	3	57	12	11	10	8	8	8	3013	1459	662	650	529	409	396	367	303	662	161	141	115	83126	32733	91861	364	4771	188
南通市通州区金乐小学	14	1	33	7	7	6	5	4	4	1831	874	393	425	329	266	233	185	180	393	80	76	63	52732	22337	54936	184	3127	93
南通市通州区张謇学校	15	1	14	3	2	2	2	3	2	648	312	153	116	103	85	101	90	93	153	48	38	30	20749	7027	19500	106	988	71
南通市通州区正场小学	16	1	10	2	2	2	1	1	2	534	273	116	109	97	58	62	92	30	116	33	27	22	9645	3369	17425	74	656	24
3.西亭镇	17	1	29	5	5	5	4	5	5	985	491	178	176	167	117	182	165	185	178	93	75	52	40828	12413	40768	191	1013	134
南通市通州区西亭小学	18	1	21	3	3	5	4	3	3	814	411	142	134	167	117	137	117	154	142	59	49	36	23858	6803	29876	116	665	98
南通市通州区纱场小学	19	0	4	1	1	0	0	1	1	62	22	15	12	0	0	16	19	13	15	20	13	8	10666	4250	4132	55	206	18
南通市通州区亭西小学	20	0	4	1	1	0	0	1	1	109	58	21	30	0	0	29	29	18	21	14	13	8	6304	1360	6760	20	141	17
4.二甲镇	21	3	54	9	9	9	9	9	9	2615	1324	452	443	433	370	464	453	448	452	176	160	118	67205	18395	83916	396	1813	342
南通市理治小学	22	1	24	4	4	4	4	4	4	1210	621	188	204	206	182	218	212	214	188	78	72	57	30015	8202	38480	185	756	158
南通市通州区余北小学	23	1	12	2	2	2	2	2	2	494	235	92	85	92	68	75	82	77	92	38	30	21	15800	4087	15988	61	389	100
南通市通州区袁灶小学	24	1	18	3	3	3	3	3	3	911	468	172	154	135	120	171	159	157	172	60	58	40	21390	6106	29448	150	668	84
5.东社镇	25	4	61	9	10	10	9	11	12	2230	1134	370	370	378	300	396	416	411	370	146	166	113	65036	27103	67170	355	2385	186
南通市通州区东社学校(小学部)	26	0	15	2	2	3	2	3	3	620	297	99	94	127	78	118	104	111	99	0	38	25	0	0	0	0	0	0
南通市通州区唐洪小学	27	1	12	2	2	2	2	2	2	451	239	93	79	71	55	76	77	72	93	40	35	27	12683	9736	25120	70	301	47
南通市通州区忠义小学	28	1	13	2	2	2	2	2	3	491	257	72	87	71	74	80	107	96	72	43	35	22	25346	7028	16686	96	653	40
南通市通州区五甲小学	29	1	12	2	2	2	2	2	2	429	220	70	61	73	72	79	74	76	70	33	31	19	11811	6017	16618	93	543	52
南通市通州区庆丰小学	30	1	9	1	2	1	1	2	2	239	121	36	49	36	21	43	54	56	36	30	27	20	15196	4322	8746	96	888	46
二、通北片	31	11	191	32	33	34	27	31	34	7819	3776	1492	1420	1352	1039	1276	1240	1330	1492	625	558	375	274307	93127	243583	1032	10452	813
6.石港镇	32	3	44	7	7	8	6	7	9	1549	761	283	270	266	201	249	280	298	283	148	132	84	57994	21656	58513	268	1857	299
南通市通州区石港小学	33	1	31	5	5	6	4	5	6	1214	591	223	224	213	159	189	206	221	223	92	86	59	35087	14232	43933	150	1041	237
南通市通州区五窑小学	34	1	6	1	1	1	1	1	1	166	87	29	14	30	24	34	35	40	29	28	22	13	12340	4438	8180	68	472	40

续表 14

单位	编号	学校数(所)	班数(个) 合计	一年级	二年级	三年级	四年级	五年级	六年级	在校学生数(人) 合计	其中:女	一年级	二年级	三年级	四年级	五年级	六年级	毕业生数(人)	招生数(人)	教职工合计(人)	专任教师(人) 小计	其中:女	学校占地面积(平方米)	校舍建筑总面积(平方米)	图书(册)	教学用计算机(台)	固定资产总额(万元)	教学仪器值(万元)
南通市通州区石南小学	35	1	7	1	1	1	1	1	2	169	83	31	32	23	18	26	39	37	31	28	24	12	10567	2986	6400	50	344	23
7.十总镇	36	4	47	8	8	8	7	8	8	1729	850	306	300	295	220	299	309	330	306	156	134	92	69561	22945	59700	255	2174	152
南通市通州区十总小学	37	1	18	3	3	3	3	3	3	701	339	120	120	101	98	134	128	151	120	51	46	33	20493	9362	23762	90	746	34
南通市通州区二窎小学	38	1	11	2	2	2	1	2	2	382	186	71	67	73	41	63	67	62	71	28	24	16	15997	4175	11842	54	365	47
南通市通州区骑岸小学	39	1	12	2	2	2	2	2	2	445	218	86	78	76	52	74	79	85	86	47	38	30	20646	5708	16580	70	836	45
南通市通州区五总小学	40	1	6	1	1	1	1	1	1	201	107	29	35	45	29	28	35	32	29	30	26	13	12425	3700	7516	41	227	26
8.兴仁镇	41	3	78	14	14	14	11	12	13	3667	1735	742	693	637	504	584	507	542	742	256	232	160	114187	39372	95190	389	5059	268
南通市通州区兴仁小学	42	1	37	7	7	7	5	5	6	1895	866	412	373	323	266	275	246	236	412	118	115	84	43900	18922	33900	199	3346	108
南通市通州区横港小学	43	1	12	2	2	2	2	2	2	439	215	76	77	77	69	71	69	86	76	53	38	26	41296	11110	18940	52	551	64
南通市韬奋小学	44	1	29	5	5	5	4	5	5	1333	654	254	243	237	169	238	192	220	254	85	79	50	28991	9340	42350	138	1162	96
9.兴东街道	45	1	22	3	4	4	3	4	4	874	430	161	157	154	114	144	144	160	161	65	60	39	32565	9154	30180	120	1362	94
南通市通州区兴东小学	46	1	22	3	4	4	3	4	4	874	430	161	157	154	114	144	144	160	161	65	60	39	32565	9154	30180	120	1362	94
三、通西片	47	9	206	34	34	36	34	34	34	8969	4372	1523	1521	1605	1344	1489	1487	1616	1523	556	527	401	244043	77856	306014	1171	7426	770
10.平潮镇	48	4	109	18	18	19	18	18	18	5156	2530	882	879	913	757	876	849	899	882	303	287	229	143149	42613	166202	560	4146	445
南通市通州区平潮小学	49	1	52	8	8	9	9	9	9	2808	1358	468	477	473	416	522	452	511	468	157	151	126	66875	15235	93939	296	2207	224
南通市通州区新坝小学	50	1	24	4	4	4	4	4	4	1088	532	192	179	210	163	164	180	185	192	58	56	46	43418	14857	32160	108	593	89
南通市通州区平东小学	51	1	21	4	4	4	3	3	3	812	415	143	153	156	120	114	126	130	143	53	48	37	19463	6565	25453	100	578	88
南通市通州区赵甸小学	52	1	12	2	2	2	2	2	2	448	225	79	70	74	58	76	91	73	79	35	32	20	13393	5956	14650	56	767	43
11.五接镇	53	2	42	7	7	7	7	7	7	1621	765	262	253	278	266	274	288	320	262	85	80	58	40747	13827	58985	232	882	150
南通市通州区五接小学	54	1	24	4	4	4	4	4	4	926	455	162	149	164	151	150	150	168	162	50	47	34	22360	7480	32408	122	434	85
南通市通州区李港小学	55	1	18	3	3	3	3	3	3	695	310	100	104	114	115	124	138	152	100	35	33	24	18387	6347	26577	110	448	65
12.刘桥镇	56	3	55	9	9	10	9	9	9	2192	1077	379	389	414	321	339	350	397	379	168	160	114	60147	21416	80827	379	2398	175
南通市通州区刘桥小学	57	1	24	4	4	4	4	4	4	1084	546	197	197	207	150	169	164	175	197	74	73	57	25533	9062	39381	135	1004	10
南通市通州区英雄小学	58	1	13	2	2	3	2	2	2	411	195	65	78	94	54	58	62	64	65	42	37	25	18066	6146	15153	116	633	82
南通市通州区新联小学	59	1	18	3	3	3	3	3	3	697	336	117	114	113	117	112	124	158	117	52	50	32	16548	6208	26293	128	762	84

续表 14

单位	编号	学校数(所)	班数(个)							在校学生数(人)								毕业生数(人)	招生数(人)	教职工合计(人)	专任教师(人)		学校占地面积(平方米)	校舍建筑总面积(平方米)	图书(册)	教学用计算机(台)	固定资产总额(万元)	教学仪器值(万元)
			合计	一年级	二年级	三年级	四年级	五年级	六年级	合计	其中：女	一年级	二年级	三年级	四年级	五年级	六年级				小计	其中：女						
四、通南片	60	6	203	39	37	35	33	31	28	11752	5468	2308	2122	2009	1959	1833	1521	1729	2308	532	503	385	258013	101429	339410	1232	8004	703
13.张芝山镇	61	2	54	10	9	9	9	9	8	2861	1374	552	502	458	490	485	374	474	552	156	141	116	97026	34252	87988	335	1842	182
南通市锡通园区小学	62	1	40	7	6	7	7	7	6	2150	1001	386	338	352	397	400	277	371	386	115	106	91	76578	27251	67030	250	1126	128
南通市通州区南兴小学	63	1	14	3	3	2	2	2	2	711	373	166	164	106	93	85	97	103	166	41	35	25	20448	7001	20958	85	716	54
14.川姜镇	64	3	116	22	22	20	19	17	16	7060	3266	1339	1291	1241	1180	1083	926	996	1339	278	268	198	121286	43263	196470	675	5016	404
南通市通州区川港小学	65	1	38	5	8	7	7	6	5	2364	1125	292	471	454	450	388	309	333	292	90	87	70	29591	19018	68670	247	1202	191
南通市通州区姜灶小学	66	1	39	7	7	7	6	6	6	2278	1103	398	404	398	370	372	336	358	398	104	100	74	53000	10853	69200	250	1458	128
南通市通州区家纺城小学	67	1	39	10	7	6	6	5	5	2418	1038	649	416	389	360	323	281	305	649	84	81	54	38695	13392	58600	178	2355	85
15.先锋街道	68	1	33	7	6	6	5	5	4	1831	828	417	329	310	289	265	221	259	417	98	94	71	39701	23914	54952	222	1147	117
南通市通州区先锋小学	69	1	33	7	6	6	5	5	4	1831	828	417	329	310	289	265	221	259	417	98	94	71	39701	23914	54952	222	1147	117

注：凡学校数中为“〇”的是教学点

2017 年通州区各初中基本情况一览表

表 15

单位	编号	学校数(所)	班数(个)				在校学生数(人)					毕业生数(人)	招生数(人)	教职工合计(人)	专任教师(人)		学校占地面积(平方米)	校舍建筑总面积(平方米)	图书(册)	教学用计算机(台)	固定资产总额(万元)	教学仪器值(万元)
			合计	一年级	二年级	三年级	合计	其中：女	一年级	二年级	三年级				小计	其中：女						
全区总计	1	25	501	173	171	157	22963	11053	7774	8064	7125	7204	7774	2816	2218	1275	1174518	498427	1102695	5135	62482	6207
局直学校合计	2	10	283	98	98	87	13349	6387	4480	4728	4141	4187	4480	1582	1302	738	672599	271204	642301	2918	36610	4025
南通市通州区育才中学	3	1	51	17	17	17	2717	1310	864	996	857	778	864	228	212	137	57482	38169	98790	528	1918	264
南通市通州区实验中学	4	1	54	18	20	16	2362	1176	777	874	711	880	777	269	239	145	91559	35947	99999	489	2952	967
南通市通州区二甲中学	5	1	17	5	6	6	710	342	203	247	260	246	203	111	88	44	66793	33322	57912	114	3229	304
南通市通州区二窎中学	6	1	11	4	4	3	464	220	175	159	130	150	175	70	47	22	51753	17418	27252	96	2011	115
南通市通州区石港中学	7	1	15	5	5	5	627	302	206	215	206	183	206	132	92	35	82465	29733	48858	290	327	299

续表 15

单　位	编号	学校数(所)	班数(个)				在校学生数(人)					毕业生数(人)	招生数(人)	教职工合计(人)	专任教师(人)		学校占地面积(平方米)	校舍建筑总面积(平方米)	图书(册)	教学用计算机(台)	固定资产总额(万元)	教学仪器值(万元)
			合计	一年级	二年级	三年级	合计	其中:女	一年级	二年级	三年级				小计	其中:女						
南通市通州区刘桥中学	8	1	15	5	5	5	626	295	206	225	195	223	206	113	77	40	55621	27065	63999	335	3474	202
南通市通州区平潮实验初中	9	1	46	16	15	15	2420	1196	805	822	793	804	805	241	218	124	77036	24957	99999	388	15633	1001
南通市通州区兴仁中学	10	1	24	8	8	8	968	458	321	330	317	285	321	157	115	75	65700	20662	44390	222	2097	236
南通市通州区姜灶中学	11	1	24	10	8	6	1253	541	494	428	331	339	494	124	109	58	66800	24048	53000	287	3054	298
南通市通州区通海中学	12	1	26	10	10	6	1202	547	429	432	341	299	429	137	105	58	57390	19883	48102	169	1914	340
各镇学校合计	13	15	218	75	73	70	9614	4666	3294	3336	2984	3017	3294	1234	916	537	501919	227223	460394	2217	25872	2182
一、通中片	14	7	129	43	44	42	5599	2746	1859	2017	1723	1789	1859	699	537	314	288405	145724	263212	1395	18423	1548
1.金沙街道	15	2	68	22	24	22	3247	1591	1054	1187	1006	1099	1054	357	287	181	115911	66500	141401	805	13466	988
南通市通州区金郊初级中学	16	1	56	18	20	18	2752	1379	856	1014	882	917	856	241	222	143	75000	43828	99999	665	12500	760
南通市通州区金北学校(中学部)	17	1	12	4	4	4	495	212	198	173	124	182	198	116	65	38	40911	22672	41402	140	966	228
2.金新街道	18	1	20	7	7	6	934	461	339	342	253	173	339	69	58	35	70447	32918	22046	130	659	138
南通市通州区文山初级中学	19	1	20	7	7	6	934	461	339	342	253	173	339	69	58	35	70447	32918	22046	130	659	138
3.西亭镇	20	1	12	4	4	4	453	228	146	150	157	166	146	76	66	28	30580	18400	26860	98	1505	115
南通市通州区西亭初级中学	21	1	12	4	4	4	453	228	146	150	157	166	146	76	66	28	30580	18400	26860	98	1505	115
4.二甲镇	22	1	14	5	4	5	381	193	128	123	130	132	128	56	51	32	27028	7015	20080	114	814	83
南通市通州区袁灶初级中学	23	1	14	5	4	5	381	193	128	123	130	132	128	56	51	32	27028	7015	20080	114	814	83
5.东社镇	24	2	15	5	5	5	584	273	192	215	177	219	192	141	75	38	44439	20891	52825	248	1979	225
南通市通州区东社学校(中学部)	25	1	9	3	3	3	339	154	107	122	110	126	107	103	45	20	31364	14760	40146	160	1606	163
南通市通州区杨港初级中学	26	1	6	2	2	2	245	119	85	93	67	93	85	38	30	18	13075	6131	12679	88	373	62
二、通北片	27	3	30	10	10	10	1520	750	522	497	501	508	522	198	133	75	69586	31116	88159	339	2400	216
7.十总镇	28	2	12	4	4	4	432	204	152	133	147	129	152	89	46	24	38256	15214	34586	179	1104	88
南通市通州区十总中学	29	1	9	3	3	3	318	152	114	103	101	94	114	52	29	17	25672	10541	26686	125	683	31
南通市通州区骑岸初级中学	30	1	3	1	1	1	114	52	38	30	46	35	38	37	17	7	12584	4673	7900	54	421	57
8.兴仁镇	31	1	18	6	6	6	1088	546	370	364	354	379	370	109	87	51	31330	15902	53573	160	1296	128

续表 15

单位	编号	学校数(所)	班数(个)				在校学生数(人)					毕业生数(人)	招生数(人)	教职工合计(人)	专任教师(人)		学校占地面积(平方米)	校舍建筑总面积(平方米)	图书(册)	教学用计算机(台)	固定资产总额(万元)	教学仪器值(万元)
			合计	一年级	二年级	三年级	合计	其中:女	一年级	二年级	三年级				小计	其中:女						
南通市通州区四安中学	32	1	18	6	6	6	1088	546	370	364	354	379	370	109	87	51	31330	15902	53573	160	1296	128
三、通西片	33	3	31	12	10	9	1187	576	453	369	365	404	453	175	118	68	84288	32695	55063	188	2640	175
10.平潮镇	34	2	23	9	7	7	878	426	326	266	286	288	326	126	77	47	58876	23637	36105	131	2052	109
南通市通州区平潮初级中学	35	1	12	5	3	4	474	237	189	123	162	168	189	81	41	31	41493	11277	19842	59	1060	57
南通市通州区新坝初级中学	36	1	11	4	4	3	404	189	137	143	124	120	137	45	36	16	17383	12360	16263	72	992	52
12.刘桥镇	37	1	8	3	3	2	309	150	127	103	79	116	127	49	41	21	25412	9058	18958	57	587	66
南通市通州区新联中学	38	1	8	3	3	2	309	150	127	103	79	116	127	49	41	21	25412	9058	18958	57	587	66
四、通南片	39	2	28	10	9	9	1308	594	460	453	395	316	460	162	128	80	59640	17688	53960	295	2409	243
14.川姜镇	40	1	15	5	5	5	769	365	258	275	236	224	258	87	70	45	24012	11905	31800	205	1129	155
南通市通州区川港中学	41	1	15	5	5	5	769	365	258	275	236	224	258	87	70	45	24012	11905	31800	205	1129	155
15.先锋街道	42	1	13	5	4	4	539	229	202	178	159	92	202	75	58	35	35628	5783	22160	90	1280	88
南通市通州区先锋初级中学	43	1	13	5	4	4	539	229	202	178	159	92	202	75	58	35	35628	5783	22160	90	1280	88

2017 年通州区各高中基本情况一览表

表 16

单位	编号	学校数(所)	班数(个)				在校学生数(人)					毕业生数(人)	招生数(人)	教职工合计(人)	专任教师(人)		学校占地面积(平方米)	校舍建筑总面积(平方米)	图书(册)	教学用计算机(台)	固定资产总额(万元)	教学仪器值(万元)
			合计	一年级	二年级	三年级	合计	其中:女	一年级	二年级	三年级				小计	其中:女						
全区总计	1	4	208	65	66	77	9113	5024	2829	2962	3322	3936	2829	1336	1161	623	510150	331085	399996	2829	58986	7181
江苏省通州高级中学	1	1	58	18	20	20	2629	1410	821	898	910	1018	821	343	299	168	129334	95192.72	99999	705	26247	3250
江苏省西亭高级中学	2	1	54	17	17	20	2297	1286	686	711	900	992	686	313	282	131	122384	83738	99999	609	10451	1270
江苏省平潮高级中学	3	1	48	14	13	21	2168	1208	635	652	881	1111	635	339	301	160	127032	96361	99999	713	15633	1258
南通市通州区金沙中学	4	1	48	16	16	16	2019	1120	687	701	631	815	687	341	279	164	131400	55793	99999	802	6656	1403

2017 年通州区中等职业学校基本情况一览表

表 17

单　位	编号	学校数(所)	班级(个)					在校学生数(人)					全校女学生数(人)	上年毕业生数(人)	招生数(人)	教职工人数(人)			学校占地面积(平方米)	备注
			合计	一年级	二年级	三年级	四年级	合计	一年级	二年级	三年级	四年级				合计	专任教师	其中:女		
全区总计	1	3	99	28	32	35	4	3581	1032	1126	1271	152	1642	1637	998	555	460	236	346475	—
江苏省通州中等专业学校(电大通州学院)	2	1	80	24	27	29	0	2760	878	912	970	0	1104	1311	844	463	402	202	296130	职业中学
南通市通州区建筑职工中等专业学校	3	1	6	2	2	2	0	249	74	72	103	0	23	240	74	66	39	24	27000	成人中等专业学校
南通市通州区卫生职工中等专业学校	4	1	13	2	3	4	4	572	80	142	198	152	515	86	80	26	19	10	23345	成人中等专业学校

科学技术
Science and Technology

编　辑　张晓芹

综　述

【概　况】 2017年,通州区科技局认真贯彻全省县域科技体制改革经验交流会精神,深入实施创新驱动发展战略,聚力推进创新主体培育、创新平台建设、创新资源集聚,知识产权及科技金融等重点工作,全力打好科技创新"组合拳",努力发挥科技创新在经济社会发展中的支撑引领作用,为区域发展不断注入新动能。一是创新主体培育实现新增长。突出企业创新主体地位,引导企业加大研发投入,全年企业研发投入加计扣除备案543项,研发投入总量达39.6亿元,列南通市首位。深入推进"小升高",制定通州区高新技术企业培育工作方案(2017—2020年)。以"走帮服"活动为契机,深入各镇了解高新技术产业产值运行情况、落实高品以及高企申报企业,召开全区200多家企业参加的高企申报业务工作培训会,组织申报高新技术企业91家,其中新认定省级高企55家、国家高企47家,高企累计数达165家,继续在南通市各县市区保持领先。新增高新技术产品132个,完成高新产值1193.33亿元,比上年(下同)增长18.9%,占比达54.9%。组织企业申报省级以上科技计划项目50多项,其中省重大成果转化资金计划立项4项,各类项目累计向上争取资金5618.5万元。进一步扩大"苏科贷"业务规模,新增与中国银行合作,全年为企业落实贷款总额达2.08亿元。二是创新平台建设实现新进展。进一步提升建筑、船舶海工、纺织三大产业技术研究院运行质态。海工研究院产值超5000万元,有研究人员近90人。建筑研究院与上海众材共建的检测基地揭牌运作,绿色建筑星级评定中心正在推进。纺织丝绸研究院组建专职研发团队11个;加快推进众创空间建设。"江海创客汇"被认定为市级众创空间,科技新城"江海数字"列入省级首批众创社区。省科技服务示范区(南通高新区科技新城)科技服务骨干机构能力提升项目立项,获经费资助500万元。同时,南通高新区聚恒科技园科技企业加速器被科技厅认定为第四批省级科技企业加速器,江苏通科企业孵化器有限公司被科技厅列为第四批省级科技创业孵化链条试点单位。南通高新区获批省级科技产业园(南通人工智能科技产业园)。国家级众创空间(江海圆梦谷)共引进落户项目50多家,入驻率超过80%。国家级科技企业孵化器(诚创科技企业孵化器)吸纳高层次人才创业,有"千人计划"等顶尖人才17人,累计孵化企业109家;积极助力企业研发机构建设。全年区新增市级以上企业工程技术研究中心7家(其中省级企业工程技术研究中心4家),新增省企业研究生工作站6家,金太阳纺织、海星电子省级重点研发机构中期绩效评估被列为优秀。三是科技合作交流迈出新步伐。以科技招商为抓手,大力构建以企业为主体、市场为导向、产学研相结合的技术创新体系,积极组织实施科技合作交流活动。重点组织5月在上海举办的"第十三届高层次人才创新创业洽谈会启动仪式"和9月底在成都举办的科技招商等活动。全年梳理招商引资在谈项目8项,新签约项目5个,注册领证项目3个。四是知识产权工作呈现新亮点。区科技局加大知识产权开发、保护和应用力度,优化专利工作考核,开展市级专利奖申报评选,指导企业在知识产权创造、管理、运用、维权等环节逐步实现规范化。鼓励和引导企业重视知识产权保护,增强企业核心竞争力。全年专利申请量7103件,PCT专利申请158件。全区万人发明专利拥有量27.56件,达到南通市考核指标。积极向国家知识产权局申请设立现代纺织产业知识产权保护中心。金太阳纺织获省级知识产权重点战略推进计划立项,紫罗兰家纺科技股份有限公司被评为国家知识产权优势企业,南通家纺城被认定为国家级知识产权保护规范化培育市场。

科技活动

【概　况】 2017年,区科技局深入落实市委、市政府跨江融合、对接上海的决策部署,围绕科技招商为抓手,大力构建以企业为主体、市场为导向、产学研相结合的技术创新体系,引导企业开展常态化的产学研对接活动,不断提升产学研合作的水平和层次,有效提升企业技术创新能力,增强企业的核心竞争力。

【第十三届高层次人才创新创业洽谈会启动仪式】 5月26日,在上海举办"第十三届高层次人才创新创业洽谈会启动仪式”，邀请中国科学院上海分院、复旦大学、上海交通大学等高校、科研院所的相关领导、专家学者，上海高科技园区企业、科技人才服务机构和金融机构负责人、投资意向客商以及通州籍在沪知名人士等近300名嘉宾出席活动，全方位承接上海科技人才资源。

【通州科技人才暨航空产业招商推介会】 9月30日，通州科技人才暨航空产业招商推介会在成都举行，50多位专家学者及客商参加活动，活动现场重点推介通州区科技人才发展环境及南通空港产业园等产业载体。推介会现场，四川大学化学工程学院与南通海星电子股份有限公司合作的“固态铝电解电容器用超高比容电极箔研发项目”、中国民航飞行学院航空工程学院与华夏飞机工程技术股份有限公司合作的“校企人才合作培训”、成都百川金保汽车销售服务有限公司与区商务局合作的“林肯、保时捷等品牌汽车销售项目”等6个项目进行现场签约。

科技计划与实施

【概　况】 2017年，通州区全年列入省级以上科技计划项目10项。其中，省创新能力和平台计划项目1项、省科技成果转化资金项目4项、省知识产权重点战略推进项目1项、省级工程技术研究中心4家、省企业研究生工作站6家。各类项目累计争取市级以上资金5618.5万元。

【4家企业获省科技成果转化专项资金项目立项】 2017年，广东鸿泰南通精机科技有限公司承担的“新能源汽车轻量化高真空压铸铝合金精密零部件研发及产业化”项目、沃太能源南通有限公司承担的“新能源储能智能集成系统研发及产业化”项目、广东鸿图南通压铸有限公司承担的“新能源汽车动力系统铝合金压铸件智能制造研发及产业化”项目、江苏宏德特种部件股份有限公司承担的“特高压输变电装备用铝合金复杂承压件研发及产业化”项目获省科技成果转化专项资金立项，共获得资助金额3000余万元，在全市领先。

【认定高新技术企业47家】 2017年，全区认定高新技术企业47家，年末高新技术企业保有量165家，在九县(市、区)中位居第一。新增高新技术产品132个。

2017年通州区高企认定汇总表

表18

序号	所属镇区	企业名称	批　次	序号	所属镇区	企业名称	批　次
1	金沙街道	江苏盈丰电子科技有限公司	第三批	25	兴仁镇	南通四方冷链装备股份有限公司	第一批
2	西亭镇	桑夏太阳能股份有限公司	第一批	26		南通星源仪器设备制造有限公司	第一批
3		南通市乐佳涂料有限公司	第二批	27		南通新三能电子有限公司	第二批
4		南通开普乐工程塑料有限公司	第三批	28		南通市英赛机械有限公司	第三批
5	二甲镇	江苏华宇印涂设备集团有限公司	第二批	29	先锋街道	南通南平电子科技有限公司	第三批
6		南通亚泰蜡业工艺品有限公司	第二批	30	川姜镇	江苏大海塑料股份有限公司	第二批
7	刘桥镇	南通沪望塑料科技发展有限公司	第二批	31		新世嘉纺织品(南通)有限公司	第三批
8		南通凯赛生化工程设备有限公司	第二批	32		南通唐盛纺织有限公司	第三批
9		南通天茂机械制造有限公司	第三批	33	东社镇	南通福乐华机械有限公司	第二批
10	五接镇	江苏韩通船舶重工有限公司	第一批	34		南通苏宝建筑节能科技有限公司	第三批
11	石港镇	南通源佑纺织科技有限公司	第一批	35	高新区	创斯达科技集团(中国)有限责任公司	第一批
12		南通弘峰机电有限公司	第二批	36		南通百纳数码新材料有限公司	第一批
13		江苏准信自动化科技股份有限公司	第二批	37		南通福乐达汽车配件有限公司	第一批
14		南通医疗器械有限公司	第三批	38		南通庞源机械工程有限公司	第一批
15		南通梦吉妮家用纺织品有限公司	第三批	39		中广核中科海维科技发展有限公司	第一批
16	兴东街道	南通瑞泰电子有限公司	第一批	40		江苏神涛环保科技有限公司	第二批
17		南通华隆微电子股份有限公司	第二批	41		华瑞(江苏)燃机服务有限公司	第二批
18		南通华夏飞机工程技术股份有限公司	第三批	42		南通东源电力智能设备有限公司	第三批
19	平潮镇	南通光合生物技术有限公司	第一批	43		南通大任永磁电机制造有限公司	第三批
20		南通广兴气动设备有限公司	第一批	44		江苏博悦物联网技术有限公司	第三批
21		南通市嘉诚机械有限公司	第一批	45		连邦计算机集成服务南通有限公司	第三批
22		南通海一电子有限公司	第一批	46		江苏瀚天智能科技股份有限公司	第三批
23		南通江海电容器股份有限公司	第二批	47		南通江海储能技术有限公司	第三批
24	兴仁镇	南通虹波机械有限公司	第一批				

科技成果

【概　况】 2017年,全区获南通市科技进步奖16项,其中:二等奖6项,三等奖10项。通州区科技进步奖37项,其中:一等奖6项,二等奖12项,三等奖19项。

2017年通州区部分科学技术进步获奖项目名录

表19

获奖项目	完成单位	主要完成人	奖励等级
构筑健康睡眠微环境功能家纺产品的集成技术研发及产业化	江苏金太阳纺织科技股份有限公司	陈红霞　胡青青　钟　婧　仝晓婷　陆　鹏　居婷婷　毛　军	南通市二等奖
新型双密封、宽温度、低扭矩、静音态830-ZZP5微型轴承	南通山口精工机电有限公司	徐境福　刘卫平　莫　泽　陈海洋　姜　嵩　周　威	南通市二等奖
高频高压型电子加速器	中广核中科海维科技发展有限公司	刘　奇　李　德　肖　林　顾　强　刘永好　王胜利　苏海军	南通市二等奖
节能型汽车发动机高精度多楔轮轮毂关键技术研发及产业化	南通福乐达汽车配件有限公司	谢一峰　唐季平　严　军　张建新　周　敏　纪国群　金雪平	南通市二等奖
带助爬器2.5MW风塔	中航虹波风电设备有限公司	杨家军　张建云　朱　军　刘美芝	南通市二等奖
立式V型防波板罐式集装箱	南通四方罐式储运设备制造有限公司　南京理工大学	楼晓华　顾洪飞　倪　俊　叶松斌　王建峰　杨　亮　钟建胜	南通市二等奖
CBB135型高温大电流新能源汽车用电容器	南通新江海动力电子有限公司	陈伟伟　丁继华　郑　军　谭　剑　邵淋锋	南通市三等奖
新型高精度可调节低噪音激光机升降台	南通国盛精密机械有限公司	姚菊红　刁勇军　李正利　许飞虎　谢小魏	南通市三等奖
多元色纺休闲面料精准设计及集成加工技术	南通东帝纺织品有限公司　南通大学　江苏东帝纺织面料研究院有限公司	卢红卫　刘其霞　张余俊　季　涛　叶　伟	南通市三等奖
一种整体接线技术在家具中的应用	南通亚振东方家具有限公司	钱蒋锋　卢建军　朱松建　高　伟	南通市三等奖
壳聚糖抗菌家纺面料的制备技术	紫罗兰家纺科技股份有限公司	汪明星　刘金抗　陈　凤　葛　玲　陈永兵	南通市三等奖
环保型酚醛-无机复合保温材料	江苏德明新材料有限公司	范平一　张　硕　吴　丹　赵贵忠	南通市三等奖
金属薄板印刷质量自动检测线	江苏华宇印涂设备集团有限公司	沈惠峰　胡玉兵　施胜新　费　兵　费和超	南通市三等奖
片簇分体组合式强换热轻量节能型油冷却器	南通江华热动力机械有限公司	曹　进　张九新　吴海燕　周青青　李　建	南通市三等奖
具备CENⅣ等级超高强水泥基复合材料保险柜	创斯达科技集团(中国)有限责任公司	刘佳炎　关志峰　赵志明　秦美娟　吕水根	南通市三等奖
CD137型耐高压长寿命铝电解电容器	南通海立电子有限公司	张　楠　朱　军　蒋志兵　邵　烨　陈金建	南通市三等奖

防震减灾

【概　况】 2017年,通州区地震局在区委、区政府的领导下,全面落实联动协调机制,以地震法规制度贯彻落实、地震监测预报、地震灾害预防、地震应急救援为工作重点,较好地完成全年防震减灾各项工作任务。积极贯彻实施防震减灾法律法规,推进通州区防震减灾法制建设。建立健全的执法队伍,开展执法人员培训。广泛开展防震减灾法规宣传教育活动,利用科技活动周、"7·28"地震纪念日、防灾减灾日和国际减灾日等时机,在学校社区宣传栏、图书馆、培训室等场所宣传防震减灾相关知识。做好地震监测台网的建设和运行维护,对强震台仪器进行检修,对苏12井设备进行全面更新换代。完善地震宏观异常处理工作制度,建立会商机制,组织全区36名三网一员培训。做好地震灾害预防工作,将抗震设防要求监管及纳入通州区基本建设程序,积极配合区农委、区住建局等部门制定农居工程建设技术标准和施工建设指南,参与拟定《区政府办公室关于进一步加强农村居民建房管理的通知》,把地震安全列入民居建设规范要求。持续抓好地震应急救援工作,对政府部门、企事业单位地震应急预案进行修订。开展应急救援工作的定期检查与演练,在刘桥小学、刘桥中学、金郊中学、人民银行等院校和企业组织地震应急演练活动，提高防震避险、紧急疏散能力。加强应急避难场所建设和运行，改造升级南山湖公园和江海明珠广场2处地震应急避难场所，并利用社区广场和学校操场新建应急避难场所12处。全年共制作各类宣传标语横幅400余条，组织各类演练50余次，发放防震减灾科普材料2万多份，全区防震减灾意识和地震灾害应对能力进一步提升。 (张新建)

气象事业

【概　况】 2017年，通州区气象局继续围绕公共气象服务、气象灾害防御体系建设和气象为农服务体系建设等重点工作，认真组织实施，圆满完成年度目标。

【公共气象服务】 2017年，通州区气象局认真落实气象防灾减灾工作职责，做好高温、寒潮、暴雨、强对流、台风和雾霾等重大灾害性预报预警服务工作。全年向各级领导机关发送重要天气报告等专题服务材料26期，利用通州区党政信息网、微博、微信、电视、电台、报纸媒体、手机短信等各类气象信息发送平台，向各乡镇气象协理员和信息员及社会公众发布预警信息51次。围绕“重大节日、重要活动、重点工程”开展专题服务工作。认真开展元旦、春节、清明、“五一”和国庆等重大节日气象服务工作；圆满完成春运期间、中高考和元宵节文艺会演等重要社会活动的气象服务。全年共制作发布各类专题专项气象服务材料近240期。

【气象灾害防御体系建设】 2017年，通州区气象局认真落实农村气象灾害防御体系建设工作，与区文广新局继续深化合作，全区14个乡镇(街道)村间音柱喇叭正常稳定运行，每天定时给广大民众播送各类气象预警信息。至年底，通州区建成以16名乡镇气象协理员、350名村居气象信息员和镇村气象信息工作站为主的气象预警网络体系，覆盖全区所有镇村；同时与各镇(街道)共建16个镇级、170个村级气象信息工作站。应省气象局减灾处统一要求，在气象信息员中推广安装“钉钉”软件，用于接收交流各类预警信息，取得实质性进展。

【气象为农服务体系建设】 2017年，通州区气象局继续推进全区15个区域自动气象站的社会化保障，不定期对维保情况进行巡检。继续做好针对种养殖大户、农村合作社和规模性农业企业的“直通式”气象服务，每天向137家种养殖大户和25家农业合作社及现代农业企业免费发送气象服务短信，重大天气过程前不定时发送气象服务短信，气象信息直接送到农户和农业企业主手中，为农业种养殖生产提供第一手的气象服务。向景瑞和裕隆等省、市级现代农业产业园提供蔬菜大棚小气候实况等针对性的特色气象服务。通过“通州区为农服务‘两个体系’管理平台”向各镇(区园)提供重要农时农事和特色农业气象服务，全年共制作发布各类服务材料84期。同时，区气象局与区农委开展深度合作，充分发挥气象为农服务专家联盟技术优势，不定期制作重要天气的气象为农服务信息，向全区4000多农户开展“直通式”气象服务，全年共发送服务短信4万多人次。

【防雷减灾社会管理】 2017年，通州区气象局共完成14个项目的防雷装置验收工作，总面积553656平方米。摸清全区现有油库、气库、弹药库、化学品仓库、烟花爆竹、石化等易燃易爆场所企业的基本状况，形成详细的防雷监管名录，自7月起，每周组织相关工作人员对辖区内建档立卡的危化企业进行防雷安全监管，确保普查全覆盖，全面督查达10%以上。完成“许可”“确认”“奖励”“其他”这几类行政权力事项的网站维护。根据区委区政府和市局关于开展安全生产大检查的相关文件(通安委〔2017〕7号、市局通气发〔2017〕45号等)要求，区气象局切实加强对气象灾害防御安全大检查行动的组织领导，明确任务，按照安全生产大检查行动方案，单位内部多次组织排查车辆、食堂、供电、备用电源、消防、网络以及各职能科室的业务工作等事故隐患，落实内部各项安全措施，杜绝事故的发生。 (周　琦)

文化·体育

Culture·Sports

编 辑 陈 菊

文化艺术

【概 况】 2017年,通州区文广新局实施"特色文化、精品文化"战略,着力推进民生实事项目、文艺精品工程和文化产业发展。

艺术生产。黄梅小戏《审舅舅》、小品《村支书的星期天》参加中央电视台戏曲频道《一鸣惊人》栏目"梦想微剧场"第二季节目录播,获团队金奖。长篇纪实报告文学《闯荡南非洲》、通剧《范老爷判婚》获南通市"五个一"工程奖。大型通剧《瓦匠女人》入选江苏省地方戏曲基层院团优秀现代戏交流展演。小戏《审舅舅》、油画《遥望港的汉子》获省艺术基金扶持。小戏《审舅舅》获第四届中国剧协小戏小品创作基地交流演出研讨会暨常平杯小戏小品邀请赛一等奖,入选第七届全国优秀小戏小品展演,参加省第八届江苏廉洁文化周开幕演出。小品《二嫂争媳》获第三届江苏省曲艺、喜剧小品邀请赛决赛一等奖。鼓曲《老街坊》入选第三届省文华奖曲艺专场演出、第七届江苏曲艺"芦花奖"颁奖晚会演出。南通方言说唱《散花》入围省民间艺术展演暨江苏民间文艺"迎春花奖"民间艺术表演奖终评、"中华颂"第八届全国小戏小品曲艺大展。版画《巢之恋》、油画《遥望港的晌午》入选第三届江苏省文华美术奖优秀美术作品展。

群众文化。精心组织开展"金鸡报春"春节系列活动、"同心向上·领航江海"2017贺新春全区群众大联欢、文化下乡大巡游活动、百场艺术精品惠民工程暨"欢乐江海行"送戏下乡、"通州之夜"、古沙舞台周周演、群众文艺调演、非遗文化周、古沙读书节、"领读者"讲师团、"布谷鸟"志愿服务队、全民阅读、书香通州、红色影片公益放映等系列文化惠民活动。全年组织精品文艺演出200场,举办文体活动1000多场,放映公益影片2500场。

公共图书馆。区图书馆购新书4.65万册,图书外借流通28.41万册次,接待读者42万余人次。新办理借书证0.85万余份,读者持证4.87万份。开展通州区第六届古沙读书节系列活动、"领读者"讲师团系列讲座、通州"美诗文"吟诵社"进乡村、进学校、进企业"等活动50余场。

新闻出版(版权管理)工作。根据全省书香通州建设规划,成立通州区全民阅读促进会,组织参加全民阅读培训,协调居民综合阅读率调查等工作。建成省五星级农家书屋1个,市四星级农家书屋5个。继续开展版权作品免费登记工作,共登记版权作品2400多件。

文物和非遗保护。对全区文保单位安全状况进行全面排查。组织开展第五

通州区第七届群众广场舞大赛

文化下乡大巡游

批区级非物质文化遗产代表性项目名录和第三批区级非物质文化遗产代表性传承人的推荐申报和评审工作。开展第七届“非遗文化周”系列主题活动，继续推进通州记忆丛书《通州民舞》的编纂工作。

文化产业。上报重点文化产业项目13个、文化旅游项目5个、文化创意艺术2个、影院2个、制造业1个、文化科技项目1个、文化集聚区2个。完成文化产业招商推荐活动。签约项目5个，签定投资意向协议书7个，新注册项目2个，实际投资4.2亿元。完成文化产业若干扶持政策的修订(初稿)。出台“四个全面”文化产业部分考核细则。

全国曲艺小剧场新作研讨会在通州区举办

【全民阅读促进会成立】 1月18日，通州区全民阅读促进会正式成立，并在区图书馆举行会员代表大会和理事会会议，全区出版单位、作家教师队伍和社会阅读组织130多名促进会会员参加。与会人员听取促进会筹备工作报告、《章程(草案)》起草说明，审议通过《章程》《会费收缴及管理办法(草案)》，选举产生促进会第一届理事、监事。随后，召开一届理事会一次会议，选举常务理事、会长、副会长等。

【通州小品再登央视舞台】 4月10日，通州曲艺小品《审舅舅》《村支书的星期天》参加中央电视台戏曲频道《一鸣惊人》栏目“梦想微剧场”第二季节目录制，事隔7年之后通州小品再次登上央视舞台。此次参加录制的2个节目为通州区文广新局原创作品，编剧、导演、演员都由通州本土演员担当。两部作品凭借精巧的构思，完整的情节，生动的表演，赢得评委和现场观众阵阵掌声，并获“梦想微剧场”第二季“团体金奖”。

【周慧琳调研通州区版权工作】 9月16日，国家新闻出版广电总局副局长、国家版权局专职副局长周慧琳到通州区调研指导家纺市场版权工作。周慧琳参观南通家纺城知识产权服务厅、知识产权法庭，对通州区家纺版权保护工作表示肯定，并指出要不断拓展版权工作的领域，完善工作机制，建好版权工作队伍，继续做大、做优家纺版权保护品牌。

【全国曲艺小剧场新作研讨会举办】 12月22—25日，由中国曲协和江苏省文联联合主办的第二届全国曲艺小剧场新作研讨会在通州区举办，全国曲艺界近百名专家、演员参加。会上，各位专家对入选研讨会的20篇作品进行研讨，并提出修改意见和建议。中国曲协曲艺创作委员会委员杨好婕等专家作《鼓曲文本创作简谈》等讲座。

曲艺小品《审舅舅》参加央视录制

文化市场管理

【概　况】 2017年，区文广新局深入开展“扫黄打非”专项行动和进基层活动，共检查出版物经营市场、印刷企业750家次，收缴盗版音像制品1.2万余张、非法出版物2000多册。强化制度规范、执法人员培训和硬件投入，加强文化执法队伍建设。加大对业主的法律法规培训力度，共举办专题培训班6期，培训人员800多人次。完善网吧长效管理机制，扎实做好全国文明城市复审迎查和月度考核工作。通州区文化市场管理工作受到省委宣传部、省文化厅、省新闻出版广电局的联合表彰。 (徐晓毅)

广播电视

【概　况】 2017年，区广播电视台紧密围绕全区建设“强富美高”新通州总体布局，坚持“三贴近”，精心策划，深入一线，努力提高新闻舆论传播力、引导力、影响力、公信力。先后组织“两聚一高”、接轨上海、“走帮服”、文明城市、“263”专项整治、喜迎十九大等系列宣传活动，推出一批高质量、有分量的新闻报道。加强与国家、省、市级媒体的联系、沟通与合作，充分发挥对外介绍通州、展示通州的主导作用。不断创新理念，紧扣党建融合，围绕节目改版，推动线上线下联动，努力促进媒体融合。推进体制机制改革，完成组织架构的设置，全员竞争上岗。成立播音主持人委员会，开展“青蓝”工程，加强人才队伍建设。是年，区广播电视台获评南通市2015—2016年度文明单位、南通市2016—2017年度思想工作先进集体等称号。

【节目改版】 7月，FM99.9通州电台首次与江苏人民广播电台合作，对频率节目进行改版，打造全新“阳光频率”。改版后，以直播为主的自办节目达12档，较好地满足城乡受众多样的收听需求，赢得受众好评。

【对外宣传】 2017年，区广播电视台共接待国家、省、市级记者280多人次，累计发布通州正面宣传报道7000多条次。在《新华日报》发稿6篇，其中头版2篇；在《南通日报》发稿369篇，其中头版稿件102篇(含图片)，头条19篇。在国家级电视媒体用稿6篇，江苏省电视台用稿9篇，南通电视台用稿118篇。在中央人民广播电台用稿1篇，江苏人民广播电台用稿40篇，南通广播电台用稿75篇。江苏大走访微信公众号录用2篇。

【节目创优】 电视类：少儿节目《田梦儿》荣获江苏省优秀广播电视节目三等奖，短纪录片《琼海硬汉》、专题片《缘梦南山》、新闻评论《血缘情深，续航生命》分别荣获南通市优秀广播电视节目一、二等奖。广播类：广播剧《田梦儿》荣获“第十七届中国广播剧大奖”，《“义举妈妈”实现爱子遗愿，120万助学金慈善助困》荣获江苏省政府新闻特别奖，《通州骄子孙钱团队研发的光明“中国芯”荣获国家技术发明一等奖》荣获全国县级广播电视节目评析一等奖，《童声里，梦想飞扬》《张锋：塑造少儿“文化自信”的“中国好人”》荣获全国县级广播电视节目三等奖，《童心向党，幸福成长》荣获江苏省广播电视少儿精品节目二等奖；《朱达》《文天祥在通州》荣获省播音作品三等奖。报纸类：《家纺城电商“星火”渐“燎原”》《将爱传递下去》《世界从此欢声笑语》分别荣获2016年度江苏省县市(区)新闻中心好新闻消息类、通讯类和摄影作品类一等奖，《研发核心成员孙钱来自通州》《“三管” 民警热心为民英勇无畏》等稿件荣获2016年度江苏省县市（区）新闻中心好新闻二等奖。新媒体：《同样了不起！通州人顾小飞获得里约残奥会银牌》荣获江苏省县市报研究会三等奖，《南通市通州区的3816个问题是这样化解的》荣获江苏大走访微信号年度特别好稿奖。在2017年度南通市新闻界“岗位大练兵、技能大比武”中，《富裕村扶贫攻坚无“微”不至》获平面媒体类二等奖，《花园村党总支：捐献“扶贫造血干细胞” 小康路上“齐步走”》获广电媒体类二等奖，《当个“吃土”的群众也不错》获新媒体类三等奖。　(王　燊)

记者站

【概　况】 2017年，《南通日报》驻通州记者站在《南通日报》头版用稿105篇，其中头版头条15篇。记者站围绕区委区政府中心工作，采写重点报道。反映通州招商引资、项目建设的有《通州招商引资“大数据”再加压》《用项目夯实实体经济基石》《通州项目建设按下“快进键”一季度拟开项目35个》《精准服务换来项目有效“反哺”》《南通高新区项目建设推劲十足》《通州打好项目建设“长线球”》等；反映通州党员干部“走帮服”的有《通州：走实服务群众 “最后一公里”》《通州：干部脚上泥化解群众心头堵》；反映建设“上海北大门”的有《通州承接分享上海“溢出效应”》《通州：“智” 接上海促进产业融合》。南通家纺城的微供市场是一个新生事物，给家纺经济带来新的增长点，采写《小微供　大未来》刊登在《南通日报》；区委宣传部在加强精神文明建设，弘扬社会主义核心价值观方面积累了经验，取得了成绩，采写《通州凝心聚力践行“核心价值观”》刊登在《南通日报》头版头条。此外，采写《通州建筑业创新“出奇兵”》反映通州建筑业与时俱进，转型发展的情况。　(赵通进)

体　育

【概　况】 2017年，全区体育工作有效提升公共服务能力与水平，提升竞技体育的内在发展动力，推动青少年体育全面开展，体育产业呈现持续上升的良好势头，较好地完成各项工作任务。举办有影响、有规模的全民健身活动6项次、其他各类单项比赛及全民健身活动100余项次，参加活动20余万人次。开沙岛旅游度假区成功入选国家体育总局第一批体育运动特色小镇试点项目。推进城乡体育健身工程建设，新建2个农村体育公园，提升1个农村体育公园，新建村级4个多功能运动场。全年销售体育彩票1.7亿元。区体育局被表彰为2017年度全国群众体育工作先进单位、江苏省县级体育工作先进单位。

【群众体育】 全年共组织开展区级各类群体活动20余项次。1月28日至2月4日，举办春节期间“全民健身·幸福通州”全民健身系列活动：“体彩贺岁杯”足球、羽毛球和乒乓球赛、游泳比赛，小学生围棋象棋联谊赛等，吸引近2000名市民参与。3月18日至4月15日，举办通州区足球甲级联赛，10支代表队200余人参赛。3月28日，举办江苏省老年人体育节通州区暨金沙街道分会场启动仪式。6月3日，承办“舞动江苏”广场舞大赛(通州赛区)海选赛，全区各镇区园15支代表队300余人参加。6月10日，承办江苏省第十二届“长江经济带”全民健身大联动南通分会场暨南通城市健身达人挑战赛，南通各县市区1500余人参赛。6月25日，区体育局、总工会联合举办通

通州区三运会开幕式

州区职工羽毛球超级联赛，全区20家俱乐部600余名羽毛球爱好者参加。7月11—14日，举办江苏省少儿门球比赛，全省32支代表队300余名运动员参赛。11月4—6日，分别举办南通市王家拳项目、木兰扇项目一线社会体育指导员培训班，全市各区县近200名一线社会体育指导员参加培训。在区三运会期间，社体部先后举办区三运会暨第二届全民健身运动会社体部羽毛球超级联赛、足球联赛、篮球比赛等赛事，与此同时职工部、老年部、机关部等部别也先后开展各项活动。

【学校体育】 全年共组织区三运会中小学生部阳光体育系列竞赛7项次，390余支队伍、8500多名学生参赛。3月24—26日，举办中小学生部小学生田径运动会，全区44支代表队362名运动员参赛，比赛分团体和综合团体两项总分排定名次，金乐小学获得双第一。5月26—28日，举办中小学生部女子毽球比赛，全区各中小学、各星级学校74支代表队370名运动员参赛。4—6月，举办中小学生部校园足球联赛，区全国、省、市级校园足球特色学校和其他有关学校共26支参赛队280人参赛。10月20—22日，举办中小学生部中学生田径运动会，全区31所初中及星级学校248名中学生参赛。11月17—19日，举办中小学生部中小学男子三人制篮球赛，小学组有37支代表队185名运动员参加，中学组有30支代表队150名运动员参加。12月14—16日，举办中小学生部中小学男子毽球比赛，全区各中小学、各星级学校74支代表队370名运动员参赛。12月底，举办中小学生部中小学乒乓球比赛，全区各中小学、各星级学校65支代表队325名运动员参赛。

2017年江苏省青少年锦标赛通州籍运动员成绩统计表

表20

项目	姓名	年龄组	小项	名次
田径	钱浩然	12~14岁组	垒球全能	3
	曹维	12~14岁组	垒球全能	2
	李杨	15~16岁组	标枪	2
	刘倪烁	15~16岁组	4×100米接力	3
	张雅	15~16岁组	400米栏(16岁组)	3
	张雅	15~16岁组	4×100米接力	3
	陈玉倩	17~18岁组	链球	1
	顾鹏程	17~18岁组	跳远	3
自行车(场地)	袁濠杰	14~16岁组	团体竞速赛	2
	王佳钰	17~18岁组	团体竞速赛	3
柔道	曹季华	15~16岁组	+100公斤级	2
	张国庆	17~18岁组	−83公斤级	2
	施帅杰	17~18岁组	−94公斤级	3
	李柽晨	17~18岁组	−56公斤级	2
摔跤	黄炜杰	17~18岁组	(古典式)64kg	3
击剑	樊施丽	14~15岁组	花剑团体	1
	倪丹	14~15岁组	花剑团体	1
	龚棋棋	16~17岁组	花剑个人	1
	龚棋棋	16~17岁组	花剑团体	1
足球	沈鑫尧	11~12岁组		1

2017年江苏省青少年田径锦标赛暨县组田径比赛(第一赛区)通州籍运动员成绩表

表21

项目	姓名	年龄组	小项	名次
田径	钱浩然	11~12岁组	60米	1
	钱浩然	11~12岁组	100米	2
	王鑫	16~18岁组	200米	3
	张志钦	13~15岁组	铅球	3
	张志钦	13~15岁组	铁饼	2
	刘倪烁	13~15岁组	跳远	2
	刘倪烁	13~15岁组	三级跳远	2
	曹维	13~15岁组	标枪	3
	曹鑫	11~12岁组	垒球	2

2017年通州籍运动员全运会成绩统计表

表22

项目	姓名	成绩
帆船激光级	吴佳楠	金牌
排球	姜倩雯	金牌
自行车场地争先赛	包赛飞	银牌
跆拳道67公斤级	余小慧	银牌
击剑重剑团体	陆亚珠	铜牌

(周玉梅)

10公里开沙岛跨江跑

城乡建设

Urban and Rural Construction

编　辑　杨王军　陈　菊

城镇规划

【概　况】 2017年，通州区围绕“品质规划　零距服务”目标，大力提档规划编制品质，提升项目服务品质，准确把握城乡规划目标任务，充分发挥规划龙头引领作用，立足区位优势和资源禀赋，探索引导城市建设和城乡风貌、生态、特色塑造，突出城镇品位和生态环境保护，引导和推动城乡一体化发展。全年共核发《建设项目选址意见书》31份（总用地面积241.19公顷）、建设用地规划许可证121份（总用地面积362.14公顷）、建设工程规划许可证237份（总建筑面积587.79万平方米）、乡村建设规划许可证133份，审批农民建房261户。

【城区规划编制】 2017年，通州区以生态文明建设为抓手，在对水环境、水生态、水安全及水资源情况深入调查和分析基础上，完成通州城区海绵城市专项规划，合理划定城市水、绿自然生态格局，根据城区规划布局，分片、分用地功能核算低影响开发的各项指标，并科学布局公共海绵设施。进一步提高城区控规适应性与应变能力，对希望路东通掘路两侧地块、扬子江路东朝霞路北侧地块、金海路东文盛路南侧地块等10处地块控规调整，切实做到对不符合实际建设需求内容及时修正与完善。

【村镇规划编制】 2017年，根据国家住建部建村〔2015〕187号文件要求及省关于开展县域乡村建设规划编制试点工作部署，完成《南通市通州区乡村建设规划》，按照“规划先行，分类指导农村人居环境治理”原则，对乡村建设目标、乡村体系、乡村用地、重要基础设施和公共服务设施建设、乡村风貌及村庄整治指引6部分内容分别开展研究，进一步明确通州区乡村体系，改善农村人居环境，完善乡村建设管理“一张图”。完成西亭、十总总规编制及法定化工作，明确城镇发展方向、发展模式和用地布局，促进协同发展。推进刘桥、西亭、张芝山、十总、东社、兴仁等重点发展区域控制性详细规划编制，完善城镇功能，规范城镇建设。在镇村布局规划基础上组织完成剩余159个村庄详细规划设计，结合地域、人文、产业等要素，建设打造产业特色村、文化特色村、旅游特色村，实现村庄规划全覆盖。　（夏轶丽）

城市建设

【概　况】 2017年，区住建局以“完善设施功能、美化生态环境，提升城市品质、建设宜居通州”为目标，以“三城同创”和“263”专项行动为抓手，全力推进绿满通州、水韵通州、畅行通州“三大行动”。是年，被表彰为市“建设工程抗震防灾先进集体”、区“城镇建设与管理工作先进集体”“民生及社会建设工作先进集体”“2017年度城市绿洲提升工程先进集体”“生态环境综合整治工作先进集体”等。

【市政道路建设】 2017年，投资约8900万元，新建、改造市政道路8条，总长6.03公里，新增道路公交站台13座。希望路北延（主路长1200米，宽40米，支路长350米，宽22米），新金东路改造（长1000米，宽35米），延寿路西延（长550米，宽22米），金富路北延（长300米，宽22米），成贤路（长450米，宽16米），正德路（长800米，宽12米），效贤路（长420米，宽16米），康宁路续建工程（长960米，宽25米）。

【城区绿化建设】 2017年，城区园林绿化工程投资5150万元，实施景观绿化面积约63.7万平方米。先后完成南通市市级公园进鲜港湿地公园鲜花小镇一期绿化和花卉种植任务、龙盛大道转角综合性区级公园建设、特色主题公园樱花园建设以及金通家园西北侧小游园、十六总港小游园2个市级小游园建设。完成希望路、老通掘路、转河路、忠孝路、金霞大道东侧、朝霞东路两侧等道路绿化，完成十五总港东侧、九总河两侧等河道绿化，完成苗圃地建设及机场路、金通路移苗工程、市民广场壁雕修缮工程、行政中心人大中庭景观改造绿化工程、金桥路景观绿化工程、育才中学景观绿化工程以及银河湾东侧、东市场东侧、新园路东侧等零星地块景观绿化工程。加强城区公园、绿地长效养护管理工作，全年投入绿化养护经费约2100万元，专业绿化养护企业16家，实施城区绿地管养面积约650万平方米。

【城区水环境建设】 2017年，实施十四总港纵一河综合整治工程、城区污水管网及泵站完善工程,城区零星截污及积水点工程共改造积水点、污水截流点16处,改造雨污水管道1.7公里。有序推进八角亭水体整治工程作为黑臭水体整治项目。

【老旧小区改造】 2017年,区财政投入1880万元，实施12个老小区改造整治工程。其中,金新街道6个:星源佳苑,区解困房，盆架桥花苑，八角亭78号、79号楼,金丰小区,金南新村;金沙街道6个:翠园花苑、泰山公寓、翠园新村9号楼、物资新村、国税局宿舍,以及12个拆迁安置小区消防维修。至年底,改造工程结束,新增小区雨水管7894米、污水管道8333米、停车位1550个、绿化补栽34234平方米、场地浇筑64047平方米。

【亮化工程】 2017年,全区路灯亮化工程总投入约2006万元。其中,大交通、市政干线及市政路网实际投资约1332万元,完成新金东路(建设路至金霞路)、延寿路西延、金富路北延、成贤路、效贤路、正德路、杏园西路、交通新村停车场、温州中路、姜张路、渔湾中路、石新公路、江平路、东社人民路、友谊路等路灯配套工程建设任务。二甲光明路(北二线至环镇东路)、洋海线(镇南路至骑石公路)、南通市工农路北延工程(南起工农路北延工程起点至城北大道)等路灯配套工程实施招标。先后对通掘公路(唐洪路口至如东)、新223(唐洪路口至通吕公路)、S223南延(通吕公路至海门)等15条道路实施LED灯节能改造,共更换改造全夜灯、半夜灯灯头3597盏,新建道路直接安装相关LED灯头1373盏，全年改造更换LED灯头共计4970盏,年节电量约343.77万千瓦时，节电效益约303.2万元。

【村镇建设】 2017年,镇、区、园(街道)实施城镇污水收集管网工程33.6公里，区14座镇级污水处理厂(站)完成全年污水处理量508.46万吨，同比增长23.41%，建成镇级污水处理信息监管平台。完成省下达区农村危房改造任务386户。推进城镇100公顷一般公共绿地、80公顷公园绿地和38个村庄小游园建设,至年底,城镇一般公共绿地(含续建)竣工120.79公顷、城镇公园绿地(含续建)竣工47.4公顷,45个村庄小游园(含续建)竣工。十总镇骑岸居申报省级“传统村落”,平潮镇申报省级“重点及特色镇”发展建设项目,五接镇天后宫村“省美丽乡村试点”项目通过市级验收。

【供　水】 2017年,完成希望路、新金东路、效贤路、成贤路、金富路北延、延寿路西延、金源路(朝霞路—龙昌大道)、金西一号支路、银河西路(金源路—G345)、金鼎路、金正路、金渡路、双福路南延给水配套施工。完成金通三大道兴东路口管道改造施工(机场大道建设)。完成翠园花苑、翠园新村9号楼、泰山小区、税务新村小区、金南小区21号楼、八角亭78号和79号楼自来水管道改造施工。完成盆架桥花苑小区、星源佳苑小区部分自来水管道改造。完成开发区派出所东侧道路给水工程。完成翰铂府南区、华夏传承小区、文化翡翠园别墅区、碧桂园A2地块、天香苑西区、湖滨华庭小区、南山湖一号小区配套给水管道施工。完成碧桂园B区、湖畔天下小区、金泰D小区、金缘C小区部分给水管道施工。完成正场花苑、华山六期小区给水立管、水表进行防冻保温施工。完成八角亭小区、金南新村、希望苑小区、明达花苑、陵园新村等老小区80户改表出户施工任务。完成文山村二组、虹南村一组、界北村29组、油榨村店面房、金余西社庙二总路、金西王灶港、张灶港自来水管道改造施工。完成DN500-100球墨铸铁管14.6公里、DN63PE管6公里、钢塑管2.3公里施工任务。完成中瑾世纪城、江海皇都小区部分二次供水设备主体改造施工,并投入运行。完成微信交费平台建设。全年售水量7750万吨，饮用水水质合格率100%。

【燃　气】 2017年,全区天然气销售约6300万方,同比增长29.92%,新增签约收款接驳户数14228户，累计用户数达到105692户(民用户105386户、商业用户236户、工业用户70户)。新建燃气中压管道约100公里，运行中压管网约329公里、低压管网近31公里,实施输配巡线累计41350公里、燃气阀门累计维修保养114只、调压设施维修累计78次，中低压燃气管抢维修累计1474次。发展“煤改气”用户55户,其中通气25户,完成老小区用户开发1465户。实施12个镇(区、园、街道)市政燃气中压管道建设,共计100公里,实施对105个工商用户及20个新老小区共计12147户燃气管道配套建设。拆除十六里墩、东郊庄园、兴仁仁和景苑、川姜镇联邦花苑、名都豪庭小区及金太阳等点供站6个，完成滨海气化站消防验收，石港高中压调压站建设竣工。开展各类燃气安全宣传12次,入户安全检查1200余户,排除安全隐患52起，发放安全资料4200余份。开通支付宝、微信、网上营业厅等线上缴纳燃气费渠道，实现乡镇用户现场缴费及现场打印发票。

【城区污水处理】 2017年,区益民水处理公司共处理污水1437.63万立方米，处置污泥10140吨，削减化学需氧量3947吨，出水达标率100%，顺利通过ISO 9001、ISO 14001、OHSAS 18001体系认证。益民二分厂一期建设规模2.5万吨/日，采用周期循环活性污泥法处理工艺,出水达一级B标准。全年共处理污水674.1万立方米，处置污泥约24667.15吨,削减化学需氧量4156吨。该厂纳管排污企业智能化监控及泵站功能完善项目于4月开工建设,12月竣工。

【建设市场管理】 2017年,办理农民工工资保证金退款申请116份，累计返还履约保证金66.57万元、农民工工资保证金5774.82万元,退款金额2442.39万元。完成建设工程质量治理两年行动检查,检查在建工程项目248个、建筑面积765.2万平方米,全年监督抽查211个项目，抽查446次，签发整改通知书140份,停工通知书7份,监督竣工验收82个项目,面积189.6万平方米,对102家原材料登记备案。全年完成新建工程施工图设计及抗震、防雷专项审查项目216项,建筑面积410万平方米,审查违反强制性条文990余条次，违反强制性标准2800余条次,完成岩土工程前置性审查181项，幕墙及装饰专项审查18项,设计变更审查72项,公建配套设施审查9项。全年城建监察执法368人次,实施行政处罚14起，发责令改正通知12份、停工通知1份，查处违章建筑21.77万平方米、造价1.71亿元。全年共接收122个建设项目资料，资料案卷5000余卷，共审核工程档案竣工资料124个，签证竣工验收证明71份，竣工工程接收证明书122份，竣工工程档案备案报告71份，档案资料整理、装订、编制、著录、上架12135卷，接待查阅档案201人次，提供利用档案1085卷。

【绿色建筑示范区推进】 2017年，通州区推进省级绿色建筑示范区创建工作，列入绿色建筑示范项目建筑总面积约320万平方米，建成面积180.5万平方米。全区取得绿色建筑设计标识项目18个，分别是市民服务中心、碧桂园天玺湾、社会福利中心、高标准中学、翰林御花园、星源名苑、国际棉业交易中心、万和润园一期、新瑞文化翡翠园、湖滨华庭、书香华府、金东新城天香苑西区安置房、万科大都会、中梁望府、万达广场、佳源都市、湖畔天下。其中，市民服务中心、碧桂园天玺湾、星源名苑、万科大都会、中梁望府、佳源都市6个项目取得二星级绿色建筑设计标识，建筑面积达131.9万平方米。 （徐志宏 王 莹）

城市管理

【概 况】 2017年，区城市管理局(行政执法局)以“提升城市综合品质”为目标，大力开展“让下班后的生活更舒心”品牌活动创建，深化网格管理，着力在打造精致、细腻、整洁、有序的城市管理新常态上下功夫。是年，区市容环境卫生管理处固体废弃物转运中心获省住房和城乡建设系统“安康杯”竞赛优胜班组，大件垃圾破碎撕辊机获环境卫生行业争优创新清扫保洁与环卫机械类银奖。环卫工人葛新林被表彰为全国最美环卫人。参加市2017年度环卫技能竞赛和省第二届“福龙马杯”环卫行业机械化冲洗职业技能竞赛，获市环卫技能竞赛2个第一、3个第三，省环卫技能竞赛1人第九的好成绩。

【镇村环境长效管理】 2017年，坚持用文明城市“以城带乡、城乡共建”管理标准，加强对各镇(区园、街道)集镇长效管理组织机构督促、指导，加大对各镇(区园、街道)市容秩序、交通秩序、经营秩序及卫生管理、住宅小区管理等工作检查考核力度，组织开展集镇长效管理业务指导和培训，牵头组织城管基层“三服务”工作，助推集镇管理。先后为15个镇(区、园、街道)提供服务36次，洒水降尘冲洗道路计167条867公里、机械吸粪公厕172座790吨、指导执法培训767人次。开展助力提升行动12个镇21次，出动环卫835人次、清洁路面5.5平方公里、清除杂草(垃圾)108吨。及时调整和完善区农村环境长效管理领导小组办公室，积极协调处理全区农村农路管养、河道管理、绿化管护、生活垃圾收集处置、公共设施运行维护“五位一体”工作，坚持农村环境“五位一体”联查、联评、联考，做到考核巡查全覆盖，责任监管无盲区。进一步完善农村环境长效管理工作机制，交办整改涉及内容3100余项，全部按时高标准整改，集镇管理问题落实改正到位1905个，整改率96.7%，镇村环境进一步得到巩固提升。是年，十总镇获全国卫生镇，刘桥镇获江苏省卫生镇，平潮镇栖枫东路和石港镇米市桥西路被命名为南通市城市管理示范路。

【通州美食广场开工建设】 3月16日，通州美食广场开工建设，总占地面积1.2万平方米，总投入3500万元。10月，主体建设完成。建成后可容纳小商品商家146户、烧烤排挡44户。制定准入和管理标准，确保美食广场建成后能迅速投入使用，平稳运营管理。

【城区机动车停车场建设】 2017年，经调查研究和多方征求意见，拟在城区新建停车场4处，改建停车场22处，并实施机动车停放服务收费管理，以规范城区机动车停车秩序。12月15日，按照“先行服务规范管理为主”原则，机动车停车服务管理收费稳步启动，霞中停车场、育才停车场率先建好并投入试运行。至年底，两处停车场共管理服务4200余车次。

【生活垃圾分类处置】 2017年，财政投入1600余万元，在城区42个小区、8家单位、1家宾馆、1家商场和2座学校开展垃圾分类收集工作，共处置分流建筑装潢垃圾4211.07吨、大件绿化垃圾76.35吨、电子垃圾28(台)、有毒有害垃圾1369件、其他垃圾6001.77吨，收集各类可回收物14吨。积极开展项目农业废弃物减量和农村垃圾分类试点工作，以促进城乡生活垃圾分类工作稳步推进。副省长蓝绍敏以及南通市城管局等领导先后实地观摩通州区生活垃圾分类分拣中心东社站，对通州以实际行动贯彻落实“263”专项行动，率先在全省建成城乡全覆盖的垃圾分类分拣中心及具体举措给予充分肯定和高度评价。

【城市综合治理】 2017年，结合文明城市迎查，大力开展城市环境综合整治，完成省“931”、市“953”整治任务，坚持“一周整治一条，一路一周一整理”，清理、拆除各类破损、违章广告牌1077块，面积11939平方米，清理乱堆放3989处，规范店外占道经营6107家，非机动车停放26330辆，清理小广告8896处，市容秩序得到进一步规范。开展“让下班后的生活更舒心”活动品牌创建，着重在服务市民吃、住、行、看、购、游上下功夫，打造精致、细腻、整洁、有序的城市管理新常态。加快改革转型步伐，成立区城市建设管理综合执法大队，换发新式服装。结合“263”专项行动，配合做好通灵桥区域环境整治。严格违法建设治理，注重“六种形态”违法建设防控，拆除、处置违法建设978起，面积78506平方米。有序推进公共自行车三期建设，完成10个站点雨棚建设，新设停车点位30处、锁桩600个，投放公共自行车400辆，打通市民出行“最后100米”。强化渣土管控，严控扬尘污染，集中开展“建筑垃圾专项治理”行动，清理、清运渣土14.2万立方米，缴纳建筑垃圾处置费约197万元，城区实现土堆变小、弃土变少、空气变好目标。

（张景国）

房地产业

【概 况】 2017年，全区深入贯彻国务院和省、市供给侧结构性改革房地产去库存工作部署，推进房地产市场促销费、去库存、稳房价工作。加强住房保障和房产管理,推进保障性住房建设,积极拓宽保障性住房房源渠道, 完成各项住房保障目标任务。

【房地产行业管理】 2017年,全区注册登记从事房地产开发建设企业38家,其中一级资质企业2家,二级资质(含暂定二级)企业27家,三级资质(含暂定三级)企业9家,全国二十强房企有16家进驻通州。是年, 实征公房租金327.39万元、经营用房租金301.37万元。制定直管公房安全管理预案, 开展集中大查房22次、受理报修268户次。加强房屋修缮管理,完成石港、二甲镇等340平方米公房维修改造。完成校舍、敬老院、服务行业、娱乐场所等房屋安全鉴定159项、面积46.09万平方米。实施新建房屋白蚁预防173万平方米、收费近200万元,上门勘察群众住房蚁害43户、灭治25户。

【房地产市场】 2017年,加强房地产行业管理,小区配套不断完善,人居环境不断优化, 商品房销售量逐年上升、销售价格基本稳定。至年底,全区商品房(含商业、办公)销售套数12222套,面积157.57万平方米,均价8285.98元/平方米,销售金额130.57亿元,分别同比增长 22.22% 、28.10% 、20.64% 、54.56%。其中城区商品住宅销售7275套、面积99.27万平方米、均价8886.48元/平方米,销售金额88.22亿元,分别同比增长1.95%、5.74%、26.32%、33.59%,销售均价增速略快。全区商品住宅库存5846套、面积80.80万平方米, 商办用房库存8855套、69.09万平方米。全区商品房库存去化周期由2016年底的26个月变为2017年底的11个月,其中商品住宅去化周期为6.5个月,提前完成去化任务。全区房地产销售市场健康活跃, 价格总体稳定可控、去化周期位于合理区间。

【区房地产投资暨人居价值高峰论坛】 12月12日, 由区政府主办, 住建局承办,好地网·好地研究院策划执行的区房地产投资暨人居价值高峰论坛会在通州举行,主题为“新通州,新机遇——北上海时代下崛起的通州”,会上发布《北上海时代的通州机遇——通州区域价值白皮书》。

【住房保障】 2017年,完成棚户区改造项目2个,共计保障房3041套,完成区第九批保障性住房实物配租工作, 通过联审公示, 城区7户住房困难家庭迁入新居。按照“应保尽保”原则扩大保障范围,将在区稳定就业外来务工人员、新就业大中专毕业生等中等偏下收入群体纳入公租房保障范围, 通过集体申请审批方式,分批分配公共租赁住房197套。其中,分配区人民医院、育才中学、金沙小学等单位123套。全年共审核房改房上市交易206套, 房改房标准价补差27户,补交房改基金10万余元,职工申领购房补贴15人,补贴金额17.3万元,审核9家单位动用房改房维修基金20万余元。至年底,全区城镇常住人口住房保障覆盖率增幅21.5%、住房保障体系健全率91.5%。完成2016年度审计发现问题空置公租房、拖欠房租等7个具体问题整改,并接受自2009年以来全区保障性安居工程年度审计工作。完成对2018—2020年14个棚改项目、7938户走访摸底工作, 确定三年棚户区改造目标任务。

【物业管理】 2017年,印发《关于进一步提升全区物业管理工作的实施意见》和《关于2017年城区住宅小区“421”专项整治行动方案的通知》,进一步规范物业管理市场秩序。加大对全区物业企业测评考核,推动城区住宅小区“421”专项整治检查行动,提升物业企业服务水平。强化物业项目接管备案, 严格前期物业招投标。加强住宅专项维修资金金监管,全年归集27个新建小区住宅专项维修资金7359万元,累计归集住宅维修资金4.23亿元,是年核准支出49个住宅小区专项维修资金695万元。强化前期物业承接查验备案制度, 全年共办理新建小区承接查验备案20个。认真做好物业管理全覆盖基础工作,联合区财政、审计等相关部门对城区134家老旧小区、29家拆迁安置小区、29家业主自治小区进行考核, 全年发放物业管理补贴1713万元。至年底, 有133家、总建筑面积约810万平方米的商品房小区及120万平方米的商业办公楼实现市场化物业管理服务,244个无物管零散小区实现“五有六无”基础物业服务。

【征迁安置】 2017年,全区计划启动城建重点征迁面积约157.22万平方米。启动征迁项目41个, 征迁面积约169.44万平方米,签约民居4325户、非居106家。完成民居3581户,非居51家。完成进鲜港湖、进鲜港湿地公园、竖石河公园、老通掘路小游园、扬子江路朝霞东路西南角小游园、金桥幼儿园南侧小游园、滨河人家西侧小游园、机场大道、长江西路与锡通高速连接线、城北大道、福星路、火车西站市政配套工程动迁扫尾等项目12个, 通过南通市 “三城同创”考核验收。是年,安置房计划开工326万平方米,竣工63万平方米,开工51.76万平方米。其中,国有土地安置房项目朝阳花苑开工建设,其余集体土地安置项目进行土地利用规划调整审批,以申报农转用用地手续。

(徐志宏　王　莹)

交　通

【概　况】 2017年,通州区(含滨海新区,下同)境内公路总里程3551公里,公路密度232.74公里/百平方公里,其中高速公路88公里, 一级公路276公里,二级公路319公里,三级公路201公里,四级公路2667公里。公路桥梁1313座43704延米。公路客运站场11个,其中二级站1个,三级站3个,公交回车场7个。航道总里程570公里,其中三级航道38公里,五级航道75公里,六级航道53公里,七级航道2公里,等外30吨级航道277公里, 等外10吨级航道125公里。可通航水利闸5个。港口码头95座(其中沿江港口码头10座, 内河港口码头85座),泊位133个(其中沿江港口泊位12个,内河港口泊位121个),码头岸线总延长1万米。铁路里程17公里,车站1个,机场1个。交通系统4家单位被评为2015—2016年度南通市文明单位,225省道改线工程被评为2017年度“江苏交通优质工程”项目。

【基础设施建设】 实施345国道东绕城北段等工程，畅通城市外循环，川姜温州路、石港渔湾路、平潮江平路建成通车；对接南通主城道路，城北大道西段、福星路、江通路建成通车，城市路网布局进一步优化；机场大道、西站大道等南通城建“三城同创”项目及沪通铁路、宁启铁路二期、锡通高速等省市重大交通工程服务保障工作积极推进。

【工程建设管理】 严把施工单位质量保证体系审核关，严格监督程序，突出关键工序，强化试验检测，所有受监项目委聘专业试验检测机构负责试验检测，确保工程质量监管全覆盖。以创建“平安工地”“标准化建设”等活动为载体，全年组织专项检查、月度巡查、标后监管等各类检查41次，及时查纠限期整改问题125个，促进交通工程质量和施工安全再上新台阶。

【公路管理】 强化养护管理。依托协同巡查系统，发现问题及时流转，实时解决，形成闭合，确保所辖范围路面各类病害处置及时，路面保持整洁，坑塘修补规范，裂缝及时处置。公路技术状况指数MQI达到92，PCI优良路率达到90%以上，RQI达到95%，桥梁水毁修复率达到100%，机械化清扫以及小修作业机械化频率均达标。做好三年一次乡村道桥梁定期检测工作，建立危桥库，落实“一桥一对策”。推进路域洁化绿化美化。大力推进国省干线沿线环境整治，共整治路面抛洒滴漏777起13.10万平方米，清除公路用地种植6.54万平方米、堆积物1466立方米、摊点4661个，拆除非标4295处。新增南通世纪大道东延绿化工程、北一环北延等干线配套绿化面积约50万平方米，完成投资约4500万元。强化超限运输整治。积极开展公路货车违法超限超载行为专项整治行动，联合公安交警部门完善整治方案，加大路面执法力度，全年共检查车辆177辆，其中有5辆车辆超限，共卸驳载26.82吨。

【航道管理】 加大航政执法力度。全年巡航120天，上航人数600人次，累计巡航里程4800公里。航道行政许可8件，发现和纠正违章行为50起，其中行政处罚3起，收取航道赔补偿费61万元。干线航道通航保证率100%，航标正常率达到99%以上。对辖区通启河、通吕河、九圩港等主要干、支线航道共计353公里进行清障扫床，其中干线航道168.07公里，航道护岸维护巡查29.5公里（每季度1次）；对航标进行巡查维护，确保航标正常使用功能。圆满完成全区航道调查工作，共调查航道400.04公里，梳理不具备货运功能等外级航道46条263.03公里；具备货运功能七级及等外级航道9条111.65公里；拟退出管养五级航道2条25.36公里。二甲服务区护岸工程建设通过交工验收。

沪通铁路长江大桥主跨合拢

【海事管理】 加强辖区水域安全管理。全年累计上航检查3232人天，现场监督船舶2123艘，查纠各类违章888起，开展船舶安全检查335起，纠正缺陷2049个。开展船舶防污染检查53艘，整改问题3起。加强水域环境安全监管，实施船舶排放控制区，抽测船舶燃油12艘，对2艘燃油含硫量超标船舶发出整改通知，推进8艘危化品运输船舶定位识别设备安装使用。办理危化品运输船舶进出港申报224艘63953载重吨。安全监管废酸运输船舶27艘，安全运输废酸5742吨，安全监管非法运输固体废物船舶9艘，全部遣送、押运回港，有力防止船舶污染水域事件发生。积极参与河长制行动，先后动用海巡艇巡河45次，认真落实河长制交办事项，打捞沉船15艘，努力创造河清、水畅、岸绿、景美水域环境。辖区水上交通安全形势持续稳定，通航环境良好，无因管理不善而发生航道堵塞，无内河交通上报事故。

【运输管理】 运输管理：完成公路客运量423万人（不包含公交和出租车），比上年（下同）下降11.5%，公路旅客周转量34547万人公里（不包含公交和出租车），下降7.6%；公路货运量1164万吨，增长9.5%，公路货物周转量185177万吨公里，增长10.6%；水路货运量156万吨，增长6.8%，水路货运周转量120201万吨公里，增长9%。全区客运班车77辆和旅游包车24辆共101辆，其中中级以上客车占比100%，高级客车占比93.5%（LNG清洁能源客车21辆），公营班线客车64辆，客运班线公营比例达到83%。优化运力结构，全区报废、转出危货运输车辆17辆156.36吨，新增危货运输车辆47辆736.48吨，厢式车、罐式车、特殊结构车、危货车、专项作业车数量达到1864辆，占全部营业货运汽车41.1%。强化普货运输市场监管，共发放行政提示书261份，行政警示书223份，公告注销162辆车道路运输证和138家经营业户道路运输经营许可证。持续推进交通物流业有序发展，不断优化农村物流发展环境，扩大农村物流覆盖面，继续打造农村物流品牌企业。港口管理：积极推进横港沙现代化散货港区建设，办理新世界码头3号、4号泊位改造工程前期多项手续，新世界液化码头完成工程初步设计和施工图设计审批；规范港口码头经营，联合多部门开展沿江港口非法码头专项整治，拆除营船港船闸区域非法码头6个，拆除不在省、市统计范围非法码头2个；关停4家危化品码头企业；加强内河干线航道沿线非法码头整治工作，排查内河干线航道非法码头30家，其中9家被列为拟拆除对象，21家拟列为纳规对象，拆除码头1家；深化港口未批先建专项整治活动，核发港口经营许可证26家，年度审验56家，港口持证率不断提高。出租汽车行业：协调公安等部门做好网约车许可、管理组织实施工作，稳妥推进传统巡游车和网约车融合发展，构建多样化、差异化出行服务体系，共收到申请74条，办理网约车道路运输证40件。做好出租车投放工作，提升出租车服务品质，完成135辆清洁能源出租车投放，开展星级出租车评定工作，核定星级出租车53辆，其中三星级出租车3辆，二星级出租车21辆，一星级出租车29辆。

【法制工作】 全系统各执法单位共实施交通行政处罚(处理)案件1950件(处罚案件1780件，其中2000元以上罚款案件196件，处理案件170件)，罚款215万元，收取赔(补)偿费70万元，行政许可437件。行政许可、行政处罚网上公开透明运行100%，按时办结100%，廉政告知100%，执法回访100%，重大行政许可和处罚回访100%。无行政复议变更或撤销，无行政诉讼败诉。

【安全管理】 强化安全监管，确保重要时段安全态势。在重要节日和“两会”、高考、中考、国产大飞机C919试飞等重大活动期间，精心制定工作方案，圆满完成重要时段应急保障运输任务。全年派出检查组354组次，参加人员3842人次，受检企业825家次，发现一般性隐患456条，发出整改通知书360份，立案调查924起，罚款122.74万元。危货运输、危货港口码头、沿江港口企业、重点普货企业复查率100%，发现问题及时整改，确保活动取得实效。强化宣传教育，提升安全文化建设水平。以“安全生产法律法规宣贯年”“企业安全生产主体责任提升年”等“五个年”和“安全生产月”系列活动为载体，在全系统举办安全生产知识竞赛、安全主题展板竞赛和“我为安全生产献一计”等三项竞赛活动，宣传交通安全文化理念，展示交通安全监管成果。借助“平安交通”“港口安全管理年”“夏季百日安全竞赛”“安全生产月”“安康杯”等主题活动进行宣贯。利用“水上交通安全宣传咨询日”“全国交通安全宣传周”等开展法律法规集中宣传，切实提高交通运输安全生产法律法规宣贯深度和广度。

【交通惠民】 积极创建“四好农村路”示范区，完成200公里农路提档升级，顺利通过省级验收。改造乡镇危桥约4000平方米，实施15公里县道大中修和630公里农村公路生命安全防护工程。公交优先发展提速。公交智能化、信息化建设加快，“掌上公交” 正式启用；公交线网优化，新开通公交线路4条(胜利桥公交回车场至南通火车站126路、玄武湖路扬子江路口至金州路公交回车场208路、金州路公交回车场至忠孝文化园233路、通州城区至南通政务中心128路)，进一步拉近与南通主城区空间距离，调整公交205、271、281、288路首末站，延长公交201、206路运营时间。运力结构优化，更新60路公交车12辆，新增18辆新能源公交车；城东新区公交成网，拓展调优，金东新城公交回车场项目稳步推进。

(刘　雯)

水　利

【概　况】 2017年，全区紧紧围绕水利现代化战略目标，以服务发展、改善民生为根本，抓重点、补短板、强弱项、夯基础，各项水利工作实现新发展，共完成水利建设6大类30项工程，总投资3.88亿元，向上争取补助资金6759万元。农村河道整治三年行动计划圆满完成，实现“河畅、水清、岸绿、景美”治理目标。持续推进灌区改造全覆盖工程，完成两期中央财政小型农田水利重点县工程建设，加快推进新增千亿斤粮食工程。加强计划用水管理和地下水保护，认真落实最严格水资源管理制度。全年处理水事纠纷54起，立案查处5起。五接、刘桥镇水利站达到省定现代化水利站建设标准。服务沿江开发取得新突破，协助滨江新区完成横港沙护滩固沙二期工程报告编制。是年，通州区通过国家节水型社会达标县验收，区水利局被评为省水利新闻宣传工作先进集体，获市2016年度实行最严格水资源管理制度考核第一名。

【农村河道整治】 2017年是区农村河道整治三年行动计划收官之年，全区攻坚克难，统筹推进拆坝清障、河道疏浚、桥涵配套、岸坡绿化等河道整治建设项目，三年共疏浚河道1419条(段)1158公里、清淤土方964万立方米，拆除坝头坝埂3466条，新建桥涵1859座，打捞沉船1359条，清理“三网”1.2万口，绿化河坡2124公里，打造十总、二甲、东社3个“水美乡镇”及东社镇香台村、二甲镇余西居等24个“水美乡村”，新建31条 (段)60公里生态河道、50公里水生态廊道。是年，疏浚河道210公里、清淤土方160万立方米，拆除坝头坝埂871条，新建桥涵569座，绿化河坡2124公里。在大力开展河道整治的同时，全面推进农村河道长效管护工作，坚持建管并重，河道整治完一条，长效管理就覆盖一条，建立“全面推进、分级管护、专业承包、按季考核”的农村河道长效管护机制，与农村环境“四位一体”长效管理等紧密结合，注重引导社会力量参与和共同监督，确保河道长效管理措施及时到位，河道整治效果不断巩固提升。在区管河道全面实现机械化保洁和服务外包基础上，部分镇(街道)实现镇村河道服务外包。

【农田水利建设】 持续推进灌区改造全覆盖工程，实施两期中央财政小型农田水利重点县工程建设。其中2016年度工程全面完成，并进行预验收。该项目区位于东社、西亭、刘桥镇，完成拆建泵站49座，建防渗渠道139公里、护岸4.5公里，整坡绿化2公里，恢复和改善灌溉面积2286.67公顷。于2017年5月通过省财政厅、水利厅的绩效考核。2017年度项目于2016年12月底开工，位于平潮、五接、兴仁镇，拆建泵站45座、防渗渠道139公里，恢复和改善灌溉面积2293.33

公顷。加快推进新增千亿斤粮食工程，2016年度一期项目完成，新建小型灌溉泵站23座、防渗渠道65公里，建成高标准农田1333.33公顷，2016年二期项目和2017年项目全面开工，在建高标准农田3720公顷。

【防汛防旱】 7—9月，先后受9号台风“纳沙”、18号台风“泰利”和20号台风“卡努”外围影响，导致部分地区发生强降雨和沿江出现大风天气。区防汛指挥部及时启动应急响应，科学调度水利工程，争分夺秒抢排涝水，并派出工作组分赴各地检查指导防汛排涝工作。各级领导靠前指挥，科学应对处置，强化应急保障，把险情控制在萌芽状态、将灾害损失减少到最低程度，实现全区安全度汛。

【水资源管理】 全面落实最严格水资源管理制度，通州区在南通市水资源管理年度考核中蝉联第一，实现“四连冠”。认真贯彻“节水优先”治水方针，实施用水总量和强度“双控”行动，强化节水全过程管理，区节水型社会建设工作通过国家节水型社会达标县验收。完成编制《通州区水功能区达标整治方案》和《通州区市考断面水体达标方案》，对全区26个水功能区27个水质监测断面进行检测，对于未达标水功能区制定整治措施。开展供水企业应急备用深井规范化改造，改造深井37眼，封填深井10眼，全年征收水资源费1381万元。

【水利改革】 2017年，农田水利设施产权制度改革有序推进。出台《通州区农田水利产权制度改革验收办法》和《通州区小型农田水利工程管护考核细则》。针对农田水利设施产权制度改革涉及面广、清查任务重情况，专门邀请第三方检测机构对清查成果进行抽查，将问题及时交办到责任单位，限期整改。农业水价综合改革取得成效。全区累计安装灌溉计量设施480套，确定东社镇为农业水价综合改革试点镇，成立镇级农民用水协会和2个村级农民用水分会。完成全区及试点区水量水权分配、试点区取水许可，出台《水价核定管理办法》(试行)。制定精准补贴和节水奖励办法，完成水价改革面积213.33公顷。

【依法治水】 2017年，以依法治水、管水、兴水为主线，以省法治水利建设指标体系为标准，积极推进法治水利示范点创建，顺利通过省水利厅考核验收。认真履行水行政审批工作，梳理行政许可权力清单，规范行政审批行为。全年共受理各类水行政许可申请事项18件，办结18件，接待咨询70次，无越权许可，无超范围许可。认真开展水行政执法巡查工作，做到早发现、早制止、早处理。全年查处涉水违法行为54起，拆除河道管理范围内违章建筑物、构筑物5处。全区水事秩序保持平稳，水利工程均处于受控状态，没有发生任何重大工程质量安全事故，在市“质量兴市、质量强市”考核中获得好成绩。

（汤宇杰）

供电

【概　况】 2017年，通州全社会用电量达到56.88亿千瓦时，比上年(下同)增长7.6%；完成售电量54.46亿千瓦时，增长8.6%。电网调度最高负荷先后12次刷新历史记录，已突破96万千瓦大关，增长6.3%；线损率4.1%，下降0.4%。新装、增容用户21338户，共计容量542294千伏安。城市配变关口电压合格率99.7，农村配变关口电压合格率97.9%；城市D类用电电压合格率99.9%，农村D类用户电压合格率99.8%。

【电网建设】 2017年，完成220千伏狮桥输变电工程、110千伏二甲输变电工程等电网工程建设，设备均在12月投运，建设资金2.53亿元。新增220千伏变电容量18万千伏安、110千伏变电容量10万千伏安，新建220千伏线路0.7公里、110千伏线路55.33公里。其中，在配农网建设方面，全年共投入配网建设资金1.58亿元，项目220个。维修10千伏线路445公里，共涉及10千伏线路122条，维修柱上开关128台；新建与改造10千伏线路59.1公里，其中新出线路9条，新建与改造配变194台、容量49700千伏安，柱上开关332台，户外环网柜72台。投入农网建设资金1.68亿元，项目744个，维修400伏线路1207.85公里、电缆19.91公里、配电箱415台、接户线49684户。

【节能减排】 完成南通市肿瘤医院“煤改电”节能项目方案设计，投资614万元替换蓄热式电锅炉两台共2500千瓦，螺杆式水冷机两台共197千瓦。新建城市快充站1座(含充电桩8个)，至年底，全区共有快充站6座，分散桩群2处，共计充电桩57个。新建2套港口岸电系统，推广建成粮食电烘干中心1座（包含烘干塔4台)，完成电锅炉、电蓄能等电能替代项目17项。

【电力服务】 深入开展“电力规划走乡镇”活动，超前规划，促使220千伏张

通州供电营业部服务沪通大桥建设

校、110千伏二甲等输变电工程按期投运，同时，大力推进220千伏东余变、110千伏川港、桥南输变电等工程，并逐年加大通州城乡配农网建设。定期与各级政府对接和交流，收集电力客户用电需求、紧密跟踪深南电路、恒力二期扩建等大项目，积极承担沪通大桥等重点项目的配套工程建设。实施项目用电“直通车”服务，优化竣工验收流程，实行重点项目领导挂钩联系制度，重大项目接电周期平均缩短3天。推广支付宝、“电e宝”、负控预购电等新型缴费方式，深化电力客户体检、AAAAA电力客户安全性评价等用电检查工作，深受客户好评。

通州供电营业部为通州开沙岛国际体育旅游节保电

【用电保障】 加强对老旧、重载线路以及环网柜、箱变等小区设备的巡视力度，利用红外测温等多种手段，消除线路接头发热、瓷瓶烧坏等各类缺陷，加大对地下配电房的小区、涵闸等电力客户体检，及时落实整改措施，确保夏冬用电高峰期电网安全运行。以安全管控督导中心应急指挥中心，强化应急队伍作风和能力建设，建设一支中压抢修队伍68人、低压抢修队伍79人的应急队伍。推进中压运维与抢修融合、低压抢修与中压配抢融合、综合配电班与供电所之间的融合，不断提高外协队伍抢修业务素质和抢修效率，通过内部线路快速转供等措施，不断缩小停电范围。节假日里，对重要客户、重要区域的配电设施定期检查，落实整改措施，定期组织大规模的反事故和应急演练，强化应急值班、车辆、备品备件管理，圆满完成政府“两会”、开沙岛国际体育旅游节、“童声里的中国”、中高考等重大保电活动。 (吴庆华)

红色记忆
——通州革命遗址掠影

朱理治故居

位于通州区二甲镇余西居后街五组。2017年10月，二甲镇人民政府重新修建朱理治故居。1989年6月成为南通县第一批文物保护单位。

卫　生

Health

编　辑　张晓芹

综　述

【概　况】 2017年，通州区卫计系统以建设健康通州为目标，以构建现代卫生计生服务体系为重点，深化医疗体制改革，提高医疗服务质量，优化公共卫生管理，提升计生服务水平，加强重点项目建设，圆满完成全年目标任务。

医疗体制改革持续深化。推进区中医院股权依法流转，实现政府完全举办。探索城乡紧密型医联体运行模式，南通市第一人民医院与先锋街道社区卫生服务中心联合办医成功签约，区人民医院管理团队整体托管区第三人民医院。推进家庭医生签约服务，2017年底，全区常住人口签约率38.94%，重点人群签约率70.86%，超额完成南通市卫计委下达目标任务。区人民医院、中医院、第二人民医院、妇幼保健计划生育服务中心融入市域五大专科联盟。

医疗服务水平全面增强。荣获市卫生计生医学新技术奖4项，区人民医院普外科申报的“直肠癌腹腔镜手术与常规开放手术的比较研究”，入选国家卫计委医药卫生科技发展研究中心中标课题。区人民医院耳鼻咽喉科、重症医学科被确定为南通市医学重点学科，重症医学科、骨科、神经外科、神经内科被确认为南通市首批市级护理重点专科，实现市级重点学科和护理重点专科零的突破。规范卫生人才公开招聘，委托南通卫生高等职业技术学校培养农村医学中职学生23名，实施农村订单定向医学生免费培养工作，录取通州籍应届高中毕业生23名。加大接轨上海力度，组织赴沪培训100人次，邀请上海专家赴通州坐诊62人次，引进新技术项目4项。

公共卫生服务争先创优。全区建立居民电子健康档案93.2万份。高血压患者规范管理9.6万人，糖尿病患者规范管理2.7万人，严重精神障碍患者管理率97.77%。完成重点人群免费健康体检检查21.3万人，B超胸透16.1万人，发现疑似肿瘤613人次，确诊87人次。全年无甲类传染病报告，通州区顺利通过血吸虫病消除省级考核评估。10家镇(街道)顺利通过南通市卫生应急规范化镇建设验收。扎实开展爱国卫生运动，刘桥镇建成省级卫生镇，新建6个省级卫生村(居)。

计生服务能力显著提高。建成“江苏省妇幼健康优质服务示范区”，被南通市政府表彰为妇幼儿童工作先进集体。完成农村妇女“两癌”筛查2.5万人、新生儿疾病筛查6387名、新婚对象婚前医学检查2809对、孕前检查及优生指导2763对。全年完成奖扶9.3万人，特扶3744人，一次性奖励1.3万人，共计发放1.3亿元。流动人口管理服务率97.9%，样本点以零失误的成绩排名全国第一。积极开展幸福家庭先进创建工作，有效提升计生家庭发展能力。

重点项目建设初见成效。区级公立医院建设被列入区政府年度民生实事项目和重点工作任务，在不断完善建设方案的基础上，与区外多家三级医院进行会商洽谈，深入思考和研究区级公立医院经营管理模式。2017年，乡镇卫生院在建项目8个，筹建项目1个，项目总投资达4.5亿元，其中异地新建7个，扩建2个。区第六人民医院、第七人民医院于12月中旬搬迁新址，基层医疗机构的服务条件得到极大改善。智慧健康项目更加完善，数字化卫生院和卫生室实现全覆盖。建成的区域卫生信息化平台初步达到省3级标准的功能性要求。

(顾晓虎)

卫生改革

【概　况】 2017年，完成区中医院股权流转，实现政府完全举办。家庭医生签约服务工作扎实推进。南通市第一人民医院托管先锋街道社区卫生服务中心项目顺利签约。区人民医院托管区第三人民医院。8个在建重点项目顺利推进，5个重点建设项目列入区本级政府投资项目库。

【深化医疗体制改革】 推进区级公立医院建设，11月，中医院所有在职股东向医院董事会提交股权流转申请书，12月31日前完成股权流转，实现政府完全举办。推动紧密型医联体建设，7月18日，区人民政府与南通市第一人民医院签署委托管理协议，该院派出技术人员进驻先锋街道社区卫生服务中心；8月，区人民医院托管区第三人民医院，托管期限

南通市第一人民医院托管通州区先锋街道社区卫生服务中心签约仪式

为10年,自2017年8月1日至2027年7月31日。

【家庭医生签约服务】 7月26日,区卫计委印发《南通市通州区家庭医生签约服务工作实施方案(试行)》,8月3日召开动员会,全面启动家庭医生签约服务工作。至12月底,全区常住人群签约403369人,覆盖率达38.94%;重点人群签约372445人,覆盖率达70.86%。

【基层提标改造】 区第七人民医院、第六人民医院异地新建工程分别于12月16日、12月19日投入使用。川姜镇卫生院异地新建工程进入扫尾阶段。十总卫生院异地新建工程土建和内装工程完工,进入配套施工阶段。先锋街道社区卫生服务中心异地新建工程完成土建施工。兴仁镇卫生院异地新建工程完成土建和内装工程,进入二次专业设计施工阶段。骑岸卫生院异地新建工程土建工程基本完工。兴东街道社区卫生服务中心改造工程 (二期)10月15日开工建设。区级公立医院建设、区第二人民医院扩建、区第三人民医院异地新建、东社镇卫生院异地新建、西亭镇卫生院异地新建5个工程列入区本级政府投资项目三年滚动库,进入前期准备工作。

【区域健康信息平台】 11月21日,通过省卫计委专家组区域健康信息平台分级评价三级测评。区域基层医疗卫生机构信息系统和区域健康档案管理系统覆盖全区5家中心卫生院、15家乡镇卫生院、6家社区卫生服务中心和218家村级医疗机构,初步实现临床诊疗、体检与居民健康档案信息交互共享。区人民医院和5家区直属卫生单位通过卫生专网接入区域健康信息平台,实现管理的精细化、便捷化。区域健康信息平台与省、市健康信息平台互联互通,实现数据交换和共享利用,全区医疗机构门、急诊信息上传率达98%左右,位居全省县(市、区)前三名。

【内设机构和人员编制调整】 根据区编委《关于明确区纪委派驻纪检组机构编制事项和调整相关部门及单位机构编制的通知》(通编〔2017〕33号),区卫计委不再保留监察室,核减人员编制1名,人员编制由34名调整为33名。根据区编委《关于我区相对集中行政许可权改革涉改部门设立监管协调机构的批复》(通编〔2017〕47号),区卫计委内设机构"办公室"增挂"监管协调科"牌子。

【系统内部分单位人员编制调整】 根据区编委《关于调整部分区属事业单位人员编制的通知》(通编〔2017〕2号),因部分职责和人员划转至区行政审批局,区卫生监督所人员编制由34名调整为32名。根据区编委《关于调整区卫生和计划生育委员会所属8家综合性医院 (中心卫生院) 人员编制的通知》(通编〔2017〕31号),8家医院的人员编制从总编制2715名调整为1815名,原有人员编制数视同编内人员控制数。8家医院在编内人员控制数以内招聘、流动人员,仍按原政策执行。所聘用人员,管理模式与编内人员执行同等政策,区财政按单位编内人员相同标准安排经费补助。

2017年通州区8家医院编制(编内人员编制数)核定情况

表23　　单位:个

序号	单位名称	编制数	编内人员控制数
1	南通市通州区人民医院	610	1035
2	南通市通州区中医院	430	575
3	南通市通州区第二人民医院	158	190
4	南通市通州区第三人民医院	185	290
5	南通市通州区二甲人民医院	103	135
6	南通市通州区第六人民医院	114	155
7	南通市通州区第七人民医院	100	105
8	南通市通州区第八人民医院	115	230
合计		1815	2715

(冯　霞　范　玲　武国胜)

农村卫生

【概　况】 2017年,通州区以筑牢农村医疗卫生服务网底为目标,强化村级医疗卫生机构运行管理和乡村医生队伍建设,建成省示范村卫生室8家。开展多轮次专项督查,提升村卫生室内涵建设。完成省卫生计生委下达的乡村医生初级急救知识培训、实用技能进修以及抗菌药物合理应用培训任务。

【8家单位获"江苏省示范村卫生室"称号】 12月8日,省卫生计生委印发《关于确认江苏省示范村卫生室名单的通知》(苏卫基层〔2017〕21号),确认金新街道界北村卫生室、金新街道双福佳苑卫生室、二甲镇余北居卫生室、兴仁镇葛长路村卫生室、石港镇石西居卫生室、平潮镇四十里村卫生室、刘桥镇徐园村卫生室、西亭镇同乐村卫生室为"江苏省示范村卫生室"。全区累计建成"江苏省示范村卫生室"25家。

【首批21名农村医学毕业生上岗】 6月,区卫计委印发《2017年通州区农村医学生就业安排意见》(通卫计〔2017〕93号),经过资格审核、健康体检、岗位选择、委党组讨论等程序,核定21名毕业生的就业岗位安排。8月23日,区卫计委举办农村医学毕业生岗前培训班。9月1日,所有毕业生全部走上乡村医生岗位。

【乡村医生人才队伍建设】 9月,组织乡村医生参加全省乡村医生初级急救知识培训,137名学员通过实践操作考试和全省理论统考。选派3名优秀乡村医生参加为期3个月的市级实用技能脱产进修,45名乡村医生参加在通州区中医院和4家中心医院为期1个月的区级实用技能脱产进修。

【规范村卫生室静脉给药服务】 以镇(街道)为单位,组织开展村卫生室基础管理、急救药械管理、感染管理等专项督查活动,覆盖率达到100%。11月,印发《关于开展村卫生室静脉给药服务核准工作的通知》(通卫计〔2017〕159号),组织村卫生室对照标准开展自评、镇(街道)卫生所现场审查,审核合格的报区卫计委抽查和核准。

【776名乡村医生被授予抗菌药物处方权】 6月23—30日,区卫计委采取分片分期进行方式,在全区组织开展抗菌药物合理应用培训及处方权考核工作。培训内容为抗菌药物合理应用、临床应用管理相关知识。经考核,776名乡村医生被授予抗菌药物处方权。

【离职乡村医生工龄补贴标准调整】 参照离任村干部生活困难补助标准的调整幅度,将乡村医生工龄补贴标准由1年工龄每月4元的基础上提高到1年工龄每月7元。调整后,全区212名离职乡村医生2017年工龄补助平均每人每月提高91元左右。

【杨曙东获"2016年度最美基层好医生"称号】 6月13日,由人民网、健康时报、中国医药报、中国医师协会科学普及分会共同主办的"2016年度最美基层好医生"活动颁奖典礼在北京举行。经过评审,来自基层医疗队伍的100名工作者获评2016年度最美基层好医生。十总镇二爻居卫生室乡村医生杨曙东榜上有名。 (彭益峰)

预防保健

【概　况】 切实做好以霍乱、肝炎、手足口病、艾滋病、结核病、血吸虫病和人禽流感为重点的传染病防控工作。2017年共报告甲乙丙类法定传染病16种2051例,甲乙类传染病发病率78.60/10万。全年常住儿童基础免疫接种率卡介苗99.72%,乙肝疫苗98.98%。累计建立居民电子健康档案931761份,建档率89.95%。开展重点人群健康体检21.29万人,发现疑似肿瘤613例,确诊87例。全区共上报35周岁以上病人首诊测血压1308089人次,发现高血压266472人次,阳性率20.37%。高血压患者管理151297人,规范管理96097人,规范管理率63.52%;2型糖尿病患者管理43126人,规范管理27354人,规范管理率63.43%。完成2014年度4334例肿瘤病人3年随访和数据库整理上报。新登记结核病人374例,其中传染性肺结核病人85例。新增严重精神障碍患者236例,累计检出6021例,在册管理5182例。

【全省首起寨卡病毒病疫情处置】 5月,通州区发生全省首例输入性寨卡病毒病病例。患者吴某从厄瓜多尔回国后相继出现发热、皮疹、结膜炎、关节肌肉疼痛等症状,5月5日,该患者被南通出入境检验检疫局诊断为寨卡病毒病疑似病例,5月8日,江苏省省级专家组会诊后诊断该病例为输入性寨卡病毒感染确诊病例。疫情发生后,在省市卫计委和疾控中心领导专家指导下,卫生部门和当地政府积极配合,联防联控,采取病例隔离治疗、个案调查、病例搜索、蚊虫监测、环境整治、健康宣教等综合防控措施,疫情得到有效控制。

【学校流感样病例暴发疫情应急处置演练】 10月27日,区卫计委和区教育局在区实验小学联合开展学校流感样病例暴发疫情应急处置演练,以舞台剧的形式充分展示学校晨检工作流程、因病缺课报告、疫情控制、疫点消毒、卫生监督等疫情处置各个环节。全区各级各类学校、托幼机构、医疗卫生机构分管领导和工作人员共200多人到现场观摩,为今后学校传染病疫情防控工作提供科学指导。

【城癌项目推进】 2017年,通州区继续实施城癌第四期项目,按照上级统一部署,创新调查方法,实现平板电脑现场数据输录上传,通过城癌评估系统对调查信息即时自动测评。实施问卷调查7511人,高危人群体检筛查3614人次,确诊癌症病例19例,查出疑似病例45例、癌前病变病例42例,及时反馈结果,动员进一步诊治,6月底前超额完成各项任务。

【通过江苏省血吸虫病消除考核评估】 按照省级考核评估安排,4月,在平潮镇赵甸居、石港镇马道村、兴东街道永护村3个村(居)开展血吸虫病消除考核病情考核,查病监测3027人,结果均为阴性。6月19—21日省考评组对通州区血防工作开展现场考核,查看查螺现场,进行实验室检测能力和临床医生血防知识测试评估,均符合要求。现场考核后通州区对近十年的血防资料进行整理归类并扫描上传省血防管理信息系统,10月上旬顺利通过省级血防资料网络审核。

区卫计委联合区总工会组织慢病防治和健康教育技能竞赛

【慢病防治和健康教育技能竞赛】 10月25日,15个镇(街道)45名选手参加区卫计委与区总工会联合开展的全区慢病防治和健康教育技能竞赛活动,平潮镇代表队摘得桂冠。在本次竞赛中选出的5名优胜选手于11月30日代表通州区参加南通市专项竞赛,获得团队三等奖、个人第五和优秀组织奖的殊荣。

(张国彬)

妇幼卫生

【概　况】 2017年,通州区以贯彻落实省、市"十三五"妇女儿童发展规划为主线,以深入开展"江苏省妇幼健康优质服务示范区"创建工作为重点,创新举措,扎实工作,全力推进妇幼健康民生实施项目,依法规范母婴健康服务监管,扎实开展妇幼健康服务重点工作,全面实施妇幼健康服务体系建设,努力为全区妇女儿童提供安全、有效、便捷、优质的卫生保健服务。10月,通州区被授予"江苏省妇幼健康优质服务示范区"称号。

【农村妇女两癌检查项目】 2017年,区委、区政府继续将"两癌"筛查工作列入为民办实事项目,并实现筛查对象镇级全覆盖。全区共完成宫颈疾病检查25852人,确诊宫颈癌10例;乳腺疾病检查25815人,确诊乳腺癌7例。所有检出"两癌"阳性病例均得到及时随访与治疗,切实提高广大农村妇女的健康水平。

【免费婚孕检一站式服务】 2017年,区委、区政府再次将免费婚检、免费孕前优生健康检查工作列为民生实事工程,并作为区级机关部门特色重点工作加以推进,每月跟踪督查项目进展情况。区妇幼保健计划生育服务中心以妇幼计生机构整合为契机,有机整合免费婚孕检项目,打造全数字化的婚孕前优生保健"一站式"服务,给广大服务对象营造整洁、舒适的服务环境。同时,开发应用婚孕检数字化信息系统,打造婚孕前优生保健"一站式"数字化服务平台,从登记到各项检查,所有数据即时生成,自动分类,实时上传,流程规范,方便快捷。全年共完成婚前检查8168人次,婚检率为96.6%;共完成孕前优生检查3389对,检查率达105.91%,对所有检出异常者及筛查出的风险因素对象均予以一对一咨询指导和后续跟踪服务,受到服务对象的广泛好评。

通州区创建省妇幼保健优质服务示范区省级评估汇报会

【新生儿疾病免费筛查】 新生儿疾病筛查工作作为为民办实事项目,通州区按照上级要求,积极配合南通市妇幼保健院做好新生儿苯丙酮尿症和甲低症筛查的标本采样和数据采集、信息登录、资料收集与整理上报工作;区妇幼保健计划生育服务中心严格执行工作流程与操作规范,扎实做好新生儿免费听力筛查服务,创新推出告知预约式服务。全年共完成新生儿听力筛查5198名,筛查率99.89%;共完成新生儿苯丙酮尿症及甲低症筛查9128名,筛查率达99.89%,对筛查出异常的新生儿进行转诊治疗与随访。

【获"省妇幼健康优质服务示范区"称号】 2017年,通州区开展"江苏省妇幼健康优质服务示范区"创建工作。先后召开创建工作动员会、协调会、推进会、阶段性总结会,区领导多次深入现场专题调研妇幼健康服务工作,重点解决部门协调、经费投入、保障机制等重大问题,保障创建工作稳步推进。区卫计委加强组织领导,优化服务体系,增强服务功能,强化能力建设,提升队伍素质,切实增强妇女儿童健康保障能力,取得显著成效,10月,在省妇幼健康优质服务示范区创建评估中,各项工作受到省评估组领导和专家的高度评价,被授予"江苏省妇幼健康优质服务示范区"称号。　(王玉琴)

卫生执法

【概　况】 2017年,通州区推行双随机一公开综合监督,有效避免选择性执法,有效防止办人情案。扎实开展美容美发业、住宿业、沐浴业及游泳场所等公共场所的卫生专项整治,组织学校综合卫生监督、生活饮用水、消毒产品、放射防护规范等专项检查,不断规范医疗执业行为,加强涉医违法监测监控体系建设,组织实施传染病防治分类监督综合评价,高标准、高质量开展文明城市迎复查与卫生城市长效管理,有效保证人民群众的健康权益。2017年,共完成日常监督3939户次,行政处罚66起,罚款金额为19.04万元,到账10.04万元,受理投诉举报41起。监督抽检728份,合格687份,合格率94.37%。其中公共场所380份,合格372份,合格率97.89%。消毒产品(餐具)188份,合格169份,合格率90.10%。生活饮用水91份,合格85份,合格率93.41%。游泳池水69份,合格61份,合格率88.41%。

【双随机一公开综合监督】 通州区将1600余家被监督单位和所有卫生监督员名单录入系统,建立两个数据库,随机抽取162家被监督单位和监督员。抽到的单位覆盖公共场所、医疗监督、传染病监督、学校卫生监督、放射卫生监督、消毒产品监督、餐具集中消毒各种类型。此举有效避免选择性执法,有效防止办人情案,充分体现行政执法的公开、公平、公正。

【打击非法行医系列宣传】 通州区多措并举加大宣传发动,引导广大群众自觉抵制非法行医行为。一是打非宣传进学校。前往外来子弟为主的家纺城小学,发放印有打非知识和有奖举报字样的文具盒和书包,通过"小手拉大手"将打非渗透到每个外来务工家庭。二是打非宣传进社区。前往外来人员集中居住区,在交通要道悬挂打非宣传横幅,安装墙体宣传标语。三是打非宣传进企业。前往农民工集聚的家纺企业,开展现场咨询,发放宣传彩页,展示宣传图版,发放标有举报电话的指甲钳。四是集中销毁没收的药械。在黑诊所重灾区集中展示并销毁依法没收的药品2000公斤,医疗器械700余件。五是走进通州电视台《平安法治通州·以案释法》栏目。从典型案例说起,深入浅出地阐述非法行医的危害、黑诊所的特点、识别假医生的方法,引导群众擦亮眼睛看病,远离非法行医。

【医疗机构综合监督检查】 针对公立医院长期积累的诸多存在问题,通州区采取培训、自查、指导、通报、整改、检查、回头看和处罚等环节,帮助各医疗机构掌握相关法律法规,排查存在的违法情形,指导针对性落实整改,引导各医院合法执业规范服务,从而保障医疗安全。通州区柔性执法的做法是科学的、合法的、有效的。　(张国彬)

医院管理

【概　况】 2017年,医政工作坚持以人民群众更满意为目标,紧紧围绕省、市卫计委统一部署,加强基层医疗卫生机构服务能力建设,建立健全医疗服务监管机制,改善服务质量,促进医疗安全,努力提升群众对基层医疗卫生机构的利用率和获得感,为建设分级诊疗制度进一步打好基础。

【刘桥中心卫生院建成省示范乡镇卫生院】 刘桥中心卫生院(区第七人民医院)对照《江苏省示范乡镇卫生院评估标准(试行)》,积极开展创建活动,委分管领导率职能科室多次到现场开展督导。该院强化管理措施,加大资金投入,2017年底,医院迁入新址,服务环境焕然一新,医院管理水平整体提升,群众对医院的满意度明显提高。经省卫计委组织专家组评审,12月8日,省卫计委发文确认刘桥中心卫生院为江苏省示范乡镇卫生院。

【五接镇卫生院建成群众满意的乡镇卫生院】 五接镇卫生院积极开展全国"群众满意乡镇卫生院"创建活动,该院对照标准,逐项制定改进措施。经区、市、省逐级审核、公示等程序,1月26日,国家卫计委办公厅发文,确认五接镇卫生院为2016—2017年度群众满意的乡镇卫生院。

【基层中医馆建设】 为扩大通州区基层中医馆覆盖面,努力提高基层医疗机构中医药服务能力,五接镇卫生院对照中医综合服务区(中医馆)建设标准,整合中医药服务项目,调整科室布局,中医馆建成启用并通过市卫计委现场验收。

【家庭医生签约服务】 7月,区卫计委印发《南通市通州区家庭医生签约服务工作实施方案(试行)》,8月初,全面启动家庭医生签约服务工作。2017年通州区常住人口签约率38.94%,重点人群签约率70.86%,超额完成预定目标。

【医疗机构执业监管】 组织区卫生监督所先后开展医疗机构依法执业、放射卫生、传染病控制与报告、消毒隔离、医疗废物处置、实验室管理、麻醉精神药品、口腔器械等专项监督检查,医疗机构检查覆盖率100%。

【规范抗菌药物使用管理】 2017年,在组织合理使用抗菌药物培训的基础上,对全区基层医疗机构、社会医疗机构临床医师、药师、乡村医生抗菌药物处方权、调配权进行考核确认。

【健康扶贫】 一是建档立卡低收入人口全部纳入家庭医生签约服务范围。全区12942名建档立卡低收入人口,已签约12066人,签约率93.23%;为2388名45~64周岁建档立卡低收入人口进行免费健康体检。二是实施住院"先诊疗后付费"政策。从12月1日起,在全区卫生院以上的28家医疗机构建档立卡低收入人口住院时实行“先诊疗后付费”政策，区人民医院、中医院及各中心卫生院设立“一站式”综合服务窗口，患者只需在出院时支付自付费用。三是启动患病低收入人口分类救治。以镇(街道)为单位，核准建档立卡低收入人口中因病致贫、因病返贫家庭数，调查患病人员3453人。经区专家组评估后，将对需要治疗的大病和慢性病患者进行分类医治。

(顾东烨)

医教科研

【概　况】 2017年，区卫计委以提高人民健康水平为宗旨，明确目标，突出重点，以抓落实见成效为核心，积极推进卫生计生科技创新，加强重点学科专科建设、全面落实住院医师规范化培训制度，强化全科医生培养，完善继续医学教育，不断提升卫生计生服务能力。

【业务培训】 结合基层实际，组织开展实用、有效的技术培训活动，全年组织护理管理、医院感染管理、抗菌药物合理应用、“规范诊疗”公益培训、《医疗质量管理办法》等各类培训班及组织参加市级培训27期，累计参训3715人次。

【重点专科建设】 2017年，申报江苏省临床重点专科2个。区人民医院耳鼻咽喉科、重症医学科被确定为南通市医学重点学科，骨外科学被确定为南通市医学重点学科建设单位；心血管学、实验诊断学被确定为南通市医学创新团队，眼科学、肿瘤科被确定为南通市医学创新团队建设单位；区人民医院心血管内科被新认定为市级临床重点专科；重症医学科、骨科、神经外科、神经内科被确认为南通市首批市级护理重点专科，心血管内科被确认为南通市首批市级护理重点建设专科。实现市级重点学科和护理重点专科零的突破。

【科技创新】 区人民医院普外科申报的“直肠癌腹腔镜手术与常规开放手术的比较研究”，入选国家卫计委医药卫生科技发展研究中心中标课题。申报省社会发展计划项目2项、市社会发展计划项目22项、市妇幼健康专科联盟科研项目2项，申报区社会发展计划项目14项，立项3项。2017年，获市卫生计生医学新技术奖4项，区人民医院骨科和护理各3项技术申报实用新型专利。

【全科医生队伍建设】 13人在通大附院进行全科医师培养，20人在协同基地通州区人民医院进行全科助理培养。继续开展基层医疗机构全科转岗培训，15人经审核合格进入培训。完成19名全科医生转岗培训合格人员全科执业注册工作。

【继续医学教育管理】 全区参加研究生课程进修班94人、业余本科198人、业余大专47人。重视医务人员进修工作。全年选派13人至省级以上医院进修，35人至市级医院进修，34人至区级医院进修。

(卜晓燕)

行风建设

【概　况】 2017年，区卫计委围绕重点工作，强化责任担当，以落实党风廉政建设“两个责任”为关键，广大干部职工参与为基础，人民群众满意为标准，全面推进全区卫生计生系统党风政风行风建设。

【品牌创建】 继续开展以“天使之光”为品牌的“三清示范区”创建工作，全面加强卫生计生系统党风廉政及作风效能建设，构筑卫生计生系统特色惩防体系。大力弘扬“文明行医、奉献社会、服务人民”的行业新风尚，全力塑造通州卫生计生系统风清气正、廉洁医疗品牌形象，促进全区卫生计生事业持续健康发展。

【无红包医院建设】 强化医务人员职业道德教育，大力弘扬“崇德敬业、守信笃行”的无红包精神，广泛学习宣传《医疗机构从业人员行为规范》，抓好以《执业医师法》《加强医疗卫生行风建设“九不准”》为主要内容的法律法规教育，使医务人员牢固树立法纪观念和规矩意识，不断激发医务人员廉洁从医的荣誉感和拒收“红包”的自觉性。

【信访投诉处理】 全年处理上级转交信访件7件，全部在规定期限内办结；受理12345市民服务热线交办单221件，全部妥善处置，办结满意率100%。全力支持纪检监察部门查案执纪，畅通信访举报渠道，做到有腐必反、有案必查。

(李　丹)

爱国卫生

【概　况】 2017年，通州区加大爱国卫生创建、健康教育与健康促进、病媒生物防制和烟草烟雾危害控制工作的力度，巩固发展国家卫生城市创建成果。创成“江苏省卫生镇”1个、“江苏省卫生村”20个、“江苏省健康社区（村)”4个、“江苏省健康单位”4个。

【卫生创建】 3月23日，到刘桥镇就创建工作进行调研对接。4月12日，组织环保、住建、城管、市场监督等部门进行区级联合指导。6月15日，对刘桥创建工作进行区级考察指导。7月26日，通过市级暗访，9月份通过省级暗访，10月13日和11月7日，分别接受并通过市级和省级考评。对照《江苏省卫生村标准》，6个镇(街道)的20个村(居)申报创建江苏省卫生村。6月16日，召开全区省级卫生村创建培训动员会，对创建工作进行部署培训。10月10—12日，组织区级初评。11月22日，20个申报创建村(居)接受并通过上级考评。

【健康城市建设】 根据《南通市建设健康城市五年行动计划(2016—2020年)》精神，积极开展健康细胞工程建设，1月中旬接受健康创建省级考核，5月23日，省专家组督导健康促进医院工作。8月8日，召开全区健康创建推进会；8月31日，组织对江苏省健康镇、村(居)、单位进行区级指导初评；9月5日，通过市级考评；12月中旬接受省级健康创建考评。2017年，全区新增4个江苏省健康社区(村)和4个江苏省健康单位。

【健康教育和健康促进】 4月，各镇(区、园、街道)根据区爱卫会《关于深入开展爱国卫生月和健康教育宣传月活动的通知》要求，以“历史与展望——为了人民健康的65周年”为主题，组织开展健康知识宣传、讲座、专家义诊咨询等多种活动。4月14日，区爱卫办联合区疾控中心、区中医院等单位举办纪念爱国卫生65周年活动。4月21日，平潮镇医联体联手开展“全国肿瘤防治宣传周”宣传活动。4月25日，区爱卫办、区疾控中心联合二甲镇卫生所在二甲镇举行“全国预防接种日”宣传咨询活动。5月26日，组织选手参加“爱国卫生知识竞赛”比赛，荣获团体三等奖；6月15日组织选手参加“爱国卫生知识竞赛”省级比赛，荣获团体一等奖。

【病媒生物防制】 3月20日，印发《通州区2017年病媒生物防制工作计划》，明确病媒生物防制工作目标和时间要求。组织城区灭鼠、蚊、蝇、蟑等专项行动6轮，雷公藤甲素灭鼠剂600余公斤、高效氯氟氰菊酯悬浮剂100余公斤；组织主城区呆沟呆河、内河流域及居民区的小型景观水体灭蚊蚴专项行动2轮，投放安备灭蚴剂280余公斤，球形芽孢杆菌1000余公斤。规范开展“四害”密度监测工作，全区四害密度控制在国家标准范围内。

【公共场所控烟】 对全区卫生计生系统控烟工作专项督查；组织公安、文化、教育、市场监督管理等九部门开展专项联合检查。平潮、兴仁、金沙、二甲等地组织公共场所和室内工作场所控烟宣传和检查。2017年，全区各部门累计出动执法人员1300余人次，出动车辆100余台次，共检查公共场所715家，下达整改意见书129份。 （张雪梅）

2017年通州区主要医疗卫生单位基本情况

表24

单 位	职工数（人）	卫技人数（人）	占地面积（平方米）	建筑面积（平方米）	固定资产（万元）	床位数（张）	年门诊数（人次）	年出院数（人）	特色医疗
南通市通州区人民医院	1073	984	39803	108364	59424	1246	597170	55538	心脏介入技术、脑血管介入技术、肿瘤介入治疗、无痛检查及治疗技术、ERCP、腹腔镜技术、支气管镜检查及治疗技术、可视麻醉技术
南通市通州区中医院	510	438	23000	36600	17460	500	455200	21000	—
南通市通州区第二人民医院	136	125	16000	12000	3437	250	62447	2087	—
南通市通州区第三人民医院	259	230	13700	14160	7600	200	226000	9746	—
南通市通州区二甲人民医院	117	103	19343	15600	4498	110	49651	3815	—
南通市通州区第六人民医院	137	125	32000	24000	2419	152	71624	3273	—
南通市通州区第七人民医院	95	86	23649	15300	1655	158	70406	1762	腹腔镜手术
南通市通州区第八人民医院	255	233	18000	21548	7834.12	240	137236	8107	腹腔镜微创手术；开展椎体成形术，颅脑创伤微创手术，胃镜下治疗术，盆底康复治疗，超声引导下穿刺、中药透皮治疗、慢性疼痛专科治疗等
南通市通州区疾病预防控制中心	52	49	8874	5217	919	—	6000	—	皮肤病、性病
南通市通州区中心血站通州分站	29	22	2588	1933	593	—	—	—	—
南通市通州区妇幼保健计划生育服务中心	55	35	4200	5800	1892	—	71831	—	乳腺专科
南通市通州区卫生监督所	24	—	—	1524	102	—	—	—	—

社会生活

Social Life

编 辑 陈 菊

人 口

【户籍人口】 2017年末,全区户籍人口126.06万人,比上年末(下同)减少3603人,人口自然增长率为-1.54‰,连续20年负增长。主要特点:一是女性人口多于男性。总人口中,男性61.52万人,减少2281人,女性64.54万人,减少1322人,女性比男性多3.02万人,男女性别比为95.32(女=100),下降0.15。二是死亡人口多于出生人口。全年出生11095人,出生率8.79‰;全年死亡13045人,死亡率10.33‰,死亡比出生人口多1950人。三是迁出人口多于迁入人口。全年迁出6603人,迁入4975人,迁出比迁入人口多1628人。

【常住人口】 2017年末,全区常住人口114.20万人,与上年末持平。其中,城镇人口70.0万人,增加2.16万人,农村人口44.20万人,减少2.16万人。城镇人口占全区常住人口的比重为61.3%,提高1.9个百分点。(张国峰)

人民生活

【城乡居民收入】 2017年,通州区全体居民人均可支配收入32584元,比上年(下同)增长9.8%。其中,城镇居民人均可支配收入44366元,增长8.9%;农村居民人均可支配收入21794元,增长9.4%。居民四项收入全面增长,主要表现为:(1)工资性收入贡献最大。全体居民人均可支配收入中,工资性收入提高1687元,对可支配收入增长的贡献率达57.9%。其中,城镇和农村居民工资性收入分别提高2075元和1083元,对可支配收入增长的贡献率分别为57.2%和58.1%。工资性收入稳步增长主要原因有五个:一是通州经济保持平稳运行,城镇登记失业率维持在较低水平;二是继续提高最低工资标准;三是2017年通州机关事业单位工资、目标考核奖稳步提升;四是受房地产行业利好因素影响,建筑、装修上相关的泥瓦工、水泥工等打工收入稳定增长;五是随着土地流转面积扩大和农业机械化程度的提高,剩余农村劳动力选择一、二、三产业打工来增加收入。(2)经营净收入增速加快。全体居民人均经营净收入6358元,增长9.9%,增速提高2.1个百分点。其中,城镇居民人均经营净收入6671元,增长10.5%,增速提高2.0个百分点;农村居民人均经营净收入6071元,增长9.2%,增速提高2.4个百分点。(3)财产净收入增速最快。居民人均财产净收入1942元,增长11.1%,四项收入中增速最快。城镇居民人均财产净收入3292元,增长9.4%;农村居民人均财产净收入706元,增长10.1%。(4)转移净收入增速较快。居民人均转移净收入5005元,增长10.2%。城镇居民人均转移净收入7902元,增长8.7%;农村居民人均转移净收入2352元,增长9.5%。转移净收入的快速增长,一是社会保障体系的不断完善,养老金收入不断提高;二是退休人员和进入养老保障的人数增加;三是医疗报销比例持续上升,推动报销医疗费的较快增长。

【城乡居民消费】 2017年,通州城乡居民人均生活消费支出20299元,增加1550元,增长8.3%。城镇居民人均生活消费支出24922元,增长5.5%;农村居民人均生活消费支出16067元,增长8.9%。城乡消费支出比为1.55:1,缩小0.05。(1)居住类支出明显增加。居民人均居住消费支出3474元,增长15.9%,增幅提高11.6个百分点。城镇居民人均居住消费支出4372元,增长16.2%,增幅提高17.0个百分点;农村居民人均居住消费支出2651元,增长12.0%,增幅提高0.2个百分点。(2)交通通信消费支出增长最快。居民人均交通通信支出3044元,增长16.4%,领跑八大项支出。城镇居民人均交通通信支出3484元,增长18.1%;农村居民人均交通通信支出2641元,增长12.9%。交通通信消费支出保持高速增长的主要原因:一是伴随科技的发展,居民移动电话更新换代速度加快,数量和质量不断提升;二是随着收入水平的不断提高和交通工具的普及,居民出行方式更加多样化;三是旅游业的快速发展,居民外出旅游休假越来越多,交通类消费增长。(3)教育文化娱乐支出增速放缓。居民人均教育文化娱乐支出3732元,增长9.0%,增幅下降2.0个百分点。城镇居民人均教育文化娱乐支出4631元,增长6.2%,增幅下降3.8个百分点;农村居民人均教育文化娱乐支出2908元,增长9.7%,增幅下降2.6个百分点。(4)食品烟酒支出占比历年新低。居民人均食品烟酒消费支出5921元,增长1.8%,占消费支出的29.2%,下降1.8个百分点,为历年新低。城镇居民人均食品烟酒消费支出7209元,增长0.4%,占消费支出的28.9%,下降1.5个百分点;农村居民人均食品烟酒消费支出4743元,增长0.9%,占消费支出的29.5%,下降2.4个百分点。 (张国峰)

计划生育

【概　况】 2017年,通州区加大对计生特殊困难家庭在经济、养老、医疗等方面的扶持力度。认真做好国家流动人口动态监测工作,获得样本点数据质量全国一等奖。规范和做好计生系统保险工作,全区计生系列保险理赔率逐年上升。

【流动人口计生服务】 2017年,开展全员流动人口个案信息协查,协查反馈省内省外信息共3851条。认真做好2017年度国家流动人口动态监测工作,获得样本点数据质量全国一等奖。积极开展流动人口健康促进示范企业、示范学校、示范社区、健康家庭先进创建工作。

【计划生育奖励扶助】 2017年,符合奖励扶助条件人数92669人,按每人每月80元的奖励扶助金标准,共发放奖励扶助金8507.06万元。符合特别扶助条件人数3744人,独生子女伤残家庭扶助对象每人每月400元,年满60周岁的独生子女伤残对象每人每月600元;独生子女死亡家庭扶助对象每人每月500元,年满60周岁的独生子女死亡对象每人每月700元;共发放特别扶助金2458.7万元。符合条件领取一次性奖励金的对象总计为13159人,兑付一次性奖励金2634.83万元。

【计生保险】 以简化理赔程序、降低理赔门槛、扩大理赔面,提高理赔率和参保对象满意度为工作中心,组织实施向全区符合特扶条件的独生子女意外死亡父母(共2022人)赠送160元/人意外伤害综合保险。

【关怀帮扶】 对全区困难计生工作者、基层计生重点维稳对象、特扶及并发症人员进行调查摸底,信息核对,发放慰问金47.46万元。向15户至今仍无彩电的失独家庭每户赠送32寸液晶彩电1台。向7户养羊户赠送28只山羊、饲料和草籽。现场了解东社镇失独家庭张云房屋破败漏雨情况,改造完毕并顺利通过南通市计生协的验收。(曹　周　姜燕如)

人　事

【概　况】 2017年,通州区不断完善人才政策,创新引培模式,激发人才活力,加强高技能人才培养力度,主要工作指标居于全市第一方阵。入选省高技能创新类双创人才数占南通全市1/4,创业类博士数占全市2/3,企业博士后类数占全市1/2。16个项目分获省、市立项资助。复朗施纳米的崔建勋和派明电子的曾涛获"江苏省留学回国人员创新创业计划"支持。点晶光电的张子旸获"省六大人才高峰"资助。沃太能源入选人社部"2017最具成长潜力的留学人员创业企业"(全国20家,南通唯一)。亚振家具法国籍设计总监关志文成功入选江苏省第四批"外专百人计划"(南通唯一)。鸿图压铸博士后钟鼓在南通市博士后创新大赛中获一等奖。华夏航空申炳龙获南通市第三届高技能人才成就奖(全市5人)。

【人才载体建设】 2017年,通州区人社局协同区人才办成功举办通州区高层次人才创新创业洽谈会(上海),24个创新创业项目通过前期对接洽谈,成功落户通州,其中现场签约项目12个。在上海复旦大学成功举办两期通州区千名企业家创新人才培养工程(接轨上海)专题培训班。新引进长期外国专家22人,新增留学回国人数53人(其中通籍7人),新增海外人才创业实体8家。联合高新区申报"江苏省留学人员创业示范基地"获批,获省人社厅100万元建设资助。四方冷链、宏德机电和紫罗兰家纺3家企业成功获批"江苏省博士后创新实践基地"(南通市共8家),博士后工作站已成为通州区企业创新、产业创新重要平台。

【人才技能培养】 全区新增高技能人才数6213人,计算机高新技术考试人数1753人,位列全市第一;培训企业技能人才3184人,获证1933人。开启企业自主培训、自主考核新模式,实现全省首家职业技能鉴定工作的智能化管理。特种作业人员参加操作证培训给予免费考核、享受补贴的优惠政策,惠及职工624人,为南通首创。加大高技能人才培养力度,亚振家具傅泽勋获第44届世界技能大赛江苏选拨赛状元,并被评为南通市企业首席技师;通州建总集团有限公司喻勇被评为江苏省企业首席技师;在江苏省首届乡土人才传统技艺技能大赛上,刘桥板鹞风筝传承人于红伟获二等奖,仲建忠等6人获三等奖,于稳华等4人荣获"江苏省传统技艺技能大师"称号。区人社局获全省"乡土人才展演优秀推荐单位"称号。

【人事管理】 出台《2017年度镇(区、园、街道)协调推进"四个全面"战略布局综合考核办法》《2017年度区级机关部门综合绩效考核实施意见》,推广使用公务员平时考核系统。2017年度区级政府口机关考试录用公务员49人,资格审核通过的有3223名考生。从镇(区、园、街道)遴选13人到机关任职。会同区卫计委、教育局组织实施四个批次事业单位工作人员的招聘工作。区事业单位上半年公开招聘76人,实际开考职数71个,资格审核通过2781名考生。全面落实带薪年休假政策。完善事业单位岗位设置常态化管理。圆满完成27人的军转干部安置任务,其中行政副团职干部2人,营职以下23人,自主择业军官2人。

【人才招聘创补】 2017年,成功举办第三届人力资源暨高校毕业生双选春季招聘会,努力打造"通州优秀企业校园行"活动品牌。先后组织近20批次,百余家企业赴全国知名高校进行招聘。定期开展网上人才交流市场活动,通州人才网新注册单位357家,提供职位2097个,登记求职人才2097人。发放2016年度引进的高层次人才、创业创新人才生活津贴及购房补贴233.3万元。对3家高校毕业生见(实)习基地发放生活及技术指导津贴4.38万元。完成第十五批大学生创业项目的专家评审，向腾云汽车科技、初九生物科技等5家企业发放创业借款58万元。

2017年被评为高级专业技术职称人员名录

正高(37人)：

高级工程师(研究员级)：

南通四建集团建筑设计有限公司：

江　建

南通四建集团有限公司：

季　豪　王兴忠　张新兵

南通新华建筑集团有限公司：

许　强　徐宏均

高级教师：

通州幼儿园：张宏云

实验小学：朱国忠

江苏省西亭高级中学：

瞿国华　季志锋

江苏省通州高级中学：何忠锋

育才中学：丁卫军

农业技术推广研究员资格：

区耕地质量保护站：曹凤进

区植物保护指导站：孙雪梅

主任医师：

区人民医院：高思蓉　沈　蓓

顾卫红　杨红飞

张建军　宋　泽

曹玉华

区中医院：尹　国　邱志强

王　萍　朱达军

高振英

区第二人民医院：徐优明

区第三人民医院：吴志兰　陈　华

汤备卫

区第八人民医院：陈建新　郑美芳

区疾病预防控制中心：黄永清

瞿艳华

主任中医师：

区中医院：奚胜华　刘　岳

社区主任医师：

兴仁镇兴仁卫生院：马晓冬

副高(268人)：

高级工程师：

区交通工程质量监督站：

陈晓锋　沙群辉

区规划服务中心：何俊杰

江苏天瑞华消防工程有限公司：

汤　兵

区政府投资项目工程建设中心：

尹春雷　张军飞

南通四建集团有限公司：

单晓燕　季春华　季金华

施德忠　张明飞　顾　锋

顾卫东　彭宏灵　顾爱国

李新颜　朱益兵　张熠杰

朱　毅　院晓丽　钱　军

张德华　葛建华　明志均

陈　意　季震锋　秦婷婷

向先锋　顾桂华　褚宝祥

李建军　张　玲　姜水华

王卫东　张　捷　杨　涛

王建国　邵伟伟　赵玉明

王秀彬　於　果　陆建华

陆素芹　王　华

通州建总集团有限公司：

谢卫国　张永昌　黄　坚

曹剑清　张晓锋　徐　勇

毛建军　刘金龙　张东辉

凌　犟　施　斌　宋和军

卫正海　周汉红　王跃忠

张海彬

南通卓强建设集团有限公司：

张建平　单春华　王健华

南通通博建设工程有限公司：

梅　星

通州四建集团有限公司：

范宜兵　戴国庆

任浩军　邵小锋

南通新华建筑集团有限公司：

杨　凌　张乃华　张小翀

章海彬　刘　江　吴小聪

陈云锋　赵　智　朱　军

陈铁锋　周建新　毛金祥

南通承悦装饰集团有限公司：

陈春梅　蔡东良

南通四建集团建筑设计有限公司：

陆为民　王　芳　何晓曦

江苏永诚工程造价事务所有限公司：

张季娟

区市政公用事业管理中心：季丽华

江苏恒科新材料有限公司：闫继宾

区三槐机械制造有限公司：徐惠朝

南通国盛精密机械有限公司：

姚菊红

南通华新环保设备工程有限公司：

罗红波

南通福乐达汽车配件有限公司：

张建新

高级经济师：

区政府投资项目工程建设中心：

刘云香

区劳动就业管理中心：顾　霞

南通高新技术产业开发区管委会：

王　娟

南通汇川境外就业服务有限公司：

朱　烨

南通农村商业银行股份有限公司(认定)：佘　俊

南通唐盛纺织有限公司(认定)：

唐建新

高级会计师：

南通市华德房地产有限公司：

邢晓帆

南通庞源机械工程有限公司：

赵　成

区粮食购销公司：刘建英

区公安局(公安干部学校)：陈卫红

南通四建集团有限公司：陶　熠

高级人力资源师：

区人才服务中心：叶天宇

区人力资源和社会保障信息中心：

吴金国

区劳动就业管理中心：袁卫华

南通四方冷链装备股份有限公司：

彭　波

高级统计师：

刘桥镇社会事业服务中心：花晓东

高级农艺师：

区种子管理站：陈烨霞

区作物栽培技术指导站：吴　军

区综合检验检测中心：季锦美

区农林科学研究所：张丽华　季忻妤

高级农经师：

东社镇农业服务中心：邱　燕

高级兽医师：

兴仁镇畜牧兽医站：孙　华

主任记者：

区广播电视台：王云峰

主任编辑：

区广播电视台：严　冰

高级教师：

金沙中学：钱旭东　王迎春

周宇容　唐金华

蔡娈鸾　王　娟

蔡红雅　朱蓉蓉
张永杰　孙晓峰
区特殊教育学校：葛明丽　刘晓红
区新联中学：王俊杰
区教师发展中心：陈钰枢　张晓鹏
川港小学：黄　蕾
姜灶小学：顾冬梅
东社学校：季晓松
兴东小学：陈新锋
江苏省西亭高级中学：
王荣飞　张文俊　周尔飞
陈　霞　陈林华　朱建中
钱海军　陶凌燕　吴　瑛
张　彬
袁灶初级中学：陈海洋　张红娟
江苏省平潮高级中学：
丁　飞　吕　慧　李晓慧
周小俊　蔡亚红　翟新娣
王　兴　宋　飞　罗春香
郭红旗
南通市理治小学：曹　云
高级讲师：
通州中等专业学校：
丁　咏　周苏豫　徐　震
杨小华　刘春霞　葛　坚
通州卫生职工中等专业学校：顾祖飞
二甲镇社区教育中心：胡品俞
副主任医师：
区人民医院：严志松　陈　娟
蒋海飞　孙金平
张　华　黄永辉
周海涛　邵春华
蒋　霞
区中医院：王小丽　邹锦荣
杨建娟　王忠华
区第二人民医院：刘冬梅　张华伟
王　俊
区第三人民医院：顾　健　韩　飞
周瑞成
区第六人民医院：张小润　顾刘星
吴雪峰　季红兴
区第八人民医院：陈维芳　陆炎飞
王小军
区妇幼保健计划生育服务中心：
陆亚香　吴锦燕　孙淑娟
区疾病预防控制中心：顾晓明
副主任技师：
区人民医院：殷赵华
区第三人民医院：陆新备　黄玉宇
区第六人民医院：李　琳
二甲人民医院：黄金辉
区妇幼保健计划生育服务中心：
范烨华
副主任中医师：
区第八人民医院：葛善平
副主任中药师：
区人民医院：朱燮翔
副主任护师：
区人民医院：瞿邱炜　张冬云
镇泽红　张　云
戴红芹　葛炎玲
区中医院：张　燕　何燕梅
殷　燕　徐海燕
张金梅　曹红燕
朱玉平　徐　菊
区第三人民医院：徐美霞　单雪平
张美群　王　艳
朱云娟
区第六人民医院：周小燕　张　艳
刘艳丹　蒋爱萍
区第七人民医院：王晓丽　戴军英
区第八人民医院：顾红玉
二甲人民医院：蔡卫华
社区副主任医师：
城南社区卫生服务中心：
张建超　葛健峰
城区社区卫生服务中心：
杨丁霞　易咏梅　王红梅
东社镇东社卫生院：唐建勇
东社镇五甲卫生院：
顾晓锋　沈锦红
二甲镇卫生院：沈　勇
平潮镇平潮卫生院：
李志东　王　亮
平潮镇平东卫生院：汤伟宏
十总镇骑岸卫生院：蔡春霞
十总镇十总卫生院：
陆　燕　葛季霞
石港镇卫生院：王炼梅
西亭镇卫生院：孙　建
先锋街道社区卫生服务中心：
陆　燕
先锋街道卫生所：刘汉忠
兴东街道社区卫生服务中心：
张爱美
兴仁镇四安卫生院：
朱岳云　秦新强
兴仁镇兴仁卫生院：钱燕霞
通州育才中学医务室：葛莉燕
社区副主任药师：
平潮镇平东卫生院：张卫东
十总镇十总卫生院：徐如英
五接镇卫生院：辛亚军
社区副主任技师：
十总镇十总卫生院：季银霞
兴仁镇兴仁卫生院：季淑娟
社区副主任中医师：
五接镇卫生院：保蕴杰
兴仁镇兴仁卫生院：
刘新峰　宗建清
社区副主任护师：
先锋街道社区卫生服务中心：
张吉林
兴仁镇四安卫生院：孙　敏
兴仁镇兴仁卫生院：严红梅
副研究员：
南通市中心血站通州分站：王亚春
（孙妍彦）

劳动就业

【概　况】 2017年，全区城镇新增就业9195人，失业人员再就业4157人，就业困难人员再就业982人，转移农村劳动力3589人，新增发放创业担保贷款2140万元，新增支持成功自主创业2020人，城镇登记失业率为1.83%。全年组织各类就业培训、技能提升培训3.6万人次。金沙街道育才社区被认定为第四批国家级充分就业社区，通州区累计有国家级充分就业社区1个、省级充分转移就业乡镇15个（按原区域划分）、省级充分就业示范社区5个。

【创业载体建设】 主动融入“一带一路”建设，以推进省级创业型乡镇（街道）、社区（村居）、园区创建和大学生优秀创业项目遴选为抓手，加快“互联网+”与传统优势产业的融合。举办“一带一路·网上丝路”高峰论坛暨中国南通家纺城第四届跨境贸易电子商务发展论坛。南通高新区、兴东街道、金沙街道北山社区、西亭镇西禅寺村等20个社区（村）被省人社厅认定为2016年度省级创业型街道（乡镇）、社区（村）和园区，通过率位于南通市前列。通州区征集推荐的“特色农产品电商新模式”等5个大学生创业项目均获评为2017年度江苏省大学生优秀创业项目，其中新型果蔬选育与推广和高考志愿填报两个“互联网+创业”项目被评选为2017年度南通市大学生优秀创业项目。石港镇以渔湾水乡为主线的“互联网+农村特色产业园”——石渚创巢众创空间成功建成2017年南通市创业孵化示范基地。

【援企稳岗】 严格执行失业保险降费率政策，实时实施降低失业保险费率、扩大稳岗补贴享受范围等措施，切实为企业减负。全年为138家企业兑付稳岗补贴377.65万元，实现稳岗15857人，发放工作中位居全市前列，直接减少企业失业保险费支出约2200万元。

【纠纷化解】 通过“12345”市民服务热线、公众监督等平台，受理和解答政策咨询506件。仲裁与法院实现裁审信息线上互通，为全市首家。南通四方冷链装备股份有限公司劳动争议调解委员会成功获评全省首批劳动人事争议优秀基层调解组织，南通地区共4家。部门联手打击欠薪违法行为，向公安移送欠薪案件24件。稳步推进“治欠保支”行动计划。参与家纺、船舶行业群体性欠薪、通灵桥整治专项、百威英博群体性上访等涉及全区经济社会稳定重大事件的处理。劳动保障监察按期结案率、劳动人事争议结案率分别达到100%和99.2%。（孙妍彦）

社会保障

【概　况】 2017年，全区参加企业职工基本养老保险1021家，参保人数14.85万人，保费收入13.18亿元，征缴比例调整为27%（企业19%、个人8%），企业职工离、退休人员6.25万人，人均月退休金为2207元。深入推进机关事业单位养老保险制度改革，全区445家单位参加机关事业单位养老保险，参保人员2.91万人，其中在职人员1.72万人，退休人员1.19万人。城镇职工基本医疗保险、工伤保险、生育保险参保人数分别达18.76万人、14.01万人和12.43万人，工伤保险建筑项目参保率达100%，职工医疗保险政策范围内报销比例达到82%。城乡居民基本养老保险新增参保7233人，全年缴费人数20.9万人，续保率达96.39%，收取保费2.13亿元；领取养老金人数28.84万人，发放养老金5.55亿元。城乡居民基本医疗保险参保人数79.36万人，参保率98%以上。全年被征地农民基本生活和社会保障人员新增7046人，为6.24万名保障对象发放保障金2.93亿元。成立“社会保险综合窗口”，全年接待咨询近5万人次，新增参保单位580家，办理退休4296人，转移9013件。从11月起正式开通网上申报业务，发放CA证书近千家。

【信息系统建设】 主动推进养老、医险、工伤、生育、失业保险与南通数据并轨，统一使用南通社保管理系统，实现“五险”合一。并轨过程中核实单位信息8206家，实名认证36万多名参保职工资料，完成9000多个账户合并，信息中心自主研发数据转换软件，确保数据质量，节约资金超百万元。全面上线运行江苏省机关事业单位养老保险管理信息系统。推进全民参保登记信息系统动态管理机制建设，充分利用大数据，与公安、民政、财政等部门建立信息交换比对机制。

【社保卡发放应用】 全年完成11.9万名在校学生的数据整理和采集工作，并通过省卡管系统完成卡的制作，同时对参加城乡居民医疗保险剩余未制卡人员进行数据采集和整理。至2017年底，累计完成数据采集人数108万人，完成制卡人数83万人，完成80余万名参保人员的社会保障卡发放。完成自助制卡机的安装调试工作，实现补、换卡立等可取。逐步拓展社保卡的应用，将机关事业养老保险参保人员的养老金发放纳入社会保障卡发放。

【政策惠民】 2017年1月起，全区城乡居保基础养老金标准上调至每人每月125元，惠及全区27.83万人。2017年10月9日，区政府办公室发出《关于调整全区执行省政府26号令的被征地农民基本生活保障标准的通知》（通政办发〔2017〕109号），惠及全区5.39万人。城乡居民医保筹资标准分别提高到1000元和850元，城乡最低生活保障家庭成员、特困供养对象、享受民政部门定期抚恤补助的重点优抚对象、孤儿、建国前入党无固定收入的老党员、建档立卡低收入农户、特困职工家庭、完全或大部分丧失劳动能力的重残（1~2级）以上8类人员，参加全区居民基本医疗保险的，其个人缴费部分由区财政给予全额补助。

（孙妍彦）

民　政

【概　况】 2017年，区民政局推进城乡统筹，完善救助机制，深化社区治理，强化队伍建设，较好完成各项任务。通州区被省民政厅授予“现代民政示范区”称号，通过“双拥工作模范城”省级验收，区民政局被区委、区政府表彰为民生及社会建设先进集体。

【基本救助】 自7月1日起，通州区城镇低保由每人每月620元提高到640元，农村低保由每人每月530元提高到600元，农村分散五保由每人每月700元提高到750元，城市三无老人由每人每月1450元提高到1530元。至12月，全区列入城镇低保769户、1154人，农村低保8796户、13371人，农村五保3254人（其中集中供养956人），城镇“三无”人员45人。全年发放生活救助金1.10亿元，切实保障了困难群众的基本生活。

【医疗救助】 年初，按照《省政府办公厅关于进一步完善医疗救助制度的实施意见》和《南通市区医疗救助实施办法》，出台城乡医疗救助实施办法，将低收入家庭中的11种大重病患者全部纳入，并全面实现救助对象即时结报。新的政策实施后，8517人次困难群众享受医疗救助2394.14万元。另外，为332名困难家庭精神疾病患者办理免费住院。

【临时救助】 按照《江苏省临时救助实施办法》，全年累计有302名困难对象获得救助，共计救助金75.86万元。

【敬老院达标升级】 推动农村敬老院达标升级。对先锋、金新、兴仁等4家敬老院按照“三有三能六达标”要求进行提档升级。19家敬老院消防改造全部完成并通过验收。

【居家养老服务】 加快推进标准化居家养老服务中心(站)设施建设,51个居家养老服务中心(站)提档升级为标准化居家养老服务中心(站),其中城镇社区31个,农村社区20个。81个居家养老服务中心、社区(村、居)居家养老服务站具备日间照料、助餐、送餐功能并按域内需求开展服务。

【困境儿童保障】 持续做好全区孤儿的调查、确认、发证工作,为3名孤儿办理儿童福利证,核实11名超龄孤儿的学籍情况。1月,下发《关于印发通州区开展农村留守儿童“合力监护、相伴成长”关爱保护专项行动实施方案的通知》(通政办发〔2017〕3号),开展留守儿童摸排工作,全面完成排查工作并录入到省未保系统留守儿童数据库。7月1日起,孤儿基本生活保障标准进行提标,集中供养孤儿由每人每月1817元提高到1968元,散居孤儿标准由每人每月1100元提高到1192元。8月,下发《区政府关于完善通州区困境未成年人分类保障制度的通知》(通政发〔2017〕13号),在强化基本生活保障、加强医疗康复保障、完善教育保障政策、健全监督保护制度、优化儿童关爱机制等方面做了明确要求。全区共有101名困境未成年人纳入困境未成年人分类保障范围。

【困难残疾人补贴】 全区残疾人“两项补贴”政策全部落实到位,实现政策规定受众全部得到保障并做到应补尽补、应退尽退,是全市率先完成“两项补贴”发放工作的单位之一,共有17398名残疾人纳入残疾人“两项补贴”政策保障范围。2017年共发放低保内残疾人补贴556.37万元,受益31776人次;发放低保外残疾人补贴8940.59万元,受益166497人次;发放护理补贴1610.82万元,受益172092人次。

【慈善事业】 全区15个镇(街道)都建立慈善分会,242个村(居)都建立慈善工作站,共募集善款13.9万元。全年发放慈善款632.68万元,为373名大重病患者发放慈善助医金265.59万元,为70个困难家庭发放慈善助困金12.29万元,为82名孤儿发放救助金及书籍8.7万元,为137名困难家庭子女发放慈善助学金41.1万元。累计发放各类慈善救助金1014.91万元,受惠困难群众达万人。

【双拥工作】 大力推进社区(村)拥军优属服务岗(双拥工作站)建设,将每年4000元的双拥工作经费列入财政预算,制定考核机制并加强业务指导检查,各社区(村)拥军优属服务岗(双拥工作站)成立不少于10人的志愿者服务队伍,全区有近3000人的志愿者服务队伍积极为优抚对象开展精神慰藉、助耕助种、居家关爱、结对帮扶、军民共建、送喜报等活动。为53名荣立三等功的现役官兵和驻区部队官兵发放立功奖励金1.85万元。“八一”和春节慰问驻通部队经费达100多万元,投入3000多万元新建武警应急救援指挥中心,支出25万元用以改善海门海防301旅部队官兵生活,为驻区部队赠送价值4万多元图书室。全年拥军经费支出达8000万元。

【优抚工作】 7月,调整部分优抚对象的抚恤补助标准,全年发放抚恤补助金7733.56万元,惠及10790名优抚对象和1540名遗孀。根据苏政办发〔2017〕59号文件精神,为569名下岗、失业转业志愿兵(士官)办理生活困难补助,发放补助金245.45万元,为41名企业退休“两参”退役人员发放专项慰问金16.4万元,为享受抚恤补助的优抚对象发放水电气网络补助47.48万元,并全部组织免费体检。出台《关于印发南通市通州区城乡医疗救助实施办法的通知》(通政规〔2017〕1号),进一步提高重点优抚对象医疗报销比例。春节、“八一”期间发放普惠性慰问金630余万元,惠及1万多名优抚对象。安排131名重点优抚对象进行短期疗养。为22名残疾军人进行假肢巡修和辅助器具配备。为419人次生活困难的优抚对象发放临时救助金23万元。及时办理农村籍退役士兵老年生活补助、遗孀生活补助、慰烈园异地重建、烈士评定和换证、评调残、免费公交卡等工作。

【退役安置】 安排4月转业的19名士官选岗就业,其中17人安排到事业单位,2人安排到国有企业。对1978年以来安排工作的退役士兵进行全面核查,核查数据4500条,并完善身份证号码、户籍地址、社保等基础信息。为501名义务兵发放优待金和奖励金1573.99万元,为9月退役的332名退役士兵发放自主就业补助金1865.4万元。组织132名退役士兵参加免费职业技能培训,50名退役士兵参加学历教育。为670余人次查档、转档,为2450人出具军龄证明。

【社区建设】 将金沙街道天熹社区、金沙街道虹西村、平潮镇湾子头村、金新街道油榨村公共服务中心改扩建工程列入全省民政为民办实事项目。至年底,均已完工,即将进驻办公。对城乡社区台账资料、挂牌、印章管理进行“回头看”,社区减负提效工作取得实效。确定12个城乡社区申报省级和谐达标社区,7个城乡社区申报省级和谐示范社区,全区97%的城市和95%的农村社区创建成省级和谐社区。

【村务治理】 修订完善《通州区村务公开目录》,逐步推广“四型”协商民主,即建设型协商民主、服务型协商民主、管理型协商民主和监督型协商民主,健全民情恳谈、社区听证、社区论坛、社区评议等沟通协商机制,加快推进基层群众民主实践制度化进程。继续实施“政社互动”。全区所有镇(街道)均完成2016年度双向评估和2017年度签约工作。修订完善《村(居)民委员会依法履行职责事项》和《村(居)民委员会协助政府工作事项》“两份清单”,制定本年度评估工作的相关细则。开展村民小组自治扩面试点。指导试点村修订完善村民小组长选举制度、村民代表推选制度、村民小组长职责、村民小组会议制度等,积极发挥村民小组长“五大员”基本职责。

【社会组织】 规范社会组织发展和管理,新增社会团体8家、民办非企业36

家,登记合格率100%。组织150多家社会组织参加A、AA、AAA等级评估,累计132家社会组织通过等级评估。结合年检,推动做好社会组织换发统一社会信用代码登记证书工作。

【社会事务】 全年福利彩票销售超过1.56亿元。办理婚姻登记结婚7648,办理离婚1908对,补办结婚证2439对。办理收养登记96例,办理儿童家庭寄养72对,办理弃婴(儿)集体户口51对,送养98对,合格率为100%。涉外送养一名儿童,被法国夫妇收养。惠民殡葬补贴标准再度提高60元/具,火化尸体10790具,金沙和平潮殡仪馆分别火化尸体7582具和3208具。完成24个小区的地名命名批复工作。第二次全国地名普查工作通过省级验收。 (陆治平)

老龄工作

【概　况】 2017年,通州区60周岁及以上老年人34.31万人,约占全区户籍总人数的30.19%,其中80周岁—89周岁高龄老年人43577人,90周岁—99周岁长寿老年人10541人,100周岁及以上163人(其中男性30人,女性133人)。全年发放80周岁及以上老年人尊老金4254.46万元。全区共有15个居家养老服务中心、238个社区(村、居)居家养老服务站,其中71个居家养老服务中心、社区(村、居)居家养老服务站具备日间照料、助餐、送餐功能并按域内需求开展服务。是年,培训100名养老护理员并取得职业资格证,他们在养老服务行业中发挥积极作用。

【居家养老服务】 加快推进标准化居家养老服务中心(站)设施建设,有51个居家养老服务中心(站)提档升级为标准化居家养老服务中心(站),其中城镇社区31个、农村社区20个。

【政府购买居家养老服务制度】 全区有1386名60周岁及以上分散供养的城镇“三无”、农村“五保”且丧失生活自理能力的老人、80周岁以上的空巢老人(子女户籍均不在本区、家庭生活困难且生活不能自理)、低保家庭和低收入家庭中80周岁以上独居且丧失生活自理能力的老人,以及80周岁以上无固定收入且丧失生活自理能力的重点优抚对象全部纳入政府购买服务范围,全年发放服务人员服务补贴92.49万元。充分发挥镇(街道)老年协会在居家养老服务中的引领作用,有1500多名志愿者参与涉老服务,他们中有教师、医生、机关及企事业单位退休下来的干部、职员以及社会各类组织和爱心人士,自愿组成志愿者服务队伍,农村居家养老“一助一”“多帮一”“一帮多”“小老人服务老老人”在社区蔚然成风。

【居家呼叫服务】 积极推进“互联网+居家养老服务”,充分利用现代信息手段和互联网技术,完善老年人数据信息系统,为老年人提供所需服务搭建平台、传递信息。主城区两街道有600名特殊困难老年人享受“一键通”居家呼叫服务,全年支付服务及通讯费19.18万元。

(马桂林)

住房公积金管理

【概　况】 2017年,通州住房公积金管理部围绕南通市中心下达的全年工作目标,攻坚克难,服务群众,圆满完成各项工作目标,年终考核列部门前列。全年归集住房公积金10.22亿元,同比增长9.54%,年归集额首次突破10亿元。新增开户单位225家,新建人数14734人,实缴人数增长8053人,欠缴单位5家,欠缴率为0.2%,上述主要指标均创历史好成绩。完成基数调整1306家单位64247人次,月缴额增加729.60万元,现月应缴额达8091万元(不含通州湾整体转出数据,下同)。至年底,归集余额25.19亿元,比上年末增加1.46亿元,增长6.15%,累计归集67.17亿元。共有155463人次提取住房公积金86646.52万元,提取额占同期归集额85.59%,同比分别增加31075人次和17942.45万元,分别增长24.98%、26.12%。至年底,全区住房公积金累计提取总额41.98亿元,占累计归集总额62.50%。全年有2292户职工家庭办理全额或部分委托逐月提取还贷业务,是当期贷款户数102.6%。至年底,共有8922户职工家庭办理逐月提取还贷(抵扣中)手续,占贷款户(还款中)84.74%。全年发放贷款2288户89993.70万元(其中公转商贷款54户,2019.4万元),公积金贷款同比增加332户18909.90万元,增幅17.46%和21.49%。至年底,累计向17970户家庭发放住房公积金贷款48.82亿元,贷款余额28.03亿元,个贷比率为111.28%,连续14年实现无一户一次逾期零逾期。全年实现业务收入8940.89万元,同比增加1230.26万元,增幅15.96%。业务支出4380.13万元,同比减少204.02万元。实现增值收益4560.76万元,同比增加1434.29万元,增幅45.88%。住房公积金贷款发放增多。全年提供廉租房建设补充资金1087.55万元,累计提供8278.21万元。是年,获省城乡建设系统模范职工小家、市文明单位、市住房公积金管理先进集体等。 (邱云霞)

生态环境

Ecdogical Environment

编 辑 陈 菊

环境管理

【概 况】 2017年，通州区环保局牢固树立“绩效环保共筑碧水蓝天”工作理念，以“12369工程”为统领，大力改善环境质量，生态环保工作取得新进展，《新华日报》《中国环境报》、人民网、新浪网等媒体多次报道通州区生态环保工作。

【环境质量】 2017年，通州城区空气质量优良天数比例(AQI)为75.2%；其中细颗粒物(PM2.5)年均值42微克/立方米，可吸入颗粒物(PM10)年均值78微克/立方米，二氧化硫年均值19微克/立方米，二氧化氮年均值20微克/立方米，酸雨出现频率3.3%。主要河流中九圩港、通扬运河、团结河水质与上年相比有不同程度变差，通吕运河、通启运河水质与上年持平；城区金沙横河、竖石河水质与上年相比有所变差，运盐河水质与上年持平。城区交通干线噪声等效声级昼间为66.0分贝。 (曹 炜)

【法制宣教】 全年完成对452家非国控污染企业环境行为的评定工作，其中绿色9家，蓝色194家，黄色210家，红色25家，黑色14家，评定结果在中国通州门户网站进行公布。完成全区50家重点排污单位名单确定以及重点排污单位环境信息公开工作。严格把关环境保护行政处罚案卷，通过年末的法治、综治平安等考核。全年环保立案214件，罚款额度2547万元。联合教育部门，组织江苏省绿色学校以及南通市绿色学校、绿色园丁、绿色小卫士申报工作，确定川港小学为省级绿色学校申报对象；组织参加南通市绿色学校申报培训工作，确定育才幼儿园、唐洪小学、五甲小学、平潮初中为市级绿色学校申报对象。将新的环境影响评价法、建设项目环境保护管理条例列入干部菜单式学习，组织各镇(街道、区、园)环保助理业务培训；对全区印染及涉危涉重企业负责人进行环保法律法规集中培训。“六五”前夕，区环保局局长陶洋走进通州电视台直播间发表《绿水青山就是金山银山》电视讲话；“六五”环境日，在城区大润发超市门前，区环保局联合百威英博大富豪(江苏)啤酒有限公司举办一场主题为“绿水青山就是金山银山”的环保公益宣传咨询活动，8块展板巡回宣传，制作横幅4条，发放各类环保宣传资料3500余份，接受市民咨询200多人次。定期在《通州日报》刊发环保专版，刊载区环保局“12369”工作路线图。 (崔祝进)

【污染防治】 2017年，持续推进大气污染防治行动计划，全区实施大气污染防治重点工程项目53个。开展全区挥发性有机物源清单调查，41家企业完成挥发性有机污染物治理。通州美亚热电有限公司全面关停，淘汰燃煤机组27兆瓦。全面淘汰10吨/时以下燃煤锅炉。深入开展水污染防治，市考以上断面建立区、镇两级“断面长”，组织实施51个水污染防治重点工程；编制金沙大桥等3个断面达标方案。全面启动土污染防治工作，制定《通州区土壤污染防治工作方案》，完成农用地调查，开展重点遗留地块场地调查和风险评估。开展“三河三行业”综合整治，关停印染企业5家，关闭钢丝绳企业3家，酸洗磷化、浸铅处理等污染工段全面停产整治，4家钢丝绳企业采取断电措施。发放火电、印染等重点行业排污许可证39家。 (朱晓玲)

【环境监察】 全面推行“双随机—公开”抽查制度，建立检查企业库和检查人员库。通过空中无人机、水上监察艇等方式实现全方位、多手段、无缝监管。全年立案214件，是年作出行政处罚决定190件，处罚金额2547万元，列南通前茅；实施查封扣押9起，停产限产10起，按日计罚1起，涉嫌环境犯罪移送公安14起，行政拘留6人，刑事拘留27人，适用“四项配套制度”及处罚额度均列南通市第一位，环境监察大队被省厅评为环境执法大练兵先进集体。配备51套环保执法终端设备，实现环保执法现场实时定位上传。启动工业污染源全面达标排放(2017—2019年)计划，第一批的火电、印染、污水处理三大行业的69家企业实现达标排放。对九华山应急备用水源地开展初步调查，委托第三方技术咨询机构南京源恒环境研究所有限公司对该水源地进行技术论证。认真落实省市区网格化监管指导意见和方案，将环境监管网格化运行情况纳入2017年生态文明考核体系，确保网格运行高效顺畅。开展突发环境事件风险评估，建立全区重点环境风险企业数据库。关停砖瓦窑企业29家，整治水泥砖生产企业51家。

【环境信访】 全区共受理环境信访2231件(省级以上越级环境信访109件,市、区级环境信访件2122件)。其中反映水污染问题495件,大气污染1139件,噪声污染397件,固废污染51件,粉尘污染92件,辐射污染9件,光污染2件,其他污染问题46件。印发环保信访通报12期、《通州环保形势》9期。强化信访调处的考核评比工作,每月对信访调处情况进行排名通报。进一步落实局长包案和领导带案下访工作。攻克通灵桥地区的环境信访难题,关闭、拆除该地区11家排污企业,彻底解决该区域环境污染问题。从严从速整改中央环保督察交办的24个信访问题、省环保督察交办的66个信访问题,共下发交办单354份,环保立案49起,处罚388万元,问责16人。 (徐大德)

环境监测

【概 况】 全年共出具监测数据11.74万个,发放各类监测报告共1248份。按照要求开展水、气、声、土壤等环境要素监测,污染源监督监测和应急监测。 (曹 炜)

生态文明建设

【概 况】 2017年,通州区围绕"四个全面"战略布局,全力推进九大类40项生态文明建设重点工程。6月、9月,相继发布实施《通州区"十三五"生态环保规划》和《通州区生态文明建设规划》,为通州区生态文明建设发展指明方向。

【生态红线管控】 严格执行生态红线区域保护规划,牢固树立红线意识,切实把保护责任落到实处。对全区生态红线区域按照一、二级管控区要求实行严格管控,不同类型级别的红线区域制定有针对性的保护与管控措施。加大对红线区域的环境监察和执法力度,依法坚决查处逾越生态红线和破坏生态环境的违法行为。生态红线保护监督管理工作顺利通过省级核查。委托南京大学环境规划设计研究院股份公司开展全区生态红线区域现状调查,摸排项目建设情况。

【清洁生产审核】 2017年,省下达清洁生产审核任务为江苏恒科新材料有限公司等5家企业,共投入1605万元,实施中高费清洁生产方案6个、无低费方案71个。区环保局会同经信委,分别于9月、12月,组织企业清洁生产审核评估和验收工作。

【生态细胞工程】 开展首批生态文明建设示范镇、村评选工作,二甲镇、东社镇、十总镇和十总镇二爻居扎实开展生态文明建设示范镇、村创建工作,并通过省环保厅组织的检查验收。持续推进覆盖拉网式农村环境综合整治试点工作,全年完成15个项目工程建设。对2013、2014年度污水处理项目组织区级自验工作,2015、2016年度整治项目接受财政部组织的绩效评价,着力抓好项目长效管理。 (倪 敏)

红色记忆

——通州革命遗址掠影

邹韬奋演讲纪念碑

位于通州区兴仁镇温桥村2组。1989年7月24日,在纪念邹韬奋逝世四十五周年之际,上海邹韬奋纪念馆在当年邹韬奋演讲处温桥小学校园内高大的银杏树下特立碑记。2007年被确定为南通市级爱国主义教育基地,同年2月被确定为通州(县级)文物保护单位。

镇·街道概况

The Survey of Towns And Streets

编 辑 杨王军

金沙街道

2017年金沙街道主要经济社会指标

表25

项目	单位	数量	项目	单位	数量
总面积	平方公里	66.17	棉花总产量	吨	0
行政村	个	9	油料总产量	吨	5993
社区居委会	个	14	农机总动力	千瓦	22669
年末人口	人	121599	规模工业企业	家	12
地区生产总值	万元	1210706	规模工业总产值	万元	217971
第一产业	万元	28187	主营业务收入	万元	217933
第二产业	万元	411720	利税总额	万元	21806
第三产业	万元	770799	固定资产投资	万元	422330
一般地方预算收入	万元	30411	工商注册外资	万美元	800
农业总产值	万元	30610	注册外资到账	万美元	800
粮食总产量	吨	16682			

【城乡建设】 2017年,金沙街道加快动迁安置工程,完成金沙轧花厂周边地块、银河新区及金霞路周边环境整治、希望路北延及两侧绿化、城区危房改造提前拆迁、城东村新三园村畜牧业养殖场拆除、江华机械厂宿舍楼等地块拆迁和梦巴黎休闲中心、大富豪啤酒厂地块剩余4户、金沙横河景观工程、龙盛大道绿化工程的拆迁扫尾任务。金霞路周边环境整治动迁346户全部签约交房。邻里中心工程项目竣工,农贸市场投入使用。投资5000多万元的银河小教中心主体工程竣工验收,虹西幼教中心投入使用。投资800多万元的泰山公寓、翠园花苑等5个老小区改造工程完成竣工验收。推进都市生态农业高标准农田建设,建设区域道路5.37公里、桥梁6座。新建金北村八总路2.7公里,是年,成功举办全省农村公路工程质量监督现场观摩会。

【生态环保】 2017年,推进农村环境"五位一体"长效管理,坚持"周巡查、月考核、季评比"工作机制,季度考评成绩在全区保持前三,受到市、区检查组充分肯定。严格秸秆禁烧禁抛和综合利用,全年累计秸秆还田三麦666.67公顷、水稻400公顷。推进生态绿化工程,新增生态林45.27公顷,超额完成区交任务23.4%,金北村、虹西村创建为"省级三化示范村",平桥镇村创建为"市级三化示范村",金沙街道获区绿化管护考评第一名。重点打造金余六甲腰河及西六甲河、虹西金西中心竖河,形成"点面结合、重点突出、串点成线、打造精品"良好局面,为"水韵金沙"增添一道美丽风景线。

【社会事业】 2017年,推进全国文明城市创建工作,通过"大考"检查验收。加强文化基础设施建设，成功申报示范性文体广场4个和基层公共文化服务中心3个。持续打造“百场文化惠民演出”品牌，推动创作文化作品，展示金沙风采风貌。加快教育现代化建设，提高教育教学质量，金郊初中中考再创辉煌，区中考状元、探花双双花落金郊。街道社区教育中心获省社区教育品牌项目、全国职业教育和继续教育数字化应用课题研究实验基地、全国首批城乡社区教育特色学校、全国2017年全民终身学习品牌项目。组织职业技能、创业培训，全年培训各类人员280人。组织企业参加区人力资源招聘会，达成用工意向132人，万人创业168家。推行创业型社区活动，18名失业人员办理小额担保贷款216万元，22家企业申请稳岗补贴。完成城乡居民保险续保14022人，续保率93.9%，提前超额完成任务。完成城乡居民基本医疗保险筹资，城镇居民医疗保险和农村新型合作医疗保险顺利并轨。

2017年金沙街道行政村(社区)基本情况

表26

村(社区)名称	人口(人)	从业人员(人)	党组织书记	村(社区)委会主任	村(社区)名称	人口(人)	从业人员(人)	党组织书记	村(社区)委会主任
东市社区	4431	2659	周　纯	周　纯	天晖社区	3502		沈汉国	沈汉国
南山社区	4098	2459	姜抒峰	姜抒峰	天虹社区	2020		单正国	单正国
新村社区	3698	2219	王　芳	王　芳	进鲜港村	6232	4720	何鑫鑫	单思海
虹西社区	4638	2783	杨　琳	杨　琳	虹西村	8305	2242	张乃均	张乃均
北山社区	7742	4645	张志娟	张志娟	城东村	9042	1265	丁光南	单正国
朝阳社区	4810	2886	陈晓霞	陈晓霞	新三园村	8934	4308	张　云	张　云
新市社区	4283	2570	李云英	李云英	金北村	12459	6898	张慎建	张　军
安康社区	3751	2251	季　艳	季　艳	太山村	5490	2465	单进飞	吴振达
育才社区	5073	3044	王冬梅	王冬梅	平桥镇村	6940	2992	邱卫国	张圣凤
虹南社区	6218	3731	陈　霞	陈　霞	港北村	7122	1530	刘　峰	朱成红
天霞社区	2512		郁伯珍	郁伯珍	金余村	8333	4492	朱建军	王　斌
天熹社区	3100		王丽丽	王丽丽					

(陆　啸)

金新街道

2017年金新街道主要经济社会指标

表27

项　目	单　位	数　量	项　目	单　位	数　量
总面积	平方公里	102.41	棉花总产量	吨	1
行政村	个	21	油料总产量	吨	8940
社区居委会	个	10	农机总动力	千瓦	17302
年末人口	人	156876	规模工业企业	家	113
地区生产总值	万元	1737687	规模工业总产值	万元	5812185
第一产业	万元	22217	主营业务收入	万元	5629776
第二产业	万元	771497	利税总额	万元	612994
第三产业	万元	943973	固定资产投资	万元	2577537
一般地方预算收入	万元	131653	工商注册外资	万美元	16038
农业总产值	万元	23216	注册外资到账	万美元	16038
粮食总产量	吨	13281			

【政法综治】 2017年，约请评估公司对辖区81个征地项目开展社会稳定风险评估，确保项目建设用地和卫片执法整改不受影响。有序推进村居综治平台建设，在11个村居建成一级综治平台。完成碧堂庙居村级综治法治示范点和街道法治文化公园建设并通过上级验收，接待市法学会、市政法委等领导调研、考察，获得好评。在职工之家安装人脸识别系统，完成对职工之家楼幢单元门改造安装，人脸识别系统安装调试到位。

【民生实事】 2017年，建成5轨制城西幼儿园，总建筑面积7000平方米左右。完成15个村58条(段)河道疏浚任务，总长35.5公里，土方23.96万立方米。“走帮服”与精准扶贫工作相结合，街道党员干部走访群众家庭9721户，覆盖率98.5%，企业32家，覆盖率96.9%，帮助低收入农户脱贫，脱贫率达83%。农业支持保护补贴受益农户20568户，农业保险理赔受灾面积389.8公顷，受益农户84户。城乡居民基本养老保险应缴费总人数24510人，实缴23367人，续保率达95.34%，新农保覆盖率99.99%。

2017年金新街道行政村(社区)基本情况

表28

村(社区)名称	人口(人)	从业人员(人)	党组织书记	村委会主任	村(社区)名称	人口(人)	从业人员(人)	党组织书记	村委会主任
金南社区	8536	5122	汤清华	汤清华	通灵桥村	5034	3075	邢光荣	瞿建国
镇南社区	8864	5318	耿晓燕	耿晓燕	双池头村	3862	2019	单志洪	单小辉
八角亭社区	6753	4052	徐　冬	徐　冬	复兴村	4568	2466	姜　忠	朱华平
碧堂庙社区	4094	2456	翁晓卫	许　燕	花家渡村	8781	3583	杨国华	季佩华
金桥社区	9051	5431	顾　伟	徐　莉	三姓街村	7928	2904	曹铮珍	张琴
果园社区	5253	3152	姜　新	徐友军	狮子桥村	4615	1437	陈竹兰	王春峰
华山社区	3889	1610	白丽娟	白丽娟	朝东圩村	4438	2225	马永涛	马新平
金霞社区	4774	2864	瞿邵华	姜　锐	夏四店村	3107	1498	郑美	吴益锋
碧华社区	3710	2226	陈　洁	姜　婧	大石桥村	2734	1221	李　忠	张志兵
金乐社区	131	79			金普村	2556	1385	俞成明	张　丽
界北村	4110	1557	黄培国	葛　新	民平村	6023	2203	袁新涛	季顺高
文山村	4245	2009	陈建国	陈建国	利民村	6694	2747	盛金峰	徐高飞
油榨村	5169	2432	李　华	戴　峰	正场村	5445	1692	王建林	洪中华
张门村	3181	1549	张　清	张新鑫	进东村	6898	2724	徐卫星	徐卫星
邢园村	3367	1560	陈永华	唐卫国	麒麟桥村	5233	2722	俞洪和	董林冲
元帅庙村	3833	2047	张　建	张　建					

(钱亚琴)

兴东街道

2017年兴东街道主要经济社会指标

表29

项　目	单　位	数　量	项　目	单　位	数　量
总面积	平方公里	30.46	棉花总产量	吨	0
行政村	个	9	油料总产量	吨	837
社区居委会	个	1	农机总动力	千瓦	11018
年末人口	人	32804	规模工业企业	家	30
地区生产总值	万元	429794	规模工业总产值	万元	158285

续表 29

项目	单位	数量	项目	单位	数量
第一产业	万元	12937	主营业务收入	万元	158048
第二产业	万元	269710	利税总额	万元	14709
第三产业	万元	199745	固定资产投资	万元	275755
一般地方预算收入	万元	10595	工商注册外资	万美元	1300
农业总产值	万元	10269	注册外资到账	万美元	1300
粮食总产量	吨	8538			

【项目建设】 2017年,兴东街道以经济建设为中心,将项目建设放在首位。综艺集团坚持创新转型,纳税突破4亿元。规模以上企业总体稳中有升,雨奇金属等小微企业发展态势良好。华隆微电子、骐骏机械、尊翔公务机、顺丰全自动分拣中心、空港商务酒店等亿元项目开工。欣颐家纺、跨境电商监管中心、兴东商贸街、圆通速递等亿元项目竣工并成功转化。是年,顺丰(含汇海)实现销售6.48亿元,同比增长43.19%,纳税1142.7万元;华夏(含尊翔)实现销售1.56亿元,同比增长78.37%,纳税1369.7万元,同比增长44.5%。以顺丰速运、华夏飞机工程等规模以上企业为主的空港产业带动效应越来越明显,成为街道新增长极。

【民生建设】 2017年,启动市政配套全覆盖工程,新装路灯约2公里,新增河道绿化53公里,改造危房2户,改建危桥3座,维修农村桥梁7座。东飞西路、东翔路、向阳东路竣工通车,镇区"西拓北延"框架基本拉开。积极推进农村公路管理养护工作,修复破损板块3200平方米,确保居民出行安全。兴飞花苑二期投入使用,空港二期拆迁农户乔迁新居,机场大道安置房(东盛花苑)地下室基础工程完成40%。优化完善安置小区"党支部+物管公司"管理运行机制,探索小区管理信息化平台建设,提升小区文化品位。兴东幼儿园及相关配套工程竣工并交付使用,兴东卫生院二期工程于10月开工。实施村庄环境提升行动,环境整治向常态化、精细化转变。严控街道违章搭建,共拆除违章建筑49起,拆除面积为5370平方米。

【生态建设】 2017年,积极践行绿色发展理念,不断巩固街道生态环境治理成果,全力推进"263"专项行动。完成11台10蒸吨/小时及以下燃煤锅炉淘汰任务,对不涉及违法违规危化品生产、经营和储运企业,进行检查整治及长效监督。街道境内三、四级河道共30条(段)全面落实"河长制",定期对河道疏浚清理,禁养区内所有养殖场全部关停。覆盖拉网式环境综合整治项目均竣工送审,对通吕运河沿线企业环境违法行为进行全面排查和整治。多措并举扎实做好秸秆禁烧工作,保护生态环境。

2017年兴东街道行政村(社区)基本情况

表 30

村(社区)名称	人口(人)	从业人员(人)	党组织书记	村(社区)委会主任	村(社区)名称	人口(人)	从业人员(人)	党组织书记	村(社区)委会主任
陆扶桥村	3370	1553	陈季卫	顾桂萍	黄金村	1794	1067	葛　军	葛周峰
永庆村	3525	1576	李进新	葛卫忠	双楼村	4317	1646	顾红玉	李春峰
土山村	3631	1878	徐　华	葛跃进	紫星村	4472	2126	保让剑	陈晓锋
孙李桥村	3035	1507	张采平	张采平	永护村	3012	1436	吴建光	秦　玉
杨世桥村	4506	1387	刘建国	卞红卫	机场社区	1142	685	张金龙	王雨晴

(兰　迪)

先锋街道

2017 年先锋街道主要经济社会指标

表 31

项　　目	单　位	数　量	项　　目	单　位	数　量
总面积	平方公里	26.54	棉花总产量	吨	0
行政村	个	8	油料总产量	吨	1276
社区居委会	个	—	农机总动力	千瓦	3534
年末人口	人	37212	规模工业企业	家	45
地区生产总值	万元	436377	规模工业总产值	万元	565918
第一产业	万元	8672	主营业务收入	万元	564224
第二产业	万元	286183	利税总额	万元	54728
第三产业	万元	141521	固定资产投资	万元	244782
一般地方预算收入	万元	18545	工商注册外资	万美元	1000
农业总产值	万元	9253	注册外资到账	万美元	828
粮食总产量	吨	2869			

【文明创建】 2017 年，先锋街道强化文明创建，14 个单位获评 2015—2016 年度区文明社区文明村文明单位（校园），先锋街道、双盟村、花园村、秦家埭村获评 2015—2016 年度市文明镇文明村文明社区，花园村获评全国文明村。

【环境治理】 2017 年，先锋街道聚焦存量污染防控，全力实施“263”专项行动、印染行业专项整治，淘汰落后产能 2000 万米，淘汰燃煤锅炉 55 台，安装定型机废气收集装置 12 家，加盖染整企业废水处理设施 23 家，实施“三小”企业废水统一收集、处理 63 家，完成覆盖拉网式农村环境综合整治试点任务村 2 个，关停养猪场 1 家、整治 1 家，对 38 条河流全面落实“河长制”，实施耕地占补平衡项目库 1.6 公顷，日处理 250 吨污泥处置中心投入试运行，南通欣源水处理有限公司尾水实现稳定达标排放。

【招商引资】 2017 年，先锋街道完成签约项目 10 个，领证项目 9 个，在谈项目 16 个，实现到账外资 828 万美元，外贸进出口总额 8216 万美元。项目建设快速推进，商业中心、现代印务实现项目竣工，金融街、新城汽车品牌 4S 店完成项目转化，灵峰禅文化园、拓响纺织加速项目建设，财通科创园总部大楼完成项目转性，绿博园二期、火车东站站前广场等项目启动拆迁。南通一诺城镇建设开发有限公司进入区属国有二类企业，系区国有资本管理中心控股公司，注册资本 10 亿元，主要从事城镇开发、安置房和市政道路建设等业务。

2017 年先锋街道行政村（社区）基本情况

表 32

村(社区)名称	人口(人)	从业人员(人)	党组织书记	村委会主任	村(社区)名称	人口(人)	从业人员(人)	党组织书记	村委会主任
三圩头村	3095	964	钱建生	王　飞	花园村	2875	1868	周继忠	葛卫东
苏家埭村	2322	1286	王　娟	李　瑛	十六里墩村	3994	2054	葛光华	盛　东
永安村	6055	2520	吴亚菊	杨士兵	秦家埭村	6212	2580	蔡银华	张红兵
周圩村	6353	3100	陈　兵	金　冲	双盟村	6306	3693	陆新中	赵　彤

（葛建林）

西亭镇

2017年西亭镇主要经济社会指标

表33

项目	单位	数量	项目	单位	数量
总面积	平方公里	69.21	棉花总产量	吨	1
行政村	个	9	油料总产量	吨	2842
社区居委会	个	2	农机总动力	千瓦	29433
年末人口	人	51145	规模工业企业	家	26
地区生产总值	万元	296601	规模工业总产值	万元	325723
第一产业	万元	30931	主营业务收入	万元	328840
第二产业	万元	145810	利税总额	万元	19560
第三产业	万元	119860	固定资产投资	万元	179635
一般地方预算收入	万元	8195	工商注册外资	万美元	845
农业总产值	万元	30883	注册外资到账	万美元	845
粮食总产量	吨	29779			

【水美乡村建设】 2017年,西亭镇投资约1000万元用于水美乡村及生态河道建设工程,整治河道总长度4.82公里,主要建设内容为河道疏浚、河道整坡、木桩护岸、游园建设及栽植绿化。生态河道建设总长度为4.98公里,主要建设内容为木桩护岸及河道绿化,并因地制宜种植水生植物、人工水草等,提高生物多样性,河边种植柳树、桂花、红叶石楠等植物,形成滨水观赏景区。进一步提升全镇水环境面貌,打造水质清澈、水系畅通、水景优美、水境丰富、水岸生动的河道健康生态环境。

【达成包装二期项目签约】 2017年8月,南通达成包装二期项目签约仪式在西亭镇举行。南通达成包装制品有限公司隶属于新加坡上市企业达成集团,是长三角地区瓦楞纸板行业领军企业之一,主要设计、制造和销售瓦楞纸包装产品,包括瓦楞纸板和瓦楞纸箱。该项目位于西亭镇工业新区,总投资10亿元,占地面积7.47公顷,建筑面积5万多平方米。引进德国BHS国际领先的生产线,投资近700万美元,年产量达2亿平方米,年销售额达4亿元,为国际领先、国内一流、辐射长三角的瓦楞纸板龙头型生产基地。

2017年西亭镇行政村(社区)基本情况

表34

村(社区)名称	人口(人)	从业人员(人)	党组织书记	村委会主任	村(社区)名称	人口(人)	从业人员(人)	党组织书记	村委会主任
西亭社区	6127	1990	朱鑫涛	朱鑫涛	八总桥村	4235	2589	卞新华	季 惠
纱场社区	3382	1535	王瑞军	徐芳	同乐村	4793	2601	张 凤	周 新
草庙村	6086	2998	顾先念	顾先念	华芦村	4499	2414	朱 进	赵宏梅
西禅寺村	5711	3797	姜建均	马建忠	九总渡村	3738	1631	张曹娟	曹华均
亭东村	5947	3035	王 建	孙 东	龙坝村	3741	2352	朱勇均	陈 吕
李庄村	2886	1753	何建林	邵锦明					

(周雪瑶)

二甲镇

2017年二甲镇主要经济社会指标

表35

项目	单位	数量	项目	单位	数量
总面积	平方公里	66.02	棉花总产量	吨	3
行政村	个	8	油料总产量	吨	9121
社区居委会	个	4	农机总动力	千瓦	12519
年末人口	人	70468	规模工业企业	家	37
地区生产总值	万元	438393	规模工业总产值	万元	798511
第一产业	万元	35614	主营业务收入	万元	797468
第二产业	万元	200277	利税总额	万元	68623
第三产业	万元	202502	固定资产投资	万元	143432
一般地方预算收入	万元	6385	工商注册外资	万美元	812
农业总产值	万元	37416	注册外资到账	万美元	812
粮食总产量	吨	10228			

【现代农业】 2017年,积极推进现代农业园区建设管理,新增土地流转面积147.87公顷、设施农业面积100.93公顷、高标准农田200公顷。绿荫食品、通联农资入选南通市农业龙头企业。大力发展蔬菜瓜果种植,奇园葡萄屡获大奖,金土地火龙果、大农蔬菜等一批特色农产品成为“二甲名片”。积极培育新型农业组织,新增家庭农场7家,“全托管”服务组织11家。加大农业机械化推广力度,全年秸秆机械化还田333.33公顷,发放农机购置补贴60万元。

【观光旅游】 二甲镇依托人文历史、资源禀赋、特色种养,大力发展休闲观光旅游。俊美园艺多肉植物园获评南通市示范电商单位。金土地生态农业园连续两年承办区乡村旅游节,获评省首批五星级乡村旅游点,南通仅此一家。持续推进余西古镇保护开发,完成孝子坊修复工程、朱理治故居爱国主义教育基地建设项目。香光寺正觉塔建设工程正式动工。

【村镇生态建设】 2017年,总投资6000万元,光明路镇区段修建工程全面启动,地下网管一次性铺设到位。总投资1200万元的5.9公里农村道路建设工程和11.5公里一事一议奖补道路建设工程完工。全年新修农桥6座。大力实施水环境综合整治,实施木桩生态护岸工程8.7公里,完成七甲河贯通工程、袁灶六甲河生态河道、通甲河生态廊道护岸绿化建设,新增河坡绿化11公里、农路绿化29.78公里,新增绿化面积38.27公顷,全镇林木覆盖率达27.42%。是年,通过省生态文明建设示范镇考核验收。圩墩村“美丽乡村”建设工程成效初显,获评省休闲观光农业示范村。以“263”专项行动为抓手,开展生态环境整治,完成砖瓦窑厂拆除等重点工作任务。大力推进“河长制”工作,关停禁养区内畜禽养殖场2家、清理垃圾800余吨、清除三网146口、打捞沉船8条、清理住家船3条。持续完善污水收集网络,全长4.2公里、总投资650万元的污水管网建设工程及宝云山村覆盖拉网式农村污水处理建设项目均达按时序进行。扎实推进镇村环境综合整治,获评南通市“五位一体”长效管理示范镇。狠抓集镇秩序,开展店外经营、流动摊点、校园周边环境等专项整治20余次。加强农路农桥日常管理养护,代表通州接受省“四好”农路检查。全年共处置违章建筑157起,拆除面积逾8000平方米。

2017年二甲镇行政村(社区)基本情况

表36

村(社区)名称	人口(人)	从业人员(人)	党组织书记	村(社区)委会主任	村(社区)名称	人口(人)	从业人员(人)	党组织书记	村(社区)委会主任
定兴桥村	5029	2056	倪正华	周洪兵	北潭村	5324	1473	陈汉忠	陈汉忠
六甲镇村	5345	1889	汪小荣	吴　兵	三甲社区	5947	2418	丁雪冬	季　平
通运桥村	9511	3254	曹建江	曹勇军	袁南社区	7701	3668	陆志平	倪剑凤

续表 36

村(社区)名称	人口(人)	从业人员(人)	党组织书记	村(社区)委会主任	村(社区)名称	人口(人)	从业人员(人)	党组织书记	村(社区)委会主任
路中村	5146	1835	曹国新	曹国新	余西村	4594	1560	曹惠英	曹晓军
宝云山村	5130	2430	朱长英	曹桂东	余北社区	3972	1152	夏　华	顾震玉
坨墩村	6064	2563	戴松华	徐加兵	新市社区	6705	1350	季　强	邓丽君

(张　燕)

东 社 镇

2017 年东社镇主要经济社会指标

表 37

项　目	单　位	数　量	项　目	单　位	数　量
总面积	平方公里	115.08	棉花总产量	吨	31
行政村	个	16	油料总产量	吨	11706
社区居委会	个	5	农机总动力	千瓦	44162
年末人口	人	91672	规模工业企业	家	29
地区生产总值	万元	419929	规模工业总产值	万元	551763
第一产业	万元	73531	主营业务收入	万元	546844
第二产业	万元	161023	利税总额	万元	65007
第三产业	万元	185375	固定资产投资	万元	143496
一般地方预算收入	万元	8005	工商注册外资	万美元	801
农业总产值	万元	59989	注册外资到账	万美元	801
粮食总产量	吨	30661			

【经济建设上新台阶】 2017 年,东社镇招商引资成效明显,完成签约项目 10 个,领证项目 8 个。华新环保、通发激光等 4 个亿元项目开工建设。农业实力持续增强。全年新建扩建农业总投资 1.91 亿元,新增设施农业面积 100 公顷。“互联网+农业”稳步发展,唐洪村创成省电子商务示范村,东社镇获省级电子商务示范镇。农村土地确权登记颁证首批通过区级验收。服务业层次不断提升。孔子文化走廊、配套道路、忠孝牌坊等项目竣工,游客中心工程进入扫尾阶段。成功举办生态乡村游新闻媒体发布会,东社“生态游”品牌影响力进一步增强。

【镇村环境综合整治】 2017 年,坚持“生态立镇”理念,从“建”“管”“拆”三方面,做美镇村环境。全年完成河道疏浚 24.9 公里、护岸 23.3 公里。按照“五位一体”长效管理要求,深入开展农村环境综合整治,完成垃圾分拣中心省现场会保障任务。以全国文明城市创建迎查为契机,开展集镇综合整治,镇区秩序、环境面貌明显提升。扎实做好卫片图斑拆除复耕工作,在全区率先完成拆除复耕任务。完成土地占补平衡 34.33 公顷,建设用地复垦整理 17.47 公顷。加快路、桥、河、渠、泵站等农村基础设施建设。全年建成高标准农田 633.33 公顷、农路 37.8 公里、农桥 88 座、涵洞 45 座。

2017 年东社镇行政村(社区)基本情况

表 38

村(社区)名称	人口(人)	从业人员(人)	党组织书记	村委会主任	村(社区)名称	人口(人)	从业人员(人)	党组织书记	村委会主任
东社社区	4264	2156	陈　俊	曹宏进	新桥村	2906	1345	张　好	季淑娟
杨港社区	6452	3307	单镏均	邱新军	河东村	3286	1723	潘跃进	丁小玉

续表 38

村(社区)名称	人口(人)	从业人员(人)	党组织书记	村委会主任	村(社区)名称	人口(人)	从业人员(人)	党组织书记	村委会主任
五甲苴社区	5312	2773	张海峰	曹益华	苴西村	3135	1784	吴　泉	赵剑平
庆丰社区	3848	1523	王云龙	陈　云	东平村	5386	2802	曹　仪	曹国玉
白龙庙社区	4852	2408	张　聪	包晓红	福利村	2926	1478	张文飞	李建鹏
唐洪村	4400	2328	邱　建	张晓玲	滥港桥村	2964	1583	瞿　华	赵　明
严北村	7555	3851	瞿丽华	张宏建	兴隆灶村	4625	2279	季国锋	瞿小峰
横马村	5289	2730	张菊红	邱小飞	平和村	4602	2457	成锡锋	张学荣
五马路村	4344	2378	王志伟	曹小康	中和村	5243	2732	张蔡华	李　健
香台村	3139	1752	吴卫军	曹晓林	陈墩村	3008	1580	王顾鑫	朱锋锋
新街村	4136	2170	顾　永	陆丽华					

（王丽华）

十 总 镇

2017 年十总镇主要经济社会指标

表 39

项　目	单　位	数　量	项　目	单　位	数　量
总面积	平方公里	133.17	棉花总产量	吨	11
行政村	个	15	油料总产量	吨	4339
社区居委会	个	5	农机总动力	千瓦	78811
年末人口	人	81845	规模工业企业	家	22
地区生产总值	万元	520484	规模工业总产值	万元	1046770
第一产业	万元	72504	主营业务收入	万元	1046715
第二产业	万元	221964	利税总额	万元	143155
第三产业	万元	226016	固定资产投资	万元	217548
一般地方预算收入	万元	9232	工商注册外资	万美元	881
农业总产值	万元	52380	注册外资到账	万美元	881
粮食总产量	吨	61042			

【项目建设】 2017 年，全年共签约亿元以上项目 6 个，领证亿元以上项目 4 个，新开工亿元以上项目 5 个。完成外资实际到账 881.2 万美元。全面拓展对接上海，园区共建加快推进，“谈家 28”科技孵化器成功签约。红金顶三期、众创中心产业链、华维尔高档家纺用品、电商服务中心、安泰靶材 5 个项目进展顺利，其中红金顶三期和电商服务中心主体封顶，众创中心产业链局部竣工，华维尔高档家纺用品和安泰靶材竣工投产。南通市考核认定亿元以上竣工项目 3 个，亿元以上转化项目 3 个。

【镇村环境建设】 2017 年，十总镇基础设施加快完善，228 国道十总镇区段改造工程加快推进。洋海线骑岸镇区段改造竣工通车。新建水泥路 70 公里，桥梁 28 座。占补平衡和建设用地复垦整理项目扎实推进，完成占补平衡项目入库面积 52 公顷，建设用地复垦整理项目入库面积 12.87 公顷。全面落实河长制，坚持常态化巡河。完成河道疏浚 17.6 公里，疏浚土方 11.5 万立方米，拆坝 256 条，整坡 27 公里，绿化 110 公里。拆坝建涵 78 座。实施育民村、季庄村生态河道工程。秸秆机械化还田得到全面推广，全镇秸秆机械化还田面积突破 2466.67 公顷，空气环境质量明显改善。实施燃煤锅炉淘汰、改造及提标工作，淘汰燃煤锅炉 27 台(套)。实施全覆盖拉网式农村环境综合整治，二爻居污水处理站、志新畜禽粪便处置中心投入试运营。完成 3 公里镇区污水管网铺设。关停拆除禁养区、生态敏感区内养殖场19家,非规模养殖场环保设施提档升级40家,关闭化工企业2家,关停塑料粒子加工点7家,关停拆除辖区内所有砖瓦厂,6家水泥砖制造企业停产。

2017年十总镇行政村(社区)基本情况

表40

村(社区)名称	人口(人)	从业人员(人)	党组织书记	村委会主任	村(社区)名称	人口(人)	从业人员(人)	党组织书记	村委会主任
十总社区	4179	2106	易杰兵	周艳梅	志新村	5023	2390	陈　岗	曹桂芬
二窎社区	5021	2377	蒋　兵	曹秀春	渡海亭村	4671	2742	吴坤兵	王　杰
骑岸社区	4384	2605	王　磊	杨婵婵	上雁村	4863	2784	刁进国	丁志祥
沧南社区	3712	2040	陈晓建	于志刚	爱民村	2741	1630	徐美芳	张晓燕
五总社区	5156	2476	丁　建	张红霞	骑北村	2927	1689	冯冬华	姚士霞
双墩村	3360	1560	张　明	张翊翡	张沙村	4770	2687	陈华	张宏霞
新雁村	4083	1794	曹晓峰		岸西村	3137	1839	华雪峰	耿丽华
于家坝村	4585	2129	吴建新	范永祥	季家庄村	2892	1645	汤亿友	许宏飞
柏树墩村	4463	1999	季文华	吴丽华	育民村	3653	2267	刘国新	王秋燕
迎阳村	4540	2047	纪育和	曹　均	东场村	3685	2070	葛建华	高卫华

(丁一倩)

石港镇

2017年石港镇主要经济社会指标

表41

项　目	单　位	数　量	项　目	单　位	数　量
总面积	平方公里	110.15	棉花总产量	吨	0
行政村	个	10	油料总产量	吨	2047
社区居委会	个	5	农机总动力	千瓦	89134
年末人口	人	66441	规模工业企业	家	53
地区生产总值	万元	565105	规模工业总产值	万元	993615
第一产业	万元	59625	主营业务收入	万元	1002060
第二产业	万元	251650	利税总额	万元	98451
第三产业	万元	253830	固定资产投资	万元	276904
一般地方预算收入	万元	11757	工商注册外资	万美元	1235
农业总产值	万元	48581	注册外资到账	万美元	1307
粮食总产量	吨	67271			

【景区品牌拓展】 2017年,石港镇全面拓展渔湾景区特色品牌,开展江海国际旅游节、开沙岛体育旅游节景区推介,拍摄旅游微电影,成功举办石港金秋旅游系列活动。实施渔湾水道两岸整治,密植沿河彩叶、水生植物等生态植被,建成水上景观木栈道、农民健身广场、农副产品中心等新亮点,景区服务能力和整体环境进一步提升。深化与上海锦友、中天、南通飞鹤等旅行社合作同盟关系,与南通狼山景区、绿博园实行联票制,景区旅游市场进一步拓展。是年,获"长三角最具魅力旅游特色小镇"称号。

【农业项目建设】 2017年,石港镇切实加大农业基础设施投入力度,稳步提升全镇高标准农田建设覆盖率，新增高标准农田440公顷，全面完成中央财政现代农业项目建设。农业产业结构日益优化，全年新增土地流转333.33公顷，新增粮食全托管经营主体23家，成功申报全国示范合作社1家，省级示范家庭农场2家，马道村创成中国优质农产品示范基地，适度规模经营效应进一步凸显。新、扩建农业项目7个，项目农业投资额达1.1亿元，列全区第一。渔湾米业通过南通市级农业龙头企业验收，石渚渔湾、陆家大院创成南通市休闲农业观光精品景点。

【公共服务优质】 2017年，石港镇加速推进教育高质发展，强化对五窑幼儿园管理，石港镇幼儿园通过省优质幼儿园现场考评，石港小学获“长三角最具文化影响力学校”称号。区第六人民医院异地新建工程建成投入使用。建成省级卫生村5个，双拥工作站15个村居全覆盖，石西居卫生室通过“江苏省示范村卫生室”验收。配合区创建国家食品安全城市，加强食品药品动态管理。广泛开展全民健身、广场舞比赛、送戏下乡、送电影下乡等群众性文体活动，成功举办“石港戏剧曲艺艺术节”、通州之夜“石港专场”，建成4家省级综合文化服务中心，群众精神文化生活不断丰富。

2017年石港镇行政村(社区)基本情况

表42

村(社区)名称	人口(人)	从业人员(人)	党组织书记	村委会主任	村(社区)名称	人口(人)	从业人员(人)	党组织书记	村委会主任
草市桥社区	3653	2192	彭雪梅	彭雪梅	睹史院村	4190	2217	镇永忠	邵锦华
广济桥社区	3884	2330	费光耀	费光耀	北渡村	4011	2185	时甫怀	杨建新
金庄社区	4424	1726	李海亮	刘海军	石东村	3713	2011	张慰	顾铁军
渔湾社区	2687	1352	吴建华	何晓春	马道村	5183	2500	王　兵	张建华
石西社区	3006	1435	孙志娟	葛　峰	新貌村	5335	3543	卞智东	蔡　萍
四港村	5611	2947	郭建东	陈　建	乐观村	4475	2583	吴建则	马杰均
江海村	5445	2685	蒋汉荣	顾金海	花市街村	4713	2470	蒋洪华	吴红军
志田村	6111	3396	方志清	曹　兴					

(周广林)

刘桥镇

2017年刘桥镇主要经济社会指标

表43

项　目	单　位	数　量	项　目	单　位	数　量
总面积	平方公里	107.28	棉花总产量	吨	26
行政村	个	10	油料总产量	吨	2169
社区居委会	个	2	农机总动力	千瓦	69279
年末人口	人	75420	规模工业企业	家	41
地区生产总值	万元	508844	规模工业总产值	万元	1053266
第一产业	万元	53304	主营业务收入	万元	1020944
第二产业	万元	226691	利税总额	万元	131058
第三产业	万元	228849	固定资产投资	万元	245509
一般地方预算收入	万元	10013	工商注册外资	万美元	833
农业总产值	万元	42388	注册外资到账	万美元	833
粮食总产量	吨	63957			

【经济稳步发展】 2017年，实现地区生产总值50.88亿元，同比增长22%；一般预算收入首超亿元，完成1.05亿元，同口径同比增长16.5%。深入苏南、上海、浙江、广东等地开展招商引资，组织召开在外能人座谈会、接轨上海招商引资刘桥推介会，挂牌成立上海、广州驻点招商办事处，累计搜集有价值信息60余条。全年新签约项目14个，其中亿元项目5个，完成到账外资833万美元。项目建设稳步推进。成功实施宏图路西侧和大达麻纺、红星空压附近地块搬迁，搬迁面积2.1万平方米、腾出土地近8.67公顷，泰瑞钢构、凯赛生化、三华三期等重点项目顺利开工。成功盘活华业船舶闲置资产，新进项目杰玛电机正式投产。新开工5000万元以上工业项目12个，其中亿元项目3个，总投资达9.5亿元。引进省外人才4名，入选区“510英才计划”1名，与上海大学签订产学研合作协议。实施技术改造项目7个、科技项目2个，完成工程技术中心验收5个、专利授权总量100件，新增发明专利5件。申报省级民营科技企业1家，复审高企4家，申报高企3家。

【镇村环境优化】 城镇建设不断加快。苏沪置业西侧地块、政府北侧地块成功上市，景瑞兰亭商住小区主体竣工。秀水华庭安置房23号楼交付使用，24号、25号楼主体施工结束。全力推进教育路拓宽改造工程，搬迁工作接近尾声。完成迎宾路部分破损路面翻修改造，完成天然气通达工程管网铺设。加强镇区环境卫生管理，规范镇区经营和交通秩序。深入实施安置小区美化、亮化、绿化工程，完成镇区休闲绿地秀水公园建设，面积大、功能全。镇村面貌不断改善。加大农路、农桥等基础设施建设，着力实施4313.33公顷高标准农田建设，实现高标准农田建设镇域全覆盖。统筹服务锡通高速北接线、江通路拓宽改造工程。持续推进耕地占补平衡和建设用地复垦。完善治违网络，加大治违力度，顺利完成卫片整改任务，违法用地、违章建设得到遏制。生态文明建设不断深入。扎实开展“263”“三河三行业”等专项整治行动，重点推进燃煤锅炉淘汰、污染企业和畜禽养殖场关停整治等工作。全面推行“河长制”，落实“一河一策”整改措施。实施长岸村水美乡村、刘新河生态河道北延等工程，在全区率先推行农村环境长效管理服务外包全覆盖。

【惠民实事项目】 2017年，加快推进教育现代化，刘桥小学食堂改造工程前期工作启动，镇公办幼儿园完成选址、征地和规划设计，新联中学塑胶化跑道开工建设。组织开展各类文体活动，成功举办第二十一届风筝节、首届邻里节等活动。不断完善基本公共卫生服务，区第七人民医院启用新址，刘桥卫生院通过省级示范中心卫生院验收，成功创成省级卫生镇。积极开展各类救助活动，城乡居民养老保险、医疗保险基本实现全覆盖，被征地农民社会保障做到应保尽保。深入开展“七五”普法宣传，切实加强法治理念教育。落实重大项目、重大决策社会稳定风险评估机制。组织开展社会矛盾大排查、大整治，强化信息预警分析研判和信访积案化解，做好十九大等重要敏感时期的安保维稳工作。开展安全生产“五个年”专项行动，切实推动企业落实安全生产主体责任，不断加大食品药品安全监管力度，持续夯实安全生产基础，全年未发生一起重特大安全事故。

2017年刘桥镇行政村(社区)基本情况

表44

村(社区)名称	人口(人)	从业人员(人)	党组织书记	村委会主任	村(社区)名称	人口(人)	从业人员(人)	党组织书记	村委会主任
刘桥社区	12721	4604	羌峰鑫	倪峰	新中村	5184	1418	袁高鑫	孙丽娟
慎修村	5812	3309	钱春付	孙晓燕	新联社区	6811	4001	郭振军	丁汉林
徐园村	8873	3142	羌志明	王　峰	长岸村	5682	1435	杨海澄	季苏红
英雄村	5387	2745	刘锦标	纪海军	尹家园村	5519	1902	陈亚飞	丁海峰
蒋一村	5388	1352	帅　斌	卢丹丹	米三桥村	3330	1444	朱建国	于广炎
苏池村	5324	2221	宋金才	宋卫民	极孝村	5389	1737	司明东	丁春霞

(胡　舒)

平潮镇

2017年平潮镇主要经济社会指标

表45

项目	单位	数量	项目	单位	数量
总面积	平方公里	109.6	棉花总产量	吨	16
行政村	个	20	油料总产量	吨	2462
社区居委会	个	6	农机总动力	千瓦	56013
年末人口	人	123039	规模工业企业	家	83
地区生产总值	万元	1674765	规模工业总产值	万元	4755076
第一产业	万元	41715	主营业务收入	万元	4688146
第二产业	万元	885593	利税总额	万元	590873
第三产业	万元	747457	固定资产投资	万元	697298
一般地方预算收入	万元	29975	工商注册外资	万美元	1427
农业总产值	万元	42198	注册外资到账	万美元	1427
粮食总产量	吨	47853			

【高铁新城建设】 2017年，平潮镇镇域总面积109.6平方公里，辖20个村、6个社区，户籍人口达12.3万人，是沪通长江大桥北桥头堡、南通市首批市级中心镇之一。交通优势明显。与苏州市隔江相望，与港闸区唇齿相依，宁通高速、通启高速、通扬运河、宁启铁路、204国道和沿江一级公路穿境而过。在建的沪通长江大桥、沪通铁路、锡通高速北接线、南通西站、南通轨道交通1号线等重要交通枢纽，使平潮区位优势更加凸显。文教卫生发达。从幼儿教育到小学、中学教育乃至职业教育均有覆盖。拥有南通市肿瘤医院及通州区第八人民医院、两家镇级卫生院，医疗卫生体系完备。板块经济鲜明。全镇民营经济发展迅速，不仅拥有“电子元器件及材料、装备制造、纺织服装”三大整体竞争力较强的支柱产业，还拥有智能家居、光学仪器、灯泡照明、工艺门业等多个快速崛起产业，均有潜力成为全镇新的经济增长点。根据平潮镇总体规划，平潮有三大发展定位，即南通西部门户、综合性交通枢纽、南通城市副中心。在“高铁新城”建设中将着力描绘的三个特色：彰显“交通枢纽、城市门户”的交通特色，塑造“滨江风貌、水绿生态”的自然特色，传承“人文休闲、活力宜居”的城镇特色。

2017年平潮镇行政村(社区)基本情况

表46

村(社区)名称	人口(人)	从业人员(人)	党组织书记	村委会主任	村(社区)名称	人口(人)	从业人员(人)	党组织书记	村委会主任
团结社区	3414	2048	魏竹芳	高　波	花坝村	3019	1040	陆丰云	葛建飞
民主社区	2971	1783	邵建均	胡苏湘	湾子头村	4846	2164	王益明	马跃云
栖凤社区	4203	2522	沈燕霞	吴红丽	四十里村	4146	2199	司　泽	韩　丽
桃邨社区	3130	482	朱　俊	邵红宇	吉坝村	5470	2106	李　太	李　太
新三十里社区	5819	2073	周国新	张　亮	颜港村	5075	2638	刘　宁	戴姝云
赵甸社区	6506	2564	吴春明	钱德智	新坝村	4495	2073	孙造明	王锦秀
九圩港村	4500	2092	严　晟	王建英	三港村	4037	964	高建华	刘国祥
云台山村	5422	2057	王尹哲	朱鸿霞	任口村	3354	1822	陈　建	陆洪兵
老墩村	3120	1453	丁加芳	钱淑娟	平东村	7323	2930	陈亚明	蒋忠明
赵坊村	4286	2001	陈燕翔	陈燕翔	国道村	6366	2244	张　云	殷桂明

续表 46

村(社区)名称	人口(人)	从业人员(人)	党组织书记	村委会主任	村(社区)名称	人口(人)	从业人员(人)	党组织书记	村委会主任
平西村	6765	3097	王美云	方永华	新生村	5599	2958	杨　勇	王国恒
三官殿村	3510	1332	吴绪华	陈　霞	金桥村	6393	4171	王志义	杨　恪
团圆村	2702	633	徐德生	王美清	匈北村	6568	2592	康汉进	程剑锋

(李　太)

五 接 镇

2017 年五接镇主要经济社会指标

表 47

项　目	单　位	数　量	项　目	单　位	数　量
总面积	平方公里	80.65	棉花总产量	吨	0
行政村	个	8	油料总产量	吨	1009
社区居委会	个	2	农机总动力	千瓦	25383
年末人口	人	38753	规模工业企业	家	23
地区生产总值	万元	507021	规模工业总产值	万元	1325076
第一产业	万元	12526	主营业务收入	万元	1107760
第二产业	万元	359670	利税总额	万元	123391
第三产业	万元	134825	固定资产投资	万元	11189
一般地方预算收入	万元	21026	工商注册外资	万美元	3030
农业总产值	万元	8051	注册外资到账	万美元	3030
粮食总产量	吨	16891			

【开沙岛旅游度假区获国家运动休闲特色小镇试点】 2017 年，开沙岛旅游度假区获国家体育总局首批 96 个运动休闲特色小镇试点之一，南通独此一家。开沙岛旅游度假区，是通州高起点规划、高品位设计、高标准建设的省级旅游度假区。拥有体育运动、休闲垂钓、果蔬采摘、美食文化、宗教人文为特色的多种旅游资源；拥有中国乒乓球通州训练基地、中国乒协乒乓球运动学校、奇瑞途居南通开沙岛房车露营地、南通长江高尔夫球场等国内一流体育设施。是国内唯一以体育旅游度假为发展定位的长江小岛，也是省“十三五”期间规划建设的唯一以体育运动休闲为主题的度假区。《关于推动运动休闲特色小镇建设工作的通知》在政策支持方面很有力度，除对纳入试点小镇，一次性给予一定经费资助，为各小镇提供体育设施标准化设计样色外，还配置各类赛事资源。

【首届网络创业培训班】 11 月 7 日，五接镇首届网络创业培训班开班，南通大学青创驿站负责人朱建新教授作《适应新常态　启动创业新引擎》讲座，对当前创业扶持政策进行解读。这次培训班是为落实国家创新创业政策，为广大城乡失业人员开展电子商务创业培训，着力提高广大参培人员在电子商务领域的创新创业能力。50 多名学员参加培训。培训内容包括网络创业导论、网络创业介绍，开店准备、图片美工，商品管理、店铺管理，网络创业模式，货源管理、网店装修，网店推广、网店优化，团队建设、财务管理等，培训时间一周。

五接镇首届网络创业培训开班

2017 年五接镇行政村(社区)基本情况

表 48

村(社区)名称	人口(人)	从业人员(人)	党组织书记	村(社区)委会主任	村(社区)名称	人口(人)	从业人员(人)	党组织书记	村(社区)委会主任
五接社区	482	289	佘华丽	佘华丽	李港村	5113	2499	陆志森	徐李想
李港社区	365	219	佘华丽	佘华丽	复成村	7790	3451	康　军	朱　远
桃园村	5894	2555	刘永新	徐振东	开沙村	1564	561	刘红云	刘春辉
张大圩村	4116	1750	陈　美	钱晓云	天后宫村	6233	2939	李　钢	邵　锋
袁三圩村	4066	1776	仇　华	陈建华	老木厂村	3130	1391	佘建军	金小红

(马正祥)

兴 仁 镇

2017 年兴仁镇主要经济社会指标

表 49

项　目	单　位	数　量	项　目	单　位	数　量
总面积	平方公里	77.56	棉花总产量	吨	5
行政村	个	16	油料总产量	吨	2760
社区居委会	个	3	农机总动力	千瓦	37541
年末人口	人	76208	规模工业企业	家	75
地区生产总值	万元	934253	规模工业总产值	万元	1779249
第一产业	万元	26755	主营业务收入	万元	1739431
第二产业	万元	612385	利税总额	万元	214137
第三产业	万元	295113	固定资产投资	万元	527279
一般地方预算收入	万元	32837	工商注册外资	万美元	1950
农业总产值	万元	22845	注册外资到账	万美元	1308
粮食总产量	吨	32405			

【镇村环境建设】 2017 年，启动机场大道与江海大道连接线工程，通富佳苑四期安置点地块、派出所西侧地块、涵青园北侧地块、城北大道东延段搬迁工程，共搬迁民居 397 户，非居 18 户。通富佳苑三期安置房主体施工完毕。兴港佳苑一期进场施工。完成建成区绿化 28 公顷。完成高速一环绿色通道提升工程，拆废、拆破、拆旧、拆违面积 5951.5 平方米，栽植苗木 27000 多棵，绿化 44.8 万平方米。关停拆除禁养区生猪养殖场 6 家，治理非规模养殖场 20 家，完成 44 台燃煤锅炉淘汰和清洁能源替代任务。建立一河一档，清除河坡垃圾 135 处，清除网簖 26 处，清理住家船 3 处，整改混凝土搅拌站 6 家。对四安横河、大寨河进行生态河道改造，实施木桩护岸、栏杆、亲水平台、绿化、桥梁一体化工程。完成河道疏浚 76 条，整治河坡 24.3 公里，拆坝建桥 3 座，拆坝建涵 149 处。

【民生事业发展】 2017 年，兴仁幼儿园、兴仁卫生院新建工程主体结构完成。新建道路 14.9 公里和桥梁 10 座，完成农村公路安保工程和农村公路修补工程 7000 多平方米。将兴仁镇综合性文化服务中心打造成多功能居民活动阵地，兴建小游园 4000 多平方米。建档立卡贫困户 860 户，1471 人，建立“阳光扶贫”监管体系，精准扶贫。募集慈善捐款 246 万元，资助 152 人，共计 7 万余元。完成农村贫困户草危房改造 39 户。购买居家养老服务，共服务老人 188 人，完善敬老院消防设施，安装空调 68 台。土地确权颁证完成合同签订 19084 户，发证书 18672 份。代表南通市通过全国文明城市检查验收。申报区级文明村 8 家、文明单位19 家。阚庵东村获“通州区美丽乡村标兵村”称号，徐庄村蝉联“全国文明村”称号。各村居均通过市一级综治中心验收。建成太阳殿村“廉政”主题法治文化广场。徐家桥村、温桥村创建成省级卫生村，温桥村创建省级健康村。

2017年兴仁镇行政村(社区)基本情况

表50

村(社区)名称	人口(人)	从业人员(人)	党组织书记	村委会主任	村(社区)名称	人口(人)	从业人员(人)	党组织书记	村委会主任
兴仁社区	5781	1055	冯　杰	魏建光	太阳殿村	4021	2336	王振明	刘振华
横港社区	4172	1974	祁　建	陈云清	长林桥村	3613	1942	曹媛媛	姚　波
酒店社区	5075	2069	纪　燕	黄　季(负责居委会工作)	丁涧店村	4157	2262	吴　平	申均章
兴仁村	2273	1158	吴龙坤	陈何飞(负责村委会工作)	徐家桥村	3369	1762	葛小龙	杨　彬
芦花港村	2943	1351	李　峰	吴晓建	戚家桥村	3597	2352	王肖飞	徐宏雪
葛长路村	2714	1356	王　剑	包兴涛	阐庵东村	4888	2588	陆树彬	陈　祥
三庙村	4088	1881	朱高乐	张卫国(负责村委会工作)	阐家庵村	4401	3034	陈　忠	羌东灿
孙家桥村	4641	2223	郭志林	冯国华(负责村委会工作)	温桥村	5771	2064	陈　华	孙　玉
徐庄村	3474	1706	徐志盘	吴春华	韩家坝村	4898	2774	王克果	高步华
李家楼村	2332	1222	王汉明	周建滨					

(何云芳)

张芝山镇

2017年张芝山镇主要经济社会指标

表51

项　目	单　位	数　量	项　目	单　位	数　量
总面积	平方公里	49.82	棉花总产量	吨	0
行政村	个	9	油料总产量	吨	3729
社区居委会	个	1	农机总动力	千瓦	6170
年末人口	人	54766	规模工业企业	家	37
地区生产总值	万元	512999	规模工业总产值	万元	295301
第一产业	万元	21034	主营业务收入	万元	269315
第二产业	万元	332792	利税总额	万元	8106
第三产业	万元	159173	固定资产投资	万元	870076
一般地方预算收入	万元	13865	工商注册外资	万美元	5004
农业总产值	万元	24196	注册外资到账	万美元	5004
粮食总产量	吨	8160			

【镇村综合整治】 2017年，张芝山镇坚持镇区功能与周边区域错位发展，注重基础建设。合理布局主题公园、文化休闲、体育健身等设施，加快天星公园项目实施。切实抓好重点工程，建设完成槐杨路、蒲公英路、女贞路、竹松路西延、迎春花路东延等支线道路，区域路网基本贯通。推进地下管网、绿化景观、路灯等配套项目和交通监控设施对接连网。推进德力新天地、益海时代尚城、五洲国际、好得家、恒大地产、富力地产等商贸综合体建设。星河幼儿园争创江苏省优质园，同时启动星河二园建设，完成锡通园区小学新建项目，新校区于9月1日正式启用。坚持深化镇区环境综合整治和长效管理，围绕文明城市创建，进一步加强对流动摊点、店外店和占道经营现象的管理，加快疏导点的规划建设，加大对农

锡通园区小学

贸市场、开源路、张江路等周边环境整治力度，镇区秩序得到有效维护。对朝阳竖河、开源河进行综合整治，先后实施清淤、整坡5公里，河道、沟塘清淤约33公里、整坡绿化约123公里，完成生态河道建设，积极建设“水美乡村”。

2017年张芝山镇行政村（社区）基本情况

表52

村（社区）名称	人口（人）	从业人员（人）	党组织书记	村委会主任	村（社区）名称	人口（人）	从业人员（人）	党组织书记	村委会主任
张芝山社区	7260	2658	施　健	顾　杰	通启桥村	5408	2365	陆　健	马　伟
塘坊村	5633	3278	姚　平	沈　标	通海村	4528	2392	周海兵	徐　超
决心村	3905	2253	张　冲	钱新华	八字桥村	5268	2584	李永亮	樊海健
天星村	7206	3966	黄卫标	黄建华	南兴村	5168	2720	徐笑地	徐　明
银洋河村	5746	2937	陶胜昔	陈洪健	培德村	4644	2410	张　荣	俞　伟

（邵小清）

川　姜　镇

2017年川姜镇主要经济社会指标

表53

项　目	单　位	数　量	项　目	单　位	数　量
总面积	平方公里	49.82	棉花总产量	吨	0
行政村	个	14	油料总产量	吨	3321
社区居委会	个	2	农机总动力	千瓦	7010
年末人口	人	58411	规模工业企业	家	81
地区生产总值	万元	1146682	规模工业总产值	万元	1834312

续表 53

项　　目	单　位	数　量	项　　目	单　位	数　量
第一产业	万元	15384	主营业务收入	万元	1828089
第二产业	万元	484561	利税总额	万元	204039
第三产业	万元	646737	固定资产投资	万元	809226
一般地方预算收入	万元	32971	工商注册外资	万美元	1301
农业总产值	万元	18140	注册外资到账	万美元	1301
粮食总产量	吨	9646			

【省纺织服装行业特色小镇】 2017年，川姜镇牢牢抓住新兴经济发展机遇，大力发展电商微商，连续四年被阿里研究院认定为淘宝镇，下辖9个村被认定为“淘宝村”。南通家纺网上零售占全国家纺网上零售50%以上份额，销售额近400亿元。2015年，规划建立微供市场，立足消费升级，为线上线下社群营销，提供个性化、高品质货源。快速集聚商户超500家，从事电商、微商人群达3万余人，间接带动创业人群20万人，快递企业每天出单量超过30万单。2016年，交易量为30亿元，2017年交易量突破60亿元。是年，川姜镇被认定为第一批江苏省纺织服装行业特色小镇。

2017年川姜镇行政村(社区)基本情况

表 54

村(社区)名称	人口(人)	从业人员(人)	党组织书记	村委会主任	村(社区)名称	人口(人)	从业人员(人)	党组织书记	村委会主任
川港社区	6368	3032	徐　东	包晓东	启江村	3857	2180	杨　彬	陆　健
姜灶社区	6497	5005	曾晓焱	仇陆叶	双桥村	2430	1129	杨建峰	朱卫星
志浩村	2315	1300	沙　杰	黄　勇	三合口村	2950	2110	周　超	祁耀伟
志南村	3767	2460	刘中兵	刘中兵	磨框镇村	4185	2259	李小辉	黄海嵩
川北村	2838	1694	施　政	翁　瑾	义成村	2878	1600	马云平	王　军
川南村	4936	2465	周卫建	黄　玲	姜川村	4320	2575	张武新	陆水香
保障村	1916	968	倪惠民	陈海松	望海台村	3086	1341	黄建林	蔡水湘
斜桥村	2990	2254	陈　辕	王理平	三圩埭村	3078	1666	顾建兵	薛　平

(顾鑫磊)

人　物

Figures

编　辑　陈　菊

领导人物

陈永红

中共通州区委书记。

陈永红，男，江苏南通人，1969年4月出生，1992年3月加入中国共产党，大学文化程度。1992年8月在南通市乳品厂工作。1992年11月任南通市乳品厂厂长助理、乳品工业部副部长。1994年4月任港闸区闸西乡人民政府乡长助理，1994年5月兼任共青团港闸区委员会副书记。1996年2月任港闸区闸西乡人民政府副乡长。1998年10月任港闸区闸西乡党委副书记、人民政府乡长。2001年7月任港闸区闸西乡党委书记、人民政府乡长。2002年11月任港闸区人民政府副区长、党组成员，闸西乡党委书记。2003年2月任港闸区人民政府副区长、党组成员。2005年6月任港闸区委常委、区人民政府党组副书记、常务副区长（2005年9月至2008年7月在中央党校经济管理专业研究生班学习）。2008年12月任通州市委副书记，港闸区人民政府党组副书记、副区长。2009年1月任通州市委副书记、港闸区人民政府副区长。2009年3月任通州区（市）委副书记，区（市）委党校校长。2011年9月任通州区委副书记、区委党校校长，锡通科技产业园党工委书记。2013年1月任通州区委副书记，区人民政府区长，区委党校校长，锡通科技产业园党工委书记。2013年2月任通州区委副书记，区人民政府区长、党组书记，区委党校校长，2013年5月不再兼任通州区委党校校长。2017年7月任通州区委书记。

凌　屹

中共通州区委副书记，通州区人民政府副区长、代理区长、党组书记。

凌屹，男，江苏南通人，1970年7月出生，2000年1月加入中国共产党，大学文化程度。1991年8月任南通市统计局农调队办事员。1994年10月起，历任南通市统计局科员、法规制度科副科长、办公室副主任、工业交通统计科副科长、投资统计科科长、投资统计处处长。2002年11月任南通市统计局副局长、党组成员、投资统计处处长，2003年8月不再兼任南通市统计局投资统计处处长（2006年12月取得南京大学公共管理硕士学位）。2012年2月任南通市统计局局长、党组书记（2011年4月至2012年4月参加省高级管理人才经济研究班赴美国培训）。2017年2月任南通市经济和信息化委员会主任、党组书记。2017年8月任通州区委副书记、通州区人民政府副区长、代理区长（2017年8月9日通州区第十六届人民代表大会常务委员会第五次会议选举）、党组书记。

陈　斌

通州区人大常委会主任、党组书记。

陈斌，男，江苏南通人，1963年2月出生，1993年7月加入中国共产党，研究生文化程度。1980年12月起，历任国营南通县江边商业公司部门营业员、分店副主任兼总账会计（1982年8月至1985年7月在江苏广播电视大学语文类大专班学习）。1988年4月任南通县商业局财务股总账会计。1993年7月起，历任通州市委办公室助理秘书、秘书、秘书一科副科长。1996年8月任通州市委办公室副主任，1998年1月兼任通州市接待办公室主任。1998年11月任西亭镇党委书记、人大主席（1997

年8月至1999年12月在中央党校经济管理专业本科学习)。2000年10月任通州市乡镇行政区划调整领导组指导员。2001年2月任通州市人民政府办公室副主任、党组成员兼市财贸委主任、党委书记。2001年7月任通州市人民政府办公室主任、党组副书记(2001年7月至2003年7月在南京大学研究生院经济社会学专业研究生课程进修班学习)。2004年2月任通州市人民政府党组成员、市长助理、通州市人民政府办公室主任、党组副书记,2004年6月兼任通州市建工局局长。2007年1月任通州市人民政府副市长、党组成员(2005年9月至2008年7月在中央党校经济管理专业研究生学习)。2008年12月任通州区(市)委常委,通州区(市)人民政府副市长、党组成员。2012年1月任通州区委常委,通州区人民政府党组副书记、常务副区长,通州区行政学校校长。2016年7月任通州区人大常委会党组书记。2017年1月任通州区人大常委会主任(2017年1月13日通州区第十六届人民代表大会第一次会议选举)、党组书记。

陈艳梅

通州区政协主席、党组书记。

陈艳梅,女,江苏南通人,1967年8月出生,1987年7月加入中国共产党,研究生文化程度。1987年8月任南通县职业学校教师。1991年8月任西亭镇人民政府文卫助理。1992年12月起,历任通州市妇联副部长、部长。1994年10月起,历任金西乡人民政府乡长助理、副乡长(1993年1月至1995年12月在江苏省委党校经济管理专业大学学习)。1998年2月任通州市妇联副主任科员。1998年10月任通州市妇联副主席、党组成员。2002年11月任刘桥镇党委副书记、人民政府镇长(2000年8月至2002年12月在中央党校法律专业大学学习)。2003年11月任刘桥镇党委书记。2006年12月任通州市人民政府市长助理、党组成员,刘桥镇党委书记。2007年3月任通州市人民政府市长助理、党组成员,市建工局局长。2007年12月,任通州区(市)人民政府副区(市)长、党组成员。2011年6月,任通州区委常委,通州区人民政府副区长、党组成员(2008年9月至2011年7月在江苏省委党校区域经济学专业研究生学习)。2016年7月任通州区政协党组书记。2017年1月任通州区政协主席(2017年1月12日政协南通市通州区第十三届委员会第一次会议选举)、党组书记。

成小红

中共通州区委常委、通州区人民政府党组副书记、常务副区长、通州区行政学校校长。

成小红,女,江苏南通人,1975年6月出生,1995年6月加入中国共产党,研究生文化程度。2000年8月在港闸区闸西乡人民政府工作。2000年11月任港闸区闸西乡团委书记。2001年3月在港闸区委组织部工作。2002年7月起,历任港闸区委组织部科员级组织员、党员电化教育中心主任,港闸区委组织部副科级组织员、组织科科长、党员电化教育中心主任。2006年2月任港闸区委区级机关工委副书记、区委企事业工委副书记(正科级)。2006年7月任港闸区委办公室副主任、区接待办公室主任。2008年3月起,历任港闸区秦灶街道党工委副书记,秦灶街道党工委副书记、人大工委主任。2011年1月任港闸区幸福街道党工委副书记、办事处主任。2011年6月任港闸区委常委、宣传部部长。2016年6月任港闸区委常委、组织部部长、统战部部长。2017年8月任通州区委常委。2017年9月任通州区人民政府常务副区长(2017年9月19日通州区第十六届人民代表大会常务委员会第六次会议选举)。2017年10月任通州区委常委,通州区人民政府党组副书记、常务副区长,通州区行政学校校长。

曹建新

通州区人民政府副区长、党组成员,南通空港产业园管委会主任。

曹建新,男,江苏南通人,1965年10月出生,1986年6月加入中国共产党,大学文化程度。1981年7月任西亭镇人民政府水利员。1982年7月借用南通县水利局工作。1984年9月至1987年9月在江苏水利工程专科学校水利工程专业大专学习。1987年7月任南通县水利局、水利实业总公司办事员。1990年10月起,历任西亭镇人民政府水利站站长、镇长助理兼监察室主任、副镇长(1993年8月至1995年12月在中央党校经济管理专业大学学习)。1996年11月任骑岸镇党委副书记。1997年1月任骑岸镇党委副书记、人民政府镇长。1998年11月任金余乡党委书记、人大主席(1999年9月至2001年9月在南京大学研究生课程进修班学习)。2000年10月至2002年4月任通州市二甲镇党委副书记、人民政府镇长。2002年4月任通州市委台办主任。2002年8月任通州市委台办主任、市委办副主任。2002年12月任通州市委台办主任、市委办副主任、市政协港澳台侨委主任。2003年11月任通州经济开发区党工委副书记、管委会副主任,通州市委办副主任,市政协港澳台侨委员会主任,2004年4月不再兼任通州市政协港澳台侨委员会主任。2007年12月任通州区(市)环境保护局局长、党组副书记。2010年5月任通州区人民政府办公室主任、党组书记,区人民政府法制办主任,2011年6月兼任通州区人民政府外事侨务办主任。2013年2月任通州区人民政府党组成员、办公室主任、党组书记,区人民政府法制办主任,区人民政府外事侨务办主任。2013年4月任南通高新技术产业开发区党工委副书记、管委会主任。2014年11月任南通高新技术产业开发区党工委委员、管委会副主任，2015年1月兼任南通空港产业园管委会主任。2017年1月任通州区人民政府副区长（2017年1月13日通州区第十六届人民代表大会第一次会议选举）、党组成员，南通高新技术产业开发区党工委委员、管委会副主任，南通空港产业园管委会主任。2017年11月任通州区人民政府副区长、党组成员，南通空港产业园管委会主任。

刘学军

通州区人民政府副区长、党组成员。

刘学军，男，江西上饶人，1968年1月出生，1996年12月加入中国共产党，大学文化程度。1989年9月任南通县规划设计室办事员。1992年12月任南通县窗帘设备厂厂长。1996年12月任通州市建设工程招标办公室副主任。1998年10月任通州市建设工程招标办公室主任、通州市建设工程服务中心主任。2001年7月任西亭镇党委副书记。2002年4月任通州市建设局副局长、党委委员，2003年6月兼任通州市招投标管理中心副主任（主持工作）。2007年9月任通州市招投标管理中心主任，2007年12月兼任通州市政府投资项目工程建设中心主任（2002年3月至2007年11月在东南大学建筑工程与土木工程专业研究生班学习）。2009年3月任通州经济开发区党工委委员、管委会副主任。2011年11月任南通高新技术产业开发区党工委委员、管委会副主任。2013年4月任南通高新技术产业开发区党工委副书记、管委会副主任、科技新城管委会主任。2013年11月任通州区委办公室主任。2016年11月任通州区人民政府党组成员。2017年1月任通州区人民政府副区长（2017年1月13日通州区第十六届人民代表大会第一次会议选举）、党组成员。

施益斌

通州区人民政府副区长（挂职）。

施益斌，男，江苏苏州人，1986年2月出生。2008年5月加入中国共产党，大学文化程度。2008年7月任江苏高速公路联网营运管理中心技术研发部职员。2008年11月任苏州南林饭店有限责任公司行政部经理。2010年10月任苏州南林饭店有限责任公司总经理助理、支部委员会委员。2012年7月任江苏广靖锡澄高速公路有限责任公司总经理助理、党委委员。2013年4月任江苏广靖锡澄高速公路有限责任公司副总经理、党委委员。2014年11月任江苏广靖锡澄高速公路有限责任公司和江苏锡宜高速公路有限公司副总经理、党委委员。2015年8月任江苏广靖锡澄高速公路有限责任公司副总经理、党委委员。2017年7月任通州区人民政府副区长（挂职，2017年7月28日通州区第十六届人民代表大会常务委员会第四次会议选举）。

李均华

通州区政协副主席、党组成员。

李均华，男，江苏南通人，1964年8月生，1993年11月加入中国共产党，大学文化程度。1986年7月任南通农业学校教师。1988年3月任南通县土地管理局办事员。1992年7月起，历任通州市委办公室助理秘书、秘书、副局级秘书。1998年5月任五总乡党委副书记（挂职）、市委办副局级秘书。1998年11月任余西乡党委副书记、人民政府乡长。2000年10月任西亭镇党委副书记、人民政府镇长。2003年1月任东社镇党委书记、人大主席（2001年9月至2003年7月在南京大学研究生院经济社会学专业研究生课程进修班学习）。2004年11月任兴仁镇党委书记（2009年12月明确为副处级）。2011年9月任通州区经济和信息化委员会主任、党委书记，区中小企业局局长。2012年4月任通州区经济和信息化委员会主任、党委书记，区中小企业局局长，区政协经济科技委主任。2014年12月任通州区经济和信息化委员会主任、党委书记，区中小企业局局长。2015年2月任通州区发展和改革委员会主任、党委书记，区人民政府金融工作办公室主任，区物价局局长，区沿海开发办公室主任。2017年1月任通州区政协副主席（2017年1月12日政协南通市通州区第十三届委员会第一次会议选举）、党组成员。

吴建均

通州区政协副主席，通州区农业机械管理局局长。

吴建均，男，江苏南通人，1968年11月生，2011年6月加入民主建国会，大学文化程度。1988年8月任南通县十总低压电器厂会计。1989年7月任南通县农机工业公司会计、统计。1991年5月任通州市农机局会计、副科长、科长、办公室主任（1994年9月至1997年7月在江苏财经高等专科学校财会专业大专学习）。2002年12月任十总镇人民政府镇长助理。2003年11月任通州市农业机械管理局副局长（2005年3至2007年7月在中共江苏省委党校干部函授学院经济管理专业大学学习）。2007年12月任通州区（市）农业机械管理局局长。2010年5月任通州区农业机械管理局局长，通州区农业委员会副主任(兼)。2016年1月任通州区农业机械管理局局长。2017年1月任通州区政协副主席(2017年1月12日政协南通市通州区第十三届委员会第一次会议选举),通州区农业机械管理局局长。

张 勤

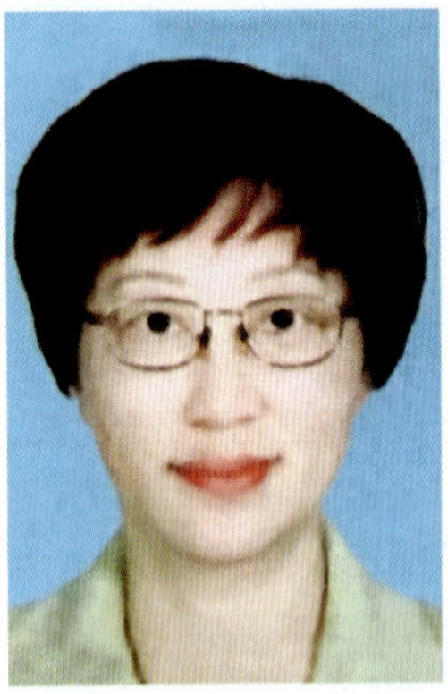

通州区政协副主席,通州区工商联主席、区总商会会长。

张勤,女,江苏南通人,1963年11月生,大学文化程度。1983年7月任通州市财政局预算科办事员。1992年8月任通州市财政局预算科副科长(1985年8月至1988年6月在中央党校函授学院经济管理专业大专学习)。1995年5月任通州市财政局综合科科长。1998年12月任通州市财政局局长助理、综合科科长。2000年11月任通州市财政局局长助理、行政事业性收费管理中心主任、综合科科长(1999年8至2001年12月在中央党校函授学院经济管理专业大学学习)。2001年10月任通州区(市)财政局副局长。2010年8月任通州区统计局局长。2016年12月任通州区统计局局长、区工商联主席、区总商会会长。2017年1月任通州区政协副主席(2017年1月12日政协南通市通州区第十三届委员会第一次会议选举),通州区统计局局长、区工商联主席、区总商会会长。2017年3月任通州区政协副主席,通州区工商联主席、区总商会会长。

先进人物

郭建华

江苏通州四建集团有限公司第一项目部木工组长。2017年4月被中华全国总工会授予全国五一劳动奖章。

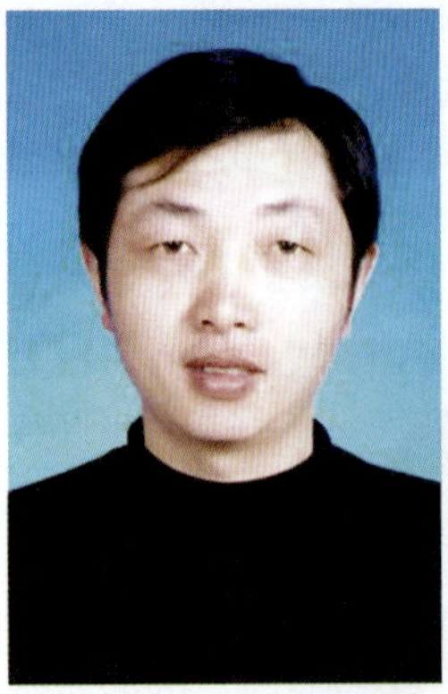

郭建华,男,1969年12月生,高级技师。他热爱本职工作,刻苦钻研施工技术,带领团队发明多项工法,多次获得全国、省级荣誉。他还积极融入施工现场管理长效化、工作岗位标准化的管理中去,从而为项目部赢得了良好的社会声誉,为公司创名优精品工程、提高经济效益作出了重大贡献。2006年他被江苏省总工会授予江苏省知识型职工称号,并获南通市五一劳动奖章,2007年被评为全国知识型职工先进个人,2010年获江苏省五一劳动奖章。

(陈 祥)

丁华斌

通州区信访局党组书记、局长。2017年7月被国家信访局表彰为“全国信访系统优秀信访局长”。

丁华斌,男,1965年8月生,大学本科,中共党员。2015年1月,他坦然接受组织安排,走上了负重奋进的信访工作岗位。三年多来,他一直以“用我们的真诚,赢群众的信任”这句座右铭引领自身工作,接访近5000人,和其中90多名老户建立了常态沟通、帮扶关系,他的手机号码成了老百姓的亲情热线,他总结的“群众工作法”在全区推广。他高点定位、探索创新、科学决策,规划了“大信访格局、大化解机制(访、调、诉、助、处联动)、大数据引领、大保障支撑”的新时期全区信访工作的四大主体架构,强力拉升了全区信访工作的运行质态。他引导促成了重大疑难信访件的有效化解,主导完善了应急处置工作体系,将全区信访从被动落后迈向争先进位,从基础薄弱迈向管理创新,完成了接踵而来敏感时段信访维稳等保障任务,有效控减了越级上访和进京非访。2003年被江苏省公安厅评为情报信息工作先进个人,2012年被司法部表彰为全国人民调解能手,2015年被江苏省委、省政府表彰为江苏省人民满意政法干警,被江苏省委政法委记个人二等功。

(严小金)

张国彬

通州区疾病预防控制中心副主任。2017年8月被人力资源和社会保障部、国家卫生和计划生育委员会、国家中医药管理局授予“全国卫生计生系统先进工作者”称号。

张国彬,男,1972年12月生,大学本科,主任医师,中共党员。他身先士卒,成功参与处置多起突发公共卫生事件,组织落实传染病、艾滋病防控措施,推进省级卫生应急工作示范区和市级卫生应急规范化镇建设工作,实现南通市卫生应急工作规范化镇全覆盖,顺利完成国家城市癌症早诊早治工作任务。他业务精湛,曾获2014年度全省疾病预防控制系统传染病防治技能竞赛个人总分第一名,遴选培训队员参加全市传染病防治技能竞赛,获得个人和团体双第一佳绩。他结合实际,开展研究,共有12篇论文在省级以上杂志上正式发表;参与编写《突发事件预防医学》一书获得南通市科技进步二等奖,编写的《传染病防制工作手册》和《学校传染病防控操作手册》,有效提高全区传染病防治工作质量和效率。

(顾晓虎)

荣 誉 栏

Honor Roll

编 辑 陈 菊

通州区受南通市以上党政军群机关表彰的先进集体一览表

(2017 年 4 月至 2018 年 3 月)

表 55

单 位	荣 誉	表彰机关	表彰时间
区科学技术协会	全国科协系统先进集体	人力资源社会保障部、中国科协	2017 年 4 月
南通四建集团有限公司	中国建筑钢结构行业诚信企业	中国建筑金属结构协会	2017 年 5 月
南通四建集团有限公司 通州四建集团有限公司	工程建设质量管理小组活动优秀企业	中国施工企业管理协会	2017 年 7 月
南通四建集团有限公司	全国工程建设 QC 小组活动优秀企业	中国建筑业协会	2017 年 7 月
区人民法院	在司法宣传工作中做出突出成绩	最高人民法院、人民法院新闻传媒总社	2017 年 8 月
南通四建集团有限公司 南通新华建筑集团有限公司 通州建总集团有限公司	中国建筑业竞争力 200 强企业	中国建筑业协会	2017 年 8 月
南通四建集团有限公司	中国企业 500 强	中国企业联合会、中国企业家协会	2017 年 8 月
通州四建集团有限公司	中国建筑业成长性 200 强企业	中国建筑业协会	2017 年 8 月
通州建总集团有限公司	中国民营企业 500 强	中华全国工商业联合会	2017 年 8 月
南通四建集团有限公司	中国工程建设诚信典型企业	中国施工企业管理协会	2017 年 10 月
南通四建集团有限公司	创建鲁班奖工程突出贡献单位	中国建筑业协会	2017 年 11 月
南通新华建筑集团有限公司	创建鲁班奖工程优秀企业	中国建筑业协会	2017 年 11 月
通州四建集团有限公司	全国优秀施工企业	中国施工企业管理协会	2018 年 3 月
南通国土资源局通州分局	江苏省国土资源系统先进集体	江苏省人力资源和社会保障厅、省国土资源厅	2017 年 6 月
南通四建集团有限公司 通州四建集团有限公司	江苏省建筑业百强企业	江苏省住房和城乡建设厅、省统计局、省商务厅	2017 年 6 月
区财政局	信息宣传工作优秀县(市、区)	江苏省财政厅	2017 年 7 月
民进通州区支部	民进全省坚持和发展中国特色社会主义学习实践活动先进集体	中国民主促进会江苏省委员会	2017 年 12 月
区市场监管局	全省工商和市场监管工作先进集体	江苏省人力资源和社会保障厅、省工商行政管理局	2017 年 12 月
区司法局 通州监狱	全省司法行政系统党的十九大安保维稳工作先进集体	江苏省司法厅	2017 年 12 月

续表 55

单　　位	荣　　誉	表彰机关	表彰时间
区市场监管局	全省食品药品监管系统先进集体	江苏省人力资源和社会保障厅、省食品药品监督管理局	2018 年 1 月
区市场监管局	全省食品药品监管工作先进单位	江苏省食品药品监督管理局	2018 年 2 月
区司法局	全省司法行政系统绩效评价优秀单位	江苏省司法厅	2018 年 2 月
南通四建集团有限公司 通州建总集团有限公司 南通新华建筑集团有限公司 通州四建集团有限公司	江苏省建筑业"双百强"企业	江苏省建筑行业协会	2018 年 3 月
平潮镇 石港镇 二甲镇 西亭镇 川姜镇 刘桥镇	南通市文明镇	中共南通市委、南通市人民政府	2017 年 12 月
兴仁镇徐庄村 石港镇江海村 平潮镇平西村 先锋街道双盟村 兴东街道黄金村 五接镇张大圩村 张芝山镇天星村 兴仁镇长林桥村 东社镇香台村 十总镇二爻社区 平潮镇云台山村 金沙街道城东村 西亭镇草庙村 东社镇河东村 刘桥镇徐园村 先锋街道花园村 兴东街道双楼村 兴仁镇温桥村 二甲镇宝云山村 二甲镇通运桥村 平潮镇吉坝村 十总镇季庄村 张芝山镇通启桥村 川姜镇保障村 十总镇渡海亭村	南通市文明村	中共南通市委、南通市人民政府	2017 年 12 月
通州地方税务局 区人民检察院 区国家税务局 区公安局 南通四建集团有限公司 区烟草专卖局(分公司) 中国银行股份有限公司南通通州支行 通州建总集团有限公司 南通综艺投资有限公司 通州新华书店有限责任公司 区人民法院 江苏东源电器集团有限公司 中国移动通信集团江苏有限公司通州分公司 中国人寿保险股份有限公司通州支公司 区运输管理处 中国邮政集团公司南通市通州区分公司 南通市国土资源局通州分局	南通市文明单位	中共南通市委、南通市人民政府	2017 年 12 月

续表 55

单　位	荣　誉	表彰机关	表彰时间
区气象局 通州地方税务局第六税务分局 南通通达矽钢冲压科技有限公司 区航道管理站 区国家税务局第五税务分局 区委办公室 区人大常委会办公室 区委宣传部 区委组织部 区纪律检查委员会 中国农业银行股份有限公司南通通州支行 区人力资源和社会保障局 中国人民银行通州支行 中国建设银行股份有限公司南通通州支行 区发展和改革委员会 区疾病预防控制中心 通州地方税务局第一税务分局 区交通运输局 区委农村工作办公室 区国家税务局第一税务分局 通州地方税务局稽查局 区统计局 区广播电视台 区委党校 区国家税务局第七税务分局 通州地方税务局第五税务分局 南通市住房公积金管理中心通州管理部 南通新华建筑集团有限公司 区人民医院 区科学技术协会 区市场监督管理局金沙分局 区卫生监督所 通州地方税务局第三税务分局 南通市公安消防支队通州区大队 区商务局 区第六人民医院 江苏省蛟龙重工集团有限公司 南通汽运实业集团有限公司通州分公司 区文化馆 区市场监督管理局通海分局 通州四建集团有限公司 区审计局 区国家税务局第二税务分局 区国家税务局稽查局 区国家税务局第三税务分局 区公安局开发区派出所 区国家税务局第六税务分局 区市场监督管理局平潮分局 中国农业银行股份有限公司南通通州经济开发区支行 区市场监督管理局 中国供销集团南通供销产业发展有限公司 南通市海鸥救生防护用品有限公司 南通高新技术产业开发区管委会 金沙街道办事处 先锋街道办事处 中国联合网络通信有限公司南通市通州区分公司 江苏银行股份有限公司南通通州支行	南通市文明单位	中共南通市委、南通市人民政府	2017 年 12 月

续表 55

单　　位	荣　　誉	表彰机关	表彰时间
区教育局 区经济和信息化委员会 通州地方税务局第二税务分局 区国家税务局第八税务分局 通州地方税务局第四税务分局 区国家税务局第四税务分局 区市场监督管理局刘桥分局 区公安局兴仁派出所 江苏宏德特种部件股份有限公司 南通农村商业银行股份有限公司 区市场监督管理局石港分局 区委统战部 区第二人民医院 区总工会 区市容环境卫生管理处 南通市国土资源局通州分局二甲国土资源所 区劳动就业管理中心	南通市文明单位	中共南通市委、南通市人民政府	2017 年 12 月
金沙街道育才社区 金新街道金南社区 金沙街道安康社区 金沙街道东市社区 石港镇广济桥社区 先锋镇道秦家埭社区 兴仁镇兴仁社区 十总镇十总社区 东社镇五甲苴社区 十总镇骑岸居 兴仁镇横港居 金沙街道虹南社区 金新街道华山社区 金新街道镇南社区 二甲镇新市社区 二甲镇余北居 石港镇草市桥社区 平潮镇赵甸居 西亭镇纱场社区 刘桥镇新联居	南通市文明社区	中共南通市委、南通市人民政府	2017 年 12 月
通州高级中学 金沙中学 西亭高级中学 平潮高级中学 育才中学 实验中学 金郊初中 通海中学 石港中学 兴仁中学 特殊教育学校 实验小学 通州小学 金沙小学 姜灶小学 川港小学 平潮小学 石港小学 先锋小学 兴仁小学	南通市文明校园	中共南通市委、南通市人民政府	2017 年 12 月

通州区受南通市以上党政军群机关表彰的先进人物一览表
（2017 年 4 月至 2018 年 3 月）

表 56

单 位	姓 名	荣 誉	表彰机关	表彰时间
通州四建集团有限公司	郭建军	全国五一劳动奖章	中华全国总工会	2017 年 4 月
区信访局	丁华斌	全国信访系统优秀信访局长	国家信访局	2017 年 7 月
区疾病预防控制中心	张国彬	全国卫生计生系统先进工作者	人力资源和社会保障部、国家卫生和计划生育委员会、国家中医药管理局	2017 年 8 月
南通四建集团有限公司	张赤宇	全国工程建设 QC 小组活动优秀推进者	中国建筑业协会工程建设质量分会	2017 年 7 月
南通四建集团有限公司 南通四建集团有限公司 南通四建集团有限公司 南通四建集团有限公司 南通新华建筑集团有限公司 南通新华建筑集团有限公司 南通新华建筑集团有限公司 南通新华建筑集团有限公司	耿裕华 俞国兵 张 昕 张赤宇 吴克兵 吴小聪 章海彬 朱 军	创建鲁班奖工程先进个人	中国建筑业协会	2017 年 10 月
南通四建集团有限公司 南通新华建筑集团有限公司	张卫国 徐宏均	创建鲁班奖工程荣誉项目经理	中国建筑业协会	2017 年 10 月
南通四建集团有限公司 南通四建集团有限公司 南通四建集团有限公司 通州四建集团有限公司 南通新华建筑集团有限公司	向先锋 季方才 季震锋 徐恩喜 季建荣	工程建设优秀项目经理	中国施工企业管理协会	2018 年 3 月
通州建总集团有限公司 通州四建集团有限公司	魏 进 邵亚新	江苏省建筑业“优秀企业经理”	江苏省建筑行业协会	2017 年 5 月
南通四建集团有限公司 通州建总集团有限公司	张 昕 魏 进	江苏省建筑业有突出贡献的企业家（劳动模范）	江苏省人力资源和社会保障厅、省住房和城乡建设厅	2017 年 7 月
区人民法院	季剑锋	全省法院执行系统先进个人	江苏省高级人民法院	2017 年 11 月
区财政局 区财政局	王德均 周学军	全省预决算公开工作先进个人	江苏省财政厅	2017 年 12 月
通州建总集团有限公司 南通新华建筑集团有限公司 通州四建集团有限公司 南通四建集团有限公司 通州建总集团有限公司 南通四建集团有限公司	易杰慧 季建荣 徐恩喜 张新兵 张启华 刘灿华	江苏省优秀建造师	江苏省建筑行业协会	2017 年 12 月
南通新华建筑集团有限公司 南通四建集团有限公司 通州建总集团有限公司	徐宏均 张卫国 姜晓东	江苏省首届十佳杰出建造师	江苏省建筑行业协会	2017 年 12 月
南通新华建筑集团有限公司 南通新华建筑集团有限公司 南通新华建筑集团有限公司	严 忠 徐新荣 张维国	江苏省建筑业企业安全生产先进个人	江苏省建筑行业协会建设安全设备管理分会	2017 年 12 月
通州监狱	程宁宇	全省司法行政系统党的十九大安保维稳工作先进个人	江苏省司法厅	2017 年 12 月
南通四建集团有限公司	张 昕	江苏省安装行业优秀企业家	江苏省安装行业协会	2018 年 1 月
南通四建集团有限公司 通州建总集团有限公司 通州四建集团有限公司 南通新华建筑集团有限公司	张 昕 张晓华 邵亚新 易杰祥	江苏省建筑业优秀企业家	江苏省建筑行业协会	2018 年 3 月

续表 56

单　位	姓　名	荣　誉	表彰机关	表彰时间
通州文峰大世界有限公司 通州润泰商业有限公司 中国供销集团南通供销产业发展有限公司 中国银行股份有限公司南通分行通州支行 区自来水有限公司 通州建总集团有限公司 区益民水处理有限公司 南通综艺投资有限公司 南通江海电容器股份有限公司 南通华新环保设备工程有限公司 江苏韩通船舶重工有限公司 南通四建集团有限公司 南通亚振东方家具有限公司 南通海星电子股份有限公司 南通新华建筑集团有限公司 创斯达科技集团(中国)有限责任公司 先锋街道花园村 南通复成农机专业合作社 兴东街道学建家庭农场 石港镇粮满囤家庭农场 金沙街道环境卫生管理所 南通华润燃气有限公司 广东鸿图南通压铸有限公司 区商务局 区国家税务局 区公安局二甲派出所	陈　艳 黄子南 王国华 邱咏梅 张海军 姜晓东 徐　晔 蒋　超 丁继华 罗洪波 孟成君 俞国兵 钱蒋锋 孙新明 王跃翔 张慧慧 周继忠 王　进 王学建 卞红林 陈　震 朱　锋 贺小省 金泽林 钱　宏 朱　达	南通市劳动模范	中共南通市委员会、南通市人民政府	2017 年 4 月
南通海事局通州片 通州高级中学 金沙中学 区环境监测站 区第二人民医院 区人力资源和社会保障信息中心	张新星 从　晓 羌达勋 张　洪 张建新 吴金国	南通市先进工作者	中共南通市委员会、南通市人民政府	2017 年 4 月

《通州年鉴(2017)》补遗

通州区受南通市以上党政军群机关表彰的先进集体一览表

单　位	荣　誉	表彰机关	表彰时间
张芝山人民法庭	全省优秀人民法庭	江苏省高级人民法院	2017 年 1 月

通州区受南通市以上党政军群机关表彰的先进个人一览表

单　位	姓　名	荣　誉	表彰机关	表彰时间
区人民法院	陈宗林	全省法院推进司法改革试点工作先进个人	江苏省高级人民法院	2017 年 1 月
区人民法院	李振南	全省优秀法官	江苏省高级人民法院	2017 年 1 月

附　录

Appendix

编辑　陈　菊

区委、区政府重要会议报告

在中共南通市通州区委十二届四次全会上的讲话

（2017年8月17日）

陈永红

同志们：

这次全会的主要任务是，深入贯彻习近平总书记系列重要讲话精神和治国理政新理念新思想新战略，按照省委十三届二次全会和市委十二届四次全会最新要求，总结上半年工作，明确下半年任务，对富民工作作出部署，进一步动员全区上下聚焦重点、攻坚克难，为高水平全面建成小康社会而努力奋斗。

下面，根据区委常委会讨论的精神，我讲三点意见。

一、上半年工作回顾和下半年工作安排

今年以来，全区上下深入贯彻落实中央和省市委决策部署，坚持稳中求进总基调，推进“两聚一高”新实践，积极应对挑战，全力攻坚突破，经济社会继续保持平稳健康发展态势。上半年实现地区生产总值575.4亿元，同比（下同）增长8%。

*发展质效持续向好。*狠抓招商引资，签约亿元和千万美元项目136个，注册80个，实际利用外资1.91亿美元。强攻项目建设，23个省市级重大项目完成投资超时序8个百分点，新开工亿元产业项目77个。创新载体不断优化，江海智汇园成功举办中国航天（国防）科技成果发布会，军民融合产业促进中心正式运营，天津大学、美国密歇根大学南通联合研究院揭牌运作。创新主体加快培育，申报高新技术企业70家，我区被确定为国家知识产权强县工程示范区。创新人才不断集聚，新引进高层次创新创业人才（团队）28名（个），通州留学人员创业园入选省级示范基地。产业转型步伐加快，新型储能、汽车零部件等板块日益壮大，新兴产业产值增长13.6%。深入实施建筑业品牌兴企战略，9家企业入围全省百强。旅游业融合发展，成功举办首届开沙岛体育旅游“梦幻之春”，新增国家首批运动休闲特色小镇和省首批五星级乡村旅游区各1家。

*重点改革持续深化。*扎实推进供给侧结构性改革，淘汰印染落后产能2000万米、钢丝绳产能两万吨；商品房库存去化周期缩短为8个月；完善上市扶持政策，1家企业在会待审，5家企业新三板在轨运作；降低企业成本6.2亿元；持续在基础设施、公共服务等领域补齐短板，完成投资39.4亿元。深化相对集中行政许可权改革，推动“互联网+政务服务”，启动“不见面审批（服务）”。加快农业供给侧结构性改革，序时推进高标准农田建设，新增设施农业5500亩，新（扩）建规模以上农业项目60个，培育家庭农场25家、“全托管”组织106家；农村产权交易品种不断丰富，农村土地承包经营权确权登记颁证率93.9%。

*开发开放持续发力。*把接轨上海作为重要抓手，坚持“请进来、走出去”，开展系列专题对接活动50余场，首次在沪举办高层次人才创新创业洽谈会，锡通科技产业园与上海未来岛科技园合作共建。强化精准对接，签约沪籍亿元产业项目22个，新增产学研合作项目5个，接待上海游客人数实现翻番，供沪农产品

市场份额不断扩大，两家企业跻身进沪施工综合实力30强。园区建设进入快车道，南通高新区跃居国家级50强，六大主力平台新开工亿元产业项目、固定资产投资占全区比重均超60%。开放空间不断拓展，空港保税物流中心(B型)申报工作有序推进，市场采购贸易方式试点健康发展，跨境贸易电子商务试点日走单量突破6000单，全区外贸进出口总额达121亿元。

城乡环境持续改善。积极对接南通城市总体规划修编，不断优化城乡空间布局。扎实推进“三城同创”重点工程，机场大道、G345北接线等骨干道路开工建设，青年东路东段改造提升工程全线通车，沪通铁路、宁启铁路二期、锡通高速等保障工作服务有力；进鲜港湿地公园加快开发，32公里高速一环绿色通道提升工程高质量完成，全区新增绿化面积1.1万亩、城市绿地50公顷。城市面貌有机更新，12个老小区改造有序推进，两个停车场开工建设，新金东路改造工程加快施工，公共自行车三期400辆完成投放，通吕运河“一河两岸”风光带魅力初显。农村环境综合整治深入推进，“河长制”“断面长制” 全面推行，农村河道整治三年行动计划加快收官，新增国家级卫生镇和美丽宜居村庄各1个。抓好中央和省环保督察组交办问题整改，深入开展“263”专项行动，项目化推进97项重点任务，关停污染企业42家、畜禽养殖场117家，生态环境不断优化。

民生福祉持续增进。扎实办好10件32项民生实事，财政用于民生支出超过77%。新增城镇就业近5000人，城镇登记失业率控制在2%以内。深入实施脱贫致富奔小康工程，突出抓好产业引领、企业帮村等八大专项扶贫行动。城乡居民人均可支配收入分别达2.24万元和1.12万元，均增长8.8%。稳步推进社保扩面提标，稳妥实施城乡居民基本医疗保险制度整合，各项社会保险覆盖率均达98%以上。完善城乡医疗救助制度，兜底保障功能不断强化。大力推进教育现代化，通州中专二期和4所中小学、6所幼儿园新(扩)建工程加快建设，农村学校美育工作全国示范。持续开展文化惠民系列活动，13个市级重点项目顺利推进。深化医药卫生体制改革，先锋街道社区卫生服务中心与市第一人民医院联合办医。养老事业快速发展，南山颐养中心投入运营，5家农村敬老院实现达标升级。深化法治通州、平安通州建设，严格落实信访维稳、打防管控、安全生产和食品安全责任制，获评省首批食品安全示范区，社会大局保持和谐稳定。

党的建设持续加强。在全市率先推行融合党建，推进“两学一做”学习教育常态化制度化，认真组织“旗帜鲜明讲政治”学习培训。扎实开展富民强企奔小康“走帮服”活动，一批特色做法在省市推广，活动知晓率、群众满意度不断上升。深入开展“理论传基层、认知零距离”活动，试点推进理论、道德、社科“三堂融合”，基层理论宣讲工作全省观摩，获评省基层党员冬训工作示范区。启动“童心向党”创作大赛，“童声里的中国”影响持续扩大。全面推进群众性精神文明创建，坚持以城带乡、城乡共建，扎实开展专项整治，文明城市长效管理不断深化。探索实践“三位一体”干部管理制度，实施优秀年轻干部一线选育工程，开展新一轮区级机关中层职位选聘，干部队伍活力持续增强。坚持把纪律规矩挺在前面，认真执行中央八项规定精神和省市区委十项规定，严格落实党风廉政建设 “两个责任”，完成区委首轮巡察，严肃查处一批典型案件，营造了风清气正的政治生态。

在肯定成绩的同时，我们也清醒认识到发展中还面临许多问题和不足，主要是：经济趋稳向好的基础还不牢固，部分企业生产经营困难；投资大、业态新、带动力强的优质项目偏少，推进速度还不够快；资源约束趋紧，环境保护和治理任务艰巨；城乡居民持续增收难度加大，优质公共服务供给不足，民生改善与人民群众期盼还有差距；党的建设存在薄弱环节，少数党员干部精神状态还需进一步提振，敢担当的作风和抓落实的力度还需进一步加强。对此，我们必须采取有力措施，切实加以解决。

下半年，党的十九大将胜利召开，确保经济社会平稳健康发展，意义十分重大。全区上下一定要以强烈的使命感、责任感，自觉践行新发展理念，抢抓扬子江城市群建设、南通打造上海北翼门户城市等重大机遇，扎扎实实推进改革发展稳定各项工作，力争经济发展在平稳向好的前提下再快一些、社会环境在和谐稳定的基础上再好一些。着重把握好以下八个方面：

(一)狠抓项目攻投入。始终把招商引资和项目建设作为经济工作的主题主线主旨，更好发挥有效投入的支撑作用，促进经济平稳健康发展。强化精准招商。围绕市“3+3+N”产业体系，深化产业链研究，瞄准高端项目和关键环节，聚焦500强企业和上市公司，着力引进培育一批补链、延链、强链项目，推动产业集群化、特色化发展。整合产业扶持资金，与专业投资机构合作推进资本链招商，力争实现国内一线城市全覆盖。积极引进知名创新载体运营商和服务商，探索开展创新链招商，着力引进一批优质的初创型、高成长性项目。强化质量导向。以亿元项目为基础，以重特大项目为核心，切实抓好省市级重大项目建设，力争全年新开工亿元产业项目160个，其中10亿元以上重特大项目10个。健全重大项目研判决策机制，严把项目准入关，坚决守住政策平衡和生态环保底线。强化高效推进。落实好区领导全挂钩、专项督察等机制，加强专职招商队伍日常管理和考核激励，全面提升招商引资精细化组织水平。持续开展“夺红旗、亮黄牌”竞赛，紧盯注册、开工、竣工、转化等关键环节，优化模拟审批、代办帮办、现场会办等推进机制，实施挂图作战，推动项目早落地早开工早见效。

(二)聚力创新快转型。围绕南通建设创新之都，推动科技创新与产业培育紧密结合，加快发展动能转换。坚持创新引领。举全区之力做大做强南通高新区，推进产业升级和体制机制创新，更宽视野更高水平建设江海智汇园、江海圆梦谷等创新载体，力争全年落户成果转化(孵化)项目60个以上。深入实施创新型企业培育计划，支持企业建设高层次创新平台，确保全年新认定高新技术企业50家左右。充分释放“人才21条”政策效应，力争全年引进高层次人才创新创业项目30个、培育高技能人才3600人

以上。打造特色产业。引导现代纺织、船舶海工、建筑业与新技术新业态融合发展,不断焕发新的生机。推动新型储能、汽车零部件、智能装备、电子信息等产业板块规模化、集聚化发展,着力培育一批特色产业集群。大力发展现代物流、电子商务、大数据、云计算、健康养老、休闲旅游等现代服务业,积极培育数字经济、创意经济等新业态,力争服务业增加值占比提高1个百分点。做强实体企业。深入开展"小升规"专项行动,力争全年新增规模以上工业企业50家。推动企业装备升级、扩大产能,确保全年实施千万元以上技改项目100个,建成省市级智能车间5家。深化品牌强区战略,引导企业主动向质量型、智力型、集约型转变。强化月度经济运行监测和研判,增强要素保障能力,做好企业运行、政府债务等各类风险评估预警,坚决守住不发生区域性系统性风险的底线。

(三)对接上海拓空间。多层次、宽领域、全方位接轨上海,努力当好南通"三港三城三基地"建设生力军。强化精准对接。深入研究上海各项规划政策,找准对接突破口。抢抓上海产业外迁企业减量机遇,积极承接上海高端装备、电子信息等产业转移,打造上海高端产业的溢出承载地。深化合作交流。充分挖掘人文等各类资源,建立长期稳定的合作交流机制。加强与上海高新园区、产业平台的对接,着力搭建一批合作载体、引进一批优质项目。高效运作驻沪工作机构,深化与大院大所等合作,力争全年引进上海高层次领军人才10名以上;与上海高端智库建立常态化合作关系,为通州发展提供智力支持。拓宽服务领域。整合特色旅游资源,深化景点景区开发和线路推介,打造上海人旅游的重要目的地。放大"景瑞农业"等品牌效应,打造上海农产品重要供应基地。发挥建筑产业优势,扩大工程承包领域,进一步提升市场占有率。强化在教育、医疗、养老等领域的合作,让市民共享优质资源。

(四)改革开放激活力。加快推进各项重点改革任务,努力在关键领域、关键环节上取得实质性成果。突出供给侧结构性改革。持续抓好"三去一降一补"重点任务,切实提高供给体系质量和效率。深化农业供给侧结构性改革,积极推进农村土地"三权分置",全面完成承包经营权确权登记颁证;有序推进土地规模流转,大力培育新型农业经营主体,确保全年新增家庭农场40家。坚持整镇整村连片推进高标准农田建设,7.88万亩续建项目全面竣工,7.98万亩新建项目顺利启动。推动行政审批制度改革。加快推进"不见面审批(服务)"和高新区审批制度改革,建立信息共建共享机制,加快实现"3550"目标。扎实推进行政执法体制改革,全面推行"双随机一公开"机制,完成区属行业协会商会与行政机关脱钩,切实提升事中事后监管水平。深化陆海统筹发展综合改革。持续完善供地方式,积极探索工业用地弹性年限出让。强化政银企联动,综合施策化解中小企业融资难。支持企业直接融资,确保1家企业报会,力争3家企业新三板挂牌。

坚持对内对外开放并举,在扩大开放中拓展发展新空间。打造优势载体。南通高新区、锡通科技产业园聚焦特色产业,重点突破50亿元以上重特大项目,成为全区项目建设主阵地。滨江新区、南通家纺城、空港产业园、石港科技产业园充分发挥各自优势,主攻10亿元特别是20亿元以上产业项目,加快提升发展能级。其他工业集中区在整合资源、盘活存量上做文章,逐步彰显产业特色。提升开放水平。加快空港保税物流中心(B型)申报和招商,深入推进市场采购贸易方式和跨境贸易电子商务两大试点,确保对外贸易平稳增长。鼓励优势企业通过并购重组、工程承包等方式拓展国际市场,加快"走出去"步伐。

(五)统筹城乡提品质。坚持以大视野、大格局谋划城乡发展,加快推进市"三城同创"重点工程,努力打造靓丽宜居的通州新城。以大规划引领大发展,树立全域规划理念,积极推动"多规合一",加快完善城镇控制性详规和海绵城市专项规划,推动乡村建设规划、村庄规划全覆盖。以大交通推动大联接,加快重要区域、重点园区互联互通,深化G345北绕城、S602等骨干道路前期研究,实施机场大道快速化工程,不断织密区域路网,畅通内循环。推进农村公路提档升级,加大农桥改造力度,进一步优化公交线路,不断提升城乡交通"通达度"。以大开发实现大提升,优化中心城区开发,推进组团式发展,合理构建功能单元,加快城市转型。城东新区坚持功能配套完善与环境品质提升并重,加速集聚人气商气;高新区南区完善创新创业功能,打造南部新中心;银河新区突出资源整合,提升规划层次,推动开发提速;老城区强化综合改造,加快有机更新,推动整体功能和综合环境提升;积极开展城区北部功能性研究,丰富城市内涵,提升发展活力。树立精品意识,精心雕琢竖石河、朝霞东路等重点区域和重要节点景观绿化,加快推进运盐河、南山湖周边水系等综合整治,多层次彰显城市品质。深化文明城市建设,严格城管综合执法,强化社区治理服务,实现管理网格化精细化长效化。积极培育特色城镇,切实提升综合服务功能和承载能力。坚持统筹谋划、科学布局,推动运动休闲、旅游风情等特色小镇建设。支持市级中心镇加快产城融合步伐,突出抓好功能完善和产业集聚,增强辐射带动效应。推动其他镇加强功能配套,改善集镇环境,不断完善生产、生活、生态功能。坚持城乡统筹、以城带乡,推动更多资源向镇村倾斜、更多要素向镇村汇聚。

(六)生态优先补短板。以深入开展"263"专项行动为抓手,统筹谋划,全民参与,促进环境质量明显提升。在建设中美化生态。修改完善全区生态文明建设规划,编制高新区国家生态工业园区规划,强化生态红线区域保护监管。深化城乡环境综合整治,做好沿路、沿水、沿节点绿化提档升级,加快进鲜港湿地公园、先锋生态涵养区、开沙岛生态景区等建设,着力构筑环南通主城区绿色生态门户和自然屏障。在治理中净化生态。重点整改新排出的突出环境问题和省环保督察交办的环境事项,全面启动"三河三行业"整治工作,加大协同执法力度,坚决果断关停一批污染企业,确保年底前取得实效。开展挥发性有机物专项执法检查,完成燃煤锅炉淘汰,强化秸秆综合利用和禁烧,推动清洁能源替代,实现天更蓝。深化"河长制""断面长制",完成农村河道整治三年行动计划,加快益民污水处理厂二分厂扩容提标,建成25公里城镇污水收集管网、29个村(居)污水处理设施,实现水更净。实施土壤污染防治修复和垃圾分类处置,推动农业面源污染整治,实现地更洁。在制度保障中优化生态。建立污染物排放总量控制机制,完成重点行业排污许可证发放,推动实施排污权有偿使用和交易。深化绿色信贷政策,完善失信联合惩戒、环保黑名单等机制,提升企业环保主体责任意识。创新环境管理手段,实施镇区环境网格化监管考评,持续开展环保执法"亮剑行动",切实维护公众环境权益。

(七)共建共享惠民生。加大保障改善民生力度,深入推进各项民生实事,确保群众普遍受惠。强化基本民生保障。完善就业服务体系,搭建劳企对接平台,开展职业技能培训,确保全年新增城镇就业8600人。实施"全民参保登记计划",做好被征地农民社会保障工作。坚持精准扶贫、精准脱贫,扎实开展机关干部结对帮扶,确保年收入7000元以下低收入人口脱贫率达55%。提高公共服务水平。加快教育改革发展,优化资源布局,提高教育质量,确保年底92%以上义务教育学校达到省定现代化标准。做好区级公立医院规划建设前期准备工作,完成区第三人民医院整体托管,探索实践分级诊疗制度,医联体试点扩面提质,促进优质医疗资源下沉。扎实推进文化惠民工程,办好系列文化品牌活动,做优公共文化服务。提升南山颐养中心运营管理水平,建成标准化居家养老服务站15家。

(八)全力以赴保稳定。当前,维护社会安全稳定的任务很重,决不能有丝毫的松懈情绪和麻痹思想。要以社会矛盾和安全隐患大排查大整治为抓手,大力开展信访积案化解百日攻坚和无访镇村创建,完善重大决策社会稳定风险评估和矛盾纠纷多元化解机制,加强公共安全应急联动指挥中心和立体化社会治安防控体系建设,确保不发生暴恐案事件、有重大影响的大规模群体性事件、重大公共安全案事件。要注重以法治思维、法制方式解决纠纷化解矛盾,扎实推进司法体制改革,继续以依法行政、公正司法、法制教育为重点,丰富法治通州内涵。要以坚决防范遏制重特大事故为底线,切实做好生产安全、交通安全、消防安全、食品安全、公共卫生预防等工作,争创国家级食品安全示范城市,确保群众安居乐业、社会和谐稳定,为党的十九大胜利召开营造良好环境。

二、坚决打好聚焦富民主攻仗

今年6月省委召开十三届二次全会,进一步明确了富民工作的总体要求、主攻方向和关键举措。前不久闭幕的市委十二届四次全会,要求勇于担当,接续奋斗,谱写好南通"百姓富"的崭新篇章。我们要进一步把思想行动统一到省市委的最新决策部署上来,准确理解和把握聚焦富民的重大意义,富民是高水平全面建成小康社会的重要检验标准,也是落实以人民为中心的发展思想的生动实践,要把聚焦富民作为最应干、能够干、必须干好的事情,摆在通州发展全局更加突出的位置,积极展开新的工作布局;准确理解和把握富民的丰富内涵,富民最直接的是增加收入,但又不仅仅局限于此,而是生活质量的全面提高,包括公共服务的享有、公共安全的保障、人居环境的改善、精神文化生活的满足,乃至人的全面发展;准确理解和把握推动富民的路径方法,也就是省委李强书记提出的"加减乘除法":"加法"就是提高收入、增加福祉,"减法"就是减轻负担、减少烦忧,"乘法"就是充分释放富民乘数效应,"除法"就是破除影响富民的制约和束缚;准确理解和把握富民的目标任务,就是按照省市委的要求,提前实现城乡居民人均收入比2010年翻一番,基层基本公共服务水平达到或超过省定标准,生态良好、社会和谐,民生福祉全面增强,高水平全面建成小康社会得到老百姓的普遍认可。

聚焦富民头绪多、任务重。要突出问题导向,精准发力,着力抓好五个方面的工作:

(一)抓产业促就业,在夯实增收基础上下功夫。产业树大根深,就业才会叶茂花繁,财富才会硕果累累。我区农村人口面广量大,现阶段要致富,还是离不开土地、离不开"大农业"。要以高标准农田建设为契机,以南通国家现代农业示范区通州核心区建设为抓手,深化农业产业结构调整,大力培育新型经营主体,通过品牌打造、规模经营、绿色发展、科技推广、产业融合等方式,不断挖掘农业内部增收潜力。同时,围绕省特色田园乡村建设,充分挖掘利用自然资源禀赋、人文环境优势,注重植入生态、绿色、乡愁、田园、文化等元素,大力发展乡村旅游、传统手工、特色种养、田园综合体等,努力让土地成为聚宝盆、"大农业"成为致富源。从全区来看,支柱产业、优势产业无论是吸纳的就业人数,还是提供的待遇水平均高于其他产业。比如,纺织服装业就业人数占到全部工业的近1/3;船舶海工从业人员人均年收入超过7万元,高于全区平均水平。既要进一步做大规模,促进更多就业;又要立足创新,加快推动向中高端迈进,持续增强创造财富的能级,带动从业人员收入稳步增长。服务业具有附加值高、吸纳就业多的特点,是产业富民的重要载体,特别是"互联网+""创意+""文化+""养老+"等新模式新业态的涌现,为富民带来了巨大活力和空间。比如,川姜镇"互联网+家纺"模式,集聚电商微商9000余家,建成淘宝镇和9个淘宝村,推动家纺产业由线性发展转向多元集成,为传统产业找到了新的富民节点。

(二)抓服务促创业,在挖掘富民潜力上做文章。推动自主创业,是提高居民经营性收入、释放富民潜力的重要途径。要积极培育多元主体。坚持分类施策,重点支持留学回国人员在高新产业、新型业态等领域创业,支持大学生在现代服务业、先进制造业等领域创业,支持农民和返乡农民工在"互联网+农业"等领域创业,让各类创业主体尽展其能。持续拓宽创业空间。我区民营经济基础比较厚实,在快速发展过程中催生了一大批创业成功者,但涉足的行业大多还在传统领域。要顺应科技发展的新趋势和消费者的新需求,站准产业风口,向众筹经济、科创经济、共享经济等新民营经济领域进军,努力寻求财富增长新空间。不断优化创业生态。着力健全"四位一体"创业帮扶机制,不断完善创业担保贷款政策,力争将贷款对象扩大到所有城乡初始创业者和小微企业,进一步提高贷款额度、延长贷款期限。持续做大创业示范基地,加快搭建功能完善的服务平台，为创业者免费提供信息咨询、政策指导、创业培训、资金申请、权益维护等公共服务。

（三）抓标准促均等，在增加“隐形财富”上用实劲。富民不仅是“收入端”的问题，还要从“支出端”来考量，尽量减少不必要的开支，减轻群众生活负担和压力。要坚持普惠性、保基本、均等化、可持续方向，加快教育、文化、医疗、养老等社会事业发展，增加供给，创新方式，不断提高公共服务水平。推进基本公共服务标准化，是各级正在着力抓的一件富民大事，最近省里颁布了“十三五”时期基层基本公共服务功能配置标准，市里也初步形成了贯彻的实施方案。要坚持省定标准，坚持重心下移，坚持统筹规划，从群众最不满意的地方抓起，努力让广大老百姓有更多获得感。具体工作中，要着力解决好两个方面的问题：一方面设施怎么建，我区各镇（街道）平均规模在95平方公里、8万人左右，但分布不均衡，村（社区）也是如此，要根据这一实际，按照人口规模、人员分布，围绕人的需要来科学确定城乡公共服务设施、服务事项、服务半径、覆盖人群，不能简单地按照行政单位、空间大小“一刀切”。另一方面资金怎么来，在强化政府主体责任的同时，注重发挥市场机制作用，鼓励引导社会力量参与公共服务建设，积极探索PPP等多种模式，努力构建多元化投融资体系。

（四）抓脱贫促共富，在补齐关键短板上求突破。对我区来说，加快实现年收入7000元以下低收入人口脱贫，是聚焦富民必须完成的硬任务。从多年实践看，村强则民富，要把壮大村集体经济与富民增收，特别是脱贫攻坚有机结合起来，深入实施强村富民工程，持续拓宽村集体增收渠道，确保年内70%以上村集体年收入超50万元。在具体工作中，我们不少地方已经探索出了一些有效路径。比如，有的村利用集体建设用地建经营性用房，发展物业经济；积极盘活集体闲置不动产，开展租赁经营，这是资产经营型的路子。比如，有的村通过整理零散地块、抛荒田块等溢出土地，实行集体经营或集中发包，组织发展高效设施农业，这是资源开发型的路子。比如，有的村通过创办物业管理、村庄保洁等市场化服务实体，为群众或企业提供便捷，这是中介服务型的路子。比如，有的村通过牵头成立各类合作社，带领农民共同致富，这是合作发展型的路子。总之，不同村有不同村情，要立足自身实际、因村制宜，积极探索多种途径，形成“八仙过海忙增收、各显神通促民富”的生动局面。在强村富民问题上，致富带头人的作用至关重要，一方面要充分发挥现有带头人的示范作用，引领他们一门心思带领群众致富；另一方面，要注重培养新的致富带头人，重点关注、优先培养、大胆使用群众口碑好、文化水平高、带富能力强的致富能人。在农村，还有一批被誉为“土专家”“田秀才”的乡土人才，是最具活力的农村带头致富群体，要引导他们发挥更大的带动作用，带领村民一起走上致富路、小康路。社会保障具有兜底功能，也能增加居民的转移性收入。要在制度建设上再完善，深化城乡居民医保制度改革，引导灵活就业和新经济、新就业形态从业人员积极参保，推进农民工参加职工社会保险，持续扩大基本社保参保率。着力抓好健康扶贫工程，完善城乡居民大病保险制度，稳步提高重特大疾病保障水平，制定解决因病致贫、因病返贫的政策，扩大医疗救助实施范围，实现社会救助制度与扶贫开发政策有效衔接，努力让患有重特大疾病的困难群众得到有力救助、获得最大关爱。

（五）抓队伍促提升，在推动发展富民上争作为。打好聚焦富民主攻仗，镇（街道）、村（社区）是主战场，镇村党组织书记是中坚力量，要认真落实市委关于加强基层党组织建设的最新要求，着力打造一支高素质的镇村党组织书记队伍。要强化理论武装，锤炼坚强党性，切实增强“四个意识”，始终保持政治上的清醒和坚定，在关键时刻靠得住、信得过、能放心。充分发挥好基层党组织政治引领功能，深入细致做群众思想政治工作，团结带领群众听党话、跟党走。要切实履行“一轴四轮”的主要职责，以充分发挥基层党组织领导核心作用为“轴心”，坚持抓党建、抓富民、抓生态、抓稳定“四轮”驱动，努力在能力素质上有新提升，在履职担当中有新作为。现在镇村办公条件变好了，要力戒镇级机关化、村级行政化的不良风气，确保大部分时间深入群众中间、大部分精力依法解决群众诉求。基层都是熟人社会，面对乡亲街坊，不能优亲厚友，要公平公正为群众办事。同时，把深入学习廉洁自律准则、纪律处分条例、问责条例、监督条例等作为必修课，弄清楚党的纪律界限在哪里，坚决守住底线不越红线。基层工作十分辛苦、很不容易，要强化重视基层、注重实绩的鲜明导向，实施镇村党组织书记能力提升培训工程，加大对优秀镇党委书记培养选拔和推荐使用力度，继续做好从优秀村党组织书记中选任镇领导班子成员和考录公务员、招聘事业编制人员的工作。注重培树优秀典型，对工作实绩突出、作出重要贡献的，予以宣传表彰和奖励，努力让实干者得实惠。完善保障机制，按照“五个下沉”的要求，继续向基层倾斜人力、物力、财力；进一步提高基层干部待遇，建立健全村干部收入增长机制。尊重镇村党组织书记的首创精神，鼓励探索，宽容失误，制定政策时多听取他们的意见建议，同时建立谈心交心制度，激励他们扎根基层、造福于民。

富民是一项系统工程，涉及方方面面，需要政府有形之手、市场无形之手、群众勤劳之手同向发力、协同推进。要强化统筹协调。始终坚持富民与安民并重、经济发展与生态环境共赢，统筹做好公共安全、生态环境等工作，不断提高广大群众安居宜居水平，走出一条“既富又安且美”的富民之路。同时，把改革作为富民的最大红利，采取措施强力推进，不断释放深化改革的富民惠民效应，努力带动富民尽快取得突破性成效。要强化工作合力。各级党委政府是富民工作的责任主体，要通过细化责任、集中精力、集成政策，不断推动富民增收各项举措落到实处。每个社会成员是实现富民的实践主体，要充分调动他们的积极性、主动性和创造性，不断激发富民工作的内生动力。要强化宣传引导。新闻媒体要加强政策解读和宣传，做好创业带动就业、依法保护产权、保障和改善民生等方面的舆论引导，宣传树立一批干事创业、带头致富的先进典型，大力弘扬创业创新创优精神，努力在全社会形成思富致富的浓厚氛围。

三、持续深入推进全面从严治党

坚决贯彻中央、省委关于全面从严治党的各项要求和市“1+3”文件精神,层层压实管党治党责任,推动党建工作不断创新、始终走在全市前列,为全区经济社会发展提供坚强保障。

(一)在牢牢把握正确政治方向中高扬发展斗志。坚持把理论武装摆在重要位置,深入学习贯彻习近平总书记系列重要讲话精神和治国理政新理念新思想新战略,用马克思主义中国化最新理论成果武装头脑、指导实践、推动工作。当前,尤其要学深悟透习总书记“7·26”重要讲话精神,迅速掀起宣传贯彻热潮。严格落实意识形态工作责任制,扎实抓好党委(党组)理论中心组学习,推动党的十九大精神学习贯彻落到实处。深入推进“三堂融合”,促进基层宣传思想文化阵地融合发展。坚持把旗帜鲜明讲政治作为根本要求,精心组织开展大学习、大讨论、大反思、大整改活动,不断激发党员干部干事创业的昂扬斗志,在全区上下形成全力以赴抓落实、一心一意谋发展的浓厚氛围。讲政治首要是增强政治意识,坚决维护以习近平同志为核心的党中央权威,始终在思想上政治上行动上与党中央保持高度一致;坚决贯彻落实好中央和省市区委各项决策部署,确保政令畅通。讲政治重点是领导干部带头,要始终保持“打铁还需自身硬”的清醒和自觉,带头学习提高,带头讨论反思,带头即知即改,充分发挥表率作用。讲政治关键是强化责任担当,让敢担当、善作为、比争先在全区蔚然成风。要树牢“围绕中心再小的事也是大事、脱离中心再大的事也是小事”的意识,把担当体现在目标必成上,紧扣全年任务,注重序时推进,突出进度支撑,以旬保月、以月保季、以季保年;注重层级推进,区四套班子领导靠前指挥,各镇区园(街道)只争朝夕抓落实,机关各部门优化服务促落实;注重督察推进,对已落实的看成效,对正在落实的督进度,对没落实的查原因;注重考核推进,健全激励考评机制,既奖优奖勤奖快,更罚庸罚懒罚慢,确保在全市“四个全面”抓落实、“两聚一高”争标兵活动中晋位争先。

(二)在全面推进依纪依规治党中锤炼坚强党性。深入推进“两学一做”学习教育常态化制度化,坚持抓住“关键少数”与抓实基层支部相结合,将全面从严治党要求落实到每一个支部、每一名党员。严明党的纪律,特别是政治纪律和政治规矩,坚持集体领导与分工负责相结合,完善各级党委(党组)集体议事规则、决策程序和责任追究制度,提高各级领导班子贯彻落实民主集中制的整体水平。坚决执行各项党内法规制度,强化制度执行的刚性约束。突出党内政治生活的政治教育功能,以健全党支部组织生活为重点,用好批评和自我批评的有力武器,完善“三会一课”制度。放大朱达等先进典型示范效应,持续推进“双亮双争”先锋行动,强化对“主题党日+”、党员星级评定等常态化督导,引导党员强党性修养,树行为规范。

(三)在持续提升干部队伍素质中锻造中坚力量。依托在线自学、菜单选学等途径开展教育培训,不断完善考评考学机制,切实提升机关干部的业务素养和服务水平。不断深化干部人事制度改革,深入推进优秀年轻干部一线选育工程,有针对性地选派到重点工作、农村基层、先进园区一线进行实践锻炼,构建常态化培养机制。继续开展大学生村官能力培训,拓宽有序流动渠道。发挥好转任非领导职务干部的作用,充分调动各年龄段干部的积极性。健全完善“三位一体”干部管理制度配套措施,积极推进领导干部能上能下,做好容错纠错和鼓励激励工作,切实为敢于担当者担当、为敢于负责者负责。

(四)在不断密切联系服务群众中夯实基层基础。健全“区委—基层党委(党工委、党组)—党支部”联动党建责任制,逐级建立各类清单,推动责任层层落实。深入实施融合党建创新重点项目,推进党的建设与项目建设、民生改善等中心工作互融互促。持续深化“五位一体”党建惠民联动工作体系,完善“五个一线”教育引导群众工作法,积极探索城市基层区域化党建工作模式,不断扩大“两新”领域党的组织和工作“双覆盖”。扎实有效开展富民强企奔小康“走帮服”活动,重点在发现问题、解决问题上下更大功夫,真正打通联系服务群众“最后一公里”。

(五)在锲而不舍推进正风反腐中永葆清廉正气。持之以恒抓好作风建设,认真落实中央八项规定精神和省市区委十项规定,严肃查处顶风违纪、隐形变异“四风”问题。严格执行机关工作人员基本行为规范,大力推进党员干部家庭、家风、家规建设,切实以良好党风带政风促民风。全面落实党风廉政建设党委主体责任和纪委监督责任,进一步完善齐抓共管机制。坚持抓早抓小抓苗头,始终把纪律挺在前面,准确把握监督执纪“四种形态”,让“咬耳扯袖、红脸出汗”成为常态。积极推进区委巡察工作,强化结果运用,切实发挥巡察“利剑”作用。坚持有腐必反、有贪必肃,严肃查处违反党的纪律行为和腐败问题,查纠侵害群众利益的不正之风,努力争创“三清”示范区。

同志们,实干出实绩,民富得民心。让我们更加紧密地团结在以习近平同志为核心的党中央周围,在省委和市委的坚强领导下,攻坚克难、开拓创新,凝心聚力、扎实奋斗,努力交出让老百姓满意的富民强区答卷,以优异成绩迎接党的十九大胜利召开!

政府工作报告

在通州区第十六届人民代表大会第二次会议上的讲话

(2018年1月16日)

凌　屹

2017年工作回顾

过去的一年,我们深入贯彻中央、省市和区委决策部署,坚持稳中求进工作总基调,围绕"两聚一高"抓落实,坚定不移抓项目促发展,持之以恒惠民生防风险,较好完成全年目标任务,"强富美高"新通州建设迈出坚实步伐。预计(下同)全年实现地区生产总值1180亿元,同比(下同)增长8%;一般公共预算收入70.1亿元,同口径增长5.8%。一年来,主要做了以下工作:

一、坚持调结构快转型,发展质态持续向好

*项目建设量质并举。*始终把招商引资和项目建设作为经济工作的主题主线,以有效投入推动结构调优、发展转型。落实"全挂钩""大督查"机制,组建专职招商队伍,形成领导带队、板块推进、部门协同的工作格局,注册亿元及千万美元以上项目176个,实际利用外资3亿美元,京东智慧产业园、顺丰智能供应链等一批优质项目签约落户。强化项目建设统筹指导、跟踪推进、协调会办,深南电路、展华电子、新江海动力电子等重大项目顺利开工,新开工亿元以上产业项目129个,23个省市级重大项目完成年度投资计划的126%。完成固定资产投资710亿元,增长10%,总量保持全市领先。

*产业发展提质增效。*电子信息、新材料、汽车零部件等板块集聚效应不断增强,新兴产业产值占比39%。实现工业应税销售超1000亿元,增长20%。新增规上企业125家。新增特级资质建筑企业2家、"鲁班奖"2项,南通四建、通州建总入围"中国企业500强"。服务业增加值占比提高1.5个百分点,社会消费品零售总额375亿元。川姜四年蝉联淘宝镇,东社获评省农村电商示范镇。成功举办开沙岛体育旅游"梦幻之春"系列活动,新增国家首批运动休闲特色小镇1家、省星级乡村旅游区2个。现代农业加快推进,新建高标准农田近8万亩,培育家庭农场40家、"全托管"服务组织106家,创成省休闲观光农业示范村1家。

*创新能力稳步提升。*载体平台不断优化,军民融合产业促进中心正式运营,天津大学—密歇根大学(南通)联合研究院揭牌运作,"江海数字"入围省级众创社区,科技新城建成省级人工智能产业园。创新要素加速集聚,新引进高层次创新创业人才75名,入选省"双创计划"16名,创历史新高。科技与金融加快对接,新备案创投基金5家,"苏科贷"总额全市第一。创新主体不断壮大,8家企业列入市"5215"工业大企业培育计划,新增省级企业研发机构12家,实施产学研合作项目52个,新认定国家高新技术企业47家。高新技术产业产值占比54%,全社会研发投入占GDP比重2.6%。万人发明专利拥有量27.4件,获评国家知识产权强县工程示范区。致力品牌兴企,新获省质量管理优秀奖1个;紫罗兰、江海电容器入选省首批"双百品牌"企业,圣夫岛入选全国工业品牌培育示范企业;全国专业标准化工作组达到5个,总数全市领先。

二、坚持抓改革扩开放,内生动力持续增强

*重点改革有序实施。*供给侧结构性改革取得新成效,淘汰印染、钢丝绳落后产能分别达2.3亿米、3.1万吨,商品房库存去化周期缩短至合理区间,降低企业成本12亿元,投入近60亿元努力补齐公共服务、基础设施等领域短板。实施"不见面审批(服务)"改革,全面实现"3550"省定目标。组建7支综合行政执法队伍,实现"一个领域一支队伍执法"。川姜镇入选省新一轮经济发达镇行政管理体制改革名单。深化投融资体制改革,整合组建三大国有集团公司,市场化转型迈出坚实步伐。严格政府性债务管理。完善上市扶持政策,金太阳、海星电子在会待审,瀚天智能新三板挂牌。全面推进土地"三权分置"改革,农村土地承包经营权确权登记颁证基本完成,农村集体产权交易品种不断拓展。同一乡镇范围内村庄建设用地布局调整试点加快推进,不动产登记实现"多点布局、全域通办"。

*对接上海全面拓展。*推动"项目、科创、载体、服务、人文"全方位对接,开展系列专题活动100余场,高洽会首次在上海成功举办,通州在沪影响力持续增强。签约亿元产业项目52个,新增产学研合作项目22个,4家驻沪招才引智工作站正式运营。园区共建加快推进,未来岛产业园一期开工建设,"谈家28"科技孵化器成功签约。沪通空港物流协作不断深化。建筑企业在沪施工产值增长20%,2家企业跻身进沪施工综合实力30强。建成上海蔬菜外延基地2个,供沪农产品市场份额不断扩大。

*开发开放继续深化。*载体能级提升,高新区综合排名升至国家级高新区第48位,六大主力平台完成全区60%以上的固定资产投资,实现70%以上的实际利用外资和进出口总额。落实外贸稳增长政策,进出口总额243亿元,一般贸易出口比重达74.1%。市场采购贸易方式

试点稳步推进，跨境贸易电子商务口岸平台功能和通关便利化水平持续提升，“9610”模式出口业务量保持全省第一。华夏飞机部件航空维修再制造加工贸易业务全国率先试点。新增服务外包企业7家，甲骨文技术人才创新基地获批市首批服务外包公共服务平台。对外交往不断加强，与瑞士希能维尔德市结为友好城市。

三、坚持促统筹优生态，城乡面貌持续改善

空间格局不断优化。以大规划引领大发展，积极对接南通新一轮城市总体规划修编，深入开展城镇开发边界和城区建设用地布局研究。完成城区海绵城市专项规划编制，镇区总规、村庄规划实现全覆盖。轨道交通1号线一期工程正式开工，机场大道、长江北路高架、345国道东绕城北段等骨干道路加速建设，幸福路、江平路、城北大道建成通车，融入主城步伐不断加快。完成盐通铁路征迁准备，锡通高速、沪通铁路、宁启铁路二期、南通铁路东站等重点工程保障有力，兴东机场航站区改扩建顺利推进，城乡和交通格局持续升级。

城市品质日益提升。“三城同创”扎实推进，进鲜港花海项目加快建设，樱花园、海棠园、竖石河公园等特色游园建成开放，新增城市绿地63.7公顷，城市“绿肺”扩容提质。“一河两岸”示范段南岸工程全面完成，加快扮靓城市门户。城东新区人气商气加快集聚，万达广场落成运营，“南山湖壹号”成为城市新地标。银河新区配套功能逐步完善，区域发展活力显著增强。强化老城区综合整治，完成五一河、双霞竖河等水系治理，实施重点区域截污及积水点改造，推动背街后巷及老小区环境改善，新建改造新金东路等市政道路5条。城市家具有序更新。美食广场主体建成，新开公交线路4条，新增停车位376个，投放公共自行车400辆，提升改造星级公厕17座，为市民提供更多便利。扎实推进违建治理“5320”行动。垃圾分类收集处置试点工作全省示范。坚持以城带乡、城乡共建，顺利通过全国文明城市复查。

生态治理成效明显。坚决落实中央和省环保督察整改要求，扎实开展“两减六治三提升”专项行动，97项年度重点任务基本完成。强力推进通灵桥区域环境综合整治，11家涉污企业全部拆除。全面落实“河长制”“断面长制”，开展“三河三行业”综合整治，大力实施河岸共治，关闭畜禽养殖场226家。农村河道整治三年行动圆满收官，累计疏浚河道1158公里，建成“水美乡镇”3个、“水美村庄”22个。获评国家节水型社会达标县。认真落实长江流域(通州段)生态环境保护责任，非法码头、水上过驳、沿江船舶等专项整治成效明显。关停砖瓦窑29座，淘汰燃煤锅炉482台，强化秸秆禁烧和综合利用，空气优良天数比例达75.4%。高标准建成32公里高速一环绿色景观廊道，全年新增绿化1.15万亩。提档升级农路205公里。新建城镇污水管网25公里，全区城镇污水处理监控系统投入运营。在全市率先实施环境保护和生态文明建设规划，出台生态环境保护工作责任规定，执行差别化环境价格政策。开展环境执法“亮剑”行动，全年立案查处214起，严惩环境污染违法行为。

四、坚持增收入强治理，民生福祉持续提升

富民进程加快推进。认真办好10件32项民生实事，财政民生支出比重达78%。坚持促进就业和支持创业并举，发放创业担保贷款2140万元、稳岗补贴377.7万元，扶持自主创业2020人，新增城镇就业9195人，转移农村劳动力3589人。育才社区创成国家级充分就业社区，金羽农民创业园入选全国首批农村创业创新园区。统筹提升保障水平，被征地农民基本生活保障标准稳步提高，整合城乡居民医疗保险制度，实现全区城乡居民医保一体化。建成保障性住房3208套，实施农村危房改造386户，竣工交付安置房62.7万平方米。健全社会救助体系，城乡低保、特困供养、孤儿等救助对象保障标准进一步提高。建成规范化“残疾人之家”13个，获评省级残疾人工作先进区。村级经济持续发展，73%的村集体收入超50万元。精准实施脱贫致富奔小康工程，全面启动健康扶贫和“阳光扶贫”监管工作，年收入7000元以下的建档立卡低收入人口脱贫率达68%。城乡居民人均可支配收入分别达44330元、21730元，分别增长8.8%、9%。

公共服务均衡发展。大力推进教育现代化，新增省优质幼儿园4所，新(扩)建中小学校4所。学校招生办法不断完善。学校美育工作全国示范，入围国家级农村职业与成人教育示范区，创成省平安校园建设示范区。深化医药卫生体制改革，区中医院实现政府完全举办，区三院托管运行，先锋街道社区卫生服务中心实施紧密型医联体改革，重点人群家庭医生签约率超60%。区六院、七院新址启用，刘桥镇创成省卫生镇。南山颐养中心投入运营，完成15家社区居家养老服务中心标准化建设，养老服务体系不断完善。新建村级示范文体广场40个，儿童音乐剧《田梦儿》获省“五个一”工程奖，通剧《瓦匠女人》等原创作品入选省级展演。成功举办区第三届运动会，群众体育工作获全国表彰。

社会大局和谐稳定。夯实社会治理根基，95%的农村社区、98%的城市社区达省级和谐社区标准，创成省现代民政示范区。强化社会治安防控，加大公共安全监管，连续14年荣获省平安县(市)区称号。食品药品监管体系不断优化，获评省首批食品安全示范区。大力开展学法普法活动。扎实推进社会矛盾和安全隐患大排查大整治行动，安全生产形势稳中趋好，圆满完成党的十九大等重要时段安全稳定工作。结对帮扶陕西镇巴县，认真落实扶贫协作各项任务。同时，积极支持群团组织发挥作用。全区民族宗教、对台侨务、双拥优抚、应急管理、统计、档案、气象、地方志以及慈善、红十字、关心下一代等工作取得长足进展，形成了推动发展的强大合力。

一年来，我们常态化制度化开展“两学一做”学习教育和富民强企奔小康“走帮服”活动，着力强化政府自身建设。依法行政进一步加强。出台法治政府建设实施方案，全面推行法律顾问制度，完善区政府工作规则和议事决策程序。农林农机、市场监管、文化体育、城市建设管理等领域行政处罚权进一步集中，“双随机一公开”监管工作全面推开。深入推进政务公开，行政权力网上公开运行更加透明。作风效能进一步提升。以铁的决心和措施推动工作落实，建立完善“1+1+

N"协同推进机制，解决了一批重点难点问题，锤炼了队伍能力作风。在全市率先报批成立食药环犯罪侦查大队，推动行政执法和刑事司法有效衔接。主动接受人大、政协监督，559件议案、建议、提案高效办结。依托"区长信箱"、"12345在线"等平台，广泛接受社会监督。廉政建设进一步深化。严格落实"两个责任"，自觉把党风廉政建设融入政府各项工作。构建政府投资工程建设领域阳光防范体系，公共资源交易平台市区一体化建设全面启动。持续加大行政监察和审计监督力度，实现公共资金、国有资产、平台公司审计全覆盖。严格执行中央"八项规定"精神和省市区委各项规定，坚决查处各类违纪违法案件，彰显了清正廉洁的政府形象。

各位代表，回顾过去的一年，收获源于奋斗，成绩来之不易。这离不开市委、市政府和区委的正确领导，得益于区人大、区政协的监督支持，更归功于全区上下的团结拼搏。在此，我代表区人民政府，向全区人民，向各位人大代表、政协委员和老同志，向各民主党派、工商联、无党派人士和各人民团体，向驻通部队、武警官兵，向所有关心支持通州发展的各界人士、海内外朋友，致以崇高的敬意和衷心的感谢！

与此同时，我们也清醒地看到存在的问题和不足。主要是：发展不平衡不充分不集约的问题比较突出，经济总量均量质量都有待提高；经济增长内生动力有待增强，重大项目、优质项目相对较少，新旧动能接续转换还不快；环境保护和治理任务艰巨，生态环境质量与群众期盼还有差距；城乡功能品质还需提升，优质公共服务资源配置还不均衡；部分领域风险隐患仍需重视解决，安全稳定的压力依然较大；政府公职人员的担当精神、行政效能、落实力度还需进一步加强。对此，我们将直面问题，采取有效措施，切实予以解决，决不辜负人民群众的信任与期望。

2018年工作安排

各位代表，今年是贯彻党的十九大精神的开局之年，是改革开放40周年，也是决胜全面建成小康社会、实施"十三五"规划承上启下的关键一年。做好全年工作，具有特殊而重要的意义。今年政府工作的总体要求是：以习近平新时代中国特色社会主义思想为指导，全面贯彻党的十九大、中央经济工作会议和省市区委全会精神，坚持稳中求进工作总基调，围绕高质量发展新要求，牢固树立系统化思维，统筹做好稳增长、促改革、调结构、惠民生、优生态、防风险各项工作，坚决打好"三大攻坚战"，扎实推进高水平全面建成小康社会，积极进行基本现代化新探索，全力打造立足扬子江城市群、服务上海大都市、具有区域影响力的"产业腹地、创新智谷、城市绿洲、幸福家园"，把"强富美高"新通州建设不断推向前进。

今年全区发展的主要预期目标为：地区生产总值增长8%左右，一般公共预算收入增长5%左右，全社会研发投入占GDP比重2.7%左右，固定资产投资增长8%以上，社会消费品零售总额增长10%左右，外贸进出口实现平稳增长，城镇登记失业率控制在3%以内，城乡居民人均可支配收入增长快于经济增长，节能减排完成市下达目标任务。

围绕上述目标，我们要着重抓好以下七个方面工作：

一、更加注重项目引领，不断增创区域竞争优势

牢牢抓住招商引资和项目建设这个"牛鼻子"，坚持质量导向，突出落地转化，以项目建设大突破实现赶超跨越新发展。

着力优化招商机制。构建"1+1+3+N"组织架构，组建区级招商引资指挥部，强化统筹协调、决策评估、督查调度职能，提升招商组织化水平；落实镇区园（街道）招商主体责任，突出主力平台引领作用，大力加强高素质专业招商队伍建设；设立京津冀、珠三角、长三角三大驻外联络处，统筹区域资源，提升驻点实效；完善"飞地"招商政策，鼓励镇区园（街道）、机关部门共享信息、互荐项目，实现全区招商"一盘棋"。注重招商引资与招才引智有机结合，联动推进。优化招商引资考核体系，开展专职人员星级评定，树立以实绩"论英雄、定奖惩"的鲜明导向。

全力提升招引质效。以"招商质量提升年"活动为抓手，聚焦国内外重点区域，瞄准电子信息、智能装备、汽车及零部件等产业，系统化组织投资促进活动。出台聘请招商顾问管理办法，紧扣产业链、资本链、创新链，推进专业招商、委托招商、分队招商、以商引商。坚持预审准入、综合研判，突出投资强度、亩均产出效益等关键指标，严把项目质量关。全年新注册10亿元及1亿美元以上项目30个。按照"产业集聚、企业集中、功能集成"的要求，提升开发园区能级，鼓励园区围绕"一主一新"产业定位，大力招引旗舰型、创新型、成长型优质项目，六大主力平台经济贡献率超70%。

聚力推进项目建设。开展"项目建设提速年"活动，完善挂钩联系和捆绑考核机制，优化模拟审批、代办帮办等制度，强化全流程管控、全要素保障。更加注重抓好项目竣工和转化，严格执行任务书制度，持续开展"夺红旗、亮黄牌"竞赛，促进项目早投产、见实效。全年新开工亿元以上项目130个，重大项目20个以上。统筹做好对接争取，力争恒科二期、四方冷链、未来岛等项目列入省市重大项目计划。整合设立产业引导基金，提升运营水平，不断激发社会领域投资活力。积极争取重大项目用地独立选址和点供指标，继续做好增减挂钩和占补平衡。推进工业企业资源集约利用综合评价和分类管理，推动要素向高效益高产出高成长性企业集聚。

二、更加注重提质增效，不断夯实实体经济根基

坚持创新引领，坚守实体经济，加快构建现代产业体系，厚植高质量发展优势。

提升科技创新竞争力。抢抓南通建设创新型城市机遇，推动高新区在全省综合评价中争先进位，加速壮大"国字号"平台。加强载体平台建设，提升江海智汇园、江海圆梦谷等孵化平台市场化、专业化水平，推动家纺产业研究院争创国家级检测中心。探索离岸孵化运营模式，优化孵化项目评价考核机制，提高孵化毕业率和成功率。强化企业创新主体作用，积极培育科技"小巨人"，力争新认定国家高新技术企业50家以上，高新技

术产业产值增长12%以上。强化创新政策配套集成,支持企业加大研发投入,推动规模以上高新技术企业研发机构全覆盖,争创国家级科技企业孵化器1家。推进创新链、产业链有机融合,加快科技成果转化,实施产学研项目60个,2个项目列入省重大科技成果转化资金计划。坚持高端人才引进和高技能人才培育并重,落实好"21条"人才政策,优化人才发展生态,推进"510"英才计划、通籍人才归雁计划,新增高层次创新创业人才50名、项目30个以上。放大科技金融撬动创新的作用,扩大"苏科贷"规模,引导更多资本投资本土创新型企业。

做强做大先进制造业。以南通创建中国制造2025国家级示范区为契机,发展壮大电子信息、智能装备、汽车及零部件等产业,打造特色产业新地标。电子信息产业集聚半导体芯片和线路板等板块,努力建设国家级电子信息产业基地;智能装备产业培育高端数码打印、工业自动化、冷链装备等板块,推动产业规模向百亿级攀升;汽车及零部件产业突出汽车配件、汽车电子以及新能源汽车等板块,积极引进整车制造企业。加快家纺产业技术升级、设备更新和绿色低碳改造,推动与创意设计、电子商务等业态跨界融合。鼓励建筑业企业向重大基础设施和绿色智能、装配式建筑等领域拓展,力争施工产值达1800亿元。推动"互联网+先进制造业"融合创新,全年实施重点技改项目100个,建成省市级智能车间5家以上,新增省市级首台套重大技术装备5个。

培育经济增长新引擎。推动大数据、云计算、人工智能和实体经济融合发展,当好南通"一核两区六基地"建设主力军。积极培育临空产业、生物医药等前沿产业链。加快发展智慧物流、数字经济、创意经济、总部经济等现代服务业,争创省级服务业集聚区1家,力争服务业增加值占比提高1个百分点。拓展医养结合、教育培训等中高端消费,增加品质消费供给。深挖全域旅游潜力,打造先锋森林公园、进鲜港鲜花小镇、开沙岛旅游度假区等亮点,争创省4A级景区1家。推动文化与体育、科技、金融等融合对接,文化产业增加值增长10%。

构筑实体发展强支撑。突出经济运行的动态监测和预警预报,做好第四次全国经济普查工作。深化企业家接待日、座谈会等制度,对重点产业和企业实施精准帮服。强化政银企联动,丰富现代金融产品,加大金融服务实体经济力度。坚决打击违法违规金融活动,有效防范化解金融风险。完善"市+区"扶持叠加政策,鼓励企业充分利用多层次资本市场,新增上市挂牌企业3家以上。落实降成本措施,切实减轻企业负担。构建梯队培育体系,深入实施大企业培育计划,新增规模工业企业超50家、超10亿元企业3家。强化质量品牌意识,引导企业深耕主业,发扬"劳模精神"和"工匠精神",新创中国驰名商标1件以上。弘扬"坚苦自立、创新致远"的通州企业家精神,更加重视企业家队伍建设,营造企业家健康成长环境。

三、更加注重改革开放,不断释放发展内生动力

加大重点领域和关键环节改革力度,进一步拓展双向开放空间,催生和激发经济社会发展新动能。

深化重点领域改革。综合运用财政、金融、价格杠杆等手段,持续推进供给侧结构性改革,为有效供给腾出空间,为企业发展注入活力。加大税源培植力度,优化区镇财政管理体制,提高财政运行质量。完善国资监管体系,加快国有企业市场化转型。严格落实政府性债务化解任务,规范推行PPP模式。以第三次全国土地调查为契机,落实耕地保护责任,强化低效用地再开发再利用。深化同一乡镇范围内村庄建设用地布局调整,探索土地要素保障市场化差别化配置。推动高新区积极承接全链条审批赋权事项。支持川姜镇扎实开展经济发达镇行政管理体制改革。

深入对接服务上海。完善接轨工作机制,延展对接服务领域和深度。承接高端制造、科技资源、服务外包等"溢出"效应,新增项目100个以上。深化与沪上知名高校院所的合作,新引进高层次创新创业人才10名以上、产学研合作项目10个以上。加强与上海先进园区、产业平台的共建,加快未来岛产业园等"区中园""园中园"建设,推进高新区与上海临港集团、珠江集团合作。鼓励建筑企业扩大工程承包领域,进一步提升上海市场占有率。加强供沪农产品基地、入沪销售渠道和在沪销售窗口建设,打造上海农产品重要供给地。整合民俗、农耕、生态等资源,策划推介一批精品线路,让通州成为上海及周边地区观光旅游重要目的地。丰富教育、医疗、文化等领域交流,推动全方位对接。

深度拓展开放空间。抢抓扬子江城市群、沿海经济带建设契机,主动参与分工协作,实现错位融合发展。坚持内外资并重,全年引进千万美元以上外资项目40个,注册外资实际到账3亿美元。积极争取和落实外贸扶持政策,放大市场采购贸易、飞机部件航空维修再制造加工贸易业务等试点效应,发展跨境电商"直购进口"业务,推动对外贸易稳步增长。更大力度"走出去",支持海工、家纺、建筑等优势产业到"一带一路"国家和地区发展布局、开拓市场。落实区域协调发展战略,继续做好与陕西镇巴县的对口扶贫协作工作。

四、更加注重功能品质,不断丰富城市建设内涵

提升城市发展理念,加快"三城同创"重点项目建设,推进集约开发、精细管理,让城市更精致、生活更宜居。

坚持规划引领管控。策应南通2035新版城市总规编制,以多维度、长周期视角谋划通州远景发展,力争将中心城区发展空间拓展至110平方公里,努力把城市做强、做美、做优。推动城区控制性详规动态调整,加快实现镇区控制性详规全覆盖。严格执行"规划一张图、管理一盘棋",建立健全统一的管控体系、信息平台和工作机制。坚持"留白增绿",加强色彩管控,提升建筑品质,彰显通州城市特色。

加快交通转型升级。以南通打造全国性综合交通枢纽为契机,统筹提升交通能级。加快实施机场大道、345国道东绕城北段等工程,深化与主城区对接融合。配合开展北沿江高铁前期工作,全力保障轨道交通、锡通高速、沪通铁路、盐通铁路、宁启铁路二期、南通铁路东站建设。推动平潮高铁西站片区综合开发建设,启动通扬运河航道整治,服务兴东机

场扩容升级，持续放大公铁水空联动效应。优化城乡公交体系。畅通希望路北延、德清路、康宁路、运盐河路西段等城区道路，启动师范桥周边改造研究，完善“外成环、内成网”的快捷交通格局。

推动城市精建细管。围绕组团式发展，合理构建功能单元，加快中心城区扩容提质。推动高新区南区与南通家纺城相向融合发展，完善创新创业功能，打造“双创”核心区、南部新中心。城东新区坚持功能配套完善与环境品质提升并重，构建环湖新商圈、生活圈。银河新区加快功能业态开发，强化文体休闲、商贸楼宇等公共配套服务，提升区域整体品质。启动运盐河城区段综合整治研究，高起点规划、滚动式开发，构筑特色生态人文风光带。稳妥推进棚户区、城中村和老小区改造提升，让老城区焕发“年轻态”。深化文明城市长效管理，开展城市环境“八整治八提升”行动，着力解决群众反映强烈的物业管理、违章搭建等突出问题。实施垃圾分类收集和处置，推进城区停车社会化管理全覆盖，新增公共停车位400个，加快补齐影响群众生活品质的短板。

五、更加注重融合协调，不断加快乡村振兴步伐

按照“产业兴旺、生态宜居、乡风文明、治理有效、生活富裕”的总要求，大力实施乡村振兴战略，让农业更强、农民更富、农村更美。

促进农业发展提效。落实粮食安全责任制，开展粮食生产功能区和重要农产品保护区划定工作。深化农业供给侧结构性改革，编制特色农业发展规划，培育特色农业产业集群，每个镇重点培育1~2个农业主导产品、支柱产业。加快一二三产融合发展，壮大农村电子商务，探索发展创意农业、田园综合体等新业态，新建投资超千万元农产品深加工项目20个，新增市级以上农业龙头企业5家，培育休闲农业精品景点7个。加快农业科技成果转化推广，推进粮食生产全程机械化，加强农田水利、农机作业配套，提高农业物质装备水平。推动高标准农田、适度规模经营、社会化服务联盟“三个全覆盖”试点镇建设，新建高标准农田3.4万亩以上。坚持绿色兴农、质量兴农、品牌兴农，推行农业标准化生产，加强农产品质量安全监管，新认证“三品一标”30个。

促进农民增收提速。培育壮大新型职业农民队伍和农业经营主体，完善土地入股、订单带动等利益联结机制，带动小农户参与规模经营、共享增值收益。鼓励大学生、农业科技人才等群体返乡下乡创业，转移农村劳动力3000人，新增自主创业550人以上。完善土地“三权分置”制度，推进村级集体经营性资产股份合作制改革，拓宽财产性收入渠道。围绕所有村集体收入超40万元、村均收入超百万元的目标，健全增收扶持及激励机制，建设一批示范性“造血”项目，因地制宜推动村级经济稳定增长，让农民享受更多集体“红利”。打好精准脱贫攻坚战，完善“阳光扶贫”监管体系，构建社会化挂钩扶贫机制，项目化推进开发式扶贫。细化健康扶贫、保障兜底、慈善济困等措施，切实解决因病因残致贫问题，确保建档立卡低收入人口脱贫率达80%以上。

促进镇村建设提质。把注入新动能作为乡村振兴的突破口，推动资本、技术、人才等要素向乡村流动。发挥城镇的节点纽带作用，培育一批工业强镇、商贸重镇、旅游名镇，增强承载力和吸引力。坚持产业、文化、旅游、社区功能融合，规划建设江海数字小镇、创意家纺小镇等一批特色小镇。在特色产业培育、乡土风貌塑造上下功夫，扎实推进特色田园乡村建设。推动城乡基础设施互联互通，实施“气化通州”工程，新铺设天然气管道40公里以上；开展镇级污水处理厂提标扩容改造，加快城镇污水管网、农村小型污水处理设施建设。按照“四好农村路”要求，提档升级农路120公里，改造农桥80座以上。开展“集镇环境提升行动”，试点农村垃圾分类处理，提高农村改厕实效，持续改善人居环境。坚持物质文明和精神文明一起抓，振兴乡村文化，涵养文明乡风，加强基层民主和法治建设，健全自治、法治、德治相结合的乡村治理体系。

六、更加注重绿色发展，不断改善生态环境质量

牢记“绿水青山就是金山银山”，坚决打好污染防治攻坚战，推进生产生活生态融合发展，打造南通生态文明新样板，让通州城乡更美丽。

夯实绿色发展基础。严格落实环境保护和生态文明建设规划，严把环保准入门槛，严守生态空间保护红线。加快“一区一岛两园”建设，着力构筑以二甲、东社及金沙、十总部分区域为核心的东部生态涵养区，围绕生态打造产业链，推进生态经济化、产业绿色化；提档交通干线、重要节点景观绿化，实施高速一环绿色景观廊道增补、骨干河道景观提升等工程，新增造林绿化面积1万亩，打造“点线面”结合的绿色生态空间。大力发展循环经济，鼓励节能环保技术、装备和服务产业化，推动高新区创建国家级生态园区。实施益民污水处理二分厂提标扩容工程，提升城镇污水处理设施运营管理水平。推广绿色建筑、新能源汽车等环保产品，深化生态文明宣传教育，倡导绿色低碳的生活方式。

狠抓环境综合整治。做好第二次全国污染源普查。纵深推进“两减六治三提升”专项行动，抓好中央、省环保督察整改“回头看”，高质量完成整改任务。深化“三河三行业”整治，加大“散乱污”企业执法力度，重拳整治污染企业。加快淘汰燃煤锅炉，做好挥发性有机物、餐饮油烟、扬尘等治理，加强秸秆禁烧和综合利用，降低PM2.5浓度，增强群众蓝天幸福感。严格执行“河长制”“断面长制”，深入推进河岸共治，巩固提升农村河道整治成果。实施南山湖周边水系水生态综合治理，完成八角亭河、西头总港、十八总港等水体整治。强化土壤污染管控、风险评估和生态修复，提升固废危废处置能力，加强畜禽养殖等农业面源污染防治，让通州天更蓝、水更清、土更净、空气更清新。

健全生态治理体系。认真落实生态环境保护工作责任规定，加强污染防治考核。健全园区、镇村网格化监管体系，把环境监管向最基层延伸。实施企业排污许可证管理，推动排污权有偿使用和交易。以实施环境保护税法为契机，执行生态环境损害赔偿制度，落实差别化环境政策，发展绿色金融，健全失信联合惩戒、环保黑名单等机制，督促企业把环保责任落到实处。强化环境污染有奖举报，让群众当好环保监督“千里眼”，逐步构建全域覆盖、全民行动的环境治理体系。完善“大环保”综合执法机制，加强行政执法与刑事司法衔接，推进环境公益诉讼，保持“铁腕治污”的高压态势。

七、更加注重共建共享，不断提升民生幸福指数

以造福人民为最大政绩，落实“七个有”要求，扎实办好10件28项民生实事，让群众有更多获得感、幸福感、安全感。

提高保障水平惠民。实施更加积极的就业创业政策，强化专业化创业孵化载体建设，做大做强省级创业示范基地，全年新增城镇就业8000人。继续做好被征地农民社会保障工作，逐步提高城乡居民养老保险基础养老金、困难群众养老保险缴费补助标准。进一步推进医保跨省异地就医联网结算，为群众异地就医提供优质服务。实现企业“五险”信息系统与市并轨。编实筑牢保障救助底线，完善城乡低保、农村五保自然增长机制，推进各类救助政策有效衔接。积极发展社会福利、慈善事业，健全助残救孤、双拥优抚工作机制，切实保障各类群体权益。

优化公共服务利民。对照省“十三五”时期基层基本公共服务功能配置标准，补短板，优供给。推动教育优质均衡发展，新建6所幼儿园，新增2所省优质幼儿园；南山湖小学、银河新区小学建成投用，实施金东新城学校建设，启动金北学校异地迁建前期工作；完成通州中专二期建设，创成省现代化示范性职业学校。加大引培力度，打造高素质教师队伍。实施“精致管理校校行”工程，持续提升教育教学质量。深化综合医改，加强城乡医联体建设，做实家庭医生签约服务；推进区级公立医院软硬件建设，强化基层医疗机构管理和队伍建设，完善急救体系，不断增强卫生计生服务能力和水平。加快养老事业发展，规范社会养老机构管理，探索公办敬老院运营体制改革，提升45个村(居)标准化居家养老服务中心功能，南山颐养中心建成区域性示范养老服务中心。深化文化惠民工程，实现村级综合文化服务中心达标全覆盖，争创“中国曲艺之乡”。健全公共体育服务体系，加强区级体育场馆运营管理，让群众从繁荣发展文化体育事业中受益。

加强社会治理安民。深化网格化服务管理，加强社会组织建设，实现政府治理和社会调节、居民自治良性互动。推进“七五”普法规划实施，健全公共法律服务体系，丰富法治通州建设内涵。落实重大决策社会稳定风险评估机制，深化信访积案项目化管理及无访镇村创建，提高矛盾纠纷预防和化解实效。实施“雪亮”工程，启动区应急联动大数据指挥服务中心建设，完善立体化智能化治安防控体系，依法打击各类违法犯罪，持续提升平安通州建设水平。树牢安全发展理念，压紧压实安全生产责任，狠抓食品医药、交通运输等重点领域风险隐患排查管控，全面增强应急能力，确保社会安定有序、人民安居乐业。

持续深入推进全面从严治政。扎实开展“不忘初心、牢记使命”主题教育，牢固树立“四个意识”，坚决将全面从严治党新要求落实到全面从严治政之中，不断提高治理现代化水平，致力建设人民满意的服务型政府。

进一步增强政府公信力。落实法治政府建设责任，用法治思维和方式推动发展、化解矛盾、防控风险。坚持民主科学依法决策，严格遵循政府议事规则，确保权力始终在法治轨道上运行。依法接受党内监督、国家监察、司法监督，主动接受人大法律和工作监督、政协民主监督，切实办好人大代表议案、建议和政协建议案、提案。完善“区长信箱”“12345在线”办理制度，自觉接受社会和舆论监督。推进政务公开标准化规范化建设，促进政府工作阳光透明、规范公平。

进一步增强工作执行力。高扬实干之风，深入调查研究，持续开展“走帮服”活动，着力解决工作落实“最后一公里”问题。增强政府工作组织的精细化专业化水平，完善挂钩联系、集中会办等制度，强化镇区园(街道)、部门之间的协作联动，切实提高系统化思维、项目化实施、精准化落实的能力。严格综合绩效考核，突出对重点目标任务、重要民生实事、重大产业项目的过程管控、督促检查。加大效能督查力度，坚决查处懒政怠政行为，让求真务实、担当作为、追求卓越蔚然成风。

进一步增强管理创新力。坚持把改革创新贯穿于政府工作全过程、各领域，善于将新发展理念融入政策制定、任务落实之中。健全常态化学习机制，提升公职人员能力素养，更多运用市场化、社会化和信息化手段增强服务能力。深化综合行政执法体制改革，提高智能化监管水平。逐步构建全区统一的“大平台、大数据、大系统”，实现政务信息系统整合共享。拓展“放管服”改革，推进政务服务数字化转型，加强政务服务“一张网”建设，提升不见面审批(服务)水平，让数据多跑路、群众少跑腿，让一流营商环境成为通州新的比较优势。

进一步增强自身免疫力。完善廉政建设与政府工作的融合机制，从严落实党风廉政建设责任制。深入贯彻中央八项规定《实施细则》精神、省委《具体办法》和市委区委要求，力戒形式主义、官僚主义，驰而不息纠“四风”。树立过“紧日子”思想，把有限的资金更多用到保民生、补短板、增后劲上。全面加强财政监管和审计监督，推动政府投资工程建设领域阳光防范体系落地见效。坚决以零容忍态度惩治腐败，塑造忠诚干净担当的政府形象。

各位代表，新时代肩负新使命，新征程呼唤新作为。让我们更加紧密地团结在以习近平同志为核心的党中央周围，在市委、市政府和区委的坚强领导下，在区人大、区政协的监督支持下，团结和依靠全区人民，不忘初心，砥砺前行，为决胜全面建成小康社会、加快建设“强富美高”新通州而努力奋斗！

文件选编

通州区法治政府建设实施方案

（2017年12月1日）

为贯彻落实依法治国重大战略部署，深入推进依法行政、加快建设法治政府，根据中共中央、国务院《法治政府建设实施纲要（2015—2020年）》、《江苏省贯彻落实法治政府建设实施纲要（2015—2020年）实施方案》和《南通市法治政府建设实施方案（2016—2020年）》，结合我区工作实际，制定本实施方案。

一、指导思想

高举中国特色社会主义伟大旗帜，全面贯彻党的十九大精神，以马克思列宁主义、毛泽东思想、邓小平理论、“三个代表”重要思想、科学发展观、习近平新时代中国特色社会主义思想为指导，紧紧围绕“四个全面”战略布局，落实创新、协调、绿色、开放、共享五大发展理念，深入推进依法行政，加快建设法治政府，培育和践行社会主义核心价值观，弘扬社会主义法治精神，全面推进政府工作规范化、程序化、法治化，为全区经济社会发展提供坚实的法治保障。

二、总体目标

到2020年，基本建成职能科学、权责法定、执法严明、公开公正、廉洁高效、守法诚信的法治政府，人民群众对法治政府建设的满意度达到90%以上。

三、评价标准

——政企分开、政资分开、政事分开、政社分开，政府与市场、政府与社会的关系基本理顺，权责一致、分工合理、决策科学、执行顺畅、监督有力的行政管理体制基本形成，经济调节、市场监管、社会管理、公共服务、环境保护等职责依法全面履行。

——依法行政制度系统完备、科学规范、运行有效，政府管理各方面制度更加成熟定型，制定的规范性文件符合宪法法律规定的权限和程序，充分反映客观规律和最广大人民群众的根本利益。

——行政决策制度科学、程序正当、过程公开、责任明确，重大行政决策制度机制健全，重大决策事项目录化管理、全过程记录、立卷归档，违法决策、不当决策、拖延决策明显减少并得到及时纠正，行政决策公信力和执行力大幅提升。

——权责统一、权威高效、保障有力的行政执法体制建立健全，法律法规规章严格公正实施，行政执法责任制全面落实，违法行为及时查处和制裁，公民、法人和其他组织的合法权益切实保障，经济社会秩序得到有效维护。

——科学有效的行政权力运行制约和监督体系基本形成，惩治和预防腐败体系进一步健全，各方面监督形成合力，问责制度有效落实，政务公开实现制度化、标准化、信息化，政府更加自觉地接受人大监督、政协民主监督、司法监督、审计监督和社会、舆论等各方面监督。

——公正、高效、便捷、成本低廉的多元化矛盾纠纷解决机制全面形成，行政机关在预防解决行政争议和民事纠纷中的作用充分发挥，公民、法人和其他组织的合法权益切实维护，社会矛盾有效预防和化解，通过法定途径有序解决矛盾纠纷的比例大幅提高，非理性维权现象大幅减少。

——法治教育培训、法律知识考试、法治能力考察等制度完备，政府工作人员特别是领导干部带头尊法学法守法用法，恪守合法行政、合理行政、廉洁行政、程序正当、高效便民、诚实守信、权责统一等依法行政基本要求，法治思维和依法行政能力不断提升。

四、主要任务

（一）简政放权，依法全面履行政府职能

1.深化行政审批制度改革。继续全面清理行政审批事项，贯彻实施《通州区相对集中行政许可权试点方案》，深化相对集中行政许可权改革工作。按照精简高效、审管分离、协同监管、稳步推进、阳光便民要求，加强部门职责、审批服务、全程监管、信息网络、综合执法、工作运行体系建设。严格按照行政许可事项目录清单和权限、程序等履行审批职责，对保留的行政审批事项实行目录化、编码化、动态化管理。全面推行一个窗口办理、并联办理、限时办理、规范办理、透明办理、网上办理，提高行政审批效能，实现对网上行政审批事项的实时监控和及时预警纠错。加强行政许可中介服务机构监管。开展行政审批中介服务专项治理，巩固项目清理审核工作成果，梳理并公布行政审批中介服务项目目录清单和行政审批中介服务收费目录清单。通过脱钩、放开市场等措施，切断行政机关与中介服务机构之间的利益链，坚决整治“红顶中介”。

2.完善权力清单长效管理机制。进一步梳理并及时公布行政权力清单，按照统一的权力名称、类型、依据和编码推进行政权力清单标准化建设和管理，并根据相关法律法规、规章等的出台、修订情况，及时更新、动态管理权力清单。进一步做好权力清单和责任清单的“两单衔接”，做到权力与责任相互对应、权力与利益彻底脱钩。落实市场准入负面清单制度，清单以外的行业、领域、业务等，各类市场主体皆可依法平等进入。建立并动态管理政府部门专项资金管理清单、行政事业性收费目录清单和政府性基金项目目录清单，清理取消不合法、不合规、不合理的收费基金项目，对涉及企业和民生的行政事业性收费进行全面梳理，切实减轻企业和公民负担。

3.优化政府组织结构。加快建设服务型政府,按照法定程序和权限,继续优化政府机构、行政层级、职能责任、工作流程,提高行政效能,加快形成精干高效的政府组织体系,探索构建"集中高效审批、强化监管服务、综合行政执法"基层政府治理架构。创新行政管理方式,进一步完善政府绩效管理基本制度和工作体系,建立并实施科学的考核体系,改进依法行政考核方式方法,科学设置考核指标,合理确定指标权重,充分、合理运用考核结果,切实提高考核实效。

4.加大法治市场建设力度。依法厘清政府与市场的边界,理顺政府与市场、政府与企业的关系,依法保障市场在资源配置中起决定性作用和更好发挥政府作用,使法治成为市场公平竞争的制度保障。深化商事制度改革,继续清理工商登记前置审批,加快工商登记后置审批改革。进一步推进工商注册登记制度便利化,在工商营业执照、组织机构代码证、税务登记证、社会保险登记证、统计登记证"五证合一""一照一码"的基础上,加快推进"多证合一"步伐。进一步放宽市场主体住所登记条件,推行电子营业执照和全程电子化登记,实行"一址多照"和"一照多址"。对照《区政府关于深化行政审批制度改革加强事中事后监管的意见》,加强事中事后监管,创新市场监管方式,构建综合监管体系。积极探索和实施"互联网+监管"新模式,积极运用大数据、云计算、物联网等信息化手段进行监管。贯彻落实《国务院关于印发社会信用体系建设规划纲要(2014-2020)》文件精神,加快推进社会信用体系建设,以推行行政许可、行政处罚"双公示"工作为契机,加快建立行政许可审批信息、工商登记信息、行政处罚信息、企业年度报告信息共享机制,落实《江苏省严重失信黑名单社会公示管理办法》,推行市场主体信息公示制度,提高全社会诚信意识和信用水平,警示信用风险。

5.创新社会治理。积极探索行政指导等柔性管理有效途径,进一步健全诉求表达、矛盾调处、群众自治等机制,有效预防和化解社会矛盾。正确处理政府与社会组织的关系,进一步推动政府由服务生产者向组织监管者转变,支持和发展社会工作服务机构和志愿服务组织。进一步推进社会自治,完善政府主导、社会参与的社会治理方式,发挥村规民约等社会规范在社会治理中的积极作用。以信息化为支撑,加快建设立体化现代化社会治安防控体系,有效保护人民群众生命财产安全。健全自然灾害、事故灾难、公共卫生事件、社会安全事件等重大突发事件的预警和应急处理机制,完善应对各种突发事件和风险的专项预案,依法强化应急管理,切实提高政府的应急能力。进一步规范和完善区、镇、村三级社会管理服务平台建设,提高社会管理服务效能和质量。

6.优化公共服务。进一步完善公共财政体制,依法保障基本公共服务支出。认真贯彻实施政府采购制度,明确基本公共服务范围和标准,公开政府购买公共服务目录,并对目录进行动态调整。加强政府购买公共服务质量监管,全面提升优质公共服务产品供给能力、覆盖水平和使用效率。推进公共服务提供主体和提供方式多元化,凡属事务性管理服务,原则上都要引入竞争机制向社会购买。进一步健全覆盖全区、上下联动、便捷高效的政务服务体系,完善网上办事大厅和实体大厅"线上线下、虚实一体"的政务服务平台。整合优化"12345"政务热线和110、119、12315等公共服务资源,形成统一便民高效的政务综合服务平台。

7.强化生态环境保护。加快建立和完善有效约束开发行为和促进绿色发展、循环发展、低碳发展的生态文明制度规范,重点加快在农业、河湖、农田水利、地下水管理与保护、气象保障等方面的制度建设。严格实行环境信息公开制度、环境影响评价制度和污染物排放总量控制制度,健全生态环境保护责任追究和生态环境损害赔偿制度。继续积极推进能源资源节约和生态环境保护工作,大力发展循环经济、低碳经济和绿色经济,增强可持续发展能力。

(二)规范有序,完善依法行政制度体系

8.加强规范性文件制定工作。认真贯彻落实《江苏省规范性文件制定和备案规定》,严格依照法定权限制定规范性文件,不得制定立法性质内容的规范性文件。健全规范性文件合法性审查工作机制,确保规范性文件合法有效。制定机关应对规范性文件进行统一登记、统一编号、统一印发,建立规范性文件制定卷宗,反映规范性文件制定的全过程。

9.提高规范性文件制定的公众参与度。拓展社会各方有序参与规范性文件制定的途径和方式,充分发挥人大代表、政协委员、工商联、无党派人士、人民团体、其他社会组织的作用。拟制定的规范性文件涉及群众切身利益或者各方面存在较大意见分歧的,通过座谈会、论证会、听证会、问卷调查等形式广泛听取意见。建立有关国家机关、社会团体、专家学者对规范性文件制定中涉及重大利益调整的咨询论证机制。加强与社会公众的沟通,健全公众意见采纳情况的说明与反馈机制,保护公众参与政府规范性文件制定的积极性。

10.严格规范性文件监督管理。严格规范性文件审查和发布程序,完善规范性文件合法性审查、集体审议和公开发布制度。未经登记确认单位制发的、未经合法性审查的、未经公布的规范性文件不得作为行政管理依据。完善规范性文件归档制度,做到全程留痕、立卷归档;推进规范性文件信息化建设工作,扩大社会公众查询规范性文件途径。严格执行规范性文件公众监督机制和程序,公民、法人和其他组织对规范性文件提出异议的,制定机关应及时受理并依法处理。认真研究落实人民法院有关规范性文件不合法的司法建议,及时审查修订规范性文件。

11. 落实规范性文件实施后评估和清理机制。根据全面深化改革、经济社会发展需要,以及上位法制定、修改、废止情况,及时清理有关规范性文件。建立完善规范性文件定期清理和动态清理相结合的长效清理制度,实行集中清理、专门清理和定期审查相结合的清理工作机制,根据法律、法规及规章的"立、改、废"情况,对规范性文件实施动态清理,并将清理结果向社会公布。及时修订规范性文件,做好汇编工作,努力做到规范性文件的"立、改、废"与经济社会发展进程相适应。

(三)科学民主,推进行政决策法治化

12.健全重大行政决策程序制度。完善《区政府工作规则》和《通州区人民政府常务会议议事决策规则》、《南通市通州区人民政府关于贯彻落实“三重一大”事项决策议事规则的实施细则》，合理确定重大行政决策的范围，厘清不同决策主体的权责界限，规范重大行政决策事项的提出、确定、调整、公布、备案等环节。推行重大行政决策目录管理、流程监控、立卷归档和卷宗评查制度。推进重大行政决策草案和重大行政决策听证、论证、评估、审查报告格式化，实现节点管理、流程控制、规范运行。完善集体讨论决定程序制度，重大行政决策应当经政府常务会议或者全体会议、部门领导班子会议讨论，对集体讨论情况和决定进行如实记录、完整存档。建立完善重大行政决策报告报备制度，政府重大行政决策出台前向本级人大常委会报告，出台后向上一级政府报备。建立完善重大行政决策听取政协意见制度，事关经济社会发展全局和群众切身利益的重大行政决策事项，要认真听取政协意见。

13.增强公众参与实效。积极探索公众参与不同层级、不同领域决策事项的种类和方式，充分利用互联网优势，搭建政民互动平台，提高公众参与政府行政决策的便捷性。推行重大行政决策预公开制度，对涉及群众切身利益、需要社会广泛知晓的重要改革方案、重大政策措施、重点工程项目，除依法应当保密的外，应在决策前向社会公布决策草案和依据，广泛听取意见，与利害关系人充分沟通，并注重听取有关人大代表、政协委员、人民团体、基层组织、社会组织的意见。建立利害关系人、公众、专家、媒体等列席政府有关会议的制度，提高决策透明度。完善重大行政决策听证制度，对听证主体、范围、步骤和听证代表遴选、听证意见反馈等进行规范，增强听证的民主性、公开性、公正性、科学性。推行文化教育、医疗卫生、食品安全、资源开发、环境保护、公用事业等重大民生决策事项民意调查制度。

14.提高专家论证和风险评估质量。对专业性、技术性较强的决策事项，应组织专家、专业机构进行必要性、可行性和科学性论证。制定专家参与论证重大行政决策程序操作规则，明确专家论证重大行政决策事项清单，确定论证专家的选择原则和标准，健全专家参与论证重大行政决策工作机制，保障专家独立客观提出论证意见，逐步实行专家信息和论证意见公开。完善重大行政决策风险评估程序操作规则，建立健全部门论证、专家咨询、公众参与和专业组织测评相结合的风险评估机制，全面实行重大行政决策草案社会稳定、环境和经济等风险评估，未经风险评估的一律不得作出决策。

15.加强合法性审查。完善重大行政决策合法性审查程序操作规则，健全合法性审查工作机制，推行合法性审查法律意见书制度，重大行政决策草案未经法制机构合法性审查或经审查不合法的，不得提交讨论。全面推行政府法律顾问和公职律师制度，建立政府法制机构人员为主体、吸收专家和律师参加的法律顾问队伍，设立法律顾问工作专项经费，制定相关工作规则。

16.严格决策责任追究。落实重大行政决策后评估制度，制定重大行政决策后评估规则，跟踪决策执行情况、实施效果和社会影响，重点评估直接关系民生、对经济社会发展有较大影响的重大行政决策事项。对重大行政决策执行情况进行跟踪检查，通过跟踪调查、督办、考核等措施，对决策执行情况实施监督。严格行政决策责任追究，健全重大行政决策终身责任追究制度和责任倒查机制，明确追责处理程序，对违法决策、决策严重失误或依法应及时作出决策但久拖不决造成重大损失、恶劣影响的，按照“谁决策、谁负责”的原则，严格追究相关责任人员的法律责任。

（四）公正文明，严格规范行政执法行为

17.完善行政执法程序。根据行政执法程序规范要求，完善具体操作流程，确保程序合法、公正。落实行政执法全过程记录制度，健全行政裁量权基准制度和适用规则，推行移动执法、执法视频记录、文书制作电子化。坚持行政案卷年度评查和不定期抽查相结合的检查制度，实现对行政处罚、行政许可、举报投诉、行政收费、行政机关合同的规范化管理全覆盖。

18.全面落实行政执法责任制。按照权责一致的原则，逐一厘清与行政许可、行政处罚等各种行政执法权力相对应的责任事项，明确责任主体，确定不同部门及机构、岗位执法人员的执法责任。加强执法监督，进一步完善统一的政府法制监督平台，建立健全投诉举报、情况通报等制度，针对社会热点难点问题，有计划有步骤地开展行政执法监督检查活动。健全行政执法和刑事司法衔接机制，明确案件移送标准和程序，大力推进信息共享、案情通报、案件移送机制建设。

19.健全行政执法人员管理制度。加强对行政执法人员执法资格的动态管理，严格执法人员资格考试发证、持证上岗制度，未经考试合格的人员，不得授予执法资格，不得从事执法活动。健全行政执法人员纪律约束机制，加强职业道德教育，强化职业技能培训，全面提高执法人员素质。推行行政执法人员平时考核制度，科学合理设计考核指标体系，考核结果作为执法人员职务级别调整、教育培训、奖励惩戒的重要依据。规范执法辅助人员的管理，重点在公安、城市管理等现有执法辅助人员较多的部门开展清理规范工作，明确其适用岗位、身份性质、职责权限、权利义务、聘用条件和程序以及承担的责任等。

20.大力推进公正文明执法。坚持教育指导为先，鼓励行政执法手段创新，鼓励推行全程说理式执法、行政监管劝勉、执法事项提示、轻微问题告诫、突出问题约谈、重大案件回访等柔性执法方式；推进行政执法诚信体系建设，建立执法诚信档案管理、执法案件实施后评价和执法诚信评议考核制等行政执法诚信管理机制。

21.加强行政执法保障。强化法治思维，支持行政执法机关依法公正行使职权，坚决排除对执法活动的干预，防止和克服部门利益和地方保护主义。严格执行罚缴分离和收支两条线管理制度，对下达或变相下达罚没指标，将行政事业性收费、罚没收入同部门利益直接或变相挂钩的情形，严肃追究有关责任人的责任。行政机关履行执法职责所需经费，纳入财政预算，保证执法经费足额拨付。进一步改善执法条件，合理安排执法装备、科技建设方面的投入。涉及行政执法体制改革或者行政管理体制调整，需要相应改变财政保障关系的，要及时、足额保证执法经费，保障执法装备配备落实到位。

(五)权力制约,完善行政权力监督机制

22. 完善行政权力运行制约和监督体系。坚持用制度管权管事管人,坚持决策权、执行权、监督权既相互制约又相互协调,完善各方面监督制度,确保行政机关按照法定权限和程序行使权力。落实《进一步加强廉政风险防控深入推进源头治理工作指导意见》,加强制度执行情况的监督检查、考核评价。加强对权力清单制定和动态调整情况的监督检查。认真执行《江苏省行政程序规定》,严格规范作出各类行政行为的主体、权限、方式、步骤和时限,确保行政权力运行合法化规范化。建立公务员诚信档案,依法依规将公务员个人有关事项报告、廉政记录、年度考核结果、相关违法违纪违约行为等信用信息纳入档案,将公务员诚信记录作为干部考核、任用、奖惩的重要依据。

23.自觉接受党内监督、人大监督、政协民主监督和司法监督。坚持党委对党风廉政建设和反腐败工作的统一领导,切实履行政府及其部门党组(党委)的主体责任和主要负责人的第一责任人责任,严格落实党风廉政建设责任制。认真执行向本级人大及其常委会报告工作和接受询问、质询制度,报备规范性文件制度。认真研究处理人大及其常委会组成人员对政府工作提出的有关审议意见,及时办理人大代表建议和政协委员提案。积极配合人民法院的审判活动,支持人民法院依法独立行使审判权。

24.强化行政监督和审计监督。完善政府内部层级监督,改进上级行政机关对下级行政机关的监督,建立健全常态化、长效化监督制度。加强对政府内部权力的制约。严格执行廉洁自律准则和纪律处分条例。完善审计监督功能,实现公共资金、国有资产、国有资源和领导干部履行经济责任情况审计全覆盖,做到应审尽审、凡审必严、严肃问责。

25.全面推进政务公开。认真贯彻执行《中华人民共和国政府信息公开条例》,加大政府信息主动公开力度,重点推进财政预决算、公共资源配置、重大建设项目批准和实施、社会公益事业建设等领域的信息公开。继续加大产品质量、医疗卫生、价格管理、环境保护等涉及民生领域的行政处罚信息的公开力度,保障广大群众的知情权和监督权,强化行政管理相对人的守法诚信意识。完善政府信息依申请公开答复的程序和机制,明确办理流程,提高答复质量。

(六)公平正义,依法有效化解矛盾纠纷

26.健全预防和化解社会矛盾机制。强化法律在维护群众权益、化解社会矛盾中的权威地位,健全社会矛盾预警机制、利益表达机制、协商沟通机制、救助救济机制,畅通群众利益协调、权益保障法律渠道。构筑全方位、动态化社会矛盾纠纷排查机制,健全突发性事件预警监测和处理机制。

27.发挥行政复议主渠道作用。推进行政复议规范化建设,加强行政复议能力建设。配备与行政复议任务相适应的专职办案人员,落实行政复议经费和办案场所等保障措施。完善行政复议体制机制,建立并发挥行政复议委员会职能作用,调整优化案件审理形式,综合运用书面审查、实地调查、听证、和解、调解等方式办理复议案件,着力提升行政复议权威性、透明度和公信力。严格执行《江苏省行政复议听证办法》,建立和完善行政机关负责人参加行政复议案件听证制度。加强与人民法院、信访部门的联系沟通,建立行政复议与司法、信访的衔接机制。加大宣传力度,扩大行政复议制度的影响力,充分发挥行政复议在化解行政纠纷中的主渠道作用,引导相对人通过行政复议维护合法权益。

28. 加强行政应诉工作。贯彻落实《中华人民共和国行政诉讼法》,健全行政应诉工作机制。加强应诉机构和队伍建设,切实保障行政应诉工作经费、装备和其他必要的工作条件,确保行政应诉机构人员配备与其所承担的工作任务相适应。提升行政应诉人员素质能力,防止因应诉不当导致行政案件败诉。落实行政机关负责人出庭应诉制度。定期通报行政机关负责人行政诉讼出庭应诉情况、行政机关执行法院生效判决情况。

29.完善行政调解、行政裁决制度。推动各行政机关充分运用行政调解方式处理矛盾纠纷。健全行政裁决制度,强化行政机关依法解决同行政管理活动密切相关的民事纠纷功能,保障行政裁决决定的有效执行和当事人自觉履行生效的行政裁决。

30. 加强人民调解工作。贯彻落实《中华人民共和国人民调解法》和《江苏省人民调解条例》,健全人民调解组织网络,实现村委会、居委会人民调解组织全覆盖。推进企事业单位、乡镇街道、社会团体、行业组织中人民调解组织建设。促进员工在200人以上的规模企业建立人民调解组织,依法调处涉及劳务关系、工资奖金、权益保障等纠纷。加强人民调解工作制度化建设,明确工作范围,细化工作流程,规范工作程序。做好人民调解员选任工作,建立人民调解专家库并实行动态管理,努力建设一支年龄和知识结构合理、专兼职相结合的人民调解员队伍。落实人民调解员定期培训制度,不断提高人民调解员的素质能力。

31.改革信访工作制度。认真贯彻执行《信访条例》《进一步规范信访事项受理办理程序引导来访人依法逐级走访的办法》《进一步加强初信初访办理工作的办法》等规定。推进网上受理信访制度,全面推行"阳光信访",实现信访办理流程、办理结果网上实时查询、跟踪、督办、评价。全面落实依法逐级走访制度,强化属地责任,积极引导群众以理性合法的方式逐级表达诉求。严格实行诉访分离,推进通过法定途径分类处理信访投诉请求,对依法应当通过复议、诉讼、仲裁等法定途径解决的事项,及时引导群众通过法定途径解决,完善涉法涉诉信访依法终结制度。依法处理信访活动中的违法犯罪行为,维护信访秩序。

(七)固本强基,全面提高政府工作人员的法治思维和依法行政能力

32. 强化组织领导。坚持党总揽全局、协调各方,把党的领导贯彻到法治政府建设各方面,引领法治政府、法治市场、法治社会一体化建设。完善由主要负责人牵头的依法行政领导协调机制,把依法行政任务与改革发展稳定任务一起部署、一起落实、一起考核。区政府常务会议每年要至少听取一次依法行政工作的汇报,及时解决依法行政中存在的突出问题，研究部署推进依法行政的具体任务和措施。每年1月25日前，各镇(区、园、街道)、各部门应向区政府报告上一年度法治政府建设情况，报告要通过一定形式向社会公布。

33. 提高政府工作人员法治思维和依法行政能力。制定和落实年度法治教育培训计划,继续通过内部、外部培训、专题法制讲座、研讨等多种方式,加强对政府工作人员的法治教育培训，培训的内容包括关于依法行政的法律法规学习、案例分析、问题研讨等。加强对执法人员的法治教育培训，法律知识培训时间每年不少于15日,提高执法人员法律意识和执法水平。继续推行落实领导干部任前法律知识考核制度，考核合格方可任命。逐步扩大任前法律知识考核范围，提高对领导干部的法治要求。将知法、守法、执法情况作为领导干部选拔的考核标准。落实"谁执法谁普法"的普法责任制，建立行政执法人员以案释法制度，注重通过法治实践使执法人员在执法普法的同时，不断提高自身法治素养和依法行政能力。

34.加强法制机构和队伍建设。要按照江苏省有关法制工作和机构规范化建设的要求，切实加强法制机构和队伍建设，建立与新形势新任务相适应的政府法制机构和部门法制科室的职能和架构,保证法制机构的设置、编制与其承担的职责任务相适应。严格实施政府法制工作人员登记制度、法制科长任前法律知识考试制度、新任法制工作人员岗前培训制度、法制工作人员轮训制度,保证政府法制机构的有效运转和人员的法治水平。

35.注重对依法行政工作督导。加强对各镇(区、园、街道)、各部门依法行政工作指导和督促检查。按照《江苏省依法行政考核办法》,结合年度依法行政工作要点,开展定期检查和专项督查,对工作不力、问题较多的及时约谈、责令整改、通报批评。每年对依法行政考核的内容、标准、方式和程序作出安排,并组织对推进依法行政工作情况的评议考核，考核指标纳入政府绩效考核评价体系。开展依法行政示范建设活动，实行依法行政示范点动态管理机制，大力培育依法行政先进典型,总结、交流、推广依法行政先进经验,充分发挥典型示范带动作用。

36. 加强理论研究和法治宣传引导。坚持从法治政府建设实际出发,围绕新情况新问题,开展全局性、战略性、前沿性课题研究,并可通过对外交流与合作,借助外部力量提升研究水平。加强依法行政信息宣传工作,落实普法责任,加强法治文化建设,积极引导公民、法人和其他组织依法维护自身合法权益。借助报刊、广播、电视、网络等媒体力量和优势,加大法治政府建设宣传力度,正确引导舆论、凝聚社会共识,营造全社会关心、支持和参与法治政府建设的良好社会氛围。

(通发〔2017〕20号)

通州区居民基本医疗保险实施细则(试行)

(2017年11月15日)

第一条　为保障居民的基本医疗需求,建立城乡统一的社会医疗保险制度,根据《南通市居民基本医疗保险办法》(通政规〔2015〕5号,以下简称《办法》),结合本区实际,制定本实施细则。

第二条　本区行政区域内居民基本医疗保险的实施和管理适用本实施细则。

第三条　居民基本医疗保险基金按照以收定支、收支平衡的原则单独筹集,实行收支两条线管理,专款专用,利息收入并入基金。

第四条　区人力资源社会保障局是全区居民医疗保险行政主管部门，负责居民医疗保险管理和监督检查工作。

区城乡居民基本医疗保险基金管理中心(以下简称经办机构)负责居民医疗保险基金的筹集、给付、管理等业务经办工作。

各镇(区、园、街道)人民政府(管委会、办事处)负责辖区内居民医疗保险的组织、筹资和宣传工作。村(居)委会协助镇(区、园、街道)人民政府(管委会、办事处)做好城乡居民基本医疗保险工作。

区发展改革委、教育局、公安局、民政局、财政局、卫生计生委、审计局、监察局等部门按照各自职责做好相关工作,共同推进城乡居民医疗保险事业健康发展。

第五条　居民基本医疗保险的实施范围和保障对象为：具有本区户籍且不在职工医疗保险制度覆盖范围的所有居民。本区各类学校(含幼儿园、托儿所)就读的在校学生不限户籍，均应当参加居民基本医疗保险。

居民大病保险和补充保险是居民基本医疗保险的延续和补充，参保居民在缴纳居民基本医疗保险费的同时缴纳居民大病保险费。鼓励城乡居民自愿参加城乡居民补充医疗保险。

第六条　本区居民基本医疗保险人均筹资水平及个人缴费标准，每年由区人力资源社会保障部门和财政部门根据本区经济社会发展水平和居民医疗保险基金的运行情况，提出调整筹资标准的意见,报区政府批准后执行。

非本区户籍的在校学生参加本区居民基本医疗保险的,其应由各镇(区、园、街道)财政补助的资金,由各就读学校所属镇(区、园、街道)参照本区居民的补助标准予以补助。

2018年本区居民基本医疗保险人均筹资标准为980元（含大病保险50元)。其中，个人缴费标准统一按每人300元执行,各级财政补助人均680元。各级财政补助的资金中，除省和南通市财政补助外，其余部分由区镇两级财政负担。城乡居民补充医疗保险筹资标准为每人50元。

第七条　下列对象参加本区居民基

本医疗保险的，其个人缴费部分由区财政给予全额补助：

1.城乡最低生活保障家庭成员；

2.特困供养对象；

3.享受民政部门定期抚恤补助的重点优抚对象；

4.孤儿；

5.建国前入党无固定收入的老党员；

6.建档立卡低收入农户；

7.特困职工家庭；

8.完全或大部分丧失劳动能力的重残(1~2级)人员。

第八条 居民医疗保险每年9月1日至12月20日为下一结算年度登记、缴费期，其中：9月1日至12月20日为在校学生的参保登记、缴费期；11月1日至12月20日为除在校学生以外居民的参保登记、缴费期。

第九条 居民因户籍迁入、与用人单位终止或解除劳动关系、部队退伍、新出生等原因新参保的，可在年中办理登记、缴费手续。

第十条 属于参保范围的居民应当在规定的期限内，以家庭为单位，到户籍所在地村(居)民委员会统一办理登记、缴费手续，待条件成熟可通过社会保障卡由服务银行代扣代缴。在城区(含高新区)各类学校就读的在校学生，由所在学校统一办理登记、缴费手续。城乡居民补充医疗保险缴费同步实施。

办理登记、缴费手续时，应当提供户口簿、居民身份证等资料；低保、特困家庭和重残人员等需提供相应证件，其中，低保家庭提供《最低生活保障金领取证》、特困家庭提供《特困职工证》、重残人员提供《中华人民共和国残疾人证》；特困供养对象、孤儿、重点优抚对象提供民政部门出具的有效证明材料；建档立卡低收入农户需出具农工办有效证明材料。

第十一条 各镇(区、园、街道)财政部门应及时将各村(居)民委员会收取的参保人员个人缴费部分集中解缴至区财政部门设立的居民医疗保险基金专户；城区(高新区)在校学生个人缴费仍由区教育局组织筹集及解缴至区财政部门设立的居民医疗保险基金专户。区镇财政承担的当年度居民医疗保险补助资金应于6月底前解缴至区财政部门设立的居民医疗保险基金专户。

第十二条 符合参保条件的居民，未按规定及时参保或参保后中断缴费的，首次参保或续保后，过渡期(6个月)满方可享受居民医疗保险待遇。

第十三条 新出生的婴儿在出生后6个月内办理参保手续的，从出生之日起享受医疗保险待遇。其中跨年度的，应补缴上年度居民医疗保险费。

第十四条 属于参保范围的居民应当及时、连续参保，不间断缴费。

户籍新迁入本区居民、退伍军人、与用人单位解除劳动关系、归国人员、户籍未迁出本区范围的普通高等学校毕业生等凭相关证件资料在3个月内及时在本区参保(续保)缴费的，可自参保(续保)缴费次日起可享受居民医疗保险待遇。超过3个月在本区参保(续保)缴费的，须待6个月过渡期满后方可享受居民医疗保险待遇。

第十五条 年度中间参保的居民，其个人缴费按本区规定的当年年度标准执行。

第十六条 居民个人缴纳医疗保险费后，由于特殊情况，发生转保、退保、转学、退学及其他终止参保等情形的，所缴纳的居民医疗保险费不予退费。

第十七条 参保人员应及时向区人力资源社会保障部门申领社会保障卡。

第十八条 参保人员患病时，应当持本人的社会保障卡到医疗保险定点医疗机构就诊治疗。

居民医疗保险的用药目录、诊疗及服务项目等，参照本区职工医疗保险的有关规定执行。

第十九条 参保人员应就近选择一家镇级定点医疗机构(卫生院)、一家定点村卫生室，与之签订基本医疗保险定点社区医疗服务合约(以下简称签约)。参保人员在签约的定点社区卫生服务机构门诊刷卡就医时，其发生的符合基本医疗保险规定的普通门(急)诊医疗费每天在限额40元以内的部分，由居民医保基金报支50%，每天最多可报支一次医疗费用，全年累计可报支医疗费用的限额为480元。

第二十条 患有《办法》规定病种的参保人员，应当事先到规定的本区二级及以上定点医疗机构确诊，凭二级及二级以上定点医疗机构副主任医师(含)以上医师出具、并经医院医保办盖章的《南通市居民基本医疗保险特殊病门诊申请表》和相关病历资料，到区居民医保经办机构办理确认、登记手续。患有长期精神病的人员由精神病专科医疗机构办理确认手续，并报经办机构备案。

第二十一条 恶性肿瘤(含白血病)患者待遇享受年限从办理确认、登记手续后次年起计算，5年后因疾病复发需继续治疗的应重新办理确认、登记手续。

第二十二条 参保人员在办理规定的特殊病专项门诊确认、登记手续后，符合基本医疗保险规定的特殊病门诊专项治疗费用，按照规定的相应病种、限额和比例支付。

1.长期精神病患者在规定的定点医疗机构发生的专项门诊医疗费用年累计限额2400元，居民医保基金在限额内按60%的比例结付。

2.系统性红斑狼疮、再生障碍性贫血、血友病患者在规定的定点医疗机构发生的专项门诊医疗费用，居民医保基金在限额内按60%的比例结付。专项门诊医疗费用年累计限额为：系统性红斑狼疮4000元；再生障碍性贫血1万元；血友病3万元。

诊断为重型血友病且专项门诊医疗费用确需超出限额的，在规定的确诊医疗机构经治医学专家确定治疗方案和医疗机构审核同意，并经医保经办机构备案后，其专项门诊医疗费用年累计限额调整为6万元。调整后的限额，备案有效期为2年，到期后如确需保持此限额的，须按规定重新备案。

3.恶性肿瘤(含白血病)患者在定点医疗机构发生的肿瘤门诊检查治疗专项医疗费用限额年累计4000元，居民医保基金在限额内按60%的比例结付。

4.终末期肾病透析治疗(含腹膜透析)患者应选择一所规定的定点医疗机构为签约治疗医院。符合规定的门诊专项医疗费用，一个结算年度内个人自付600元后，居民医保基金在限额内按比例支付，专项门诊医疗费用年累计限额5万元，居民医保基金在限额内按70%的比例结付。

5. 器官移植患者需抗排异治疗的，

在规定的定点单位发生的抗排异治疗门诊专项医疗费用，一个结算年度内个人自付600元后，居民医保基金在限额内按比例支付，专项门诊医疗费用年累计限额3万元，居民医保基金在限额内按60%的比例结付。

第二十三条　参保人员符合居民基本医疗保险规定的住院医疗费用，确定起付标准和最高限额，医疗保险基金分段按下列办法结付：

(一)起付标准

按照入住定点医疗机构的不同等级分档设置：三级医疗机构1000元，三级专科医疗机构800元，二级医疗机构750元，一级医疗机构500元，社区卫生服务中心(含乡镇卫生院)300元。一年内多次住院的，从第二次起按当次入住医疗机构起付标准的20%，依次递减分别计算，最低不低于200元。长期连续住院的，起付标准每90天计算一次。起付标准费用由个人自付。

(二)支付比例及最高限额

1.起付标准以上、最高限额20万元以下的医疗费用，参保人员在一级定点医疗机构(社区卫生服务中心、乡镇卫生院)住院治疗的，居民医保基金支付按82%比例支付；参保人员在二级医疗机构住院治疗的，居民医保基金按70%比例支付；参保人员在三级定点医疗机构住院治疗的，居民医保基金按60%比例支付。

2.参保人员因精神病长期住院治疗的，年度内支付一个住院起付标准，其余按基本医疗保险住院待遇规定支付。

第二十四条　一个年度内，参保人员在规定的定点医疗机构享受基本医疗保险待遇后，符合基本医疗保险政策范围内住院及规定限额内特殊病门诊的医疗费用中，个人负担超过大病保险待遇起付标准的部分，按以下标准享受大病保险待遇：

1.本区居民医保大病保险起付标准1.5万元；

2.起付标准以上(不含)，0至5万元(含)以内的部分，由大病保险基金支付50%；5万元以上至10万元(含)的部分，由大病保险基金支付60%，10万元以上至20万元(含)的部分，由大病保险基金支付70%，20万元以上的部分，由大病保险基金支付80%。

第二十五条　参保居民符合计划生育政策规定住院分娩以及妊娠满7个月引产的医疗费用，由居民医保基金给予一次性定额补助，标准为800元。

第二十六条　长期居住在区外6个月以上的参保人员，由个人提出申请并填写长住外地申请表，凭居住地派出所证明或暂住证向区居民医保经办机构申请办理长期居住外地备案手续。

长期居住在南通市以外的参保人员，办理长期居住外地手续后，长期居住外地期间暂停其社会保障卡在市内定点单位的划卡结算功能。

第二十七条　因病情及受经治医疗机构医疗条件限制，参保人员须转南通外三级医疗机构(或指定医疗机构)就诊的，应经经治的定点二级及以上综合性医院或二级专科及以上医院（限专科疾病)提出意见，由区居民医保经办机构办理转院备案手续，备案有效期12个月。

指定医疗机构是指中国人民解放军第四五五医院、中国人民解放军第八五医院、上海德济医院、中国人民解放军第四一一医院。

第二十八条　参保人员转外就医期间发生的医疗费用先由个人自付，然后到区医保经办机构审核结报。其中，符合医疗保险支付范围的费用，按规定办理转院备案登记手续的，个人先负担15%，其余部分按规定比例结报。参保人员办理省内或跨省异地就医联网结算手续的，按省内或跨省异地就医联网结算相关规定执行。

第二十九条　参保人员同一时间内只能在一家定点医疗机构发生住院医疗费用；住院期间的门诊医疗费用，医保基金不予支付。

第三十条　参保人员与就近的定点社区卫生服务机构签订服务合约时，须携带社会保障卡、居民身份证办理登记、签约等相关确认手续，无特殊情况年内不得变更。每年11月1日至12月31日，可重新签约确定下年度的定点社区卫生服务机构，未更改的自动续签。

长期居住外地的参保人员可在当地选择一所定点社区卫生服务中心作为签约定点社区卫生服务机构，并报本区经办机构办理备案认定手续后，按规定享受门诊统筹待遇。参保人员办理完签约定点社区卫生服务机构备案认定手续后，无特殊情况当年内不可变更。每年11月1日至12月31日，可对下年度的签约定点社区卫生服务机构重新进行备案认定。

第三十一条　参保人员在门诊行超声乳化治疗白内障的，其手术费及人工晶体、粘弹剂等特殊医用材料费用，参照住院医疗费用由居民医保基金按比例支付，个人不负担住院起付标准费用。逐步实行日间手术按病种收付费结算。

第三十二条　区居民医保经办机构和定点医疗机构应根据总量控制、增幅管理、按月预结、年终决算、超支分担的原则，完善总额控制下的按服务单元、按人头、按病种付费等复合医保支付方式结付医疗保险费用。

第三十三条　参保人员在一个住院过程中在南通市范围内跨统筹地区参保的，按其在各统筹地区的参保时间分段，由各统筹区分别按规定核报。

第三十四条　精神病人在不能辨认或者不能控制自己行为时的自杀、自伤、自残，不属于《办法》第二十三条第五款规定的情形。

第三十五条　居民基本医疗保险按自然年度为结算年度，当年结算到12月31日止。

参保人员跨年度住院的，起付标准按入院年度的起付标准计算，费用计入出院日所在年度。无法使用社会保障卡结算的跨年度住院费用，起付标准未能及时计入入院年度的，起付标准和住院费用均按出院日所在结算年度计算核报。

第三十六条　参保人员因异地就医等原因发生的个人先行自付的医疗费用，最迟应在次年1月底前办理完结报手续。

第三十七条　原居民医疗保险参保人员、原新农合参保人员实行同一缴费政策，享受同一医疗待遇。按照自愿参加原则，鼓励和引导已参加企业职工养老保险的原居民医疗保险参保人员参加职工医疗保险。

第三十八条　本细则自2018年1月1日起实施。区本级原有居民医疗保险和新型农村合作医疗政策规定与本规定不一致的按《办法》及本实施细则规定执行。

（通政规〔2017〕2号）

关于培育创建通州特色小镇的实施方案

(2017 年 12 月 7 日)

为认真贯彻落实省《关于培育创建江苏特色小镇的指导意见》(苏政〔2016〕176 号)和省《关于培育创建江苏特色小镇的实施方案》(苏发改经改发〔2017〕201 号)以及市《关于培育创建南通特色小镇的实施方案》(通政办发〔2017〕158 号)文件精神,加快培育创建一批具有通州特点和体现通州元素、引领带动区域发展的特色小镇,现制定如下实施方案:

一、创建意义

特色小镇是以产业为核心、以项目为载体、生产生活生态相融合的创业创新发展平台,始终贯彻着创新、协调、绿色、开放、共享五大发展理念。推进特色小镇建设,是推进供给侧改革的有益探索,有利于更好地发挥市场在资源配置中的决定性作用,充分激发创业者的创新热情和潜力。推进特色小镇建设,是推进产业转型升级的有效途径,有利于调动各镇(区、园、街道)积极谋划项目、扩大有效投资,推动一、二、三产协调发展,补齐新兴产业发展短板。推进特色小镇建设,是统筹城乡发展的重要抓手,有利于推动产业之间、产城之间、城乡之间融合发展,助力美丽乡村建设。

二、创建目标

认真贯彻党的十九大精神,按照"四个全面"战略布局和"创新、协调、绿色、开放、共享"五大发展理念,坚持政府规划引领、市场主导运作、民众广泛参与,力争通过 3~5 年的努力,分批在全区培育创建一批特色产业鲜明、多种功能叠加、体制机制灵活、人文气息浓厚、生态环境优美、宜居宜业宜游的特色小镇,彰显通州产业特色、突显江海人文底蕴、引领区域创新发展,努力形成"产、城、人、文"四位一体有机结合的重要功能平台,为建设"强富美高"新通州注入新的活力。

三、创建要求

(一)产业定位。聚焦高端制造、新一代信息技术、创意创业、健康养老、现代农业、旅游风情、历史经典及其他产业。每个产业要细分,原则上一个细分产业只能培育创建一个特色小镇。

——*高端制造*。小镇主导产业为高端家纺、船舶海工及配套装备、新材料、新能源装备及新能源汽车、汽车配件、航空配套装备、医疗器械、机器人、节能环保等具有比较优势,适合特色小镇集聚发展的高端制造业。

——*新一代信息技术*。小镇主导产业为智能终端和云服务、下一代通信网络、先进传感和物联网技术、机器人和无人系统、高级人工智能、3D 打印技术、信息安全与防护、数字内容等新一代信息技术产业内的重点领域。

——*创意创业*。小镇主导产业为文化创意、科技教育、电子商务或其他新业态;服务实体企业或满足居民需求的新金融,如创业投资、私募股权投资或要素市场等,也可是创新创业人才集聚平台,如众创空间、创业孵化器等。

——*健康养老*。小镇主导产业为健康或养老领域的产品生产、服务提供或信息传播,如医疗服务、医药保健、医养结合、养老服务、体育休闲、健康咨询管理等。

——*现代农业*。小镇主导产业为一二三产融合发展,兼具旅游度假、文明传承、生态保护、生活休闲、农业科普等功能的高科技农业、品牌农业、互联网+农业、创意农业等。

——*旅游风情*。小镇拥有独特旅游资源、深厚历史底蕴、独特民俗文化或良好自然生态,有一定知名度和影响力,能够突显浓郁江海风情和人文魅力。鼓励发展民宿经济等新模式。

——*历史经典*。小镇主导产业为具有悠久历史、传统工艺的经典产业或民俗文化传承,如蓝印花布、丝绸、红木制品、刺绣、漆器、茶叶、雕刻、珍珠、酿造等传统优势产业。

——*其他*。包括现代建筑、现代物流、食品药品、军民融合等。

(二)建设规划。原则上布局在有较好特色产业基础,相对独立的产业集聚区、具备一定条件的开发园区或小城镇,并在产业定位、文化传承、资源要素、基础设施、生态环境等方面科学规划和统筹策划。规划面积一般控制在 3 平方公里左右,其中建设面积一般控制在 1 平方公里左右。

(三)功能集成。注重生产、生态和生活有机融合。建有提供创业服务、商务商贸、文化展示、交往空间等综合功能的公共平台(小镇客厅)。积极应用现代信息传输技术、网络技术和信息集成技术,实现公共 WIFI 和数字化管理全覆盖,建设产城人融合发展的现代化开放型特色小镇。更加注重自然保护、历史传承和地下空间开发。特色小镇原则上要按 3A 级以上景区服务功能标准建设,旅游风情类特色小镇原则上要按 5A 级景区服务功能标准建设。

(四)项目投资。在主攻产业内谋划一批重点建设项目,高端制造业类特色小镇,原则上 3 年内要完成项目投资 30 亿元。新一代信息技术、创意创业、健康养老、现代农业、旅游风情、历史经典等特色产业,原则上 3 年内要完成项目投资 20 亿元。第一年完成投资不少于总投资额 20%,且投资于特色主导产业的占比不低于 70%。以上投资均不含住宅项目。

(五)运行机制。坚持政府引导、企业主体、市场化运作,以社会资本为主投资建设。特色小镇要有明确的建设主体,鼓励由特色产业内的骨干企业或行业协会商会牵头,组建多元化、公司化的管理运作平台。政府做好规划编制、基础设施配套、市场运行监管、文化内涵挖掘、生态环境保护、统计数据核报等工作。

(六)综合效益。特色小镇以集聚高端要素为核心,吸引一批"国千省千"人才、大企业高管、工艺大师、科技人员和其他创新创业人才;集聚一批特色产业内的骨干龙头企业、中小企业、工商户、创投企业和创业孵化器等创新创业载体；集聚一批促进互联网和特色产业深度融合发展，形成一批新技术、新产业、新业态和新机制，形成一批在长三角地区乃至全国具有竞争力、影响力的特色产业和自主品牌，基本实现绿色低碳循环发展。

四、创建程序

按照“宽进严定、动态管理、优胜劣汰、验收命名”的原则，分批创建特色小镇。

（一）自愿申报。对各地不平均分配名额，按照“创建一批、培育一批、谋划一批”和自愿申报的原则，明确重点、分期推进。由各镇（区、园、街道）将初步具备创建条件的特色小镇申报材料向区联席会议办公室上报。旅游风情类小镇直接向区服务业发展局（旅游局）申报。

（二）分批审核。区特色小镇培育创建工作联席会议办公室根据申报创建特色小镇的产业类别和定位，组织区级相关职能部门对创建材料进行联审，审定后由区委、区政府公布创建名单。

（三）监测考核。对创建过程实行动态管理，建立区特色小镇统计指标体系，实行季度通报和年度考核。对第一年没有完成建设进度、不符合特色小镇建设要求的创建对象，次年降格为培育名单，对连续2年没有完成建设进度的创建对象，退出培育名单，形成优胜劣汰的良好竞争机制。对于第一年完成创建目标的培育对象，次年可优先列为特色小镇创建对象。开展年度特色小镇评选活动，在年度达标小镇中评出年度优秀特色小镇。

（四）验收命名。通过3年左右创建，对实现规划建设目标、达到特色小镇标准要求的，由区联席会议办公室组织验收，通过验收的认定为通州区特色小镇，由区委、区政府颁发奖牌，以资鼓励。达到省、市培育创建标准的，优先向省、市联席会议办公室推荐申请验收，通过验收并列入省、市特色小镇培育创建名单的，区兑现相关扶持政策。

五、组织实施

（一）建立协调机制。为加强对特色小镇规划建设工作的组织领导和统筹协调，建立通州区特色小镇培育创建工作联席会议制度，由区主要领导挂帅，区政府常务副区长担任召集人，区政府办、宣传部、发展改革委、经济和信息化委、科技局、财政局、住房城乡建设局、商务局、服务业发展局、农工办、农委、文广新局、卫生计生委、环保局、规划分局、国土分局、民政局、统计局、金融办等单位负责人为成员。下设办公室，办公室设在区发展改革委，具体负责全区特色小镇规划建设工作的政策研究，承担联席会议日常工作。区特色小镇培育创建工作联席会议研究决定的事项，须报区委、区政府主要领导审定。

（二）强化责任落实。各镇（区、园、街道）是培育创建的责任主体，要准确把握特色小镇的内涵特征，建立工作推进机制，因地制宜制定培育计划，搞好规划建设，加强组织协调，确保各项工作按照时间节点和计划要求规范有序推进，不断取得实效，切不可政府大包大揽、一哄而上。根据特色小镇的功能定位，区相关部门要强化对特色小镇的分类指导，服务业发展局（旅游局）要对各特色小镇产业与旅游功能的结合做好业务指导，其他有关部门要做好特色小镇产业的培育指导。

（三）实施考核评估。建立和完善特色小镇培育创建工作成效评估和考核机制，根据评估结果及时调整相关工作规划和方案。将特色小镇建设情况作为“四个全面”考核内容之一，实行动态监测，各镇（区、园、街道）每季度向区特色小镇联席会议办公室报送创建进展情况。对培育创建过程中出现的弄虚作假、重大责任事故以及人民群众反映强烈的负面事件，经联席会议核实，取消创建资格，并在全区通报批评。

（通政办发〔2017〕139号

重要文件目录索引

中共南通市通州区委

1月26日　关于印发《2017年通州区民生实事项目任务分解表》的通知

2月4日　关于召开区委常委专题民主生活会的情况报告

2月10日　关于印发《南通市通州区“两减六治三提升”专项行动实施方案》的通知

3月21日　关于印发《2017年全区重点工作目标任务分解表》的通知

4月8日　关于推进融合党建的实施意见

4月21日　关于印发《2017年度镇（区、园、街道）协调推进“四个全面”战略布局综合考核办法》的通知

4月21日　关于印发《2017年度区级机关部门综合绩效考核实施意见》的通知

5月1日　关于深入推进农业供给侧结构性改革促进农民持续稳定增收的意见

5月1日　印发《中共南通市通州区委巡察工作实施办法》的通知

5月1日　关于印发《2017—2021年南通市通州区委巡察工作规划》的通知

5月19日　关于成立通州区委巡察工作领导小组的通知

5月19日　关于印发《区有关部门和单位安全生产工作职责规定》的通知

6月24日　关于开展纪念中国共产党建党96周年系列活动的通知

7月3日　关于表彰全区第三轮“五星级基层党建示范点”和“五位一体”党建惠民联动工作先进个人、优秀党小组长、优秀党员中心户（群众示范户）的决定

7月21日　在全区党员干部中开展向朱达同志学习活动的决定

8月17日　关于进一步加强招商引资工作的意见

11月4日　关于表彰2015—2016年度通州区文明社区文明村镇文明单位（校园）的决定

11月8日　关于成立网络安全和信息化领导小组的通知

11月24日　关于东盛印染公司环境问题的检查报告（报南通）

11月24日　关于东盛印染公司环境问题的检查报告（报省）

12月1日　关于印发《通州区法治政府建设实施方案》的通知

12月23日　关于调整区人民政府

部分工作部门机构设置的实施意见

12月26日 关于成立区对口支援工作领导协调小组的通知

12月26日 关于成立区委统一战线工作领导小组的通知

(钱 湘)

通州区人民政府

2月10日 关于印发《南通市通州区城乡医疗救助实施办法》的通知

2月23日 关于同意南通高新技术产业开发区成立中国压铸产业基地配套产业园的批复

3月3日 关于印发通州区创建国家级学校安全教育示范区实施方案的通知

4月5日 关于印发通州区区级国有公司融资管理暂行办法的通知

4月5日 关于进一步加强镇(区、园、街道)政府性债务管理的意见

4月28日 关于同意南通市通州区"十三五"高效节水灌溉总体实施方案的批复

5月18日 关于印发南通市通州区人民政府工作规则的通知

5月18日 关于印发南通市通州区人民政府常务会议议事决策规则的通知

5月18日 关于贯彻落实"三重一大"事项决策议事规则的实施细则(试行)的通知

6月1日 关于同意南通市通州区2017年高效节水灌溉建设实施方案的批复

6月19日 关于公布第五批区级非物质文化遗产代表性项目名录及第三批区级非物质文化遗产项目代表性传承人的通知

6月23日 关于同意南通市通州区"十三五"水利发展规划的批复

7月3日 关于深化行政执法体制改革全面推进综合行政执法的实施意见

8月12日 关于对江苏瀚天智能科技股份有限公司历史沿革相关事宜进行确认的批复

8月17日 南通市通州区政府债务化解实施方案

8月18日 关于完善通州区困境未成年人分类保障制度的通知

8月31日 关于进一步深化区级国有企业改革的实施意见

9月16日 关于印发南通市通州区生态文明建设规划的通知

11月15日 关于印发《南通市通州区居民基本医疗保险实施细则(试行)》的通知

11月15日 关于南通市通州区中央财政小型农田水利重点县(2018—2020年)资金整合工作实施方案的批复

11月24日 关于同意通州区农业水价综合改革2018年度实施计划的批复

12月12日 关于同意组建南通市通州区国有资产投资管理集团有限公司的批复

12月12日 关于同意组建南通市通州区城镇建设集团有限公司的批复

12月12日 关于同意组建南通市通州区交通运输发展集团有限公司的批复

12月14日 关于印发通州区相关领域相对集中行政处罚权实施办法的通知

12月14日 关于相对集中相关领域行政处罚权的通知

12月14日 关于印发通州区土壤污染防治工作方案的通知

12月20日 关于同意建设市级森林公园、湿地公园的批复

12月27日 同意南通市通州区2018年高效节水灌溉建设实施方案的批复

12月27日 关于公布规范性文件清理结果的通知

12月28日 关于同意实施通州国家一般气象站气象探测环境保护规划的批复

(顾 鹏)

中共南通市通州区委办公室

1月5日 关于印发《2016年度提请区委区政府表彰的各类先进评比项目》的通知

1月6日 关于印发《2016年度全区基层党委(党工委、党组)书记抓基层党建述职评议考核工作实施方案》的通知

1月16日 关于印发《南通市通州区全民科学素质行动计划纲要实施方案(2016—2020年)》的通知

1月17日 关于调整区委办公室保密工作领导小组和保密工作机构的通知

1月17日 关于印发区委办公室保密管理制度的通知

1月20日 关于印发《关于深化"百千万"工程开展富民强企奔小康"走帮服"活动的实施方案》的通知

1月19日 印发《关于进一步推进全区高标准农田建设工作的意见》的通知

1月20日 关于转发区老区开发促进会区扶贫开发协会《通州区2017年老区开发和扶贫工作要点》的通知

2月6日 关于做好2017年南通市劳动模范和先进工作者推荐工作的通知

2月8日 关于成立江苏(通州)国际影视文化金融产业试验区及推进工作领导小组的通知

2月10日 关于成立南通市通州区"两减六治三提升"专项行动领导小组的通知

2月10日 印发《关于"十三五"期间落实计划生育目标管理责任制的意见》的通知

2月20日 关于开展南通市通州区第二十二届"十佳青年"评选活动的通知

2月27日 关于转发区关心下一代工作委员会2017年全区关心下一代工作要点的通知

3月2日 关于印发《2017年镇(区、园、街道)招商引资考核办法》和《2017年区级机关部门招商引资考核办法》等考核文件的通知

3月2日 关于印发《2017年全区主要经济指标任务分解表》的通知

3月2日 关于印发《2017年度镇(区、园、街道)产业项目建设考核办法》《2017年度区级机关部门产业项目建设考核办法》和《关于优化项目建设运行机制的方案》的通知

3月12日 关于印发《政协南通市通州区委员会2017年协商工作计划》的通知

3月17日 关于印发《2017年通州区对接服务上海工作实施方案》的通知

3月21日 关于印发《2017年全区作风效能建设考核办法》的通知

3月21日　关于印发《2017年全区落实党风廉政建设责任制督查考核办法》的通知

3月22日　关于调整区城市建设指挥部建立区"三城同创"指挥部的通知

3月23日　关于开展2017年通州区城建大会战立功竞赛活动的通知

3月23日　关于做好通州区参与市对接服务上海大会活动筹备工作的通知

3月23日　关于印发《"中国通州"政府网站内容保障工作考评办法》的通知

3月30日　关于印发《中共南通市通州区委办公室预决算信息公开管理办法》的通知

4月7日　关于印发《深化"百千万"工程开展富民强企奔小康"走帮服"活动推进方案》的通知

4月11日　关于印发《通州区落实市党风廉政建设责任制检查考核反馈意见整改方案》的通知

4月20日　关于调整区信访工作联席会议组成人员的通知

4月24日　关于转发区委宣传部等部门2017年"博爱在通州、人道万人捐"活动方案的通知

4月27日　关于印发《2017年度镇(区、园、街道)协调推进"四个全面"战略布局综合考核细则》的通知

5月3日　关于印发《2017年度区级机关部门综合绩效考核细则》的通知

5月8日　关于调整离任村干部生活困难补助的通知

5月9日　转发区委宣传部2017年全区宣传思想文化工作要点的通知

5月10日　印发《关于贯彻落实市〈关于全面深化公安改革的实施意见〉六条意见》的通知

5月27日　关于调整区高校招生委员会成员的通知

6月8日　印发《关于推进全区"两学一做"学习教育常态化制度化的实施方案》的通知

6月15日　印发《关于建立健全基层党组织"主题党日+"制度的意见》的通知

6月24日　关于调整区委老干部工作领导小组成员的通知

6月24日　关于印发《2017年度区级机关部门特色重点工作考核项目》的通知

6月27日　印发《关于在全区开展信访积案化解项目化管理和"百日攻坚"活动的方案》的通知

7月5日　关于申报2015—2016年度南通市文明单位的报告

7月6日　印发《关于进一步加强和改进离退休干部工作的实施细则》的通知

7月7日　关于印发《通州区2017年度城市环境综合整治实施方案》的通知

7月14日　关于学习贯彻《中国共产党工作机关条例(试行)》的通知

7月18日　关于印发《通州区全面推行河长制实施方案》的通知

7月25日　关于印发《通州区"四个全面"抓落实"两聚一高"争标兵月度考核办法》的通知

7月26日　关于印发《2017年度通州区对接服务上海考核办法》的通知

7月29日　关于印发《全面推进区属行业协会商会与行政机关脱钩工作实施方案》的通知

8月2日　关于印发《2017年度全区民主评议党风政风行风工作实施意见》的通知

8月10日　印发《南通市通州区2017年"扫黄打非"行动方案》的通知

8月14日　关于区有关议事机构相关负责人调整的通知

8月15日　关于印发《南通家纺城暨川姜地区社会治安管控提档升级行动方案》的通知

8月23日　关于调整区全民科学素质工作领导小组的通知

8月24日　关于印发《关于进一步加强招商引资工作意见任务分解表》的通知

8月29日　关于调整《2017年度镇(区、园、街道)协调推进"四个全面"战略布局综合考核办法》部分指标的通知

8月31日　印发《关于进一步完善矛盾纠纷多元化解机制的实施意见》的通知

9月6日　关于调整和扩充区国家安全领导小组组成人员的通知

9月6日　关于进一步加强当前安全生产工作的通知

9月8日　关于成立区社会矛盾和安全隐患大排查大整治专项行动领导小组的通知

9月8日　关于开展2017年慈善募捐活动的通知

9月8日　关于成立通州区通灵桥区域环境综合整治指挥部的通知

9月12日　关于贯彻落实法治建设第一责任人职责规定和社会治安综合治理领导责任制规定的通知

9月14日　关于印发《全区出租房屋安全隐患集中整治工作实施方案》的通知

9月15日　关于成立区文化市场管理工作领导小组的通知

9月21日　关于印发《关于全面落实通州区纪委向区一级党和国家机关派驻纪检机构的方案》的通知

9月21日　关于印发《中共南通市通州区委巡察工作办公室主要职责和人员编制规定》的通知

9月22日　关于印发《南通市通州区"三河三行业"整治总体方案》的通知

9月22日　关于印发《南通市通州区违法建设治理工作方案》的通知

10月19日　关于进一步加强党的十九大期间安全生产检查督查的通知

11月3日　关于调整通州区规划委员会组成人员的通知

11月6日　关于成立通州区"阳光扶贫"工作领导小组的通知

11月6日　关于调整区扶贫工作领导小组成员的通知

11月8日　关于印发《全区"三重点三突破""走帮服"专题活动实施方案》的通知

11月10日　关于贯彻落实省委办公厅省政府办公厅推行法律顾问制度和公职律师公司律师制度实施意见的通知

11月13日　关于印发《通州区"三河三行业"整治专项督察工作方案》的通知

11月15日　关于调整区双拥工作领导小组成员的通知

11月21日　关于做好学习贯彻党的十九大精神宣讲工作的通知

11月28日　关于开展2017年度

全区落实党风廉政建设责任制检查考核工作的通知

12月9日　关于印发《中共南通市通州区委法律顾问工作规则（试行）》的通知

12月21日　关于印发《2017年度全区基层党委(党工委、党组)书记抓基层党建述职评议考核工作实施方案》的通知

12月23日　关于调整通州区接轨上海工作领导小组的通知

12月26日　关于成立通州区深化监察体制改革试点工作小组的通知

12月27日　关于做好全区2018年度重点党报党刊发行工作严格规范报刊发行秩序的通知

12月27日　关于成立区富民增收工作领导小组的通知

12月28日　关于调整区委民族宗教工作领导小组（创建平安宗教活动场所)成员的通知

12月29日　关于印发《通州区关于深化供销合作社综合改革加强为农服务的实施意见》的通知

12月29日　关于调整南通市通州区落实党风廉政建设责任制领导小组成员的通知

12月29日　关于印发《关于强化"三重一大"事项责任推进专项问责实施办法(试行)》的通知

12月29日　关于印发《通州区贯彻落实国家机关"谁执法谁普法"普法责任制的实施意见》的通知

12月29日　关于聘任区委法律顾问、法律专家库成员的通知

（钱　湘）

通州区人民政府办公室

1月3日　关于印发通州区进一步深入开展危险房屋安全大检查深化隐患大整治专项行动实施方案的通知

1月7日　关于印发通州区开展农村留守儿童"合力监护、相伴成长"关爱保护专项行动实施方案的通知

1月19日　关于印发通州区自然灾害救助应急预案的通知

2月3日　关于进一步做好计划生育特殊困难家庭扶助工作的实施意见

2月13日　关于印发通州区全民健身实施计划(2016—2020年)的通知

3月13日　关于印发2017年镇(区、园、街道)及区级机关部门招商引资评分办法的通知

3月13日　关于印发通州区2017年村庄小游园建设实施方案的通知

3月16日　关于印发通州区"两减六治三提升"专项行动重点工程项目责任分解表和政策措施落实表的通知

3月16日　关于印发2017年度通州区覆盖拉网式农村环境综合整治实施方案的通知

3月16日　关于印发通州区重点建设项目模拟审批服务试行办法的通知

3月20日　关于印发通州区2017年城镇园林绿化建设任务的通知

3月22日　关于印发通州区2017年燃煤锅炉淘汰工作方案的通知

3月22日　关于进一步规范规模种植养殖项目搬迁补偿工作的通知

3月23日　关于印发通州区开展解决拖欠农民工工资问题自查工作实施方案的通知

3月24日　关于印发通州区2017年公益性应急救护培训实施方案的通知

4月12日　关于印发2017年全区深化行政审批制度改革工作要点的通知

4月13日　关于转发区教育局等部门通州区教育系统中小学校（单位）优秀人才专项奖励考核发放暂行办法的通知

4月14日　关于印发通州区化工企业"四个一批"专项行动联席会议制度的通知

4月17日　关于印发通州区2017年造林绿化工作实施方案的通知

4月17日　关于印发通州区"两减六治三提升"专项行动化工企业"四个一批"整治实施方案的通知

4月17日　关于印发通州区危险化学品安全综合治理实施方案的通知

4月30日　关于印发促进服务业提升发展若干政策意见(试行)的补充意见的通知

5月1日　关于印发南通一诺城镇建设开发有限公司实体化运行改革方案的通知

5月1日　关于实施2017年度耕地占补平衡和建设用地复垦整理项目有关事项的通知

5月2日　关于印发通州区2017年巡游出租汽车投放工作实施方案的通知

5月3日　关于分解落实2017年度保障性安居工程目标任务的通知

5月3日　关于印发2017年金融工作考核奖励办法(试行)的通知

5月3日　关于推进通州区新一轮农村公路提档升级工程(2016—2020年)的实施意见

5月13日　印发关于调整政府集中采购目录、政府购买公共服务指导目录及相关限额标准的方案的通知

5月13日　关于印发通州区创建江苏省"四好农村路"示范区实施方案的通知

5月16日　关于通州区2017年价格调控目标责任制的实施意见

5月19日　关于进一步提升全区物业管理工作的实施意见

5月22日　关于印发2017年度提升养老院服务质量专项行动实施方案的通知

5月22日　关于印发2017年通州区秸秆综合利用和禁烧工作考核办法的通知

5月27日　关于加快推进粮食生产全程机械化的意见

5月27日　关于印发通州区乡村教师支持计划实施方案(2016—2020年)的通知

5月29日　印发通州区第十六届人民代表大会第一次会议《关于大力实施富民工程高水平全面建成小康社会的议案》办理工作方案的通知

5月31日　关于印发通州区2017年突出环境问题整治工作方案的通知

6月1日　转发区审计局关于开展部分村(居)财务收支情况审计调查工作方案的通知

6月7日　关于印发南通市通州区"十三五"生态环境保护规划的通知

6月7日　关于印发加快推进全区"不见面审批(服务)"改革实施方案的通知

6月10日　关于公布区级机关各

部门第一批“不见面审批(服务)”事项清单的通知

6月14日　关于印发通州区交通干线沿线环境综合整治工作方案的通知

6月15日　关于印发通州区2017年大气污染防治工作计划的通知

6月16日　关于印发通州区2017年水污染防治工作计划的通知

6月21日　关于印发2017年全区食品安全暨创建国家食品安全示范城市重点工作安排的通知

6月21日　关于印发通州区港口安全生产事故专项应急救援预案的通知

6月26日　关于印发通州区打击固体废物违法转移专项行动方案的通知

6月27日　关于加强投资项目在线审批监管平台应用工作的通知

6月27日　关于对全区投资建设项目开展代办帮办服务的实施意见

6月27日　印发关于继续开展创建“无访”村(居)、“无访”镇(区、园、街道)活动的实施方案的通知

7月7日　关于印发通州区优化开办企业、不动产登记、施工许可流程加快实现“3550”目标实施细则的通知

7月10日　关于印发2017年全区建筑节能与墙体材料革新工作目标任务分解表的通知

7月13日　关于做好2017年度水利工程水费征缴工作的通知

7月14日　关于印发通州区推进国家知识产权强县工程示范区工作方案的通知

7月21日　关于印发通州区妇女儿童发展规划(2016—2020年)和通州区儿童发展规划(2016—2020年)的通知

7月25日　关于印发通州区2017年政务公开工作要点的通知

7月26日　转发区综治办等部门关于加强肇事肇祸等严重精神障碍患者管理救助实施方案的通知

7月26日　关于印发通州区防汛防旱应急预案的通知

7月26日　关于印发通州区项目农业废弃物减量实施方案的通知

7月28日　关于充实享受国家抚恤补助的优抚对象优待内容的通知

7月31日　关于进一步规范镇(区、园、街道)政府举债行为的通知

8月1日　关于印发通州区高标准农田建设追加资金实施办法的通知

8月1日　关于印发2017年通州区高标准农田建设工作方案的通知

8月2日　关于印发南通市通州区防台风应急预案的通知

8月8日　关于印发通州区区本级财政支出审批管理办法的通知

8月8日　关于印发通州区区本级政府投资项目管理暂行办法的通知

8月11日　关于印发建立“食安通州”联创区强化农村集体聚餐管理实施方案的通知

8月14日　关于印发通州志浩市场产品质量提升专项行动计划工作方案的通知

8月15日　关于落实国土资源综合执法监管共同责任机制的实施意见

8月15日　关于法院裁定准予执行违法用地案件交办属地镇(区、园、街道)组织的实施意见

8月16日　关于建立困境未成年人社会保护暨农村留守儿童关爱保护工作联席会议制度的通知

8月16日　关于印发通州区创建省妇幼健康优质服务示范区实施方案的通知

8月16日　关于成立通州区城区黑臭水体整治领导小组的通知

8月21日　关于全面治理拖欠农民工工资问题的实施意见

8月25日　关于印发通州区第三届运动会暨第二届全民健身运动会实施方案和通州区第三届运动会暨第二届全民健身运动会规程总则的通知

9月3日　关于做好住户调查样本轮换工作的通知

9月13日　关于成立通州区深化区级国有企业改革工作领导小组的通知

9月18日　转发区审计局关于开展2015至2016年度通州区为民办实事工程建设情况专项审计调查工作方案的通知

9月23日　关于印发通州区创建国家级县域节水型社会工作实施方案的通知

9月28日　关于推进健康扶贫工程的实施意见

10月9日　关于印发通州区深入推进砖瓦行业环保专项行动实施方案的通知

10月9日　关于印发通州区“十三五”工业转型升级发展规划的通知

10月9日　关于印发通州区政府性债务风险应急处置预案的通知

10月9日　关于印发通州区政府性债务风险评估和预警暂行办法的通知

10月9日　关于调整全区执行省政府26号令的被征地农民基本生活保障标准的通知

10月9日　关于印发通州区2017年农村危房改造工作实施方案的通知

10月11日　关于成立通州区铁路建设与轨道交通工程服务保障领导小组的通知

10月13日　关于印发通州区预决算信息公开管理暂行办法的通知

10月26日　关于加大新引进服务业企业类项目激励力度的意见

10月26日　关于公布行政审批中介服务事项和收费目录的通知

10月27日　关于在市场体系建设中建立公平竞争审查制度的通知

11月1日　关于印发通州区涉外突发事件应急预案的通知

11月3日　关于印发通州区安全生产突发事件应急预案的通知

11月10日　关于印发2017年重点农业项目考评意见的通知

11月10日　关于印发通州区学校突发事件应急预案的通知

11月10日　关于印发通州区突发公共卫生事件应急预案和通州区突发公共事件医疗卫生救援应急预案的通知

11月10日　关于做好2018年度城乡居民基本医疗保险筹资工作的通知

11月14日　关于印发通州区水环境质量达标攻坚专项行动工作方案的通知

11月14日　关于印发通州区空气质量达标攻坚行动强化工作方案的通知

11月14日　关于印发通州区“十三五”信息化与工业化融合发展规划的通知

11月14日　关于印发通州区特种设备安全突发事故应急救援预案的通知

11月14日　关于印发通州区民族宗教突发事件应急预案的通知

11月16日　关于印发通州区化解地方债务与风险管控办法的通知

11月23日　关于组织开展成品油市场无证无照行为打击整治百日行动的通知

11月24日　关于印发通州区突发重大动物疫情应急预案的通知

11月24日　关于印发通州区网络与信息安全事件应急预案的通知

12月5日　关于印发通州区旅游突发事件应急预案的通知

12月5日　关于印发镇(区、园、街道)安全生产工作考核办法的通知

12月7日　印发关于培育创建通州特色小镇的实施方案的通知

12月11日　关于印发通州区2016年度退役士兵安置实施方案的通知

12月13日　关于印发通州区入河排污口专项整治方案的通知

12月14日　关于成立南通西站片区综合管廊、海绵城市及综合配套设施建设PPP项目工作领导小组的通知

12月14日　关于建立通州区深化国有企业负责人薪酬制度改革工作领导小组的通知

12月14日　关于印发2017年下半年区本级政府投资项目的通知

12月26日　关于印发通州区全面推行"双随机、一公开"抽查监管工作实施方案的通知

12月27日　关于印发南通市通州区发展和改革委员会主要职责内设机构人员编制规定的通知

12月27日　关于印发南通市通州区人民政府金融工作办公室主要职责内设机构和人员编制规定的通知

12月27日　关于调整城乡居民基本养老保险部分待遇标准的通知

12月27日　关于印发通州区政务信息系统整合共享工作实施方案的通知

12月28日　关于进一步加强重大传染病防治工作的意见

12月29日　关于印发通州区供油事故应急预案的通知

12月29日　关于印发通州区生活必需品市场供应应急预案的通知

12月29日　关于印发通州区粮食突发事件应急预案的通知

(顾　鹏)

通州区人大常委会

2月28日　关于对提请任命人员进行任前法律知识考试的办法的通知

3月17日　关于印发《南通市通州区人民代表大会常务委员会议事规则》的通知

3月17日　关于进一步提高常委会会议质量的意见

4月12日　印发《南通市通州区人民代表大会常务委员会关于加强审计查出问题整改工作的监督办法》的通知

5月15日　关于进一步加强镇人大工作规范化建设的指导意见

5月15日　关于印发街道人大工作委员会工作暂行办法的通知

5月15日　关于2017年度基层人大考核评比的意见

5月27日　关于印发学前教育工作专题询问实施方案的通知

6月14日　关于农民增收工作情况报告的审议意见的通知

6月21日　关于环保年度报告的审议意见的通知

7月3日　关于开展区十六届人大一次会议议案办理工作满意度测评实施方案的通知

7月6日　关于评选表彰区人大代表优秀建议和办理建议先进单位及个人的办法的通知

8月7日　关于2017年上半年国民经济和社会发展计划执行情况与下半年工作打算的报告的审议意见的通知

8月7日　关于法治政府建设工作情况报告的审议意见的通知

8月7日　关于批准南通市通州区人民政府2016年财政决算的决议的通知

8月31日　关于印发南通市通州区人大常委会组成人员联系区人大代表和区人大代表联系群众的暂行办法的通知

9月7日　关于加强区人大常委会组成人员联系区人大代表的通知

9月26日　印发区人大常委会执法检查组关于检查《残疾人保障法》贯彻实施情况的报告的通知

9月26日　关于全面推进依法治区的决议的通知

9月27日　关于印发学前教育专题询问的审议意见的通知

9月28日　关于城市管理工作情况报告的审议意见的通知

11月7日　关于全区重大产业项目建设情况报告的审议意见

11月30日　关于印发《南通市通州区人大常委会监督司法工作暂行办法》的通知

11月30日　关于印发通州区人大常委会执法检查组关于检查《中华人民共和国传染病防治法》贯彻实施情况的报告的通知

12月6日　关于批准南通市通州区人民政府调整2017年财政收支预算的决议的通知

12月11日　关于大力实施富民工程高水平全面建成小康社会议案办理工作情况报告的审议意见的通知

(曹奕伟)

政协通州区委员会

1月26日　关于印发南通市通州区十三届政协主席、副主席和秘书长分工的通知

2月10日　关于成立区政协党风廉政建设工作领导小组及职责分工的通知

3月27日　关于设置专门委员会的通知

3月27日　关于人事任免的通知

3月28日　关于印发政协南通市通州区第十三届委员会委员联络组成员名单的通知

5月3日　关于印发南通市通州区政协各专门委员会组成人员名单的通知

7月6日　报送《关于"构建创新生态体系,推动区域经济转型升级"建议案》的函

6月28日　关于印发《区政协开展"政协委员'走帮服',献计出力比贡献"活动实施意见》的通知

10月10日　报送《通州区政协委员对区经信委、教育局、民政局、市国土资源局通州分局的评议意见》的函

10月25日　关于印发《组织开展区政协委员年度述职工作方案》的通知

10月28日　关于印发《通州区政协2017年度评先评优工作方案》及相关评选办法的通知

(孙崇兰)

文件选编

2017年通州区国民经济与社会发展基本情况

表57

指　标	计量单位	2017年	2016年
一、行政区划			
1.行政区划			
镇人民政府	个	12	12
街道	个	4	4
国家级高新技术产业开发区	个	1	1
村民委员会	个	208	208
社区居民委员会	个	68	68
二、人口与就业			
1.年末户籍总户数	户	504961	501605
2.年末户籍总人口	人	1260591	1264194
#男性	人	615178	617459
女性	人	645413	646735
年平均户籍人口	人	1262393	1265033
出生人口	人	11095	9289
#男性	人	5685	4792
女性	人	5410	4497
人口出生率	‰	8.79	7.34
死亡人口	人	13045	10922
#男性	人	7082	5868
女性	人	5963	5054
人口死亡率	‰	10.33	8.63
人口自然增长率	‰	−1.54	−1.29
性别比(女=100)	%	95.32	95.47
3.年末常住人口	万人	114.20	114.20
年平均常住人口	万人	114.20	114.20
4.人口城镇化率	%	61.30	59.40
5.年末从业人员	万人	69.55	69.80
#第一产业	万人	15.20	16.40
第二产业	万人	33.35	33.40
第三产业	万人	21.00	20.00
6.年末城镇登记失业人员数	人	3644	3576
7.城镇登记失业率	%	1.83	1.88
8.城镇非私营单位从业人员年平均工资	元	72144	68785
三、地区生产总值			
地区生产总值	亿元	1169.41	1045.56

续表

指　　标	计量单位	2017 年	2016 年
一、按行业分组			
1.第一产业	亿元	58.25	56.41
2.第二产业	亿元	574.46	517.74
其中:工业	亿元	481.12	435.23
3.第三产业	亿元	536.70	471.42
注:地区生产总值及分产业数据为研发投入计入 GDP 核算后的调整数。			
四、农业			
1.农林牧渔业总产值	亿元	102.09	97.64
2.主要农副产品产量			
粮食产量	吨	487486	525874
棉花产量	吨	796	2244
油料产量	吨	79300	89180
蚕茧	吨	209	223
淡水产品	吨	34620	35800
肉类	吨	55882	63348
生猪出栏数	万头	44.76	52.30
生猪年末存栏数	万头	23.18	27.60
五、工业			
工业总产值	万元	21614178	21128574
企业个数	个	726	735
#亏损企业个数	个	42	35
亏损企业亏损额	万元	19983	21610
主营业务收入	万元	21037150	21118497
流动资产合计	万元	4464180	5081251
年末资产总计	万元	9571681	10584747
所有者权益	万元	4994649	5521967
利税总额	万元	2381877	2386608
#利润	万元	1458619	1499293
应收帐款净额	万元	1338269	1224580
产成品存货	万元	287350	279200
工业产品销售率	%	99.5	100.6
工业成本费用利润率	%	7.4	7.7
全部流动资产周转次数	次	4.76	4.16
全部流动资产周转天数	天	76	88
资产负债率	%	47.8	47.8
六、能源			
全社会用电总计	万千瓦时	568822	528694
一、全行业用电合计	万千瓦时	467654	443516

续表

指　　标	计量单位	2017 年	2016 年
第一产业	万千瓦时	8326	7567
第二产业	万千瓦时	406830	390529
第三产业	万千瓦时	52498	45420
二、城乡居民生活用电合计	万千瓦时	101168	85178
城镇居民	万千瓦时	19930	17575
农村居民	万千瓦时	81238	67603
七、建筑业			
1.企业个数	个	154	155
#总承包和专业承包	个	131	132
2.建筑业总产值	万元	15518177	14405556
#建筑工程产值	万元	14862831	13786893
安装工程产值	万元	617728	604616
3.竣工产值	万元	9712765	12415995
4.房屋施工面积	万平方米	15037.00	14712.57
#新开工面积	万平方米	4534.57	5475.84
房屋竣工面积	万平方米	4174.73	4010.73
#住宅面积	万平方米	2985.05	2938.65
5.全年平均人数	人	335114	325100
6.全员劳动生产率	万元/人	46.31	44.31
7.固定资产原价	万元	449775	432380
8.营业收入	万元	11632518	11311999
9.利润总额	万元	520485	551649
八、固定资产投资			
一、固定资产投资项目个数	个	912	824
#工业	个	569	475
投资完成额	亿元	680.80	618.81
#工业	亿元	373.88	346.59
#设备	亿元	180.75	241.09
二、固定资产投资分组			
按产业分			
第一产业	亿元	2.07	3.72
第二产业	亿元	373.88	346.59
#工业	亿元	373.88	346.59
第三产业	亿元	304.85	268.50
九、交通、邮电			
(一)交通设施基本情况			
1.公路总里程	公里	3551	3486
按技术等级分			

续表

指　　标	计量单位	2017 年	2016 年
高速	公里	88	88
一级	公里	276	161
二级	公里	319	353
三级	公里	201	209
四级	公里	2667	2675
等外	公里		
按干线、县乡道分			
国道	公里	175	143
省道	公里	106	131
县道	公里	398	386
乡道	公里	962	898
村道	公里	1909	1929
按路面标准分			
高级	公里	3551	3486
中低级	公里		
2.公路桥梁	座	1313	1430
公路桥梁长度	米	43704	59206
3.内河航道总里程	公里	570	570
(二)运输设备及运量			
1.私人汽车拥有量	辆	224526	193253
2.营业性机动车年末实有数			
(1)载客汽车年末实有数	辆	97	84
客位	座	4096	3943
(2)载货汽车年末实有数	辆	4528	4451
吨位	吨	38295	36221
3.全社会公路旅客运输			
旅客运输量	万人	423	478
旅客周转量	万人公里	34547	37374
4.全社会货物运输			
货物运输量	万吨	1320	1209
水路	万吨	156	146
公路	万吨	1164	1063
货物周转量	万吨公里	305378	277706
水路	万吨公里	120201	110319
公路	万吨公里	185177	167387
(三)邮电业务收量			
邮政业务收入	万元	111687	107616
固定电话用户	万户	24.75	26.00

续表

指　　标	计量单位	2017 年	2016 年
# 乡村电话用户	万户	13.14	15.64
移动电话年末用户	万户	125.63	126.01
固定宽带接入用户	万户	40.74	42.64
十、国内贸易			
1.社会消费品零售总额	万元	3700338	3411226
# 个体户	万元	2069172	1962965
2.批发零售贸易业销售总额	万元	13724478	12551485
十一、对外经济			
1.对外贸易			
自营进出口总额	万美元	350594	373256
自营出口总额	万美元	308339	336874
自营进口总额	万美元	42255	36382
2.利用外资			
新办"三资"企业数	个	50	47
注册外资实际到账	万美元	37407	24384
3.外经合作			
对外承包劳务合同额	万美元	1647	2662
对外承包劳务营业额	万美元	3336	5509
当年新派劳务人数	人	429	389
年末累计在外人数	人	179	329
十二、财政			
一般公共预算收入合计(不含滨海)	万元	700866	722155
1.增值税(50%)	万元	219576	105507
# 免抵调增	万元	52950	32250
3.企业所得税(40%)	万元	64831	72146
4.个人所得税(40%)	万元	31815	21060
基金预算收入	万元	703428	655127
上划中央收入	万元	378611	329394
消费税	万元	5070	4621
增值税(50%)	万元	219576	163399
企业所得税(60%)	万元	97247	108219
个人所得税(60%)	万元	47723	31590
一般公共预算支出(不含滨海)	万元	915680	857521
基金预算收入支出	万元	834812	656028
十三、金融			
金融机构存款余额(本外币)	亿元	1516.87	1420.34
# 住户存款	亿元	899.46	859.89
金融机构贷款余额(本外币)	亿元	863.92	748.88

续表

指　　标	计量单位	2017 年	2016 年
#住户贷款	亿元	184.01	122.79
金融机构存款余额(人民币)	亿元	1501.98	1401.24
#住户存款	亿元	896.86	857.14
金融机构贷款余额(人民币)	亿元	863.22	748.13
#住户贷款	亿元	184.00	122.77
十四、人民生活			
(一)城镇住户			
1.城镇居民人均住房建筑面积	平方米	52.70	51.50
2.人均全年总收入	元	51480	46249
#人均全年可支配收入	元	44366	40741
(1)工资性收入	元	26501	24426
(2)经营净收入	元	6671	6039
(3)财产净收入	元	3292	3008
(4)转移净收入	元	7902	7268
3.人均全年总支出	元	43173	35081
#生活消费支出	元	24922	23614
(1)食品烟酒消费支出	元	7209	7178
(2)衣着消费支出	元	1627	1707
(3)居住消费支出	元	4372	3762
(4)生活用品及服务消费支出	元	1268	1336
(5)交通通信消费支出	元	3484	2951
(6)教育文化娱乐消费支出	元	4631	4361
(7)医疗保健消费支出	元	1605	1576
(8)其他用品和服务消费支出	元	726	743
4.恩格尔系数(%)	(%)	28.9	30.4
5.百户城镇居民主要消费品拥有量			
摩托车	辆	19	22
助力车	辆	158	144
家用汽车	辆	66	55
洗衣机	台	105	103
电冰箱	台	118	115
彩色电视机	台	219	212
家用电脑	台	95	87
照相机	架	26	23
中高档乐器	架	9	6
微波炉	台	100	98
空调器	台	221	206
淋浴热水器	台	112	107

续表

指　标	计量单位	2017 年	2016 年
健身器材	套	5	5
固定电话	部	53	65
移动电话	部	256	252
(二)农村住户			
1.农村居民人均住房建筑面积	平方米	67.4	66.2
2.人均全年总收入	元	31932	26960
#人均全年可支配收入	元	21794	19929
(1)工资性收入	元	12665	11582
(2)经营净收入	元	6071	5559
(3)财产净收入	元	706	641
(4)转移净收入	元	2352	2147
3.人均全年总支出	元	27244	22896
#生活消费支出	元	16067	14748
(1)食品烟酒消费支出	元	4743	4700
(2)衣着消费支出	元	911	853
(3)居住消费支出	元	2651	2366
(4)生活用品及服务消费支出	元	908	768
(5)交通通信消费支出	元	2641	2339
(6)教育文化娱乐消费支出	元	2908	2650
(7)医疗保健消费支出	元	830	658
(8)其他用品和服务消费支出	元	475	414
4.恩格尔系数(%)	(%)	29.5	31.9
5.百户农村居民主要消费品拥有量			
洗衣机	台	99	92
电冰箱	台	110	101
空调机	台	178	149
抽油烟机	台	79	63
微波炉	台	92	90
热水器	台	101	93
助力车	辆	194	178
摩托车	辆	32	32
家用汽车	部	37	34
固定电话	部	62	78
移动电话	台	253	231
彩色电视机	台	188	172
照相机	架	14	12
家用电脑	台	52	49
十五、社会治安			

续表

指　　标	计量单位	2017年	2016年
1.火灾事故			
火灾事故发生数	起	587	385
火灾事故死亡人数	人		2
火灾事故受伤人数	人		2
火灾事故受损失折金额	万元	769	1050
2.交通事故			
交通事故发生数	起	165	189
交通事故死亡人数	人	116	138
交通事故受伤人数	人	65	82
交通事故损失金额	万元	46.00	55.00
3.立案的刑事案件数	起	4540	4678
4.受理的治安案件数	起	6498	5857
十六、科教文卫			
(一)科技事业			
普通专业技术人员	人	145892	134025
#高级	人	6771	6466
中级	人	28860	27981
初级	人	68931	58983
大中专毕业生	人	41330	40595
(二)科技成果			
1.获省、市科技进步奖	项	17	17
南通市科学技术进步奖	项	16	17
2.申请专利	件	7103	5357
#发明专利	件	824	721
3.授权	件	2724	4005
(三)教育事业			
1.学校数	所	75	75
普通中学	所	29	29
高中	所	4	4
初中	所	25	25
小学	所	43	43
特殊教育学校	所	1	1
普通中等专业学校	所	1	1
技工学校	所	1	1
2.在校学生数	人	85945	85824
普通中学	人	32076	32746
高中	人	9113	10273
初中	人	22963	22473

续表

指　标	计量单位	2017 年	2016 年
小学	人	50586	49215
特殊教育学校	人	251	193
普通中等专业学校	人	2760	3398
技工学校	人	272	272
3.招生数	人	20930	21157
普通中学	人	10603	11083
高中	人	2829	2974
初中	人	7774	8109
小学	人	9426	9021
特殊教育学校	人	57	11
普通中等专业学校	人	844	1028
技工学校	人	0	14
4.毕业生数	人	20635	21592
普通中学	人	11140	12129
高中	人	3936	4629
初中	人	7204	7500
小学	人	8178	8219
特殊教育学校	人	6	13
普通中等专业学校	人	1311	1231
技工学校	人	0	0
5.教职工人数	人	7815	7833
普通中学	人	4152	4191
小学	人	3078	3037
特殊教育学校	人	50	51
普通中等专业学校	人	463	499
技工学校	人	72	55
6.专任教师	人	6759	6749
普通中学	人	3379	3376
高中	人	1161	1158
初中	人	2218	2218
小学	人	2896	2851
特殊教育学校	人	41	41
普通中等专业学校	人	402	426
技工学校	人	41	55
7.幼儿园数	所	62	60
在园幼儿数	人	24794	26572
教职工人数	人	2489	2251
#专任教师	人	1423	1369

续表

指　标	计量单位	2017 年	2016 年
幼儿园入园率	%	97.70	97.70
8.小学适龄儿童入学率	%	100.0	100.0
小学毕业生升学率	%	95.0	99.0
初中毕业生升学率	%	99.7	99.7
小学、初中学生毕业率	%	100.0	100.0
九年义务教育普及率	%	100.0	100.0
(四)广播事业			
有线电视用户	万户	30.62	30.76
有线电视入户率	%	98.20	98.20
数字电视用户	万户	27.70	27.84
数字电视转换率	%	94.10	94.10
(五)公共图书			
机构数	个	1	1
职工人数	人	12	12
图书总藏量	册	633811	497564
#古书	册	3656	3656
图书	册	563207	430644
报刊	册	61137	57453
发放借书证数	个	487	32896
总流通人次	千人次	337	358
书刊外借册次	千册次	452	452
公用房屋建筑面积	平方米	12107	12143
#书库	平方米	851	851
阅览室	平方米	2995	2995
阅览室座席数	个	382	382
#少儿阅览室座席数	个	80	80
(六)卫生事业			
医疗卫生机构数	个	446	439
1.医院	个	8	7
2.社区卫生服务中心(站)	个	15	15
3.卫生院(镇、中心)	个	25	25
4.村卫生室	个	247	246
5.门诊部	个	4	1
6.诊所、卫生室、医务室	个	140	137
7.疾病预防控制中心	个	1	1
8.卫生监督所	个	1	1
9.妇幼保健站	个	1	1
10.血站	个	1	1

续表

指　标	计量单位	2017 年	2016 年
11.卫生学校	个	1	1
12.其它	个	2	3
医疗床位数	张	6008	5741
医院	张	3650	3424
社区卫生服务中心(站)	张	248	247
卫生院(镇、中心)	张	2110	2070
卫生工作人员	人	7382	7106
1.卫生技术人员	人	5827	5681
2.其他技术人员	人	170	94
3.管理人员	人	297	276
4.工勤技能人员	人	302	301
5.乡村医生	人	786	754
十七、社会保障			
(一)失业保险			
1.参加失业保险人数	人	97426	96211
2.失业保险基金总收入	万元	6276	8705
3.失业保险基金总支出	万元	7425	11023
4.失业保险覆盖率	%	97.4	98.8
(二)养老保险			
1.参加养老保险人数	人	358312	365463
2.养老保险基金收入	万元	199763	178482
(三)工伤保险			
1.参加工伤保险的单位数	个	3653	3653
2.参加工伤保险的人数	人	140146	140021
3.工伤保险基金收入总额	万元	9510	10800
4.工伤保险基金支出总额	万元	5431	5448
(四)生育保险			
1.参加生育保险的单位数	个	3653	3653
2.参加生育保险的人数	人	124250	123009
3.生育保险基金收入总额	万元	2766	2922
4.生育保险基金支出总额	万元	4904	3278
(五)医疗保险			
1.参加医疗保险的单位数	个	4840	4650
2.参加医疗保险的人数	人	187556	187141
#在职职工	人	138731	138410
3.医疗保险基金收入总额	万元	72350	68851
4.医疗保险基金支出总额	万元	70219	65394
(六)社会福利院			

续表

指　　标	计量单位	2017 年	2016 年
1.社会福利院	个	1	1
年末职工人数	人	6	6
2.敬老院	个	18	18
年末职工人数	人	166	166
3.民政登记农村养老服务机构	个	10	10
年末职工人数	人	64	68
(七)军队离退休干部休养所	个	1	1
年末职工人数	人	5	5
年末休养(含分散休养)人数	人	35	35
(八)抚恤、补助优抚对象	人	12080	12704
1.定期抚恤人数	人	243	259
烈属	人	133	146
因公牺牲军人家属	人	27	29
病故军人家属	人	83	84
2.定期补助人数	人	11072	11660
在乡复员军人	人	734	830
#抗日	人	33	44
参战退役人员	人	745	746
3.伤残人员	人	765	788
革命伤残军人	人	725	747
伤残国家机关人员	人	23	23
伤残人民警察	人	14	14
伤残民兵民工	人	3	4
(九)优待优抚对象户数	户	3624	3469
(十)城市居民最低生活保障人数	人	1256	1292
#女性	人	517	540
(十一)农村居民最低生活保障人数	人	15391	17333
#女性	人	5599	6581
(十二)农村居民最低生活保障家庭数	户	10067	11151
(十三)农村五保供养	人	3457	3412
#女性	人	425	454
十八、计划生育			
1.育龄妇女人数	人	322690	321769
已婚育龄妇女人数	人	263097	261118
现家庭仅一孩数	人	168372	175038
2.有效领证人数	人	94326	94913
有效领证率	%	35.85	36.35
3.当年出生人数	人	7178	7965

续表

指　　标	计量单位	2017年	2016年
#女性	人	3418	3857
计划内	人	7175	7958
计划外	人	3	7
计划生育率	%	99.96	99.91
#一孩人数	人	4412	5258
#二孩人数	人	2677	2649
4.女性初婚人数	人	5394	5598
#19周岁及以下	人	34	69
23周岁以上	人	4150	4225
5.应落实措施人数	人	240393	238172
采取各种节育措施的人数	人	239354	236439
十九、城建、环保			
城区建设用地面积			
1.城区面积	平方公里	43.00	43.00
2.建城区面积	平方公里	37.95	36.97
3.城区建设用地	平方公里	38.80	38.80
#居住用地	平方公里	9.62	9.04
城区设施水平			
1.城区人口密度	人/k㎡	7179	7174
2.人均日生活用水量	升	84.85	88.17
3.城区人口用水普及率	%	100.0	100.0
4.燃气普及率	%	100.0	100.0
5.人均拥有道路面积	平方米	20.22	19.53
6.排水管道密度	km/k㎡	11.35	11.29
城区市政工程			
1.道路长度	公里	239.49	233.64
2.道路面积	万平方米	624.13	602.62
3.桥梁数	座	142	141
4.路灯盏数	盏	89449	88352
5.排水管道长度	公里	431	417
6.污水处理厂	个	1	1
#污水日处理能力	万吨	4.8	4.8
污水年处理量	万吨	1437	1594
公共交通			
1.公交运营车辆	辆	297	278
2.运营线路条数	条	50	46
3.运营线路网长度	公里	846	758
4.运营线路总长度	公里	1109	994

续表

指　　标	计量单位	2017 年	2016 年
5.客运总量	万人次	2432	2463
6.出租汽车	辆	191	191
7.客运总量	万人次	205	332
城区供水情况			
1.年末自来水日生产能力	万吨/日	7.5	7.5
2.年末供水管道长度	公里	1230	1094
3.全年供水总量	万吨	3372	3207
4.售水量	万吨	2723	2277
# 生产用水	万吨	758	769
公共服务用水	万吨	406	5
城区供气情况			
1.储气能力			
# 液化石油气	吨	1460	1460
天然气	万立方米	28.3	29.2
2.供气管道长度	公里	642	555
3.供气总量			
# 液化石油气	吨	259.21	725.63
天然气	万立方米	6484	4895
城区环境卫生			
1.实际清扫保洁面积	万平方米	1120	941
# 机械清扫	万平方米	824	724
2.生活垃圾处理量	万吨	34.2	28.2
3.公共厕所	座	63	63
环境监测站	个	1	1
化学需氧量排放量	万吨	1.17	1.18
二氧化硫排放量	万吨	0.35	0.40
环境污染治理项目	个	104	95

2017年通州区各镇(街道)主要经济指标

表58

地　区	社区居民委员会(个)	村民委员会(个)	年末户籍总人口(人)	一般公共预算收入(万元)	地区生产总值(万元)	工业总产值(万元)	主营业务收入(万元)	利税总额(万元)	固定资产投资完成额(万元)	注册外资实际到账(万美元)	农林牧渔业总产值(万元)	农作物产量(吨)		
												粮食	棉花	油料
金沙街道	14	9	121599	30411	1210706	217971	217933	21806	422330	800	46266	16682		5993
兴东街镇	1	9	32804	10595	482392	158285	158048	14709	275755	1300	21791	8538		837
先锋街道		8	37212	18545	436377	565918	564224	54728	244782	828	13619	2869		1276
金新街道	10	21	156876	131653	1737687	5812185	5629776	612994	2577537	16038	38059	13281	1	8940
西亭镇	2	9	51145	8195	296601	325723	328840	19560	179635	845	55752	29779	1	2842
二甲镇	4	8	70468	6385	438393	798511	797468	68623	143432	812	63020	10228	3	9121
东社镇	5	16	91672	8005	419929	551763	546844	65007	143496	801	127318	30661	31	11706
十总镇	5	15	81845	9232	520484	1046770	1046715	143155	217548	881	132753	61042	11	4339
石港镇	5	10	66441	11757	565105	993615	1002060	98451	276904	1307	109692	67271	0	2047
刘桥镇	2	10	75420	10013	508844	1053266	1020944	131058	245509	833	96944	63957	26	2169
平潮镇	6	20	123039	29975	1674765	4755076	4688146	590873	697298	1427	74259	47853	16	2462
五接镇	2	8	38753	21026	507021	1325076	1107760	123391	11189	3030	21779	16891		1009
兴仁镇	3	16	76208	32837	934253	1779249	1739431	214137	527279	1308	47740	32405	5	2760
张芝山镇	1	9	54766	13865	512999	295301	269315	8106	870076	5004	34511	8160		3729
川姜镇	2	14	58411	32971	1146682	1834312	1828089	204039	809226	1301	26267	9646		3321

索　　引

Index

编　辑　陈　菊

说　　明

一、本索引采用主题分析法编制，按汉语拼音顺序排列，同音字按声调排列，音调相同按笔画排列，音调形相同则按下一字的音序排列。

二、大事记、附录未作索引。

三、本索引标引词一般采用中心词(关键词)或简称，区直机关、企事业单位和社会团体名称前一般不冠以“通州区”“通州”“区”字样。栏目(篇目)、分目标题用黑体字标示，表格均注明“(表)”。

四、索引词后的数字表示内容所在页码，数字后的字母 a、b、c 分别表示该页版面从左到右的栏别。

五、本索引编有附见系统和参见系统，附见款目在主款目下行空 2 个字排列；标引词后除第一个页码外，其它均为参见页码，部分款目在索引中重复出现。

A

B

C

G

H

J

K

L

Q

R

S

Y